备考2022

高频考点冲刺

如果这些任务，平时大脑不需要思考就能完成，那么通过考试就是毫无疑问的

看小说，学会计，轻松通过初级职称考试

第3版

小艾上班记10

经济法基础

上册

陈艳红 著

东北财经大学出版社
Dongbei University of Finance & Economics Press
大连

图书在版编目（CIP）数据

小艾上班记10·经济法基础 / 陈艳红著．—3版．—大连：东北财经大学出版社，2022.5

ISBN 978-7-5654-4480-7

Ⅰ．小… Ⅱ．陈… Ⅲ．经济法-中国 Ⅳ．F23

中国版本图书馆CIP数据核字（2022）第041229号

东北财经大学出版社出版

（大连市黑石礁尖山街217号 邮政编码 116025）

网 址：http://www.dufep.cn

读者信箱：dufep@dufe.edu.cn

大连市东晟印刷有限公司印刷 东北财经大学出版社发行

幅面尺寸：170mm×240mm 字数：715千字 印张：37.75

2022年5月第3版 2022年5月第1次印刷

责任编辑：章北蓓 责任校对：曲以欢

封面设计：冀贵收 版式设计：原 皓

定价：76.00元（上下册）

教学支持 售后服务 联系电话：（0411）84710309

如有印装质量问题，请联系营销部：（0411）84710711

前言

看小说，学会计，乐在其中。

到目前为止，小艾系列书籍已经有11本了，主要分为3个子系列：

（1）备考日记系列，它是以主人公日记的形式写自己如何考证，目前主要是有关初级和中级会计职称考试的；

（2）会计实操系列，它是以讲故事的形式进行会计专项训练，比如入门实操、纳税实操等；

（3）财经小说系列，它是以故事进展作为主线，描写有关财务、企业管理和爱情等主题的职场综合实践成长小说。

这3个子系列都是以讲故事的形式来撰写的，但是故事成分所占比例不一样：财经小说>会计实操>备考日记。财经小说是实践综合，会计实操是实战专项，备考日记是考证训练。

1.备考也要有一点想象的空间

小艾系列书籍最大的特点就是里面有故事、有情节。为什么连这种枯燥的考试书籍里面都要讲一点小故事呢？除了我喜欢故事之外，还有一个原因就是我们需要故事，故事能激发人的想象力。从古代的《搜神记》到现在的影视娱乐节目，人类对故事如饥似渴，不管是看电视电影，还是看小说微博，不管是经营管理，还是企业上市，都要讲故事。

人类出于生存的需要，进化出了想象的能力。人类开始明白如何根据过去的经验，给出一个假设的前提，然后推断未来会带来什么样的后果。这个能力给了人类非常大的进化优势，于是便被保留下来。

拥有了想象力的人类，便不再被这个世界所束缚。人们可以轻易地在头脑中游览无数可能的世界。而故事，便是通向这些世界的大门。

如果有无数的可能在等着你，你还会心甘情愿地被困在这个小小的世界里吗？

备考也一样，也需要故事。故事能激发你对考试的想象，能为你的心灵提供能量，有了足够的能量，你才能积极备考，勇往直前。如果想象不足，能量就缺乏，能量不足，那你在备考半路可能就枯竭了。所以，备考不仅要有理性还要有感性，要有感性的故事。

这个世界上没有两片相同的叶子，每一本书都是独一无二的，一千个人眼中有一千个哈姆雷特，哪怕它们讲的是同一个主题。比如，小艾备考日记系列

与会计职称考试教材，虽然说的都是备考，但是，它们是有区别的。书与书之间的不同，取决于下面三种内容的比例不同：理性输入内容、感性输入内容和无效内容。

对于读者来说，会计职称考试教材主要由两部分组成——理性输入内容和无效内容；而小艾备考日记由三部分组成——理性输入内容、感性输入内容和无效内容。

其中，对无效内容的界定带有主观性，你认为无效的，他可能认为有效。对于编写教材的专家来说，他写的每一个字都是有效的，如果无效，他自己早就删除了。但是，对于我们来说，教材中有很多内容是无效的，因为我们的目的是应试，不是纯理论研究。

理性输入内容的重要性是完全不必强调的，但是感性输入内容的重要性却很容易被忽略。

理性输入内容就是教你具体怎样做，考点都一一帮你归纳总结好，然后你直接理解记忆就行了；而感性输入内容就是告诉你谁谁谁，他是怎么做的，这样做了以后，成功地提高了自己的效率，有故事、有细节、有情景，然后你看了还有点小激动。

理性输入内容要求我们必须有意识地理清思路，甚至有时候还需要在纸上写写画画，记笔记。感性输入内容不用记下来，甚至不需要刻意地去理清思路，只要读到了，我们的潜意识就会自然而然地吸收，这些内容就开始起作用了。

所以，仅仅有理性输入内容是不够的，即便你理性上同意作者的所有前提与推论都是无懈可击的，也同意作者的结论，但是因为没有感性输入内容，你的潜意识是不会被说服的。

知道教材为什么那么难读吗？就因为全是理性输入内容，信息密度太大了。知道小说为什么那么好看吗？那是因为全是感性输入内容。当然，有的人会说，有的小说也挺无聊的，之所以无聊，那是因为主题不是自己想要的，一点内涵都没有，学不到什么东西，信息密度太低，几乎为零，相当于无效内容，自然就无聊。

总之，理性很好，感性很美，“贪心”的我们，何不兼而有之呢？

2.小艾四轮复习法（点、线、面、体）

科目	初级会计实务	经济法基础
第一轮（点）	重点突破会计分录，会计分录会做了，初级会计实务基本就过关了	着重于理解，比如你认为法律这样规定合不合理、公不公平
第二轮（线）	通过内在联系把各章节的考点串联起来，通过大题训练突破考点的串联运用	通过案例分析进一步理解法条，一个案例通常涉及多个法条
第三轮（面）	快速背诵考点	快速背诵考点
第四轮（体）	模考反馈	模考反馈

小艾四轮复习法：

第一轮复习，主要是以点为主

第一轮，在全面复习每个考点的同时，结合本科目的特点，给自己定个小目标，比如初级会计实务，重点突破会计分录，会计分录会了，初级会计实务基本就过关了。在理解背诵会计分录的时候，要多抄多写。

在这里给大家讲一点记忆的规律。

我们都知道记忆分为短时记忆和长时记忆，短时记忆是长时记忆的必经之路，也就是记一个东西的时候，我们刚记下来，没过多久就忘了，然后又记、又忘，就这么反反复复，几经折腾、折磨，最后才进入我们的长时记忆。

但是有一条记忆规律有些人可能不知道，那就是短时记忆又分为感觉记忆和短时工作记忆。比如我问同事一个电话号码，他告诉我，我当时记住了，但是没多久就忘了，这就是短时工作记忆；还有一个就是感觉记忆，就是如果你曾经经历过某种感觉，你就忘不了。最典型的就是恋爱，如果你曾经经历过一段刻骨铭心的爱情，你想忘都忘不了。为什么呢？因为感觉记忆可以直接进入长时记忆。

感觉记忆虽然是一个短时记忆，但是它不会反复，只要那感觉在心中出现过，就会直接进入长时记忆。

而多抄多写就是一个找感觉的过程，这个分录你想都没想就写下来了，那你基本上就记住了。

还有一个就是内隐记忆，也很有趣。比如学跳舞，老师说“把手提起来，放下去，提起来，放下去”，很简单的一个动作，但是你做得就是特别难看。于是老师就跟你讲发力点、肌肉控制，如果你光听不动手，老师就是讲一万遍，你还是不会做。你只有一遍一遍地重复这个动作，直到你找到了感觉，这个时候，你就会了。一旦你会了，你说要忘掉，要回到以前那种难看的提手动作，不好意思，回不去了；你现在就是故意做得难看，也比那些新手好看。为什么呢？这就是内隐记忆，你的手伸出去，就是比别人优美。而备考的时候也有同样的感觉，分录写多了，提起笔就写出来了。比如，你问我，某某经济业务的分录怎么写，如果我用嘴巴跟你说，要边想边说，有时候还会出现口误，但是，如果此时手头有纸笔，我提起笔就写出来了，不用想，非常流畅。

所以，在学习的过程中，不要一头栽进去死记硬背，要一边学一边停下来，抄写整理，写写画画，同时思索找感觉。

第二轮复习，主要是以线为主

第一轮复习完后，有的同学就会发现，我怎么看了后面的忘了前面的，这很正常，我们的记忆就像个沙漏，你一边把考点往里面倒，它一边又把这些内容全部漏出去。针对这种情况，只有两种办法可以解决。一种是加快速度，也就是我倒考点的速度快于它漏出去的速度；它漏出去了，我又往里倒，而且倒的速度越来越快，让它来不及漏。这样，考点就留下来了。所以，那些三天打鱼两天晒网，看书听课走神，速度很慢的同学，就很痛苦了，好不容易看了一点，结果全漏了。还有一种方法，就是把这些考点全部串联起来，就像我们串珠子一样，这样的话，它就跑不掉了。

串珠子训练主要是做大题，因为一道大题就是把好几个相关联的考点串在一起考。那做完一道大题，我就知道这几个珠子该如何串了，它们的内在联系也就掌握了，难点也就突破了。

第三轮复习，主要是以面为主

第二轮复习完后，我们突破了跨章节习题，找出了章节与章节之间的本质联系，并且学会了根据内在联系把它们串联成一个面，然后再把所有的考点回顾一遍，同时开始实施捡分攻略。该如何突破不定项选择题、多选题、单选题和判断题，怎样把能捡到的分都捡到？这需要训练。训练完后，基本上能知道自己大概能捡多少分了。不是考完后才估分的，而是考前就开始估分了。一般考试正常发挥，不出意外，估分的标准差不超过10分。比如，你估分为80分，那你的考试成绩在70~90分。同时，你也知道自己的提分区，可以重点再突破一下，让自己的分数再提高一个档次，从而降低自己考试通不过的风险。

第四轮复习，整体把握

很多同学到了考试前几天就开始焦虑，有的还有考试焦虑症，最典型的表现就是一到考前就开始到处乱翻书，从第一页翻到最后一页，从最后一页翻到第一页，翻过来翻过去，也不知道他到底看进去了多少。那情景，让人想起一句古诗“清风不识字，何故乱翻书”。还有的就是，到了要考试时才发现自己还有好多东西没看，一听别人说，这个地方可能会考，赶紧看一下这个地方，那个地方可能会考，又赶紧看一下那个地方，就这样东一头、西一头乱撞，毫无章法。其实，到了考前最重要的是整体把握，把以前复习的巩固一下，顺便查缺补漏。再就是练习操作一下机考系统，熟悉一下考试环境，模拟一下考试现场，确保自己正常发挥。

3.小艾系列图书找茬有奖活动

鉴于本人才疏学浅，书中难免有错误，感谢东北财经大学出版社编辑的辛苦工作，也感谢东北财经大学出版社质检部门的严格把关，最后能让合格的成品书新鲜出炉，面向大众，迎接读者的审视和检测。群众的眼睛永远是雪亮的，在读者的火眼金睛下，错误自然无处遁形。

面对审视，“小艾”虽然紧张，但还是欢迎大家找茬挑刺，我们一定虚心接受，哪怕是回炉重造。如果你的建议被采纳，作为回馈，你还可以获得最新版小艾系列书籍中的任一本。

你可以发邮件至编辑邮箱：xiaoaibj@qq.com。

邮件内容分为7部分：书名、印次、页码及行数、问题、建议、你希望获得的书，以及你的真实姓名、邮寄地址及联系电话。

例如：

1. 书名：《小艾上班记——企业纳税真账实操》；

2. 印次：第1次印刷（相关信息在版权页可以找到）；

3. 页码及行数：第11页顺数第7行；

4. 问题："何总"联系上下文应该是"王总"（手机拍照附图更佳）；

5. 建议："何总"二字改成"王总"二字；

6. 你希望获得的书；

7. 真实姓名、邮寄地址及联系电话。

编辑收到对应邮件后，会及时查证、更改错误并邮寄你想要的书籍。欢迎大家广提建议。

如您在学习考试或在会计实践中有疑问，可以扫描下面的二维码留言提出，我将筛选频率高的疑问，然后以视频的形式给大家讲解。

如需要会计考试方面的服务，也可以扫一扫下面的二维码，关注小艾会计职称考试服务号（xiaoaikj）。扫码后直接输入："初级题库"，可自动跳出账号及密码。

小艾会计职称考试服务号（xiaoaikj）

如想订阅最新财税资讯文章，也可以扫一扫下面的二维码，关注小艾财税俱乐部微信公众号（xiaoaicoco）。

小艾财税俱乐部微信公众号（xiaoaicoco）

读书本是相互交流，欢迎大家批评指正！

陈艳红

2022年1月15日

目录

第1章 总论

本章思维导图（如图1-1所示）：

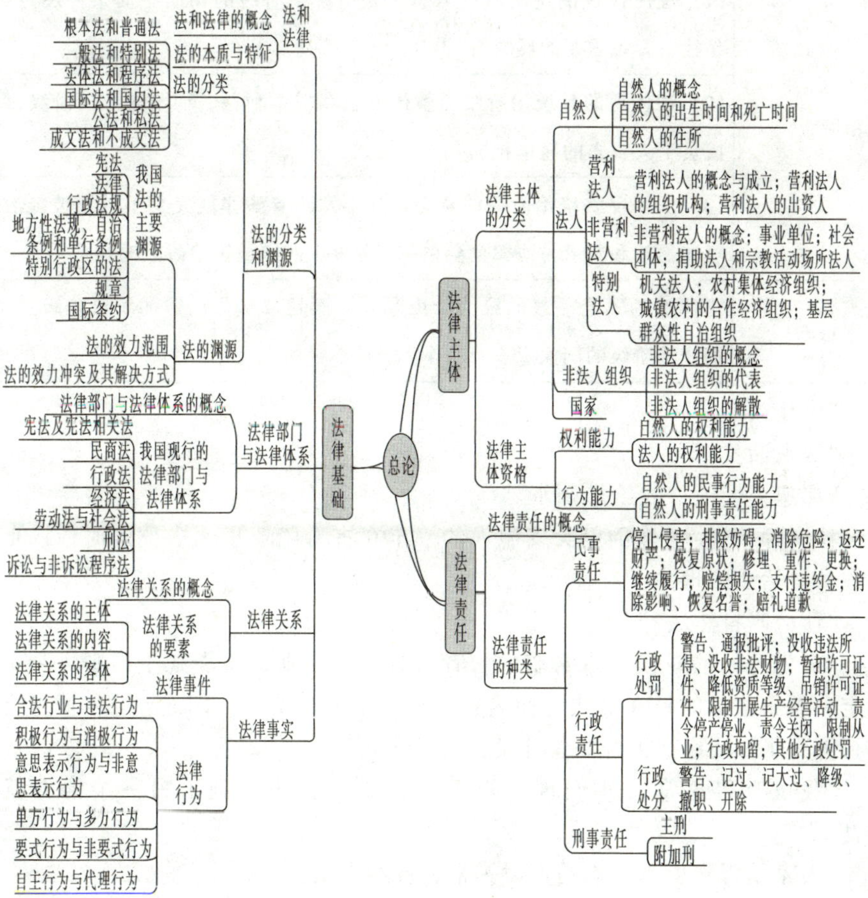

图1-1　本章思维导图

法的定义其实是战争的武器

“法是统治阶级的国家意志的体现。”这句话我一直都不理解，而且怎么想都想不明白。

杜老师说：“学习、记忆才是一切智慧的源泉，熟读唐诗三百首，不会写诗也会吟。”

顿了一下，他又说：“这句话其实是马克思说的，资本主义社会的法学根本不认可这句话，他们考试的时候，这句话是错的，当然，我们考试时，这句话是正确的。”

法是统治阶级的国家意志的体现的具体说明（见表1-1）：

表1-1　法是统治阶级的国家意志的体现的具体说明

统治阶级	(1) 法所体现的统治阶级意志，是由统治阶级的物质生活条件决定的，是社会客观需要的反映
	(2) 法体现的是统治阶级的整体意志和根本利益，而不是统治阶级每个成员个人意志的简单相加
	(3) 法律反映统治阶级的意志，并不意味着法律就完全不顾及被统治阶级的愿望和要求，法律也会在一定程度上照顾被统治阶级的利益
国家意志	法体现的不是一般的统治阶级意志，而是被奉为法律的统治阶级意志，即统治阶级的国家意志

“为什么？”

“说来话长！”

“那您慢慢说，我给您倒水。”

杜老师笑道：“你倒挺会安慰人的，早在古希腊亚里士多德的时候，出现了一种自然法的理论。”

“什么叫自然法？”

“最先开始的时候，古希腊的智者认为法是规则，重点在于规则本身具有制定和颁布法律的外在形式，而内容本身并不那么重要，因此，在A城邦合法的行为到了B城邦不再合法是非常正常的事。”

“我也觉得正常。我们现在很多事在这里合法，到了另一个地方就不合法。”

“人家是哲学思辩，你是习以为常，没经大脑。”

“噢。”

“当时有一些人反对，包括柏拉图，他认为同样一个行为在A城邦合法，到了B城邦不再合法是一件非常荒谬和矛盾的事。”

“为什么？”

“他们认为这不是真正的法律。”

“那什么才是真正的法律？”

“他们认为‘真正的’法律并不是某个国家的某一条具体法律，而是存在于更加超然的地方。法律的内容应该是普遍适用的甚至是永恒的。比如西塞罗给法律所下的定义是：真正的法律乃是一种与自然相符合的正当理性；它具有普遍的适用性，不变且永恒。这种超然于某一具体法条的法律，通常就被称为‘自然法’。

“因此自然法的核心观点就是：世界上有一种最美好最理想的法律，天然就存在于自然中，或天然就存在于人的内心中，这种法律代表着平等、正义、自由等等，它不是由人来制定的，而应该由人来发现。”

“那自然中有法律吗？”

“我只知道自然中有规则，我不知道有没有法律。”

“那后来呢？”

“后来……理想丰满，现实骨感，封建社会的权贵是不会同意的，所以，一直没火起来。”

“那为什么西方又流行了？”

“那是因为到了17、18世纪，资产阶级开始向封建社会发起进攻，他们利用自然法的理论对封建社会进行了严重批判，他们说：你们封建社会真的很坏，你们的法律都是你们统治阶级根据自己的意志制定的，不是自然法，你们的法律是恶法，不合天理，没有资格存在于这个世界，同理，你们封建社会也没有资格存在，为了正义我要灭了你。

“这样的批判是非常有力的，并且吸引了广大人民群众！一时间自然法理论受到资产阶级的追捧，一夜成名，同时涌现出好多有名的法律专家。”

“可是资本主义也要立法，难道他们的法不是立的，是在大自然中找的？”

“对，你说得很对，资本主义社会取代封建主义社会后，资产阶级开始走上历史舞台，他们也要立法，那法的定义是什么啊？他们总不能说：法是统治阶级意志的体现，这不是自己打自己嘴巴嘛？于是，他们得揣摩一套新的说辞，大概意思就是，资本主义法就是自然法，是世界上最美的法律，这个法不是他们制定的，而是本来就存在的。”

“我好像觉得有点不对。”

“嗯，马克思也觉得不对，所以他反对自然法，他说：一切法律都是人制定的，都是统治阶级意志的体现，这个世界上不存在自然法。封建社会的法是

封建统治阶级意志的体现；资本主义法是资本主义统治阶级意志的体现；社会主义法是无产阶级意志的体现。所有的法都是统治阶级意志的体现。”

“这个概念倒挺统一的，一箭三雕啊！”

“是的，这一仗打得很漂亮！后来资产阶级开始反攻，他们说：在封建主义社会的法中，杀人是犯法，在资本主义社会的法中，杀人也是犯法，在社会主义社会的法中，杀人还是犯法，都一样，说明法律是永恒不变的，怎么能说是统治阶级意志的体现呢？如果是统治阶级意志的体现，那么换一个统治阶级，法律就会不同。当然，他们说的没有我这么俗，他们会用各种专业术语、一整套逻辑来阐述，逻辑不强的人是找不出破绽的……

“而你现在要做的就是把上面的考点全部背了，然后做题。如果你想找资本主义社会的法的破绽的话，那你就得先把社会主义社会的法背了，然后再把资本主义社会的法背了，最后再把逻辑思维能力及智商提升一下。”

“算了，不要了，经济法基础已经够我背了。”

【单选题】下列关于法的本质与特征的表述中，不正确的是（　　）。

A.法是由国家制定或认可的规范

B.法是全社会成员共同意志的体现

C.法由统治阶级的物质生活条件所决定

D.法凭借国家强制力的保障获得普遍遵行的效力

【答案】B

【解析】本题考核法的本质与特征。法是统治阶级意志的体现，所以B不正确。

记忆需要非理性

我学东西有时候总是喜欢先理解，然后才背诵。

杜老师说：“你先背，再理解，因为很多东西，你不可能在短期内理解，有些东西，你甚至需要用一生的时间去实践，去揣摩，才可能理解，所以初次接触，不管理解不理解，先在大脑中收着，有个痕迹就行。”

“可是不理解，我感觉记不住啊！”

“谁说记东西一定要理解。比如：法的分类，什么成文法、根本法、实体法、公法、私法，反正你现在是不理解的，因此你就不要理解了，随便编个口诀记住就行了。”

法的分类见表1-2：

表 1-2 法的分类

标准	分类
法的创制方式和发布形式	成文法和不成文法 【口诀】创法成不成
法的内容、效力和制定程序	根本法和普通法 【口诀】内力定，本普通
法的内容	实体法和程序法 【口诀】法的内容要"程实"
法的空间效力、时间效力或对人的效力	一般法和特别法 【口诀】不"效"有三，无后特一般
法的主体、调整对象和渊源	国际法和国内法 【口诀】看见主体找祖国
法律运用的目的	公法和私法 【口诀】目的是开公司，赚大钱

考试出题的时候，一般会这么出：

【单选题】下列对法所作的分类中，以法的创制方式和发布形式为依据进行分类的是（　　）。

A.成文法和不成文法

B.根本法和普通法

C.实体法和程序法

D.一般法和特别法

"你看到一个法字，一个创字，【口诀】创法成不成，要么成，要么不成，就直接选A。

"再比如：【单选题】下列对法所作的分类中，以法的空间效力、时间效力或对人的效力进行分类的是（　　）。

"A.成文法和不成文法

"B.根本法和普通法

"C.一般法和特别法

"D.实体法和程序法

"你看到三个'效'字，根据【口诀】不'效'有三，无后特一般，特别法和一般法，直接选C就行了。"

"什么叫，不'效'有三，无后特一般？"

"以前不是'不孝有三，无后为大'吗？现在时代不一样了，单身或丁克不很正常吗？"

"噢，那杜老师，您是单身主义吗?"

"我随缘，如果我跟单身主义有缘，就单身吧。"

"那什么叫'内力定，本普通'?"

"法的内容、效力和制定程序，分为根本法和普通法，直接抽了前面三个字，后面三个字。你一看到内力定，三个字，就直接找'本普通'。"

"可是，我觉得'内力定，本普通'，这6个字也挺难记的，我觉得属于无意义词。"

"那你就赋予它一个意义。"

"怎么赋予?"

"假设你现在去一个很原始、很朴实的村庄，就像《桃花源记》描述的那样的村庄，然后你看到一个大美女朝你走来，你说'你好美啊'，她反问道'什么叫美'? 你说，'像你这样的柳叶眉、杏核眼、樱桃小嘴，就是美'。她懂了，于是继续问道，'那跟我不一样的呢? 比如小眼睛、大嘴巴，是什么?'你说是'丑'。"

"老子说，'天下皆知美之为美，斯恶已；皆知善之为善，斯不善已'。如果天下的人都知道美好的东西是美好的，那么丑陋的东西就显露出来了；如果天下的人都知道善良的事情是善良的话，那么不善良的事情就显露出来了。内力也是一样，内力定，本来是很普通的，我们每个人都是有定力的；现在却不一样了，这厚厚的法律，就说明我们没啥定力，所以才要法律来约束。"

"哇塞，几个字，立马上升到了哲学意义。"

"当然，意义嘛，你想怎么赋予就怎么赋予，意义都是你赋予的，不赋予，就没有意义。"

"根据法的内容，分为实体法和程序法，【口诀】法的内容要'程实'好记吧?"

"好记，'程实'通'诚实'。"

"根据法的主体、调整对象和渊源，分为国内法和国际法，【口诀】看见主体找祖国，好记吧?"

"好记，祖国是母亲，想妈了，就会到处找，不管在国内还是在国外。"

"根据法律运用的目的，分为公法和私法，【口诀】目的是开公司，赚大钱，好记吧?"

"好记，'公司'通'公私'。"

用数学公式做经济法题

法律事实的具体说明见表1-3：

表 1-3　　**法律事实的具体说明**

项目	核心特征	解析	
法律事件	不以当事人的主观意志为转移	绝对事件 【口诀】天灾	自然现象：如地震、洪水、台风、森林大火、生老病死、意外事故等
		相对事件 【口诀】人祸	社会现象：如爆发战争、社会革命、重大政策的改变等
法律行为	以法律关系主体意志为转移 【口诀】我的行为我做主	根据行为是否符合法律规范的要求分类	合法行为
			违法行为
		根据行为的表现形式不同分类 【口诀】表现积极不积极	积极行为（又称作为，如签发支票）
			消极行为（又称不作为，如竞业限制）
		根据行为是否通过意思表示分类	意思表示行为（如签订合同）
			非意思表示行为（如拾得遗失物、发现埋藏物）
		根据主体意思表示的形式所作的分类	单方行为（如遗嘱、行政命令）
			多方行为（如合同行为）
		根据行为是否需要特定形式或实质要件分类 【口诀】实质重于形式	要式行为（如票据行为）
			非要式行为（如口头订立的合同）
		根据主体实际参与行为的状态分类	自主行为
			代理行为

"关于法的事实，这个考点经常考，虽然已经总结得很精炼了，但是很多人还是不会做题，其实用两个公式可以解决。"

"什么公式？"

"法律事件，不以主体意志为转移，分为绝对事件和相对事件，基本上就是天灾人祸；法律行为，以主体意志为转移，意思就是我的行为我做主，法律事实是两者之和，因此我们可以列几个公式：

"法律事件=天灾人祸

"法律行为=我的行为我做主

"法律事实=法律事件+法律行为=天灾人祸+我的行为我做主

"然后根据公式做题。"

1.【单选题】下列法律事实中，属于法律行为的是（　　）。

A.发生地震

B.直播带货

C.暴发洪水

D.发生战争

【分析】题中问法律行为，你一看ACD，都是天灾人祸，只有B你还可以做主，直接选B就是了。

【答案】B

【解析】按照是否以当事人的主观意志为转移作标准，可以将法律事实划分为法律事件和法律行为两大类。法律事件具有客观性，是指不以当事人的主观意志为转移而引起法律关系发生、变更或消灭的法定情况或者现象。(1) 选项 B：直播带货是人有意识的行为，可以产生相应的法律后果，属于法律行为。(2) 选项 ACD：发生地震、暴发洪水、发生战争，是当事人无法控制、无法预见的事件，属于法律事件。

2.【单选题】下列法律事实中，属于法律事件的是（　　）。

A.核酸检测

B.捐赠口罩

C.出口疫苗

D.暴发疫情

【分析】题中问法律事件，一看D就知道是天灾，直接选D。

【答案】D

【解析】选项 ABC：属于法律行为。

3.【单选题】下列法律事实中，属于法律事件的是（　　）。

A.火山喷发

B.书立遗嘱

C.赠与房屋

D.登记结婚

【分析】题中问法律事件，找天灾人祸，直接选A，火山喷发。

【答案】A

【解析】选项 BCD：属于法律行为。

4.【多选题】下列各项中，属于法律事实的有（　　）。

A.台风登陆

B.爆发战争

C.纵火

D.租赁设备

【分析】题中问的是法律事实，那就是“天灾人祸+我的行为我做主”。

【答案】ABCD

【解析】法律事实包含法律事件和法律行为两大类。选项 AB 属于法律事件，选项 CD 属于法律行为。

“至于法律行为的分类，比较难记的，就编口诀，比如根据行为是否需要根据特定形式或实质要件分类，可以分为要式行为和非要式行为。【口诀】实质重于形式，你要形式，还是不要形式，有的人很看重形式，要有仪式感，比如结婚的时候，要有一个盛大的婚礼，有的人比较注重实质。”

“婚礼还是要的，生活还是需要仪式感的。”

“那是，在经济法里，比较有仪式感的行为是票据行为，它的格式、样式很庄重。所以，这种题，都是送分题，一秒一个。”

【单选题】根据行为是否需要特定形式或实质要件，法律行为可以分为（　　）。

A.单方行为和多方行为

B.积极行为和消极行为

C.要式行为和非要式行为

D.自主行为和代理行为

【分析】看到题干中，有形式、实质，这几个字，【口诀】实质重于形式，你要形式，还是不要形式，直接选C就可以了。

【答案】C

【解析】（1）选项A：根据主体意思表示的形式所作的分类；（2）选项B：根据行为的表现形式不同所作的分类；（3）选项D：根据主体实际参与行为的状态所作的分类。

要不要拿本朝的剑，去斩前朝的官

法律的效力范围见表1-4：

表1-4　　法律的效力范围

1.时间效力	法的效力的起始和终止的时限	
	生效方式	（1）明确规定具体生效时间（附时间生效）
		（2）明确规定具体生效条件（附条件生效）
	终止方式	（1）由新法明确规定旧法废止
		（2）在完成一定的历史任务后不再适用
		（3）由有权的国家机关发布专门的决议、决定废除
		（4）根据新法优于旧法原则，旧法自动终止
	有无溯及力	对该法实施以前的事件和行为有无溯及力——从旧兼从轻原则
		法律、行政法规、地方性法规、自治条例和单行条例、规章“不溯及既往”，但为了“更好地保护”公民、法人和其他组织的权利和利益而作的特别规定除外

续表

2.空间效力	法发生效力的空间范围和地域范围		
	法适用于国家主权所及一切领域，包括领陆、领水及其底土和领空、驻外使馆、境外飞行器、停泊在境外的船舶		
	域内效力	全国范围适用	由全国人大及其常委会、国务院制定的规范性法律文件（除法律有特别规定的外）
		局部地区适用	由地方人大及其常委会、人民政府制定的地方性法规及地方政府规章，民族自治地方制定的自治条例与单行条例
	域外效力	原则	（1）互相尊重领土主权
			（2）保护本国利益和公民权益
3.对人的效力	法的适用主体		
	属人原则	凡本国人，无论在国内、国外，均受本国法的约束。	
		凡是中国公民，在中国领域内一律适用中国法律，平等地享有权利和承担义务。中国公民在国外的，仍然受中国法律的保护，也有遵守中国法律的义务	
	属地原则	凡属本国管辖范围内，无论本国人、外国人，均受本国法的约束	
		凡在中国领域内的外国人均应遵守中国法律。中国法律保护外国人的人身权利、财产权利、受教育权利和其他合法权利	
		【提示】对有外交特权和豁免权的外国人犯罪需要追究刑事责任的，应当通过外交途径解决	
	保护原则	凡损害本国利益的，无论侵犯者所属何地域、何国籍，均受本国法的约束	

“法律的效力范围，可以简称3W——When，Where，Who，什么时候有效，在哪儿有效，对谁有效。”

“这个还是比较好理解，就是那个‘有无溯及力’，感觉看不懂。”

“‘有无溯及力’的意思就是：你要不要拿本朝的剑，去斩前朝的官，当然也包括民。”

“啊？”

“《中华人民共和国立法法》规定：法律、行政法规、地方性法规、自治条例和单行条例、规章不溯及既往，但为了更好地保护公民、法人和其他组织的权利和利益而作的特别规定除外。

“显然，我国法律原则上是‘不溯及既往’，意思就是你不能拿本朝的剑去斩前朝的官。”

“原则上是不斩，那到底要不要斩？官（民）太恶劣了，也不斩吗？”

“早在古罗马，他们在立法上就有一个原则——法律仅仅适用于将来，后来古典自然法学派及新自然法学派都认可法律的非溯及力，即法律只能面向未来，不能面向过去。他们认为用今天的观念去评价过去的行为，用当今的法律去处罚过去的行为，是非常荒诞的，在西方社会，法律没有溯及力也一直占据着统治地位。”

“那我国呢？”

“我国秦朝商鞅变法，提到‘事皆决于法’，这和如今的‘法无明文规定不为罪’是一个意思，指的是‘行为时没有法律规定’，而不是‘行为后没有法律规定’。

“唐朝立法是我国古代立法的巅峰，而在《唐律》中也有提到‘犯罪未断绝适逢格改者，格重听从犯时，格轻听从轻法’，这和如今的刑法‘从旧兼从轻’的原则是一个意思，因此，通常情况下，法律是没有溯及力的。”

“但是有一个例外。”

“是的，为了‘更好地保护’公民、法人和其他组织的权利和利益而作的特别规定除外。

“所以，你这前朝的官（民）要是太恶劣了，我为了‘更好地保护’公民、法人和其他组织的权利和利益，可以作一个特别规定，然后用本朝的剑斩了你。所以，我国在刑事案件上，司法解释有溯及力。”

“司法解释为什么有溯及力？”

“对于一些法律空白处出现的犯罪行为，国外大抵上是：法无可依，先判无罪，然后紧急修法，以后管辖。在我国大抵上是：层层上报，出司法解释——有溯及力，拿你开刀，杀鸡儆猴。”

“那‘法不溯及既往’这个原则岂不是没用了？可以绕道而走。”

“这样做是有点将‘法不溯及既往’这个原则践踏在脚下，让人觉得有不教而诛之嫌。但是从另一个角度来看，我国的模式，其实更符合朴素正义感，这样可以防止行为人钻空子，总是在法律的边缘试探。”

考试虐我千百遍，我待考试如初恋

《经济法》这门学科，初级考完中级考，中级考完注会继续考。而我的记忆力不太好，记了忘，忘了再记。

我这个人没什么远大的理想与目标，也没想要活得轰轰烈烈，我觉得一个人一生能做好一件事，能好好爱一个人，就已经非常了不起了。

于是我想，我这一生想做一件什么事情呢？想来想去，好像没有做过什么大事，那我就好好地把会计学好，把初级、中级、注会考过，也算是做了一件

大事。

大部分人都会高估自己一年能做到的事情，但是低估自己5年、10年能做到的事情。

当我准备用一段相当长的时间去做某件事情的时候，我发现我不着急了，也不焦虑了，甚至不会去想走什么捷径。我该上班就上班，该学习就学习，该约会就约会，一有时间就学习，不会孤独和寂寞，更不会无聊，毕竟我还是有人生目标的，虽然这个目标不值一提，一辈子也就这么个小目标了。生活就这么按部就班地往前走，按部就班才是实现成功的唯一途径。

当我不急功近利的时候，学得很悠然，很自得，甚至心心念念，哪怕自己笨点，记忆力差点，也会坚持下来，不会受挫。直到有一天，我背得连我身边那些不考试的人都记住了，这时我再也忘不了了。

记得刚搬到楚帆那里时，我们开始布置新家。

他说要把墙壁好好装饰一下，把那些照片都给装上相框，然后做一面照片墙。

我拿过照片，开始一张张翻看，突然，一张我从来没见过的照片映入我的眼帘。

照片上的女孩在草地上低头揉脚，她被夕阳镀上了一层金黄色，尤其是垂下来的发梢和睫毛，好像有阳光在上面跳跃。她的身后是一片墨绿色的草地和一个拉得长长的影子。但是我看不到她的正脸，照片很有意境，很美。

“咦，这是谁啊？不会是你前任吧？”我冲着楚帆问道。

楚帆站在梯子上，伸长脖子瞅了一眼，来了一句：“这是猪。”

“什么意思啊？”我疑惑道。

他从梯子上跳下来，把手在我眼前晃了晃，说道：“你能看清我的手吗？”

“当然能看清。”

“既然你眼睛没问题，怎么会连自己都认不出呢？”他蹙了蹙眉，白了我一眼。

“是吗？我有那么漂亮吗？”我很是惊讶。

“技术好，没办法，就是一头猪，我也能把它拍得很漂亮。”他微微抬起下颌，一副骄傲的样子。

我听了很是冒火：“猪有漂亮的吗？你见过漂亮的猪吗？”

“当然。”他那双墨色的眸子眯了眯，似笑又非笑。

“你没有经过我的允许就偷拍我，侵犯了我的肖像权，是要负民事责任的，你知道吗？”我开启了敲诈模式。

"你是要告我吗？可惜，这照片是我们认识前拍的，超过3年，已经过了诉讼时效期了。"

他居然知道诉讼时效期？我大为惊讶！

"你什么时候也开始看法律了？"

"还用看吗？你天天都在背这个（初级、中级、注会都要考经济法），我看邻居家的猫都会了。"他一边踩在梯子上擦玻璃，一边转过头来奚落我。

不过，他说的也不无道理，我看视频课程的时候，经常放一包零食，邻居家的猫嘴馋，好奇心又重，而且还爱凑热闹，时不时过来蹭我点零食吃，导致后来，它一听到我放视频课程，就屁颠屁颠地过来敲门了，然后把头抬得高高的，坐在那里跟我一起学习。

我想了想，继续说道："诉讼时效期是从知道或应当知道权利被侵害之日起算，只要我跟法官说，我不知道我的权利被侵害了，现在才知道，那诉讼时效期就应该从现在开始起算（见表1-5）。"

表1-5　**诉讼时效期间的确定**

时长	起点	年限	情形
普通	知道或应当知道权利被侵害之日起	3年	一般纠纷
最长	权利被侵害时起	20年	所有合同

真不枉我背了那么久啊，居然还能反驳了。

"那我可以为自己辩护，跟法官说你知道。"他继续跟我狡辩，眸子在灯光的照耀下，星星点点，泛着光，嘴角还漾起一抹笑容。

"我不知道，照片是你偷拍的，我怎么会知道？"我噘了噘嘴。

"我就说你知道，而且我可以举证。"

"你怎么举证？"

"我有结婚证啊！"

"你……那我就咬死了，就是不知道。"

"法官又不傻，这所有的照片都可以成为证据，没有这些照片，就不会有后来的结婚证，我没发现你，就不会认识你，不认识你，又怎么会跟你结婚？所以法官会认定你应当知道。而普通诉讼时效期是从知道或者应当知道之日起算。"他把白衬衫的袖子卷到了胳膊肘，眉眼舒展，满满的笃定。

"太没天理了，我本来就不知道。"我叫道。

"要什么天理，要的是逻辑和证据。再说，你要我承担民事责任（见表1-6），承担什么民事责任，赔偿损失？"他居高临下地看着我，声音沉稳，墨色的眸子肆意地流泻出真实的情绪——戏谑。

表1-6 民事责任

民事责任	停止侵害，排除妨碍，消除危险，返还财产，恢复原状，修理、重作、更换，继续履行，赔偿损失，支付违约金，消除影响、恢复名誉，赔礼道歉

“我要恢复原状。”我白了他一眼。

“这个不现实，时光又不能倒流。要不我给你赔礼道歉？”他微微侧了侧身子，求和道。

“不行，我要给你记大过。”我揪着把柄不放。

“宝贝，你记混了吧，这是行政责任，我都会了。”他突然摸了摸我的头发，眉眼带笑。

我一怔，是噢，怎么越背越傻呢？

从初级考到中级，从中级考到注会，这种题我都做了无数遍了，一不留神，居然还说错了。

下列各项中，属于行政责任的有（　　）。

A.罚金　　B.没收违法所得

C.赔礼道歉　　D.记大过

【答案】BD

【解析】选项A，属于刑事责任；选项B，属于行政处罚；选项C，属于民事责任；选项D，属于行政处分；行政处罚与行政处分均属于行政责任（见表1-7）。

表1-7 行政责任

行政责任	行政处罚	(1) 行政处罚形式通常包括警告，罚款，没收违法所得、没收非法财物，责令停产停业，暂扣或吊销许可证、暂扣或吊销营业执照，行政拘留和法律、行政法规规定的其他行政处罚 (2) 税务行政处罚的具体形式包括罚款、没收财物和违法所得、停止出口退税权
	行政处分	警告、记过、记大过、降级、撤职、开除（共6类）

“为什么不能对你进行行政处分？”我灵机一动，干脆强词夺理。

“能，你是领导，你做什么都行，我看你直接给我判有期徒刑得了。”他语气突然变得慵懒。

“有期徒刑太便宜你了，应该判无期。”我得寸进尺。

“还无期？那我问你，你怎么执行啊？”

“就把你圈在家里，哪里都不许去。”

“不上班了？不赚钱了？谁养你啊？”他突然靠近我，语调轻缓。

“嗯……这确实是个问题。”我想了想，说道。

“一张照片居然能上升到刑事责任？那还有死刑，你要不要判？”他一边说一边又把衬衫袖子往上卷了卷，然后在盆里洗抹布。

“不要。”我赶紧笑着摇头。

“为什么？”

“你死了就没人疼我了。”

“真聪明！”

“所以，管制一下算了，同时剥夺政治权利、没收财产。”

“还能一下子判三个啊？”

“当然，剥夺政治权利、没收财产，是附加刑（见表1-8），既可以独立适用，也可以和主刑一起适用。政治权利被剥夺了，以后你就没有话语权了，知道不？”

表1-8 **刑事责任**

责任类别	具体形式	
刑事责任	主刑	管制（“323”）3个月以上2年以下，最高3年
		拘役（“161”）1个月以上6个月以下，最高1年
		有期徒刑（“615352025”）6个月以上15年以下 **【注意1】**数罪并罚“总和刑期不满35年的，最高不能超过20年，总和刑期在35年以上的，最高不能超过25年” **【注意2】**数罪中有判处有期徒刑和拘役的，执行有期徒刑。数罪中有判处有期徒刑和管制，或者拘役和管制的，有期徒州、拘役执行完毕后，管制仍须执行
		无期徒刑
		死刑（包括死刑立即执行和死州缓期2年执行）
	附加刑（可与主刑一起适用，也可以独立适用）	罚金
		剥夺政治权利
		没收财产
		驱逐出境（适用于外国人）

“行，以后所有的话语权都是你的，那你可不可以一边说话，一边干点活，我把所有的玻璃都擦完了，你好像什么也没干。”

我这才发现，自己光顾着说话，手一直没有动。

“跟你说话，干活效率确实很低，我不跟你说了，好好干活。”我转过身，朝厨房走去。

“你还是说话吧！”他跟了过来。

“为什么呀？”我回过头，疑惑道。

“听你说话，干活不累。”他把厨房窗帘往上卷了卷，阳光透过偌大的玻璃照在他的脸上，仿佛给他立体的五官镶了一层金边。

于是，我往后退了退，抬头说道：“你这玻璃擦得真干净！你怎么能把玻璃擦得这么干净呢？”

“是吗？”他也后退了两步，抬头欣赏自己的杰作。

“嗯，苍蝇飞过来，都能撞死。”我赞赏道。

“不要总是说死行不行？”他眉梢挑了挑。

“我主要是想形容你玻璃擦得很干净。”

“你完全可以用窗明几净、一尘不染来形容。”他一本正经地教育我。

“要不，搞完卫生后，你陪我背书吧，我觉得跟你一起背书不累。”看着他那好为人师的样子，我白了他一眼，提议道。

“跟你背书，我累！”

“你又不要考试，累什么累？”

“我看着你累。”他星眸眯起，阳光洒在他的睫毛上，格外撩人。

我没理他，而是转过身，开始收拾厨房。

我把调料罐打开，把盐包剪了个口子，然后往调料罐里倒，倒到一半，突然发现不对，这个罐子里面是糖。

“完了，跟你说话，我把盐全部倒进糖里了！”我一脸无辜地看着他，希望他不要数落。

没想到，他手臂突然伸了过来，将我整个人圈在怀里，接着低头，在我眉心上吻了吻，然后无比温柔地说道：“没事，结婚了，我就是你老公，以后呢，你的行为会被我限制，成为我的限制民事行为能力人，对于限制民事行为能力人，无论做多么离谱的事情，我都会宽恕的（见表1-9）。”

表1-9　**自然人的民事行为能力**

类型	界定标准
完全民事行为能力人	18周岁以上(≥18周岁)
	16周岁以上(≥16周岁)不满18周岁(＜18周岁),以自己的劳动收入为主要生活来源的,视为完全民事行为能力人
限制民事行为能力人	8周岁以上(≥8周岁)的未成年人
	不能完全辨认自己行为的精神病人
无民事行为能力人	不满8周岁(＜8周岁)的未成年人
	完全不能辨认自己行为的精神病人

那浅浅润润的声音，温暖如晚风，甘甜如树莓。

我的心因为这句话，竟然骤停了一拍。半晌，我才反应过来，不对啊，限制民事行为能力人？限制民事行为能力人在法律上不是精神病人吗？

“你……你居然说我是限制民事行为能力人？”我抡起了拳头。无奈花拳绣腿落在他身上都成了绕指柔。

而他嘴角的梨涡一圈圈划开，眸子里泛着波光，笑得极为迷人。

【提示】自然人民事行为能力的判定主要看两个因素：（1）年龄；（2）精神状态。与肢体是否残缺、智力高低等无关。

从此以后，我也学会了一招，如果跟人发生争执，也会不紧不慢，轻描淡写地说道：“算了，不跟你计较了，对于限制民事行为能力人，我向来都比较宽容。”

言下之意，你这个神经病，懒得跟你计较。

如果对方是个法盲，根本就不知道我在说什么，只能干瞪眼。

本章考点笔记精华

法律基础

【考点 1.1】法的本质

法是统治阶级的国家意志的体现。法的本质见表 1-10。

表 1-10　　**法的本质**

1.统治阶级	（1）法所体现的统治阶级意志，是由统治阶级的物质生活条件决定的，是社会客观需要的反映
	（2）法体现的是统治阶级的整体意志和根本利益，而不是统治阶级每个成员个人意志的简单相加
	（3）法律反映统治阶级的意志，并不意味着法律就完全不顾及被统治阶级的愿望和要求，法律也会在一定程度上照顾被统治阶级的利益
2.国家意志	法体现的不是一般的统治阶级意志，而是被奉为法律的统治阶级意志，即统治阶级的国家意志

【单选题】关于法的本质与特征的下列表述中，错误的是（　　）。

A.法是统治阶级的国家意志的体现

B.法由统治阶级的物质生活条件所决定

C.法完全不顾及被统治阶级的愿望和要求

D.法是明确而普遍适用的规范

【答案】C

【解析】选项C，法也会在一定程度上照顾被统治阶级的利益，其目的是保全统治阶级更大的、更为根本的利益。

【考点1.2】法的特征（见表1-11）

表1-11 **法的特征**

特征	基本释义
国家意志性	法是经过国家制定或认可才得以形成的规范 【提示】制定、认可是国家创制法的两种方式，也是统治阶级把自己的意志变为国家意志的两种途径
国家强制性	法凭借国家强制力的保证而获得普遍遵行的效力
规范性	（1）概括性。法是调节人们行为的一种社会规范，具有能为人们提供一个行为模式、标准的属性 （2）利益导向性。法通过规定人们的权利和义务来分配利益，从而影响人们的动机和行为，进而影响社会关系，实现统治阶级的意志和要求，维持社会秩序
明确公开性和普遍约束性	（1）法是明确而普遍适用的规范，具有明确公开性和普遍约束性 （2）可预测性。法具有明确的内容，能使人们预知自己或他人一定行为的法律后果 （3）普遍适用性。凡是在国家权力管辖和法律调整的范围、期限内，对所有社会成员（包括统治阶级和被统治阶级）及其活动都普遍适用

【单选题】法是经过国家制定或者认可才得以形成的规范，这体现了法的（　　）。

A.国家意志性　　B.强制性

C.明确公开性和普遍约束性　　D.规范性

【答案】A

【考点1.3】法的分类（见表1-12）

表1-12 **法的分类**

标准	分类
法的创制方式和发布形式	成文法和不成文法
法的内容、效力和制定程序	根本法和普通法
法的内容	实体法和程序法
法的空间效力、时间效力或对人的效力	一般法和特别法
法的主体、调整对象和渊源	国际法和国内法
法律运用的目的	公法和私法

【单选题】下列各项中，属于按照法的主体、调整对象和渊源对法所作的分类的是（　　）。

A.成文法和不成文法　　B.国际法和国内法

C.实体法和程序法　　D.一般法和特别法

【答案】B

【解析】选项A，是根据法的创制方式和发布形式所作的分类；选项B，是根据法的主体、调整对象和渊源所作的分类；选项C，是根据法的内容所作的分类；选项D，是根据法的空间效力、时间效力或对人的效力所作的分类。

【考点1.4】法的形式（见表1-13）

表1-13　　法的形式

形式		制定机关	注意要点	名称规律
宪法		全国人大	国家根本大法，具有最高的法律效力	
法律		全国人大——基本法律 其常委会——非基本法律	全国人大及其常委会有权就有关问题作出规范性决议或者决定，与法律具有同等地位和效力	××法
法规	行政法规	国务院		××条例
	地方性法规（自治条例和单行条例）	地方人大及其常委会	省、自治区、直辖市；特区、设区的市、自治州	××地方××条例
规章	部门规章	国务院各部委		××办法××通则实施细则
	地方政府规章	地方人民政府	没有法律、行政法规、地方性法规的依据，地方政府规章不得设定减损公民、法人或其他组织权利或增加其义务的规范	××地方××办法
效力排序		宪法>法律>行政法规>地方性法规>同级地方政府规章		

【提示】特别行政区法、国际条约也属于法的形式。我国不实行判例制度，人民法院所作的判决书、最高人民法院指导案例等不能作为法的形式。

【注意】全国性的法律除列于基本法附件者外，不得在特别行政区实施。

1.【判断题】没有法律、行政法规、地方性法规的依据，地方政府规章不得设定减损公民、法人或其他组织权利或增加其义务的规范。（　）

2.【多选题】下列关于法的形式的说法中，错误的有（　　）。

A.宪法由全国人民代表大会及其常委会制定，具有最高的法律效力

B.法律是由全国人民代表大会及其常委会经过一定立法程序制定颁布的规范性文件

C.行政法规是由国务院及其各部委在法定职权范围内为实施宪法和法律制定、发布的规范性文件

D.省、自治区、直辖市人民政府在与宪法、法律和行政法规不相抵触的前提下，可以根据本地区的具体情况和实际需要制定、发布地方性法规

3.【多选题】下列法律文件中，属于规章的有（　　）。

A.国务院发布的《企业财务会计报告条例》

B.北京市人民政府发布的《北京市环境噪声污染防治办法》

C.财政部发布的《政府采购货物和服务招标投标管理办法》

D.天津市人大常委会发布的《天津市环境保护条例》

1.【答案】√

2.【答案】ACD

【解析】选项A，宪法是由全国人民代表大会制定的。选项B，全国人民代表大会和全国人民代表大会常务委员会行使国家立法权。全国人民代表大会制定和修改刑事、民事、国家机构的和其他的基本法律。选项C，行政法规是由国务院制定的。选项D，地方性法规是由地方人大制定的。

3.【答案】BC

【解析】选项A属于行政法规，选项D属于地方性法规，二者均属于法规；选项B属于地方政府规章，选项C属于部门规章，二者均属于规章。

【考点1.5】法的效力范围（见表1-14）

表1-14　　法的效力范围

效力类型	基本内容	解析
(1)法的时间效力	概念	法的时间效力，是指法的效力的起始和终止的时限以及对其实施以前的事件和行为有无溯及力
	法的生效	法规定生效期限的方式主要有两种： 一是明确规定一个具体生效时间 二是规定具备何种条件后开始生效
	法的终止	①新法取代旧法，由新法明确规定旧法废止，这是通常做法 ②有的法在完成一定的历史任务后不再适用 ③由有权的国家机关发布专门的决议、决定，废除某些法律 ④同一国家机关制定的法，虽然名称不同，在内容上旧法与新法发生冲突或相互抵触时，以新法为准，旧法中的有关条款自动终止效力
	法的溯及力	法的溯及力，又称法的溯及既往的效力，它是指新法对其生效前发生的行为和事件是否适用。如果不适用，就没有溯及力；如果适用，新法就有溯及力
		我国法律采用的是从旧兼从轻原则，就是说原则上新法无溯及力，对行为人适用旧法，但新法对行为人的处罚较轻时则适用新法
(2)法的空间效力	域内效力	①在全国范围内有效。在我国，由全国人大及其常委会、国务院制定的规范性法律文件，如宪法、法律、行政法规，除法律有特别规定的外，均在全国范围内有效 ②在我国局部地区有效。我国地方人大及其常委会、人民政府依法制定的地方性法规及地方政府规章，民族自治地方制定的自治条例与单行条例，在其管辖范围内有效
	域外效力	我国在互相尊重领土主权的基础上，本着保护本国利益和公民权益的精神和原则，也规定了某些法律或某些法律条款具有域外效力
(3)法的对人效力	我国法律对人效力采用的是结合主义，即以属地主义为主，但又结合属人主义与保护主义	①属人主义原则，是根据自然人的国籍来确定法的适用范围。凡是本国人，不论在国内还是在国外，一律受本国法的约束 ②属地主义原则，是根据领土来确定法的适用范围。凡属一国管辖范围的一切人，不管是本国人，还是外国人，都受该国法的约束 ③保护主义原则，是从保护本国利益出发来确定法的适用范围。只要损害了本国利益，不论侵犯者在何地域或是何国国籍，一律受本国法律约束

【考点1.6】法的效力冲突及其解决方式（见表1-15和表1-16）

表1-15　　　　**解决法的效力冲突的一般原则**

(1) 根本法优于普通法	普通法必须以宪法为依据，不得同宪法相抵触
(2) 上位法优于下位法	不同位阶的法之间发生冲突，适用上位法
(3) 新法优于旧法	同一国家机关在不同时期颁布的法产生冲突时，遵循新法
(4) 特别法优于一般法	同一国家机关制定的法发生冲突： ①对特定主体和特定事项的法，优于对一般主体和一般事项的法 ②对特定时间和特定区域的法，优于平时和一般地区的法

表1-16　　　　**解决法的效力冲突的特殊方式**

冲突类型		解决方式
新的一般规定与旧的特别规定不一致	法律之间对同一事项的新的一般规定与旧的特别规定不一致，不能确定如何适用时	由全国人大常委会裁决
	行政法规之间对同一事项的新的一般规定与旧的特别规定不一致，不能确定如何适用时	由国务院裁决
	同一机关制定的地方性法规、规章，新的一般规定与旧的特别规定不一致时	由制定机关裁决
	地方性法规与部门规章之间对同一事项的规定不一致，不能确定如何适用时	由国务院提出意见： ①国务院认为应当适用地方性法规的，应当决定在该地方适用地方性法规的规定 ②认为应当适用部门规章的，应当提请全国人大常委会裁决
	部门规章之间、部门规章与地方政府规章之间对同一事项的规定不一致时	由国务院裁决
	国务院根据全国人大及其常委会授权制定的法规与法律规定不一致时	由全国人大常委会裁决

【考点1.7】法律部门（见表1-17）

表1-17　　法律部门

法律部门又称部门法，法律部门划分的标准首先是法律调整的对象，即法律调整的社会关系	
1. 宪法及宪法相关法	宪法是国家的根本法，宪法相关法是与宪法相配套、直接保障宪法实施和国家政权运作的法律规范的总和
2. 民商法	主要包括公司、破产、证券、期货、保险、票据、海商等方面的法律
3. 行政法	行政法是规范国家行政管理活动的法律规范的总和，行政法包括《中华人民共和国行政许可法》《中华人民共和国行政处罚法》等
4. 经济法	经济法是在国家干预市场经济活动过程中逐渐发展起来的一个法律门类，主要包括两个部分： 一是创造平等竞争环境、维护市场秩序方面的法律，主要是反垄断、反不正当竞争、消费者权益保护方面的法律 二是国家宏观经济调控方面的法律，主要是有关财政、税收、金融、对外贸易等方面的法律
5. 劳动法与社会法	劳动法如《中华人民共和国劳动法》《中华人民共和国劳动合同法》 社会法如未成年人保护法、妇女权益保护法、残疾人保护法等
6. 刑法	刑法是规范犯罪、刑事责任和刑罚的法律规范的总和
7. 诉讼与非诉讼程序法	我国已经制定了《中华人民共和国刑事诉讼法》、《中华人民共和国民事诉讼法》和《中华人民共和国行政诉讼法》，分别对三种诉讼活动进行规范。此外，针对海事诉讼的特殊性，制定了《中华人民共和国海事诉讼特别程序法》 非诉讼程序法是解决非诉案件的程序制度，如《中华人民共和国仲裁法》等

法律关系

【考点1.8】法律关系（见表1-18）

表1-18　　法律关系

1.法律关系是法律规范在调整人们的行为过程中所形成的社会关系 【提示】受法律规范调整的，才属于法律关系；不受法律规范调整，仅受道德规范调整的（例如恋爱中的“山盟海誓”）不属于法律关系
2.法律关系由法律关系的主体、内容和客体三个要素构成，缺少其中任何一个要素，都不能构成法律关系
3.法律事实是能够直接引起法律关系发生、变更或者消灭的原因

【考点1.9】法律主体的分类（见表1-19）

表1-19　　法律主体的分类

基本分类			具体内容
自然人			是指生物学上的人，包括中国公民、外国公民和无国籍人
组织	法人组织	营利法人	（1）公司制营利法人：有限责任公司、股份有限公司 （2）非公司制营利法人：没有采用公司制的全民所有制、集体所有制企业
		非营利法人	包括事业单位，社会团体，基金会、社会服务机构等捐助法人，宗教活动场所法人
		特别法人	包括机关法人、农村集体经济组织法人、城镇农村的合作经济组织法人、基层群众性自治组织法人等
	非法人组织		包括个人独资企业、合伙企业、不具有法人资格的专业服务机构等
国家			在特殊情况下，国家可以作为一个整体成为法律主体。比如国家是土地的唯一所有权人

【多选题】下列各项中，能够成为法律关系主体的有（　　）。

A.人身　　B.一人有限责任公司

C.中国人民大学　　D.宋庆龄基金会

【答案】BCD

【解析】选项A，属于法律关系的客体。

【考点 1.10】权利能力分类（见表 1-20）

表 1-20　　权利能力分类

分类标准	内容	
根据享有权利的主体范围不同	一般权利能力	所有公民均具有
	特殊权利能力	公民在特定条件下具有的法律资格，如国家机关及其工作人员
根据法律部门的不同	民事权利能力 政治权利能力 行政权利能力 劳动权利能力 诉讼权利能力	

【考点 1.11】区分“权利”能力与“行为”能力（见表 1-21）

表 1-21　　区分“权利”能力与“行为”能力

“权利”能力	法律赋予公民、法人或者其他组织享有权利、承担义务的资格（有没有）
“行为”能力	法律关系主体能够通过自己的行为实际取得权利和履行义务的能力（能不能）
（1）自然人的权利能力与行为能力	权利能力：始于出生、终于死亡
	行为能力：年龄+精神状态
（2）法人以及其他组织的权利能力与行为能力	权利能力：始于产生、终于消灭
	行为能力：同权利能力

【考点 1.12】自然人的相关规定（见表 1-22）

表 1-22　　自然人的相关规定

自然人的出生时间和死亡时间	自然人的出生时间和死亡时间，以出生证明、死亡证明记载的时间为准；没有出生证明、死亡证明的，以户籍登记或者其他有效身份登记记载的时间为准
	有其他证据足以推翻以上记载时间的，以该证据证明的时间为准
自然人的住所	自然人以户籍登记或者其他有效身份登记记载的居所为住所；经常居所与住所不一致的，经常居所视为住所
自然人的权利能力	自然人的民事权利能力一律平等
	自然人从出生时起到死亡时止，具有民事权利能力，依法享有民事权利，承担民事义务
	胎儿：涉及遗产继承、接受、赠与等胎儿利益保护的，胎儿视为具有民事权利能力。但是，胎儿娩出时为死体的，其民事权利能力自始不存在

【考点1.13】自然人的民事行为能力（如图1-2所示）

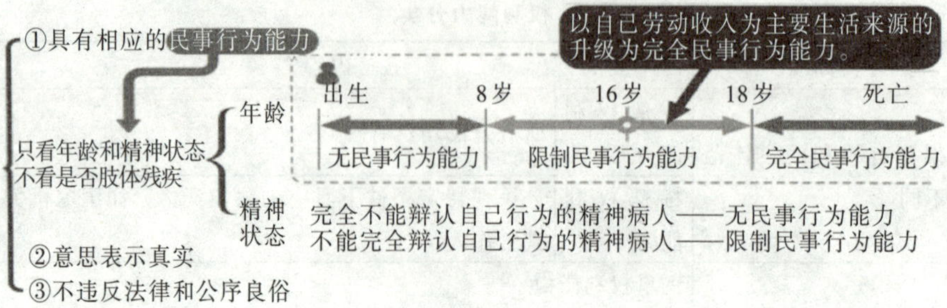

图1-2　自然人的民事行为能力

【提示】自然人民事行为能力的判定主要看两个因素：（1）年龄；（2）精神状态。与肢体是否残缺、智力高低等无关。

【注意】《民法典》规定："以上""以下"均包括本数，"超过""不满"均不包括本数。

【多选题】根据《民法典》的规定，下列关于自然人民事行为能力的说法中正确的有（　　）。

A.8周岁以上，18周岁以下的公民是限制民事行为能力人

B.16周岁以上不满18周岁但以自己的劳动收入为主要生活来源的公民是完全民事行为能力人

C.完全不能辨认自己行为的成年人是无民事行为能力人

D.刚刚过完8周岁生日的小明是无民事行为能力人

【答案】BC

【解析】选项A，8周岁以上，"不满"18周岁的公民是限制民事行为能力人，年满18周岁属于完全民事行为能力人，本题表述18周岁以下包括18周岁；选项D，"不满"8周岁属于无民事行为能力人，本题表述刚刚过完8周岁生日的小明已经年满8周岁，属于限制民事行为能力人。

【考点1.14】民事行为能力效力（如图1-3所示）

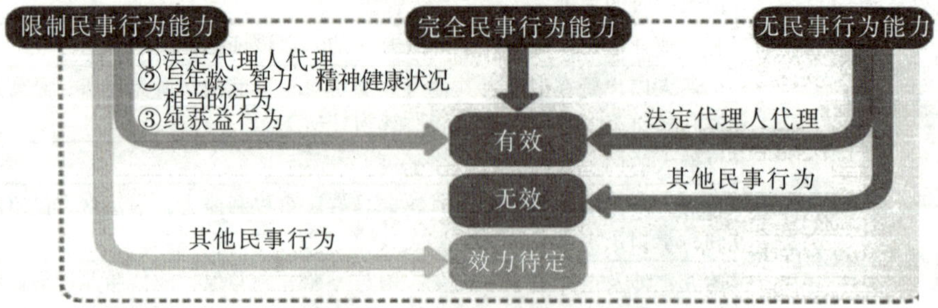

图1-3　民事行为能力效力

【考点1.15】自然人的刑事责任能力

自然人的刑事责任年龄划分见表1-23。

表1-23　　自然人的刑事责任年龄划分

年龄	应负刑事责任的罪行
≥16周岁	所有犯罪行为
≥14周岁，＜16周岁	（1）犯故意杀人罪致人重伤或者死亡 （2）犯故意伤害罪致人重伤或者死亡 （3）强奸 （4）抢劫 （5）贩卖毒品 （6）放火 （7）爆炸 （8）投放危险物质罪
≥12周岁，＜14周岁	限于列举的两类，且有程度要求、情节要求、核准追溯要求： （1）犯故意杀人罪，致人死亡或者以特别残忍手段致人重伤造成严重残疾，情节恶劣，经最高人民检察院核准追诉 （2）犯故意伤害罪，致人死亡或者以特别残忍手段致人重伤造成严重残疾，情节恶劣，经最高人民检察院核准追诉

对特殊年龄段自然人的量刑规则见表1-24。

表1-24　　对特殊年龄段自然人的量刑规则

<table>
<tr><th colspan="2">犯罪人</th><th colspan="2">宽恕幅度</th></tr>
<tr><td>未成年人</td><td>已满12周岁，不满18周岁</td><td colspan="2">应当从轻或者减轻处罚</td></tr>
<tr><td rowspan="2">老年人</td><td rowspan="2">已满75周岁</td><td>故意犯罪</td><td>可以从轻或者减轻处罚</td></tr>
<tr><td>过失犯罪</td><td>应当从轻或者减轻处罚</td></tr>
<tr><td>残疾人</td><td>（1）又聋又哑
（2）盲人</td><td colspan="2">可以从轻、减轻或者免除处罚</td></tr>
</table>

对精神状态异常的自然人的量刑规则见表1-25。

表1-25　　对精神状态异常的自然人的量刑规则

精神病人	在不能辨认或者不能控制自己行为的时候造成危害结果，经法定程序鉴定确认的，不负刑事责任，但应责令家属或者监护人严加看管和医疗；必要的时候，由政府强制医疗
间歇性精神病人	精神正常的时候犯罪，应当负刑事责任
尚未完全丧失辨认或者控制自己行为能力的精神病人	尚未完全丧失辨认或者控制自己行为能力的精神病人犯罪的，应当负刑事责任，但是可以从轻或者减轻处罚
醉酒的人犯罪	应当负刑事责任

【考点1.16】法人的相关规定（见表1-26）

表1-26 法人的相关规定

法人制度	法人制度是指法律赋予符合条件的团体以法律人格，使团体的人格与成员的人格独立开来，从而使这些团体成为独立的民事主体
法人	法人是具有民事权利能力和民事行为能力，依法独立享有民事权利和承担民事义务的组织
住所	法人以其主要办事机构所在地为住所。依法需要办理法人登记的，应当将主要办事机构所在地登记为住所
法人的组织机构	（1）法人的组织机构亦称法人的机关。法人作为法律关系主体要独立参与法律活动，就必须产生出自己的团体意思，并能将自己的团体意思付诸实施。而这一切只有通过法人的各种健全的组织机构才能完成 （2）以营利法人为例，其组织机构主要包括权力机构（如公司股东会）、执行机构（如公司董事会）和监督机构（如公司监事会）
法定代表人	（1）依照法律或者法人章程的规定，代表法人从事民事活动的负责人，为法人的法定代表人 （2）法定代表人以法人名义从事的民事活动，其法律后果由法人承受 （3）法人章程或者法人权力机构对法定代表人代表权的限制，不得对抗善意相对人 （4）法定代表人因执行职务造成他人损害的，由法人承担民事责任。法人承担民事责任后，依照法律或者法人章程的规定，可以向有过错的法定代表人追偿
法人设立中的责任承担	（1）设立人为设立法人从事的民事活动，其法律后果由法人承受；法人未成立的，其法律后果由设立人承受，设立人为二人以上的，享有连带债权，承担连带债务 （2）设立人为设立法人以自己的名义从事民事活动产生的民事责任，第三人有权选择请求法人或者设立人承担
法人的合并和分立	（1）法人合并的，其权利和义务由合并后的法人享有和承担 （2）法人分立的，其权利和义务由分立后的法人享有连带债权，承担连带债务，但是债权人和债务人另有约定的除外
法人解散	《民法典》规定出现下列情形之一的，法人解散： ①法人章程规定的存续期间届满或者法人章程规定的其他解散事由出现 ②法人的权力机构决议解散 ③因法人合并或者分立需要解散 ④法人依法被吊销营业执照、登记证书，被责令关闭或者被撤销 ⑤法律规定的其他情形
法人终止	有下列原因之一并依法完成清算、注销登记的，法人终止： ①法人解散 ②法人被宣告破产 ③法律规定的其他原因
法人的清算	法人解散的，除合并或者分立的情形外，清算义务人应当及时组成清算组进行清算
法人的分支机构	（1）法人可以依法设立分支机构。法律、行政法规规定分支机构应当登记的，依照其规定 （2）分支机构以自己的名义从事民事活动，产生的民事责任由法人承担；也可以先以该分支机构管理的财产承担，不足以承担的，由法人承担

【考点1.17】非法人组织的相关规定（见表1-27）

表1-27　　非法人组织的相关规定

非法人组织	非法人组织是指不具有法人资格，但是能够依法以自己的名义从事民事活动的组织
非法人组织的财产	非法人组织的财产不足以清偿债务的，其出资人或者设立人承担无限责任。法律另有规定的，依照其规定
非法人组织的代表	非法人组织可以确定一人或者数人代表该组织从事民事活动
非法人组织的解散	有下列情形之一的，非法人组织解散： ①章程规定的存续期间届满或者章程规定的其他解散事由出现 ②出资人或者设立人决定解散 ③法律规定的其他情形
清算	非法人组织解散的，应当依法进行清算

【考点1.18】法律关系内容（见表1-28）

表1-28　　法律关系内容

1.法律关系的内容是指法律关系主体所享有的权利和承担的义务
2.法律权利是指法律关系主体依法享有的权益，表现为权利享有者依照法律规定有权自主决定作出或者不作出某种行为（行为权）、要求他人作出或者不作出某种行为（请求权），以及一旦被侵犯，有权请求国家予以法律保护（获得法律保护权）
3.法律义务包括积极义务（如纳税、服兵役）和消极义务（如不得毁坏公共财物，不得侵害他人生命财产安全）

【判断题】法律关系的内容是指法律关系主体所享有的权利和承担的义务，其中承担的义务可以是积极义务，也可以是消极义务。（　　）

【答案】√

【考点1.19】法律关系客体（见表1-29）

表1-29 法律关系客体

1.物	（1）自然物：土地、矿藏、水流、森林等 （2）人造物：建筑、机器、各种产品等 （3）货币及有价证券 （4）既可以是有体物，也可以是无体物，如天然气、电力权利、数据信息等
2.人身、人格	（1）人身和人格分别代表着人的物质形态和精神利益 （2）人身和人格是生命权、身体权、健康权、姓名权、名誉权、隐私权、婚姻自主权等人身权指向的客体 （3）人身和人格是禁止非法拘禁他人、禁止对犯罪嫌疑人刑讯逼供、禁止侮辱或诽谤他人、禁止卖身为奴等法律义务所指向的客体 （4）以人身、人格作为法律关系客体的范围，法律有严格的限制 （5）人的整体只能是法律关系的主体，不能是法律关系的客体 （6）人的部分是可以作为客体的“物”，如头发、血液、骨髓和其他器官从身体中分离出去，成为与身体相分的外部之物时，在某些情况下也可视为法律上的物
3.智力成果	（1）精神产品也称智力成果，是指人们通过脑力劳动创造的能够带来经济价值的精神财富，如作品、发明、实用新型、外观设计、商标等 （2）精神产品是一种精神形态的客体，是一种思想或技术方案，不是物，但通常有物质载体，如书籍、图册、录像、录音等
4.信息、数据、网络虚拟财产	（1）作为法律关系客体的信息，是指有价值的情报或资讯，如矿产情报、产业情报、国家机密、商业秘密、个人隐私等 （2）个人信息是以电子或者其他方式记录的与已识别或者可识别的自然人有关的各种信息，不包括匿名化处理后的信息
5.行为	生产经营行为、经济管理行为、完成一定工作的行为、提供一定劳务的行为等

1.【单选题】2018年8月艾薇与甲公司签订运输合同，将一批货物运送至A地，共计支付运输费用2万元。则上述法律关系中的客体是（　　）。

A.艾薇　　　　B.甲公司

C.被运输的货物　　　　D.提供运输劳务的行为

2.【单选题】艾美强占赵星的汽车，则上述法律关系中的客体是（　　）。

A.艾美　　　　B.艾美的强占行为

C.汽车　　　　D.返还汽车的义务

3.【多选题】法律关系客体主要包括物、非物质财富和行为。下列各项中，属于物的有（　　）。

A.自然灾害　　　　B.苹果树

C.奥运金牌　　　　D.人的眼角膜

1.【答案】C

【解析】法律关系的客体是权利和义务指向的对象。运输合同的客体是“提供运输劳务的行为”，但“经济法基础”在考试中将合同的标的物（被运输的货物）认定为该法律关系的客体，本题以“考试标准”给出正确选项为C。

2.【答案】C

【解析】选项A，属于法律关系的主体；选项B，属于引起法律关系产生的法律行为；选项C，属于法律关系的客体；选项D，属于法律关系的内容。

3.【答案】BD

【解析】选项A，自然灾害不能为人类所控制，不属于法律关系的客体，属于法律事实；选项C，奥运金牌应该是荣誉产品，属于非物质财富；选项B，属于人造物；选项D，人身体的一部分也属于物的范畴。

【考点1.20】法律事件与法律行为（见表1-30）

表1-30　法律事件与法律行为

1.任何法律关系的发生、变更和消灭，都要有法律事实的存在	
2.法律事件	法律事件是指不以当事人的主观意志为转移的，能够引起法律关系发生、变更和消灭的法定情况或者现象
	(1)绝对事件——自然现象：如地震、洪水、台风、森林大火等自然灾害或者生老病死、意外事故等
	(2)相对事件——社会现象：如爆发战争、重大政策的改变等
3.法律行为	法律行为是指以法律关系主体意志为转移的，能够引起法律后果，即引起法律关系发生、变更和消灭的人们有意识的活动

1.【多选题】下列各项中，属于法律行为的有（　　）。

A.日升月落　　　　B.订立遗嘱

C.人的死亡　　　　　　　　　　　　D.虚开发票

2.【多选题】下列各项中，属于法律事件的有（　　）。

A.某服装厂与供货商订立了一份合同

B.张某受到意外事故伤害

C.战争爆发

D.赵某出生

1.【答案】BD

【解析】选项AC，属于法律事件。

2.【答案】BCD

【解析】选项A，属于法律行为。

【考点1.21】法律行为分类（见表1-31）

表1-31　　　　　　　　　　**法律行为分类**

分类标准		具体类别	
行为是否符合法律规范的要求		合法行为与违法行为	
行为的表现形式不同		积极行为（作为，如签发支票）与消极行为（不作为，如不能抢夺他人财产）	
行为是否通过意思表示		意思表示行为（如签订合同）与非意思表示行为（如拾得遗失物、发现埋藏物）	
主体意思表示的形式		单方行为（如订立遗嘱、行政命令）与多方行为（如合同行为）	
行为是否需要特定形式或实质要件		要式行为（如票据行为）与非要式行为（如口头订立的合同）	
主体实际参与行为的状态		自主行为与代理行为	
补充	是否存在对等的给付	有偿行为和无偿行为	
	法律行为间的依存关系	主法律行为和从法律行为	买卖+保证合同

【注意1】人的行为并非都是法律行为。

【注意2】请大家重点掌握“法律事件”与“法律行为”的区分，并看清题目问法。

【注意3】法律行为的反向问法，例：订立遗嘱是合法行为、积极行为、意思表示行为、单方行为、要式行为、自主行为。

1.【单选题】下列关于法律行为的分类中，表述正确的是（　　）。

A.按照行为的表现形式不同分为单方的法律行为和多方的法律行为

B.按照主体意思表示的形式分为意思表示行为与非意思表示行为

C.按照行为是否通过意思表示作出分为要式的法律行为与非要式的法律行为

D.根据主体实际参与行为的状态分为自主行为与代理行为

2.【多选题】法律行为根据行为是否通过意思表示作出分为意思表示行为和非意思表示行为，下列属于意思表示行为的有（　）。

A.订立遗嘱　　B.缔结婚约

C.拾得遗失物　　D.发现埋藏物

3.【判断题】订立遗嘱属于单方行为。（　）

1.【答案】D

【解析】选项A，根据行为的表现形式不同分为积极行为与消极行为，根据主体意思表示的形式分为单方行为和多方行为；选项B，根据行为是否通过意思表示作出分为意思表示行为与非意思表示行为；选项C，根据行为是否需要特定形式或实质要件分为要式行为和非要式行为；选项D，根据主体实际参与行为的状态，可以把法律行为分为自主行为和代理行为。

2.【答案】AB

【解析】选项CD，属于非意思表示行为。

3.【答案】√

法律责任

【考点1.22】法律责任

民事责任与行政责任见表1-32。

表1-32　民事责任与行政责任

责任类别	具体形式	
民事责任	停止侵害，排除妨碍，消除危险，返还财产，恢复原状，修理、重做、更换，赔偿损失，支付违约金，消除影响、恢复名誉，赔礼道歉，继续履行 以上承担民事责任的方式，可以单独适用，也可以合并适用	
行政责任	行政处罚	（1）行政处罚形式通常包括警告、通报批评，罚款，没收违法所得、没收非法财物，暂扣许可证件、降低资质等级、吊销许可证件、限制开展生产经营活动、责令停产停业、责令关闭、限制从业，行政拘留和法律、行政法规规定的其他行政处罚 （2）税务行政处罚的具体形式包括罚款、没收财物和违法所得、停止出口退税权
	行政处分	警告、记过、记大过、降级、撤职、开除（共6类）

【提示1】

（1）民事责任可以由当事人主动承担；

（2）行政责任是由国家行政机关或者法律、法规授权组织依法给予；

（3）刑事责任则应由国家审判机关（人民法院）依照刑事法律给予；

（4）刑事责任是法律责任中最严厉的责任形式。

【提示2】请仔细辨别：

（1）违约金属于民事责任，罚款属于行政责任，罚金属于刑事责任；

（2）返还财产属于民事责任，没收违法所得、没收非法财物属于行政责任，没收财产属于刑事责任；

（3）行政拘留属于行政责任，拘役属于刑事责任。

刑事责任见表1-33。

表1-33 刑事责任

责任类别	具体形式	
刑事责任	主刑	管制（“323”）3个月以上2年以下，最高3年
		拘役（“161”）1个月以上6个月以下，最高1年
		有期徒刑（“615”）6个月以上15年以下
		无期徒刑
		死刑（包括死刑立即执行和死刑缓期2年执行）
	附加刑（可与主刑一起适用，也可以独立适用）	罚金
		剥夺的政治权利包括： ①选举权和被选举权 ②言论、出版、集会、结社、游行、示威自由的权利 ③担任国家机关职务的权利 ④担任国有公司、企业、事业单位和人民团体领导职务的权利
		没收财产
		驱逐出境（适用于外国人）

1.【单选题】下列各项中，属于行政责任的是（　　）。

A.停止侵害　　B.罚金

C.返还财产　　D.没收非法财物

2.【单选题】下列关于刑事责任的说法中，正确的是（　　）。

A.罚款属于刑事责任中的附加刑

B.拘役的期限为3个月以上2年以下

C.剥夺政治权利是剥夺犯罪分子参加国家管理和政治活动的权利

D.一人犯数罪，数罪中有判处附加刑且附加刑种类不同的，合并执行

3.【单选题】对于应当判处死刑的犯罪分子，如果不是必须立即执行的，可以判处死刑同时宣告缓期（　　）执行。

A.1年　　B.2年

C.3年　　D.半年

4.【多选题】下列各项中，属于行政责任的有（　　）。

A.罚金　　B.没收违法所得

C.降级　　D.记大过

5.【多选题】江宇文因醉驾，被人民法院判处拘役6个月，并处罚金2 000元。其工作的县国土资源管理局对其作出开除公职的处罚决定，则下列说法中错误的有（　　）。

A.拘役属于主刑

B.罚金属于行政处罚

C.开除属于行政处罚

D.江宇文对县国土资源管理局将其开除的决定不服，可以向市国土资源管理局申请行政复议

6.【判断题】剥夺犯罪分子短期的人身自由的刑罚，由公安机关就近执行，期限为1个月以上6个月以下的刑罚方式是拘役。（　　）

1.【答案】D

【解析】选项AC，属于民事责任；选项B，属于刑事责任。

2.【答案】C

【解析】选项A，罚款属于行政处罚；选项B，拘役的期限为1个月以上6个月以下；选项D，附加刑种类相同的合并执行，附加刑种类不同的分别执行。

3.【答案】B

4.【答案】BCD

【解析】选项A，属于刑事责任；选项B，属于行政处罚；选项CD，属于行政处分；行政处罚与行政处分均属于行政责任。

5.【答案】BCD

【解析】选项B，属于刑事责任中的附加刑；选项C，属于行政处分；选项D，行政处分不能申请行政复议，可以依据《中华人民共和国公务员法》申诉。

6.【答案】√

第2章

会计法律制度

本章思维导图如下（如图2-1所示）：

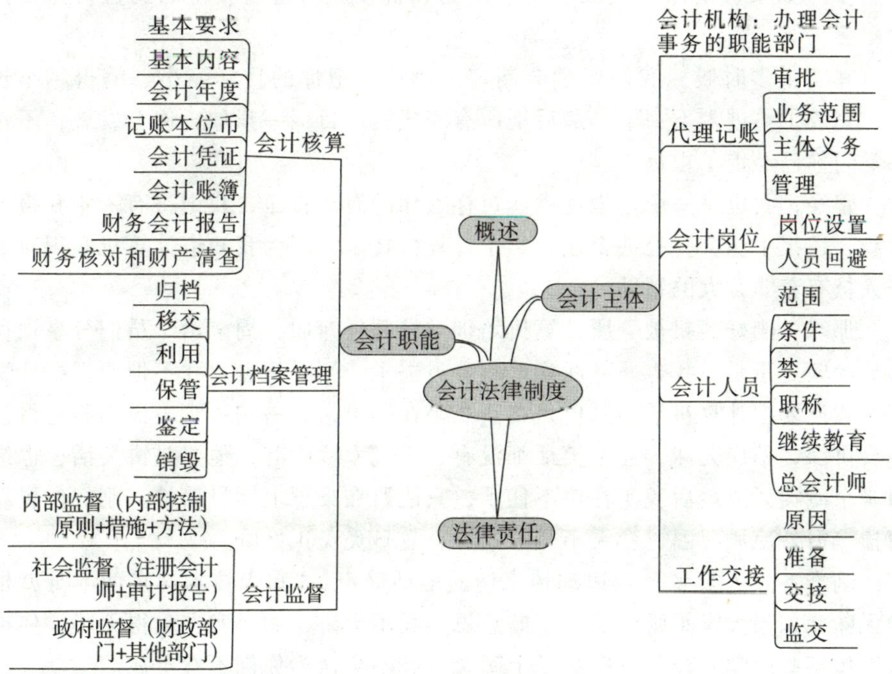

图2-1　本章思维导图

只要小目标，不要大目标

众所周知，人性贪婪，不管是学习，还是工作，都恨不得立马完成，一步登天，然而欲速则不达。

有这么一个故事，说有一个年轻人，非常羡慕一位富翁取得的成就，于是他跑到富翁那里询问他成功的诀窍。

富翁弄清楚了他的来意后，什么也没有说，转身从起居室拿来了一个大西瓜。年轻人迷惑不解地看着，只见富翁把西瓜切成了大小不等的3块。

“如果每块西瓜代表一定程度的利益，你会如何选择呢？”富翁一边说，一边把西瓜放在他面前。

“当然是最大的那块！”他毫不犹豫地回答，眼睛盯着最大的那块。

富翁笑了笑：“那好，请用吧！”

富翁把最大的那块西瓜递给青年，自己却吃起了最小的那块。当青年还在享用最大的那块的时候，富翁已经吃完了最小的那一块西瓜。接着，富翁得意地拿起剩下的一块，还故意在他眼前晃了晃，大口吃了起来。其实，那块最小的和最后一块加起来要比最大的那一块大得多。青年马上就明白了富翁的意思：富翁吃的每块西瓜虽没自己的大，但加起来却比自己的那一块要大得多。如果每块西瓜代表一定程度的利益，那么富翁获得的利益自然要比青年多。

其实很多时候，我们要学会制定小目标，把你的目标缩小，缩得越小越好，完成了再进入下一个，最后把所有完成的小目标一累加，你会发现，不知不觉间你已经走了很远了。

曾经，我也是一个理想远大、目标宏伟的有志青年，我记得有一年我报了中级，还报了注会，我甚至还去学了计算机技术，因为我知道计算机知识对财务人员有着非常大的帮助。

那时，刚好楚帆被一所计算机培训学校聘任兼职，周末给学员们分享项目实战经验。于是，我也屁颠屁颠地跟着过去了。当时想着，我不但要把会计学好，我还要把计算机学会。可是，当我坐在那里，却一句都听不懂。我觉得他不会讲课，枯燥无味，连个笑话都没有，不过幸亏没有，他要是讲笑话，也绝对是个冷笑话。最后我实在撑不住了，只能趴在桌子上闭目养神，刚好位置靠窗边，窗外凉风习习，春天不是读书天，夏日炎炎正好眠。

刚准备进入梦乡，耳边却传来清脆的话筒声：“知识技术这东西本身就枯燥无味，如果大家想听笑话，不好意思，我不会讲，如果实在觉得无聊，你也可以像某些同学一样，趴在桌子上睡觉，我不会认为你们不尊重我。”

瞬间，所有的目光都齐刷刷地朝我射过来。

我不敢抬头，只能继续趴着。

这时，有人说：“老师，她是新来的吧？叫什么呀？都没自我介绍。”

“她叫小艾。”楚帆答道。

“老师，报名表上没有她的名字，她不是我们班的。”班长解释道。

楚帆看着我，半晌，悠悠地说道：“她是我家的。”

“……”全场愕然。

后来，我再也不去了，然后就没有然后了。

但是，我就是不安分守己。尤其是见了楚帆的同学和朋友之后，我发现，他们的毕业院校都比我好，学历都比我高，我又萌发了考研的欲望。

我开始备考硕士研究生，最害怕的就是数学。

有一天晚上12点了，我还在挑灯夜战，一边手扶着额头，一边看着微积分、线性代数、概率论发呆。

一不小心打了个盹，没想到“嘭”的一声，额头砸在了桌子上。

楚帆正在编程，听到响声，走了过来，看着我，眉心微蹙，然后问道：“你哪道题不会啊？”

我指着试卷上的题目：“第一题、第二题、第三题、第四题、第五题，还有第六题。”

“……”他无语，转过身，去找创可贴。

这高等数学实在是太难了，最后我又不了了之了。

等到马上要考中级、注会了，我才想起我好久都没看书了，于是又奋起直追，恨不得一口气把所有的书都看完。可是无论我怎么努力，都没有用了。

那一年，我把自己搞得很辛苦，结局是颗粒无收，什么都没考过。

所以，很多事情，不是说你努力了就一定有收获。

吃一堑长一智，人要学会做减法，在一段时间内，我把目标缩到最小。比如最开始我看不起初级会计职称，直接报了中级会计职称和注会。但是找工作的时候，如果一个证都没有说不过去，赶紧又报了个初级。

结果，中级会计职称第一年确实过了两门，但是后来报名严格了，不让报了，于是第一年考的就作废了。这就叫欲速则不达！报考注册会计师时，我一下子报了4门，结果1门都没过，被打击得很惨。

最后，还是初级给了我信心，人有时候是需要成就感的，有了成就感才能树立自信心，如果你从来都没做成过一件事，只是每天对自己说，我要自信，我要自信，是没用的，自信是由内向外自然散发的。人要学会从简单的事情做起，比如很多优秀的推销员，每天都会先推销最容易卖出去的东西，获得成功的体验。

如果说失败是成功的母亲，那成功就是成功的父亲，你得想办法做点成功的事情，获得成功的体验。

人要学会把自己的目标缩到最小，在初级职称考试通过之前，就不要去想中级和注会；在备考初级会计职称考试的一段时间内，先学《初级会计实务》，不去想《经济法基础》，也就是先把一门学透，此时，以《初级会计实务》为主，《经济法基础》为辅，一门一门地突破，在以《初级会计实务》为

主的期间，只有实在是不想看了，才去看《经济法基础》，《经济法基础》只是作为调节；反过来，等《初级会计实务》掌握得差不多了，这个时候再集中精力看《经济法基础》，《初级会计实务》只是巩固。

在复习其中一门的时候，继续缩小范围，比如我现在只有20分钟的时间，那我只看一个考点，《经济法基础》有8章，我只看其中一个考点，一个考点看完了，再看下一个，反正就这么多考点。

在复习的时候，我也不强求自己一个考点一次性就过，这不现实，我给自己定的目标是，第一次看这个考点，先看看下面的题目会不会做，分析思考一下，如果实在不明白，就听老师的课程讲解，听完后再把这几个题做一下，隔天我再做一下，看会做了没。毕竟，复习的最终目的是我要会做题，而且是会根据考点做题，如果有些东西或许在最近一段时间，甚至最近几年，我都不会理解，就不要为难自己了。比如递延所得税，这个考点，初级考了中级考，中级考了注会继续考，后来，我注会都考过了，我好像还不是特别明白，但是没有关系，我会做题，递延所得税的大题我拿到手上就会做，因为它有明确的步骤和套路。我只要按照套路一遍一遍地做，看到题我就知道第一步做什么，第二步做什么，就跟跳舞一样，想都不用想就做出来了。至于理解，等到后来在实践工作中才恍然大悟，原来如此。当然，初级对递延所得税基本上不怎么考，分数也不多，如果实在无从下手，战略性地放弃也行，反正我们不要求自己答100分。但是如果时间充裕，多做几道题，就算不懂，也能过关，毕竟初级考试不难。

因此，我们学习考点的步骤可以归纳如下：

1.先看一下这个考点能不能看懂，比如【考点2.1】会计法律制度调整范围和制定机关；

2.如果不能，那就听老师讲课；

3.听完老师的课程后，再看一下与这个考点相关的题，不看答案，只是看考点，能不能做出来，就是对着考点看能不能得出答案；

4.然后思考一下，这个题是怎么根据这个考点出的，出题老师到底是怎么想的；

5.几天后，再看看这几个题，会做吗？不会做，重复上面的步骤；

6.第二轮、第三轮、第四轮都是为了重复。

考点也跟人一样，不需要一次性地死记，而是多跟它打几个招呼，多见几次面，就熟了。

不要想着一步登天，见面三分熟，当然，如果你能做到自来熟更好，反正我做不到。

本章考点笔记精华

会计法律制度概述

【考点2.1】会计法律制度调整范围和制定机关（见表2-1）

表2-1　　会计法律制度调整范围和制定机关

<table>
<tr><td>概念</td><td colspan="2">会计法律制度，是指国家权力机关和行政机关制定的调整会计关系的法律规范的总称</td></tr>
<tr><td rowspan="4">调整范围</td><td colspan="2">1.会计法律制度是调整“会计关系”的法律规范</td></tr>
<tr><td colspan="2">2.会计关系是指会计机构和会计人员在办理会计事务过程中，以及国家在管理会计工作过程中发生的经济关系</td></tr>
<tr><td rowspan="2">3.会计关系的主体与客体</td><td>主体：会计机构和会计人员</td></tr>
<tr><td>客体：与会计工作相关的具体事务</td></tr>
<tr><td>适用范围</td><td colspan="2">国家机关、社会团体、公司、企业、事业单位和其他组织（以下统称单位）的会计事务</td></tr>
<tr><td rowspan="5">主要内容</td><td>制定机关</td><td>法律文件</td></tr>
<tr><td>全国人大常委会</td><td>《中华人民共和国会计法》（以下简称《会计法》）</td></tr>
<tr><td>国务院</td><td>《总会计师条例》《企业财务会计报告条例》</td></tr>
<tr><td>财政部</td><td>《代理记账管理办法》《企业内部控制基本规范》《会计基础工作规范》《企业会计准则》及其解释</td></tr>
<tr><td>财政部与国家档案局</td><td>《会计档案管理办法》</td></tr>
<tr><td>国家统一的会计制度</td><td colspan="2">国家统一的会计制度，是指国务院财政部门根据《会计法》制定的关于“会计核算、会计监督、会计机构和会计人员以及会计工作管理”的制度</td></tr>
</table>

1.【单选题】下列各项会计法律制度中，由国务院制定的是（　　）。

A.《中华人民共和国会计法》　　B.《总会计师条例》

C.《企业会计准则》　　D.《会计档案管理办法》

2.【多选题】下列各项中，属于会计法律制度的有（　　）。

A.《总会计师条例》　　B.《中华人民共和国企业所得税法》

C.《中华人民共和国预算法》　　D.《企业会计准则》

3.【多选题】下列各项中，属于国家统一的会计制度的内容有（　　）。

A.国家统一会计核算制度　　B.会计监督制度

C.会计机构和会计人员管理制度　　D.会计工作管理制度

4.【多选题】下列关于会计法律制度的说法中，正确的有（　　）。

A.会计法律制度，是关于会计工作的法律文件的总称

B.会计法律制度是调整会计关系的法律规范

C.会计关系仅指会计机构和会计人员在办理会计事务过程中发生的经济关系

D.会计关系的客体是会计机构和会计人员

1.【答案】B

【解析】选项A，由全国人大常委会制定；选项B，由国务院制定；选项C，由财政部制定；选项D，由财政部和国家档案局联合制定。

2.【答案】AD

【解析】选项B，属于税收法律制度；选项C，属于财政法律制度。

3.【答案】ABCD

4.【答案】AB

【解析】选项C，会计关系还包括国家在管理会计工作过程中发生的经济关系；选项D，会计关系的主体是会计机构和会计人员，客体是与会计工作相关的具体事务。

【考点2.2】会计工作管理体制（见表2-2）

表2-2　**会计工作管理体制**

会计工作的主管部门	国务院财政部门	主管全国的会计工作
	县级以上地方各级人民政府财政部门	管理本行政区域内的会计工作
单位内部的会计工作管理	单位负责人	（1）单位法定代表人（针对法人组织）
		（2）法律、行政法规规定代表单位行使职权的主要负责人（针对非法人企业）
	单位负责人责任	（1）对本单位的会计工作和会计资料的“真实性、完整性”负责
		（2）应当保证会计机构、会计人员依法履行职责，不得授意、指使、强令会计机构、会计人员违法办理会计事项
		【注意】单位负责人是本单位会计行为的责任主体，但不要求单位负责人事必躬亲办理具体会计事项

1.【单选题】下列人员中，（　　）应当对甲公司的会计工作和会计资料的真实性、完整性负责。

A.甲公司的控股股东　　B.甲公司的法定代表人

C.甲公司的会计人员　　D.甲公司的内部审计人员

2.【单选题】我国会计工作行政管理的主管部门是（　　）。

A.财政部　　　　B.国家统计局

C.审计署　　　　D.国家税务总局

1.【答案】B

【解析】(1) 单位负责人对本单位的会计工作和会计资料的真实性、完整性负责；(2) 单位法定代表人属于单位负责人。

2.【答案】A

【解析】国务院财政部门主管全国的会计工作，县级以上地方各级人民政府财政部门管理本行政区域内的会计工作。

会计核算

【考点2.3】会计核算基本要求（见表2-3）

表2-3　　会计核算基本要求

<table>
<tr><td rowspan="3">1.依法建账</td><td colspan="2">(1) 各单位都应当按照《会计法》的规定设置会计账簿，进行会计核算</td></tr>
<tr><td colspan="2">(2) 设置会计账簿的种类和具体要求，应当符合《会计法》、会计法规和国家统一的会计制度的规定</td></tr>
<tr><td colspan="2">(3) 不得违反规定私设会计账簿进行登记、核算</td></tr>
<tr><td colspan="3">2.根据“实际发生”的经济业务进行会计核算</td></tr>
<tr><td rowspan="6">3.保证会计资料的真实和完整</td><td colspan="2">(1) 会计资料包括“会计凭证、会计账簿、财务会计报告”等会计核算专业资料</td></tr>
<tr><td rowspan="2">(2) 会计资料的“真实性和完整性”，是会计资料最基本的质量要求</td><td>①真实性
会计资料所反映的内容和结果同单位实际发生的经济业务的内容及其结果相一致</td></tr>
<tr><td>②完整性
构成会计资料的各项要素都必须齐全，如实、全面地记录和反映经济业务发生情况</td></tr>
<tr><td rowspan="3">(3) 区别“伪造”与“变造”</td><td>①“伪造”会计资料
以“虚假”的经济业务为前提来编制会计凭证和会计账簿——无中生有</td></tr>
<tr><td>②“变造”会计资料
用涂改、挖补等手段来“改变”会计凭证和会计账簿的真实内容，以“歪曲”事实真相——篡改事实</td></tr>
<tr><td>【注意】任何单位和个人不得伪造、变造会计凭证、会计账簿及其他会计资料，不得提供虚假的财务会计报告</td></tr>
</table>

续表

4. 正确采用会计处理方法	各单位采用的会计处理方法，前后各期应当一致，不得“随意”变更；确有必要变更的，应当按照国家统一的会计制度的规定变更，并将变更的原因、情况及影响在财务会计报告中说明
5. 正确使用会计记录文字	(1) 会计记录的文字“应当”使用中文
	(2) 在民族自治地方，会计记录可以“同时使用”当地通用的一种民族文字
	(3) 在中国境内的外商投资企业、外国企业和其他外国组织的会计记录可以“同时使用”一种外国文字
6. 使用电子计算机进行会计核算必须符合法律规定	使用电子计算机进行会计核算的单位，其“会计软件、生成的会计资料、会计账簿的登记和更正”，应当符合国家统一的会计制度的规定

1.【单选题】《会计法》规定，构成会计资料的各项要素都必须齐全，以使会计资料如实、全面地记录和反映经济业务发生情况，便于会计资料使用者全面、准确地了解经济活动情况。此项规定主要是保证会计资料的（　　）。

A. 真实性　　B. 合法性

C. 准确性　　D. 完整性

2.【多选题】关于会计核算的基本要求，下列说法中，正确的有（　　）。

A. 会计核算必须以实际发生的经济业务事项为依据

B. 各单位都应当按照《会计法》的规定设置会计账簿，进行会计核算

C. 会计资料的真实性和完整性，是会计资料最基本的质量要求

D. 任何单位和个人不得伪造、变造会计凭证、会计账簿及其他会计资料，不得提供虚假的财务会计报告

1.【答案】D

2.【答案】ABCD

【考点2.4】会计核算的内容（见表2-4）

表2-4　会计核算的内容

1. 款项和有价证券的收付
2. 财物的收发、增减和使用
3. 债权债务的发生和结算
4. 资本、基金的增减
5. 收入、费用、成本的计算
6. 财务成果的计算和处理

【多选题】下列属于会计核算内容的有（　　）。

A.款项和有价证券的收付

B.资本、基金的增减

C.收入、费用、成本的计算

D.纳税申报

【答案】ABC

【解析】选项D，属于涉税业务，不属于会计核算内容。

【考点2.5】会计年度、记账本位币（见表2-5）

表2-5　　会计年度、记账本位币

会计年度	自公历1月1日起至12月31日止
记账本位币	1.会计核算以“人民币”为记账本位币
	2.业务收支以人民币以外的货币为主的单位，可以选定其中一种货币作为记账本位币，但是“编报的财务会计报告”应当折算为人民币

【多选题】下列关于会计核算要求的说法中，正确的有（　　）。

A.我国的会计年度自公历1月1日起至12月31日止

B.在民族自治地方，会计记录可以仅使用当地通用的一种民族文字

C.业务收支以人民币以外的货币为主的单位，可以不选择人民币作为记账本位币

D.使用电子计算机进行会计核算的单位，其会计软件，应当符合国家统一的会计制度的规定

【答案】ACD

【解析】选项B，会计记录的文字应当使用中文，在民族自治地方，会计记录可以同时使用当地通用的一种民族文字。

【考点2.6】会计凭证、会计账簿、财务会计报告（见表2-6）

表2-6　　会计凭证、会计账簿、财务会计报告

1.关于依据	在会计信息处理流程中，前一环节是后一环节的依据，但必须有“审核”二字才能判断为正确。如：会计账簿以经过“审核”的会计凭证为依据编制，此说法正确。会计账簿以会计凭证为依据编制，此说法错误。 会计凭证按其来源和用途，分为原始凭证和记账凭证两种

续表

2.会计凭证——原始凭证	概念	原始凭证，又称单据，是指在经济业务发生时，由业务经办人员直接取得或者填制，用以表明某项经济业务已经发生或完成情况并明确有关经济责任的一种原始凭据，如发票
	来源	（1）原始凭证是会计核算的原始依据，来源于实际发生的经济业务事项 （2）原始凭证种类很多，既有来自单位外部的，也有单位自制的；既有国家统一印制的具有固定格式的发票，也有由发生经济业务事项双方认可并自行填制的凭据等
	原始凭证内容	内容必备： （1）凭证的名称； （2）填制凭证的日期； （3）填制凭证单位或者填制人的名称； （4）经办人员的签名或盖章； （5）接受凭证单位名称； （6）经济业务内容； （7）数量、单价和金额
		签章： （1）从外单位取得的原始凭证，必须盖有填制单位的公章； （2）从个人取得的原始凭证，必须有填制人员的签名或者盖章； （3）自制原始凭证必须有经办单位领导人或者其指定的人员签名或者盖章； （4）对外开出的原始凭证，必须加盖本单位公章
		其他要求： （1）凡填有大写和小写金额的原始凭证，大写与小写金额必须相符； （2）购买实物的原始凭证，必须有验收证明； （3）支付款项的原始凭证，必须有收款单位和收款人的收款证明； （4）一式几联的原始凭证，应当注明各联的用途，只能以一联作为报销凭证； （5）发生销货退回的，除填制退回发票外，还必须有退货验收证明，退款时，必须取得对方的收款收据或者汇款银行的凭证，不得以退货发票代替收据
	违规原始凭证的处理	会计机构、会计人员必须按照国家统一的会计制度的规定对原始凭证进行审核，对“不真实、不合法”的原始凭证有权不予受理，并向单位负责人报告；对“记载不准确、不完整”的原始凭证予以退回，并要求按照国家统一的会计制度的规定更正、补充
	原始凭证错误的更正	（1）各项内容均不得“涂改”； （2）记载内容有误，应当由“出具单位”重开或更正，并在更正处加盖出具单位“印章”； （3）“金额”错误不得更正，应由出具单位重开
		【注意】陷阱一：应为不得涂改，而不是不得更正；陷阱二：应为金额错误，而不是单价、数量错误

续表

3. 记账凭证	分类	收款凭证、付款凭证和转账凭证
	编制依据	应当根据经过审核的原始凭证及有关资料编制
	内容必备	(1) 填制凭证的日期； (2) 凭证编号； (3) 经济业务摘要； (4) 会计科目； (5) 金额； (6) 所附原始凭证的张数； (7) 填制凭证人员、稽核人员、记账人员、会计机构负责人（会计主管人员）签名或者盖章；收款凭证和付款凭证还应当由出纳人员签名或者盖章；自制原始凭证、打印出来的机制记账凭证都应有相关人员印章或签字
	填制要求	(1) 应当连续编号，一笔经济业务需要两张以上记账凭证的，可以采用分数编号法编号； (2) 可以根据每一张原始凭证编制，或者若干张同类原始凭证汇总填制，也可以根据原始凭证汇总表填制，但不得将不同内容和类别的原始凭证汇总填制在一张记账凭证上； (3) 除结账和更正错误的记账凭证可以不附原始凭证外，其他记账凭证必须附有原始凭证； (4) 如果一张原始凭证涉及几张记账凭证，可以把原始凭证附在一张主要的记账凭证后面，并在其他记账凭证上注明该原始凭证的记账凭证的编号或者附原始凭证复印件； (5) 原始凭证分割单：一张原始凭证所列支出需要几个单位共同负担的，应当将其他单位负担的部分，开给对方原始凭证分割单进行结算，原始凭证分割单必须具备原始凭证的基本内容以及费用分摊情况
	错误更正	(1) 如果填制记账凭证发生错误，应当重新填制； (2) 已经登记入账的记账凭证，内容填写错误，先“红冲”，再蓝字重新填制一张； (3) 如果会计科目没有错误，只是金额错误，可以另编一张，蓝字调增金额或调减金额； (4) 发现以前年度记账凭证错误的，应当用蓝字填制一张更正的记账凭证

续表

4. 会计账簿	(1) 账簿记录错误的处理	会计账簿记录发生错误或隔页、缺号、跳行的，应当按照会计制度规定的办法更正，并由“会计人员和会计机构负责人（会计主管人员）”在更正处盖章，以明确责任	
	(2) 对账	包括账账核对、账证核对、账实核对和账表核对	
5.财务会计报告	(1) 财务会计报告的构成	①四表：资产负债表、利润表、现金流量表及其附表、所有者（股东）权益变动表	
		②一注：会计报表“附注”	
		③说明：财务情况说明书	
		【注意1】“财务情况说明书”是《企业财务会计报告条例》的要求，除上述内容外“凭证、账簿、计划、审计报告”都不属于财务会计报告的组成部分	
		【注意2】“季度、月度”财务会计报告可以只报送“资产负债表和利润表”	
	(2) 财务会计报告的对外提供	①签章人员	单位负责人、主管会计工作的负责人、会计机构负责人（会计主管人员）、总会计师
		②签章方式	签名并盖章
		③企业向有关各方提供财务会计报告，其编制基础、编制依据、编制原则和方法应当一致	
		④审计报告	财务会计报告“须”经注册会计师审计的，注册会计师及其所在的会计师事务所出具的审计报告应当随同财务会计报告“一并提供”
		⑤保密义务	接受企业财务会计报告的组织或者个人，在企业财务会计报告未正式对外披露前，应当对其内容保密
	(3) 对国有企业、国有控股的或者占主导地位企业的特殊规定	①这些企业应当至少“每年一次”向本企业的职工代表大会公布财务会计报告	
		②重点说明事项	反映与职工利益密切相关的信息
			内部审计发现的问题及纠正情况
			注册会计师审计的情况
			国家审计机关发现的问题及纠正情况
			重大的投资、融资和资产处置决策及其原因
		【注意】这些企业，不包括国有资本参股公司	

1.【单选题】下列关于会计凭证的说法中，错误的是（　　）。

A.结账的业务，记账凭证可以不附原始凭证

B.更正错误，记账凭证可以不附原始凭证

C.一张原始凭证所列的支出需要由两个以上的单位共同负担时，应当由保存该原始凭证的单位将该原始凭证的复印件给其他应负担的单位

D.原始凭证上的各项内容均不得涂改

2.【多选题】下列关于会计账簿的说法中，错误的有（　　）。

A.会计账簿登记必须以记账凭证为依据

B.会计账簿登记必须以会计凭证为依据

C.账目核对包括账证核对、账账核对、账实核对、账表核对

D.各单位应当定期将会计账簿与实物、款项实有数相互核对，以保证账实相符

3.【多选题】下列关于财务会计报告的编制规定的说法中，错误的有（　　）。

A.企业对外提供的财务会计报告仅包括资产负债表、利润表、现金流量表

B.审计报告是财务会计报告的组成部分，应当随同财务会计报告一并提供

C.单位负责人应当在财务会计报告上签名并盖章

D.单位出纳员应当在财务会计报告上签名并盖章

1.【答案】C

【解析】选项C，此类情形应当由保存该原始凭证的单位开具原始凭证分割单给其他应负担的单位。

2.【答案】ABD

【解析】选项AB，会计账簿登记必须以“经过审核”的会计凭证为依据；选项C，账目核对包括账证核对、账账核对、账实核对、账表核对；选项D，账实核对是指用会计账簿“记录”与实物、款项实有数相互核对。

3.【答案】ABD

【解析】选项A，财务会计报告包括“四表、一注、一说明”；选项B，审计报告并非财务会计报告的组成部分；选项CD，应当在对外报出的财务会计报告中签名并盖章的人员包括单位负责人、主管会计工作的负责人、会计机构负责人（会计主管人员）、总会计师。

小艾上班记10

会计档案管理

【考点2.7】会计档案的内容（见表2-7）

表2-7　　　　会计档案的内容

1.会计凭证类：原始凭证、记账凭证
2.会计账簿类：总账、明细账、日记账、固定资产卡片、其他辅助类账簿
3.财务会计报告类：月度、季度、半年度、年度会计报告
4.其他类：银行存款余额调节表，银行对账单，纳税申报表、会计档案移交清册、会计档案保管清册、会计档案销毁清册、会计档案鉴定意见书及其他具有保存价值的会计资料
【注意】各单位的“财务预算、计划、制度等文件材料”属于文书档案，不属于会计档案

【考点2.8】会计档案的管理程序（见表2-8）

表2-8　　　　会计档案的管理程序

1.归档	单位“会计机构”按照归档范围和归档要求，负责定期将应当归档的会计资料整理立卷，编制“会计档案保管清册”
	单位可以利用计算机、网络通信等信息技术手段管理会计档案
	【注意1】同时满足下列条件的单位“内部”形成的属于归档范围的电子会计资料“可仅以电子形式保存”，形成电子会计档案： （1）来源真实，由电子设备形成和传输； （2）电算化系统完善，能够接收、读取、输出符合规定的会计资料，设定了经办、审核、审批等必要的审签程序； （3）电子档案管理系统完善，能够接收、管理、利用电子会计档案，符合长期保管要求，与相关联的纸质会计档案建立检索关系； （4）能防止被篡改； （5）已备份； （6）非需永久保存或有重要价值的会计档案
	【注意2】单位从“外部”接收的电子会计资料，还需附有符合《中华人民共和国电子签名法》规定的“电子签名”。 【记忆提示】满足安全、可靠条件且非重要档案，可仅以电子形式保存
2.临时保管	当年形成的会计档案，可由会计机构临时保管“1年”；确需推迟移交，应经“档案机构同意”，最长不超过“3年”。 【注意】“出纳”不得兼管会计档案

续表

3. 移交与接收	(1) 由“会计机构”编制“档案移交清册”	
	(2) 纸质会计档案移交时应当保持原卷的封装	
	(3) 电子会计档案移交时应当将电子会计档案及其元数据一并移交，且文件格式应当符合国家档案管理的有关规定。单位档案管理机构接收电子会计档案时，应当对电子会计档案的准确性、完整性、可用性、安全性进行检测，符合要求的才能接收	
4.外借	(1) 会计档案“一般”不得对外借出。确因工作需要且根据国家有关规定必须借出的，应当严格按规定办理手续	
	(2) 借用单位应妥善保管和利用借入的会计档案，确保借入会计档案的安全、完整，并在规定时间内归还	
5.保管	(1) 保管期限包括“永久、定期”两类	
	(2) 定期的保管期限包括“10年、30年”两类	
	保管年限	会计档案
	永久	年度财务报告、会计档案保管清册、会计档案销毁清册、会计档案鉴定意见书
	30年	凭证、账簿、会计档案移交清册
	10年	其他财务报告、调节表、对账单、纳税申报表
	(3) 起算日期：会计年度终了后第一天	
6. 保管期满会计档案的鉴定与销毁	(1) 鉴定	“档案机构”牵头+会计、审计、纪检监察等机构或人员共同审查鉴定，并形成会计档案鉴定意见书
	(2) 编制销毁清册	“档案机构”编制销毁清册，“单位负责人、档案机构负责人、会计机构负责人及档案和会计机构的经办人”于销毁“前”在会计档案销毁清册上“签署意见”
	(3) 专人负责监销	①一般档案：档案机构+会计机构 ②电子档案：档案机构+会计机构+信息系统管理机构
	(4) 销毁后	“监销人”在会计档案销毁清册上“签名或盖章”
	(5) 不得销毁的会计档案	①保管期满但“未结清的债权债务”原始凭证 ②涉及其他“未了事项”的原始凭证 ③建设单位在“项目建设期间形成”的会计档案
	【提示】建设单位在项目建设期间形成的会计档案，应当在办理竣工财务决算后及时移交给建设项目接受单位	
	【注意】不得销毁的会计档案应当单独抽出立卷（纸质）或转存（电子），并应当在会计档案鉴定意见书、会计档案销毁清册和会计档案保管清册中列明	

【考点2.9】特殊情况下会计档案的处置（见表2-9、表2-10）

表2-9　特殊情况下会计档案的处置

1.分立	原单位存续：存续方统一保管，其他方可以查阅、复制
	原单位解散：经各方协商后由其中一方代管或按照国家档案管理的有关规定处置，各方可以查阅、复制
2.合并	原各单位仍存续：仍由原各单位保管
	原各单位解散或者一方存续其他方解散：由合并后的单位统一保管

表2-10　会计档案的内容与保管期限

序号	会计档案的内容	保管期限
一	会计凭证	
1	原始凭证	30年
2	记账凭证	30年
二	会计账簿	
3	总账	30年
4	明细账	30年
5	日记账	30年
6	固定资产卡片	固定资产报废清理后保管5年
7	其他辅助性账簿	30年
三	财务会计报告	
8	月度、季度、半年度财务会计报告	10年
9	年度财务会计报告	永久
四	其他会计资料	
10	银行存款余额调节表	10年
11	银行对账单	10年
12	纳税申报表	10年
13	会计档案移交清册	30年
14	会计档案保管清册	永久
15	会计档案销毁清册	永久
16	会计档案鉴定意见书	永久

1.【单选题】根据《会计档案管理办法》的规定，下列说法中正确的是（　　）。

A.所有会计档案均可仅以电子形式保存

B.单位会计管理机构临时保管会计档案最长不超过1年

C.单位保存的会计档案一般不得对外借出

D.由档案机构编制会计档案保管清册

2.【单选题】会计档案的保管期限不包括（　　）。

A.5年　　B.10年

C.30年　　D.永久

3.【单选题】2018年10月编制的第三季度财务报表至（　　）保管期满。

A.2028年10月31日　　B.2028年12月31日

C.2048年12月31日　　D.需要永久保管

4.【单选题】下列关于会计档案管理要求的说法中，正确的是（　　）。

A.银行对账单属于会计凭证类会计档案

B.会计档案移交清册由档案机构负责编制

C.需永久保存或有重要价值的会计档案不得仅以电子形式保存

D.出纳人员可以兼管会计档案

5.【单选题】下列各项中，不属于需要永久保管的会计档案的是（　　）。

A.年度财务报告　　B.会计档案移交清册

C.会计档案销毁清册　　D.会计档案鉴定意见书

6.【多选题】下列各项中，属于凭证类会计档案的有（　　）。

A.购货发票　　B.应收账款明细账

C.取得的原始凭证分割单　　D.银行存款余额调节表

1.【答案】C

【解析】选项A，仅以电子形式保存的会计档案，必须满足法定条件；选项B，单位会计管理机构临时保管会计档案一般不超过1年，最长不超过3年；选项D，由会计机构编制会计档案保管清册。

2.【答案】A

【解析】会计档案的保管期限包括“永久、定期”两类；定期的保管期限包括“10年、30年”两类；固定资产卡片账在固定资产“报废清理后”还要再保管5年。

3.【答案】B

【解析】季度财务会计报告的保管期限为10年，从年度终了后的第一天计算。

4.【答案】C

【解析】选项A，属于其他类会计档案；选项B，由会计机构负责编制；选项D，出纳人员不得兼管会计档案。

5.【答案】B

【解析】选项B，应当保存30年。

6.【答案】AC

【解析】选项B，属于账簿类；选项D，属于其他类。

会计监督

【考点2.10】单位内部监督（见表2-11）

表2-11 单位内部监督

<table>
<tr><td>三位一体的会计监督体系</td><td colspan="4">1.单位内部监督——内部监督——层次最低
2.社会监督——外部监督——对单位内部监督的再监督
3.政府监督——外部监督——层次最高——对单位和社会监督的再监督</td></tr>
<tr><td rowspan="16">单位内部会计监督</td><td>1.主体、对象</td><td colspan="3">监督主体：会计机构、会计人员
监督对象：单位的经济活动</td></tr>
<tr><td rowspan="2">2.会计机构和会计人员在单位内部会计监督中的职责</td><td colspan="3">（1）对违反《会计法》和国家统一的会计制度规定的会计事项，有权拒绝办理或者按照职权予以纠正</td></tr>
<tr><td colspan="3">（2）发现会计账簿记录与实物、款项及有关资料不相符的，按照国家统一的会计制度的规定有权自行处理的，应当及时处理；无权处理的，应当立即向单位负责人报告，请求查明原因，作出处理</td></tr>
<tr><td rowspan="13">3.内部控制</td><td>（1）原则</td><td colspan="2">①全面性（全过程控制+全员控制）
②重要性（重要业务事项+高风险领域）
③制衡性
④适应性
⑤成本效益</td></tr>
<tr><td rowspan="11">（2）控制措施</td><td>企业</td><td>行政事业单位</td></tr>
<tr><td>不相容职务分离控制</td><td>不相容岗位相互分离</td></tr>
<tr><td>授权审批控制</td><td>内部授权审批控制</td></tr>
<tr><td>会计系统控制</td><td>会计控制</td></tr>
<tr><td>财产保护控制</td><td>财产保护控制</td></tr>
<tr><td>预算控制</td><td>预算控制</td></tr>
<tr><td>运营分析控制</td><td></td></tr>
<tr><td>绩效考评控制</td><td></td></tr>
<tr><td></td><td>归口管理</td></tr>
<tr><td></td><td>单据控制</td></tr>
<tr><td></td><td>信息内部公开</td></tr>
<tr><td colspan="3">【注意】不相容职务包括：授权批准与业务经办、业务经办与会计记录、会计记录与财产保管、业务经办与稽核检查、授权批准与监督检查</td></tr>
</table>

【考点2.11】政府监督（见表2-12）

表2-12　　政府监督

会计工作的政府监督	1.监督主体	（1）财政部门	“财政部门”代表国家对各单位和单位中相关人员的会计行为实施监督检查，以及对发现的违法会计行为实施行政处罚
			【注意】财政部门包括：国务院财政部门、国务院财政部门的派出机构和“县级”以上人民政府财政部门
		（2）其他部门	“审计、税务、人民银行、证券监管、保险监管”等部门依照有关法律、行政法规规定的职责和权限，可以对“有关单位”的会计资料实施监督检查
	2.财政部门实施会计监督的主要内容	（1）内容	①是否依法设置会计账簿 ②会计资料是否真实、完整 ③会计核算是否符合《会计法》和国家统一的会计制度的规定 ④从事会计工作的人员是否具备专业能力、遵守职业道德 【注意】没有对“税”的监督
		（2）查询权	财政部门在实施监督检查中，发现重大违法嫌疑时，“国务院财政部门及其派出机构”可以向与被监督单位有经济业务往来的单位和被监督单位开立账户的金融机构“查询”有关情况，有关单位和金融机构应予以支持
		（3）保密义务	对在监督检查中知悉的国家秘密和商业秘密负有保密的义务

【考点2.12】社会监督（见表2-13）

表2-13 社会监督

<table>
<tr><td rowspan="4">1.监督主体</td><td rowspan="3">(1)注册会计师及其所在的会计师事务所</td><td colspan="3">①“注册会计师及其所在的会计师事务所”等中介机构接受委托，依法对单位的经济活动进行审计，出具审计报告，发表审计意见</td></tr>
<tr><td colspan="3">②委托方责任：须经注册会计师进行审计的单位，应当向受委托的会计师事务所如实提供会计资料以及有关情况</td></tr>
<tr><td colspan="3">③任何单位或者个人不得以任何方式要求或者示意注册会计师及其所在的会计师事务所出具不实或者不当的审计报告</td></tr>
<tr><td colspan="4">(2)任何单位和个人对违反《会计法》和国家统一的会计制度规定的行为，有权检举</td></tr>
<tr><td rowspan="13">2.注册会计师审计报告</td><td rowspan="4">(1)审计报告的概念</td><td colspan="3">审计报告，是指注册会计师根据“审计准则”的规定，在执行审计工作的基础上，对被审计单位财务报表发表审计意见的书面文件</td></tr>
<tr><td colspan="3">注册会计师应当就财务报表是否在“所有重大方面”按照适用的“财务报告编制基础”编制并实现公允反映形成“审计意见”</td></tr>
<tr><td colspan="3">【思路点拨1】注册会计师赵某手持两把“板斧”：左手是“财务报告编制基础”（企业会计准则），这把“板斧”砍的是企业会计处理是否正确；右手是“审计准则”，这把“板斧”砍的是注册会计师是否按照准则要求搜集了审计证据，执行了相关的审计程序</td></tr>
<tr><td colspan="3">【思路点拨2】审计不是为了“查账”，亦不是为了“纠错”，而是为了针对财务会计报告的“合法性”和“公允性”发表意见</td></tr>
<tr><td rowspan="2">(2)审计报告的要素</td><td colspan="3">①标题
②收件人
③审计意见
④形成审计意见的基础
⑤管理层对财务报表的责任
⑥注册会计师对财务报表审计的责任
⑦按照相关法律法规的要求报告的事项（如适用）
⑧注册会计师的签名和盖章
⑨会计师事务所的名称、地址和盖章
⑩报告日期</td></tr>
<tr><td colspan="3">【注意】审计报告要素，是所有意见类型的审计报告均必须包括的内容，不包括“非标准审计报告”中增加的，如“强调事项段”或“其他事项段”等要素</td></tr>
<tr><td rowspan="7">(3)审计报告的种类和审计意见的类型</td><td>审计报告</td><td colspan="2">审计意见类型</td></tr>
<tr><td>标准审计报告</td><td colspan="2">不含有“说明段、强调事项段、其他事项段或其他任何修饰性用语”的无保留意见的审计报告
【注意】包含“其他报告责任段”，但不含有强调事项段或其他事项段的无保留意见的审计报告也被视为标准审计报告</td></tr>
<tr><td rowspan="4">非标准审计报告</td><td>无保留意见的审计报告</td><td>带“强调事项段”或“其他事项段”</td></tr>
<tr><td rowspan="3">非无保留意见的审计报告</td><td>保留意见</td></tr>
<tr><td>否定意见</td></tr>
<tr><td>无法表示意见</td></tr>
</table>

续表

		审计意见类型		情形
2. 注册会计师审计报告	(4)注册会计师发表各类意见的情形	无保留意见		财务报表在所有重大方面按照适用的财务报告编制基础编制并实现公允反映 【注意】注册会计师发表无保留意见的前提并非被审计单位的财务报告没有“任何”错误
		非无保留意见	保留意见	①在获取充分、适当的审计证据后，认为错报单独或汇总起来对财务报表影响“重大”，但“不具有广泛性” ②无法获取充分、适当的审计证据以作为形成审计意见的基础，但认为未发现的错报(如存在)对财务报表可能产生的影响“重大”，但“不具有广泛性”
			否定意见	在获取充分、适当的审计证据后，认为错报单独或汇总起来对财务报表的影响“重大且具有广泛性”
			无法表示意见	无法获取充分、适当的审计证据以作为形成审计意见的基础，但认为未发现的错报(如存在)对财务报表可能产生的影响“重大且具有广泛性” 【特殊情形】在极其特殊的情况下，可能存在多个不确定事项。尽管注册会计师对每个单独的不确定事项获取了充分、适当的审计证据，但由于不确定事项之间可能存在相互影响，以及可能对财务报表产生累积影响，注册会计师不可能对财务报表形成审计意见，应当发表“无法表示意见”

1.【单选题】《会计法》规定：审计、税务、人民银行、证券监管、保险监管等部门应当依照有关法律、行政法规规定的职责，对有关单位的（　　）实施监督检查。

A.会计工作　　B.会计行为

C.会计资料　　D.会计处理方法

2.【单选题】某单位艾萌萌主要负责合同签订、业务经办等事项，按照会计内部控制制度的要求，下列艾萌萌可以兼任的岗位是（　　）。

A.合同审批　　B.稽核检查

C.商品保管　　D.收入账目的登记

3.【单选题】下列各项中，不属于审计报告的要素的是（　　）。

A.标题　　B.引言段

C.审计意见段　　D.强调事项段

4.【多选题】下列关于会计监督的监督主体及对象的说法中，错误的

有（　　）。

A.单位内部会计监督的主体是单位负责人

B.单位内部会计监督的对象是会计机构和会计人员

C.财政部门是会计工作的政府监督的唯一主体

D.社会监督的主体是注册会计师及其所在的会计师事务所

5.【多选题】财政部门代表国家对各单位和单位中相关人员的会计行为实施监督检查，以及对发现的违法会计行为实施行政处罚。下列各项中，属于财政部门的有（　　）。

A.国务院财政部门　　B.国务院财政部门的派出机构

C.县级以上人民政府财政部门　　D.中国人民银行

6.【多选题】下列各项中，属于行政事业单位内部控制措施的有（　　）。

A.不相容岗位相互分离　　B.内部授权审批控制

C.归口管理　　D.运营分析控制

7.【多选题】下列各项中，属于非标准审计报告的有（　　）。

A.不含有说明段、强调事项段、其他事项段或其他任何修饰性用语的无保留意见的审计报告

B.包含其他报告责任段，但不含有强调事项段或其他事项段的无保留意见的审计报告

C.带其他事项段的无保留意见的审计报告

D.带强调事项段的无保留意见的审计报告

1.【答案】C

2.【答案】C

【解析】不相容职务包括：授权批准与业务经办、业务经办与会计记录、会计记录与财产保管、业务经办与稽核检查、授权批准与监督检查。本题中，艾萌萌属于业务经办人员，不能与选项A授权批准人员、选项B稽核检查人员、选项D会计记录人员相互兼任。

3.【答案】D

【解析】审计报告要素，是所有意见类型的审计报告均必须包括的内容，不包括“非标准审计报告”中增加的强调事项段等要素。

4.【答案】ABC

【解析】选项AB，单位内部会计监督的主体是会计机构和会计人员，对象是单位的经济活动；选项C，除财政部门外，审计、税务、人民银行、证券监管、保险监管等部门依照有关法律、行政法规规定的职责和权限，可以对有关单位的会计资料实施监督检查。

5.【答案】ABC

6.【答案】ABC

【解析】选项D，属于企业内部控制措施。

7.【答案】CD

【解析】选项AB，属于标准审计报告。

会计机构和代理记账

【考点2.13】会计机构（见表2-14）

表2-14 会计机构

各单位应依据“会计业务”的需要，设置会计机构，或者在有关机构中设置会计人员并指定会计主管人员；不具备设置条件的，应当委托经批准设立从事会计代理记账业务的“中介机构”代理记账
【注意】个人可以做兼职会计但不属于代理记账

【考点2.14】代理记账（见表2-15）

表2-15 代理记账

1.行政许可	“除会计师事务所以外”的机构从事代理记账业务，应当经“县级”以上人民政府财政部门批准，并领取由“财政部统一规定样式”的代理记账许可证书
	【注意】代理记账许可证书由“各地财政部门”根据财政部规定的统一样式自行印制
	申请代理记账资格的机构应当同时具备以下条件： ①为依法设立的企业 ②专职从业人员不少于3名，专职从业人员是指仅在一个代理记账机构从事代理记账业务的人员 ③主管代理记账业务的负责人具有会计师以上专业技术职务资格或者从事会计工作不少于3年，且为专职从业人员 ④有健全的代理记账业务内部规范 代理记账机构从业人员应当具有会计类专业基础知识和业务技能，能够独立处理基本会计业务，并由代理记账机构自主评价认定
2.业务范围	(1)根据委托人提供的原始凭证和其他相关资料，按照国家统一的会计制度的规定进行会计核算，包括“审核”原始凭证、填制记账凭证、登记会计账簿、编制财务会计报告等
	(2)对外提供财务会计报告 【注意】由“代理记账机构负责人”和“委托人负责人”“签名并盖章”
	(3)向税务机关提供税务资料
	(4)委托人委托的其他会计业务

续表

	委托方(单位)	受托方(代理记账机构)
3.双方义务	"填制或取得"符合国家统一的会计制度规定的原始凭证	遵守法规,按委托合同办理业务
	配备专人负责"日常"货币收支和保管	对在执行业务中知悉的商业秘密予以"保密"
	及时向代理记账机构提供真实、完整的"原始凭证"和其他相关资料	对委托人要求作出"不当"的会计处理、提供不实的会计资料等非法要求,予以拒绝
	对于代理记账机构退回,要求按规定"更正、补充"的原始凭证,应当及时予以处理	对委托人提出的有关会计处理相关问题予以解释
4.财务报告签章	代理记账机构为委托人编制的财务会计报告,经代理记账机构负责人和委托人负责人签名并盖章后,按照有关法律、法规和国家统一会计制度的规定对外提供	
5.对代理记账机构的管理	(1)材料报送	代理记账机构应当于每年4月30日之前,向审批机关报送下列材料: ①代理记账机构基本情况表 ②专职从业人员变动情况 代理记账机构设立分支机构的,分支机构应当于每年4月30日之前向其所在地的审批机关报送上述材料
	(2)监督检查	县级以上人民政府财政部门对代理记账机构及其从事代理记账业务情况实施监督,随机抽取检查对象、随机选派执法检查人员,并将抽查情况及查处结果依法及时向社会公开
		对委托代理记账的企业因违反财税法律、法规受到处理处罚的,县级以上人民政府财政部门应当将其委托的代理记账机构列入重点检查对象
		对其他部门移交的代理记账违法行为线索,县级以上人民政府财政部门应当及时予以查处
	(3)收回许可并注销	代理记账机构有下列情形之一的,审批机关应当办理注销手续,收回代理记账许可证书并予以公告: ①代理记账机构依法终止的 ②代理记账资格被依法撤销或撤回的 ③法律、法规规定的应当注销的其他情形

1.【单选题】各单位应依据（　　），设置会计机构，或者在有关机构中设置会计人员并指定会计主管人员；不具备设置条件的，应当委托经批准设立从事会计代理记账业务的中介机构代理记账。

A.单位规模的大小　　　　B.经济业务和财务收支的繁简
C.经营管理的需要　　　　D.会计业务的需要

2.【单选题】下列各项中，属于代理记账机构的义务的是（　　）。
A.及时提供真实、完整的原始凭证和其他相关资料
B.配备专人负责日常货币收支和保管
C.对在执行业务中知悉的商业秘密予以保密
D.填制或取得符合国家统一的会计制度规定的原始凭证

3.【多选题】下列各项中，属于代理记账机构可以接受委托，代表委托人办理的业务事项有（　　）。
A.填制和审核原始凭证　　　　B.登记会计账簿
C.编制财务会计报告　　　　D.向税务机构提供纳税资料

1.【答案】D
2.【答案】C
【解析】选项ABD均属于委托方的义务。
3.【答案】BCD
【解析】选项A，不包括填制原始凭证。

会计岗位与会计人员

【考点2.15】会计岗位的设置（见表2-16）

表2-16　会计岗位的设置

<table>
<tr><td rowspan="2">主要会计工作岗位</td><td colspan="2">①会计机构负责人或者会计主管人员
②出纳
③财产物资核算
④工资核算
⑤成本费用核算
⑥财务成果核算
⑦资金核算
⑧往来结算
⑨总账报表
⑩稽核
⑪档案管理等</td></tr>
<tr><td colspan="2">【注意】档案管理部门的人员管理会计档案，不属于会计岗位</td></tr>
<tr><td rowspan="4">会计工作岗位设置的要求</td><td>1.按需设岗</td><td>会计工作岗位可以“一人一岗、一人多岗或者一岗多人”</td></tr>
<tr><td rowspan="2">2.符合内部牵制的要求</td><td>出纳人员不得兼任稽核、会计档案保管和收入、支出、费用、债权债务账目的登记工作</td></tr>
<tr><td>【注意】出纳人员并非所有账簿都不能登记，除特种日记账必须由出纳人员登记外，还可以登记固定资产卡片等财产物资明细账</td></tr>
<tr><td colspan="2">3.建立轮岗制度</td></tr>
</table>

小艾班记10

【考点2.16】会计人员（见表2-17）

表2-17 会计人员

1.会计人员的范围	（1）出纳 （2）稽核 （3）资产、负债和所有者权益（净资产）的核算 （4）收入、费用（支出）的核算 （5）财务成果（政府预算执行结果）的核算 （6）财务会计报告（决算报告）编制 （7）会计监督 （8）会计机构内会计档案管理 （9）其他会计工作
	担任单位会计机构负责人（会计主管人员）、总会计师的人员，属于会计人员
	会计机构的会计档案管理人员属于会计人员
	档案管理机构的会计档案管理人员不属于会计人员
	内部审计人员不属于会计人员
2.一般会计人员	会计人员从事会计工作，应当符合下列要求： （1）遵守《会计法》和国家统一的会计制度等法律法规 （2）具备良好的职业道德 （3）按照国家有关规定参加继续教育 （4）具备从事会计工作所需要的专业能力
3.会计机构负责人、会计主管人员——具体负责会计工作的中层领导	会计机构负责人、会计主管人员应当具备下列基本条件： （1）坚持原则，廉洁奉公 （2）具备会计师以上专业技术职务资格或者从事会计工作不少于3年 （3）熟悉国家财经法律、法规、规章和方针、政策，掌握本行业业务管理的有关知识 （4）有较强的组织能力 （5）身体状况能够适应本职工作的要求
4.总会计师——会计工作的行政领导	国有的和国有资产占控股地位或者主导地位的大、中型企业必须设置总会计师
	总会计师是主管本单位会计工作的行政领导，是单位行政领导成员，协助单位主要行政领导人工作，直接对单位主要行政领导人负责。凡设置总会计师的单位，在单位行政领导成员中，不设与总会计师职权重叠的副职
	总会计师组织领导本单位的财务管理、成本管理、预算管理、会计核算和会计监督等方面的工作，参与本单位重要经济问题的分析和决策
5.禁入规定	（1）终身禁入 因有提供虚假财务会计报告，做假账，隐匿或者故意销毁会计凭证、会计账簿、财务会计报告，贪污，挪用公款，职务侵占等与会计职务有关的违法行为被依法追究刑事责任的人员，不得再从事会计工作
	（2）5年禁入 ①因伪造、变造会计凭证、会计账簿，编制虚假财务会计报告，隐匿或者故意销毁依法应当保存的会计凭证、会计账簿、财务会计报告，尚不构成犯罪的，5年内不得从事会计工作 ②会计人员具有违反国家统一的会计制度的一般违法行为，情节严重的，5年内不得从事会计工作

1.【单选题】下列各项中，关于会计工作岗位表述不正确的是（　　）。

A.可以一人一岗　　B.可以一人多岗

C.可以一岗多人　　D.可以多岗多人

2.【多选题】下列工作岗位中，不属于会计工作岗位的有（　　）。

A.稽核　　B.档案部门的会计档案管理人员

C.会计电算化　　D.注册会计师

1.【答案】D

2.【答案】BD

【解析】选项B，档案部门的会计档案管理人员不属于会计岗位，会计机构内的会计档案管理属于会计岗位；选项D，属于社会审计人员，不属于会计人员。

【考点2.17】会计人员回避制度（见表2-18）

表2-18　会计人员回避制度

1.适用范围	“国家机关、国有企业、事业单位”任用会计人员应当实行回避制度 【注意】只需在多项选择题中适当关注
2.内容	(1)单位负责人的直系亲属不得担任本单位的会计机构负责人、会计主管人员
	(2)会计机构负责人、会计主管人员的直系亲属不得在本单位会计机构中担任出纳工作
【提示】直系亲属包括夫妻关系、直系血亲关系(父母,子女)、三代以内旁系血亲(兄弟姐妹)以及姻亲关系	

【考点2.18】会计工作交接（见表2-19）

表2-19　会计工作交接

交接清楚,分清责任,谁的责任谁承担	
1.交接的范围	工作调动、离职、因病暂时不能工作
2.监交——上级	一般会计人员办理交接手续,由会计机构负责人、会计主管人员监交
3.交接后的有关事宜	(1)交接完毕后,交接双方和监交人要在移交清册上“签名或者盖章”
	(2)移交清册一般应当填制“一式三份”,交接双方各执一份,存档一份
	(3)接替人员应当继续使用移交的会计账簿,“不得自行另立新账”,以保持会计记录的连续性
4.交接责任	“移交人员”对所移交的会计凭证、会计账簿、会计报表和其他有关资料的合法性、真实性承担法律责任

【考点2.19】会计专业职务（会计职称）与会计专业技术资格（见表2-20）

表2-20　　会计专业职务（会计职称）与会计专业技术资格

<table>
<tr><td>技术资格</td><td>考试制度</td><td colspan="2">职务级别</td><td>职务名称</td></tr>
<tr><td>初级资格</td><td rowspan="2">全国统一考试</td><td colspan="2">初级职务</td><td>助理会计师</td></tr>
<tr><td>中级资格</td><td colspan="2">中级职务</td><td>会计师</td></tr>
<tr><td rowspan="2">高级资格</td><td rowspan="2">考试与评审相结合</td><td rowspan="2">高级职务</td><td>副高级</td><td>高级会计师</td></tr>
<tr><td>正高级</td><td>正高级会计师</td></tr>
<tr><td colspan="5">会计专业职务不包括“总会计师”，也不包括“注册会计师”</td></tr>
</table>

职务	条件
助理会计师	助理会计师应具备以下条件： （1）基本掌握会计基础知识和业务技能 （2）能正确理解并执行财经政策、会计法律法规和规章制度 （3）能独立处理一个方面或某个重要岗位的会计工作 （4）具备国家教育部门认可的高中毕业（含高中、中专、职高、技校）以上学历
会计师	会计师应具备以下条件： （1）系统掌握会计基础知识和业务技能 （2）掌握并能正确执行财经政策、会计法律法规和规章制度 （3）具有扎实的专业判断和分析能力，能独立负责某领域会计工作 （4）具备博士学位；或具备硕士学位，从事会计工作满1年；或具备第二学士学位或研究生班毕业，从事会计工作满2年；或具备大学本科学历或学士学位，从事会计工作满4年；或具备大学专科学历，从事会计工作满5年
高级会计师	高级会计师应具备以下条件： （1）系统掌握和应用经济与管理理论、财务会计理论与实务 （2）具有较高的政策水平和丰富的会计工作经验，能独立负责某领域或一个单位的财务会计管理工作 （3）工作业绩较为突出，有效提高了会计管理水平或经济效益 （4）有较强的科研能力，取得一定的会计相关理论研究成果，或主持完成会计相关研究课题、调研报告、管理方法或制度创新等 （5）具备博士学位，取得会计师职称后，从事与会计师职责相关工作满2年；或具备硕士学位，或第二学士学位或研究生班毕业，或大学本科学历或学士学位，取得会计师职称后，从事与会计师职责相关工作满5年；或具备大学专科学历，取得会计师职称后，从事与会计师职责相关工作满10年
正高级会计师	正高级会计师应具备以下条件： （1）系统掌握和应用经济与管理理论、财务会计理论与实务，把握工作规律 （2）政策水平高，工作经验丰富，能积极参与一个单位的生产经营决策 （3）工作业绩突出，主持完成会计相关领域重大项目，解决重大会计相关疑难问题或关键性业务问题，提高单位管理效率或经济效益 （4）科研能力强，取得重大会计相关理论研究成果，或其他创造性会计相关研究成果，推动会计行业发展 （5）一般应具有大学本科及以上学历或学士以上学位，取得高级会计师职称后，从事与高级会计师职责相关工作满5年

【单选题】下列各项中，属于会计初级职务的是（　　）。

A.初级经济师　　B.助理会计师

C.注册会计师　　D.税务师

【答案】B

【解析】初级职务为助理会计师。

【考点2.20】会计专业技术人员继续教育（见表2-21）

表2-21　会计专业技术人员继续教育

1.谁应当参加	（1）具有会计专业技术资格的人员（取得次年） （2）不具有会计专业技术资格但从事会计工作的人员（从事的次年）	
2.教育科目	（1）公需科目	包括法律法规、理论政策、职业道德、技术信息等基本知识
	（2）专业科目	包括财务会计、管理会计、财务管理等专业知识
3.学分制	（1）专业技术人员参加继续教育取得学分，每年累计不少于“90学分”，其中，专业科目一般不少于总学分的“2/3” （2）取得的学分，在全国范围内当年有效，不得结转以后年度	
4.单位责任	（1）会计专业技术人员参加继续教育的情况，应当作为聘任会计专业技术职务或者申报评定上一级资格的重要条件	
	（2）用人单位应当建立本单位会计专业技术人员继续教育与使用、晋升相衔接的激励机制，将参加继续教育情况作为会计专业技术人员考核评价、岗位聘用的重要依据	
	（3）继续教育情况实行登记管理	

1.【单选题】关于会计人员的任职资格的下列表述中，错误的是（　　）。

A.从事会计工作应当具备所需要的专业能力，遵守职业道德

B.担任会计主管人员，应当具备会计师以上专业技术职务资格或者从事会计工作3年以上经历

C.2014年因私设会计账簿行为受到行政处罚的会计艾琳，2020年可以担任甲公司会计人员

D.2011年因提供虚假财务会计报告被判处有期徒刑的钱晶，2013年刑满释放，2020年可以担任乙公司会计人员

2.【单选题】根据会计法律制度的规定，回避制度中所指的直系亲属不包括（　　）。

A.夫妻　　B.配偶的弟弟

C.兄弟姐妹　　D.儿子的女朋友

3.【单选题】2020年4月，甲公司内部机构调整，会计艾思辰调离会计工作岗位，离岗前与接替者江景明在财务科长的监交下办理了会计工作交接手续。下列说法中，正确的为（　　）。

A.艾思辰与江景明办理会计工作交接时还应该有公司人事部门派人参加监交

B.艾思辰与江景明的会计工作交接不符合规定

C.艾思辰与江景明的会计工作交接符合规定

D.艾思辰与江景明办理会计工作交接时还应该有公司经理在场监交

1.【答案】D

【解析】选项A，叙述正确；选项B，叙述正确；选项C，因违反国家统一的会计制度，受到行政处罚的会计人员，5年内不得从事会计工作，本题中，2014年至2020年，已满5年，可以从事会计工作；选项D，因有“提供虚假财务会计报告，做假账，隐匿或者故意销毁会计凭证、会计账簿、财务会计报告，贪污，挪用公款，职务侵占”等与会计职务有关的违法行为被依法追究“刑事责任”的人员，不得再从事会计工作。

2.【答案】D

【解析】直系亲属包括夫妻、直系血亲、三代以内旁系血亲、姻亲。

3.【答案】C

【解析】一般会计人员办理交接手续，由会计机构负责人（会计主管人员）监交。

违反会计法律制度的法律责任

【考点2.21】违反国家统一的会计制度（见表2-22）

表2-22　违反国家统一的会计制度

<table>
<tr><td rowspan="2">1.违法行为</td><td colspan="4">（1）不依法设置会计账簿的行为
（2）私设会计账簿的行为
（3）未按照规定填制、取得原始凭证或者填制、取得的原始凭证不符合规定的行为
（4）以未经审核的会计凭证为依据登记会计账簿或者登记会计账簿不符合规定的行为
（5）随意变更会计处理方法的行为
（6）向不同的会计资料使用者提供的财务会计报告编制依据不一致的行为
（7）未按照规定使用会计记录文字或者记账本位币的行为
（8）未按照规定保管会计资料，致使会计资料毁损、灭失的行为
（9）未按照规定建立并实施单位内部会计监督制度，或者拒绝依法实施的监督，或者不如实提供有关会计资料及有关情况的行为
（10）任用会计人员不符合《会计法》规定的行为</td></tr>
<tr><td colspan="4">【注意】不包括违反“税法”的行为</td></tr>
<tr><td rowspan="7">2.法律责任</td><td>执法主体</td><td colspan="2">法律责任</td><td>具体标准</td></tr>
<tr><td rowspan="4">县级以上财政部门</td><td colspan="2">责令限期改正</td><td></td></tr>
<tr><td rowspan="2">罚款</td><td>对单位</td><td>3 000元以上5万元以下</td></tr>
<tr><td>对其直接负责的主管人员和其他直接责任人员</td><td>2 000元以上2万元以下</td></tr>
<tr><td colspan="2">5年内不得从事会计工作</td><td>会计人员有上述行为之一，且情节严重</td></tr>
<tr><td>行为人所在单位</td><td colspan="2">行政处分</td><td>行为人属于国家机关工作人员</td></tr>
<tr><td>司法机关</td><td colspan="2">依法追究刑事责任</td><td>构成犯罪</td></tr>
</table>

1.【单选题】下列各项中，不属于违反国家统一的会计制度的行为的是（　　）。

A.甲公司未按照规定使用会计记账本位币

B.乙公司与某演员签订阴阳合同，偷逃税款数千万元人民币

C.丙公司擅自销毁依法应当保存的会计资料

D.丁公司在账外设置小金库

2.【多选题】下列人员中，5年内不得从事会计工作的有（　　）。

A.未按照规定使用会计记录文字，但情节轻微，被县财政局处以2 000元罚款的会计人员赵某

B.随意变更会计处理方法，情节严重，被县财政局处以2 000元罚款的会计人员李某

C.伪造会计凭证，情节轻微不构成犯罪，被县财政局处以3 000元罚款的会计人员孙某

D.因挪用公款被追究刑事责任的会计人员林某

1.【答案】B

【解析】选项B，在违反税法的同时，构成逃税罪，属于犯罪行为。

2.【答案】BC

【解析】选项AB，违反国家统一的会计制度，且情节严重的，5年内不得从事会计工作；选项C，伪造、变造会计凭证、会计账簿，编制虚假财务会计报告的会计人员，5年内不得从事会计工作；选项D，终身不得从事会计工作。

【考点2.22】伪造、变造会计凭证、会计账簿，编制虚假财务会计报告（见表2-23）

表2-23　　伪造、变造会计凭证、会计账簿，编制虚假财务会计报告

（1）构成犯罪的，依法追究刑事责任	
（2）尚不构成犯罪的	①由县级以上人民政府财政部门予以通报，可以对单位并处5 000元以上10万元以下的罚款
	②对其直接负责的主管人员和其他直接责任人员，可以处3 000元以上5万元以下的罚款
	③属于国家工作人员的，还应当由其所在单位或者有关单位依法给予撤职直至开除的行政处分
	④其中的会计人员，5年内不得从事会计工作

【多选题】下列各项中，属于变造会计凭证行为的有（　　）。

A.某公司为一客户虚开假发票一张，并按票面金额的10%收取好处费

B.某业务员将购货发票上的金额50万元，用“消字灵”修改为80万元报账

C.某企业出纳将一张报销凭证上的金额7 000元涂改为9 000元

D.购货部门转来一张购货发票，原金额计算有误，出票单位已作更正并加盖出票单位公章

【答案】BC

【解析】选项A，属于伪造行为；选项D，金额错误不能更正，只能由原出具单位重开，该行为会导致会计凭证无效，但不属于变造行为。

【考点2.23】隐匿或者故意销毁依法应当保存的会计凭证、会计账簿、财务会计报告（见表2-24）

表2-24 隐匿或者故意销毁依法应当保存的会计凭证、会计账簿、财务会计报告

<table>
<tr><th>执法主体</th><th colspan="2">法律责任</th><th>具体标准</th></tr>
<tr><td rowspan="4">县级以上财政部门</td><td colspan="2">通报</td><td></td></tr>
<tr><td rowspan="2">罚款</td><td>对单位</td><td>5 000~100 000元</td></tr>
<tr><td>对其直接负责的主管人员和其他直接责任人员</td><td>3 000~50 000元</td></tr>
<tr><td colspan="2">5年内不得从事会计工作</td><td>会计人员</td></tr>
<tr><td>行为人所在单位</td><td colspan="2">“撤职直至开除”的行政处分</td><td>行为人属于国家机关工作人员</td></tr>
<tr><td rowspan="2">司法机关</td><td rowspan="2">隐匿或者故意销毁依法应当保存的会计资料的刑事责任</td><td>个人犯罪</td><td>（1）处5年以下有期徒刑或者拘役
（2）并处或者单处2万元以上20万元以下罚金</td></tr>
<tr><td>单位犯罪</td><td>（1）对单位判处罚金
（2）对直接负责的主管人员和其他直接责任人的处理同个人犯罪</td></tr>
</table>

【单选题】艾娟故意销毁应予以保存的企业财务会计报告，情节恶劣触犯刑法，在法律许可范围内，可以对艾娟判处有期徒刑最高为（　　）。

A.3年　　B.5年

C.7年　　D.10年

【答案】B

【考点2.24】授意、指使、强令会计机构、会计人员及其他人员伪造、变造或者隐匿、故意销毁依法应当保存的会计资料行为的法律责任（见表2-25）

表2-25　**授意、指使、强令会计机构、会计人员及其他人员伪造、变造或者隐匿、故意销毁依法应当保存的会计资料行为的法律责任**

执法主体	法律责任	具体标准
县级以上财政部门	罚款	5 000元以上5万元以下
行为人所在单位	“降级、撤职、开除”的行政处分	行为人属于国家机关工作人员
司法机关	依法追究刑事责任	构成犯罪

【考点2.25】单位负责人对会计人员实行打击报复和财政部门及有关行政部门工作人员职务违法行为（见表2-26）

表2-26　**单位负责人对会计人员实行打击报复和财政部门及有关行政部门工作人员职务违法行为**

单位负责人对会计人员实行打击报复	1.刑事责任	情节恶劣，处3年以下有期徒刑或者拘役
	2.行政责任	情节轻微，危害性不大，不构成犯罪的，由其所在单位或者有关单位依法给予行政处分
	3.对受打击报复的会计人员应恢复名誉和原有职务、级别	
财政部门及有关行政部门工作人员职务违法行为	1.滥用职权、玩忽职守、徇私舞弊或者泄露国家秘密、商业秘密，构成犯罪的，依法追究刑事责任，尚不构成犯罪的，依法给予行政处分	
	2.收到对违反我国《会计法》和国家统一的会计制度行为检举的部门及负责处理检举的部门，将检举人姓名和检举材料转给被检举单位和被检举人个人的，由所在单位或者有关单位依法给予行政处分	

1.**【单选题】**甲公司单位负责人宋乐邦，对依法履行职责的会计人员艾月打击报复，情节恶劣，构成犯罪，则可以判处的最高刑罚是（　　）。

A.管制

B.拘役

C.有期徒刑3年

D.有期徒刑5年

2.**【多选题】**下列关于单位负责人在内部会计监督中的职责的表述中，正确的有（　　）。

A.不得授意、指使、强令会计机构、会计人员违法办理会计事项

B.应对本单位会计资料的真实性负责

C.应对本单位会计资料的完整性负责

D.应依法做好会计核算工作

1.【答案】C

【解析】上述行为，可以处以3年以下有期徒刑或者拘役。

2.【答案】ABC

【解析】选项D，是会计机构、会计人员的职责。

【考点2.26】行政责任中的罚款和刑事责任中的主刑及罚金（见表2-27和表2-28）

表2-27 **行政责任中的罚款**

项目	违反国家统一的会计制度行为	伪造、变造、隐匿或者故意销毁依法应当保存的会计资料	授意、指使、强令会计机构、会计人员伪造、变造、编制、隐匿、故意销毁会计资料
单位	3 000~50 000元	5 000 ~ 100 000元	—
直接责任人	2 000~20 000元	3 000 ~ 50 000元	5 000 ~ 50 000元

表2-28 **刑事责任中的主刑及罚金**

项目	隐匿或者故意销毁依法应当保存的会计资料	打击报复会计人员
单位	2万~20万元	—
直接责任人	5年以下有期徒刑或者拘役，并处或单处罚金2万~20万元	3年以下有期徒刑或者拘役

【多选题】甲公司由于经营不善，连续亏损两年。为了避免第三年再次出现亏损，董事长艾娟授意会计人员宋嘉泽对财务报表进行“美化”，宋嘉泽请示财务经理曾正德后遵照办理。甲公司行为尚未构成犯罪，则财政部门对甲公司及相关人员的处罚正确的有（　　）。

A.对甲公司董事长艾娟处以4万元的罚款

B.会计宋嘉泽终身不得从事会计工作

C.对财务经理曾正德处以2 500元的罚款

D.对甲公司予以通报的同时，并处8万元的罚款

【答案】AD

【解析】选项A，艾娟的行为属于指使会计人员伪造、变造会计资料行为，可以处5 000元以上5万元以下的罚款；选项B，宋嘉泽属于伪造、变造会计资料的会计人员，5年内不得从事会计工作；选项C，曾正德属于直接负责的主管人员，可以处3 000元以上5万元以下的罚款；选项D，对伪造、变造会计资料的单位，在予以通报的同时可以并处5 000元以上10万元以下的罚款。

会计法案例分析

【案例2.1】

2020年1月，博瀚公司一批会计档案保管期满，其中有尚未结清的债权债务会计凭证。博瀚公司档案管理机构请会计机构负责人张某及相关人员在会计档案销毁清册上签署意见，将该批会计档案全部销毁。

2020年9月，出纳郑某调离，与接替其工作的王某办理了会计工作交接。

2020年12月，为完成利润指标，会计机构负责人张某采取虚增营业收入等方法，调整了财务会计报告（其行为尚不构成犯罪），并经法定代表人周某同意，向承宣公司提供了未经审计的财务会计报告。

要求：

根据上述资料，不考虑其他因素，分析回答下列小题。

1. **【多选题】**关于博瀚公司销毁会计档案的下列表述中，正确的是（　　）。

A.档案管理机构负责人应在会计档案销毁清册上签署意见

B.法定代表人周某应在会计档案销毁清册上签署意见

C.会计机构负责人张某不应在会计档案销毁清册上签署意见

D.保管期满但未结清的债权债务会计凭证不得销毁

2. **【多选题】**下列关于会计人员郑某与王某交接会计工作的表述中，正确的是（　　）。

A.郑某与王某应按移交清册逐项移交，核对点收

B.应由会计机构负责人张某监交

C.移交完毕，郑某与王某以及监交人应在移交清册上签名或者盖章

D.移交完毕，王某可自行另立新账进行会计记录

3. **【多选题】**关于博瀚公司向承宣公司提供财务会计报告的下列表述中，正确的是（　　）。

A.财务会计报告经注册会计师审计后才能对承宣公司提供

B.会计机构负责人张某应在财务会计报告上签名并盖章

C.主管会计工作的负责人应在财务会计报告上签名并盖章

D.法定代表人周某应在财务会计报告上签名并盖章

4. **【多选题】**关于会计机构负责人张某采取虚增营业收入等方法调整财务会计报告行为性质及法律后果的下列表述中，正确的是（　　）。

A.可对张某处以罚款

B.该行为属于编制虚假财务会计报告

C.张某5年之内不得从事会计工作

D.可对张某处以行政拘留

1.【答案】ABD

【解析】选项ABC，单位负责人、档案管理机构负责人、会计机构负责人、档案管理机构经办人、会计机构经办人应在会计档案销毁清册上签署意见；选项D，保管期满但未结清的债权债务会计凭证和涉及其他未了事项的会计凭证不得销毁。

2.【答案】ABC

【解析】选项A，移交人员在办理移交时，要按移交清册逐项移交，接替人员要逐项核对点收；选项B，一般会计人员办理交接手续，由会计机构负责人（会计主管人员）监交；选项C，交接完毕后，交接双方和监交人应当在会计档案移交清册上签名或者盖章；选项D，接替人员应当继续使用移交的会计账簿，不得自行另立新账，以保持会计记录的连续性。

3.【答案】BCD

【解析】选项A，并非所有公司的财务会计报告都必须经过审计；选项BCD，企业对外提供的财务会计报告应当由企业负责人和主管会计工作的负责人、会计机构负责人（会计主管人员）签名并盖章。

4.【答案】ABC

【解析】编制虚假财务会计报告构成犯罪的，依法追究刑事责任；尚不构成犯罪的：（1）由县级以上人民政府财政部门予以通报，可以对单位并处5 000元以上10万元以下的罚款；（2）对其直接负责的主管人员和其他直接责任人员，可以处3 000元以上5万元以下的罚款；（3）属于国家工作人员的，还应当由其所在单位或者有关单位依法给予撤职直至开除的行政处分；（4）其中的会计人员，5年内不得从事会计工作。

【案例2.2】

振国工厂为国有企业，下设办公室、行政科、会计科、档案科等职能科室。2020年该厂发生了以下事项：

（1）2月，经上级主管单位任命，会计科长张红的丈夫王平担任该厂厂长。同月，张红的侄女张芳到该厂会计科担任出纳工作，张红指定张芳同时兼管会计档案保管工作。

（2）4月，档案科会同会计科对保管期满的会计档案全部进行销毁。档案科长与会计科长张红共同在会计档案销毁清册上签字，并进行了监销。因厂长王平在外地出差，故未将此事报告厂长。

（3）9月，张芳调到当地承宜公司财务部从事成本核算工作，原在档案科工作的钱华接任张芳的出纳工作，张芳调离前与接任的钱华自行办理了会计工作交接手续。

要求：

根据上述资料，不考虑其他因素，分析回答下列小题。

1.【多选题】下列人员的任职情况，不符合会计法律制度规定的是（　　）。

A.张红任振国工厂的会计科长

B.张芳任振国工厂的出纳

C.张芳任出纳人员同时兼管会计档案保管工作

D.由档案科工作人员钱华接任出纳

2.【单选题】振国工厂会计档案销毁工作中的下列做法中，符合会计法律制度的是（　　）。

A.由档案科会同会计科销毁

B.将保管期满的会计档案销毁

C.由档案科长与会计科长在会计档案销毁清册上签字，并进行监销

D.未将会计档案销毁事项报告厂长

3.【单选题】张芳与钱华办理会计工作交接手续，应由（　　）监交。

A.张红　　　　B.张红、王平

C.张红、档案科长　　　　D.无须监交

4.【多选题】下列各项中，属于会计工作岗位的是（　　）。

A.厂长　　　　B.会计科长

C.出纳　　　　D.档案科保管会计档案的人员

1.【答案】ABC

【解析】选项A，张红与振国工厂的厂长系夫妻关系，不得担任本单位的会计机构负责人；选项B，张芳与会计机构负责人张红系三代以内旁系血亲，不得担任出纳工作；选项C，出纳人员不得兼任稽核、会计档案保管和收入、支出、费用、债权债务账目的登记工作。

2.【答案】A

【解析】选项A，单位档案管理机构负责组织会计档案销毁工作，并与会计管理机构共同派员监销；选项B，单位应当定期对已到保管期限的会计档案进行鉴定，并形成会计档案鉴定意见书，经鉴定仍需继续保存的会计档案，应当重新划定保管期限；对保管期满，确无保存价值的会计档案，才可以销毁；选项CD，单位负责人、档案管理机构负责人、会计机构负责人、档案管理机构经办人、会计机构经办人在会计档案销毁清册上签署意见。

3.【答案】A

【解析】一般会计人员办理交接手续，由单位的会计机构负责人（会计主

管人员）监交。

4.【答案】BC

【解析】选项A，单位负责人不属于会计工作岗位；选项D，档案管理部门管理会计档案的人员，不属于会计岗位。

【案例2.3】

2020年4月，某国有企业的会计工作发生以下情况：

（1）厂长李某将朋友的女儿张某调入该厂会计科担任出纳，兼管稽核、会计档案保管和债权债务账目的登记工作。

（2）该厂档案科组织销毁会计档案，其中有部分是保管期满但未结清的债权债务会计凭证。

（3）任命王某为会计机构负责人。

（4）企业负责人召集本单位的会计工作人员，对上年度的财务支出流水账、凭证等会计资料进行审核，确认无误后，将余额转到新账簿上，并指使会计工作人员将审核过的会计资料予以销毁。

要求：

根据上述资料，不考虑其他因素，分析回答下列小题。

1.【多选题】将张某调入该厂会计科任出纳的事项中，违反会计法律制度规定的是（　　）。

A.张某与厂长李某有密切关系，是其朋友的女儿

B.张某既担任出纳又兼管稽核工作

C.张某既担任出纳又兼管会计档案保管工作

D.张某既担任出纳又兼管债权债务账目的登记工作

2.【多选题】有关该厂档案科销毁会计档案的事项，下列说法正确的是（　　）。

A.销毁会计档案时，应当编制会计档案销毁清册

B.销毁会计档案时，应当与会计机构共同派员监销

C.会计档案中保管期满但未结清的债权债务会计凭证不得销毁

D.会计档案销毁清册无须经单位负责人签署意见

3.【单选题】有关王某是否具备担任会计机构负责人的资格，下列说法符合会计法律制度规定的是（　　）。

A.王某应当具备注册会计师资格

B.王某应当具备会计师以上专业技术职务资格

C.王某应当具备会计师以上专业技术职务资格或者从事会计工作3年以上经历

D.王某应当具备会计师以上专业技术职务资格或者从事会计工作5年以上经历

4.【单选题】对于该国有企业负责人指使会计工作人员故意销毁会计凭证、会计账簿等会计资料的行为，如果不构成犯罪，县级以上人民政府财政部门可以对其处以（　　）的罚款。

A.3 000元以上5万元以下　　B.5 000元以上5万元以下

C.5 000元以上10万元以下　　D.1万元以上10万元以下

1.【答案】BCD

【解析】选项A，“朋友的女儿”不属于回避范围；选项BCD，出纳人员不得兼任稽核、会计档案保管和收入、支出、费用、债权债务账目的登记工作。

2.【答案】ABC

【解析】选项D，单位负责人、档案管理机构负责人、会计机构负责人、档案管理机构经办人、会计机构经办人应当在会计档案销毁清册上签署意见。

3.【答案】C

【解析】担任单位会计机构负责人（会计主管人员）的，应当具备会计师以上专业技术职务资格或者从事会计工作3年以上经历。

4.【答案】B

【案例2.4】

2020年4月，某市财政部门对正祥国有企业（以下简称“正祥企业”）进行监督检查，发现如下问题：

（1）王某为正祥企业总会计师，王某取得会计师任职资格后，主管正祥企业财务会计工作已满4年。

（2）因人手紧张，出纳张某同时负责会计档案的保管。

（3）正祥企业2019年度亏损20万元，正祥企业厂长邓某授意会计人员李某采取伪造会计凭证等手段调整企业的财务会计报告，将本年利润调整为盈利50万元，李某拒绝执行。厂长邓某遂将李某调离会计岗位。

要求：

根据上述资料，不考虑其他因素，分析回答下列小题。

1.【多选题】针对事项（1），下列说法中正确的是（　　）。

A.正祥企业必须设置总会计师

B.正祥企业可以不设置总会计师

C.总会计师是会计机构负责人

D.总会计师是单位行政领导成员

2.【多选题】针对事项（2），下列说法中正确的是（　　）。

A.张某不能同时负责会计档案的保管工作

B.张某可以负责会计档案的保管工作

C.张某可以兼管固定资产明细账的登记工作

D.张某同时负责会计档案保管工作，不能达到内部控制制度的要求

3.【多选题】针对事项（3），下列说法中正确的是（　　）。

A.厂长邓某的行为构成了对李某的打击报复

B.厂长邓某的行为构成犯罪的，依法追究刑事责任

C.厂长邓某的行为尚不构成犯罪的，由其所在单位或者有关单位依法给予行政处分

D.对李某应当恢复其名誉和原有职务、级别

4.【多选题】下列人员中，应当在正祥企业对外提供的财务会计报告上签名并盖章的是（　　）。

A.单位负责人　　B.单位内部审计负责人

C.总会计师　　D.会计机构负责人

1.【答案】AD

【解析】选项AB，国有和国有资产占控股地位或者主导地位的大、中型企业必须设置总会计师；选项CD，总会计师是主管本单位会计工作的行政领导，是单位行政领导成员。

2.【答案】ACD

【解析】出纳人员不得兼任稽核、会计档案保管和收入、支出、费用、债权债务账目的登记工作。

3.【答案】ABCD

【解析】单位负责人对依法履行职责、抵制违反《会计法》规定行为的会计人员以降级、撤职、调离工作岗位、解聘或者开除等方式实行打击报复，构成犯罪的，依法追究刑事责任；尚不构成犯罪的，由其所在单位或者有关单位依法给予行政处分。对受打击报复的会计人员，应当恢复其名誉和原有职务、级别。

4.【答案】ACD

【解析】财务会计报告由单位负责人和主管会计工作的负责人、会计机构负责人（会计主管人员）签名并盖章；设置总会计师的企业，还须由总会计师签名并盖章。

第3章 支付结算法律制度

本章思维导图（如图3-1所示）：

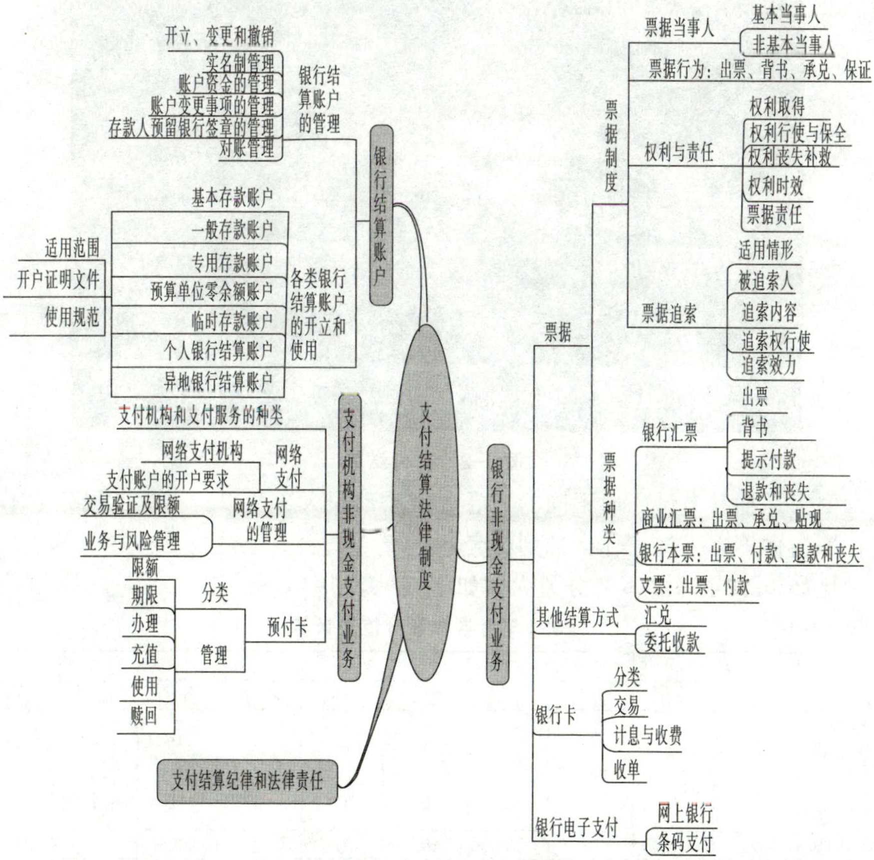

图3-1 本章思维导图

实践出真知

支付结算：

1.银行账户结算，我们每个人都有银行账户，这个不陌生。

2.票据结算，平时一般不常见。

3.银行卡结算，这个也不陌生，我们每个人都有银行卡。

4.银行电子支付，不通过银行卡，直接网上转账，这个也不陌生。

5.银行其他结算方式，比如汇兑和委托收款，企业用得比较多。

6.其他支付机构的非现金结算，比如支付宝、微信支付等等。

因此本章讲的支付结算（如图3-2所示），大体可以分为两部分——票据结算和非票据结算。

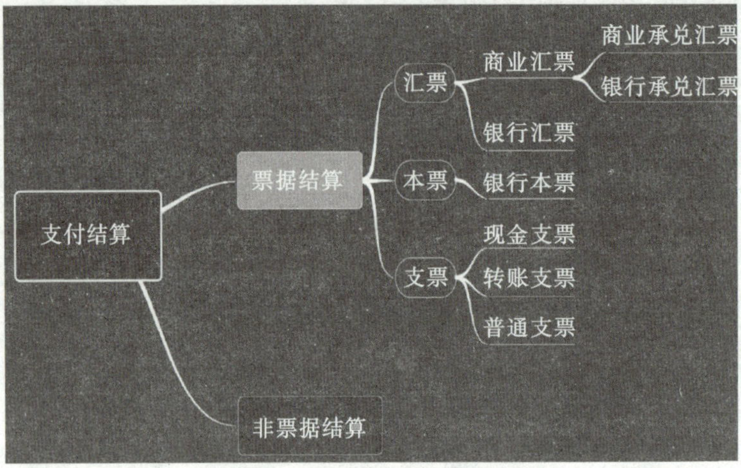

图3-2 支付结算

因为是抽卷考试，而不同的考卷分值波动很大，所以，本章考试分值不确定，因为你根本不知道你会抽到哪套卷。

比如2021年考卷本章分值大体如下（见表3-1）：

表3-1 **2021年考卷本章分值统计表**

项目	卷1		卷2		卷3		卷4		卷5	
	题量	分值	题量	分值	题量	分值	题量	分值	题量	分值
单项选择题	0	0	1	2	1	2	0	0	0	0
多项选择题	0	0	1	2	0	0	0	0	1	2
判断题	2	2	1	1	0	0	2	2	1	1
不定项选择题	2	4	0	0	4	8	4	8	0	0
合计	4	6	3	5	5	10	6	10	2	3

有的卷本章分值高达10分，有的卷本章分值只有3分，所以，如果你能预料到，你会抽到3分的考卷，那本章完全可以放弃，因为本章难度偏大，要记忆的点很多。

如果你觉得自己没那么好的运气，那还是好好学吧。

而且本章的票据法，总会有一套卷会考大题，如果考大题，那本章分值则直奔10分，甚至破10分也有可能。

票据结算，最常见的是支票，就算你在企业里没有见过支票，在电视里也应该见过。《霸道总裁爱上我》里，男主动不动就甩给女主一张支票，随便填。

支票分为现金支票、转账支票和普通支票（如图3-3所示）。

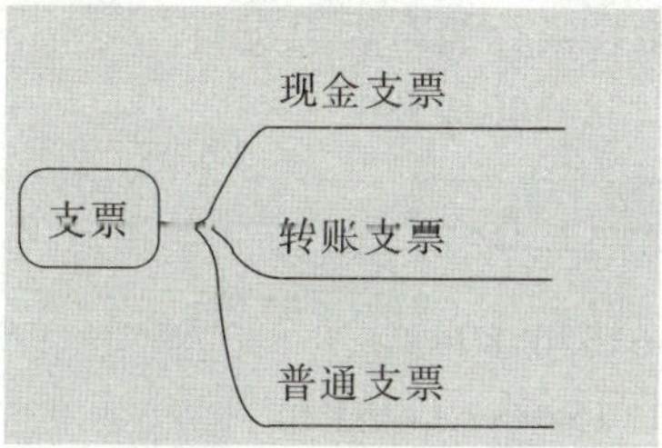

图3-3　支票种类

现金支票可以提取现金，转账支票用来转账，不能提取现金，普通支票是票据上未印有“现金”或“转账”字样的、既可用来支取现金也可用来转账的支票。

普通支票左上角划两条平行线的，则为划线支票。划线支票只能委托银行转账收款，而不允许提取现款（如图3-4所示）。

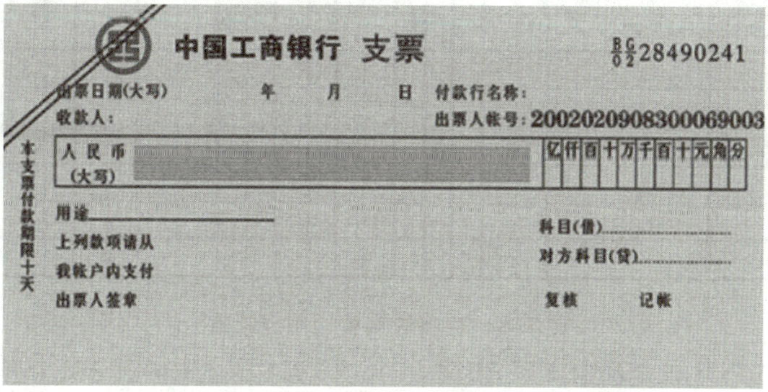

图3-4　划线支票

一般来说，不允许开空头支票，也就是如果你账户里没钱，就不要随便给人开支票。账户里没钱，银行不会支付，同时会对签发空头支票的人予以处罚。

知识有时候之所以难以记忆，是因为自己没有接触过，没有体验，完全靠

死记硬背，学起来自然枯燥，支票也一样。

为了让自己在记忆支票有关规定的时候，有点感性认识，可以先去企业模拟实习一下。

比如：假设你叫朱梅，有一家上海海汇商贸有限公司，让你去当出纳。

去的第一天，就让你签发一张现金支票。

（以下内容摘自《小艾上班记6——企业纳税真账实操》）

实战1：现金支票

上海海汇商贸有限公司，出纳：朱梅。

2020年6月17日，签发现金支票提取备用金20 000元。

付款行名称：中国建设银行浦东大道支行。

银行卡号：6217001258430012586。

支票号码：00561125。

支票用途：备用金。

支票密码：0158485618567894。

朱梅身份证号码:341125××××××4512。

然后根据上面相关的内容，填写现金支票。

第一步，填写支票领用簿（如图3-5和图3-6所示）。

支 票 领 用 登 记 簿

支票类别：　　　　　　　　　　年　　　　　　　　　　银行卡号：

日期		支票号码	支票用途	预计金额											领用人	报销日期		退票日期		备注
月	日			亿	千	百	十	万	千	百	十	元	角	分		月	日	月	日	

图3-5　空白的支票领用登记簿

（1）支票类别：现金支票；

（2）年：2020年；

（3）银行卡号：6217001258430012586；

（4）日期：6月17日；

（5）支票号码：00561125；

支票领用登记簿

支票类别：现金支票　　2020 年　　银行卡号：6217001258430012586

日期 月	日期 日	支票号码	支票用途	预计金额 亿	千	百	十	万	千	百	十	元	角	分	领用人	报销日期 月	报销日期 日	退票日期 月	退票日期 日	备注
6	17	00561125	备用金				¥	2	0	0	0	0	0	0	朱梅					

图 3-6　填好的支票领用登记簿

（6）支票用途：备用金；

（7）金额：20 000元；

（8）领用人：朱梅。

第二步：填写现金支票正面（如图3-7所示）。

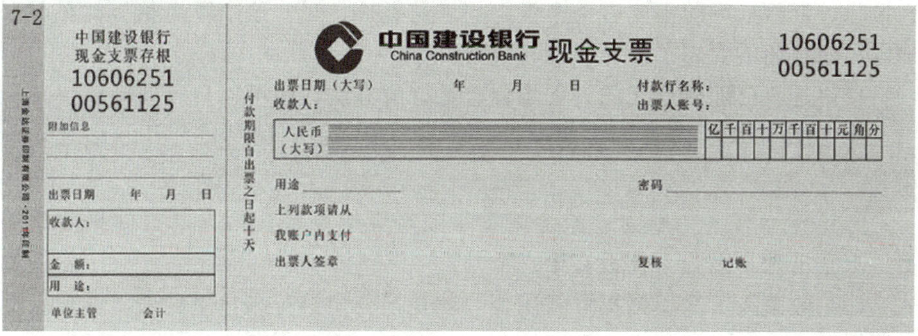
7-2
中国建设银行
现金支票存根
10606251
00561125
附加信息
出票日期　年　月　日
收款人：
金　额：
用　途：
单位主管　会计

付款期限自出票之日起十天

中国建设银行 China Construction Bank　现金支票　10606251 00561125
出票日期（大写）　年　月　日　付款行名称：
收款人：　出票人账号：
人民币（大写）　亿 千 百 十 万 千 百 十 元 角 分
用途　密码
上列款项请从
我账户内支付
出票人签章　复核　记账

图 3-7　空白的现金支票正面

右边正联：

（1）填写前，先看支票票号00561125是否与我们前面领用登记的票号一致；

（2）出票日期：2020年6月17日必须大写。

大写规则如下（如图3-8所示）：

①月为“壹”“贰”和“壹拾”的，应当在其前加“零”；“拾”至“拾贰”的，应当在其前加“壹”。

②日为“壹”至“玖”、“壹拾”、“贰拾”和“叁拾”的，应当在其前加“零”；“拾壹”至“拾玖”的，应当在其前加“壹”。

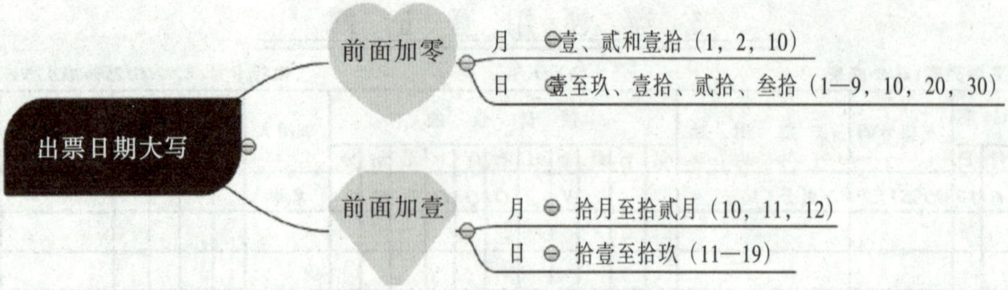

图 3-8 出票日期大写规则

这样写，可以防止票据变造，篡改日期。

壹月、贰月、壹拾月，如果前面不加零，可以变造为壹拾壹月、壹拾贰月，但是叁月前面就不用加零了，因为没有壹拾叁月，但是在实践中，银行也经常要求在叁月至玖月前面加上零，具体操作时，以银行要求为准。

同理，日期也一样，也是为了防止篡改日期，变造票据。

我们在实践中很容易记混，特别是日期，这里简单地总结一个口诀：

逢单加零，逢整加零，逢壹加壹。

这只是一个个人为了方便记忆的口诀，不要挑刺，逢壹加壹的意思就是，壹拾壹、壹拾贰等前面要有一个壹，如果是壹拾日呢？这个算逢整，就在前面加零，而且还不要忘了壹，不能写成拾。

口诀是自己随便定义的，如果你有更好的方法，你可以自行改动口诀。

那 2020 年 6 月 17 日，实践中银行大写习惯写成：贰零贰零年零陆月壹拾柒日。

考试标准答案一般为：贰零贰零年陆月壹拾柒日，因为陆月如果前面加拾，不合情理，因为一年没有十六个月。

（3）收款人：这里是提取备用金，就是把公司银行账户里的钱转移到保险柜里，因此收款人就填自己公司名称：上海海汇商贸有限公司。

（4）付款行名称：公司的开户行：中国建设银行浦东大道支行。

（5）出票人账号：就是公司的银行卡号 6217001258430012586。

（6）金额大小写要一致，且要封头封尾，大写一定要顶格写，大写如果不顶格写，这张支票就作废了，贰万元整，用“整”字封尾。小写要用人民币符号￥封头，20 000.00，角、分位要用零来补位。

（7）用途是备用金。

（8）支票密码：不同的银行有不同的支票密码生成方式，这个需要咨询银行，有的银行是用密码器，把我们的票号输入密码器，然后按下一步，下一步，自动生成一个密码。这里的密码是：0158485618567894。

（9）盖章：单位财务章，法人章。

左边存根联：

左边存根联是要交给会计记账的，右边正联是要交给银行的，一般是从骑缝处撕开。

出票日期：2020年6月17日；

收款人：上海海汇商贸有限公司；

金额：￥20 000.00；

用途：备用金。

然后交给主管签字，会计签字。

怎么证明这个存根联和支票联是一张呢？我们会在中间加盖一个骑缝章，当然有的银行不盖也行，它可以通过票号核对。

填好后的现金支票正面（如图3-9所示）：

图3-9　填好后的现金支票正面

第三步，填写现金支票的背面（如图3-10所示）。

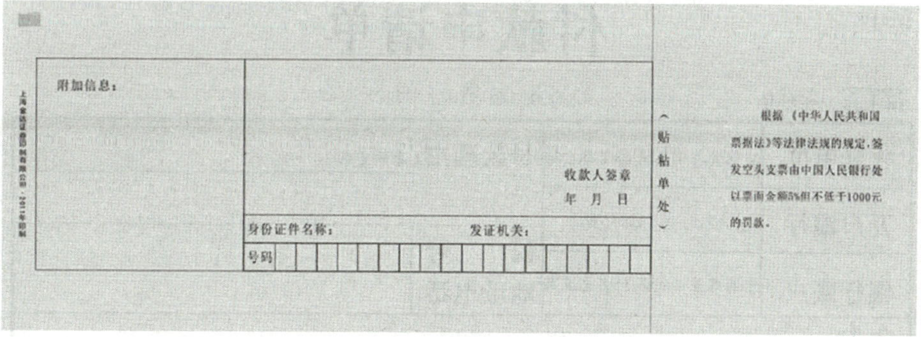

图3-10　空白的现金支票背面

（1）收款人签章：这个是单位在银行预留的财务章和法人章，跟正面一样；

（2）日期：2020年6月17日；

（3）身份证件名称：居民身份证或者军官证或者户口簿；

（4）发证机关：××公安局；

（5）身份证号码：341125198905154512。

填好后的现金支票背面如图3-11所示：

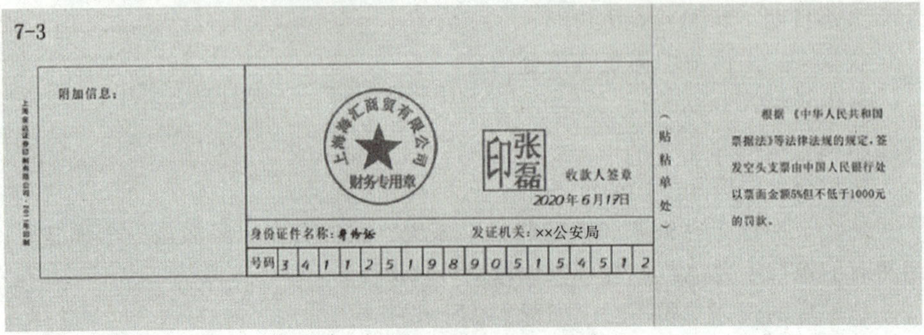

图3-11 填好后的现金支票背面

实战2：转账支票

2020年6月10日，采购部张强采购货物50 000元，填制付款申请单（如图3-12所示），出纳以转账支票形式付款。

相关信息：

付款行名称：中国建设银行浦东大道支行；

银行卡号：6217001258430012586；

支票号码：00498360；

支票用途：采购货物；

支票密码：0153 8546 4562。

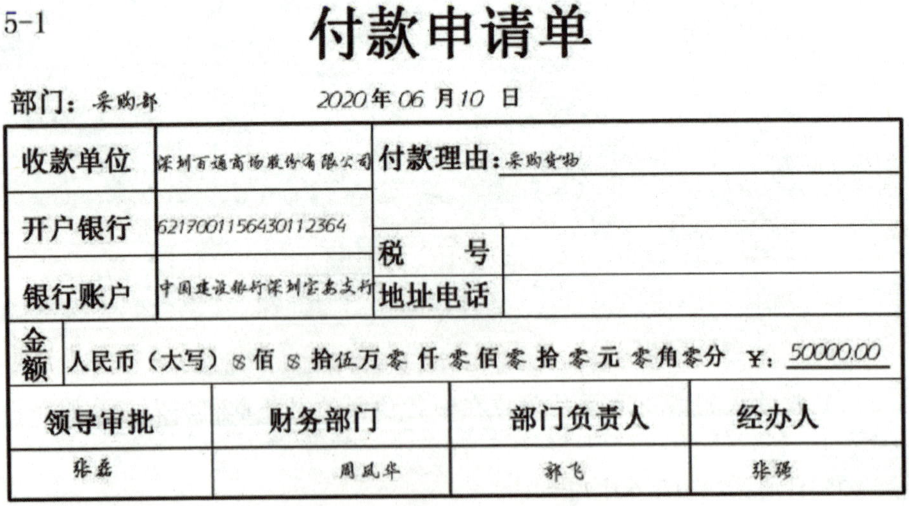

5-1

付款申请单

部门：采购部　　2020年06月10日

收款单位	深圳百通商场股份有限公司	付款理由：采购货物	
开户银行	6217001156430112364		
		税　号	
银行账户	中国建设银行深圳宝安支行	地址电话	
金额	人民币（大写）⊗佰 ⊗拾伍万零仟零佰零拾零元零角零分 ¥：50000.00		
领导审批	财务部门	部门负责人	经办人
张磊	周凤华	郭飞	张强

图3-12 填好后的付款申请单

收款单位是深圳百通商场股份有限公司，对方已经发货，所以付款申请单后面一般会附上采购单、入库单、验收单、发票等相关单据。

付款申请单是经办人张强填写，部门负责人、财务部门、领导审批，然后出纳付款。

第一步，填写支票领用登记簿（如图3-5所示）。

（1）支票类别：转账支票；

（2）年：2020年；

（3）银行卡号：6217001258430012586；

（4）日期：6月10日；

（5）支票号码：00498360；

（6）支票用途：采购货物；

（7）金额：50 000.00元；

（8）领用人：朱梅。

填好后的支票领用登记簿（如图3-13所示）：

5-2

支票领用登记簿

支票类别：转账支票　　2020年　　银行卡号：6217001258430012586

日期		支票号码	支票用途	预计金额											领用人	报销日期		退票日期		备注
月	日			亿	千	百	十	万	千	百	十	元	角	分		月	日	月	日	
6	10	00498360	采购货物				¥	5	0	0	0	0	0	0	朱梅					

图3-13　填好后的支票领用登记簿

第二步，填写转账支票正面（如图3-14所示）：

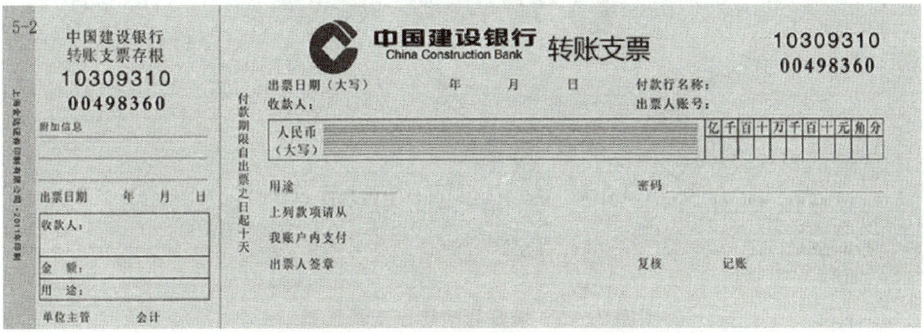

图3-14　空白的转账支票正面

右边正联：

（1）填写前，先看支票票号00498360是否与我们前面领用登记的票号一致。

（2）出票日期：2020年6月10日必须大写。

大写规则同现金支票：贰零贰零年零陆月零壹拾日。

（3）收款人：深圳百通商场股份有限公司。

（4）付款行名称：公司的开户行：中国建设银行浦东大道支行。

（5）出票人账号：就是公司的银行卡号6217001258430012586。

（6）金额大小写要一致，否则无效，且要封头封尾，大写一定要顶格写，大写如果不顶格写，这张支票就作废了，伍万元整，用“整”字封尾。小写要用人民币符号￥封头，50 000.00，角、分位要用零来补位。

（7）支票用途：采购货物。

（8）支票密码：0153 8546 4562。

（9）盖章：单位财务专用章，法人章。

左边存根联：

左边存根联是要交给会计记账的，右边正联是要交给银行的，一般是从骑缝处撕开。

出票日期：2020年6月10日；

收款人：深圳百通商场股份有限公司；

金额：￥50 000.00；

用途：采购货物。

然后交给主管签字，会计签字。

怎么证明这个存根联和支票联是一张呢？我们会在中间加盖一个骑缝章，当然有的银行不盖也行。

填好后的转账支票正面（如图3-15所示）：

5-2
中国建设银行
转账支票存根
10309310
00498360
附加信息
出票日期 2020 年 06 月 10 日
收款人：深圳百通商场股份有限公司
金 额：￥50000.00
用 途：采购货物
单位主管 会计

中国建设银行 China Construction Bank 转账支票
10309310
00498360
出票日期（大写）贰零贰零 年 零陆 月零壹拾 日
付款行名称：中国建设银行浦东大道支行
收款人：深圳百通商场股份有限公司
出票人账号：6217001258430012586
人民币（大写）伍万元整
亿 千 百 十 万 千 百 十 元 角 分
￥ 5 0 0 0 0 0 0
用途 采购货物
密码 0153 8546 4562
上列款项请从
我账户内支付
出票人签章
复核 记账

图3-15 填好后的转账支票正面

第三步，转账支票背面一般不需要填写，除非你需要背书转让给他人（如图3-16所示）。

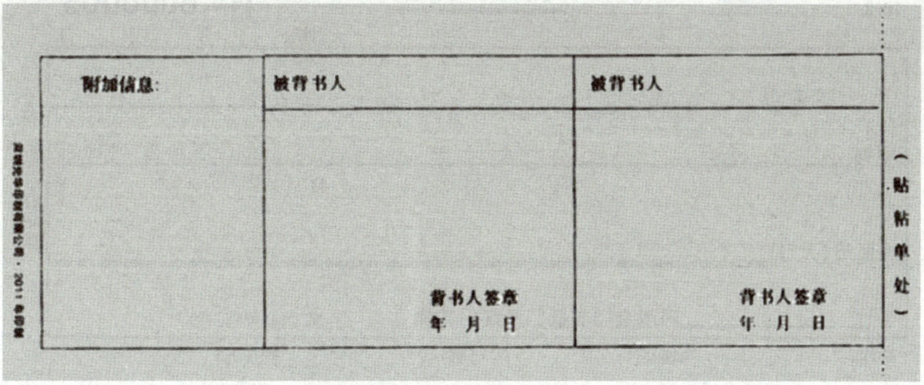

附加信息：

被背书人	被背书人
背书人签章 年 月 日	背书人签章 年 月 日

（贴粘单处）

图3-16 空白的转账支票背面

实战3：收到转账支票

2020年6月21日，收到广西华夏商贸有限公司签发的金额为50 000元的转账支票（如图3-17所示）用来支付货款，出纳已经办理进账手续。

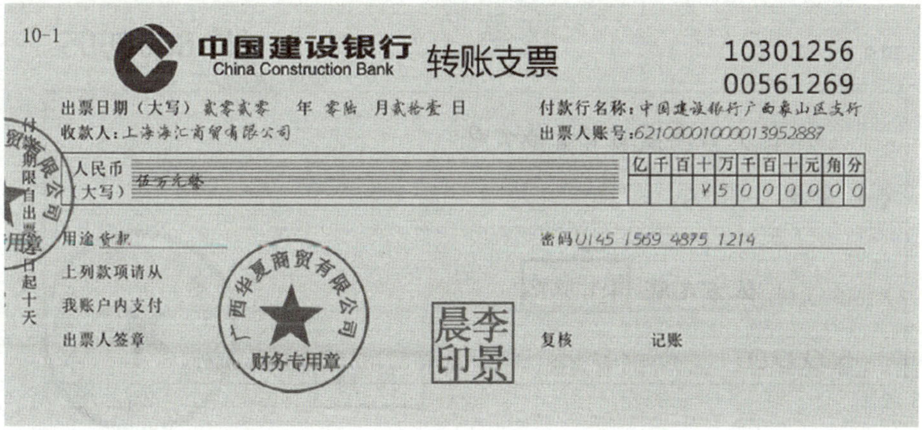

10-1

中国建设银行 China Construction Bank 转账支票

10301256
00561269

出票日期（大写）贰零贰零 年 零陆 月贰拾壹 日　付款行名称：中国建设银行广西象山区支行

收款人：上海海汇商贸有限公司　出票人账号：62100001000013952887

人民币（大写）伍万元整

亿	千	百	十	万	千	百	十	元	角	分
			¥	5	0	0	0	0	0	0

用途 货款　密码 0145 1569 4875 1214

上列款项请从
我账户内支付
出票人签章

复核　记账

付款期限自出票之日起十天

图3-17 广西华夏商贸有限公司签发的转账支票

汇款人信息：

公司名称：广西华夏商贸有限公司。

银行账号：62100001000013952887。

开户行名称：中国建设银行广西象山区支行。

收款人信息：

公司名称：上海海汇商贸有限公司。

银行账号：6217001258430012586。

开户行名称：中国建设银行浦东大道支行。

第一步，填写收据（如图3-18所示）。

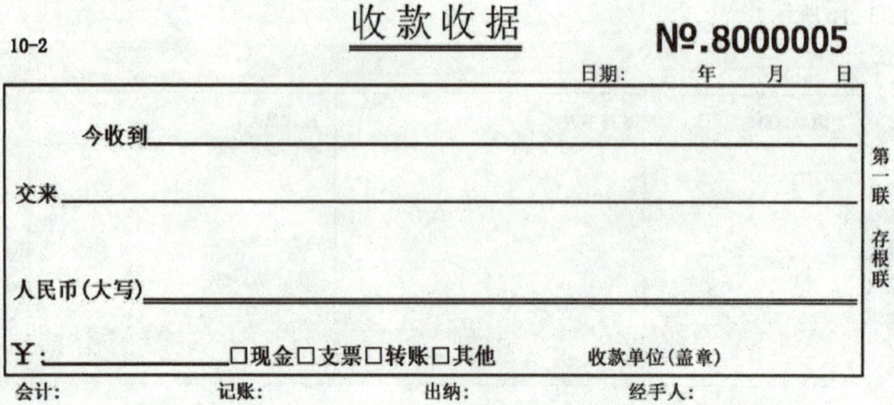

收款收据

10-2　　№.8000005

日期：　年　月　日

今收到

交来

人民币(大写)

¥：　□现金□支票□转账□其他　收款单位(盖章)

第一联 存根联

会计：　记账：　出纳：　经手人：

图3-18　空白的收款收据

收据一般是一式三联，复式填写，第一联是存根联，用来记账；第二联是客户联，盖上公司公章或财务专用章，交给客户；第三联是记账联。

填好后的收款收据如图3-19所示：

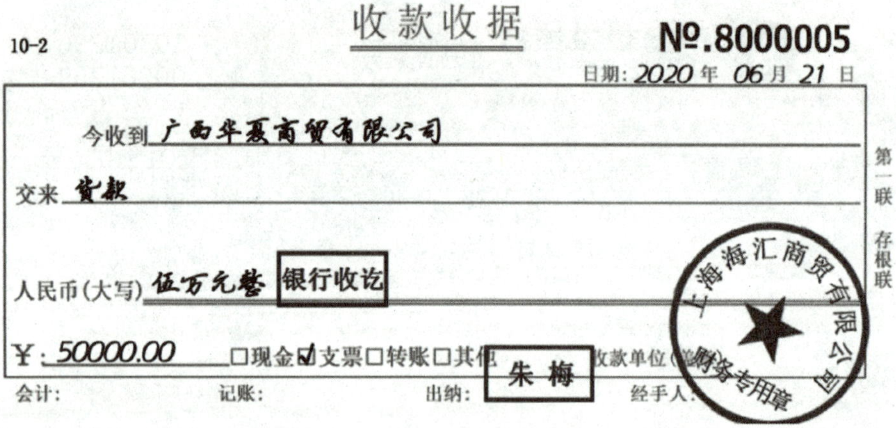

收款收据

10-2　　№.8000005

日期：2020年06月21日

今收到广西华夏商贸有限公司

交来货款

人民币(大写)伍万元整 银行收讫

¥：50000.00　□现金☑支票□转账□其他　收款单位(盖章)

第一联 存根联

会计：　记账：　出纳：朱梅　经手人：

上海海汇商贸有限公司 财务专用章

图3-19　填好后的收款收据

然后把转账支票复印一份，后续把收款收据、转账支票复印件及银行进账单回单交给会计记账。

第二步，填写进账单（如图3-20所示）。

支票是有时效性的，付款期限是自出票日起10天，超过日期，去银行取款会比较麻烦；当然，转账支票是可以背书转让的。

银行进账单也是一式三联，第一联是开户行交给持票人的回单，然后交给会计记账；第二联是收款人开户银行做贷方凭证；第三联是收款人开户银行交给收款人的收账通知。

把汇款人和收款人相关信息填入进账单，交给银行进账。

10-4　中国建设银行　**进 账 单**（回单）　2

2020 年 06 月 21 日　　第　号

汇款人	全 称	广西华夏商贸有限公司	收款人	全 称	上海海汇商贸有限公司
	账号或住址	6210000100013952887		账号或住址	6217001258430012586
	汇出行名称	中国建设银行广西象山区支行		汇入行名称	中国建设银行浦东大道支行

金额	千	佰	十	万	千	百	十	元	角	分
人民币（大写）伍万元整			¥	5	0	0	0	0	0	0

汇款用途	货款	票据张数	1	汇出行盖章
票据号码	00561269			
复核				2020 年 06 月 21 日

此联给收款人的回单

图 3-20　填好后的银行进账单

银行进账后，出纳得查询核实，钱是否已经到达公司账户，需要跟踪到底，确保无误。

支票是有有效期的，时间是自出票日起10天，从出票这一天开始算起。

比如图 3-17那张支票，出票日期是2020年6月21日，那最晚就是2020年6月30日下班之前一定要到银行进账，否则这张支票就无效了，当然，我们一般都是支票一来，立马就去银行进账，免得发生意外。

那假设，由于出纳的疏忽，这张支票过了有效期，银行不付款，怎么办？

那也别慌！

根据《中华人民共和国票据法》的规定：

（1）支票的持票人应当自出票日起 10日内提示付款。超过提示付款期限的，付款人可以不予付款，但出票人仍应当对持票人承担票据责任。

（2）支票的持票人对出票人的票据权利，自出票日起 6个月内不行使而消灭。

因此，我们可以找出票人，即上面的广西华夏商贸有限公司，要求它重新开具一张支票。

假设，广西华夏商贸有限公司说："我已经把支票开给你了，是你自己忘了去银行进账，你不能怪我。"然后它拒绝你重新开具支票的请求。

这个时候，我们怎么办？

我们看一下时间，是否超过了6个月，如果没有超过6个月，我们行使追索权，换句话说，我们那张支票无效了，但是我们的票据权利还在，因为没过

6个月，因此演变成了，票据追索权纠纷。

那假设超过了6个月，怎么办？

超过了6个月，票据权利消失，但是，基础合同关系在，这个时候，我们基于合同买卖关系追款，毕竟它没付款。

这个时候，又演变成了合同纠纷，我们针对合同纠纷提起诉讼。

诉讼也有一个有效期，一般是3年。

所以，支票来了，赶紧进账，一刻都不能拖延，免得夜长梦多。

比如，有老板反映："我是酒店供应商，前几个月酒店给了我一张支票，我拿去给别人抵货款，但人家把支票放过期了，现在找我换，问题是人家酒店现在倒闭了，我找人家老板去换，人家不给换，我还应该给我那个债主还钱吗？"

此案例是他人把支票放过期了，然后遭到银行拒付，于是持票人发起追索，找他要钱。

根据《中华人民共和国票据法》第十七条，票据权利在下列期限内不行使而消灭：

（一）持票人对票据的出票人和承兑人的权利，自票据到期日起二年，见票即付的汇票、本票，自出票日起二年；

（二）持票人对支票出票人的权利，自出票日起六个月；

（三）持票人对前手的追索权，自被拒绝承兑或者被拒绝付款之日起六个月；

（四）持票人对前手的再追索权，自清偿日或者被提起诉讼之日起三个月。

如果他给了别人钱或者被对方提起诉讼，那他可以在3个月内继续找前手追索，只要支票从出票人开始，还没有超过6个月，他们都有往前追索的权利。

假设超过6个月，票据权利消失，那这就演变成一个合同的三角债关系了。

对支票有个感性的认识后，后续学习其他票据时，就通过与支票相对比来记忆。

社会支持比学习方法有用

常言道，"一个篱笆三个桩，一个好汉三个帮"。不管做什么，我们都要学会获得相应的社会支持。

什么叫社会支持呢？可以这样理解，人是群居动物，不论做什么，你身边的人都会对你产生很大的影响，如果你想达成某项目标，除了为目标而努力之外，还要努力去获得你身边人的支持，尤其是你的爱人和你的家人的支持，这就是社会支持。

比如考初级职称的时候，我是跟婉晴一起报的班，然后一起学习，但是后来，婉晴没有过，原因是什么呢？她没去考，为什么没去考呢？她跟子俊吵了一个月的架，没心情去考。

如果我们跟身边的人吵架、发生冲突、闹情绪的时候，是看不进去书的。所以，攘外必先安内。

有人会说，我没有恋人，也没有什么朋友，这样备考是不是就没有干扰了？我觉得这取决于你是否耐得住寂寞，取决于你的心会不会干扰你，因为很多时候，一个人安安静静地坐在那里，也看不进去书，你的内心很混乱或者很疲惫，没有前进的动力。学习是一种心理活动，需要一定的心理能量，需要内心的丰盛与充盈。

我觉得学习有个伴，是一件很快乐的事情，本来不想看了，但是看到大家都在默默地努力，顿时又充满了无限激情。

有时候跟楚帆、婉晴、子俊他们相约一起去学习，也是一件很有趣的事情，大家都坐在一张桌子上，楚帆看编程、我和婉晴看会计、子俊在备考司法考试。窗外阳光弥漫，微风轻拂，偶尔一片叶子掉下来，落在窗台上，我会捡起来，夹在书页里。

当然，有时候我也会走神，看着窗外的美景发呆，笔尖不知不觉地斜出答题框。这时候，楚帆会敲桌子。我连忙回过神来，继续做试卷，做完后，一对答案，居然错了一大片。

回去时，情绪低落，路上遇到一个姐姐，见我手上拿着书，便问我考什么，我说考初级会计职称。她说："你为什么不直接考注册会计师呢？"我说："一步一步，慢慢来。"然后她说："你是非会计专业的吧，非会计专业是可以先看看初级，不过，直接考注会更省事。"

"我……我是会计专业的。"我不好意思地笑了笑。

"你会计专业的，你还考初级？我是非会计专业的，我都不考初级，直接考的注会。"

"那你过了吗？"我小心翼翼地问道。

"去年报了6门，过了4门，今年准备把最后2门考了。"

于是，我彻底被打击了，学霸姐姐，我不想跟你说话了。

本来就郁闷的心情，更是雪上加霜。楚帆见我低头走路，惆怅不已，便问道："怎么啦？"

我抬起头，无比哀怨地答道："你说我是不是特别没用啊，同样是女生，人家一个非会计专业的，注会一年报6门，过4门，我一个会计专业的，如果

连个初级都搞不定，你说我还能搞定什么？”

结果某人在一旁，幽幽地答道：“你能搞定我啊！”

其实，在考试期间，父母也是挺支持我的，只不过，他们的支持更多的是担心，所谓关心则乱，动不动就打击我。

妈妈经常问：“你能考过吗？”一点都不相信她女儿。

有时候她又会跟楚帆说：“她读书不太行，你一定要多监督她。”甚至还带着点讨好的意味，请他多关照似的。

楚帆从小成绩就好，学历比我高，学校比我好，我们家的人读书不行，可是偏偏又喜欢读书人。

有一次我妈又说我，我很是冒火，于是，指着复印的考试资料对她说：“妈，如果复印资料的时候，发现里面的内容错了，你说是改复印件，还是应该改原件？”

我妈说：“当然是改原件。”

我说：“妈，你知道我为什么不会读书吗？因为我是你生的啊，是你直接复印出来的啊！”

自己不改，一天到晚逼着我改。

后来，慢慢地，她就不怎么说了，也不再给我施加压力了，读书不行，正常啊，龙生龙，凤生凤，老鼠的孩子会打洞，做父母的，总是望子成龙，望女成凤，可是你也得看看自己是不是龙，是不是凤啊。

后来考中级的时候，婉晴又跟子俊吵架了，我连忙安慰她：“亲爱的，你千万别一气之下，又不考了。”

她一把抱住我说：“小艾宝贝，如果有一天男人都靠不住了，咱俩一起过吧。”

我说：“我不要，我不要跟你一起过。”

“为什么呀？”她疑惑地问道。

“我已经够懒的了，你比我还懒，两个懒人在一起能过好吗？我觉得咱俩还是比较适合剥削男人。你还是回去找你们家子俊吧。”

“我不去找他！”婉晴愤愤地说道。

“你不去找他也行，他马上就会来找你的，等会他道歉的时候，你不要傲娇就行了。”

“你怎么知道他马上会来？”

“今天我们同事分享：老婆生气了，怎么办？我给他转发了一份，当然我自己也留了一份。”

“你留一份干嘛？难不成你拿回去哄你们家楚帆？”

“嗯，必要的时候，看能不能用上吧！”

“你能不能有点骨气啊？”婉晴一边捏我，一边心情好多了，毕竟她是被哄的一方。安慰别人最好的方式就是，你比她还惨。

“建设和谐社会人人有责嘛！”我悠悠地说道。

不一会儿，子俊真的来了，按照我发的标准流程操作，第一步道歉，第二步拥抱，第三步表白：“宝贝，我真的很爱你！”

没过几天，我跟楚帆大吵了一架，原因是在逛街的时候，我看见了一条紫色花朵连衣裙，上面全是大朵大朵的玫瑰花，我觉得很特别，想买下来，结果他不准，说不好看，我又偏想买。

于是我生气地对他说：“你是嫌它贵吗？”

“这不是贵不贵的问题，如果好看的话，再贵我也给你买。”

“我觉得好看啊！”

“我觉得不好看，像个抹布一样。你比较适合穿那种清新淡雅的裙子。”

“我就不能换种风格吗？”

“但是我觉得你穿这个不好看！”

“你觉得不好看，我不穿给你看就行了！”

“你是我老婆，你不穿给我看，你穿给谁看？”

“我不要做你老婆，做你老婆真无趣，连买件衣服的自由都没有，鬼才做你老婆呢！”

于是，我一气之下，掉头就走了。

结果路上打车的时候，发现手机居然没电了，包里又没带现金，总不能走路回家吧，太不现实了。

想回去找楚帆，但是，我也是有自尊心的啊，于是就站在那里纠结，是返回去？还是不返回去？

正当犹豫不决的时候，却见楚帆的车正慢悠悠地朝我这个方向开过来，接着在不远处停下了，但是久久也不见他下车。

僵持了一会儿，我只能厚着脸皮走过去：“那个，我手机没电了，包里又没带现金。”

“你是要我送你回家吗？”他淡淡地说道。

“嗯。”

“不过，我只送我老婆回家，对于不相干的人，我不想理。”他把手放在方向盘上，声音显得慵懒疏离。

“我想……”

“你想什么呀？”

“我想回家给你做饭。”我垂了垂眸，轻轻地说道。

他抬眼，眸光亮了亮，然后打开车门：“上来吧！”

我爬上车，他欠了欠身子，拉过安全带，一边帮我系好，一边在我嘴唇上咬了一下，恶狠狠地说道："下次再任性，再无理取闹，我就直接把你扔掉！"

我不甘示弱，回咬了一下，以表明我的态度，但终究没舍得用牙齿，只是用嘴唇用力抿了一下。

于是，他笑了，说道："晚上，想吃什么呀，前面有个超市。"

"买点虾吧！"我答道。

"行，回去我烧给你吃。"

回去后，他做饭，我呢，听课做题，继续奋战。

如果妈妈或者婆婆不帮忙带孩子，老公不帮忙做家务，以我这种猪脑子，想考过初级、中级、注会，我觉得很难，因为考试是需要大量时间和精力的，更何况还要上班呢，上班期间是不能看书的，公司不是学校，公司聘请你过去不是让你去学习，而是让你去解决问题的，一大堆烦人的问题等着你去解决。

所以，我的功勋章里有他们的一半。

有的人会说：我辞职备考！辞职后，备考时间是多了很多，不过我觉得那样经济压力太大了，就算你薪水不高，但毕竟每个月都有，更何况，离开职场时间长了不好找工作，因为人家会质疑你的离职，所以一般是工作找好后，才会离职。

有人会说：我考过了，那样找工作就有资本了，能找到更好的工作。这个不一定，会计是一个理论跟实践并重的专业，那种想考过注会，就立马年薪增加10万元、20万元的，基本上不现实，更何况找工作也要看机遇。

有的人迷恋各种极品学习方法，其实这个也没必要，学习方法只是让你切入的时候舒服点，但是并不会缩短学习这个过程，学习是一个需要大量时间、精力的事情，所以我觉得社会支持比学习方法更有用。再加上学习方法需要摸索，换句话说，别人的学习方法只能做参考，然后自己要去揣摩，在别人的基础上进行改进，逐渐变成自己的，这也需要时间。

至于如何取得社会支持，那就是八仙过海——各显神通了，幸运的人，不但家人有条件支持，可能连公司老板都支持他，这种人我只能"望尘莫及"了。

有了充裕的时间，备考就轻松多了，对于每个考点，你都可以不慌不忙、不紧不慢地研究，记忆背诵，大不了，多听几遍课，多做几道题，再不济，我找同伴讨论，找老师问。

比如：【考点3.10】个人银行结算账户（见表3-2）

表3-2　　个人银行结算账户

<table>
<tr><th colspan="2">项目</th><th>Ⅰ类户</th><th colspan="2">Ⅱ类户</th><th colspan="2">Ⅲ类户</th></tr>
<tr><td rowspan="2">转账业务</td><td>向非绑定账户转“出”</td><td>√</td><td>限额</td><td></td><td>限额</td><td></td></tr>
<tr><td>从非绑定账号转“入”</td><td>√</td><td>限额</td><td rowspan="3">经银行工作人员面对面确认身份</td><td>限额</td><td>经银行工作人员面对面确认身份</td></tr>
<tr><td rowspan="2">现金业务</td><td>存入</td><td>√</td><td>限额</td><td colspan="2">×</td></tr>
<tr><td>支取</td><td>√</td><td>限额</td><td colspan="2">×</td></tr>
<tr><td colspan="2">购买投资理财等金融产品</td><td>√</td><td colspan="2">√</td><td colspan="2">×</td></tr>
<tr><td colspan="2">消费和缴费</td><td>√</td><td colspan="2">限额</td><td colspan="2">限额</td></tr>
<tr><td colspan="2">限额</td><td>—</td><td colspan="2">日累计≤1万元
年累计≤20万元</td><td colspan="2">任意时点账户余额≤2 000元</td></tr>
<tr><td colspan="7">【注意1】银行通过Ⅱ类账户放贷及个人通过Ⅱ类账户还贷不受转账限额规定</td></tr>
<tr><td colspan="7">【注意2】Ⅲ类账户不得发放实体介质（卡、折）</td></tr>
</table>

个人银行结算账户有3类账户：Ⅰ类户什么都能干，而且还不限额，感觉就像我妈的账户；Ⅱ类户也什么都能干，只是有限额，除了购买投资理财等金融产品没有限额，其他都有限额，感觉就像我爸的账户；Ⅲ类户只能转账、消费缴费，而且有限额，任意时点账户余额≤2 000元，这多么像我大学时候的银行账户啊！

本章有一个难点——票据结算，尤其是追索，也就是被拒绝付款或被拒绝承兑后，找谁要钱。这里面有很多种情况，初级考试案例分析中，票据追溯一般会有以下六类情境（见表3-3），总结好以后直接背诵就行。当然，前提还是得稳扎稳打地把票据相关内容学好，如果完全不学，靠死记硬背这个表去做案例分析题，这也不太现实。如果你把相关考点掌握了，脑子里有了基本概念，然后拿着这个表去解题，那些关于追索的案例分析题基本上就能迎刃而解了。

表3-3　　票据追溯六类情境

<table>
<tr><th colspan="2">六类情境</th><th>追索对象</th></tr>
<tr><td colspan="2">（1）票据无问题，程序无问题，但承兑人无理拒付</td><td>全体前手</td></tr>
<tr><td colspan="2">（2）承兑附条件、3日内未作承兑表示、拒绝承兑</td><td>除付款人外前手</td></tr>
<tr><td colspan="2">（3）背书附条件、保证附条件</td><td>全体前手</td></tr>
<tr><td colspan="2">（4）背书人记载不得转让字样</td><td>除该背书人和该背书人的保证人外前手</td></tr>
<tr><td colspan="2">（5）未按规定期限提示承兑</td><td>出票人</td></tr>
<tr><td rowspan="2">（6）未按规定期限提示付款</td><td>支票、本票、银行汇票</td><td>出票人</td></tr>
<tr><td>商业汇票</td><td>承兑人、出票人</td></tr>
</table>

本章考点笔记精华

支付结算概述

【考点3.1】主要支付工具（见表3-4）

表3-4 主要支付工具

支付结算是指单位、个人在社会经济活动中使用“票据、银行卡和汇兑、托收承付、委托收款”等结算方式进行货币给付及资金清算的行为 【注意】支付结算是指转账结算，不包括使用现金
1.我国目前使用的人民币非现金支付工具主要包括“三票一卡”和结算方式。“三票一卡”是指三种票据（汇票、本票和支票）和银行卡。结算方式包括汇兑、托收承付和委托收款
2.我国目前已形成了以票据和银行卡为主体，以电子支付为发展方向的非现金支付工具体系

【考点3.2】支付结算基本要求（见表3-5）

注：此处教材是对票据及非票据结算共有的要求做了一个汇总阐述，后面的考点还会逐一细讲，因此在学习的时候，可以先浏览一下，后续学完后，再返回此处，可能会更好记忆些。

表3-5 支付结算基本要求

1.使用合规凭证	单位、个人和银行办理支付结算，必须使用按中国人民银行统一规定印制的票据凭证和结算凭证；否则，票据无效，结算凭证银行不予受理	
2.维护存款人账户内资金的自主支配权	除国家法律、行政法规另有规定外，银行不得为任何单位或者个人查询账户情况，不得为任何单位或者个人冻结、扣划款项，不得停止单位、个人存款的正常支付	
3.票据和结算凭证的伪造、变造、更改	（1）伪造，是指无权限人假冒他人或虚构他人名义签章的行为	
	（2）变造，是指无权更改票据内容的人，对票据上签章以外的记载事项加以改变的行为	
	（3）更改	①出票金额、出票日期、收款人名称不得更改，更改的票据无效；更改的结算凭证，银行不予受理
		②对票据和结算凭证上的其他记载事项，原记载人可以更改，更改时应当由原记载人在更改处签章证明

续表

4. 票据和结算凭证上的重要记载事项	（1）签章	①单位、银行在票据上的签章和单位在结算凭证上的签章，为该单位、银行的盖章加其法定代表人或其授权的代理人的签名或盖章
		②个人在票据和结算凭证上的签章，应为该个人本人的签名或盖章
	（2）收款人名称	单位和银行的名称应当记载全称或者规范化简称
	（3）出票日期	①票据的出票日期应当使用中文大写
		②出票日期应规范填写——防变造 在填写月、日时，月为“壹”“贰”“壹拾”的，日为“壹”至“玖”和“壹拾”“贰拾”“叁拾”的，应当在其前加“零”；日为“拾壹”至“拾玖”的，应当在其前加“壹”
	（4）金额	票据和结算凭证金额以中文大写和阿拉伯数码同时记载，二者必须一致，二者不一致的票据无效；二者不一致的结算凭证，银行不予受理

1.【单选题】某票据的出票日期为“2018年5月20日”，其规范写法是（　　）。

A.贰零壹捌年伍月贰拾日　　B.贰零壹捌年伍月零贰拾日

C.贰零壹捌年零伍月贰拾日　　D.贰零壹捌年零伍月零贰拾日

2.【单选题】根据支付结算法律制度的规定，下列经济业务使用的非现金支付工具中，属于结算方式的是（　　）。

A.甲公司与戊公司签订购销合同，签发一张3个月后到期的商业承兑汇票抵付货款

B.乙公司与戊公司签订购销合同，合同约定采用国内信用证方式结算

C.丙公司与戊公司签订购销合同，使用单位人民币卡进行结算

D.丁公司与戊公司签订购销合同，签发借据一张，注明货款暂欠，3个月内支付

3.【多选题】根据支付结算法律制度的规定，下列关于票据填写要求的表述中，错误的有（　　）。

A.单位和银行在票据上记载的名称可以是全称也可以是简称

B.出票日期可以使用中文大写

C.个人在票据和结算凭证上的签章，可以是个人本人的签名也可以是本人

的盖章

D.票据的金额和出票日期以外的记载事项有误，原记载人可以更改，更改时应当由原记载人在更改处签章证明

4.【多选题】甲公司私刻乙公司的印章，将一张记载乙公司为收款人的票据背书转让给丙公司，并在背书人栏签乙公司章，则下列说法中错误的有（　　）。

A.甲公司的行为是票据的伪造行为

B.甲公司的行为是票据的变造行为

C.甲公司的该项行为属于欺诈行为，应追究甲公司的票据责任

D.乙公司因对自己的票据保管不善，也应承担相应的票据责任

1.【答案】B

【解析】选项CD，“5月”前无须加“零”，因为不加零也不会导致变造行为的发生，即票据出票日期不可能被变造为“壹拾伍月”；选项A，“20日”前应加“零”，因为不加零，票据出票日期很容易被变造为“贰拾壹日”等。

2.【答案】B

【解析】非现金支付工具主要包括“三票一卡”和结算方式。“三票一卡”是指汇票、本票、支票和银行卡，结算方式包括汇兑、托收承付和委托收款等。

3.【答案】ABD

【解析】选项A，单位和银行的名称应当记载全称或者“规范化”简称；选项B，票据的出票日期必须使用中文大写；选项C，叙述正确；选项D，金额、日期、“收款人名称”不得更改，更改的票据无效。

4.【答案】BCD

【解析】选项AB，伪造是指无权限人假冒他人或虚构他人名义签章的行为；变造是指无权更改票据内容的人，对票据上签章以外的记载事项加以改变的行为。甲公司的行为属于伪造乙公司签章的行为；选项C，票据是文义证券，以签章为权利义务构成要件，票据上并无伪造人甲公司签章，因此甲公司不承担票据责任；选项D，票据上被伪造人乙公司的签章，并非其真实意思表示，因此乙公司不承担票据责任。

银行结算账户的概念、类型及开立、变更、撤销

【考点3.3】银行结算账户的概念及类型

（一）概念

银行结算账户是指银行为存款人开立的办理资金收付结算的活期存款账户。

（二）类型（见表3-6）

表3-6　　银行结算账户的类型

银行结算账户	定义
1.主体分类	银行结算账户按存款人不同分为单位银行结算账户和个人银行结算账户 存款人以单位名称开立的银行结算账户为单位银行结算账户 个体工商户凭营业执照以字号或经营者姓名开立的银行结算账户纳入单位银行结算账户管理 存款人凭个人身份证件以自然人名称开立的银行结算账户为个人银行结算账户
2.单位银行结算账户	（1）基本存款账户是存款人因办理日常转账结算和现金收付需要开立的银行结算账户；是存款人的主办账户 （2）一般存款账户是存款人因借款或其他结算需要，在基本存款账户开户银行以外的银行营业机构开立的银行结算账户 （3）专用存款账户是存款人按照法律、行政法规和规章，对其特定用途资金进行专项管理和使用而开立的银行结算账户 （4）临时存款账户是存款人因临时需要并在规定期限内使用而开立的银行结算账户 【提示】个体工商户凭营业执照以字号或经营者姓名开立的银行结算账户纳入单位银行结算账户管理
3.预算单位零余额账户	财政部门为实行财政国库集中支付的预算单位在商业银行开设的零余额账户按基本存款账户或专用存款账户管理
4.异地银行结算账户	存款人在其注册地或住所地行政区域之外（跨省、市、县）开立的银行结算账户；其根据存款人、用途的不同，可以是异地基本存款账户、异地一般存款账户、异地专用存款账户、异地临时存款账户或者异地个人银行结算账户

【考点3.4】银行结算账户的开立、变更和撤销

（一）开立（见表3-7、表3-8）

表3-7　　银行结算账户的开立

1.备案制	（1）开立基本存款账户、临时存款账户取消核准制，实行备案制，不再颁发开户许可证 （2）银行完成企业基本存款账户信息备案后，账户管理系统生成基本存款账户编号 （3）持有基本存款账户编号的企业，开立一般存款账户、专用存款账户、临时存款账户时，应向银行提供基本存款账户编号 （4）符合开立一般存款账户、其他专用存款账户和个人银行结算账户条件的，银行应办理开户手续，并向中国人民银行当地分支行备案 （5）备案类结算账户的变更和撤销也应通过账户管理系统向中国人民银行当地分支行报备
2.核准制	（1）企业以外的其他单位开立的基本存款账户、临时存款账户（因注册验资和增资验资开立的除外） （2）预算单位专用存款账户 （3）合格境外机构投资者在境内从事证券投资开立的人民币特殊账户和人民币结算资金账户
3.单位银行结算账户开始办理付款业务的时间	（1）存款人开立单位银行结算账户，自正式开立之日起3个工作日，方可使用该账户办理付款业务；但是，注册验资的临时存款账户转为基本存款账户、因借款转存开立的一般存款账户除外 （2）“正式开立之日”的确定 ①对于核准类银行结算账户，“正式开立之日”为中国人民银行当地分支行的核准日期 ②对于备案类银行结算账户，“正式开立之日”为开户银行为存款人办理开户手续的日期

表 3-8　　银行结算账户开立的注意事项

1.存款人自主原则	除国家法律、行政法规和国务院规定之外，任何单位和个人不得强令存款人到指定银行开立银行结算账户
2.签章	单位：公章（不是财务专用章）和法定代表人（单位负责人）或其授权代理人的签名或者盖章 个人：本人签章
3.签订账户管理协议	（1）企业申请设立基本存款账户的，银行应当向企业法定代表人或单位负责人核实企业开户意愿，并保存相关工作记录。核实开户意愿，可采取面对面、视频等方式，具体方式由银行根据客户风险程度选择
	（2）银行应与存款人签订银行结算账户管理协议，明确双方的权利与义务；协议内容包括但不限于： ①守法，不得从事犯罪活动 ②银行结算账户信息变更及撤销的情形、方式、时限 ③银行控制账户交易措施的情形和处理方式
	（3）对存在法定代表人或者负责人对单位经营规模及业务背景等情况不清楚、注册地和经营地均在异地等异常情况的单位，银行应当与其法定代表人或者负责人面签银行结算账户管理协议，并留存视频、音频资料等，开户初期原则上不开通非柜面业务，待后续了解后再审慎开通
	（4）银行在为存款人开通非柜面转账业务时，双方应签订协议，约定非柜面渠道向非同名银行账户和支付账户转账的日累计限额、笔数和年累计限额等，超出限额和笔数的，应当到银行柜面办理

（二）变更（如图 3-21 所示）

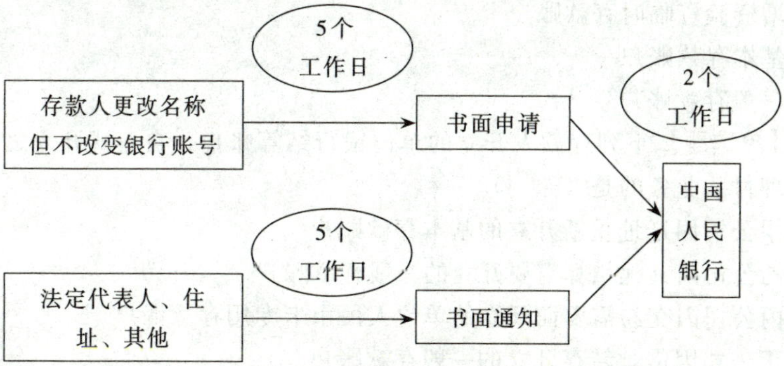

图 3-21　银行结算账户的变更

（1）企业名称、法定代表人或者单位负责人变更

银行应及时通知企业办理变更手续，企业自通知送达之日起，在合理期限内，仍未办理且未提出合理理由的，银行有权采取措施适当控制账户交易。

（2）证件有效期到期

企业营业执照、法定代表人或者单位负责人有效身份证证件，列明有效期的，银行应当于到期日前提示企业及时更新，有效期到期后，在合理期限内仍未更新，且未提出合理理由的，银行应当按规定中止其办理业务。

（三）撤销（见表3-9）

表3-9 银行结算账户的撤销

1.应当撤销账户的情形	（1）被撤并、解散、宣告破产或关闭的
	（2）注销、被吊销营业执照的
	（3）因迁址需要变更开户银行的
	（4）其他原因需要撤销银行结算账户的
2.撤销顺序	撤销银行结算账户时，应当先撤销一般存款账户、专用存款账户、临时存款账户，将账户资金转入基本存款账户后，方可办理基本存款账户的撤销
3.强制撤销	对按规定应撤销而未办理销户手续的单位银行结算账户，银行应通知存款人，自发出通知之日起“30日”内到开户银行办理销户手续，逾期视同自愿销户
4.转户撤销	企业因转户原因撤销基本存款账户的，银行还应打印“已开立银行结算账户清单”并交付企业

1.【单选题】根据人民币银行结算账户管理的有关规定，存款人申请开立的下列人民币银行结算账户中，应当报送中国人民银行当地分支行核准的是（　　）。

A.更新改造资金专用存款账户

B.增资验资临时存款账户

C.基本存款账户

D.一般存款账户

2.【单选题】下列存款人开立的单位银行结算账户，自正式开立之日起就可以办理付款业务的是（　　）。

A.甲公司因迁址重新开立的基本存款账户

B.乙公司因其他结算需要开立的一般存款账户

C.丙公司因交易需要而开立的单位人民币卡专用存款账户

D.丁公司因借款转存开立的一般存款账户

3.【单选题】甲公司于2020年3月成立，当月持营业执照向A银行申请开

立基本存款账户，A银行审核后将甲公司相关资料报送中国人民银行当地分行，则中国人民银行当地分行应在（　　）内予以核准。

A.2日　　B.2个工作日

C.5日　　D.5个工作日

4.【单选题】甲公司法定代表人贝正平因病辞去职务，公司法定代表人变更为其妻子艾欣，则甲公司应于（　　）内书面通知开户银行并提供有关证明，开户银行应通过账户管理系统向中国人民银行当地分支行报备。

A.2个工作日　　B.5个工作日

C.10日　　D.15日

5.【单选题】根据支付结算法律制度的规定，存款人应按一定顺序撤销银行结算账户，其中（　　）应于最后撤销。

A.基本存款账户　　B.一般存款账户

C.专用存款账户　　D.临时存款账户

6.【单选题】下列人员在中国境内开立个人银行结算账户，提供的下列证明文件中，属于有效身份证件的是（　　）。

A.户口所在地在北京的文子轩提供的护照

B.户口所在地在天津的齐元凯提供的机动车驾驶证

C.15周岁的翟天韵提供的户口簿

D.中国香港居民马俊语提供的港澳特别行政区居民身份证

7.【多选题】根据人民币银行结算账户管理的有关规定，下列关于银行结算账户开立、变更和撤销的说法中错误的有（　　）。

A.开立单位银行结算账户，应填写“开立单位银行结算账户申请书”，并加盖单位公章或财务专用章和法定代表人或授权代理人的签名或盖章

B.存款人更改名称但不改变银行结算账号，应于5个工作日内书面通知开户银行

C.存款人迁址应办理银行结算账户的撤销

D.对按规定应撤销而未办理销户手续的单位银行结算账户，银行应通知存款人，自发出通知之日起30日内到开户银行办理销户手续

8.【多选题】某化工厂刚刚投资成立，主营农用化肥生产。得到化工厂法定代表人刘某的授权，化工厂财务人员丁某前往A银行办理基本存款账户开户手续，则丁某应携带的证明文件包括（　　）。

A.企业法人营业执照

B.税务登记证正本

C.法定代表人的身份证和授权委托书

D. 丁某的身份证

1.【答案】C

【解析】存款人开立基本存款账户、临时存款账户（因注册验资和增资验资的除外）、预算单位专用存款账户和QFII专用存款账户实行核准制，经中国人民银行核准后颁发开户许可证。

2.【答案】D

【解析】存款人开立单位银行结算账户，自正式开立之日起3个工作日后，方可办理付款业务，但注册验资的临时存款账户转为基本存款账户和因“借款转存”开立的一般存款账户除外。

3.【答案】B

4.【答案】B

【解析】单位的法定代表人发生变更时，应于5个工作日内书面通知开户银行并提供有关证明，开户银行应于2个工作日内通过账户管理系统向中国人民银行当地分支行报备。

5.【答案】A

6.【答案】C

【解析】选项ABC，中国境内已登记常住户口的中国公民，有效身份证件为居民身份证，不满16周岁的，可以使用居民身份证或户口簿；选项D，港澳居民的有效身份证件为港澳居民来往内地通行证。

7.【答案】ABC

【解析】选项A，“开立单位银行结算账户申请书”上应加盖单位公章而非“单位公章或财务专用章”；选项B，应于5个工作日内向开户银行提出银行结算账户的变更申请；选项C，存款人迁址需要变更开户银行的，才应办理银行结算账户的撤销。

8.【答案】ACD

【解析】选项B，五证合一后，税务登记证无须单独办理也不需要单独提供。

各类银行账户

【考点3.5】基本存款账户

可以申请开立基本存款账户的存款人（除个人外）：

（1）企业法人；

（2）非法人企业；

（3）机关、事业单位；

（4）团级（含）以上军队、武警部队及分散执勤的支（分）队；
（5）社会团体；
（6）民办非企业组织；
（7）异地常设机构；
（8）外国驻华机构；
（9）个体工商户；
（10）居民委员会、村民委员会、社区委员会；
（11）单位设立的独立核算的附属机构，包括食堂、招待所、幼儿园；
（12）其他组织（如业主委员会、村民小组等）；
（13）境外机构。

基本存款账户的证明文件及使用规定见表3-10。

表3-10　　基本存款账户的证明文件及使用规定

证明文件	营业执照“正本”、批文、证明或登记证书 开户时，应出具法定代表人或单位负责人的有效身份证件 法定代表人或单位负责人授权他人办理的，还应出具法定代表人或单位负责人的授权书以及被授权人的有效身份证件
使用规定	基本存款账户是存款人的主办账户，一个单位只能开立“一个”基本存款账户
	存款人日常经营活动的资金收付，以及存款人的工资、奖金和现金的支取应通过该账户办理

【考点3.6】一般存款账户（见表3-11）

表3-11　　一般存款账户

概念	一般存款账户是指存款人因借款或其他结算需要，在“基本存款账户开户银行以外”的银行营业机构开立的银行结算账户
开户要求	开户证明文件： （1）开立基本存款账户规定的证明文件； （2）存款人因向银行借款需要，应出具借款合同； （3）存款人因其他结算需要，应出具有关证明
使用范围	（1）借款转存、借款归还和其他结算的资金收付 （2）可以办理现金缴存，但不得办理现金支取 （3）没有数量限制，但须在基本存款账户开户行以外的银行营业机构开立

【考点3.7】专用存款账户

（一）开户证明文件

存款人申请开立专用存款账户，应向银行出具其开立基本存款账户规定的证明文件、其他相关证明文件（例如，主管部门的批文）。

（二）适用范围和使用要求（见表3-12）

表3-12　专用存款账户的适用范围和使用要求

序号	适用范围	使用要求
①	基本建设资金 更新改造资金 政策性房地产开发资金	对应专用存款账户需要支取现金的，应在开户时报中国人民银行当地分支行批准
②	证券交易结算资金 期货交易保证金 信托基金	对应专用存款账户不得支取现金
③	粮、棉、油收购资金 住房基金 社会保障基金 党、团、工会经费等	对应专用存款账户支取现金应按照国家现金管理的规定办理
④	单位银行卡备用金	资金（备用金）必须由基本存款账户转账存入，该账户不得办理现金收付业务
⑤	收入汇缴资金	收入汇缴账户除向其基本存款账户或者预算外资金财政专用存款账户划缴款项外，只收不付，不得支取现金
⑥	业务支出资金	业务支出账户除从其基本存款账户拨入款项外，只付不收，其现金支取必须按照国家现金管理的规定办理

【考点3.8】预算单位零余额账户

开户程序如图3-22所示。

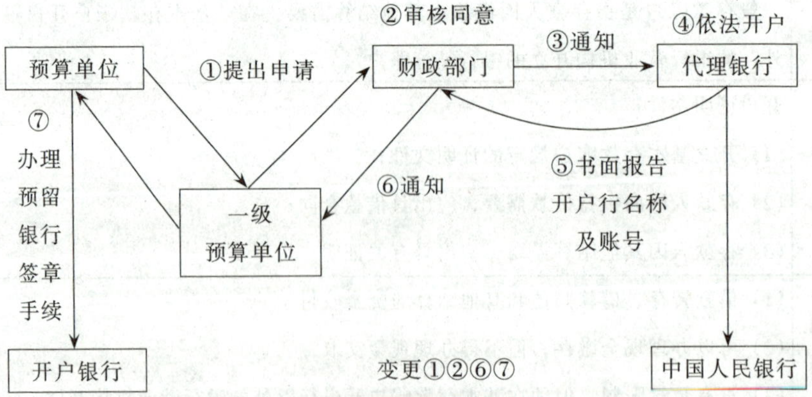

图3-22　开户程序

开户要求及使用规定见表3-13。

表3-13　　开户要求及使用规定

开户要求	一个基层预算单位开设“一个”零余额账户 【注意】预算单位零余额账户按“基本存款账户”或“专用存款账户”管理
使用规定	预算单位零余额账户用于财政授权支付，可以办理转账、“提取现金”等结算业务，可以向本单位按账户管理规定保留的相应账户划拨工会经费、住房公积金及提租补贴以及财政部门批准的特殊款项，不得违反规定向“本单位其他账户”“上级主管单位及所属下级单位账户”划拨资金

【考点3.9】临时存款账户（见表3-14）

表3-14　　临时存款账户

1.使用范围	（1）设立临时机构：如设立工程指挥部、摄制组、筹备领导小组等
	（2）异地临时经营活动：如建筑施工及安装单位等在异地的临时经营活动
	（3）注册验资、增资
	（4）军队、武警单位承担基本建设或者异地执行作战、演习、抢险救灾、应对突发事件等临时任务
2.开户证明文件	（1）设立临时机构，应出具其驻在地主管部门同意设立临时机构的批文
	（2）异地建筑施工及安装单位，应出具其营业执照正本或其隶属单位的营业执照正本，以及施工及安装地建设主管部门核发的许可证或建筑施工及安装合同
	（3）异地从事临时经营活动的单位，应出具其营业执照以及临时经营地市场监督管理部门的批文
	（4）境内单位在异地从事临时活动的，应出具政府有关部门批准其从事该项活动的证明文件
	（5）境外（含港、澳、台地区）机构在境内从事经营活动的，应出具政府有关部门批准其从事该项活动的证明文件
	（6）军队、武警单位因执行作战、演习、抢险救灾、应对突发事件等任务需要开立银行账户时，开户银行应当凭军队、武警团级以上单位后勤（联勤）部门出具的批文或证明，先予开户并同时启用，后补办相关手续
	（7）注册验资资金，应出具市场监督管理部门核发的企业名称预先核准通知书或有关部门的批文
	（8）增资验资资金，应出具股东会或董事会决议等证明文件
	【注意】其中第（2）、（3）、（4）、（8）项还应当出具其基本存款账户开户许可证或基本存款账户编号 【理解】（1）、（5）、（6）、（7）四项根本就没有基本存款账户
3.使用规定	（1）临时存款账户的有效期最长不得超过2年
	（2）临时存款账户支取现金，应按照国家现金管理的规定办理
	（3）注册验资的临时存款账户在验资期间只收不付

【考点3.10】个人银行结算账户（见表3-2、表3-15、表3-16、表3-17和表3-18）

表3-15　　个人银行结算账户开户方式

开户方式		可开立账户
柜面开户		Ⅰ、Ⅱ、Ⅲ
自助机开户	工作人员现场核验	Ⅰ、Ⅱ、Ⅲ
	工作人员未现场核验	Ⅱ、Ⅲ
电子渠道开户		Ⅱ、Ⅲ

表3-16　　个人银行结算账户开户注意事项

开户注意事项	(1)单位代理开立的个人银行账户，在被代理人持本人有效身份证件到开户银行办理身份确认、密码设(重)置等激活手续前，只收不付
	(2)无民事行为能力或限制民事行为能力的开户申请人，由法定代理人或者法院等有关部门依法指定的人员代理办理
	【注意】无民事行为能力或限制民事行为能力人，可以申请开立个人银行结算账户，但不得使用银行卡

表3-17　　可以转入个人银行结算账户的款项

右列款项(个人的合法收入)可以转入个人银行结算账户	①工资、奖金收入； ②稿费、演出费等劳务收入； ③债券、期货、信托等投资的本金和收益； ④个人债权或产权转让收益； ⑤个人贷款转存； ⑥证券交易结算资金和期货交易保证金； ⑦继承、赠与款项； ⑧保险理赔、保费退还等款项； ⑨纳税退还； ⑩农、副、矿产品销售收入

表3-18　　个人银行结算账户使用规定

使用规定	(1) 单位从其银行结算账户支付给个人银行结算账户的款项，每笔“超过5万元”的，应向其开户银行提供付款依据。付款单位若在付款用途栏或备注栏注明事由，可不再另行出具付款依据，但要对真实性、合法性负责
	(2) 从单位银行结算账户支付给个人银行结算账户的款项应纳税的，税收代扣单位付款时应向其开户银行提供“完税证明”
	(3) 当个人持出票人为单位的支票向开户银行委托收款，将款项转入其个人银行结算账户的，或个人持申请人为单位的银行汇票和银行本票向开户银行提示付款，将款项转入其个人银行结算账户的，个人应出具上述表3-17第①~⑩项中规定的有关收款依据。存款人应对其提供的收款依据或付款依据的真实性、合法性负责
	(4) 具有下列一种或多种特征的可疑交易： ①账户资金集中转入，分散转出，跨区域交易 ②账户资金快进快出，不留余额或者留下一定比例余额后转出，过渡性质明显 ③拆分交易，故意规避交易限额 ④账户资金金额较大，对外收付金额与单位经营规模、经营活动明显不符 ⑤其他可疑情形 银行应关闭单位银行结算账户的网上银行转账功能，要求存款人到银行网点柜台办理转账业务，并出具书面付款依据或相关证明文件。如存款人未提供相关依据或相关依据不符合规定的，银行应拒绝办理转账业务

【考点3.11】各类账户的现金收付规定

异地银行结算账户：上述各类账户开立在异地。

【总结】各类账户的现金收付规定（见表3-19）。

表3-19　　各类账户的现金收付规定

账户名称		存现	取现
基本存款账户		√	√
一般存款账户		√	×
专用存款账户	单位银行卡账户	×	×
	财政预算外资金专户	√	×
	证券交易结算资金	√	×
	期货交易保证金	√	×
	信托基金	√	×
	收入汇缴	√	×
	业务支出	×	√
临时存款账户	验资	√	×
	其他	√	√
预算单位零余额账户		×	√
个人银行结算账户	Ⅰ	√	√
	Ⅱ、Ⅲ	×	×

1.【单选题】根据支付结算法律制度的规定，下列存款人中不得开立基本存款账户的是（　）。

A.甲个人独资企业　　B.乙个体工商户

C.丙居民委员会　　D.丁先生

2.【单选题】根据《人民币银行结算账户管理办法》的规定，下列情形中存款人不能开立临时存款账户的是（　　）。

A.设立异地常设机构

B.异地临时经营活动

C.增资验资

D.军队、武警单位承担基本建设或者异地执行作战、演习、抢险救灾、应对突发事件等临时任务

3.【单选题】根据《人民币银行结算账户管理办法》的规定，下列预算单位零余额账户的使用正确的是（　　）。

A.存入现金

B.向上级主管单位账户划拨资金

C.支取现金

D.向所属下级单位账户划拨资金

4.【单选题】彭良俊在某银行开立一个Ⅲ类个人银行结算账户，则其可以使用该账户办理（　　）业务。

A.存入现金　　B.支取现金

C.购买投资理财产品　　D.小额转账消费

5.【多选题】甲公司于2020年3月15日成立，并于当天在W银行将验资账户转为公司基本存款账户，则甲公司当天办理的下列业务中，W银行应予办理的有（　　）。

A.取现金20 000元用于公司日常开销

B.向乙公司转账支付22万元购货款

C.将收取的销货收入30万元存入

D.在W银行开立一般存款账户，用于跟W银行的借款转存

6.【多选题】下列关于各类银行结算账户的表述中，错误的有（　　）。

A.预算单位零余额账户的开设没有数量限制

B.一般存款账户的开设没有数量限制

C.临时存款账户的有效期最长不超过1年

D.注册验资的临时存款账户在验资期间只付不收

7.【多选题】下列关于个人银行结算账户的说法中，正确的有（　　）。

A.艾欣使用自助机具开立个人银行结算账户，银行工作人员未现场核验

艾欣身份信息，这种情况下银行只能为艾欣开立Ⅲ类账户

B.谭秀兰开立的Ⅱ类账户可以存取现金

C.银行可以为谭秀兰开立Ⅱ类账户配发实体卡片

D.顾晨曦开立的Ⅲ类账户任一时点的余额不得超过1 000元

8.【多选题】下列关于个人银行结算账户的说法中，正确的有（　　）。

A.个人水电煤气缴费单等税费凭证也可作为开立个人银行结算账户的辅助身份证明

B.他人代理开立个人银行结算账户，银行认为有必要的，应要求代理人出具证明代理关系的公证书

C.单位代理开立的个人银行账户，在被代理人持本人有效身份证件到开户银行办理身份确认、密码重置等激活手续前，只收不付

D.无民事行为能力人不能申请开立个人银行结算账户

9.【多选题】下列银行结算账户中，不得支取现金的有（　　）。

A.一般存款账户　　B.单位银行卡账户

C.期货交易保证金专户　　D.证券交易结算资金专户

1.【答案】D

【解析】丁先生属于个人，基本存款账户属于单位存款账户，个人不得开立。

2.【答案】A

【解析】选项A，设立异地临时机构可以申请开立临时存款账户；设立异地常设机构可申请开立基本存款账户。

3.【答案】C

【解析】预算单位零余额账户用于财政授权支付，可以办理转账、提取现金等结算业务，可以向本单位按账户管理规定保留的相应账户划拨工会经费、住房公积金及提租补贴，以及财政部门批准的特殊款项，不得违反规定向本单位其他账户和上级主管单位、所属下级单位账户划拨资金。

4.【答案】D

【解析】Ⅲ类个人银行结算账户，只能用于“限定金额”的消费和缴费，不得存取现金和购买投资理财产品。

5.【答案】ABC

【解析】选项ABC，注册验资的临时存款账户转为基本存款账户不受生效日限制，开立当天即可办理付款业务，且基本存款账户是存款人的主办账户，存款人日常经营活动的资金收付及其工资、奖金和现金的支取，应通过该账户办理。本题中，甲公司的上述做法均符合法律规定。选项D，一般存款账户应

于基本存款账户开户银行以外的银行营业机构开立。本题中，甲公司与W银行借款无须单独开立一般存款账户。

6.【答案】ACD

【解析】选项A，一个基层预算单位开设一个零余额账户；选项B，叙述正确；选项C，临时存款账户的有效期限最长不得超过2年；选项D，注册验资的临时存款账户在验资期间只收不付。

7.【答案】BC

【解析】选项A，开立Ⅰ类账户，需要现场核验申请人身份信息，未核验的情况下，可以开立Ⅱ、Ⅲ类账户；选项D，Ⅲ类账户任一时点的余额不得超过2 000元。

8.【答案】ABC

【解析】选项D，无民事行为能力人可以申请开立个人银行结算账户，由法定代理人代理开立。

9.【答案】ABCD

【解析】选项A，一般存款账户可以办理现金缴存，但不得办理现金支取；选项B，单位银行卡账户的资金必须由基本存款账户转入，该账户不得办理现金收付业务；选项CD，证券交易结算资金、期货交易保证金和信托基金专用存款账户，不得支取现金。

银行结算账户的管理

【考点3.12】银行结算账户的管理制度（见表3-20、表3-21和表3-22）

表3-20　实名制管理与事项办理

实名制管理	1.存款人应当以“实名开立”银行结算账户，并对其出具的开户（变更、撤销）申请资料实质内容的真实性负责，但法律、行政法规另有规定的除外
	2.不得出租、出借银行结算账户和利用银行结算账户套取银行信用或洗钱
事项办理	存款人申请“临时存款账户展期”“变更、撤销单位银行结算账户”“变更预留公章、财务专用章、个人签章”可由法定代表人或单位负责人直接办理，也可授权他人办理

表3-21　单位遗失或更换（预留公章、财务专用章）

情形	办理人员	证明文件
单位遗失（预留公章、财务专用章）		书面申请、营业执照等
单位更换（预留公章、财务专用章）	法定代表人或单位负责人	书面申请、原预留公章或财务专用章等；法定代表人或单位负责人的身份证原件
	授权他人	上述+授权书+被授权人身份证原件

表3-22　银行结算账户对账管理

银行结算账户对账管理	银行结算账户的存款人应与银行按规定核对账务。存款人收到对账单或对账信息后，应及时核对账务并在规定期限内向银行发出对账回单或确认信息

【考点3.13】违反账户管理规定行为的法律责任

（一）区分“非经营性存款人”和“经营性存款人”（见表3-23）

表3-23　区分“非经营性存款人”和“经营性存款人”

非经营性存款人	罚款金额都是1 000元
经营性存款人	罚款金额有3种：1 000元；5 000元以上3万元以下；1万元以上3万元以下
非经营存款人不一定是个人，经营性存款人也不一定是企业	

（二）具体处罚规定（见表3-24）

表3-24　具体处罚规定

违反银行账户结算管理制度事项	经营性存款人处罚金额	非经营性存款人处罚金额
法定代表人或主要负责人、存款人地址以及其他开户资料的变更事项未在规定期限内通知银行	1 000元	1 000元
1.违反规定开立银行结算账户	1万元以上3万元以下	
2.伪造、变造证明文件欺骗银行开立银行结算账户		
3.违反规定不及时撤销银行结算账户		
4.伪造、变造、私自印制开户登记证		
1.违反规定将单位款项转入个人银行结算账户	5 000元以上3万元以下	1 000元
2.违反规定支取现金		
3.利用开立银行结算账户逃废银行债务		
4.出租、出借银行结算账户		
5.从基本存款账户之外的银行结算账户转账存入、将销货收入存入或现金存入单位信用卡账户		

【记忆提示】变更违规罚1 000元；伪造、变造登记证及开立、撤销违规罚1万~3万元；使用违规罚5 000~3万元。

【单选题】存款人伪造、变造证明文件欺骗银行开立银行结算账户，对于经营性存款人，给予警告并处以（　　）的罚款。

A.1 000元　　B.1万元

C.5 000元以上3万元以下　　D.1万元以上3万元以下

【答案】D

票据结算

票据的分类如图3-3所示。

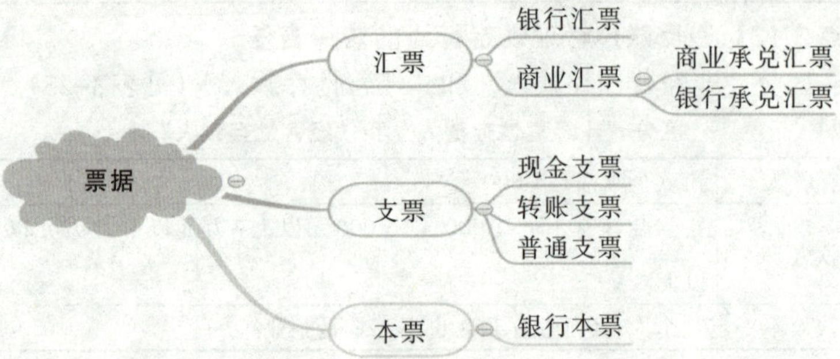

图3-23　票据的分类

支票

【考点3.14】支票概述（见表3-25）

表3-25　支票概述

概念	支票是指出票人签发的、委托办理支票存款业务的银行在见票时无条件支付确定的金额给收款人或者持票人的票据	
基本当事人	出票人	单位和个人均可使用支票
	付款人	出票人的开户银行
	收款人	（1）出票人可以在支票上记载自己为收款人 （2）区别于持票人，持票人可以是票面填明的收款人，也可以是经背书转让的被背书人
种类	现金支票	（1）支票上印有“现金”字样的为现金支票 （2）现金支票只能用于支取现金 （3）现金支票不得背书转让
	转账支票	（1）支票上印有“转账”字样的为转账支票 （2）转账支票只能用于转账
	普通支票	（1）支票上未印有“现金”或“转账”字样的为普通支票 （2）普通支票可以用于支取现金，也可以用于转账 （3）在普通支票左上角划两条平行线的，为划线支票，划线支票只能用于转账，不得支取现金

签发支票必须具备的条件：

（1）开立账户；

（2）存入足够支付的款项；

（3）预留印鉴。

【单选题】根据票据法律制度的规定，下列各项中，不属于单位签发支票必须具备的条件是（　　）。

A.开立支票存款账户

B.经人民银行当地分支行批准

C.存入足够支付的款项

D.预留印鉴

【答案】B

不同票据的对比见表3-26：

表3-26　不同票据的对比

项目	汇　票		本　票	支　票
	商业汇票	银行汇票		
基本当事人	出票人、付款人、收款人		出票人和收款人	出票人、付款人、收款人
出票人	企　业	银　行	银　行	企业或个人
期　限	一般远期	即　期	即　期	即　期
承　兑	√	×	×	×

【考点3.15】支票的出票

支票的记载事项如图3-24所示：

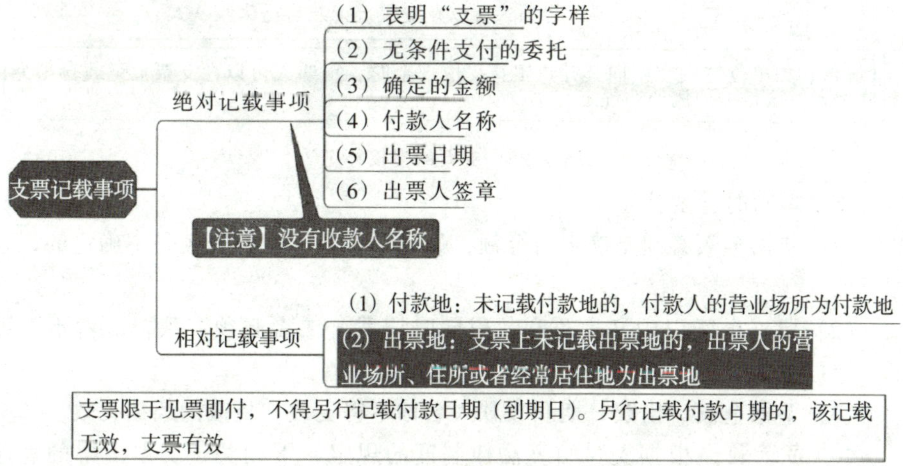

图3-24　支票记载事项

填好的转账支票正面如图3-25所示：

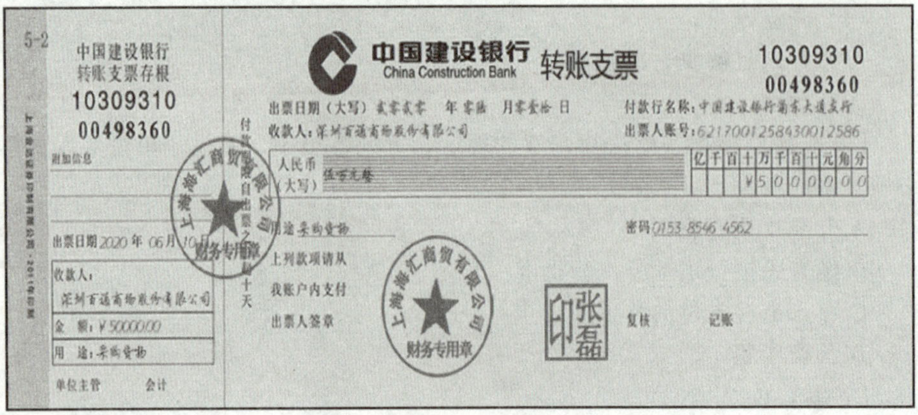
中国建设银行
转账支票存根
10309310
00498360
附加信息
出票日期 2020 年 06 月 10 日
收款人：深圳百通商物股份有限公司
金 额：¥50000.00
用 途：采购货物
单位主管 会计
中国建设银行 China Construction Bank 转账支票
10309310
00498360
出票日期（大写）贰零贰零 年 零陆 月零壹拾 日
付款行名称：中国建设银行南京大道支行
收款人：深圳百通商物股份有限公司
出票人账号：6217001258430012586
人民币（大写） 伍万元整
亿 千 百 十 万 千 百 十 元 角 分
¥ 5 0 0 0 0 0 0
用途 采购货物
密码 0153 8546 4562
上列款项请从
我账户内支付
出票人签章
上海海汇商贸有限公司 财务专用章
张磊 印
复核 记账

图3-25 填好的转账支票正面

支票的授权补记如图3-26所示：

- 授权补记
  - 金额
    - 出票人可以授权收款人补记
    - 收款人以外的其他人不得补记
    - 未补记之前，收款人不得背书转让和提示付款
  - 收款人名称
    - 出票人既可以授权收取支票的相对人补记，也可以由相对人再授权他人补记
    - 出票人可以在支票上记载自己为收款人

【解释】如单位签发支票向其开户银行支取现金时，出票人可以在支票上记载自己为收款人，这是一种例外性规定

图3-26 支票的授权补记

支票填写时，要注意：

（1）票据金额必须是确定的金额，如果票据上记载的金额是不确定的，票据无效。

（2）票据金额以中文大写和数码同时记载，二者必须一致，二者不一致的，票据无效。

（3）票据金额、出票日期和收款人名称不得更改，更改的票据无效。

1.【多选题】根据支付结算法律制度的规定，下列关于支票出票的表述中，正确的有（　　）。

A.出票人不得在支票上记载自己为收款人

B.出票人不得签发与其预留银行签章不符的支票

C.支票上未记载付款行名称的，支票无效

D.出票人签发的支票金额超过其付款时在付款人处实有的存款金额的，付款银行有权拒付

2.【多选题】根据票据法律制度的规定，支票的下列记载事项中，可以由出票人授权补记的有（　　）。

A.出票日期

B.收款人名称

C.票据金额

D.付款人名称

3.【多选题】根据《票据法》的规定，下列情形中，将导致支票无效的有（　　）。

A.支票上未记载付款地

B.支票上未记载付款日期

C.支票金额中文大写与数码记载不一致

D.支票的出票日期被更改

4.【单选题】赵某收到一张支票，发现记载金额的中文大写和数码不一致。根据票据法律制度的规定，下列关于该支票效力的表述中，正确的是（　　）。

A.支票有效，以数码记载为准

B.支票有效，以中文大写记载为准

C.支票无效

D.将支票金额更改一致后支票有效

1.【答案】BCD

2.【解析】选项A：出票人可以在支票上记载自己为收款人。

3.【答案】BC

【答案】CD

【解析】本题考核支票无效的情形。根据规定，支票上未记载付款地的，付款人的营业场所为付款地，因此选项A不选；支票属于见票即付票据，无需记载付款日期，因此选项B不选；票据中文大写与数码记载不一致的，票据无效，因此选项C应选；票据的金额、收款人和出票或签发日期不得更改，更改的票据无效，因此选项D应选。

4.【答案】C

【考点3.16】空头支票（见表3-27）

表3-27 空头支票概述

出票人签发的支票金额超过其付款时在付款人处实有的存款金额的，为空头支票	
对空头支票，付款银行有权拒付	
法律责任	单位或个人签发空头支票，不以骗取财物为目的的： （1）由中国人民银行处以票面金额5%但不低于1 000元的罚款 （2）持票人有权要求出票人赔偿支票金额2%的赔偿金

1.【单选题】根据支付结算法律制度的规定，签发票面金额1.8万元的空头支票，不以骗取财物为目的的，应由中国人民银行处以罚款（　　）元。

A.400

B.600

C.1 000

D.1 500

2.【单选题】甲公司向乙公司签发金额为300 000元的支票用于支付货款，乙公司按期提示付款时被告知甲公司在付款人处实有的存款金额仅为200 000元，乙公司有权要求甲公司支付的赔偿金是（　　）元。

A.200 000×5%

B.200 000×2%

C.300 000×5%

D.300 000×2%

1.【答案】C

【解析】票面金额为18 000元，18 000×5%=900（元），低于1 000元，罚款1 000元。

2.【答案】D

【解析】单位或者个人签发空头支票，不以骗取财物为目的的，持票人有权要求出票人赔偿“支票金额”（300 000元）“2%”的赔偿金。

【考点3.17】预留印鉴（见表3-28）

表3-28 预留印鉴说明

出票人为单位的	财务专用章或者公章加其法定代表人或者其授权的代理人的签名或者盖章
出票人为个人的	个人本人的签名或者盖章
支票的出票人预留银行签章是银行审核支票付款的依据。出票人不得签发与其预留银行签章不符的支票	

【考点3.18】支票的付款（见表3-29）

表3-29　　支票的付款

<table>
<tr><td rowspan="4">1. 提示付款期限</td><td colspan="3">（1）支票见票即付，提示付款期限自出票日起10日</td></tr>
<tr><td colspan="3">（2）支票持票人超过提示付款期限提示付款的，付款人可以不予付款，付款人不予付款的，出票人仍应对持票人承担票据责任（但其他前手不再承担票据责任）</td></tr>
<tr><td colspan="3">（3）支票持票人对出票人的票据权利，自出票日起6个月内不行使而消灭</td></tr>
<tr><td colspan="3">（4）持票人因超过票据权利时效或者因票据记载事项欠缺而丧失票据权利的，仍享有民事权利，可以请求出票人返还其与未支付的票据金额相当的利益</td></tr>
<tr><td rowspan="3">2.付款途径</td><td rowspan="2">转账支票</td><td>持票人委托开户银行收款</td><td>（1）应作委托收款背书（在支票背面背书人签章栏内签章、记载“委托收款”字样、背书日期、在被背书人栏记载开户银行名称）
（2）将支票和填制的进账单送交开户银行</td></tr>
<tr><td>持票人直接向付款银行提示付款</td><td>应在支票背面背书人签章栏签章，并将支票和填制的进账单送交出票人开户银行</td></tr>
<tr><td>现金支票</td><td colspan="2">（1）仅限于收款人向付款人提示付款（不得委托收款、不得背书转让）
（2）收款人持用于支取现金的支票向付款人提示付款时，应在支票背面“收款人签章”处签章，持票人为个人的，还需交验本人身份证件，并在支票背面注明证件名称、号码及发证机关</td></tr>
</table>

1.【单选题】根据票据法律制度的规定，支票的持票人对出票人的权利，自出票日起在一定期限内不行使而消灭，该期限是（　　）。

A.3个月

B.4个月

C.5个月

D.6个月

2.【判断题】个人为现金支票持票人的，在提示付款时，应当向银行交验本人的有效身份证件。（　　）

3.【单选题】根据支付结算法律制度的规定，下列关于支票提示付款的表述中，正确的是（　　）。

A.转账支票的提示付款期限为出票日起6个月

B.出票人记载自己为收款人的，提示付款不予受理

C.支票未记载票据金额的，可以提示付款

D.现金支票仅限于收款人向付款人提示付款

1.【答案】D

2.【答案】√

3.【答案】D

【解析】选项A，支票的提示付款期限为出票日起10日；选项B，出票人可以在支票上记载自己为收款人；选项C，支票的金额、收款人名称，可以由出票人授权补记，未补记前不得背书转让和提示付款。

【不定项选择】2020年3月18日，甲公司签发一张转账支票交付给乙公司并授权其补记相关事项。乙公司于3月20日将该支票背书转让给丙公司，丙公司于4月3日向甲公司的开户银行Q银行提示付款时，Q银行拒绝付款。丙公司遂行使票据追索权。

要求：

根据上述资料，不考虑其他因素，分析回答下列小题。

1.下列各项中，属于该支票付款人的是（　　）。

A.甲公司　　B.乙公司

C.丙公司　　D.Q银行

2.下列记载事项中，甲公司可以授权乙公司补记的是（　　）。

A.付款人名称

B.收款人名称

C.金额

D.出票日期

3.关于丙公司行使票据权利的行为，下列表述正确的是（　　）。

A.丙公司有权向乙公司行使追索权

B.丙公司有权向Q银行行使追索权

C.Q银行可以拒绝付款

D.丙公司有权向甲公司行使追索权

1.【答案】D

【解析】支票的付款人为出票人的开户银行。

2.【答案】BC

【解析】支票的金额、收款人名称，可以授权补记。

3.【答案】CD

【解析】丙公司未在出票日起10日内（2020年3月28日前）提示付款，属于逾期提示付款；支票持票人逾期提示付款的，付款银行可以拒绝付款（选项C正确），且持票人丧失对出票人（甲公司）以外前手（乙公司）的追索权（选项A错误，选项D正确）；Q银行是支票上的付款人，未在支票上签章，不属于票据债务人，不被列为追索对象（选项B错误）。

本票

【考点3.19】本票相关概念（见表3-30）

表3-30　　本票相关概念

概念	本票是指出票人签发的，承诺自己在见票时无条件支付确定的金额给收款人或者持票人的票据。在我国，本票仅限于银行本票	
基本当事人	出票银行	
	收款人	
种类	转账银行本票	单位和个人均可使用
	现金银行本票	（1）申请人和收款人均为个人方可使用 （2）现金银行本票不得背书转让
出票	申请与受理	（1）申请人使用银行本票，应向银行填写“银行本票申请书” （2）出票银行受理“银行本票申请书”，收妥款项，签发银行本票交给申请人

填好的本票正面如图3-27所示：

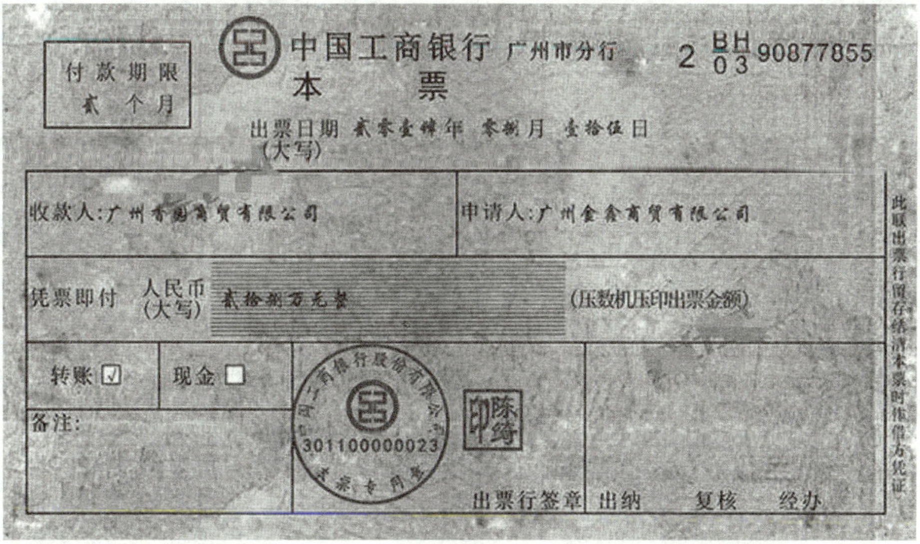
付款期限 贰 个月
中国工商银行 广州市分行　2 BH/03 90877855
本　票
出票日期（大写） 贰零壹肆年 零捌月 壹拾伍日
收款人：广州[illegible]商贸有限公司　申请人：广州金鑫商贸有限公司
凭票即付 人民币（大写） 贰拾捌万元整 （压数机压印出票金额）
转账 ☑　现金 ☐
备注：
301100000023
本票专用章
印陈绮
出票行签章　出纳　复核　经办
此联出票行留存结清本票时作借方凭证

图3-27　填好的本票正面

【考点3.20】本票出票（如图3-28所示）

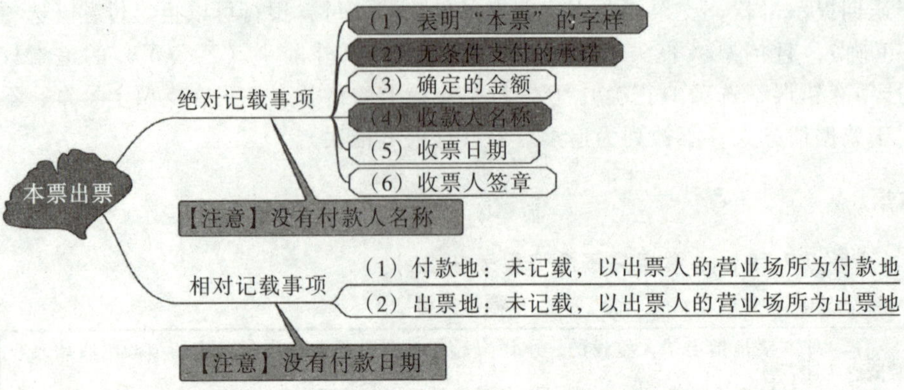

图3-28　本票出票

【考点3.21】各票据记载事项对比（见表3-31）

表3-31　各票据记载事项对比

事项	汇票	本票	支票
表明“××”的字样	绝对	绝对	绝对
无条件支付的委托(承诺)	绝对	绝对	绝对
确定的金额	绝对	绝对	绝对(授权补记)
付款人名称	绝对	×	绝对
收款人名称	绝对	绝对	×(授权补记)
出票日期	绝对	绝对	绝对
出票人签章	绝对	绝对	绝对
付款日期	相对	×	×
出票地点	相对	相对	相对
付款地点	相对	相对	相对

【考点3.22】本票性质及相关规定（如图3-29所示）

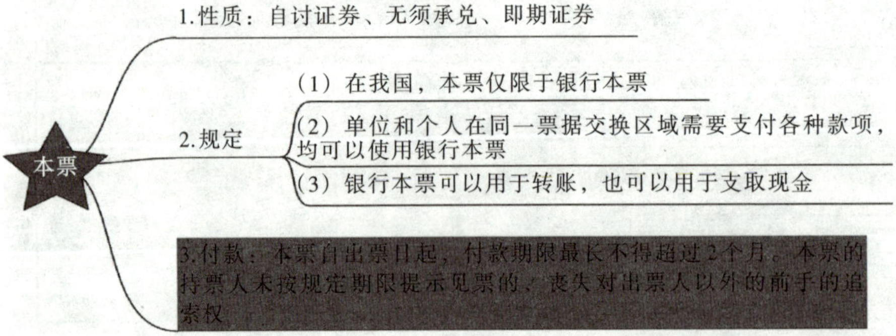

图3-29　本票性质及相关规定

【考点3.23】本票的付款和退款（见表3-32）

表3-32　　本票的付款和退款

付款	期限	银行本票见票即付，提示付款期限自出票日起最长不超过2个月 【提示1】持票人超过提示付款期限不获付款的，在票据权利时效内向出票银行作出说明，并提供本人身份证件或单位证明，可持银行本票向出票银行请求付款 【提示2】银行本票的持票人逾期提示付款的，将丧失对出票人以外其他前手的追索权 【提示3】银行本票持票人对出票人的票据权利，自出票日起2年内不行使而消灭
退款	主要原因	申请人因银行本票超过提示付款期限或其他原因要求退款时，应将银行本票提交到出票银行 申请人为单位的，应出具该单位的证明； 申请人为个人的，应出具该本人的身份证件
	退款途径	（1）出票银行对于在本行开立存款账户的申请人，只能将款项转入原申请人账户
		（2）对于现金银行本票和未在本行开立存款账户的申请人，才能退付现金

1.【单选题】根据《票据法》的规定，下列关于本票的表述中，正确的是（　　）。

A.本票的基本当事人为出票人、付款人和收款人

B.未记载付款地的本票无效

C.本票包括银行本票和商业本票

D.本票无须承兑

2.【多选题】甲出具一张银行本票给乙，乙将该本票背书转让给丙，丁作为乙的保证人在票据上签章。丙又将该本票背书转让给戊，戊作为持票人未按规定期限向出票人提示本票。根据票据法的有关规定，下列选项中，戊不得行使追索权的有（　　）。

A.甲　B.乙　C.丙　D.丁

3.【判断题】本票自出票日起，付款期限最长不得超过2个月。（　　）

4.【单选题】根据票据法律制度的规定，下列各项中，属于银行本票的相对记载事项的是（　　）。

A.收款人名称

B.确定的金额

C.出票日期

D.出票地

5.【判断题】银行本票是见票即付的票据，收款人或者持票人在取得银行本票后，在提示付款期限内，随时可以向出票人请求付款。(　　)

1.【答案】D

【解析】本题考核本票的规定。本票的出票人就是付款人，所以选项A错误。本票上未记载付款地的，出票人的营业场所为付款地，所以选项B错误。根据《票据法》的规定，本票即银行本票，所以选项C错误。

2.【答案】BCD

【解析】《票据法》规定，本票的持票人未按照规定期限提示见票的，丧失对出票人以外的前手的追索权。故A项错误。

3.【答案】√

4.【答案】D

5.【答案】√

银行汇票

【考点3.24】银行汇票的概念及出票（见表3-33）

表3-33　银行汇票的概念及出票

概念	银行汇票是基础关系付款方（买方）申请出票银行签发的，由出票银行在见票时按照实际结算金额无条件支付给收款人或者持票人的票据	
种类	转账银行汇票	单位和个人均可使用
	现金银行汇票	（1）申请人和收款人均为个人方可使用 （2）现金银行汇票不得背书转让
出票	（1）申请人使用银行汇票，应向出票银行填写“银行汇票申请书”，填明收款人名称、汇票金额、申请人名称、申请日期等事项并签章 （2）出票银行受理银行汇票申请书，收妥款项后签发银行汇票，并将银行汇票和解讫通知一并交给申请人 （3）申请人应将银行汇票和解讫通知一并交付给汇票上记明的收款人	

填好的银行汇票正面如图3-30所示：

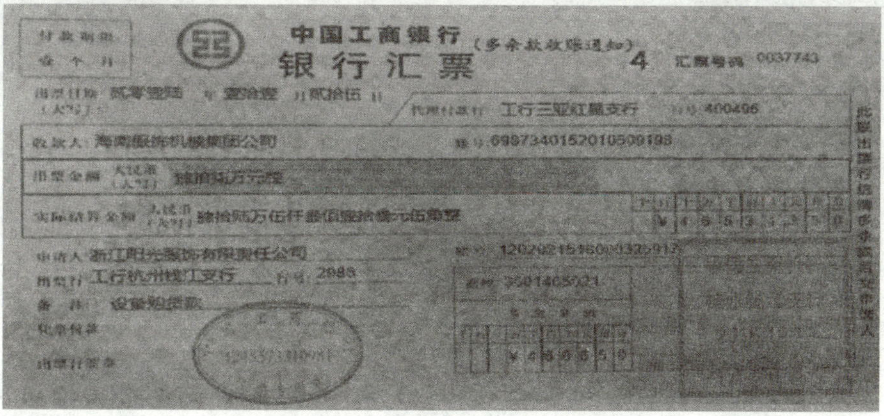
中国工商银行
银行汇票 (多余款收账通知) 4 汇票号码 0037743
付款期限 壹个月
收款人 海南振衡机械集团公司
申请人 浙江阳光服饰有限责任公司
出票行 工行杭州钱江支行

图3-30　填好的银行汇票正面

【考点3.25】银行汇票的实际结算金额（见表3-34）

表3-34　　银行汇票的实际结算金额

实际结算金额	收款人应在出票金额以内，根据实际需要的款项办理结算，将实际结算金额和多余金额准确、清晰地填入银行汇票和解讫通知的有关栏内： （1）银行汇票的实际结算金额低于出票金额的，其多余金额由出票银行退交申请人 （2）未填明实际结算金额和多余金额或实际结算金额超过出票金额的，银行不予受理 （3）银行汇票的实际结算金额一经填写不得更改，更改实际结算金额的银行汇票无效 （4）银行汇票的背书转让以不超过出票金额的实际结算金额为准，未填写实际结算金额或实际结算金额超过出票金额的银行汇票不得背书转让

【考点3.26】银行汇票联次及支付流程

银行汇票的联次包括：

1.卡片联——出票行结算汇票借方凭证。

2.汇票联——代理付款行付款后做联行往来借方凭证。

3.解讫通知联——代理付款行付款后随报单寄出票行，由出票行做多余款贷方凭证。

4.多余款通知联——出票行结清多余款后交申请人。

银行汇票支付流程如图3-31所示：

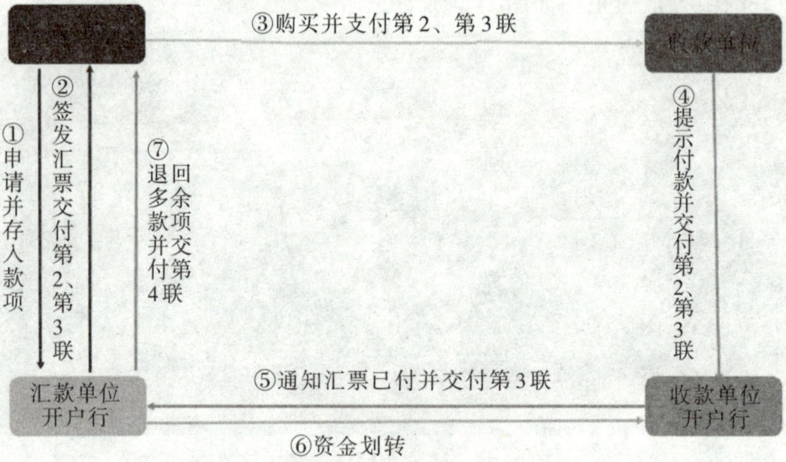

图3-31　银行汇票支付流程

【考点3.27】银行汇票的付款和退款（见表3-35）

表3-35　　银行汇票的付款和退款

付款	向谁提示付款	（1）在银行开立存款账户的持票人向开户银行提示付款 （2）未在银行开立存款账户的个人持票人，可以向任何一家银行机构提示付款
	需要提交的材料	以单位为例： （1）在汇票背面“持票人向银行提示付款签章”处签章 （2）将银行汇票和解讫通知、进账单送交开户行 【提示】持票人向银行提示付款时，须同时提交银行汇票和解讫通知，缺少任何一联，银行不予受理
	期限	银行汇票限于见票即付，提示付款期限自出票日起1个月 【提示1】持票人超过提示付款期限向代理付款银行提示付款却未获付款的，须在票据权利时效内向出票银行作出说明，并提供本人身份证件或单位证明，持银行汇票和解讫通知向出票银行请求付款 【提示2】银行汇票持票人逾期提示付款的，将丧失对出票人以外其他前手的追索权 【提示3】银行汇票持票人对出票人的票据权利自出票日起2年内不行使而消灭
退款	申请人因银行汇票超过付款提示期限或其他原因要求退款时，应将银行汇票和解讫通知同时提交到出票银行。 申请人为单位的，应出具该单位的证明； 申请人为个人的，应出具本人的身份证件	
	出票银行对于转账银行汇票的退款，只能转入原申请人账户； 只有符合规定填明“现金”字样银行汇票的退款，才能退付现金	
	申请人缺少解讫通知要求退款的，出票银行应于银行汇票提示付款期满1个月后办理	

1.【单选题】下列各项中，可以使用现金银行汇票进行结算的是（　　）。

A.甲公司支付给乙公司的货款30万元

B.孙某向丙公司支付货款25万元

C.丁公司向刘某支付劳务费8万元

D.赵某向张某支付购房款35万元

2.【单选题】根据支付结算法律制度的规定，下列关于银行汇票使用的表述中，正确的是（　　）。

A.银行汇票不能用于单位款项结算

B.银行汇票不能用于转账

C.银行汇票的提示付款期限为自出票日起1个月

D.银行汇票必须按出票金额付款

3.【多选题】郑某为向甲公司支付货款，向银行申请签发了一张金额为80万元的银行汇票。甲公司受理该汇票应当审查的内容有（　　）。

A.银行汇票和解讫通知是否齐全

B.银行汇票是否在提示付款期内

C.大小写出票金额是否一致

D.必须记载的事项是否齐全

4.【判断题】未填写实际结算金额的银行汇票不得背书转让。（　　）

5.【判断题】银行汇票的申请人缺少解讫通知要求退款的，出票银行应于提示付款期满1个月后办理。（　　）

1.【答案】D

【解析】现金银行汇票的“申请人和收款人”应当均为个人。

2.【答案】C

【解析】选项A，单位和个人各种款项结算，均可使用银行汇票；选项B，银行汇票可以用于转账，填明“现金”字样的银行汇票也可以用于支取现金；选项D，银行汇票按不超过出票金额的实际结算金额办理结算。

3.【答案】ABCD

【解析】收款人受理银行汇票时，应审查下列事项：（1）银行汇票和解讫通知是否齐全（选项A）、汇票号码和记载的内容是否一致；（2）收款人是否确为本单位或本人；（3）银行汇票是否在提示付款期限内（选项B）；（4）必须记载的事项是否齐全（选项D）；（5）出票人签章是否符合规定，大小写出票金额是否一致（选项C）；（6）出票金额、出票日期、收款人名称是否更改，更改的其他记载事项是否由原记载人签章证明。

4.【答案】√

小艾上班记10

5.【答案】√

【不定项选择题】甲公司申请出票银行（丁银行）签发一张银行汇票，出票日期为2020年4月5日，金额为80万元，收款人为乙公司。甲公司交给乙公司时填写实际结算金额为70万元。4月8日，乙公司向丙公司购买80万元的货物，将该汇票背书转让给丙公司。

要求：

根据上述资料，不考虑其他因素，分析回答下列小题。

1.签发银行汇票时必须记载的事项包括（　　）。

A.出票日期

B.出票银行签章

C.收款人名称

D.出票金额

2.关于多余10万元的处理，下列表述正确的是（　　）。

A.多余10万元由乙公司退交甲公司

B.多余10万元由乙公司退交丙公司

C.多余10万元由丁银行退交甲公司

D.多余10万元由丁银行退交丙公司

3.关于乙公司和丙公司之间的货物买卖，下列表述正确的是（　　）。

A.差10万元，可由乙公司向丙公司签发银行本票支付

B.差10万元，可由乙公司向丙公司签发支票支付

C.该银行汇票应按出票金额80万元支付

D.因实际结算金额低于应付货款，该银行汇票不能用于向丙公司结算货款

4.该银行汇票的提示付款期限截止日期为（　　）。

A.2020年6月5日

B.2020年5月5日

C.2020年4月8日

D.2020年4月15日

1.【答案】ABCD

2.【答案】C

【解析】银行汇票的实际结算金额低于出票金额的，其多余金额由出票银行（丁银行）退交申请人（甲公司）。

3.【答案】AB

【解析】乙公司将该银行汇票背书转让给丙公司时，丙公司取得的票据权

利为 70万元（选项 C 错误），对于不足的 10万元，由债务人乙公司向债权人丙公司另行支付（选项 D错误），支付途径可以是签发银行本票或者支票（选项 AB正确）。

4.【答案】B

【解析】银行汇票的提示付款期限自出票日（2020年 4月 5日）起 1个月，提示付款期限截止日期为 2020年 5月 5日。

商业汇票

【考点3.28】商业汇票的相关概念及分类（见表3-36）

表3-36　商业汇票的相关概念及分类

概念	商业汇票是指出票人签发的，委托付款人在指定日期无条件支付确定金额给收款人或者持票人的票据 【提示】支票、银行本票、银行汇票均为见票即付的票据（也称即期票据），而商业汇票通常为远期票据	
基本当事人	出票人	只能是单位，个人不能使用商业汇票结算
	收款人	
	付款人	付款人承兑票据后称为“承兑人”，承担到期付款的责任
分类 1	纸质商业汇票	
	电子商业汇票（指出票人依托上海票据交易所电子商业汇票系统，以数据电文形式制作的，委托付款人在指定日期无条件支付确定的金额给收款人或者持票人的票据）	
分类 2	银行承兑汇票	（1）银行承兑汇票的出票人必须是在承兑银行开立存款账户的法人以及其他组织，并与承兑银行具有真实的委托付款关系，资信状况良好，具有支付汇票金额的可靠资金来源 （2）承兑人 ①纸质：由银行承兑 ②电子：由银行业金融机构、财务公司承兑
	商业承兑汇票	（1）商业承兑汇票的出票人，为在银行开立存款账户的法人以及其他组织，并与付款人具有真实的委托付款关系，具有支付汇票金额的可靠资金来源 （2）承兑人 ①纸质：由银行以外的付款人承兑 ②电子：由金融机构以外的法人或其他组织承兑
分类3	定日付款的商业汇票	在汇票上记载具体的到期日
	出票后定期付款的商业汇票	到期日自出票日起按月计算，并在汇票上记载
	见票后定期付款的商业汇票	（1）到期日自承兑日起按月计算，并在汇票上记载 （2）见票后定期付款的汇票，应当在承兑时记载付款日期
	付款期限（自出票日至到期日）： （1）纸质商业汇票，最长不超过6个月 （2）电子商业汇票，最长不超过1年	

填好的银行承兑汇票正面如图3-32所示：

9-1　　　　银行承兑汇票　　2　　　　N0.1000101

出票日期（大写）贰零贰零 年 壹拾贰月 零陆 日　　　　第　　号

出票人全称	北京悦达商贸有限公司	收款人	全称	北京羿嘉制造有限公司
出票人账号	11050144090100005612		账号	11050144090100000088
付款行全称	中国招商银行北京市朝阳区北苑路支行		开户银行	中国招商银行北京市通州区解放路支行
汇票金额	人民币（大写）壹拾伍万捌仟伍佰元整			千 百 十 万 千 百 十 元 角 分 ¥ 1 5 8 5 0 0 0 0 0
汇票到期日（大写）	贰零贰壹年零陆月零伍日	付款行	行号	1802
承兑协议编号	2020年北字第5015210346号		地址	北京市海淀区六里桥
本汇票请你行承兑，到期无条件付款 北京悦达商贸有限公司 财务专用章　王曼印 出票人签章		本汇票已经承兑，到期日由本行付款 招商银行海淀区支行 汇票专用章 67400 承兑日期　年　月　日 备注：		复核　记账

图3-32　填好的银行承兑汇票正面

图3-32为：2020年12月6日，北京羿嘉制造有限公司收到北京悦达商贸有限公司交来的银行承兑汇票，支付前欠货款，金额为158 500.00元。

从图3-32可以看出，银行承兑汇票的出票签章栏签的是北京悦达商贸公司的财务专用章，承兑栏签的是银行的汇票专用章。

填好的商业承兑汇票正面如图3-33所示：

11-1　　　　商业承兑汇票　　2　　$\frac{CA}{01}$ N0.06340075　复印件

出票日期 贰零贰零 年 壹拾贰月零柒日

付款人	全称	北京泰达商贸有限公司	收款人	全称	北京羿嘉制造有限公司
	账号	1225378445665323325		账号	11050144090100000088
	开户银行	中国银行北京北土城支行		开户银行	中国招商银行北京市通州区解放路支行
汇票金额		人民币（大写）伍万元整			亿 千 百 十 万 千 百 十 元 角 分 ¥ 5 0 0 0 0 0 0
汇票到期日		贰零贰壹年零陆月零陆日	交易合同码		00015
本汇票已经承兑，到期无条件支付票款 北京泰达商贸有限公司 财务专用章　王路鹏印 承兑人签章 承兑日期　年　月　日			本汇票请予以承兑于到期日付款 北京泰达商贸有限公司 财务专用章　王路鹏印 出票人签章		

图3-33　填好的商业承兑汇票正面

图3-33为：2020年12月7日，北京羿嘉制造有限公司收到北京泰达商贸有限公司交来商业承兑汇票一张，金额为50 000.00元，系偿还上月购入B产品的货款。

从图3-33可以看出，商业承兑汇票的出票签章栏和承兑栏盖的都是北京泰达商贸有限公司的财务专用章。

【考点3.29】即期票据和远期票据（如图3-34）

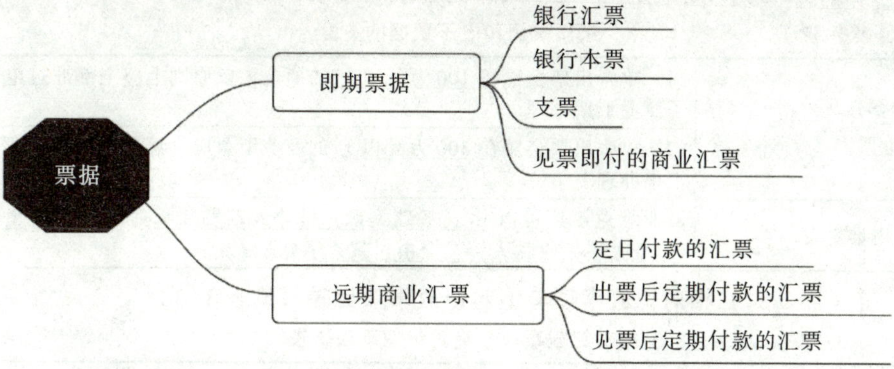

图3-34 即期票据和远期票据

1.【单选题】下列主体中，可以作为电子银行承兑汇票承兑人的是（ ）。

A.甲财务公司

B.乙新能源开发公司

C.丙建筑公司

D.丁信息服务公司

2.【单选题】根据支付结算法律制度的规定，电子承兑汇票付款期限自出票日至到期日不得超过法定期限，该法定期限为（ ）。

A.3个月

B.1年

C.2年

D.6个月

3.【多选题】根据支付结算法律制度的规定，下列票据中，允许个人使用的有（ ）。

A.支票

B.商业承兑汇票

C.银行本票

D.银行汇票

1.【答案】A

【解析】电子“银行”承兑汇票由“银行业金融机构、财务公司”承兑。

2.【答案】B

3.【答案】ACD

【解析】（1）商业汇票个人不能使用；（2）现金银行汇票、现金银行本票则要求申请人和收款人均为个人方可使用；（3）其他票据，单位和个人均可使用。

【考点3.30】纸质票据和电子票据的签发（见表3-37）

表3-37　　纸质票据和电子票据的签发

1.签发“纸票”还是“电票”	（1）单张出票金额在100万元以上的商业汇票原则上应全部通过电子商业汇票办理
	（2）单张出票金额在300万元以上的商业汇票应全部通过电子商业汇票办理
2.由谁签发	商业承兑汇票可以由（基础关系）付款人签发并承兑，也可以由（基础关系）收款人签发交由付款人承兑

【考点3.31】相对记载事项与绝对记载事项比较（见表3-38）

表3-38　　相对记载事项与绝对记载事项比较[①]

事项	汇票	本票	支票
表明“××”的字样	绝对	绝对	绝对
无条件支付的委托（承诺）	绝对	绝对	绝对
确定的金额	绝对	绝对	绝对（授权补记）
付款人名称	绝对	×	绝对
收款人名称	绝对	绝对	×（授权补记）
出票日期	绝对	绝对	绝对
出票人签章	绝对	绝对	绝对
付款日期	相对	×	×
出票地点	相对	相对	相对
付款地点	相对	相对	相对

【提示1】表3-38中出票行为的必须记载事项如未记载，则票据无效。

【提示2】电子商业汇票的必须记载事项比纸质商业汇票多了2项：①出票人名称；②票据到期日。

【考点3.32】相对记载事项、任意记载事项与法定记载事项（见表3-39）

表3-39　　相对记载事项、任意记载事项与法定记载事项相对记载事项

相对记载事项	（1）付款日期	未记载付款日期的，为见票即付
	（2）出票地	未记载出票地的，以出票人的营业场所、住所或者经常居住地为出票地
	（3）付款地	未记载付款地的，以付款人的营业场所、住所或者经常居住地为付款地
任意记载事项	具有汇票上的效力	
	出票人记载“不得转让”字样的，票据不得背书转让。如果转让的，该转让不发生票据法上的效力，出票人和承兑人对受让人不承担票据责任	
非法定记载事项	不具有汇票上的效力	
	（1）签发票据的原因或者用途 （2）该票据项下交易合同号码	

① 注：与表3-31重复，从不同角度进行阐释。

【案例 3-1】

2020年6月24日，采购部门申请支付上海侠义科技有限公司货款260 000元，总经理决定开具银行承兑汇票支付。

填好的付款申请单正面如图3-35所示：

13-2

付款申请单

部门：采购部　　2020年 06月 24日

收款单位	上海侠义科技有限公司	付款理由：采购货物	
开户银行	6217001125410012100		
		税　号	
银行账户	中国建设银行浦东大道支行	地址电话	
金额	人民币（大写）⊗ 佰 贰拾陆万零 仟零 佰零 拾零 元零 角零分 ¥：260000.00		
领导审批	财务部门	部门负责人	经办人
张磊	周凤年	张磊	张强

图3-35　填好的付款申请单正面

银行承兑协议如图3-36所示：

13-1

银行承兑协议

编号：2569874563258965

收款人全称 上海侠义科技有限公司	付款人全称 上海海汇商贸有限公司
开户银行 中国建设银行浦东大道支行	开户银行 中国建设银行浦东大道支行
账　号　6217001125410012100	账　号　6217001258430012586
汇票号码 10018201	汇票金额(大写)贰拾陆万元整
签发日期 2020年06月24日	到期日期 2020年12月23日

以上汇票经承兑银行承兑，承兑申请人(下称申请人)愿遵守《支付结算办法》的规定及下列条款：

1．申请人于汇票到期日期将应付票款足额交存承兑银行。

2．承兑手续费按票面金额千分之(05)计算，在银行承兑时一次付清。

3．承兑汇票如发生任何交易纠纷，均由收付双方自行处理。票款于到期前仍按第一条办理不误。

4．承兑汇票到期日，承兑银行凭票无条件支付票款。如到期日之前申请人不能足额交付票款时，承兑银行对不足支付部分的票款转作承兑申请人逾期贷款，并按照有关规定计收罚息。

5.承兑汇票款付清后，本协议始自动失效。

本协议第一、二联分别由承兑银行信贷部门和承兑申请人存执，协议副本由银行会计部门存查。

承兑银行　(盖章)　　　　承兑申请人　(盖章)

订立承兑协议日期　　　　年　月　日

图3-36　银行承兑协议

银行承兑汇票如图3-37所示：

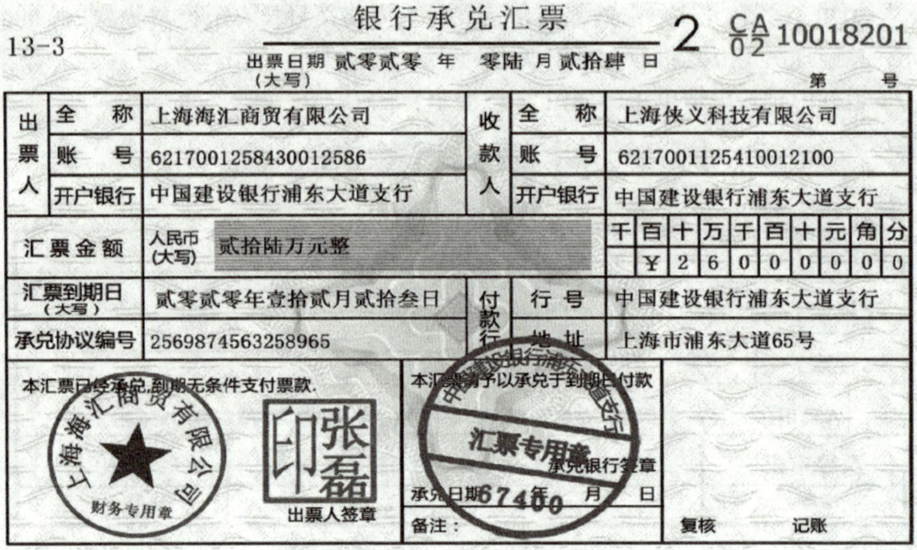

13-3　　银行承兑汇票　　2　$\frac{CA}{02}$ 10018201

出票日期（大写）贰零贰零 年 零陆 月 贰拾肆 日　　第　号

出票人	全　称	上海海汇商贸有限公司	收款人	全　称	上海侠义科技有限公司
	账　号	6217001258430012586		账　号	6217001125410012100
	开户银行	中国建设银行浦东大道支行		开户银行	中国建设银行浦东大道支行
汇票金额	人民币（大写）	贰拾陆万元整		千百十万千百十元角分	¥26000000
汇票到期日（大写）	贰零贰零年壹拾贰月贰拾叁日		付款行	行　号	中国建设银行浦东大道支行
承兑协议编号	2569874563258965			地　址	上海市浦东大道65号

本汇票已经承兑，到期无条件支付票款。

上海海汇商贸有限公司 财务专用章　张磊印　出票人签章

本汇票请予以承兑于到期日付款

中国建设银行浦东大道支行 汇票专用章 67400　承兑银行签章

承兑日期　年　月　日

备注：　　复核　　记账

图3-37　银行承兑汇票

【考点3.33】出票合规性（见表3-40）

表3-40　出票合规性

使用合规凭证	单位、个人和银行办理支付结算，必须使用按中国人民银行统一规定印制的票据凭证和结算凭证		
对签章的要求	①单位、银行在票据上的签章和单位在结算凭证上的签章，为该单位、银行的盖章加其法定代表人或其授权的代理人的签名或盖章 ②个人在票据和结算凭证上的签章，应为该个人本人的签名或盖章		
收款人名称	单位和银行的名称应当记载全称或者规范化简称		
金额	票据和结算凭证金额以中文大写和阿拉伯数码同时记载，二者必须一致，二者不一致的票据无效；二者不一致的结算凭证，银行不予受理		
出票日期	票据的出票日期应当使用中文大写		
	应规范填写	在其前加“零”	月为“壹”“贰”和“壹拾”的
			日为： ①“壹”至“玖” ②“壹拾”“贰拾”和“叁拾”
		在其前加“壹”	日为“拾壹”至“拾玖”

1.【单选题】某票据的出票日期为“2020年7月15日”，其规范写法是（　　）。

A.贰零贰零年零柒月壹拾伍日

B.贰零贰零年柒月壹拾伍日

C.贰零贰零年零柒月拾伍日

D.贰零贰零年柒月拾伍日

2.【单选题】根据票据法律制度的规定，下列情形中，导致商业汇票无效的是（　　）。

A.在汇票上更改收款人名称的

B.在汇票上更改付款人名称的

C.在汇票上未记载出票地的

D.在汇票上未记载付款日期的

3.【多选题】根据票据法律制度的规定，下列情形中，导致商业汇票无效的有（　　）。

A.甲公司出票时在汇票上记载“不得转让”字样

B.乙公司出票时未记载付款人名称

C.丙公司出票时将中文大写“伍万元整”的汇票数码记载为“5 000”

D.丁公司出票时未记载付款日期

4.【单选题】根据票据法律制度的规定，下列各项中，属于商业汇票出票的相对记载事项的是（　　）。

A.付款日期

B.付款人名称

C.确定的金额

D.收款人名称

5.【多选题】根据票据法律制度的规定，某公司签发商业汇票时出现的下列情形中，导致该汇票无效的有（　　）。

A.附条件支付的委托

B.在票据上记载了“不得转让”字样

C.票据金额仅以数码记载

D.未记载付款地

6.【多选题】根据票据法律制度的规定，下列各项中，属于签发银行本票必须记载事项的有（　　）。

A.出票人签章

B.出票日期

C.收款人名称

D.确定的金额

7.【判断题】根据支付结算法律制度的规定，个人在票据和结算凭证上的签章，应为该个人本人的签名或盖章。（　　）

8.【判断题】根据支付结算法律制度的规定，票据金额的中文大写与阿拉伯数码记载不一致的，以中文大写为准。（　　）

9.【判断题】出票人在填写票据出票日期时，“10月30日”应写成“壹拾月零叁拾日”。(　)

1.【答案】B

【解析】观察4个备选项发现：(1) 在年份的写法上不存在差异，无须关注；(2) 在月份的写法上，不加“零”不会导致被轻易变造（改成“壹拾柒月”或“柒拾月”等均为画蛇添足），无须加“零”，排除选项AC；(3) 在日期的写法上，如果不加“壹”，很容易被变造为“贰拾伍日”，应当加“壹”，选项D错误，选项B正确。

2.【答案】A

【解析】选项A，票据金额、出票日期和收款人名称不得更改，更改的票据无效；选项B，付款人名称可以更改，但应当在更改处签章；选项CD，属于商业汇票的相对记载事项，未记载的并不影响汇票本身的效力。

3.【答案】BC

【解析】选项B，汇票上未记载付款人名称的，汇票无效；选项C，票据金额以中文大写和数码同时记载，两者必须一致；两者不一致的，票据无效；选项D，付款日期属于相对记载事项，汇票上未记载付款日期的，为见票即付，汇票有效。

4.【答案】A

5.【答案】AC

【解析】选项A，“无条件支付的委托”属于绝对记载事项，否则票据无效；选项B，“不得转让”字样属于任意记载事项，票据有效；选项C，票据金额以中文大写和数码同时记载，二者必须一致，否则票据无效；选项D，“付款地”属于相对记载事项，未记载的，票据有效。

6.【答案】ABCD

【解析】选项ABD，不论汇票、本票，还是支票，均属于出票行为必须记载的事项，其中，选项D属于支票的可补记事项；选项C，属于汇票、本票出票行为的必须记载事项，但在支票上不属于出票行为必须记载的事项，可以补记。

7.【答案】√

8.【答案】×

【解析】票据和结算凭证金额以中文大写和阿拉伯数码同时记载，二者必须一致，二者不一致的票据无效；二者不一致的结算凭证，银行不予受理。

9.【答案】×

【解析】如果只写"壹拾月",很容易被变造为"壹拾壹月"或者"壹拾贰月",应当在其前加"零"。

【考点3.34】商业汇票背书

【案例3-2】2020年6月22日,收到北京华立商贸有限公司开具的银行承兑汇票200 000元,用来支付货款。

此案例的银行承兑汇票如图3-38所示:

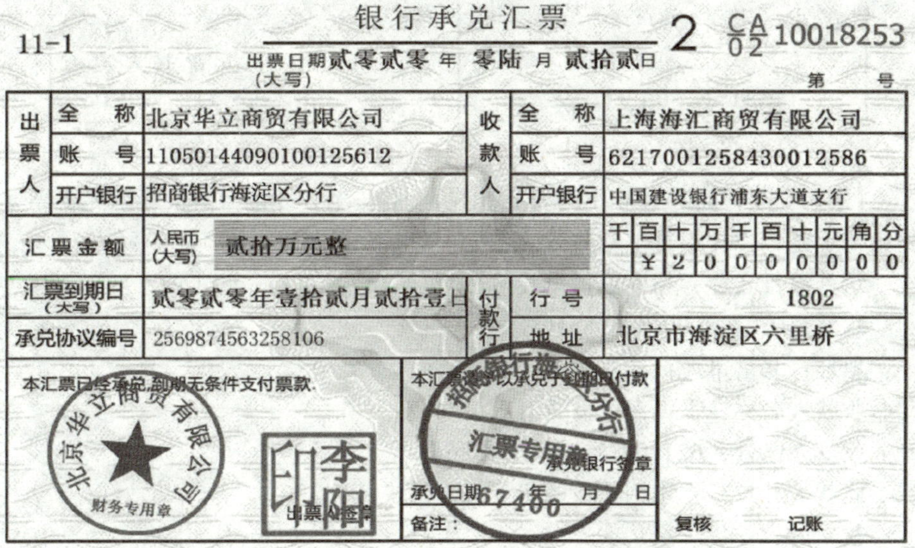

11-1 银行承兑汇票 2 CA 02 10018253

出票日期(大写) 贰零贰零 年 零陆 月 贰拾贰日 第 号

出票人	全称	北京华立商贸有限公司	收款人	全称	上海海汇商贸有限公司
	账号	110501440901001256 12		账号	6217001258430012586
	开户银行	招商银行海淀区分行		开户银行	中国建设银行浦东大道支行
汇票金额		人民币(大写) 贰拾万元整			千百十万千百十元角分 ¥20000000
汇票到期日(大写)		贰零贰零年壹拾贰月贰拾壹日	付款行	行号	1802
承兑协议编号		2569874563258106		地址	北京市海淀区六里桥

本汇票已经承兑,到期无条件支付票款。 北京华立商贸有限公司 财务专用章 李阳印 出票人签章

本汇票请你行承兑,到期无条件付款 招商银行海淀区分行 汇票专用章 67400 承兑银行签章 承兑日期 年 月 日 备注:

复核 记账

图3-38 此案例的银行承兑汇票

此案例的收款收据如图3-39所示:

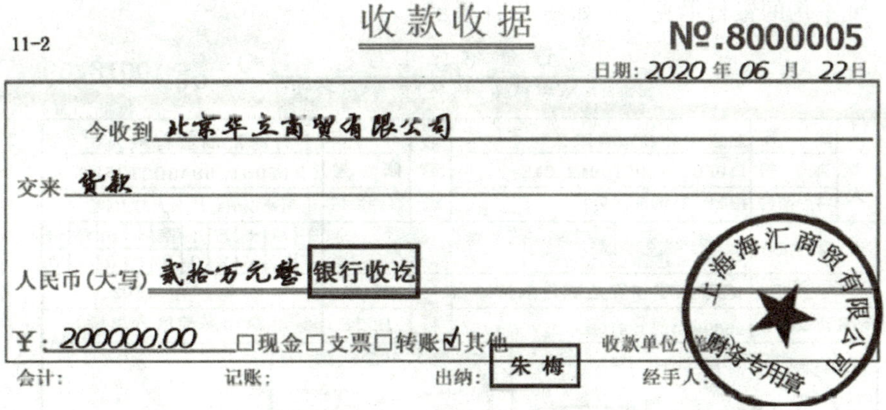

11-2 收款收据 №.8000005

日期:2020年06月22日

今收到 北京华立商贸有限公司

交来 货款

人民币(大写) 贰拾万元整 银行收讫

¥:200000.00 □现金□支票□转账☑其他 收款单位(盖章) 上海海汇商贸有限公司 财务专用章

会计: 记账: 出纳:朱梅 经手人:

第一联 存根联

图3-39 此案例的收款收据

2020年6月22日,将华立公司开具的银行承兑汇票背书转给厦门欧耶商贸有限公司。(如图3-40所示)

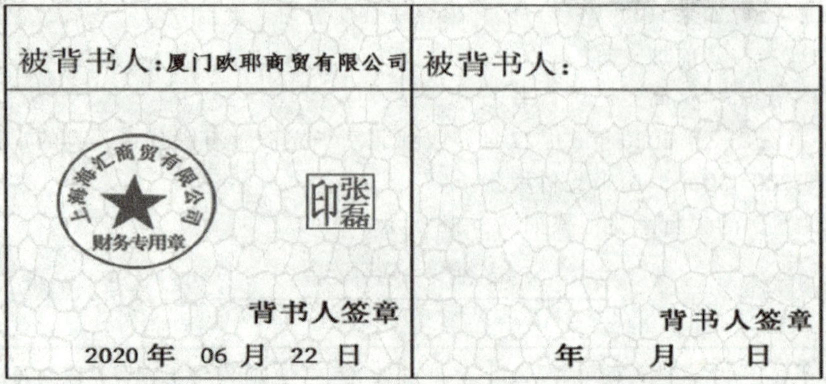

被背书人：厦门欧耶商贸有限公司	被背书人：
上海海汇商贸有限公司 财务专用章　张磊印 背书人签章 2020 年 06 月 22 日	背书人签章 年 月 日

图 3-40　将银行承兑汇票背书转给厦门欧耶商贸有限公司

【案例 3-3】2020 年 6 月 25 日，出纳将他人背书给自己的银行承兑汇票拿到银行承兑，委托银行电划收款。

承兑银行名称：招商银行海淀区分行。

账号：6227450000475985101。

地址：北京市海淀区六里桥。

收款人名称：上海海汇商贸有限公司。

收款人账号：6217001258430012586。

收款人开户行：中国建设银行浦东大道支行。

款项内容：货款。

托收凭据名称：承兑汇票。

商品发运情况：已发。

此案例的银行承兑汇票如图 3-41 所示：

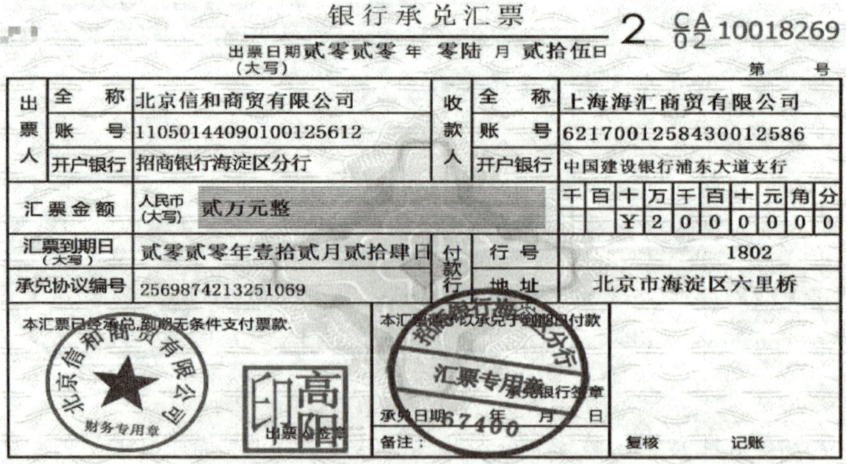

银行承兑汇票　2　CA 02 10018269

出票日期（大写）贰零贰零 年 零陆 月 贰拾伍日

第　号

出票人	全称	北京信和商贸有限公司	收款人	全称	上海海汇商贸有限公司
	账号	1105014409010012561 2		账号	6217001258430012586
	开户银行	招商银行海淀区分行		开户银行	中国建设银行浦东大道支行
汇票金额	人民币（大写）	贰万元整		千百十万千百十元角分	¥2000000
汇票到期日（大写）		贰零贰零年壹拾贰月贰拾肆日	付款行	行号	1802
承兑协议编号		2569874213251069		地址	北京市海淀区六里桥

本汇票已经承兑，到期无条件支付票款。北京信和商贸有限公司 财务专用章　高阳印　出票人签章

本汇票请你行承兑，于到期日付款　招商银行海淀区分行 汇票专用章　承兑银行签章　承兑日期 年 月 日　备注：

复核　记账

图 3-41　此案例的银行承兑汇票

将银行承兑汇票背书转给中国建设银行浦东大道支行（如图3-42所示）：

被背书人：中国建设银行浦东大道支行	被背书人：
委托收款 上海海汇商贸有限公司 财务专用章　张磊印 背书人签章 2020年 6 月 25 日	背书人签章 年 月 日

图3-42　将银行承兑汇票背书转给中国建设银行浦东大道支行

此案例的托收凭证如图3-43所示：

托收凭证（受理回单）

委托日期 2020 年06 月25 日

业务类型	委托收款（□邮划、☑电划）　委托承付（□邮划、□电划）				
付款人	全称	招商银行海定区分行	收款人	全称	上海海汇商贸有限公司
	账号	6227450000475985101		账号	6217001258430012586
	地址	招商银行海淀区六里桥支行①		地址	中国建设银行浦东大道支行
金额	人民币（大写）	贰万元整	亿千百十万千百十元角分		¥2000000
款项内容	货款	托收凭据名称	承兑汇票	附寄单证张数	1
商品发运情况	已发	合同名称号码			
备注： 复核　记账		款项受托日期 2020年06月25日		收款人开户银行签章 2020年06月25日	

此联做收款人开户银行给收款人的受理回单

图3-43　此案例的托收凭证

【考点3.35】背书相关概念①

1.背书是指持票人为将票据权利转让给他人或者将票据权利授予他人行使，在票据背面或者粘单上记载有关事项并签章，然后将票据交付给被背书人的票据行为。

背书包括转让背书和非转让背书（委托收款背书和质押背书）。

2.记载事项。

（1）绝对记载事项：背书人的签章。

（2）相对记载事项：背书日期（未记载的，视为到期日前背书）。

（3）可以补记：被背书人名称。

① 注：地址栏里填的是付款人、收款人开户行名称。

背书人未记载被背书人名称即将票据交付他人的，持票人在被背书人栏内记载自己的名称与背书人记载具有同等法律效力。（如图3-44所示）

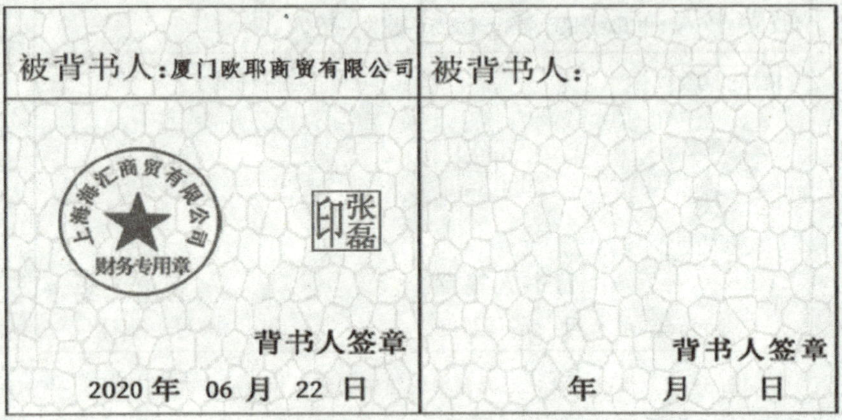

图3-44 背书

3.背书应当在票据背面或者粘单上完成，票据凭证不能满足背书人记载的需要时，可以加附粘单，粘贴于票据上，粘单上的第一记载人应当在汇票与粘单的粘接处签章。（如图3-45所示）

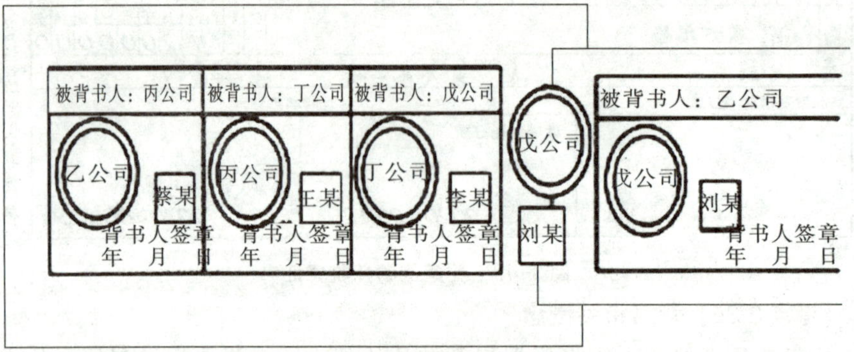

图3-45 粘单样式

4.部分背书、多头背书。

部分背书是指将票据金额的一部分转让的背书（部分背书）或者将票据金额分别转让给二人以上的背书（多头背书）；部分背书、多头背书属于无效背书。

5.附条件的背书。

背书时附有条件的，所附条件不具有汇票上的效力，即不影响背书行为本身的效力，被背书人仍可依该背书取得票据权利。

6.背书连续。

（1）以背书转让的汇票，背书应当连续。如果背书不连续，付款人可以拒绝向持票人付款，否则付款人自行承担责任。

【案例3-4】假定甲公司为票据收款人，汇票连续背书情况如图3-46所示：

被背书人： 乙公司	被背书人： 丙公司	被背书人： 丁公司	被背书人： 丁公司开户银行
甲公司签章	乙公司签章	丙公司签章	丁公司签章 委托收款

图3-46　案例3-4中汇票连续背书情况

从以上票据背书反映的内容看，收款人甲公司将票据背书转让给乙公司，乙公司又将票据背书转让给丙公司，丙公司又将票据背书转让给丁公司，丁公司是该票据的最后持票人，该票据背书连续，最后由持票人丁公司委托自己的开户银行收款，实现票据权利。

（2）对于非经背书转让，而以其他合法方式（如税收、继承、赠与）取得汇票的，不受背书连续的限制 。

只要取得汇票的人依法举证，表现其合法取得汇票的方式，证明其票据权利，就能享有票据权利。

【案例3-5】假定甲公司为票据收款人，汇票连续背书情况如图3-47所示：

被背书人： 乙公司	被背书人： 丙公司	被背书人： 戊公司	被背书人： 戊公司开户银行
甲公司签章	乙公司签章	丁公司签章	戊公司签章 委托收款

图3-47　案例3-5中汇票连续背书情况

从以上票据背书反映的内容看，收款人甲公司取得票据后背书转让给乙公司，乙公司背书转让给丙公司。但是，第三个背书栏中并没有丙公司的签章，取而代之的是丁公司签章，即第二个背书栏与第三个背书栏之间出现了转让背书之间签章不能依次前后衔接的情况，属于背书不连续，戊公司无法取得票据权利，该票据的票据权利人仍然是丙公司。

【案例3-6】假定甲公司为票据收款人，汇票连续背书情况如图3-48所示：

被背书人： 乙公司	被背书人： P 银行	被背书人： 丙公司	被背书人： 丙公司开户银行
甲公司签章	乙公司签章 质押	乙公司签章	丙公司签章 委托收款

图3-48　案例3-6中汇票连续背书情况

从以上票据背书反映的内容看，收款人甲公司取得票据后背书转让给乙公

司，乙公司将票据权利质押给P银行，后来由于乙公司清偿了相关债务，P银行将票据退还乙公司，因此，第三个背书栏中，仍由乙公司签章，将票据背书转让给丙公司，丙公司是该票据的最后持票人，该票据背书连续，最后由持票人丙公司向自己的开户银行办理委托收款，实现票据权利。

7.任意禁止背书。

（1）出票人

①出票人在汇票上记载“不得转让”字样，其后手再转让的，该转让不发生票据法上的效力，出票人和承兑人对受让人不承担票据责任。

②对于出票人记载“不得转让”字样的汇票，其后手以此票据进行贴现、质押的，通过贴现、质押取得票据的持票人主张票据权利的，人民法院不予支持。

（2）背书人

背书人在汇票上记载“不得转让”字样，其后手再背书转让的，原背书人对后手的被背书人不承担保证责任。

【判断题】甲公司签发一张由自己承兑的商业承兑汇票交付给乙公司，乙公司在票据背面记载“不得转让”字样并签章后背书转让给丙公司，丙公司又背书转让给丁公司，丁公司在该票据到期日后5天内向甲公司请求付款时遭到拒绝。此时，丁公司只能向丙公司行使追索权。（　　）

【答案】×

8.法定禁止背书。

（1）汇票已经被拒绝承兑；

（2）汇票已经被拒绝付款；

（3）汇票超过付款提示期限。

【多选题】根据票据法律制度的规定，下列情形中，汇票不得背书转让的有（　　）。

A.汇票上未记载付款日期的

B.汇票被拒绝付款的

C.汇票被拒绝承兑的

D.汇票超过付款提示期限的

【答案】BCD

【解析】选项A：未记载付款日期的，为见票即付，该汇票可以背书转让。

9.委托收款背书（如图3-49所示）。

（1）被背书人因委托收款背书而取得代理权后，可以代为行使付款请求权和追索权。

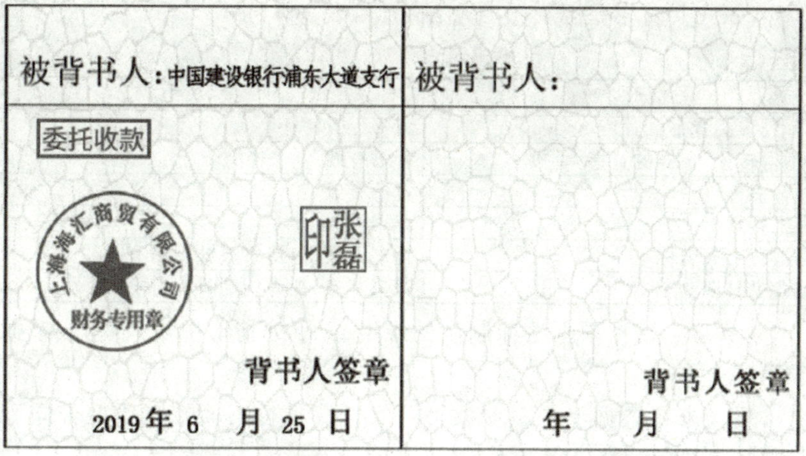

图3-49 委托收款背书

（2）背书人仍是票据权利人，被背书人只是代理人，并未取得票据权利。

10.质押背书（如图3-50所示）。

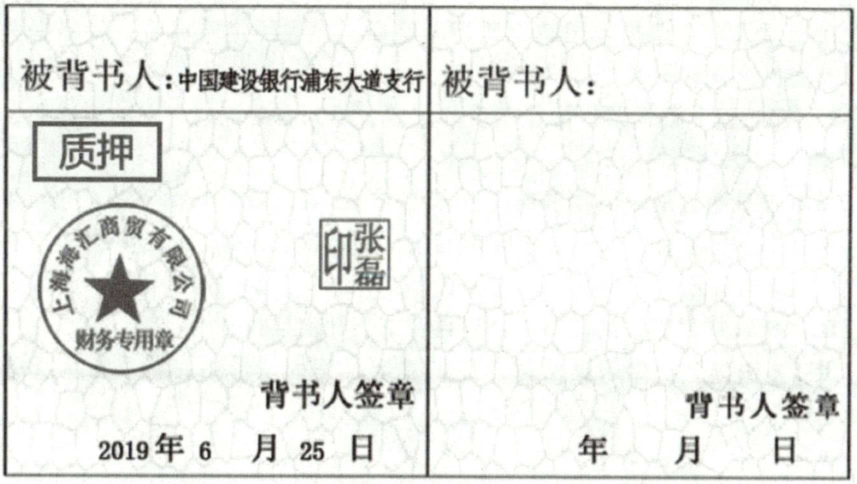

图3-50 质押背书

以汇票设定质押时，出质人应当在汇票上记载“质押”等字样并签章。

如果出质人在汇票上只记载了“质押”等字样而未在票据上签章的，或者出质人未在汇票上记载“质押”等字样而另行签订质押合同、质押条款的，不构成汇票质押。

小艾上班记10

【考点3.36】背书是否有效（小结）（见表3-41）

表3-41 背书是否有效（小结）

情形	效力
部分背书、多头背书	背书无效
记载“不得转让”字样的背书	背书有效
附条件背书	背书有效
背书人未签章	背书无效
未记载被背书人名称	背书无效，但持票人补记后有效
未记载背书日期	背书有效，视为到期日前背书

1.【多选题】根据票据法律制度的规定，下列情形中，不构成票据质押的有（　　）。

A.出质人未在票据上记载“质押”字样，另行书面签订质押合同后，将票据背书交付给被背书人

B.出质人在票据上背书记载“质押”字样并签章后，将票据交付给被背书人

C.出质人在票据上只记载了“质押”字样，但未签章便将票据背书交付给被背书人

D.出质人未在票据上记载“质押”字样，口头约定质押后，将票据背书交付给被背书人

2.【单选题】根据票据法律制度的规定，下列有关汇票背书的表述中，正确的是（　　）。

A.背书日期为绝对记载事项

B.背书不得附有条件，背书时附有条件的，背书无效

C.出票人在汇票上记载“不得转让”字样的，汇票不得转让

D.委托收款背书的被背书人可以再背书转让汇票权利

3.【多选题】根据票据法律制度的规定，下列情形中，背书行为无效的有（　　）。

A.附有条件的背书

B.只将汇票金额的一部分进行转让的背书

C.将汇票金额分别转让给2人以上的背书

D.背书人在汇票上记载“不得转让”字样，其后手又进行背书转让的

4.【多选题】A公司将一张银行承兑汇票背书转让给B公司，B公司以质押背书方式向P银行取得贷款。贷款到期，B公司偿还贷款，收回汇票并背书转让给C公司。票据到期后，C公司做成委托收款背书，委托开户银行Q银行提示付款。根据票据法律制度的规定，下列背书中，属于非转让背书的有（　　）。

A.A 公司向 B公司的背书

B.B 公司向 P银行的背书

C.B 公司向 C公司的背书

D.C 公司向 Q银行的背书

5.【判断题】以下为一银行转账支票背面背书签章的示意图（如图3-51所示），A公司为支票的收款人。由图可知，该转账支票背书连续，背书有效。(　　)

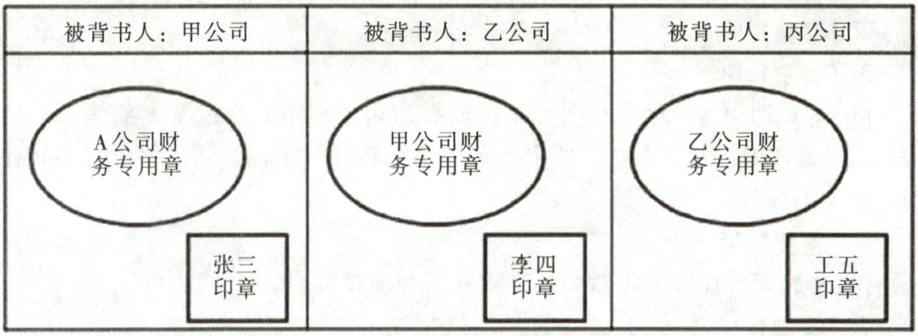

图3-51　银行转账支票背面背书签章的示意图

6.【单选题】A公司将一张银行汇票背书转让给B公司，该汇票需加附粘单，A公司为粘单上的第一记载人，C公司为A公司的前手，D公司为汇票记载的收款人。根据票据法律制度的规定，下列公司中，应当在汇票和粘单的粘接处签章的是（　　）。

A.A 公司

B.B 公司

C.C 公司

D.D 公司

7.【单选题】根据票据法律制度的规定，下列关于票据背书效力的表述中，不正确的是（　　）。

A.背书人在票据上记载“不得转让”字样，其后手再背书转让的，原背书人对后手的被背书人不承担保证责任

B.背书附有条件的，所附条件不具有票据上的效力

C.背书人背书转让票据后，即承担保证其后手所得票据承兑和付款的责任

D.背书未记载日期的，属于无效背书

8.【判断题】A公司签发一张商业汇票给B公司，B公司将该汇票背书转让给C公司并在票据背面注明“不得转让”字样，此行为属于附条件的背书。(　　)

9.【单选题】根据支付结算法律制度的规定，下列关于票据背书效力的表

述中，正确的是（ ）。

A.背书人可以将票据金额的一部分背书转让给被背书人

B.出票人记载“不得转让”字样的，票据不得背书转让

C.背书人可以将票据金额分别转让给两个以上的被背书人

D.背书附有条件的，所附条件具有票据上的效力

1.【答案】ACD

2.【答案】C

3.【答案】BC

【解析】选项A，背书时附有条件的，所附条件不具有汇票上的效力，背书有效；选项D，背书人在汇票上记载“不得转让”字样，其后手再背书转让的，该背书有效。

4.【答案】BD

【解析】非转让背书包括委托收款背书和质押背书。

5.【答案】√

【解析】支票收款人A公司将支票背书转让给甲公司，甲公司背书转让给乙公司，乙公司背书转让给丙公司，背书连续。

6.【答案】A

【解析】A公司为粘单上的第一记载人，应当在票据和粘单的粘接处签章。

7.【答案】D

【解析】选项D：背书未记载日期的，视为在票据到期日前背书。

8.【答案】×

【解析】该行为属于“限制背书”。

9.【答案】B

【考点3.37】汇票承兑（见表3-42）

表3-42 汇票承兑

1.提示承兑期限	（1）见票即付的汇票：无须提示承兑
	（2）定日付款或者出票后定期付款的汇票：到期日前提示承兑
	（3）见票后定期付款的汇票：自出票日起1个月内提示承兑
	【解释】如果持票人超过法定期限提示承兑的，即丧失对出票人以外的前手的追索权
2.承兑或者拒绝承兑	付款人对向其提示承兑的汇票，应当自收到提示承兑的汇票之日起3日内承兑或者拒绝承兑
	如果付款人在3日内不做承兑与否表示的，视为拒绝承兑
	付款人承兑汇票，不能附有条件；承兑附有条件的，视为拒绝承兑
	被拒绝承兑，请求作出拒绝承兑证明

续表

<table>
<tr><td>3. 承兑的格式（如图3-52所示）</td><td colspan="2">付款人承兑汇票的，应当在汇票正面记载“承兑”字样并签章。未记载承兑日期的，以持票人提示承兑之日起的第3日为承兑日期</td></tr>
<tr><td rowspan="5">4. 承兑的法律效力</td><td colspan="2">（1）承兑人于汇票到期日必须向持票人无条件地支付汇票上的金额，否则其必须承担延迟付款责任</td></tr>
<tr><td colspan="2">（2）承兑人必须对汇票上的一切权利人承担责任，包括付款请求权人和追索权人</td></tr>
<tr><td colspan="2">（3）承兑人不得以其与出票人之间的资金关系来对抗持票人，拒绝支付汇票金额</td></tr>
<tr><td colspan="2">（4）承兑人的票据责任不因持票人未在法定期限内提示付款而解除</td></tr>
<tr><td colspan="2">【解释】商业汇票的持票人未在法定期限内提示付款的，在作出说明后，承兑人或者付款人仍应当继续对持票人承担付款责任
商业汇票的持票人对承兑人的付款请求权，消灭时效期间为2年，自票据到期日起算</td></tr>
<tr><td>5. 手续费</td><td colspan="2">银行承兑汇票的承兑银行，应按<u>票面金额的一定比例</u>向出票人收取手续费，银行承兑汇票手续费为市场调节价</td></tr>
<tr><td rowspan="2">6. 票据信息登记</td><td>（1）“纸票”电子化</td><td>①纸质票据贴现前，金融机构办理承兑、质押、保证等业务，应当不晚于业务办理的次一工作日在票据市场基础设施完成相关信息登记工作
②纸质商业承兑汇票完成承兑后，承兑人开户行应当根据承兑人委托代其进行承兑信息登记。承兑信息未能及时登记的，持票人有权要求承兑人补充登记承兑信息
③纸质票据票面信息与登记信息不一致的，<u>以纸质票据票面信息为准</u></td></tr>
<tr><td>（2）电子商业汇票</td><td>电子商业汇票签发、承兑、质押、保证、贴现等信息应当通过电子商业汇票系统同步传送至票据市场基础设施</td></tr>
<tr><td>7. 商业汇票的信息披露</td><td colspan="2">（1）商业承兑汇票的承兑人应当于承兑完成日次一个工作日内，在中国人民银行认可的票据信息披露平台披露每张票据的承兑相关信息，包括出票日期、承兑日期、票据号码、出票人名称、承兑人名称、承兑人社会信用代码、票面金额、票据到期日等
（2）承兑人应当于每月前10日内披露承兑信用信息，包括累计承兑发生额、承兑余额、累计逾期发生额、逾期余额等
（3）承兑人对披露信息的真实性、准确性、及时性和完整性负责
（4）企业签收商业承兑汇票前，可以通过票据信息披露平台查询票据承兑信息，加强风险识别与防范</td></tr>
</table>

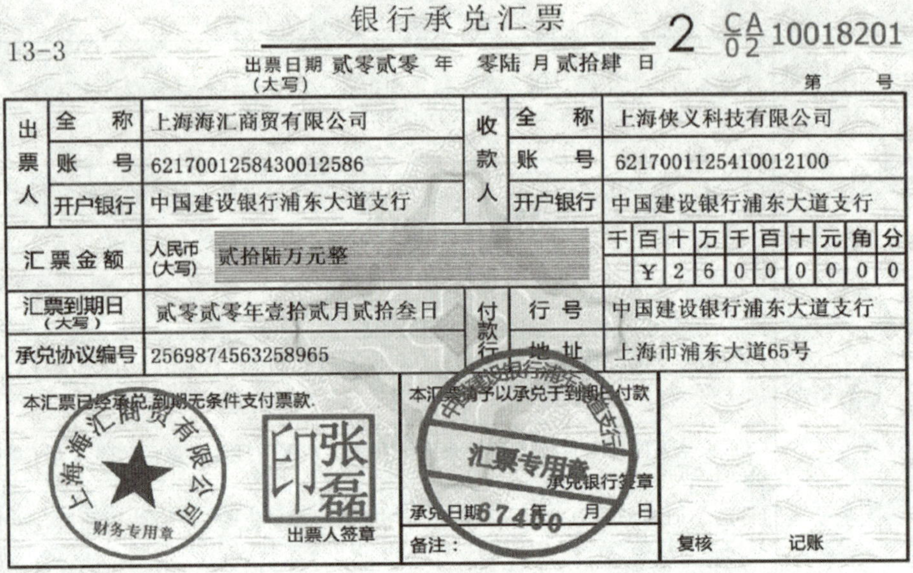

13-3

银行承兑汇票　2　CA 02 10018201

出票日期（大写）贰零贰零 年 零陆 月 贰拾肆 日　　第　号

出票人	全　称	上海海汇商贸有限公司	收款人	全　称	上海侠义科技有限公司
	账　号	6217001258430012586		账　号	6217001125410012100
	开户银行	中国建设银行浦东大道支行		开户银行	中国建设银行浦东大道支行
汇票金额		人民币（大写）贰拾陆万元整		千百十万千百十元角分	￥ 2 6 0 0 0 0 0 0
汇票到期日（大写）		贰零贰零年壹拾贰月贰拾叁日	付款行	行　号	中国建设银行浦东大道支行
承兑协议编号		2569874563258965		地　址	上海市浦东大道65号

本汇票已经承兑，到期无条件支付票款。

上海海汇商贸有限公司 财务专用章　张磊印

出票人签章

本汇票请予以承兑于到期日付款

中国建设银行浦东大道支行 汇票专用章 67400

承兑银行签章

承兑日期　年　月　日

备注：

复核　记账

图3-52　填好的银行承兑汇票

1.【单选题】赵某持商业汇票在法定期限内向付款人提示承兑，付款人在3日内未作承兑与否的表示。根据票据法律制度的规定，下列关于该汇票承兑效力的表述中，正确的是（　　）。

A.应视为承兑效力待定

B.应视为拒绝承兑，赵某可以请求付款人作出拒绝承兑证明

C.应视为同意承兑，赵某可以在汇票到期后请求付款人付款

D.应视为同意承兑，赵某可以请求付款人在汇票上签章

2.【单选题】根据票据法律制度的规定，持票人取得的下列票据中，须向付款人提示承兑的是（　　）。

A.公司向甲银行申请签发的一张银行汇票

B.公司取得的由乙银行签发的一张银行本票

C.公司收到的一张见票后定期付款的商业汇票

D.公司收到的由E公司签发的一张支票

3.【单选题】A公司向B公司签发了一张见票后3个月付款的银行承兑汇票。B公司持该汇票向付款人提示承兑的期限为（　　）。

A.自出票日起10日内

B.自出票日起1个月内

C.自出票日起3个月内

D.自出票日起6个月内

1.【答案】B

2.【答案】C

【解析】只有远期票据需要提示承兑，银行汇票、银行本票、支票均属于见票即付的“即期票据”，无须提示承兑。

3.【答案】B

【考点3.38】贴现（见表3-43）

表3-43 **贴现相关事项**

1.什么是贴现	贴现是指票据持票人在票据未到期前为获得资金融通向银行贴付一定利息而发生的票据转让行为 按交易方式，分为买断式、回购式
2.办理贴现的条件	（1）票据未到期 （2）票据未记载“不得转让”事项 （3）持票人是在银行开立存款账户的企业法人以及其他组织 （4）持票人与出票人或者直接前手之间具有真实的商品交易关系 【提示】电子商业汇票贴现必须记载：贴出人名称、贴入人名称、贴现日期、贴现类型、贴现利率、实付金额、贴出人签章
3.当事人	转让票据的：贴出人（背书人） 受让票据的：贴入人（被背书人）
4.登记信息查询	贴现人办理纸质票据贴现时，应当通过票据市场基础设施查询票据承兑信息，并在确认纸质票据必须记载事项与已登记承兑信息一致后，为贴现申请人办理贴现，贴现申请人无须提供合同、发票等资料； 信息不存在或者纸质票据必须记载事项与已登记承兑信息不一致的，不得办理贴现
5.贴现利息的计算	贴现利息=票面金额×贴现率×贴现期÷360 贴现期：贴现日至汇票到期前1日（算头不算尾）
	【注意】承兑人在异地的，贴现的期限应另加3天的划款日期
6.收款	（1）贴现到期，贴现银行应向付款人收取票款 （2）不获付款的，贴现银行应向其前手追索票款 （3）贴现银行追索票款时可从申请人的存款账户“直接”收取票款

贴现期简易计算（见表3-44）：

表3-44 **贴现期简易计算**

（1）不跨月	到期日-贴现日
	贴现日4月6日，到期日为4月30日 贴现期=30-6=24
（2）跨1个月	贴现当月天数-贴现日+到期日
	贴现日4月6日，到期日为5月10日 贴现期=30-6+10=34
（3）跨2个月	贴现当月天数-贴现日+整月天数+到期日
	贴现日4月6日，到期日为6月1日 贴现期=30-6+31+1=56

1.【单选题】王某收到一张到期日为10月31日的商业承兑汇票（本地的），于10月10日到银行进行贴现，下面有关贴现利息计算正确的是（　　）。

A.票面金额×年利率×汇票到期前1日至贴现日天数=贴现利息

B.票面金额×日利率×汇票到期前1日至贴现日天数=贴现利息

C.票面金额×日利率×（汇票到期前1日至贴现日天数+3）=贴现利息

D.票面金额×年利率×（汇票到期前1日至贴现日天数+3）=贴现利息

2.【单选题】甲公司向乙企业购买一批原材料，开出一张票面金额为30万元的银行承兑汇票。出票日期为2月10日，到期日为5月10日。4月6日，乙企业持此汇票及有关发票和原材料发运单据复印件向银行办理了贴现。已知同期银行年贴现率为3.6%，一年按360天计算，贴现银行与承兑银行在同一城市。根据票据法律制度的有关规定，银行实付乙企业贴现金额为（　　）元。

A.301 680

B.298 980

C.298 950

D.298 320

3.【单选题】根据票据法律制度的规定，下列票据中，可以办理贴现的是（　　）。

A.银行本票

B.银行承兑汇票

C.现金支票

D.银行汇票

4.【多选题】下列各项中，属于电子商业汇票贴现必须记载事项的有（　　）。

A.贴出人名称

B.实付金额

C.贴出人签章

D.贴现利率

5.【判断题】根据票据法律制度的规定，在票据市场基础设施上无承兑信息的纸质商业汇票，可以办理票据贴现。（　　）

6.【判断题】持票人向银行申请办理商业汇票贴现的，所持有的汇票必须是未到期的。（　　）

7.【多选题】下列关于商业汇票贴现的表述中，正确的有（　　）。

A.贴现是一种非票据转让行为

B.贴现申请人与出票人或直接前手之间具有真实的商品交易关系

C.贴现申请人是在银行开立存款账户的企业法人以及其他组织

D.贴现到期不获付款的，贴现银行可从贴现申请人的存款账户直接收取票款

1.【答案】B

【解析】贴现利息=票面金额×日贴现率×贴现期，贴现期为贴现日至汇票到期前1日，本题中承兑人在本地，所以不需要另加3天的划款日期，所以选项B正确。

2.【答案】B

【解析】实付贴现金额按票面金额扣除贴现日至汇票到期前1日的利息计算。本题中贴现日是4月6日，汇票到期前1日是5月9日，一共是34天。企业从银行取出的金额=300 000−300 000×3.6%×（34÷360）=298 980（元）。

3.【答案】B

4.【答案】ABCD

5.【答案】×

6.【答案】√

7.【答案】BCD

【解析】选项A：贴现是指票据持票人在票据未到期前为获得现金向银行贴付一定利息而发生的“票据转让行为”。

【考点3.39】保证（见表3-45）

表3-45 保证的相关事项

保证人	（1）国家机关、以公益为目的的事业单位、社会团体作为票据保证人的，票据保证无效，但经国务院批准为使用外国政府或者国际经济组织贷款进行转贷，国家机关提供票据保证的除外	
	（2）企业法人的职能部门作为票据保证人的，票据保证无效	
	（3）企业法人的分支机构在法人书面授权范围内提供的票据保证有效	
票据保证行为的记载事项	（1）必须记载事项	①“保证”字样 ②保证人签章
		保证人未在票据或者粘单上记载“保证”字样而另行签订保证合同或者保证条款的，不属于票据保证
	（2）相对记载事项	①被保证人名称 保证人在票据或者粘单上未记载“被保证人名称”的，已承兑的票据，承兑人为被保证人；未承兑的票据，出票人为被保证人
		②保证日期 保证人在票据或者粘单上未记载“保证日期”的，出票日期为保证日期

续表

未记载各种日期的处理（总结）	
出票日期	绝对记载事项（未记载的，票据无效）
付款日期	相对记载事项（未记载的，为见票即付）
背书日期	相对记载事项（未记载的，视为在汇票到期日前背书）
承兑日期	相对记载事项（未记载的，以承兑人收到提示承兑的汇票之日起的第3日为承兑日期）
保证日期	相对记载事项（未记载的，以出票日期为保证日期）
附条件保证	保证不得附条件，附有条件的，不影响对票据的保证责任（保证有效）
	【相关链接1】 背书不得附有条件，背书时附有条件的，所附条件不具有票据上的效力（背书有效）
	【相关链接2】 付款人承兑汇票，不能附有条件；承兑附有条件的，视为拒绝承兑
	【相关链接3】 出票时应当记载无条件支付的委托（承诺），否则票据无效
保证责任	（1）保证人应当与被保证人对持票人承担连带责任
	（2）保证人为2人以上的，保证人之间承担连带责任
	（3）保证不得附条件，附条件的，不影响对汇票的保证责任
	（4）保证人清偿汇票债务后，可以对被保证人及其前手行使追索权
	保证人对合法取得票据的持票人所享有的票据权利，承担保证责任；但被保证人的债务因票据记载事项欠缺而无效的除外
签章	(1) 出票人的签章不符合规定的,票据无效
	(2) 承兑人、保证人在票据上的签章不符合规定的,其签章无效,但不影响其他符合规定签章的效力
	(3) 背书人在票据上的签章不符合规定的,其签章无效,但不影响其前手符合规定签章的效力
	【相关链接】 无民事行为能力人或者限制民事行为能力人在票据上签章的,其签章无效,但是不影响其他签章的效力

1. **【多选题】** 根据票据法律制度的规定，下列各项中，属于汇票保证绝对记载事项的有（　　）。

A.“保证”字样

B.保证人签章

C.保证日期

D.被保证人名称

2. **【多选题】** 根据票据法律制度的规定，下列关于票据保证的表述中，正确的有（　　）。

A.票据上未记载保证日期的，被保证人的背书日期为保证日期

B.保证人未在票据或粘单上记载被保证人名称的已承兑票据，承兑人为被保证人

C.保证人为两人以上的，保证人之间承担连带责任

D.保证人清偿票据债务后，可以对被保证人及其前手行使追索权

3.【多选题】根据票据法律制度的规定，下列事项中，属于汇票任意记载事项的有（　　）。

A.保证人在汇票上表明“保证”字样

B.背书人在汇票上记载“不得转让”字样

C.出票人在汇票上记载“不得转让”字样

D.承兑人在汇票上签章

4.【多选题】根据票据法律制度的规定，票据或粘单未记载下列事项的，不影响保证人对票据保证责任承担的有（　　）。

A.保证人签章

B.保证日期

C.被保证人名称

D.“保证”字样

5.【多选题】根据票据法律制度的规定，下列关于票据保证责任的表述中，正确的有（　　）。

A.保证人与被保证人对持票人承担连带责任

B.保证不得附条件，保证附有条件的，保证人不承担票据保证责任

C.票据到期后得不到付款的，持票人向保证人请求付款，保证人应当足额付款

D.保证人为两人以上的，保证人之间承担连带责任

1.【答案】AB

【解析】选项CD：属于票据保证的相对记载事项。

2.【答案】BCD

3.【答案】BC

【解析】选项AD：属于必须记载事项。

4.【答案】BC

【解析】选项AD，属于票据保证行为的必须记载事项，任何一项未记载的，票据保证行为不成立，保证人无须承担票据保证责任。选项B，未记载保证日期的，出票日期为保证日期。选项C，未记载被保证人名称的，已承兑的汇票，承兑人为被保证人；未承兑的汇票，出票人为被保证人。

5.【答案】ACD

【解析】选项B：保证不得附有条件，附有条件的，不影响对票据的保证责任。

【考点3.40】付款请求权

1.商业汇票的提示付款期限。

（1）见票即付的汇票：自出票日起1个月内向付款人提示付款。

（2）定日付款、出票后定期付款和见票后定期付款的汇票：自到期日起10日内向承兑人提示付款。

2.商业汇票的持票人未在规定期限内提示付款的，将丧失对出票人、承兑人以外的前手的追索权。

在作出说明后，承兑人或者付款人仍应当继续对持票人承担付款责任。

票据各种期限的比较见表3-46：

表3-46　**票据各种期限的比较**

票据种类			提示承兑期限	提示付款期限	票据权利时效
汇票	商业汇票	见票即付	无需	出票日起1个月	出票日起2年
		定日付款	到期日前提示承兑	到期日起10日	到期日起2年
		出票后定期付款			
		见票后定期付款	出票日起1个月		
	银行汇票	见票即付	无需	出票日起1个月	出票日起2年
本票	银行本票	见票即付	无需	出票日起2个月	出票日起2年
支票	企业或个人	见票即付	无需	出票日起10日	出票日起6个月

汇票的付款应注意事项如图3-53所示：

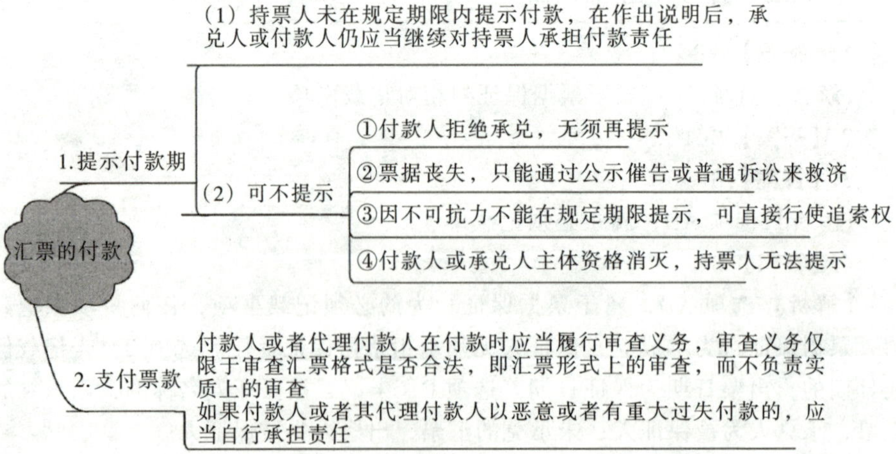

图3-53　汇票的付款应注意事项

各种票据未在规定期限内提示付款后果比较见表3-47：

表3-47　各种票据未在规定期限内提示付款后果比较

<table>
<tr><th>票据</th><th colspan="3">未在规定期限内提示付款</th></tr>
<tr><td>支票</td><td colspan="3">【提示1】支票的持票人应当自出票日起10日内提示付款。超过提示付款期限的，付款人可以不予付款，但出票人仍应当对持票人承担票据责任（但其他前手不再承担票据责任）
【提示2】支票的持票人对出票人的票据权利，自出票日起6个月内不行使而消灭
【提示3】持票人因超过票据权利时效或者因票据记载事项欠缺而丧失票据权利的，仍享有民事权利，可以请求出票人返还其与未支付的票据金额相当的利益</td></tr>
<tr><td>银行本票</td><td colspan="3">【提示1】持票人超过提示付款期限不获付款的，在票据权利时效内向出票银行作出说明，并提供本人身份证件或单位证明，可持银行本票向出票银行请求付款
【提示2】银行本票的持票人逾期提示付款的，将丧失对出票人以外其他前手的追索权
【提示3】银行本票持票人对出票人的票据权利，自出票日起2年内不行使而消灭</td></tr>
<tr><td>银行汇票</td><td colspan="3">【提示1】持票人超过期限向代理付款银行提示付款却不获付款的，须在票据权利时效内向出票银行作出说明，并提供本人身份证件或单位证明，持银行汇票和解讫通知向出票银行请求付款
【提示2】银行汇票持票人逾期提示付款的，将丧失对出票人以外其他前手的追索权
【提示3】银行汇票持票人对出票人的票据权利自出票日起2年内不行使而消灭</td></tr>
<tr><td>商业汇票</td><td colspan="3">【提示1】持票人逾期提示付款的，持票人开户银行不予受理（委托收款事项），但在（持票人）作出说明后，承兑人或者付款人仍应当继续对持票人承担付款责任
【提示2】逾期提示承兑、逾期提示付款的，将丧失对一般前手的追索权，只能向出票人、承兑人（如果有）追索</td></tr>
<tr><td rowspan="6">银行承兑汇票付款流程</td><td colspan="3">（1）银行承兑汇票的承兑人已于到期日前进行付款确认的，票据市场基础设施应当根据承兑人的委托于提示付款日代承兑人发送指令划付资金至持票人资金账户</td></tr>
<tr><td rowspan="3">（2）未付款确认</td><td colspan="2">①持票人在提示付款期限内通过票据市场基础设施提示付款的，承兑人应当在提示付款当日应答</td></tr>
<tr><td rowspan="2">②拒绝付款</td><td>（A）承兑人在提示付款当日未做出应答的，视为拒绝付款，票据市场基础设施提供拒绝付款证明并通知持票人</td></tr>
<tr><td>（B）承兑人存在合法抗辩事由拒绝付款的，应当在提示付款当日出具拒绝付款证明，并通过票据市场基础设施通知持票人</td></tr>
<tr><td>（3）出票人账户资金不足</td><td colspan="2">银行承兑汇票的出票人于汇票到期日未能足额交存票款时，承兑银行除凭票向持票人无条件付款外，对出票人尚未支付的汇票金额按照每天0.5‰计收利息</td></tr>
<tr><td colspan="3">【相关链接】银行承兑汇票的承兑银行，应按票面金额的一定比例向出票人收取手续费，银行承兑汇票手续费为市场调节价</td></tr>
</table>

续表

<table>
<tr><td rowspan="6">商业承兑汇票持票人通过票据市场基础设施提示付款</td><td colspan="3">（1）商业承兑汇票的承兑人已于到期前进行付款确认的，承兑人开户行应当根据承兑人委托于提示付款日扣划承兑人账户资金，并将相应款项划付至持票人资金账户</td></tr>
<tr><td rowspan="5">（2）未付款确认</td><td colspan="2">①持票人在提示付款期限内通过票据市场基础设施提示付款的，承兑人应当委托其开户行应答</td></tr>
<tr><td rowspan="2">②拒绝付款</td><td>（A）承兑人开户行在提示付款当日未作出应答的，视为拒绝付款，票据市场基础设施提供拒绝证明并通知持票人</td></tr>
<tr><td>（B）承兑人存在合法抗辩事由拒绝付款的，应当委托其开户行出具拒绝付款证明，并通过票据市场基础设施通知持票人</td></tr>
<tr><td rowspan="2">③同意付款</td><td>（A）承兑人账户余额足够支付票款的，承兑人开户行应当代承兑人作出同意付款应答，并于提示付款日向持票人付款</td></tr>
<tr><td>（B）承兑人账户余额不足以支付票款的，视同承兑人拒绝付款，承兑人开户行应当于提示付款日代承兑人作出拒付应答并说明理由，同时通过票据市场基础设施通知持票人</td></tr>
<tr><td rowspan="4">商业承兑汇票持票人通过开户行委托收款</td><td colspan="3">（1）商业承兑汇票的付款人开户银行收到通过委托收款寄来的汇票，将汇票留存并通知付款人</td></tr>
<tr><td colspan="3">（2）付款人收到开户银行的付款通知，应在当日通知银行付款。付款人在接到通知日的次日起3日内未通知银行付款的，视同付款人承诺付款</td></tr>
<tr><td colspan="3">（3）付款人提前收到由其承兑的商业汇票，应通知银行于汇票到期日付款，银行应于汇票到期日将票款划给持票人</td></tr>
<tr><td colspan="3">（4）付款人存在合法抗辩事由拒绝付款的，应自接到通知的次日起3日内，作成拒绝付款证明送交开户银行，银行将拒绝付款证明和商业承兑汇票邮寄持票人开户银行转交持票人</td></tr>
</table>

1.【单选题】根据支付结算法律制度的规定，关于票据提示付款期限的下列各项表述中，正确的是（　　）。

A.支票的提示付款期限是自出票日起3个月

B.银行汇票的提示付款期限是自出票日起1个月

C.商业汇票的提示付款期限是自出票日起10日

D.银行本票的提示付款期限是自出票日起1个月

2.【多选题】甲公司持有一张出票人为乙公司，金额为120万元，到期日为2020年12月12日，承兑人为Q银行的银行承兑汇票。甲公司于12月12日去Q银行提示付款，Q银行发现乙公司账户只有存款100万元。Q银行拟采取的下列做法中，正确的有（　　）。

A.于2020年12月12日起对乙公司欠款20万元开始计收利息

B.于2020年12月12日向甲公司付款100万元

C.于2020年12月12日拒绝付款并出具拒绝付款证明

D. 于 2020 年 12 月 12 日向甲公司付款 120 万元

3.【单选题】根据票据法律制度的规定，关于银行承兑汇票通过票据市场基础设施提示付款的下列表述中，不正确的是（　　）。

A. 承兑人已于到期日前进行付款确认的，票据市场基础设施应当根据承兑人的委托于提示付款日代承兑人发送指令划付资金至持票人资金账户

B. 承兑人未进行付款确认的，持票人在提示付款期限内提示付款的，承兑人应在提示付款当日应答

C. 承兑人未进行付款确认且存在合法抗辩事由拒绝付款的，须在提示付款当日出具拒绝付款证明，并通过票据市场基础设施通知持票人

D. 承兑人未进行付款确认且在持票人提示付款后未在规定时间内应答的，视为同意付款

1.【答案】B

2.【答案】AD

3.【答案】D

【解析】选项 D：承兑人未进行付款确认且在提示付款当日未做出应答的，视为“拒绝”付款，票据市场基础设施提供拒绝付款证明并通知持票人。

【考点 3.41】追索权

追索权的条件如图 3-54 所示：

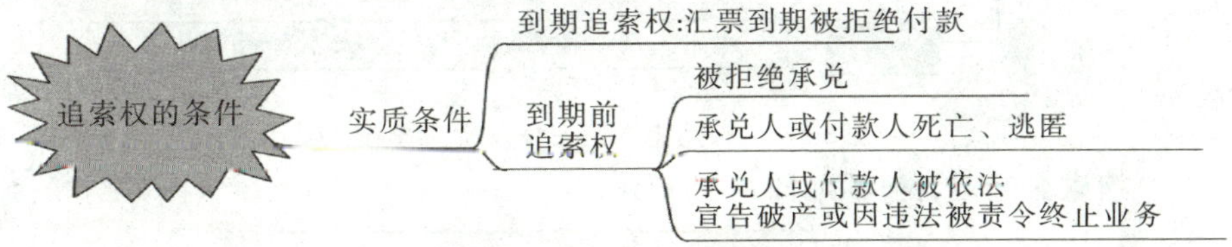

图 3-54　追索权的条件

追索权的形式要件如图 3-55 所示：

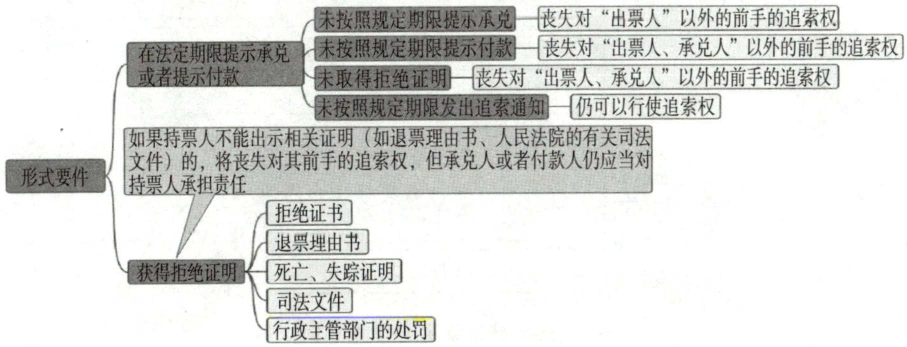

图 3-55　追索权的形式要件

通知的要求和后果如图 3-56 所示：

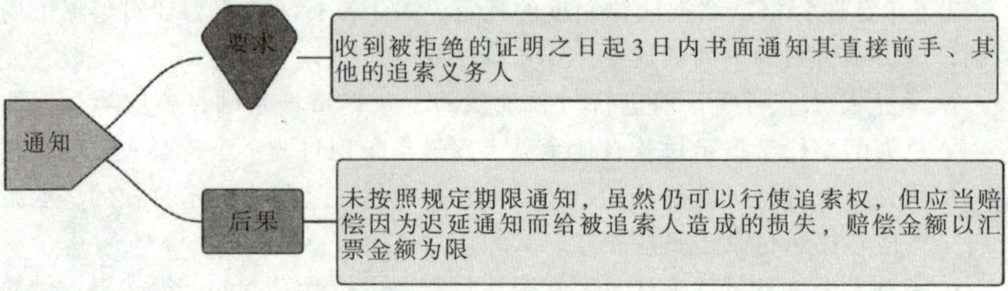

图 3-56　通知的要求和后果

被追索人的主体及相关事项如图 3-57 所示：

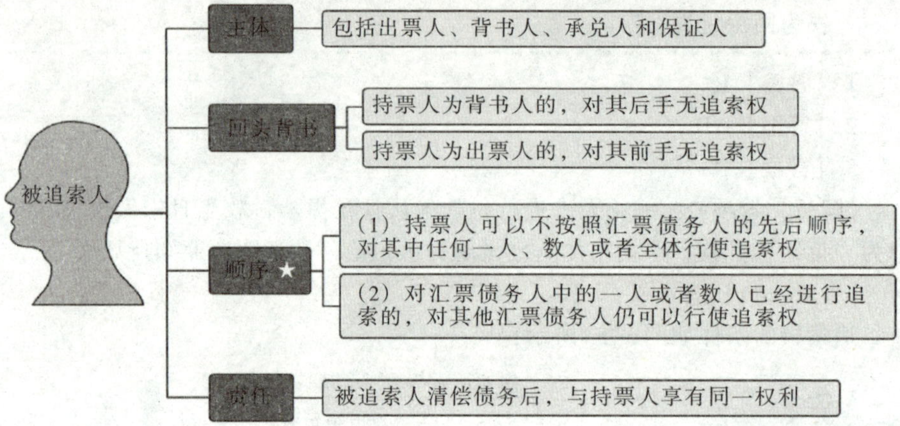

图 3-57　被追索人的主体及相关事项

被追索金额包含事项如图 3-58 所示：

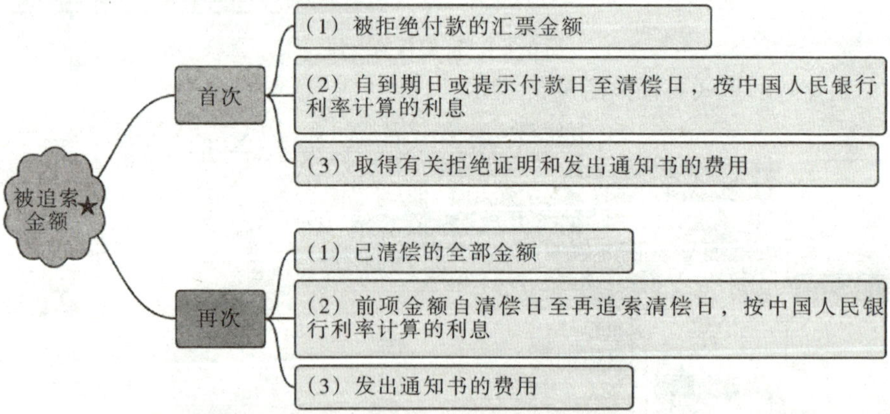

图 3-58　被追索金额包含事项

1.【单选题】根据支付结算法律制度的规定，票据的持票人行使追索权，应当在特定期限内将被拒绝事由书面通知其前手，该期限指的是（　　）。

A.自收到有关证明之日起5日内

B.自收到有关证明之日起7日内

C.自收到有关证明之日起3日内

D.自收到有关证明之日起10日内

2.【多选题】根据票据法律制度的规定，下列持票人行使票据追索权出具的证明中，具有法律效力的有（　　）。

A.法院关于承兑人被依法宣告破产的司法文书

B.承兑人出具的拒绝付款证明

C.医院出具的承兑人死亡证明

D.司法机关出具的承兑人逃匿证明

3.【多选题】甲公司在与乙公司交易中获汇票一张，出票人为丙公司，承兑人为丁公司。根据票据法律制度的规定，下列各项中，甲公司可以在汇票到期日前行使追索权的有（　　）。

A.乙公司申请注销法人资格

B.丙公司被吊销营业执照

C.丁公司被依法宣告破产

D.丁公司因违法被责令终止业务活动

4.【多选题】根据《票据法》的规定，被追索人在向持票人支付有关金额及费用后，可以向其他汇票债务人行使再追索权。下列各项中，属于被追索人可请求其他汇票债务人清偿的款项有（　　）。

A.被追索人已清偿的全部金额及利息

B.被追索人发出追索通知书的费用

C.持票人取得有关拒绝证明的费用

D.持票人因票据金额被拒绝支付而导致的利润损失

5.【多选题】根据票据法律制度的规定，汇票持票人可以取得期前追索权的情形有（　　）。

A.承兑附条件

B.承兑人被宣告破产

C.付款人被责令终止业务活动

D.出票人被宣告破产

6.【判断题】甲公司向乙公司开具了一张金额为20万元的商业承兑汇票，乙公司将此汇票背书转让给丙，丙又将汇票背书转让给甲公司。甲公司在汇票得不到付款时，可以向丙行使票据追索权。（　　）

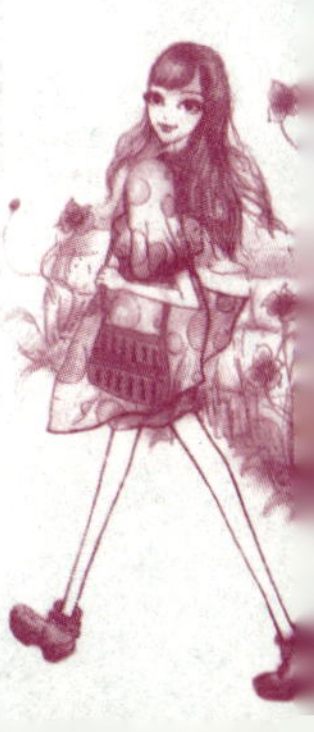

1.【答案】C

2.【答案】ABCD

3.【答案】CD

4.【答案】ABC

【解析】本题考核票据追索权。根据规定，被追索人行使再追索权，可以请求其他汇票债务人支付下列金额和费用：已清偿的全部金额及其自清偿日起至再追索清偿日止，按照中国人民银行规定的流动资金贷款利率计算的利息、发出通知书的费用。选项D中所说的利润损失是不包括的。

5.【答案】ABC

【解析】本题考核追索权。汇票到期日前，有下列情形之一的，持票人也可以行使追索权：(一）汇票被拒绝承兑的（包括承兑附条件）(二）承兑人或者付款人死亡、逃匿的；(三）承兑人或者付款人被依法宣告破产的或者因违法被责令终止业务活动的。

6.【答案】错。

票据权利消灭时效相关说明见表3-48：

表3-48　**票据权利消灭时效相关说明**

票据权利消灭时效（追索权的行使期限）	(1) 对出票人或承兑人的权利	①持票人对远期汇票的出票人、承兑人的权利自票据到期日起2年；见票即付的汇票、本票自出票日起2年
		②持票人对支票出票人的权利，自出票日起6个月
	(2) 对一般前手（除出票人、承兑人以外的其他前手）的权利	①持票人对一般前手的首次追索权，自被拒绝承兑或者被拒绝付款之日起6个月
		②持票人对一般前手的再追索权，自清偿日或者被提起诉讼之日起3个月
	(3) 持票人因超过票据权利消灭时效或者票据记载事项欠缺而丧失票据权利的，持票人仍享有民事权利，可以请求出票人或者承兑人返还其与未支付的票据金额相当的利益	

票据追溯的六种情形见表3-49：

表3-49　**票据追溯的六种情形**

六种情形		追索对象
（1）票据无问题，程序无问题，但承兑人无理拒付		全体前手
（2）承兑附条件、3日内未作承兑表示、拒绝承兑		除付款人外前手
（3）背书附条件、保证附条件		全体前手
（4）背书人记载不得转让字样		除该背书人和该背书人的保证人外前手
（5）未按规定期限提示承兑		出票人
（6）未按规定期限提示付款	支票、本票、银行汇票	出票人
	商业汇票	承兑人、出票人

1.【单选题】根据支付结算法律制度的规定，下列关于票据权利时效的表述中，正确的是（　　）。

A.持票人对银行汇票出票人的权利自出票日起2年

B.持票人对前手的追索权自被拒绝承兑或拒绝付款之日起2年

C.持票人对商业汇票承兑人的权利自到期日起1年

D.持票人对支票出票人的权利，自出票日起1年

2.【判断题】票据被拒绝付款的，持票人只能按票据债务人的顺序对直接前手行使追索权。（　　）

3.【单选题】根据支付结算法律制度的规定，关于票据追索权行使的下列表述中，正确的是（　　）。

A.持票人不得在票据到期前追索

B.持票人应当向票据的出票人、背书人、承兑人和保证人同时追索

C.持票人在行使追索权时，应当提供被拒绝承兑或拒绝付款的有关证明

D.持票人应当按照票据的承兑人、背书人、保证人和出票人的顺序行使追索权

4.【多选题】根据支付结算法律制度的规定，票据持票人行使首次追索权时，可以请求被追索人支付的金额和费用有（　　）。

A.因汇票资金到位不及时，给持票人造成的税收滞纳金损失

B.取得有关拒绝证明和发出通知书的费用

C.票据金额自到期日或者提示付款日起至清偿日止，按规定的利率计算的利息

D.被拒绝付款的票据金额

1.【答案】A

2.【答案】×

【解析】持票人行使追索权，可以不按照票据债务人的先后顺序，对其中任何一人、数人或者全体行使追索权。

3.【答案】C

【解析】选项A，追索有期前追索和期后追索两种情况；选项BD，持票人行使追索权，可以不按照票据债务人的先后顺序，对其中任何一人、数人或者全体行使追索权。

4.【答案】BCD

【解析】选项A：属于间接损失，不得列入追索金额。

票据总论

【考点3.42】票据的含义、种类及当事人

1.含义

票据是指出票人依法签发的，约定自己或者委托付款人在见票时或指定的日期向收款人或持票人无条件支付一定金额的有价证券。

2.种类

票据法规定的票据包括：汇票、本票和支票（如图3-59所示）。

- 票据
  - 汇票
    - 银行汇票
    - 商业汇票
      - 银行承兑汇票
      - 商业承兑汇票
  - 本票－银行本票
  - 支票
    - 现金支票
    - 转账支票
    - 普通支票

- 票据
  - 即期（见票即付）的票据
    - 银行汇票和见票即付的商业汇票
    - 本票
    - 支票
  - 远期商业汇票
    - 定日付款的汇票
    - 出票后定期付款的汇票
    - 见票后定期付款的汇票

图3-59　票据包含的种类

【单选题】下列票据中，不属于《票据法》调整范围的是（　　）。

A.汇票
B.本票
C.支票
D.发票
【答案】D
【解析】票据法规定的票据包括：汇票、本票和支票。
3.票据的当事人（见表3-50）

表3-50 票据的当事人

1.基本当事人	在票据作成和交付时就已经存在的当事人 包括：出票人、付款人和收款人
	【注意1】基本当事人是构成票据法律关系的必要主体 【注意2】本票的基本当事人无“付款人”
2.非基本当事人	在票据作成并交付后，通过一定的票据行为加入票据关系而享有一定权利、承担一定义务的当事人 包括：承兑人、背书人、被背书人、保证人
出票人	是指依法定方式签发票据并将票据交付给收款人的人
收款人	是指票据正面记载的到期后有权收取票据所载金额的人
付款人	是指由出票人委托付款或自行承担付款责任的人
承兑人	是指接受汇票出票人的付款委托，同意承担支付票款义务的人（只在商业汇票中才有）
背书人	是指在转让票据时，在票据背面或粘单上签字或盖章，并将该票据交付给受让人的票据收款人或持有人
被背书人	是指被记名受让票据或接受票据转让的人
保证人	是指为票据债务提供担保的人，由票据债务人以外的第三人担当

【多选题】下列各项中，属于票据基本当事人的有（　　）。
A.出票人
B.收款人
C.付款人
D.保证人

【答案】ABC

【解析】根据规定，票据的基本当事人包括出票人、付款人和收款人。票据的保证人属于票据的非基本当事人。

【考点3.43】票据权利与责任

（一）票据权利

1.票据权利的概念

持票人向票据债务人请求支付票据金额的权利，包括“付款请求权”和“追索权”（见表3-51）。

表3-51　票据的付款请求权和追索权

付款请求权	是指持票人向汇票的承兑人、本票的出票人、支票的付款人出示票据要求付款的权利，是第一顺序权利
	行使付款请求权的持票人可以是票据记载的“收款人”或“最后的被背书人”
追索权	是指票据当事人行使付款请求权遭到拒绝或其他法定原因存在时，向其前手请求偿还票据金额及其他法定费用的权利，是第二顺序权利
	行使追索权的当事人除票载“收款人”和“最后被背书人”外，还可能是代为清偿票据债务的“保证人”“背书人” 【理解】票据的权利与其本身不可分割

1.【单选题】甲公司持有一张商业汇票，到期委托开户银行向承兑人收取票款。甲公司行使的票据权利是（　　）。

A.付款请求权

B.利益返还请求权

C.票据追索权

D.票据返还请求权

2.【判断题】代为清偿票据债务的保证人和背书人不是行使票据追索权的当事人。（　　）

1.【答案】A

【解析】付款请求权，是指持票人向汇票的承兑人、本票的出票人、支票的付款人出示票据要求付款的权利，是第一顺序权利。

2.【答案】×

【解析】根据规定，被追索人（代为清偿债务的保证人和背书人）依法清偿债务后，其责任解除，与持票人享有同一权利，即可以向前手行使追索权。

2.票据权利的取得（见表3-52）

表3-52　票据权利的取得

票据权利的取得	1.票据的取得“必须”给付对价
	2.因“税收、继承、赠与”可以依法无偿取得票据的，不受给付对价之限制，但所享有的票据权利“不得优于其前手”
	3.因“欺诈、偷盗、胁迫或明知有上述情形出于恶意”而取得票据的，不得享有票据权利。持票人因重大过失取得不符合票据法规定的票据的，也不得享有票据权利

【单选题】张某因采购货物签发一张票据给王某，胡某从王某处窃取该票据，陈某明知胡某系窃取所得但仍受让该票据，并将其赠与不知情的黄某，下列取得票据的当事人中，享有票据权利的是（　　）。

A.王某

B.胡某

C.陈某

D.黄某

【答案】A

【解析】持票人以欺诈、偷盗或者胁迫等手段取得票据的，或者明知有上述情形，出于恶意取得票据的，不享有票据权利。胡某和陈某均不享有票据权利；因税收、继承、赠与可以依法无偿取得票据的，票据权利不得优于其前手。黄某虽然是善意不知情的，但是其未支付合理对价，其票据权利不优于其前手陈某，故黄某不享有票据权利。

3.票据权利的行使与保全

持票人对票据债务人行使票据权利，或者保全票据权利，应当在票据当事人的营业场所和营业时间内进行，票据当事人无营业场所的，应当在其住所进行。

4.票据权利丧失补救

票据丧失后可以采取“挂失止付、公示催告、普通诉讼”三种形式进行补救。（见表3-53）

表3-53　　　　票据权利丧失补救的三种形式

1.挂失止付	（1）概念	挂失止付是指失票人将丧失票据的情况通知付款人或代理付款人，由接受通知的付款人或代理付款人审查后暂停支付的一种方式
	（2）可以挂失止付的票据种类	只有确定付款人或代理付款人的票据丧失时才可进行挂失止付，包括：已承兑的商业汇票、支票、填明“现金”字样和代理付款人的银行汇票、填明“现金”字样的银行本票
	（3）挂失止付通知书的记载事项	①票据丧失的时间、地点、原因 ②票据的种类、号码、金额、出票日期、付款日期、付款人名称、收款人名称 ③挂失止付人的姓名、营业场所或者住所以及联系方式 【注意】欠缺上述记载事项之一的，银行不予受理
	（4）止付期	付款人或者代理付款人自收到挂失止付通知书之日起12日内没有收到人民法院的止付通知书的，自第13日起，不再承担止付责任，持票人提示付款即依法向持票人付款 【注意】挂失止付不是丧失票据后采取的必经措施，而是一种暂时的预防措施
2.公示催告	（1）概念	公示催告是指在票据丧失后由失票人向人民法院提出申请，请求人民法院以公告方式通知不确定的利害关系人限期申报权利，逾期未申报者，则由法院通过除权判决宣告所丧失的票据无效的一种制度或程序
	（2）申请公示催告	失票人应当在通知挂失止付后的3日内，也可以在票据丧失后，依法向“票据支付地”人民法院申请公示催告
		【注意1】“挂失止付”非“公示催告”的必经前置程序 【注意2】此处不包括“被告住所地”，因为利害关系人不明确 【注意3】申请公示催告的主体必须是可以背书转让的票据的最后持票人

2.公示催告

(3)程序(如图3-60所示)

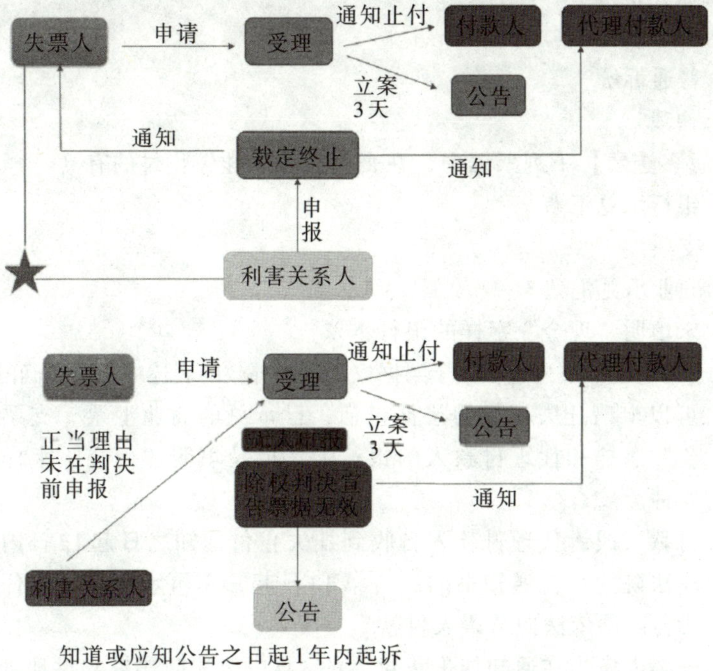

图3-60 公示催告程序

2.公示催告	①申请书内容	票面金额;出票人、持票人、背书人;申请的理由、事实;通知挂失止付的时间;付款人或代理付款人的名称、地址、电话
	②付款人与代理付款人止付期责任	收到止付通知即行止付直至公示催告程序终结,非经法院许可擅自解付不免除票据责任
	③公告刊登媒介	"全国性"的报刊
	④公示催告的期间	公告期间不得少于60日,且公示催告期间届满日不得早于票据付款日后15日
	⑤公示催告期间的票据行为	公示催告期间,转让票据权利的行为无效,以公示催告的票据质押、贴现而接受该票据的持票人主张票据权利的,人民法院不予支持,但公示催告期间届满以后人民法院做出除权判决以前取得该票据的除外
3.普通诉讼	普通诉讼,是指丧失票据的人为原告,以承兑人或出票人为被告,请求法院判决其向失票人付款的诉讼活动。如果与票据上的权利有利害关系的人是明确的,无需公示催告,可按一般的票据纠纷向法院提起诉讼	

1.【多选题】根据票据法律制度的规定，下列各项中，属于票据丧失后可以采取的补救措施有（　　）。

A.挂失止付

B.公示催告

C.普通诉讼

D.仲裁

2.【多选题】下列票据中，在丧失后可以挂失止付的有（　　）。

A.银行承兑汇票

B.支票

C.商业承兑汇票

D.未填明“现金”字样的银行本票

3.【单选题】下列选项关于票据权利丧失补救的表述中，不正确的是（　　）。

A.可以申请挂失止付的票据包括，已承兑的商业汇票、支票、填明“现金”字样和代理付款人的银行汇票以及填明“现金”字样的银行本票四种

B.付款人或者代理付款人自收到挂失止付通知之日起12日内没有收到人民法院的止付通知书的，自第13日起，不再承担止付责任，持票人提示付款即依法向持票人付款

C.失票人应当在通知挂失止付后的3日内依法向票据支付地的人民法院申请公示催告，不允许不通知挂失止付而直接申请公示催告

D.在公示催告期间，转让票据权利的行为无效，以公示催告的票据质押、贴现而接受该票据的持票人主张票据权利的，人民法院不予支持，但公示催告期间届满以后人民法院做出除权判决以前取得该票据的除外

4.【单选题】下列选项关于票据权利丧失补救的表述中，正确的是（　　）。

A.申请公示催告必须先申请挂失止付

B.办理挂失止付应有确定的“付款人”，因此未填明代理付款人的银行汇票不得挂失止付

C.银行网点营业时间终止后，因为紧急情况可以到该银行网点负责人的家中提示付款

D.公示催告可以在当地晚报上刊发

1.【答案】ABC

【解析】票据丧失后可以采取挂失止付、公示催告、普通诉讼三种措施进行补救。

2.【答案】ABC

【解析】根据规定，已承兑的商业汇票、支票、填明“现金”字样和代理付款人的银行汇票以及填明“现金”字样的银行本票丧失，可以由失票人通知付款人或者代理付款人挂失止付。未填明“现金”字样和代理付款人的银行汇票以及未填明“现金”字样的银行本票丧失，不得挂失止付。

3.【答案】C

【解析】挂失止付不是公示催告的必经程序，所以选项C错误。

4.【答案】B

【解析】挂失止付不是公示催告的必经程序，所以选项A错误；在营业时间营业场所提示付款，所以选项C错误；公示催告在全国性的报刊刊登，所以选项D错误。

5.票据权利的时效（如图3-61所示）

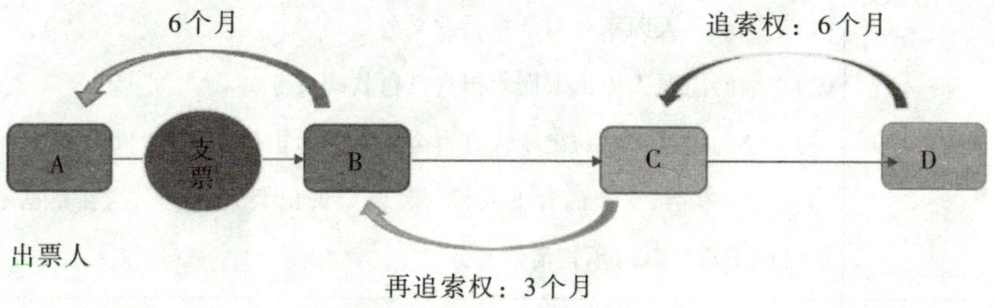

图3-61　票据权利的时效

票据权利在下列期限内不行使而消灭：

（1）持票人对票据的出票人和承兑人的权利，自票据到期日起2年；

（2）见票即付的汇票、本票，自出票日起2年；

（3）持票人对支票出票人的权利，自出票日起6个月；

（4）持票人对前手的追索权，自被拒绝承兑或者被拒绝付款之日起6个月；

（5）持票人对前手的再追索权，自清偿或者被提起诉讼之日起3个月。

【注意1】票据权利丧失但仍然享有民事权利。

【注意2】第（4）、第（5）种情况所指的追索权，不包括对“出票人、承兑人”的追索权。

【单选题】2015年6月5日，A公司向B公司开具一张金额为5万元的支票，B公司将支票背书转让给C公司。6月12日，C公司请求付款银行付款时，银行以A公司账户内只有5 000元为由拒绝付款。C公司遂要求B公司付款，B公司于6月15日向C公司付清了全部款项。根据票据法律制度的规定，B公司向A公司行使再追索权的期限为（　　）。

A.2015年6月25日之前

B.2015年8月15日之前

C.2015年9月15日之前

D.2015年12月5日之前

【答案】D

【解析】持票人对支票出票人的权利，自出票日起6个月，所以B公司向A公司行使再追索权的期限是在2015年12月5日之前。

（二）票据责任

票据责任是指票据债务人向持票人支付票据金额的责任，具体内容见表3-54。

表3-54　　票据责任的具体内容

1.责任人	(1)汇票承兑人因承兑而承担付款义务 (2)本票的出票人因出票而承担自己付款的义务 (3)支票的付款人在与出票人有资金关系时承担付款义务 (4)汇票、本票、支票的背书人，汇票、支票的出票人、保证人，在票据不获承兑或不获付款时承担清偿义务	
2.提示付款	(1)见票即付的"汇票"，自出票日起1个月内向付款人提示付款	
	(2)定日付款、出票后定期付款或者见票后定期付款的汇票，自到期日起10日内向承兑人提示付款	
	持票人未按照前款规定期限提示付款的，在作出说明后，承兑人或者付款人仍应当继续对持票人承担付款责任	
3.票据的抗辩	(1)对物的抗辩（关键词：任何）	如果存在背书不连续等合理事由，票据债务人可以对票据权利人拒绝履行义务
	(2)对人的抗辩（关键词：特定）	①票据债务人可以对不履行约定义务的与自己有"直接"债权债务关系的持票人进行抗辩
		②票据债务人不得以自己与出票人或者与持票人的前手之间的抗辩事由对抗持票人。但是，持票人明知存在抗辩事由而取得票据的除外

票据抗辩如图3-62所示：

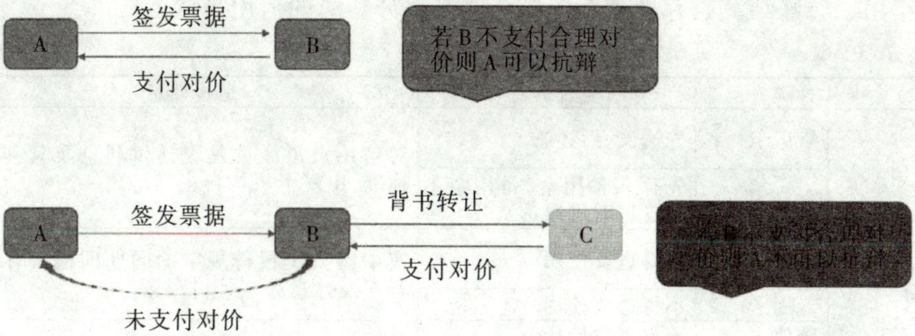

票据权利的取得必须给付对价，同时满足善意第三人条件的，法律更注重保护交易的安全

图3-62 票据抗辩

【单选题】下列说法中，正确的是（　　）。

A.票据债务人可以以自己与出票人或者与持票人的前手之间的抗辩事由对抗持票人

B.持票人未按照规定期限提示付款的，付款人的票据责任解除

C.持票人委托的收款银行的责任，限于按照票据上记载事项将票据金额转入持票人账户

D.付款人委托的付款银行的责任，限于按照票据上记载事项从付款人账户支付票据金额，不必审查背书连续

【答案】C

【解析】票据债务人不得以自己与出票人或者与持票人的前手之间的抗辩事由对抗持票人，选项A错误；持票人未按照前款规定期限提示付款的，在作出说明后，承兑人或者付款人仍应当继续对持票人承担付款责任，选项B错误。付款人付款时需要审查背书连续，选项D错误。

银行非票据结算

【考点3.44】银行卡的分类（见表3-55和表3-56）

表3-55　　银行卡的分类1

银行卡的分类	(1) 信用卡按是否向发卡银行交存备用金分为贷记卡和准贷记卡；贷记卡是先消费、后还款，准贷记卡是先存备用金，备用金不足支付时可透支
	(2) 借记卡的主要功能包括消费、存取款、转账、代收付、外汇买卖、投资理财、网上支付等，按功能不同分为转账卡（含储蓄卡）、专用卡和储值卡
	(3) 联名（认同）卡，是商业银行与营利性机构/非营利性机构合作发行的银行卡附属产品，其所依附的银行卡品种必须是经批准的品种，并应当遵守相应品种的业务章程或管理办法

银行卡是指经批准由商业银行（含邮政金融机构）向社会发行的具有“消

费信用、转账结算、存取现金”等全部或部分功能的信用支付工具。

表3-56　　银行卡的分类2

卡片种类		能否透支	是否计息
信用卡	贷记卡	先透支，后还款	对信用卡溢缴款是否计付利息及其利率标准，由发卡机构自主确定
	准贷记卡	先存入备用金，备用金不足支付时可以透支	
借记卡	转账卡（含储蓄卡）	不得透支使用	按中国人民银行规定的同期同档次存款利率及计息办法计付利息
	专用卡	不得透支使用	
	储值卡	不得透支使用	不计息

【单选题】根据支付结算法律制度的规定，下列关于银行卡分类的表述中，不正确的是（　　）。

A.按是否具有透支功能分为信用卡和贷记卡

B.按发行对象分为单位卡和个人卡

C.按币种分为人民币卡和外币卡

D.按信息载体分为磁条卡和芯片卡

【答案】A

【解析】（1）贷记卡就是一种信用卡；（2）按是否具有透支功能，银行卡分为信用卡和借记卡。

【考点3.45】信用卡

信用卡的申领、注销、清户和挂失见表3-57：

表3-57　　信用卡的申领、注销、清户、挂失

申领	1. 申领信用卡	申领信用卡，应按规定填制申请表，连同有关资料一并送交发卡银行。发卡银行可根据申请人的资信程度，要求其提供担保。担保的方式可采用保证、抵押或质押
	2. 个人贷记卡	个人贷记卡申领条件： （1）年满“18周岁”，有固定职业和稳定收入，工作单位和户口在常住地的城乡居民； （2）填写申请表，并在持卡人处亲笔签字； （3）向发卡银行提供本人及附属卡持卡人、担保人的身份证复印件；外地、境外人员及现役军官以个人名义领卡应出具当地公安部门签发的临时户口或有关部门开具的证明，并须提供具备担保条件的担保单位或有当地户口、在当地工作的担保人的信息
		【注意】个人申请银行卡应提供本人身份证件，由银行开立记名账户
注销与清户	发卡行受理注销之日起“45天后”，被注销信用卡账户方能清户	
	持卡人在还清全部交易款项、透支本息和有关费用后，可申请办理销户	
挂失	持卡人丧失银行卡，应立即持本人身份证件或其他有效证明，并按规定提供有关情况，向发卡银行或代办银行申请挂失，发卡银行或代办银行审核后办理挂失手续	

信用卡预借现金业务见表3-58：

表3-58 **信用卡预借现金业务**

(1) 信用卡预借现金业务	现金提取	现金提取，是指持卡人通过柜面和自动柜员机（ATM机）等自助机具，以现钞形式获得信用卡预借现金额度内资金
	现金转账	现金转账，是指持卡人将信用卡预借现金额度内资金划转到本人银行结算账户
	现金充值	现金充值，是指持卡人将信用卡预借现金额度内资金划转到本人在非银行支付机构开立的支付账户
(2) 提现限额	①持卡人通过ATM机等自助机具办理现金提取业务，每卡每日累计不得超过人民币1万元 **【提示】**发卡银行应当对借记卡持卡人在自动柜员机（ATM机）取款设定交易上限，每卡每日累计提款不得超过2万元人民币 储值卡面值或卡内币值不得超过“1 000元”	
	②持卡人通过柜面办理现金提取业务，通过各类渠道办理现金转账业务的每卡每日限额，由发卡机构与持卡人通过协议约定	
	③发卡机构可自主确定是否提供现金充值服务，并与持卡人协议约定每卡每日限额	
(3)发卡机构不得将持卡人信用卡预借现金额度内资金划转至其他信用卡，以及非持卡人的银行结算账户或支付账户		

信用卡预借现金业务要点小结见表3-59：

表3-59 **信用卡预借现金业务要点小结**

项目	业务性质	主要要求
通过柜面提取现钞	现金提取	不超过约定限额
通过ATM提取现钞		每卡每日累计≤1万元
通过各渠道转账至银行结算账户	现金转账	（1）不得超过约定限额 （2）只能划至本人银行结算账户 （3）不能转至信用卡（不论是否本人持有）
通过各渠道转账至支付账户	现金充值	如果约定提供该服务： （1）不得超过约定限额 （2）只能划至本人的支付账户

1.**【多选题】**根据支付结算法律制度的规定，下列业务中，信用卡持卡人使用预借现金额度内资金不得办理的是（ ）。

A.划转到他人的银行结算账户

B.在银行柜面提取现金

C.在银行ATM机上提取现金

D.划转到其他信用卡

2.【单选题】根据支付结算法律制度的规定，关于银行卡持卡人提取现金的下列表述中，不正确的是（　　）。

A.贷记卡持卡人与发卡机构协议约定通过银行柜面提取现金限额

B.借记卡持卡人不得通过银行柜面办理提取现金业务

C.贷记卡持卡人在ATM机等自助机具每卡每日累计提取现金不得超过1万元人民币

D.借记卡持卡人在ATM机等自助机具每卡每日累计提取现金不得超过2万元人民币

1.【答案】AD

【解析】选项BC，属于预借现金——现金提取；选项AD，发卡机构不得将持卡人信用卡预借现金额度内资金划转至其他信用卡，以及非持卡人的银行结算账户或支付账户。

2.【答案】B

【解析】选项B：贷记卡、借记卡持卡人提取现金，均既可通过银行柜面办理（贷记卡可以有限额、借记卡无限额），也可在ATM机等自助机具上提取（贷记卡、借记卡均有限额）。

信用卡还款见表3-60：

表3-60　信用卡还款

1.免息还款期和最低还款额	（1）贷记卡持卡人非现金交易 可享受免息还款期和最低还款额待遇 【提示】准贷记卡透支、贷记卡持卡人“透支取现”不享受上述待遇
	（2）银行记账日到发卡银行规定的到期还款日之间为免息还款期，持卡人在到期还款日前偿还所使用全部银行款项有困难的，可按照发卡银行规定的最低还款额还款
	（3）持卡人透支消费享受免息还款期和最低还款额待遇的条件和标准等，由发卡机构自主确定
2.透支利率	（1）自2021年1月1日，信用卡透支利率由发卡机构与持卡人自主协商确定，取消信用卡透支利率的上限和下限管理
	（2）发卡机构调整信用卡利率标准的，应至少提前45个自然日按照约定方式通知持卡人。持卡人有权在新利率标准生效之日前选择销户，并按照已签订的协议偿还相关款项

续表

3.计结息方式	信用卡透支的计结息方式，以及对信用卡溢缴款是否计付利息及其利率标准，由发卡机构自主确定
4.违约金和服务费用	（1）取消信用卡滞纳金，对于持卡人违约逾期未还款的行为，发卡机构应与持卡人通过协议约定是否收取违约金，以及相关收取方式和标准 （2）发卡机构向持卡人提供超过授信额度用卡服务的，不得收取超限费 （3）发卡机构对向持卡人收取的违约金和年费、取现手续费、货币兑换费等服务费用不得计收利息
5.发卡机构的提示义务	发卡机构应在信用卡协议中以显著方式提示信用卡利率标准和计结息方式、免息还款期和最低还款额待遇的条件和标准，以及向持卡人收取违约金的详细情形和收取标准等与持卡人有重大利害关系的事项，确保持卡人充分知悉并确认接受。其中，对于信用卡利率标准，应注明日利率和年利率

【判断题】发卡机构调整信用卡利率可不通知持卡人。（　　）

【答案】×

【解析】发卡机构调整信用卡利率标准的，应“至少提前45个自然日”按照约定方式通知持卡人。

信用卡诈骗见表3-61：

表3-61　　信用卡诈骗

信用卡诈骗	刑事责任	有下列情形之一,进行信用卡诈骗活动,数额较大,应当追究刑事责任： ①使用伪造的信用卡 ②使用以虚假的身份证明骗领的信用卡的 ③使用作废的信用卡的 ④冒用他人信用卡的 ⑤恶意透支的
	追偿途径	发卡银行通过下列途径追偿透支款项和诈骗款项： ①扣减持卡人保证金、依法处理抵押物和质物 ②向保证人追索透支款项 ③通过司法机关的诉讼程序进行追偿

【多选题】下列利用信用卡进行诈骗活动的情形中，数额较大应追究刑事责任的有（　　）。

A.恶意透支的

B.冒用他人信用卡的

C.使用以虚假身份证明骗领的信用卡的

D.使用伪造的信用卡的

【答案】ABCD

【考点3.46】银行卡收单业务

（一）银行卡收单业务概念

银行卡收单业务，是持卡人在银行签约商户处刷卡消费，银行将持卡人刷卡消费的资金在规定周期内结算给商户，并从中扣取一定比例的手续费。（如图3-63所示）

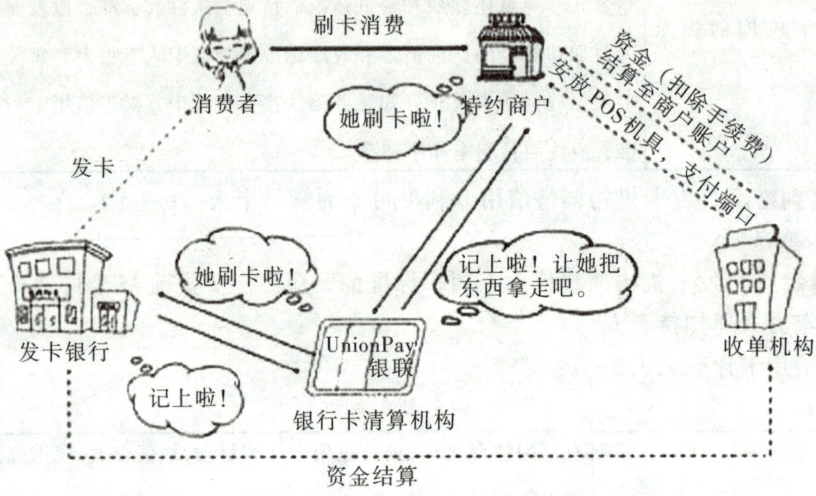

图3-63　银行卡收单业务

“中国银联”，即中国银联股份有限公司，是由中国人民银行批准设立的银行卡清算机构。

（二）银行卡收单业务规则（见表3-62）

表3-62　银行卡收单业务规则

银行卡收单业务规则	1.银行卡收单机构	（1）从事银行卡收单业务的银行业金融机构（例如，各大银行） （2）获得银行卡收单业务许可、为实体特约商户提供银行卡受理并完成资金结算服务的支付机构（例如，快钱、拉卡拉） （3）获得网络支付业务许可、为网络特约商户提供银行卡受理并完成资金结算服务的支付机构（例如，支付宝、财付通）

续表

银行卡收单业务规则	2.特约商户	特约商户，是指与收单机构签订银行卡受理协议、按约定受理银行卡并委托收单机构为其完成交易资金结算的企事业单位、个体工商户或其他组织，以及按照国家市场监督管理机构有关规定，开展网络商品交易等经营活动的自然人，包括实体特约商户（通过实体经营场所提供商品或服务的特约商户）和网络特约商户（基于公共网络信息系统提供商品或服务的特约商户）
	3.重要管理规则	(1) 收单机构应当对特约商户实行实名制管理 收单机构应严格审核特约商户的营业执照等证明文件，以及法定代表人或负责人有效身份证件等申请材料。特约商户为自然人的，收单机构应当审核其有效身份证件。特约商户使用单位银行结算账户作为收单银行结算账户的，收单机构还应当审核其合法拥有该账户的证明文件
		(2) 银行卡受理协议 收单机构应当与特约商户签订银行卡受理协议，就可受理的银行卡种类、开通的交易类型、收单银行结算账户的设置和变更、资金结算周期、结算手续费标准、差错和纠纷处置等事项，明确双方的权利、义务和违约责任
		(3) 结算账户 ①特约商户的收单银行结算账户应当为其同名单位银行结算账户，或其指定的、与其存在合法资金管理关系的单位银行结算账户 ②特约商户为个体工商户和自然人的，可使用其同名个人银行结算账户作为收单银行结算账户
		(4) 收单机构应当对实体特约商户收单业务进行本地化经营和管理，通过在特约商户及其分支机构所在省（自治区、直辖市）域内的收单机构或其分支机构提供收单服务，不得跨省（自治区、直辖市）域开展收单业务

续表

银行卡收单业务规则	3. 重要管理规则	(5) 风险评级 收单机构应建立对实体特约商户、网络特约商户分别进行的风险评级制度，对于风险等级较高的特约商户，收单机构应当对其开通的受理卡种和交易类型进行限制，并采取强化交易监测、设置交易限额、延迟结算、增加检查频率、建立特约商户风险准备金等措施
		(6) 风险事件 收单机构发现特约商户发生疑似银行卡套现、洗钱、欺诈、移机、留存或泄露持卡人账户信息等风险事件的，应当对特约商户采取的措施包括但不限于： ① 延迟资金结算 ②暂停银行卡交易 ③收回受理终端（关闭网络支付接口）
		(7) 资金结算 收单机构应按协议约定及时将交易资金结算到特约商户的收单银行结算账户，资金结算时限最迟不得超过持卡人确认可直接向特约商户付款的支付指令生效日后30个自然日，因涉嫌违法违规等风险交易需延迟结算的除外

（三）银行卡收单业务结算收费（见表3-63和表3-64）

表3-63 收费规则

收费规则	1.收单机构向商户收取的收单服务费实行市场调节价，由收单机构与商户协商确定具体费率
	2.发卡机构收取的发卡行服务费不区分商户类别，实行政府指导价、上限管理，费率为：借记卡交易不超过交易金额的0.35%，单笔收费金额不超过13元，贷记卡交易不超过0.45%，不实行单笔收费封顶控制
	3.银行卡清算机构收取的网络服务费不区分商户类别，实行政府指导价、上限管理，分别向收单、发卡机构计收，费率为：不超过交易金额的0.065%，由发卡、收单机构各承担50%（即分别向发卡、收单机构计收的费率均不超过交易金额的0.0325%）
	4.对非营利性的医疗机构、教育机构、社会福利机构、养老机构、慈善机构刷卡交易，实行发卡行服务费、网络服务费全额减免

表3-64 **收费项目、方式及标准**

收费项目	收费方式	费率及封顶标准
收单服务费	收单机构向商户收取	实行市场调节价
发卡行服务费	发卡机构向收单机构收取	借记卡：不高于0.35%（封顶13元）
		贷记卡：不高于0.45%
网络服务费	银行卡清算机构向发卡机构收取	不高于0.0325%
	银行卡清算机构向收单机构收取	

【案例3-6】A银行在甲商户布放了POS机具，双方签订银行卡受理协议，约定A银行按照交易金额的1.25%、单笔80元封顶的标准收取收单服务费。客户王某持B银行的借记卡在甲商户刷卡消费5 000元。已知，A银行和B银行通过中国银联进行资金清算。

【分析】

（1）A银行是收单行，B银行是发卡行，中国银联是银行卡清算机构；

（2）本次交易过程中，王某借记卡内资金减少5 000元，A银行按照约定向甲商户收取收单服务费=5 000 × 1.25%=62.5（元），甲商户实际到账资金=5 000-62.5=4 937.5（元）；

（3）甲商户承担的62.5元收单服务费由A银行、B银行、中国银联进一步瓜分。

【多选题】根据支付结算法律制度的规定，关于银行卡收单业务的下列表述中，正确的有（　　）。

A.特约商户为个体工商户或自然人的，可以使用其同名个人银行结算账户作为收单银行结算账户

B.收单机构向特约商户收取的收单服务费由收单机构与特约商户协商确定具体费率

C.收单机构应当对实体特约商户收单业务进行本地化经营和管理，不得跨省（自治区、直辖市）域开展收单业务

D.特约商户使用单位银行结算账户作为收单银行结算账户的，收单机构应当审核其合法拥有该账户的证明文件

【答案】ABCD

【考点3.47】银行电子支付——网上银行

（一）网上银行的分类（见表3-65）

表3-65 网上银行的分类

分类标准	类别	概念
按主要服务对象分	企业网上银行	主要服务于企事业单位
	个人网上银行	主要服务于个人与家庭
按经营组织来分	分支型网上银行	既有实体银行站点，又提供在线服务的网上银行
	纯网上银行	专门提供在线银行服务的银行

（二）网上银行的主要业务功能（见表3-66）

表3-66 网上银行的主要业务功能

(1)企业网上银行的主要业务功能	①账户信息查询
	②支付指令
	③ B2B（Business to Business）网上支付
	④批量支付
(2)个人网上银行的主要业务功能	①账户信息查询
	②人民币转账业务
	③银证转账业务
	④外汇买卖业务
	⑤账户管理业务
	⑥ B2C（Business to Customer）网上支付

【单选题】下列各项中，不属于个人网上银行具体业务功能的是（　　）。

A.个人账户余额查询

B.信用卡的购物明细查询

C.B2C网上支付

D.B2B网上支付

【答案】D

【解析】选项D："B2C网上支付"属于个人网上银行的业务功能，"B2B网上支付"属于企业网上银行的业务功能。

【考点3.48】银行电子支付——条码支付

1.条码支付的概念

条码支付业务是指银行、支付机构应用条码技术，实现收付款人之间货币资金转移的业务活动。条码支付业务包括付款扫码和收款扫码。

2.常见的条码支付（见表3-67）

表3-67 **常见的条码支付**

常见的条码支付	银行的条码支付	
	支付机构的条码支付	
	便民支付服务	由中国银联携手各商业银行、支付机构共同开发建设、共同维护运营
	聚合支付	融合了多个银行和支付机构的支付端口、提供聚合类型二维码，自主选择付款

3.条码支付的交易验证及限额

条码支付业务可以组合选用下列三种要素进行交易验证：

一是仅客户本人知悉的要素，如静态密码等；

二是仅客户本人持有并特有的，不可复制或者不可重复利用的要素，如经过安全认证的数字证书、电子签名，以及通过安全渠道生成和传输的一次性密码等；

三是客户本人生物特征要素，如指纹等。

4.条码支付有四种限额

根据交易验证方式和风险防范能力的不同，条码支付有四种限额要求（见表3-68）：

表3-68 **条码支付的四种限额要求**

风险防范能力	交易验证方式	限额要求
A级	采用包括数字证书或电子签名在内的两类(含)以上有效要素对交易进行验证	银行、支付机构可与客户通过协议自主约定单日累计限额
B级	采用不包括数字证书、电子签名在内的两类(含)以上有效要素对交易进行验证	同一客户单个银行账户或所有支付账户单日累计交易金额应不超过5 000元
C级	采用不足两类要素对交易进行验证	同一客户单个银行账户或所有支付账户单日累计交易金额应不超过1 000元
D级	使用静态条码	同一客户单个银行账户或所有支付账户单日累计交易金额应不超过500元

5.收款扫码服务禁止使用静态条码

银行、支付机构提供收款扫码服务的，应使用动态条码，设置条码有效期、使用次数等方式，防止条码被重复使用导致重复扣款，确保条码真实有效。

6.特约商户管理（见表3-69）

表3-69　特约商户管理

特约商户管理	（1）银行、支付机构拓展特约商户应落实实名制规定，严格审核特约商户的营业执照等证明文件，以及法定代表人或负责人的有效身份证件等申请材料，确认申请材料的真实性、完整性、有效性，并留存申请材料的影印件或复印件	
	（2）小微商户	①对依据法律法规和相关监管规定免于办理工商注册登记的实体特约商户（小微商户），可以通过审核商户主要负责人身份证明文件和辅助证明材料为其提供条码支付收单服务。辅助证明材料包括但不限于营业场所租赁协议或者产权证明、集中经营场所管理方出具的证明文件等能够反映小微商户真实、合法从事商品或服务交易活动的材料
		②以同一个身份证件在同一家银行、支付机构办理的全部小微商户基于信用卡的条码支付收款金额日累计不超过1 000元、月累计不超过1万元

7.风险管理措施（见表3-70）

表3-70　风险管理措施

风险管理措施	（1）银行、支付机构应提升风险识别能力，采取有效措施防范风险，及时发现、处理可疑交易信息及风险事件 （2）评估与业务相关的洗钱和恐怖融资风险，采取与风险水平相适应的管控措施 （3）对特约商户进行检查、评估，并结合特约商户风险等级及交易类型等因素设置或与其约定单笔及日累计交易限额 （4）对风险等级较高的特约商户，应采用强化交易监测、建立特约商户风险准备金、延迟清算等风险管理措施 （5）确保客户身份或账户信息安全，防止泄露，并根据收付款不同业务场景设置条码有效性和使用次数 （6）充分披露条码支付业务产品类型、办理流程、操作规程、收费标准等信息，明确业务风险点及相关责任承担机制、风险损失赔付方式及操作方式

8.风险监测体系

银行、支付机构应建立条码支付交易风险监测体系，及时发现可疑交易，并采取阻断交易、联系客户核实交易等方式防范交易风险。

9.风险事件

银行、支付机构发现特约商户发生疑似套现、洗钱、恐怖融资、欺诈、留存或泄露账户信息等风险事件的，应对特约商户采取延迟资金结算、暂停交易、冻结账户等措施，并承担因未采取措施导致的风险损失责任；发现涉嫌违法犯罪活动的，应及时向公安机关报案。

1.【单选题】根据支付结算法律制度的规定，下列银行卡当中可以透支的是（　　）。

A.联名卡　　　　　　　　　　B.贷记卡

C.储值卡　　　　　　　　　　D.转账卡

2.【单选题】2020年七夕节前夕，赵某使用借记卡在某珠宝首饰店刷卡消费，购入价值10 000元的钻石项链一条，对该笔交易发卡机构向收单机构收取的服务费是（　　）。

A.3.25元　　　　　　　　　　B.13元

C.35元　　　　　　　　　　　D.45元

3.【单选题】根据支付结算法律制度的规定，下列各项中，属于网上银行按服务对象进行的分类是（　）。

A.企业网上银行　　　　　　　B.分支型网上银行

C.零售银行　　　　　　　　　D.批发银行

4.【单选题】根据支付结算法律制度的规定，下列人员应当负刑事责任的是（　）。

A.赵某使用作废的信用卡　　　B.钱某使用信用卡提取现金

C.孙某信用卡丢失未及时挂失　D.李某超过授信额度用卡

5.【多选题】根据支付结算法律制度的规定，下列关于个人申请贷记卡条件的说法中正确的有（　　）。

A.年满16周岁，有固定职业和稳定收入，工作单位和户口在常住地的城乡居民

B.填写申请表，并在持卡人处亲笔签字

C.向发卡银行提供本人及附属卡持卡人、担保人的身份证复印件

D.向发卡银行提供本人有效身份证件

6.【多选题】根据支付结算法律制度的规定，下列关于银行卡风险控制的说法中正确的有（　　）。

A.信用卡持卡人通过ATM机办理现金提取业务，每卡每日累计不得超过2万元

B.借记卡持卡人通过ATM机办理现金提取业务，每卡每日累计不得超过1万元

C.储值卡面值或卡内币值不得超过1 000元

D.发卡机构可自主确定是否提供现金充值服务，并与持卡人协议约定每卡每日限额

1.【答案】B

【解析】选项A，联名卡不能透支；选项CD，转账卡、专用卡、储值卡均属于借记卡，不得透支。

2.【答案】B

【解析】发卡行服务费借记卡按不超过交易金额的0.35%收取，且最高不

超过13元，交易金额的0.35%=10 000×0.35%=35（元），所以，应该收取的发卡行服务费为13元。

3.【答案】A

【解析】选项B，是按经营组织进行的分类；选项CD，是按业务进行的分类。

4.【答案】A

【解析】使用作废的信用卡，进行信用卡诈骗活动，数额较大的，处5年以下有期徒刑或者拘役，并处2万元以上20万元以下罚金。

5.【答案】BCD

【解析】选项A，年满18周岁，有固定职业和稳定收入，工作单位和户口在常住地的城乡居民可以申请贷记卡。

6.【答案】CD

【解析】选项AB，信用卡持卡人通过ATM等自助机具办理现金提取业务，每卡每日累计不得超过人民币1万元；借记卡持卡人通过ATM等自助机具办理现金提取业务，每卡每日累计不得超过人民币2万元。

【考点3.49】汇兑（见表3-71）

表3-71 汇兑

概念	汇兑是汇款人委托银行将其款项支付给收款人的结算方式	
适用范围	（1）汇兑分为信汇、电汇两种	
	（2）单位和个人各种款项的结算，均可使用汇兑结算方式	
签发汇兑凭证必须记载下列事项	（1）表明“信汇”或“电汇”的字样 （2）无条件支付的委托 （3）确定的金额 （4）收款人名称（在银行开立存款账户的，必须记载其账号） （5）汇款人名称（在银行开立存款账户的，必须记载其账号） （6）汇入地点、汇入行名称 （7）汇出地点、汇出行名称 （8）委托日期 （9）汇款人签章	
单据	汇款回单	收账通知
使用情形	汇出银行受理汇款人签发的汇兑凭证，经审查无误后，应及时向汇入银行办理汇款，并向汇款人签发汇款回单	汇入银行对开立存款账户的收款人，应将汇入款项直接转入收款人账户，并向其发出收账通知
功能	只能作为汇出银行受理汇款的依据，不能作为该笔汇款已转入收款人账户的证明	是银行将款项确已收入收款人账户的凭据
汇款人对汇出银行尚未汇出的款项可以申请撤销		

填好的电汇凭证（收账通知）如图3-64所示：

工商银行　电汇凭证（收账通知）

委托日期 2013年 1月 12日　　第 0138 号

汇款人	全　称	大宇公司	收款人	全　称	中天机械设备有限公司
	账　号	6222223564505890		账　号	6222021602201380
	汇出地点	山西省太原市		汇入地点	山西省太原市
汇出行名称		工行光明路支行	汇入行名称		工行中心路支行
金额	人民币（大写）	壹万叁仟壹佰捌拾元整	百十亿千百十万千百十元角分		¥1318000
汇款用途：补付货款			留行代取预留收款人印鉴		
上列款项已代进账，如有错误请持此联来行面洽。 中国工商银行太原市中心路支行 转账 转讫 汇入行签章 2013年1月12日		上列款项已照收无误 中天机械设备有限公司 财务专用章 2013年1月12日	科目（借） 对方科目（贷） 汇出行解汇日期　年　月　日 复核　记账　出纳		

此联给收款人的收账通知或代取款依据

图3-64　填好的电汇凭证（收账通知）

1.【多选题】根据支付结算法律制度的规定，汇款人、收款人均在银行开立存款账户的，汇款人签发汇兑凭证必须记载的事项有（　　）。

A.汇款人名称及账号

B.收款人名称及账号

C.汇入银行名称

D.确定的金额

2.【多选题】根据支付结算法律制度的规定，关于汇兑结算方式的下列表述中，正确的有（　　）。

A.汇款人在银行开立存款账户的，在汇兑凭证上必须记载其账号

B.汇款人对汇出银行尚未汇出的款项不得申请撤销

C.单位和个人的款项结算，均可使用

D.收款人在银行开立存款账户的，在汇兑凭证上必须记载其账号

3.【多选题】根据支付结算法律制度的规定，下列关于办理汇兑业务的表述中，正确的有（　　）。

A.汇款回单可以作为该笔汇款已转入收款人账户的证明

B.汇兑凭证记载的汇款人、收款人在银行开立存款账户的，必须记载其账号

C.汇款回单是汇出银行受理汇款的依据

D.收账通知是银行将款项确已转入收款人账户的凭据

1.【答案】ABCD

2.【答案】ACD

3.【答案】BCD

【考点3.50】委托收款

委托收款的适用范围及程序见表3-72。

表3-72　委托收款的适用范围及程序

适用范围	单位和个人凭已承兑商业汇票、债券、存单等付款人债务证明办理款项的结算，均可以使用委托收款结算方式。同城异地均可使用	
程序	1.签发托收凭证	(1)签发委托收款凭证必须记载下列事项： ①表明“委托收款”的字样 ②确定的金额 ③付款人名称 ④收款人名称 ⑤委托收款凭据名称及附寄单证张数 ⑥委托日期 ⑦收款人签章
		(2)“开户行”的记载(欠缺记载，银行不受理) ①委托收款以银行以外的单位为付款人的，委托收款凭证必须记载付款人开户银行名称 ②以银行以外的单位或在银行开立存款账户的个人为收款人的，委托收款凭证必须记载收款人开户银行名称 ③未在银行开立存款账户的个人为收款人的，委托收款凭证必须记载被委托银行名称
	2.委托	收款人办理委托收款应向银行提交委托收款凭证和有关债务证明
	3.付款	(1)以银行为付款人的，银行应当在当日将款项主动支付给收款人 (2)以单位为付款人的 ①付款人应于接到银行通知的当日书面通知银行付款；付款人未在接到通知日的次日起3日内通知银行付款的，视同付款人同意付款，银行应于付款人接到通知日的次日起第4日上午开始营业时，将款项划给收款人 ②银行在办理划款时，付款人存款账户不足支付的，应通过被委托银行向收款人发出未付款项通知书 (3)付款人(包括银行和单位) 审查有关债务证明后，对收款人委托收取的款项需要拒绝付款的，可以办理拒绝付款，但应当按照规定出具拒绝证明用图梳理如下： 付款人：银行→当日主动支付 付款人：单位：同意且够付→代为划款 付款人：单位：不同意或不够付→不划款；→向收款人发出未付款项通知书

填好的委托收款凭证（回单）如图3-65所示：

委邮　　委托收款凭证（回单）1　　委托号码：第001198号

委托日期：2007年11月30日

付款人	全　称	大兴公司		收款人	全　称	宏达公司							
	账　号	33050736			账　号	86586247							
	开户银行	工商行南京路分理处			开户银行	工商行赤壁分理处	行号	62					
委收金额	人民币（大写）：陆拾叁万壹仟捌佰元整				千	百	十	万	千	百	十	元	角	分
						¥	6	3	1	8	0	0	0	0
款项内容	销货款	委托收款凭据名称	增值税专用发票	附寄单证张数	2								
备注：		款项收妥日期　年　月　日		收款人开户银行盖章 11月30日									

此联是收款人开户银行给收款人的回单

（有关人员签章）

图3-65　填好的委托收款凭证（回单）

1.【判断题】委托收款以单位为付款人的，银行收到委托收款凭证及债务证明，审查无误后应于当日将款项主动支付给收款人。（　　）

2.【单选题】甲公司持一张到期纸质商业承兑汇票到M银行办理委托收款，该汇票由N公司承兑，甲公司在委托收款凭证上可以不记载的事项是（　　）。

A.收款人甲公司

B.付款人N公司

C.委托日期

D.甲公司地址

1.【答案】×

2.【答案】D

支付机构非现金业务

【考点3.51】支付机构的概念及支付服务的种类（见表3-73）

表3-73　支付机构的概念及支付服务的种类

支付机构	概念	支付机构是指依法取得《支付业务许可证》，在收付款人之间作为中介机构提供支付服务的非金融机构
	监管	支付机构依法接受中国人民银行的监督管理。未经中国人民银行批准，任何非金融机构和个人不得从事或变相从事支付业务
	支付服务的种类	(1)网络支付 (2)预付卡的发行与受理 (3)银行卡收单 (4)中国人民银行确定的其他支付服务（例如，条码支付）

【考点3.52】网络支付（见表3-74）

表3-74　网络支付

网络支付	1. 网络支付机构	依法取得《支付业务许可证》，获准办理互联网支付、移动电话支付、固定电话支付、数字电视支付等网络支付业务的支付机构可以办理网络支付业务。目前从事网络支付的支付机构主要有两类：	
		（1）金融型支付企业	金融型支付企业是独立第三方支付模式，其不负有担保功能，仅仅为用户提供支付产品和支付系统解决方案，侧重行业需求和开拓行业应用，是立足于企业端的金融型支付企业
		（2）互联网支付企业	互联网支付企业是依托于自有的电子商务网站并提供担保功能的第三方支付模式，以在线支付为主，是立足于个人消费者端的互联网型支付企业
	2. 支付账户	（1）使用要求	支付账户不得透支，不得出借、出租、出售，不得利用支付账户从事或者协助他人从事非法活动
		（2）实名制管理	支付机构为客户开立支付账户的，应当对客户实行实名制管理，不得开立匿名、假名支付账户
		（3）支付机构在为单位和个人开立支付账户时，应当与单位和个人签订协议，约定支付账户与支付账户、支付账户与银行账户之间的日累计转账限额和笔数，超出限额和笔数的，不得再办理转账业务	
		（4）支付机构为单位开立支付账户，应当依法要求单位提供相关证明文件，并自主或者委托合作机构以面对面方式核实客户身份，或者以非面对面方式通过至少3个合法安全的外部渠道对单位基本信息进行多重交叉验证	
	3. 交易验证	（1）支付机构向客户开户银行发送支付指令，扣划客户银行账户资金的，应当事先或在首笔交易时自主识别客户身份并分别取得客户和银行的协议授权，同意其向客户的银行账户发起支付指令扣划资金；银行应当事先或在首笔交易时自主识别客户身份并与客户直接签订授权协议，明确约定扣款适用范围和交易验证方式，设立与客户风险承受能力相匹配的单笔和单日累计交易限额，承诺无条件全额承担此类交易的风险损失先行赔付责任	
		（2）除单笔金额不超过200元的小额支付业务，公共事业缴费、税费缴纳、信用卡还款等收款人固定并且定期发生的支付业务，支付机构不得代替银行进行交易验证	
		（3）“A”类的支付机构可与银行通过协议自主约定由支付机构代替进行交易验证的情形	

【判断题】非银行支付机构不得为单位开立支付账户。（ ）

【答案】×

【考点3.53】预付卡

（一）多用途预付卡与单用途预付卡（见表3-75）

表3-75 多用途预付卡与单用途预付卡

项目	多用途预付卡	单用途预付卡
发行主体	专营发卡机构	商业企业
使用范围	可跨地区、跨行业、跨法人使用	只在本企业或同一品牌连锁商业企业购买商品、服务
监管要求	必须取得中国人民银行颁发的支付业务许可证（如图3-66所示），在核准地域范围内开展业务，中国人民银行对多用途预付卡备付金进行集中存管	发卡企业在开展单用途预付卡业务之日起30日内在商务部门进行备案

中华人民共和国
支付业务许可证
许可证编号：Z2000711000019
公司名称：易宝支付有限公司
法定代表人(负责人)：唐彬
住所(营业场所)：北京市石景山区八大处高科技园区西井路3号3号楼558房间
业务类型：互联网支付(全国)、移动电话支付(全国)、银行卡收单(除河南省、江西省、吉林省、上海市、深圳市、湖南省、浙江省以外的地区，可以在宁波[illegible])
业务覆盖范围：——
有效期至：二〇二一年五月二日
发证机关
201[illegible]年[illegible]月[illegible]日

图3-66 支付业务许可证

【多选题】下列关于多用途预付卡的表述中，正确的有（ ）。

A.多用途预付卡由专营发卡机构发行

B.多用途预付卡可以跨地区使用

C.多用途预付卡可以跨行业使用

D.多用途预付卡可以跨法人使用

【答案】ABCD

（二）记名预付卡与不记名预付卡（见表3-76）

表3-76 记名预付卡与不记名预付卡

项目	记名预付卡	不记名预付卡
资金限额	单张记名预付卡资金限额不得超过5 000元	单张不记名预付卡资金限额不得超过1 000元
挂失	可挂失	不可挂失
赎回	(1)可赎回 (2)在购卡3个月后办理 (3)赎回时，持卡人应当出示预付卡及持卡人和购卡人的有效身份证件；他人代理赎回的，应当同时出示代理人和被代理人的有效身份证件 (4)单位购买的记名预付卡，只能由单位办理赎回	不可赎回 （另有规定除外）
有效期	不得设置有效期	(1)有效期不得低于3年 (2)超过有效期尚有资金余额的预付卡，可通过延期、激活、换卡等方式继续使用

1.【单选题】张某购买的一张不记名预付卡已超过有效期，但尚有资金余额。下列表述中，正确的是（　　）。

A.充值后方可继续使用

B.可通过延期、激活、换卡方式继续使用

C.张某可申请将卡内资金余额提取现金

D.张某可申请将卡内资金余额划转银行卡

2.【单选题】根据支付结算法律制度的规定，下列关于记名预付卡的表述中，正确的是（　　）。

A.不得设置有效期

B.不可赎回

C.卡内资金无限额

D.不可挂失

1.【答案】B

2.【答案】A

【解析】选项ABD，记名预付卡可挂失、可赎回，不得设置有效期；选项C，单张记名预付卡资金限额不得超过5 000元。

（三）充值与使用（见表3-77）

表3-77　充值与使用

实名制	(1)个人或单位购买记名预付卡或一次性购买不记名预付卡1万元以上的,应当使用实名并向发卡机构提供有效身份证件 (2)发卡机构应当识别购卡人、单位经办人的身份,核对有效身份证件,登记身份基本信息,并留存有效身份证件的复印件或影印件。代理他人购买预付卡的,发卡机构应当采取合理方式确认代理关系,核对代理人和被代理人的有效身份证件,登记代理人和被代理人的身份基本信息,并留存代理人和被代理人的有效身份证件的复印件或影印件。 辨析: ①实名购买,谈的是是否需要向发卡机构提供有效身份证件。 ②记名预付卡,谈的是卡名是否记名,是否与特定的持卡人挂钩。 ③实名购买的预付卡有可能是记名预付卡,也有可能是不记名预付卡。 ③使用实名购买预付卡的,发卡机构应当登记购卡人姓名或单位名称、单位经办人姓名、有效身份证件名称和号码、联系方式、购卡数量、购卡日期、购卡总金额、预付卡卡号及金额等信息
透支	(1)预付卡以人民币计价,不具有透支功能 (2)购卡人不得使用信用卡购买预付卡 (3)预付卡通过现金或银行转账方式进行充值,不得使用信用卡为预付卡充值
现金充值限制	(1)单位一次性购买预付卡5 000元以上,个人一次性购买预付卡5万元以上的,应当通过银行转账等非现金结算方式购买,不得使用现金 (2)一次性充值金额5 000元以上的,不得使用现金 (3)预付卡现金充值应当通过发卡机构网点进行,但单张预付卡同日累计现金充值在200元以下的,可通过自助充值终端、销售合作机构代理等方式充值
使用限制	预付卡在发卡机构拓展、签约的特约商户中使用: (1)不得用于或变相用于提取现金 (2)不得用于购买、交换非本发卡机构发行的预付卡、单一行业卡及其他商业预付卡或向其充值 (3)卡内资金不得向银行账户或向非本发卡机构开立的网络支付账户转移 【链接】信用卡存在预借现金业务,但预借现金不得向非本人银行结算账户转账,不得向非本人支付账户充值,不得转至其他信用卡

【单选题】王某使用甲支付机构发行的记名预付卡，可以办理的业务是（　　）。

A.将卡内资金转入信用卡还款

B.提取现金

C.购买其他商业预付卡

D.在甲支付机构签约的特约商户消费

【答案】D

【解析】预付卡在发卡机构拓展、签约的特约商户中使用（选项D），不得用于或变相用于提取现金（选项B），不得用于购买、交换非本发卡机构发行的预付卡、单一行业卡及其他商业预付卡或向其充值（选项C），卡内资金不得向银行账户或非本发卡机构开立的网络支付账户转移（选项A）。

总结一下，预付卡的“4不得”：

（1）不得透支。

（2）不得提现。

（3）不得购买、交换、充值非本发卡机构发行的“卡”。

（4）不得向银行账户、非在本发卡机构开立的支付账户转账。

（四）对发卡机构的要求（见表3-78）

表3-78 对发卡机构的要求

对发卡机构的要求	(1)应为取得《支付业务许可证》的支付机构 (2)要严格按照核准的业务类型和业务覆盖范围从事预付卡业务 (3)发卡机构要采取有效措施加强对购卡人和持卡人信息的保护,确保信息安全,防止信息泄露和滥用,未经购卡人和持卡人同意,不得用于与购卡人和持卡人的预付卡业务无关的目的 (4)发卡机构要严格发票管理,依法开具发票 (5)发卡机构接受的、客户用于未来支付需要的预付卡资金,不属于发卡机构的自有财产,发卡机构不得挪用、挤占 (6)发卡机构对客户备付金需100%集中交存中国人民银行

1.【多选题】根据支付结算法律制度的规定，下列关于预付卡发卡机构的表述中，正确的有（　　）。

A.应防止泄露购卡人和持卡人的信息

B.应将客户备付金存放在商业银行

C.必须取得《支付业务许可证》

D.应按规定开具发票

2.【多选题】根据支付结算法律制度的规定，关于预付卡的下列表述中，正确的有（　　）。

A.单张记名预付卡资金限额不得超过5 000元

B.个人购买记名预付卡可不使用实名

C.预付卡以人民币计价，不具有透支功能

D.单张不记名预付卡资金限额不得超过1 000元

3.【单选题】下列在发卡机构一次性购买预付卡的情形中，符合法律规定的是（　　）。

A.赵某未出示有效身份证件购买不记名预付卡 5 000 元

B.钱某使用现金购买记名预付卡 60 000 元

C.孙某使用 POS 机刷信用卡购买记名预付卡 30 000 元

D.李某借用王某的身份证购买不记名预付卡 20 000 元

4.【单选题】根据支付结算法律制度的规定，下列关于预付卡使用的表述中，正确的是（　　）。

A.超过有效期尚有资金余额的预付卡，可通过延期、激活等方式继续使用

B.可用于交换非本发卡机构发行的预付卡

C.可以提现

D.可以透支

5.【单选题】根据支付结算法律制度的规定，下列各项关于预付卡的说法中，正确的是（　　）。

A.单张不记名预付卡资金限额不得超过5 000元

B.购买不记名预付卡不需要提供购买人身份证件

C.为预付卡一次性充值金额在5 000元以上的不允许使用现金

D.不记名预付卡在购卡后3个月可赎回

6.【多选题】艾美到发卡机构一次性购买4万元不记名预付卡，则下列说法中正确的有（　　）。

A.发卡机构应当要求艾美提供身份证件

B.艾美可以使用现金购买

C.艾美可以使用信用卡购买

D.艾美可以使用借记卡购买

1.【答案】ACD

【解析】选项 B：发卡机构对客户备付金需 100% 集中交存“中国人民银行”（而非商业银行）。

2.【答案】ACD

【解析】选项 B：购买记名预付卡，不论单位还是个人，均应实名。

3.【答案】A

【解析】选项 AD，一次性购买不记名预付卡 1 万元以上的，应当使用实名并向发卡机构提供有效身份证件；选项 B，个人一次性购买预付卡 5 万元以上的，应当通过银行转账等非现金结算方式购买，不得使用现金；（3）选项

C：购卡人不得使用信用卡购买预付卡。

4.【答案】A

【解析】选项B，预付卡不得用于购买、交换非本发卡机构发行的预付卡；选项C，预付卡不得用于或变相用于提取现金；选项D，预付卡以人民币计价，不具有透支功能。

5.【答案】C

【解析】选项A，单张不记名预付卡资金限额不得超过1 000元；选项B，一次性购买不记名预付卡1万元以上的，应当使用实名并向发卡机构提供有效身份证件；选项D，不记名预付卡不挂失，不赎回。

6.【答案】ABD

【解析】选项A，一次性购买1万元以上的不记名预付卡需要提供身份证件；选项BD，个人一次性购买预付卡5万元以上的，应通过银行转账等非现金结算方式购买，不得使用现金，本题中购买金额为4万元未达到法定标准；选项C，购买预付卡不能通过信用卡付款。

支付结算案例分析

【案例3-7】

2020年11月6日，新知厂与鹏鹍公司签订一份买卖合同。该合同约定：鹏鹍公司应于2020年12月20日前向新知厂交付100吨家电钢板，合同货款总值28万元。为支付货款，新知厂于11月8日向鹏鹍公司签发了一张金额为28万元的见票后定期付款的银行承兑汇票。鹏鹍公司收到该汇票后于11月12日向C银行提示承兑，C银行对该汇票审查后，即于当日在汇票上记载“承兑”字样，签署了承兑日期并签章，同时记载付款日期为同年12月25日。鹏鹍公司为支付其基建工程所欠D公司的工程价款，于11月15日将该汇票背书给了D公司。

2020年12月18日，鹏鹍公司按照合同约定将100吨家电钢板交付给了新知厂，并验收入库。但由于新知厂生产的电冰箱严重滞销，产品积压过多，销售困难，新知厂决定停止生产经营，以便择机转产。12月20日新知厂借口鹏鹍公司交付的家电钢板质量不符合合同约定的要求，提出退货，鹏鹍公司则认为所交货物的质量完全符合合同约定的质量标准，不同意退货。于是，新知厂于12月23日通知C银行停止向鹏鹍公司支付其已开出的金额为28万元银行承兑汇票的票款。2020年12月27日D公司委托自己的开户银行Q银行向C银行提示付款时，遭C银行拒绝。

要求：

根据上述资料，不考虑其他因素，分析回答下列小题。

1.【多选题】关于该银行的承兑程序，下列说法中错误的是（　　）。

A.应当在汇票背面记载“承兑”字样和承兑日期并签章，否则承兑无效

B.银行承兑汇票时不用记载“付款日期”

C.汇票上未记载承兑日期的，视为拒绝承兑

D.C银行承兑汇票，可以附有一定的条件

2.【单选题】鹏鹄公司向银行申请承兑的期限最晚至（　　）。

A.2020年11月15日　　B.2020年12月8日

C.2020年12月25日　　D.2020年1月8日

3.【多选题】关于C银行拒绝付款的行为，下列说法中，正确的是（　　）。

A.只有新知厂通知C银行不予付款的情况下，C银行才有权拒绝付款

B.C银行是新知厂的代理付款人，因此可以以新知厂账户余额不足为由拒绝付款

C.C银行是承担绝对付款义务的付款人，不能以钢板质量纠纷为由拒绝付款

D.即使新知厂账户余额不足，C银行仍然应当承担付款责任，付款后对新知厂尚未支付的汇票金额按照每天0.5‰计收利息

4.【多选题】D公司的付款请求权得不到实现时，在作成拒绝证明后，可以向（　　）行使追索权。

A.新知厂　　B.鹏鹄公司

C.C银行　　D.Q银行

1.【答案】ABCD

【解析】选项A，付款人承兑汇票的，应当在汇票正面记载“承兑”字样和承兑日期并签章；选项B，见票后定期付款的汇票，应当在承兑时记载付款日期；选项C，汇票上未记载承兑日期的，以收到提示承兑的汇票之日起3日内的最后一日为承兑日期；选项D，付款人承兑汇票，不得附有条件，承兑附有条件的，视为拒绝承兑。

2.【答案】B

【解析】见票后定期付款的汇票，持票人应当自出票日起1个月内向付款人提示承兑。本题中，出票日为11月8日，因此鹏鹄公司申请承兑的最晚日期是12月8日。

3.【答案】CD

【解析】选项ABC，承兑银行是银行承兑汇票的主债务人，承担绝对付款责任，其不得以自己与出票人之间的抗辩事由对抗善意持票人；选项D，出票人于汇票到期日未能足额交存票款，承兑银行除凭票向持票人无条件付款外，

对出票人尚未支付的汇票金额按照每天0.5‰计收利息。

4.【答案】ABC

【解析】(1)银行承兑汇票的提示付款期限为到期之日起10天。本题中，票据到期日为12月25日，提示付款日为12月27日，在法律规定的提示付款期限之内；(2)持票人能证明合法的付款请求权无法实现时，票据的出票人、背书人、承兑人和保证人对持票人承担连带责任，持票人行使追索权，可以不按照票据债务人的先后顺序，对其中任何一人、数人或者全体行使追索权；(3)持票人的开户银行，受持票人的委托为其收款，持票人付款请求权无法实现时不能对其进行追索。

【案例3-8】

承宣公司向飞扬公司定制了一批家具，双方在买卖合同中约定由承宣公司签发一张3个月到期的商业承兑汇票抵付货款，飞扬公司在收到汇票后2个月内发货。

承宣公司于2020年4月6日向飞扬公司签发汇票，飞扬公司收到该汇票后于4月15日将其背书转让给了水平公司，并在票据的背面记载了不得转让字样。

水平公司于5月18日向承宣公司提示承兑，承宣公司于当日承兑。

6月2日，水平公司急于偿还高阳公司的欠款，仅在背书人栏签章但并未记载被背书人名称便将该汇票交给了高阳公司。

高阳公司将自己公司名称记载在被背书人栏，并于8月20日委托开户银行向飞扬公司收款，被开户银行拒绝。

8月21日高阳公司持该汇票向承宣公司提示付款，承宣公司拒绝支付，并于当日出具拒绝付款证明。

已知：直至8月21日高阳公司提示付款时，飞扬公司均以种种理由拒绝给承宣公司发货。

要求：

根据上述资料，不考虑其他因素，分析回答下列小题。

1.【多选题】下列关于该票据提示承兑的说法中正确的是（　　）。

A.该票据属于先提示承兑后使用

B.该票据属于先使用后提示承兑

C.该票据应于2020年5月6日前提示承兑

D.该票据可以于2020年5月18日提示承兑

2.【多选题】下列关于承宣公司拒绝付款的说法中错误的是（　　）。

A.承宣公司可以以飞扬公司尚未发货为由拒绝向高阳公司支付票款

B.承宣公司可以以超过提示付款期限为由拒绝向高阳公司支付票款

C.承宣公司可以以飞扬公司在票据上记载过不得转让为由拒绝向高阳公司支付票款

D.承宣公司可以以高阳公司自己将公司名称记载在被背书人栏为由拒绝向高阳公司支付票款

3.【单选题】下列关于高阳公司追索对象的说法中正确的是（　　）。

A.高阳公司可以向承宣公司追索

B.高阳公司可以向飞扬公司追索

C.高阳公司可以向水平公司追索

D.高阳公司丧失追索权

4.【单选题】假如高阳公司决定向承宣公司追索票款，则高阳公司可以于（　　）前向承宣公司行使追索权。

A.2021年2月21日　　　　B.2022年4月6日

C.2022年7月6日　　　　D.2022年8月21日

1.【答案】BD

【解析】选项AB，本题签发的商业承兑汇票属于先使用后提示承兑的票据；选项CD，定期付款的汇票，应在到期日前提示承兑，票据到期日是2020年7月6日，所以该票据应于2020年7月6日前提示承兑。

2.【答案】ABCD

【解析】选项A，票据债务人不得以自己与出票人或者与持票人的前手之间的抗辩事由，对抗善意持票人；选项B，商业汇票的持票人未按规定期限提示付款，在作出说明后，承兑人仍应当继续对持票人承担付款责任；选项C，背书人在汇票上记载不得转让字样，其后手再背书转让的，原背书人对后手的被背书人不承担保证责任，但承兑人仍然应当对持票人承担付款责任；选项D，背书人未记载被背书人名称即将票据交付他人的，持票人在被背书人栏内记载自己的名称与背书人记载具有"同等法律效力"。

3.【答案】A

【解析】出票后定期付款的汇票，自到期日起10日内向付款人提示付款，8月21日提示付款显然超过了提示付款期限。商业汇票的持票人超过提示付款期限提示付款的，丧失对出票人、承兑人之外的前手的追索权。

4.【答案】C

【解析】对商业承兑汇票出票人的票据权利时效，是自到期日起的2年内。票据到期日是2020年7月6日，则票据权利时效的最后期限是2022年7月6日。

【案例3-9】

2020年1月，姝美公司与嘉言公司签订了一份金额为60万元的购货合同。

双方在合同中约定：姝美公司于4月1日交货，嘉言公司于4月10日付款。4月1日，姝美公司按合同约定交货，嘉言公司验收入库。4月10日嘉言公司因产品销售不畅，资金紧张，没有按合同约定及时支付货款。之后，姝美公司多次打电话、发函催要货款未果。9月1日，姝美公司派专人及律师顾问到嘉言公司再次催要货款。为了解决当时的"困境"，嘉言公司签发了一张金额为60万元的转账支票，记载付款日期为9月11日，没有填写姝美公司名称即将该支票交付。姝美公司于9月2日将该支票背书转让给永春公司，背书时姝美公司在背书人栏签章，并在票据的背面注明，"款项已结清，若此支票无法兑付请找嘉言公司追索，我公司不承担责任"，但未记载被背书人为永春公司，即将票据交付。9月3日永春公司委托开户银行Q向嘉言公司开户银行P银行提示付款，P银行以嘉言公司存款账户余额仅有20万元不足付款为由予以退票。

要求：

根据上述资料，不考虑其他因素，分析回答下列小题。

1.【单选题】关于嘉言公司在支票上记载付款日期为9月11日，下列说法中，正确的是（　　）。

A.该记载是支票的必须记载事项

B.该记载是支票的相对记载事项

C.该记载无效

D.该记载会导致支票无效

2.【多选题】关于嘉言公司没有填写姝美公司名称即将该支票交付，下列说法中，正确的是（　　）。

A.姝美公司名称是支票的必须记载事项

B.姝美公司名称可以授权补记

C.该行为会导致支票无效

D.背书转让给永春公司前姝美公司必须将自己的名称填入收款人栏

3.【多选题】关于姝美公司背书转让支票的行为，下列说法中正确的是（　　）。

A.姝美公司未记载被背书人为永春公司，会导致背书行为无效

B.姝美公司未记载被背书人为永春公司，永春公司可以自己记载，与姝美公司记载效力等同

C.姝美公司背书转让支票时在票据背面所做的记载，会导致背书行为无效

D.姝美公司背书转让支票时在票据背面所做的记载无效

4.【单选题】关于P银行拒绝付款并予以退票的行为，下列说法中，正确的是（　　）。

A.P银行拒绝付款并予以退票的原因是姝美公司签发了空头支票

B.P银行应当对出票人处以30 000元的罚款

C.P银行应当对出票人处以1 000元的罚款

D.永春公司有权要求12 000元的赔偿金

1.【答案】C

【解析】支票限于见票即付，不得另行记载付款日期，另行记载的，该记载无效。

2.【答案】BD

【解析】选项A，支票的必须记载事项共六项，无收款人名称；选项BC，支票的金额和收款人名称可以由出票人授权补记，而不会导致支票无效；选项D，授权补记事项，未补记前不得背书转让和提示付款。

3.【答案】BD

【解析】选项AB，背书人未记载被背书人名称即将票据交付他人的，持票人在票据被背书人栏内记载自己的名称与背书人记载具有同等法律效力；选项CD，背书不得附有条件，背书时附有条件的，所附条件不具有票据上的效力。

4.【答案】D

【解析】选项A，签发空头支票的是嘉言公司；选项BC，出票人签发空头支票，由“中国人民银行”处以票面金额5%但不低于1 000元的罚款；选项D，出票人签发空头支票，持票人有权要求出票人赔偿支票金额“2%”的赔偿金。

第4章

税法概述及货物和劳务税法律制度

本章思维导图如图4-1所示：

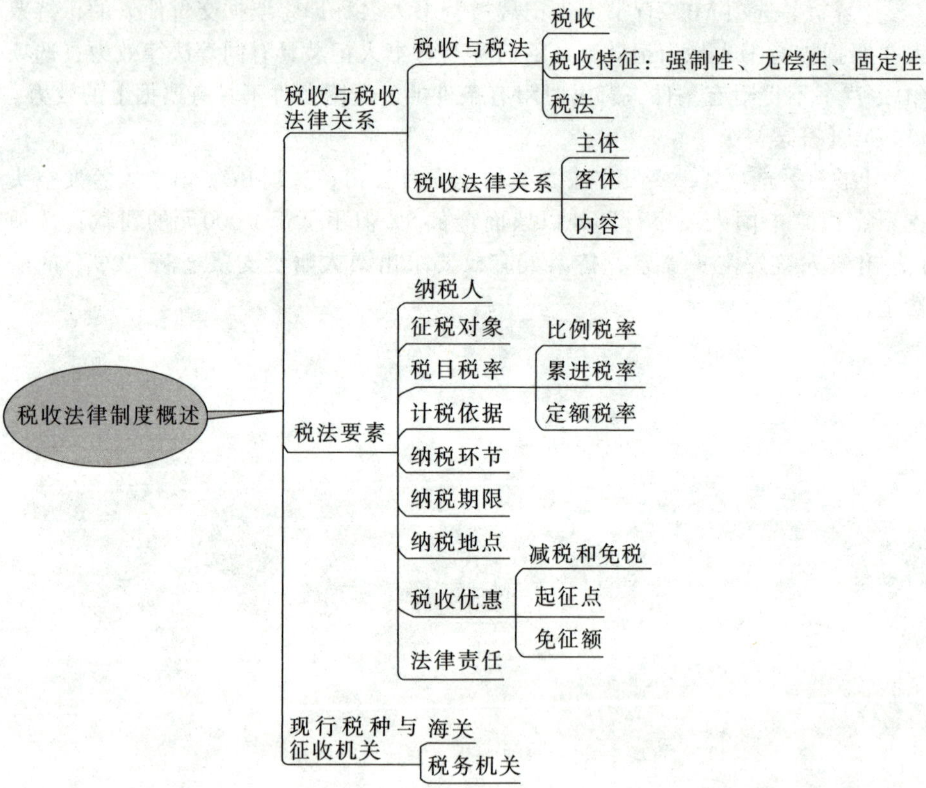

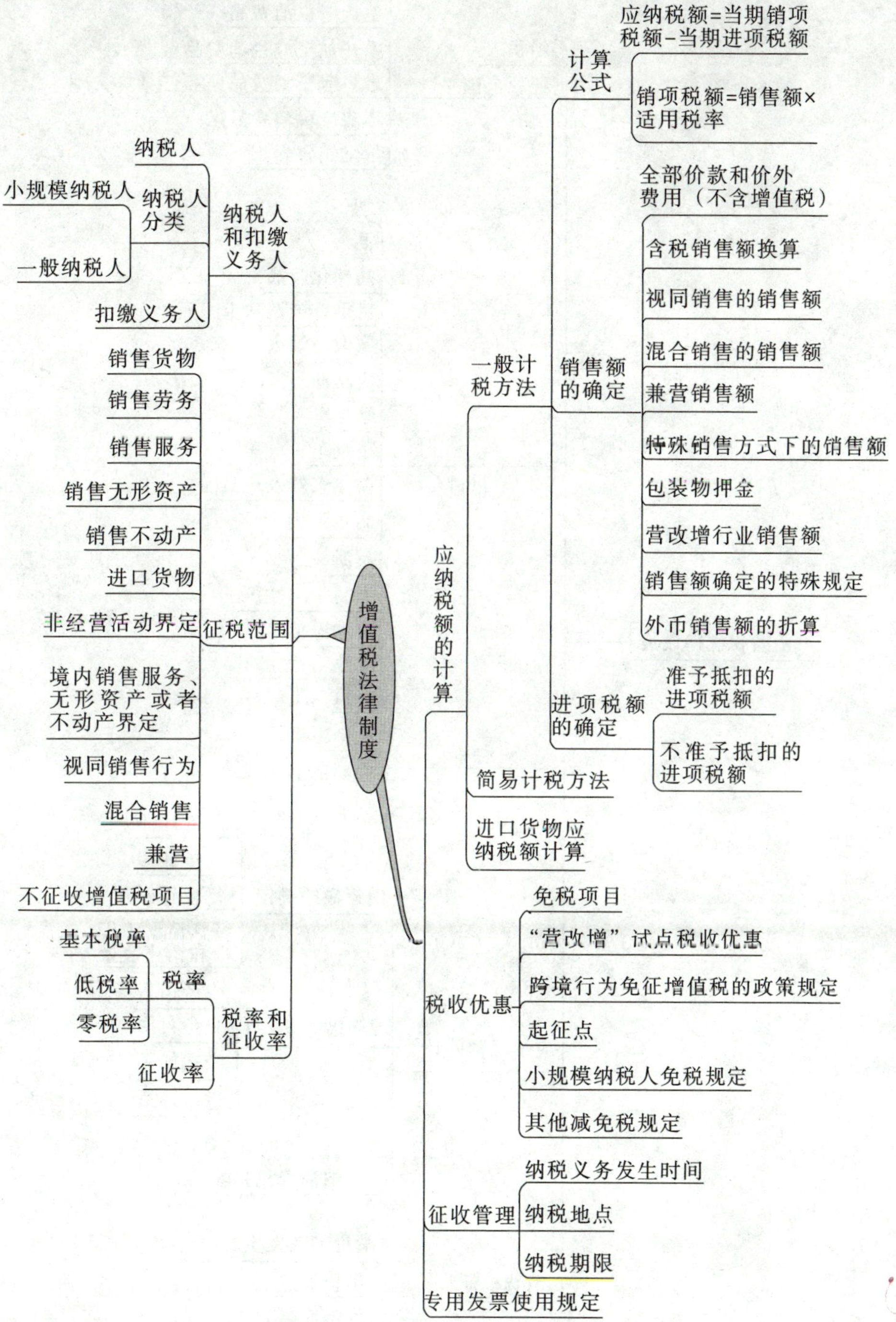
增值税法律制度
纳税人和扣缴义务人
纳税人
纳税人分类
小规模纳税人
一般纳税人
扣缴义务人
征税范围
销售货物
销售劳务
销售服务
销售无形资产
销售不动产
进口货物
非经营活动界定
境内销售服务、无形资产或者不动产界定
视同销售行为
混合销售
兼营
不征收增值税项目
税率和征收率
税率
基本税率
低税率
零税率
征收率
应纳税额的计算
一般计税方法
计算公式
应纳税额=当期销项税额-当期进项税额
销项税额=销售额×适用税率
销售额的确定
全部价款和价外费用（不含增值税）
含税销售额换算
视同销售的销售额
混合销售的销售额
兼营销售额
特殊销售方式下的销售额
包装物押金
营改增行业销售额
销售额确定的特殊规定
外币销售额的折算
进项税额的确定
准予抵扣的进项税额
不准予抵扣的进项税额
简易计税方法
进口货物应纳税额计算
税收优惠
免税项目
“营改增”试点税收优惠
跨境行为免征增值税的政策规定
起征点
小规模纳税人免税规定
其他减免税规定
征收管理
纳税义务发生时间
纳税地点
纳税期限
专用发票使用规定

续图

- 消费税法律制度
  - 纳税人
  - 征税范围
    - 生产应税消费品
    - 委托加工应税消费品
    - 进口应税消费品
    - 零售应税消费品
    - 批发销售卷烟
  - 税目
    - 烟
    - 酒
    - 高档化妆品
    - 贵重首饰及珠宝玉石
    - 鞭炮、焰火
    - 成品油
    - 摩托车
    - 小汽车
    - 高尔夫球及球具
    - 高尔手表
    - 游艇
    - 木制一次性筷子
    - 实木地板
    - 电池
    - 涂料
  - 税率
    - 比例税率
    - 定额税率
  - 应纳税额的计算
    - 销售额的确定
      - 从价计征
      - 从量计征
      - 复合计征
      - 特殊情形销售额和销售数量
    - 应纳税额的计算
      - 生产销售
      - 自产自用
      - 委托加工
      - 进口环节
    - 已纳消费税扣除
  - 消费税征收管理
    - 纳税义务发生时间
    - 纳税地点
    - 纳税期限

续图

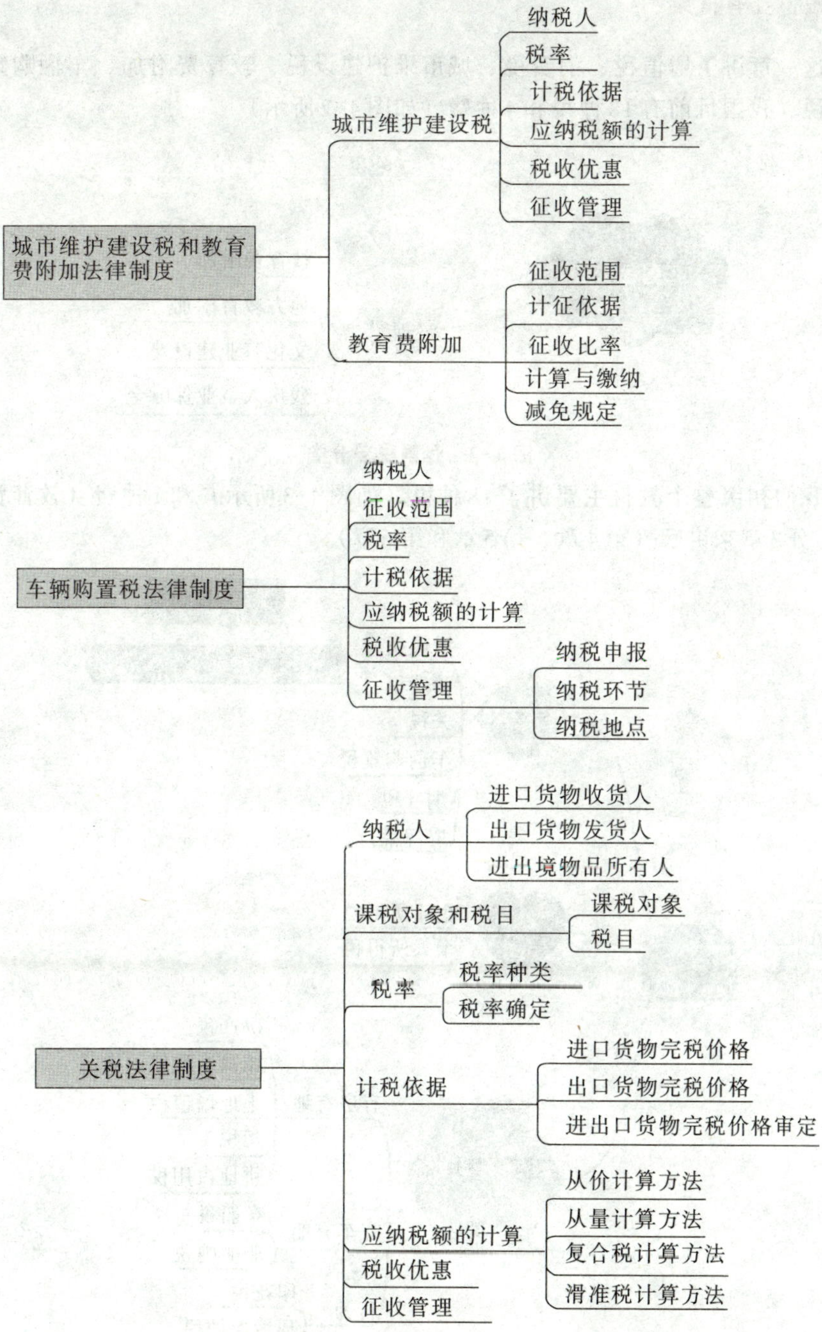

图4-1　本章思维导图

学税法，要有框架

这一章讲了增值税、消费税、城市维护建设税、教育费附加、车辆购置税和关税。我国目前有18种税和4种费（如图4-2所示）。

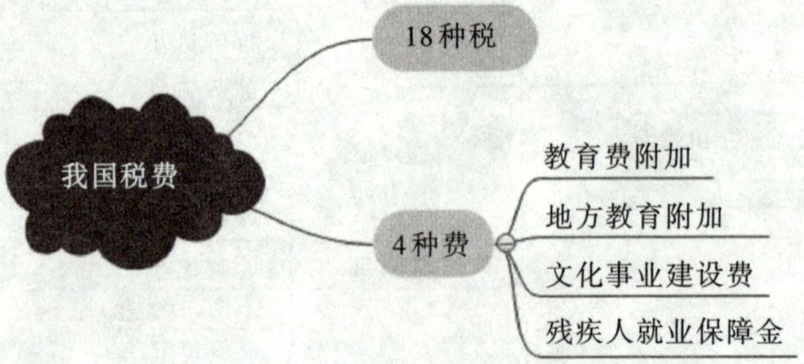

图4-2　我国税费分类

我们初级整个教材主要讲了18种税（如图4-3所示）和1种费（教育费附加），分3章来讲解（第4章、第5章和第6章）。

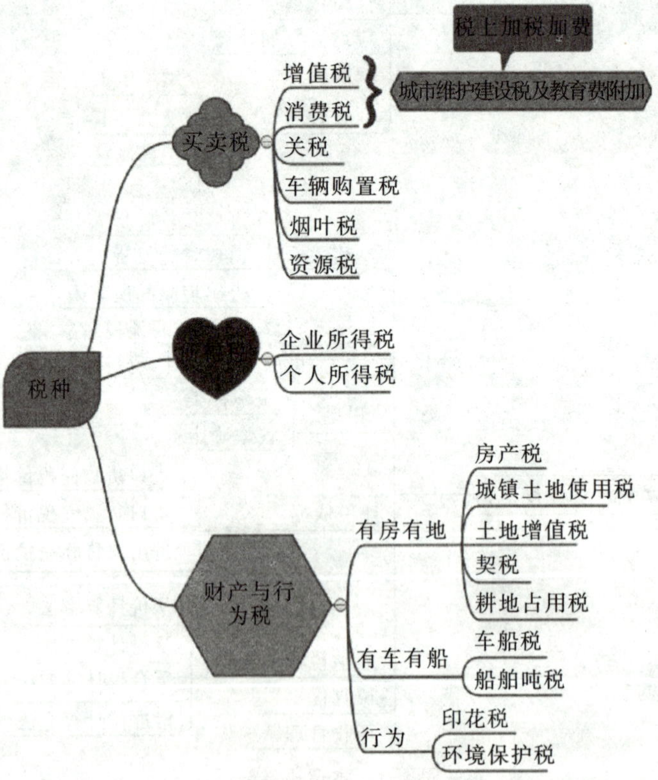

图4-3　18种税包含种类

不管教材章节结构如何安排，我们应该对税法有一个属于自己的总体框架。

（一）买卖税

比如货物和劳务在买卖过程中可能产生各种税，我们可以给它取一个很通俗的名字——买卖税，大家做生意做买卖，可能会发生什么税呢？

1.增值税必不可少；

2.如果做生意涉及消费品，比如烟、酒等（国家明文规定了15个），那就还要同时缴纳消费税；

3.如果是进口，那就要涉及关税；

4.如果买卖的产品是车，那就还要涉及车辆购置税；

5.如果买卖的产品是资源，那就要涉及资源税；

6.如果买卖的产品是烟叶，那就要涉及烟叶税；

7.有增值税和消费税，就必然要缴纳城市维护建设税和教育费附加，因为它们是税上加税、加费，除非你的增值税和消费税金额都是0。

（二）所得税

企业赚钱了，就有所得，所得税有企业所得税和个人所得税。

（三）财产和行为税

1.企业有房有地，那就涉及房产税、城镇土地使用税；如果企业把房子卖了，就涉及土地增值税，因为你赚钱了，增值了，卖方缴纳土地增值税，买方一般需要缴纳契税，买过房的人都应该知道。如果占用了耕地，还要涉及耕地占用税。

2.企业有车有船，你有车有船，就要涉及车船税，如果你的船是外籍船，从境外港口进入境内港口，就要涉及船舶吨税，因为你使用了我国的港口设施和助航设备。

3.企业有某种行为，比如企业签合同，要贴花，涉及印花税；企业污染环境，涉及环境保护税。

这样的话，我们就可以把所有的税全部串联起来了，考试如果遇到综合题，我们的思路也会比较清晰。以后到了工作岗位，一项经济业务可能会涉及哪些税，你也能分析出来。

酝酿效应

流体静力学中有一个重要原理——浮力定律，我们高中的时候都学过，它是阿基米德发现的。我对这个定律不感兴趣，公式什么的早就忘得一干二净了，不过它背后的原理故事还是记得很清楚。

很久以前，国王让一个工匠替他打造一顶金皇冠，国王给了工匠打造所需数量的黄金。工匠的手艺非常高明，制作的皇冠精巧别致，而且重量跟当初国王所给的黄金一样重。可是，有人向国王报告说：“工匠制造皇冠时，私下吞

没了一部分黄金，把同样重的银子掺了进去。”

国王听后，也有些怀疑，就把阿基米德找来，要他想办法测定金皇冠里到底掺没掺银子，工匠是否私吞了黄金。这可把阿基米德难住了。他回到家里冥思苦想多日，也没有想出办法来。

一天，他停下手头的工作，去泡了个热水澡，在跨进澡盆洗澡时，有一部分水从浴盆边溢了出来。而且，他还发觉自己入水越深，身体就越轻，突然间，他恍然大悟，于是有了后来的浮力定律。

心理学家对这个发现过程特别感兴趣，研究后得出一条规律——酝酿效应。有时候学习者尽力去解决一个复杂的或者需要创造性思考的问题时，无论多么努力，还是不能解决问题。这时，暂停对问题的积极探索，可能就会对问题解决起到关键作用，这种暂停就是酝酿效应。

酝酿效应来源于阿基米德实验中对浮力定律的发现，具有非逻辑性和自发突变性的特点。

日常生活中，我们常常会对一个难题束手无策，不知从何入手，这时思维就进入了酝酿阶段。直到有一天，当我们抛开面前的问题去做其他的事情时，百思不得其解的答案却突然出现在我们面前，令我们忍不住发出类似阿基米德的惊叹，这时，酝酿效应就绽开了思维之花，结出了答案之果。“山重水复疑无路，柳暗花明又一村”正是这一心理的写照。

在考试复习的时候，我也遇到过这种情况，有些问题我怎么也想不明白，怎么也记不住，后来转身去做其他事，突然间就反应过来了。

比如，记视同销售货物（见表4-1）这个考点时，我怎么也记不住，尤其是“（4）将自产、委托加工的货物用于集体福利或者个人消费”“（5）将自产、委托加工或者‘购进’的货物作为投资，提供给其他单位或者个体工商户”“（6）将自产、委托加工或者‘购进’的货物分配给股东或者投资者”“（7）将自产、委托加工或者‘购进’的货物无偿赠送其他单位或者个人”这几句话我经常搞混。

表4-1　**视同销售货物**

视同销售货物	（1）将货物交付其他单位或者个人代销； （2）销售代销货物； （3）设有两个以上机构并实行统一核算的纳税人，将货物从一个机构移送至其他机构用于销售，但相关机构设在同一县（市）的除外； （4）将自产、委托加工的货物用于集体福利或者个人消费； （5）将自产、委托加工或者“购进”的货物作为投资，提供给其他单位或者个体工商户； （6）将自产、委托加工或者“购进”的货物分配给股东或者投资者； （7）将自产、委托加工或者“购进”的货物无偿赠送其他单位或者个人

后来有一天，我突然间想明白了，只要是公司自产的产品，不管给谁都是视同销售；如果是公司外购的产品，给了公司内部，比如职工福利、个人消费就不是视同销售，而是进项税额转出；如果是给了外部，比如其他单位或者股东、投资者，就是视同销售。

委托加工的货物跟自产是一样的，自产、委托加工的货物与外购的货物用途对比见表4–2。

表4–2　　自产、委托加工的货物与外购的货物用途对比①

用途	自产、委托加工的货物	外购的货物
集体福利或者个人消费	√	×
投资	√	√
分配	√	√
无偿赠送	√	√

想明白了以后，像下面这种题，一般都是秒答。

【多选题】增值税一般纳税人的下列行为中，应视同销售货物，征收增值税的有（　　）。

A.食品厂将自产的月饼发给职工作为中秋节的福利

B.商场将购进的服装发给职工用于运动会入场式

C.计算机生产企业将自产的计算机分配给投资者

D.纺织厂将自产的窗帘用于职工活动中心

【答案】ACD

【解析】选项ACD，自产和委托加工的货物，无论“对内”“对外”均视同销售；选项B，外购货物“对内”（用于集体福利），进项税额不得抵扣。

所以，我们在学习的时候，要努力思考，一定不要钻牛角尖，一旦钻了牛角尖，你就出不来了。想不明白的问题，可以先放一放。

有一些同学特别急躁，当某个考点看书看不懂、听老师讲课也听不明白的时候，就很着急。他们可能会这样想，我听了好几遍，都没听懂，应该是这个老师讲课不行，结果，换了老师以后，还是听不懂，于是再换老师。最后这个老师听一下，那个老师听一下，结果是哪个老师的课都没听完。

再强调一遍，如果哪个考点怎么也弄不明白时，可以先放下，看其他的考点，甚至可以看其他的学科。让思维进入酝酿的过程，所谓酝酿并不是停止思考，而是把以前的思维方式转入潜意识层面，通过潜意识对储存在记忆里的相

① 注：表中的“√”表示视同销售，“×”表示不视同销售。

关信息进行组合，从而让人顿悟。

从这个角度来看，那些平时不烧香，想临时抱佛脚的同学，可能要绝望了。有些东西，你在短期内是不可能弄明白的，就像酿酒一样，它必须有一个酝酿的过程。

本章考点笔记精华

税收基本概念

【考点4.1】税收与税法（见表4-3）

表4-3 **税收与税法**

税收	税收的概念	税收是指以国家为主体，为实现国家职能，凭借政治权力，按照法定标准，无偿取得财政收入的一种特定分配形式
	税收的特征	税收三性： （1）强制性 （2）无偿性 （3）固定性
税法	税法的概念	税法，是调整税收关系的法律规范的总称，即调整国家与社会成员在征纳税上的权利与义务关系
	税收法律关系	征税主体：税务机关
		纳税主体：纳税人、扣缴义务人、纳税担保人
		内容：权利、义务
		客体：指向对象

【单选题】下列关于税收与税法的说法中，正确的是（　　）。

A.税收的特征包括强制性、固定性和有偿性

B.征税主体包括各级税务机关和海关

C.纳税主体仅指纳税义务人

D.税法是指以国家为主体，为实现国家职能，凭借政治权力，按照法定标准，无偿取得财政收入的一种特定分配形式

【答案】B

【解析】选项A，税收的特征为强制性、固定性和无偿性；选项C，纳税主体包括纳税人、扣缴义务人和纳税担保人；选项D，此表述为税收的概念。

【考点4.2】税收实体法的构成要素（见表4-4）

表4-4　　　　税收实体法的构成要素

<table>
<tr><td>1.纳税义务人（纳税人）</td><td>“纳税”主体</td><td>依法“直接”负有纳税义务的自然人、法人和其他组织。
区别于：负税人——税收的实际负担者
扣缴义务人——负有代扣税款并向国库缴纳义务的单位（和个人）</td></tr>
<tr><td>2.征税对象（课税对象）</td><td colspan="2">区别不同税种的重要标志</td></tr>
<tr><td rowspan="7">3.税率</td><td colspan="2">计算税额的尺度，是税收法律制度中的“核心要素”</td></tr>
<tr><td colspan="2">我国现行的税率主要有：比例税率、定额税率、累进税率</td></tr>
<tr><td>（1）比例税率</td><td>对同一征税对象，不论数量多少、数额大小均按同一比例征税的税率</td></tr>
<tr><td>（2）定额税率（固定税额）</td><td>按征税对象的单位直接规定固定的税额，而不采取百分比的形式</td></tr>
<tr><td>（3）累进税率</td><td>根据征税对象数额的逐渐增大，按不同等级逐步提高的税率。即征税对象数额越大，税率越高。
【注意】我国现行税法体系采用的累进税率形式包括：超额累进税率、超率累进税率</td></tr>
<tr><td>①超额累进税率</td><td>将征税对象数额的逐步递增划分为若干等级，按等级规定相应的递增税率，对每个等级分别计算税额。
代表税种：个人所得税中的工资、薪金所得。
【举例】某纳税人本月应纳税所得额为8 000元，其适用下表中所列的超额累进税率：
<table><tr><td colspan="3">假设某三级超额累进税率表</td></tr><tr><td>级数</td><td>全月应纳税所得额(元)</td><td>税率(%)</td></tr><tr><td>1</td><td>5 000(含)以下</td><td>10</td></tr><tr><td>2</td><td>5 000～20 000(含)</td><td>20</td></tr><tr><td>3</td><td>20 000以上</td><td>30</td></tr></table>【答案】该纳税人本月应纳税额=5 000×10%+3 000×20%=1 100(元)</td></tr>
<tr><td>②超率累进税率</td><td>按征税对象的某种递增比例划分若干等级，按等级规定相应的递增税率，对每个等级分别计算税额。
代表税种：土地增值税</td></tr>
<tr><td rowspan="2">4.计税依据</td><td>(1)从价计征</td><td>应纳税额=计税金额×适用税率</td></tr>
<tr><td>(2)从量计征</td><td>应纳税额=计税数量×单位适用税额
【注意】我国执行的计税依据中，还包括“复合计征”，比如卷烟的消费税，既有从价部分，又有从量部分</td></tr>
<tr><td>5.纳税环节</td><td>征税对象流转过程中应当缴纳税款的环节</td><td>【注意】增值税——多环节纳税，消费税——单一环节纳税</td></tr>
<tr><td>6.纳税期限</td><td colspan="2">依法缴纳税款的期限</td></tr>
<tr><td>7.纳税地点</td><td colspan="2">申报缴纳税款的地点</td></tr>
</table>

续表

8.税收优惠	国家对某些纳税人和征税对象给予“鼓励”和“照顾”的特殊规定	
	（1）减税和免税	①减税是对应纳税款少征一部分税款 ②免税是对应纳税额全部免征 ③类型：长期减免税项目、一定期限的减免税措施
	（2）起征点	征税对象开始征税的数额界限。征税对象的数额“未达到”起征点的“不征税”，“达到或超过”起征点的就其“全部数额”征税
	（3）免征额	征税对象总额中免予征税的数额，只就减除后的“剩余部分”计征税款 【注意】区别起征点和免征额 【举例】假设某税种，税率为10%，A、B、C三人的征税对象数额分别为A：999元；B：1 000元；C：1 001元。 假设：该税种起征点为1 000元 A应纳税额=0 B应纳税额=1 000×10%=100（元）（达到或超过起征点的全额纳税） C应纳税额=1 001×10%=100.1（元） 假设：上例中的1 000元为免征额 A应纳税额=0 B应纳税额=0（只对超过免征额部分纳税） C应纳税额=（1 001-1 000）×10%=0.1（元）
9.法律责任	对违反国家税法规定的行为人（纳税人和税务人员）采取的处罚措施	

1.【单选题】下列各项中，属于税法核心要素的是（　　）。

A.计税依据　　B.征税对象

C.税目　　D.税率

2.【多选题】下列各项中，属于我国税率形式的有（　　）。

A.比例税率　　B.定额税率

C.全额累进税率　　D.全率累进税率

1.【答案】D

2.【答案】AB

【解析】我国的税率形式包括“超额累进税率、超率累进税率”。

【考点4.3】征税主体（见表4-5）

表4-5　征税主体

征税主体	我国目前的征税主体，包括各级税务机关和海关
税务机关	税务机关是我国主要的征税主体，除由海关征收和委托海关代征的税种外，其他税种由税务机关负责征收
由海关负责征收的税种	关税、船舶吨税、委托代征的进口环节增值税和消费税

【多选题】根据税收法律制度的规定，下列税种中由海关负责征收的有（　　）。

A.关税　　B.增值税

C.契税　　D.船舶吨税

【答案】AD

【解析】选项AD，由海关负责征收；选项C，由税务机关负责征收；选项B，分为进口环节和国内流转环节，进口环节的增值税由海关负责征收，国内流转环节的增值税由税务机关负责征收，在不做特别强调的情况下，认定为国内流转环节的增值税。

增值税纳税人、征税范围与税率、征收率

【考点4.4】纳税人与扣缴义务人

根据纳税人的经营规模以及会计核算健全程度的不同，增值税的纳税人，可以划分为小规模纳税人和一般纳税人，见表4-6。

表4-6　纳税人与扣缴义务人

项目	小规模纳税人	一般纳税人
标准	年应税销售额500万元及以下 年应税销售额，是指纳税人在连续不超过12个月或4个季度的经营期内，累计应征增值税销售额，包括纳税申报销售额、稽查查补销售额、纳税评估调整销售额	超过小规模纳税人认定标准
特殊情况	(1)个人(非个体户)； (2)按照政策规定，选择按照小规模纳税人纳税的，不得登记为一般纳税人	小规模纳税人会计核算健全，可以申请登记为一般纳税人
计税规定	简易征税：一般不得使用增值税专用发票，全面推行小规模纳税人自行开具增值税专用发票	执行税款抵扣制； 可以使用增值税专用发票

【注意】除国家税务总局另有规定外，纳税人一经登记为一般纳税人后，一般不得转为小规模纳税人。

已登记为一般纳税人的单位和个人，转登记日前连续12个月或者连续4个季度累计销售额未超过500万元的，在2020年12月31日前，可选择转登记为小规模纳税人，其未抵扣的进项税额作转出处理。

【单选题】下列关于增值税纳税人的说法中，错误的是（　　）。

A.年应税销售额在500万元（含）以下的企业，为小规模纳税人

B.小规模纳税人会计核算健全，能提供准确税务资料的，可申请不作为小规模纳税人

C.除国家税务总局另有规定外，已登记为小规模纳税人的企业不得再转为

一般纳税人

D.其他个人不得申请登记为一般纳税人

【答案】C

【解析】除国家税务总局另有规定外，纳税人一经登记为一般纳税人后，不得转为小规模纳税人。

【考点4.5】征税范围（见表4-7）

征税范围：在我国境内“销售或者进口货物，提供加工、修理修配劳务”+“销售服务、无形资产或者不动产”。

表4-7 征税范围

(一)销售或者进口货物	1.货物:指“有形动产”,包括电力、热力、气体	
	2.有偿:指从购买方取得货币、货物或者“其他经济利益”	
(二)提供加工、修理修配劳务	【注意1】加工、修理的对象为有形动产	
	【注意2】单位或个体工商户聘用的员工为本单位或雇主提供加工、修理修配劳务,不包括在内	
(三)销售服务、无形资产或者不动产	1.交通运输服务	包括:陆路运输、水路运输、航空运输、管道运输
		【注意1】出租车公司向使用本公司自有出租车的出租车司机收取的管理费用,属于“陆路运输服务”
		【注意2】远洋运输的“程租”“期租”业务属于“水路运输服务”;航空运输的“湿租”业务属于“航空运输服务”。 远洋运输的“光租”业务、航空运输的“干租”业务属现代服务——租赁服务税目
		【理解】实质重于形式:程租、期租、湿租是连人带交通工具一起租,实质是提供运输服务;干租、光租是只租交通工具不带人,实质是租赁
		举例:某运输公司发生两项业务:1.承接了某公司年会租车业务,提供车辆及司机;2.提供五一黄金周自驾游车辆出租业务。 业务1:按“交通运输服务”征收增值税; 业务2:按“现代服务——租赁服务——有形动产租赁服务”征收增值税
		【注意3】无运输工具承运业务,按“交通运输服务”缴纳增值税
	2.邮政服务	(1)邮政普遍服务 (2)邮政特殊服务 (3)其他邮政服务
		【注意】“邮政储蓄业务”按“金融服务”征收增值税
	3.电信服务	(1)基础电信服务:通话;出租带宽等 (2)增值电信服务:短信;互联网接入;卫星电视信号落地转接等

<table>
<tr><td rowspan="9">(三)销售服务、无形资产或者不动产</td><td rowspan="3">4.建筑服务</td><td colspan="2">(1)工程服务
(2)安装服务
(3)修缮服务
(4)装饰服务
(5)其他建筑服务</td></tr>
<tr><td colspan="2">【注意1】“固定电话、有线电视、宽带、水、电、燃气、暖气”等经营者向用户收取的“安装费、初装费、开户费、扩容费”以及类似收费,按照“建筑服务——安装服务”缴纳增值税</td></tr>
<tr><td colspan="2">【注意2】“疏浚”属于“其他建筑服务”,但“航道疏浚”属于“物流辅助服务”</td></tr>
<tr><td rowspan="3">5.金融服务</td><td colspan="2">(1)贷款服务
(2)直接收费金融服务
(3)保险服务
(4)金融商品转让</td></tr>
<tr><td colspan="2">【注意1】“融资性售后回租”属于“金融服务——贷款服务”;“融资租赁”属于“现代服务——租赁服务”。同时“融资租赁”仍需进一步分为“动产融资租赁”和“不动产融资租赁”,前者适用13%的税率,后者适用9%的税率</td></tr>
<tr><td colspan="2">【注意2】以“货币投资”收取“固定利润或保底利润”按照“金融服务——贷款服务”缴纳增值税</td></tr>
<tr><td rowspan="3">6.现代服务(生产性)</td><td>研发和技术服务</td><td>研发服务、合同能源管理服务、工程勘察勘探服务、专业技术服务
【注意1】工程勘察勘探服务,属于研发和技术服务
【注意2】原本税目下的“技术转让服务”按照“销售无形资产”征收增值税;“技术咨询服务”按照“鉴证咨询服务”征收增值税</td></tr>
<tr><td>信息技术服务</td><td>软件服务、电路设计及测试服务、信息系统服务、业务流程管理服务和信息系统增值服务</td></tr>
<tr><td>文化创意服务</td><td>设计服务、知识产权服务、广告服务和会议展览服务
【注意】此税目下的“商标和著作权转让服务”按“销售无形资产”征收增值税</td></tr>
</table>

续表

(三)销售服务、无形资产或者不动产	6. 现代服务(生产性)	物流辅助服务	航空服务、港口码头服务、货运客运场站服务、打捞救助服务、仓储服务、装卸搬运服务和收派服务 【注意1】此税目下的“货物运输代理服务、代理报关服务”按“商务辅助服务——经纪代理服务”征收增值税 【注意2】“货运客运场站服务”中的“车辆停放服务”属于“不动产租赁服务”	
		租赁服务	融资租赁服务	有形动产融资租赁、不动产融资租赁
			经营租赁服务	有形动产经营租赁、不动产经营租赁
			【注意1】“租赁服务”分为“动产租赁”和“不动产租赁”,分别适用不同税率 【注意2】“车辆停放服务”“道路通行服务(过路过桥过闸费)”属于“不动产经营租赁服务” 【注意3】将动产、不动产上的广告位出租,属于“经营租赁服务” 【注意4】“融资性售后回租”属于“金融服务——贷款服务”	
		鉴证咨询服务	认证服务、鉴证服务和咨询服务 【注意1】“技术咨询服务”属于此税目 【注意2】“翻译服务、市场调查服务”属于此税目 【注意3】此税目下的“代理记账服务”按“商务辅助服务——经纪代理服务”缴纳增值税	
		广播影视服务	广播影视节目的制作服务、发行服务和播映服务 【注意】“广告的制作、发布”均属于“文化创意服务——广告服务”	
		商务辅助服务	企业管理服务、经纪代理服务、人力资源服务、安全保护服务 【注意1】“代理报关服务、代理记账服务”均属于“经纪代理服务” 【注意2】“无运输工具承运”属于“交通运输服务”	
		其他现代服务	除上述8项以外的现代服务	

续表

(三)销售服务、无形资产或者不动产	7.生活服务	文化体育服务、教育医疗服务、旅游娱乐服务、餐饮住宿服务、居民日常服务、其他生活服务
	8.销售无形资产	技术、商标、著作权、商誉、自然资源使用权和其他权益性无形资产(如土地使用权)
		【注意】"技术转让"属于此税目
	9.销售不动产	【注意】转让不动产时一并转让其所占土地的使用权的,按照"销售不动产"缴纳增值税

1.【单选题】纳税人以货币投资收取固定利润或保底利润按照(　　)征收增值税。

A.贷款服务　　　　B.直接收费金融服务

C.保险服务　　　　D.金融商品转让

2.【单选题】下列行为中,应当一并按销售货物征收增值税的是(　　)。

A.银行从事存、贷款业务并销售金、银

B.百货商店销售商品同时负责运输

C.建筑公司提供建筑业劳务的同时销售自产水泥预制构件等建筑材料

D.餐饮公司提供餐饮服务的同时销售酒水

3.【多选题】下列各项中按照"现代服务"缴纳增值税的有(　　)。

A.邮政储蓄服务　　　　B.文化体育服务

C.融资租赁服务　　　　D.物业管理服务

4.【多选题】下列关于增值税征税范围的说法中,正确的有(　　)。

A.邮政储蓄服务按"邮政服务"征收增值税

B.基础电信服务按"电信服务"征收增值税

C.增值电信服务按"电信服务"征收增值税

D.鉴证咨询服务按"现代服务"征收增值税

5.【多选题】下列关于增值税征税范围的说法中,错误的有(　　)。

A.语音通话服务和出租带宽业务属于基础电信服务

B.短信和彩信服务属于基础电信服务

C.互联网接入服务属于基础电信服务

D.卫星电视信号落地转接服务属于增值电信服务

6.【多选题】下列关于增值税征税范围的说法中,错误的有(　　)。

A.出租车公司向使用本公司自有出租车的出租车司机收取的管理费用,属于交通运输服务

B.固定电话安装属于电信服务

C.融资性售后回租属于现代服务——租赁服务

D.以货币投资收取固定利润或保底利润属于金融服务——贷款服务

7.【多选题】下列关于增值税征税范围的说法中，错误的有（　　）。

A.融资租赁属于金融服务

B.专利技术转让属于现代服务——研发和技术服务

C.商标和著作权转让服务属于现代服务——文化创意服务

D.货物运输代理服务、代理报关服务属于现代服务——物流辅助服务

8.【多选题】下列关于增值税征税范围的说法中，错误的有（　　）。

A.技术咨询服务属于现代服务——鉴证咨询服务

B.广告的发布属于现代服务——广播影视服务

C.代理记账服务属于现代服务——商务辅助服务

D.无运输工具承运属于现代服务——商务辅助服务

9.【多选题】下列关于增值税征税范围的说法中，错误的有（　　）。

A.航道疏浚服务属于建筑服务

B.工程勘察勘探服务属于建筑服务

C.车辆停放服务属于物流辅助服务

D.道路通行服务属于交通运输服务

10.【多选题】下列各项中，按照“金融服务——直接收费金融服务”缴纳增值税的有（　　）。

A.融资性售后回租　　B.银行卡收单业务手续费

C.转让外汇　　D.承兑银行承兑汇票收取的手续费

11.【多选题】下列各项中，按照“生活服务”缴纳增值税的有（　　）。

A.市容市政管理服务　　B.物业管理服务

C.文化创意服务　　D.家政服务

1.【答案】A

2.【答案】B

【解析】选项A，银行主要从事“金融服务”，销售金银属于“销售货物”，银行提供“金融服务”和销售金银属于“多元化”经营，两者并非一项业务，既不同时发生，也无从属关系，属于兼营行为，应当分别核算，分别纳税；选项B，销售商品属于“销售货物”，运输商品属于“交通运输服务”，但销售商品和提供运输属于一项业务，同时发生，有从属关系，经营主体百货商店以从事货物批发或零售为主，应当按“销售货物”缴纳增值税；选项C，纳税人销售活动板房、机器设备、钢结构件等自产货物的同时提供建筑、安装服务，不属于混合销售，应分别核算货物和建筑服务的销售额，分别适用

不同的税率或者征收率；选项D，提供餐饮服务属于“生活服务”，销售酒水属于“销售货物”，但提供餐饮服务和销售酒水属于一项业务，同时发生，有从属关系，经营主体餐饮公司以提供餐饮服务为主，应当按“生活服务”缴纳增值税。

3.【答案】CD

【解析】选项A，属于“金融服务”；选项B，属于生活服务；选项C，属于“现代服务——租赁服务”；选项D，属于“现代服务——商务辅助服务（企业管理服务）”。

4.【答案】BCD

【解析】选项A，属于“金融服务”。

5.【答案】BC

【解析】选项BC，属于增值电信服务。

6.【答案】BC

【解析】选项B，属于“建筑服务——安装服务”；选项C，属于“金融服务——贷款服务”。

7.【答案】ABCD

【解析】选项A，属于“现代服务——租赁服务”；选项BC，属于“销售无形资产”；选项D，属于“现代服务——商务辅助服务（经纪代理服务）”。

8.【答案】BD

【解析】选项B，属于“现代服务——文化创意服务（广告服务）”；选项D，属于“交通运输服务”。

9.【答案】ABCD

【解析】选项A，属于“现代服务——物流辅助服务”；选项B，属于“现代服务——研发和技术服务”；选项CD，属于“现代服务——租赁服务（不动产经营租赁服务）”。

10.【答案】BD

【解析】选项A，属于“金融服务——贷款服务”；选项C，属于“金融服务——金融商品转让”；选项BD，银行提供信用卡、资金结算、资金清算、金融支付等服务，而直接取得的收入属于“金融服务——直接收费金融服务”。

11.【答案】AD

【解析】选项AD，属于“生活服务——居民日常服务”；选项B，属于“现代服务——商务辅助服务（企业管理服务）”；选项C，属于“现代服务——文化创意服务”。

【考点4.6】视同销售（见表4-8、表4-9）

表4-8　视同销售

1.视同销售货物	（1）将货物交付其他单位或者个人代销； （2）销售代销货物； （3）设有两个以上机构并实行统一核算的纳税人，将货物从一个机构移送至其他机构用于销售，但相关机构设在同一县（市）的除外； （4）将自产、委托加工的货物用于集体福利或者个人消费； （5）将自产、委托加工或者“购进”的货物作为投资，提供给其他单位或者个体工商户； （6）将自产、委托加工或者“购进”的货物分配给股东或者投资者； （7）将自产、委托加工或者“购进”的货物无偿赠送其他单位或者个人
2.视同销售服务、无形资产或不动产	（1）单位或者个体工商户向其他单位或者个人“无偿”提供服务； （2）单位或者个人向其他单位或者个人“无偿”转让无形资产或者不动产。 【注意】用于“公益事业”或者以“社会公众”为对象的除外

表4-9　视同销售货物的用途①

用途	自产、委托加工的货物	外购的货物
集体福利或者个人消费	√	×
投资	√	√
分配	√	√
无偿赠送	√	√

【单选题】下列各项中，应当按销售货物征收增值税的是（　　）。

A.提供贷款服务　　B.销售房地产

C.将自产电视机无偿赠送他人　　D.将房屋出租

【答案】C

【解析】选项A，按“金融服务”征收增值税；选项B，按“销售不动产”征收增值税；选项C，将自产货物用于投资、赠送、分配股利，视同销售；选项D，按“租赁服务”征收增值税。

① 注：表中的“√”表示视同销售，“×”表示不视同销售。

【考点4.7】混合销售与兼营（见表4-10）

表4-10　混合销售与兼营

项目	行为特征	分类	判定标准	税务处理	典型案例
混合销售	“一项”销售行为既涉及货物又涉及服务	货物混合销售	经营主体从事货物生产、批发或零售	按销售货物缴纳增值税	超市销售货物同时提供送货服务
		服务混合销售	经营主体从事其他行业	按提供服务缴纳增值税	娱乐场所销售烟、酒、饮料
兼营	纳税人“多元化”经营，既涉及货物又涉及服务	增值税不同税目混业经营	不同时发生在同一购买者身上，也不发生在同一项销售行为中	分别核算分别缴纳；未分别核算“从高”适用税率	商场经营美食城

【简化记忆】判断混合销售的关键是“同时”；判断兼营的关键是“并”。

自2017年5月起，纳税人销售活动板房、机器设备、钢结构件等自产货物的同时提供建筑、安装服务，不属于混合销售，应分别核算货物和建筑服务的销售额，分别适用不同的税率或征收率。

1.【单选题】关于纳税人销售活动板房、机器设备、钢结构件等自产货物的同时提供建筑、安装服务，增值税税务处理的下列说法中正确的是（　　）。

A.属于混合销售

B.全部销售额按销售货物缴纳增值税

C.全部销售额按提供建筑服务缴纳增值税

D.应分别核算货物和建筑服务的销售额，分别适用不同的税率或者征收率

2.【单选题】某橡胶制品厂（增值税一般纳税人）2020年3月份销售生活用橡胶制品113万元（含税），销售避孕用具50万元，当月购入生产用原材料一批，取得增值税专用发票上注明税款6.8万元，生活用橡胶制品与避孕用品无法划分耗料情况，则该橡胶制品厂当月应纳增值税是（　　）。

A.11.73万元　　B.8.47万元

C.9.20万元　　D.16.86万元

3.【多选题】根据增值税法律制度的规定，下列关于混合销售与兼营的说法中正确的有（　　）。

A.混合销售是指一项销售行为既涉及货物又涉及服务

B.兼营是指纳税人的经营范围既包括销售货物和应税劳务，又包括销售服务、无形资产或者不动产

C.花店销售鲜花并承接婚庆服务业务，该行为属于货物混合销售应当一并按照销售货物缴纳增值税

D.纳税人兼营不同税目应税项目应当分别核算应纳税额

1.【答案】D

【解析】纳税人销售活动板房、机器设备、钢结构件等自产货物的同时提供建筑、安装服务，不属于混合销售，应“分别核算”货物和建筑服务的销售额，“分别适用”不同的税率或者征收率。

2.【答案】B

【解析】纳税人兼营免税项目或免征增值税项目无法准确划分不得抵扣的进项税额部分，按公式计算不得抵扣的进项税额=当月无法划分的全部进项税额×（当期简易计税方法计税项目销售额＋免征增值税项目销售额）÷当月全部销售额，不得抵扣的进项税额=6.8×50÷［113÷（1＋13%）＋50］=2.27（万元），应纳税额=113÷（1＋13%）×13%-（6.8-2.27）=8.47（万元）。

3.【答案】ABD

【解析】选项C，属于兼营，应分别核算增值税税额。

【考点4.8】不征收增值税的特殊规定（见表4-11）

表4-11 不征收增值税的特殊规定

应税服务不包括“非营业活动”中提供的应税服务	(1)行政单位收取的满足条件的政府性基金或者行政事业性收费； (2)单位或者个体工商户聘用的员工为本单位或者雇主提供取得工资的服务； (3)单位或者个体工商户为聘用的员工提供服务
右列情形不属于在境内提供应税服务	(1)境外单位或者个人向境内单位或者个人销售“完全在境外”发生的服务； (2)境外单位或者个人向境内单位或者个人销售“完全在境外”使用的无形资产； (3)境外单位或者个人向境内单位或者个人出租“完全在境外”使用的有形动产
其他不征收增值税的项目	(1)根据国家指令无偿提供的铁路运输服务、航空运输服务，属于《营业税改征增值税试点实施办法》规定的用于公益事业的服务； (2)存款利息； (3)被保险人获得的保险赔付； (4)房地产主管部门或者其指定机构、公积金管理中心、开发企业以及物业管理单位代收的住宅专项维修资金

【考点4.9】税率及"跨境"行为"零税率"项目（见表4-12、表4-13）

表4-12　税率

税率	内容
13%	（1）销售和进口除执行9%低税率的货物以外的货物； （2）全部的加工、修理修配劳务； （3）有形动产租赁服务
9%	设置低税率的根本目的是鼓励消费，或者说是保证消费者对基本生活必需品的消费
	（1）粮食、食用植物油、食用盐、农产品； （2）自来水、暖气、冷气、热水、煤气、石油液化气、天然气、沼气、居民用煤炭制品； （3）图书、报纸、杂志、音像制品、电子出版物； （4）饲料、化肥、农药、农机、农膜、二甲醚 【总结】低税率四大类：基本温饱、精神文明、农业生产、生活用能源
	【注意1】低税率中的农产品是指"一般纳税人"销售或进口农产品 【注意2】执行低税率粮食及农产品为"初级农产品"（包括面粉），不包括再加工的产品，如淀粉、方便面、速冻水饺 【注意3】"农产品、食用盐、居民用煤炭制品、农机"易成为命题点
	交通运输、邮政、基础电信、建筑、不动产租赁服务、销售不动产、转让土地使用权
6%	增值电信、金融、现代服务（租赁除外）、生活服务、销售无形资产（转让土地使用权除外）
0	（1）纳税人"出口"货物，税率为零；但是，国务院另有规定的除外。 （2）单位和个人提供的"跨境应税行为"税率为零

表4-13　"跨境"行为"零税率"项目

服务项目	具体内容	
国际运输服务		
航天运输服务		
向境外单位提供的完全在境外消费的部分服务	研发和技术服务	研发服务；合同能源管理服务
	信息技术服务	软件服务；电路设计及测试服务；信息系统服务；业务流程管理服务；离岸服务外包业务
	文化创意服务	设计服务
	广播影视服务	广播影视节目（作品）的制作和发行服务
	销售无形资产	转让技术
	【提示】现代服务和销售无形资产中"技术含量较高"的部分服务、无形资产	

1.【单选题】下列各项中，增值税税率为13%的是（　　）。

A.销售不动产　　B.提供加工、修理修配劳务

C.提供租赁服务　　D.提供交通运输服务

2.【单选题】增值税一般纳税人销售下列货物适用9%税率的是（　　）。

A.典当业销售死当物品　　B.旧货

C.古旧图书　　　　　　　　　　　　D.农产品

3.【单选题】下列关于增值税税率的表述中，不正确的是（　　）。

A.煤炭适用9%的税率　　　　　　　B.图书适用9%的税率

C.服装适用13%的税率　　　　　　D.农机配件适用13%的税率

4.【单选题】北京市甲工程机器租赁公司为增值税一般纳税人，2020年11月，向本市某建筑公司出租工程用设备1台（经营性租赁），取得不含税租金收入100万元，并按规定开具增值税专用发票，当月购入出租用工程车一辆，取得增值税专用发票，注明不含税价款80万元，经过税务机关认证，甲公司当月应缴纳增值税的下列计算中，正确的是（　　）。

A.100×13%=13（万元）　　　　　B.100×13%-80×13%=2.6（万元）

C.0　　　　　　　　　　　　　　D.100×6%=6（万元）

5.【多选题】下列货物销售，适用9%增值税税率的有（　　）。

A.一般纳税人销售饲料　　　　　　B.一般纳税人销售古旧图书

C.一般纳税人销售养殖的水产品　　D.小规模纳税人进口食用植物油

6.【多选题】纳税人提供的下列应税服务，适用增值税零税率的有（　　）。

A.国际运输服务

B.国际货物运输代理服务

C.在境外提供的研发服务

D.在境外提供的广播影视节目的播映服务

1.【答案】B

【解析】选项A，适用9%的税率；选项B，适用13%的税率；选项C，分别动产租赁适用13%的税率，不动产租赁适用9%的税率；选项D，适用9%的税率。

2.【答案】D

【解析】选项A，暂按简易办法依照3%征收率计算缴纳增值税；选项B，按简易办法依照3%征收率减按2%征收增值税；选项C，属于增值税免税项目；选项D，"一般纳税人"销售农产品，按9%的税率征收增值税。

3.【答案】A

【解析】选项A，居民用煤炭制品，适用9%的税率，工业用煤炭制品，适用13%的税率；选项B，适用9%的税率；选项C，适用13%的税率；选项D，农机适用9%的税率，但农机配件适用13%的税率。

4.【答案】B

【解析】有形动产租赁适用税率13%，购入工程车取得专用发票增值税进项税额可以抵扣。

5.【答案】 ACD

【解析】 选项B，免征增值税；选项D，进口环节不区分一般纳税人和小规模纳税人，一律按照适用税率征收增值税，食用植物油适用9%的增值税税率。

6.【答案】 AC

【解析】 选项A，适用“零税率”；选项C，属于适用“零税率”的跨境行为；选项BD，属于适用“免税”规定的跨境行为。

【考点4.10】征收率

（一）3%征收率（见表4-14）

表4-14　3%征收率

<table>
<tr><td rowspan="5">3%征收率</td><td rowspan="3">（1）小规模纳税人</td><td>除销售旧货、自己使用过的固定资产、取得不动产和进口货物外的应税行为
【理解】旧货，是指进入二次流通的具有部分使用价值的货物，但不包括自己使用过的物品
【注意】小规模纳税人“销售旧货和自己使用过的固定资产”减按2%征收；进口货物不区分纳税人，一律按适用税率计算纳税</td></tr>
<tr><td>自2021年4月1日至12月31日，对湖北省增值税小规模纳税人，适用3%征收率的应税销售收入，免征增值税。除湖北省外，其他省、自治区、直辖市的增值税小规模纳税人，适用3%征收率的应税销售收入，减按1%征收率征收增值税</td></tr>
<tr><td>①自2021年4月1日至2022年12月31日，增值税小规模纳税人，月销售额不超过“15万元”（按季纳税，季销售额不超过45万元）免征。
月销售额超过15万元，但是扣除本期销售不动产的销售额后未超过15万元的，其销售货物、劳务、服务、无形资产取得的销售额免征增值税
②其他个人出租不动产，月租金收入不超过15万元的，可享受小微企业免征增值税的优惠政策</td></tr>
<tr><td rowspan="2">（2）一般纳税人</td><td>下列销售行为，按照3%的征收率纳税（了解）
①寄售商店代销寄售物品（寄售代销）
②典当业销售死当物品（死当销售）</td></tr>
<tr><td>一般纳税人销售下列自产货物，可选择按照3%的征收率纳税：
①县级及以下小型水力发电单位生产的电力；
②建筑用和生产建筑材料所用的砂、土、石料；
③以自己采掘的砂、土、石料或其他矿物连续生产的砖、瓦、石灰；
④用微生物、人或动物的血液或组织等制成的生物制品；
⑤自来水；
⑥商品混凝土
【简化记忆】水、电、生物制品、建材
【注意1】上述6项内容是否执行3%的征收率由纳税人选择，如：自来水可以选择执行13%的税率，也可以执行3%的征收率，执行13%的税率可以抵扣进项税额，执行3%的征收率按简易办法征税
【注意2】选择简易办法后，“36个月”内不得变更</td></tr>
</table>

续表

3%征收率	(3)“营改增”行业一般纳税人	“营改增”行业一般纳税人“可以选择”适用简易计税方法的应税行为： ①公共交通运输服务 ②动漫产品的设计、制作服务，以及在境内转让动漫版权 ③电影放映服务、仓储服务、装卸搬运服务、收派服务 ④文化体育服务 ⑤以“营改增”试点前取得的有形动产，提供的“有形动产经营租赁服务” ⑥“营改增”试点前签订的，尚未执行完毕的“有形动产租赁”合同 【记忆口诀】一个快递员快乐的一天： 上班——从“仓库”中“搬”出快件，开着“租来的电动车”，去“派件”； 下班——坐“公交车”去“体育馆”看“熊出没”大“电影”

【多选题】增值税一般纳税人提供下列应税服务，可以选择使用简易计税方法计税的有（　　）。

A.公共交通运输　　　　B.电影发行服务

C.装卸搬运服务　　　　D.收派服务

【答案】ACD

【解析】电影放映服务可以选择使用简易计税方法计税。

（二）依照3%征收率减按“2%”征收（见表4-15）

表4-15　　依照3%征收率减按“2%”征收

销售		一般纳税人	小规模纳税人
自己使用过的物品	自己使用过的固定资产	按规定不得抵扣且未抵扣过进项税额的固定资产：按照简易办法依照3%征收率减按2%征收增值税	减按2%征收率征收增值税
		按规定允许抵扣进项税额的固定资产：按照适用税率征收增值税	
	自己使用过的除固定资产以外的物品	按照适用税率征收增值税	按3%征收率征收增值税
旧货	除二手车以外的旧货	按照简易办法依3%征收率减按2%征收增值税	
	二手车	由原按照简易办法依3%征收率减按2%征收增值税，改为减按0.5%征收增值税 销售额=含税销售额÷（1+0.5%） 应纳税额=销售额×0.5%	

注：个人销售旧货，自己使用过的物品，免增值税。

（三）5%征收率（见表4-16）

表4-16　　5%征收率

5%征收率	(1) 小规模纳税人转让其取得的不动产，按照5%的征收率征收增值税（全额计税） (2) 小规模纳税人出租其取得的不动产（不含个人出租住房及住房租赁企业向个人出租住房），按照5%的征收率征收增值税（全额计税） (3) 房地产开发企业（小规模纳税人）销售自行开发的房地产项目，按照5%的征收率征收增值税（全额计税） (4) 住房租赁企业中的增值税小规模纳税人向个人出租住房，按照5%的征收率减按1.5%计算缴纳增值税

个人将购买的住房对外进行销售的政策（见表4-17）：

表4-17　　个人将购买的住房对外进行销售的政策

购置时间	地区	住房性质	税务处理
个人将购买不足2年的住房对外销售	不区分地区	不区分住房性质	按5%征收率全额缴纳增值税
个人将购买2年以上（含2年）的住房对外销售	北京、上海、广州、深圳	非普通住房	以销售收入减去购买住房价款后的差额，按照5%征收率缴纳增值税
		普通住房	免征增值税
	其他地区	不区分住房性质	免征增值税

注：深圳市自2020年7月15日起、上海市自2021年1月22日起、广州市9个区自2021年4月22日起，将个人住房转让增值税征免年限由2年调整到5年。

1.【多选题】下列各项中，适用5%的增值税征收率的有（　　）。

A.北京的杨敏丽将一套位于天津的办公用房对外出售，该房产已购买3年

B.上海的乔静淑将一套位于北京的别墅对外出售，该房产已购买3年

C.广州的阮伶伶将一套位于南京的普通住宅对外出售，该房产已购买1年

D.山西的姚喜儿将一套位于深圳的普通住宅对外出售，该房产已购买3年

2.【多选题】根据增值税法律制度的规定，下列各项中适用5%征收率征收增值税的有（　　）。

A.从事房地产开发的甲公司为小规模纳税人，其销售自建的房地产项目

B.从事化妆品销售的乙公司为小规模纳税人，其出租闲置仓库

C.从事房地产开发的丙公司为一般纳税人，其销售自行开发的房地产老项目

D.从事劳务派遣业务的丁公司，选择差额纳税

1.【答案】BC

【解析】选项A，个人将购买2年以上（含2年）“北、上、广、深”以外其他地区的非普通住房对外销售的，免征增值税；选项B，个人将购买2年以上（含2年）“北、上、广、深”地区的非普通住房对外销售的，以销售收入减去购买住房价款后的差额按照5%的征收率缴纳增值税；选项C，个人将购买不足2年的住房对外销售的，按照5%的征收率全额缴纳增值税；选项D，个人将购买2年以上（含2年）的普通住房对外销售的，免征增值税。

2.【答案】ABD

【解析】选项C，适用9%的增值税税率。

增值税的计算

【考点4.11】销售额及价外费用（见表4-18）

表4-18　销售额及价外费用

<table>
<tr><td>销售额</td><td colspan="3">包括向购买方收取的全部价款和价外费用</td></tr>
<tr><td>价税分离</td><td colspan="3">不含税销售额=含税销售额÷(1+13%)或(1+9%)
【注意】题目出现以下说法则给出的金额为含税销售额:(1)含税销售额;(2)零售;(3)价外费用;(4)普通发票</td></tr>
<tr><td>价外费用</td><td colspan="3">价外费用,包括价外向购买方收取的手续费、补贴、基金、集资费、返还利润、奖励费、违约金、滞纳金、延期付款利息、赔偿金、代收款项、代垫款项、包装费、包装物租金、储备费、优质费、运输装卸费以及其他各种性质的价外收费</td></tr>
<tr><td rowspan="4">价外费用不包括下列项目</td><td colspan="3">(1) 向购买方收取的“销项税额”。
(2) 受托加工应征消费税的消费品所“代收代缴”的消费税。
(3) 同时符合以下条件的“代垫”运费：
承运者的运费发票开给购货方；
纳税人将该项发票转交给购货方</td></tr>
<tr><td rowspan="2">(4) 同时符合以下条件“代为收取”的政府性基金或者行政事业性收费</td><td>够级别</td><td>由国务院或者财政部批准设立的政府性基金，由国务院或者省级人民政府及其财政、价格主管部门批准设立的行政事业性收费</td></tr>
<tr><td>有证据</td><td>收取时开具省级以上财政部门印制的财政票据
全上交：所收款项全额上交财政</td></tr>
<tr><td>(5) 销售货物的同时“代办”保险等而向购买方收取的保险费，以及向购买方收取的“代”购买方缴纳的车辆购置税、车辆牌照费</td><td colspan="2">【记忆提示】收税得讲理，交易中合理的代收款项，确实不是企业的收入，则不作为价外费用
【注意】价外费用全部为价税合计金额，需进行价税分离</td></tr>
</table>

【单选题】甲公司为增值税一般纳税人，本月销售产品一批，取得不含税销售额10万元，同时向对方收取包装费1 000元，已知增值税税率为13%，则甲公司本月增值税销项税额的下列计算中，正确的是（　　）。

A. ［100 000 ÷ （1 + 13%）］ × 13% + ［1 000 ÷ （1 + 13%）］ × 13%= 11 619.47（元）

B.100 000×13%=13 000（元）

C.100 000×13%+［1 000÷（1+13%）］×13%=13 115.04（元）

D.100 000×13%+1 000×13%=13 130（元）

【答案】C

【解析】销售额不含税，涉及的增值税税额=100 000×13%，包装费属于价外费用，价外费用为含税销售额，须进行价税分离，涉及的增值税税额=［1 000÷（1+13%）］×13%，则甲公司本月增值税销项税额=100 000×13%+［1 000÷（1+13%）］×13%=13 115.04（元）。

【考点4.12】组成计税价格（见表4-19）

表4-19　　组成计税价格

视同销售	纳税人销售价格明显“偏低”且无正当理由或者“偏高”且不具有合理商业目的的，或“视同销售”货物而无销售额的 【理解】偏低调整是防止少纳增值税；偏高调整是防止出口虚报价格，骗取退税款
	按下列“顺序”确定销售额： （1）按纳税人最近时期同类货物的平均销售价格确定； （2）按其他纳税人最近时期同类货物的平均销售价格确定； （3）按组成计税价格确定。其计算公式为： 组成计税价格=成本×（1+成本利润率）
	征收增值税的货物，同时又征收消费税的，其组成计税价格中应包含消费税税额。其计算公式为： 组成计税价格=成本×（1+成本利润率）+消费税税额 或：组成计税价格=成本×（1+成本利润率）÷（1-消费税税率）
进口	不区分一般纳税人和小规模纳税人，一律使用适用税率 （1）组成计税价格=关税完税价格+关税 （2）组成计税价格=（关税完税价格+关税）÷（1-消费税税率）

【单选题】甲公司为增值税一般纳税人，本月将一批新研制的产品赠送给老顾客使用，甲公司并无同类产品销售价格，其他公司也无同类货物，已知该

批产品的生产成本为10万元，甲公司的成本利润率为9%，则甲公司当月该笔业务增值税销项税额的下列计算中，正确的是（　　）。

A.100 000÷（1+9%）×13%=11 926.61（元）

B.100 000×13%=13 000（元）

C.100 000×（1+9%）×13%=14 170（元）

D.100 000×（1+9%）÷（1+13%）×13%=12 539.82（元）

【答案】C

【解析】将自产货物无偿赠送给其他单位或个人视同销售，纳税人视同销售货物而无销售额的，应首先按纳税人最近时期同类货物的“平均”销售价格确定，其次按市场价格确定，再次按组成计税价格确定。本题中，无纳税人最近时期同类货物的“平均”售价，也无市场价格，只能按组成计税价格计算，非应税消费品的组成计税价格=成本×（1+成本利润率），增值税销项税额=组成计税价格×13%。

【考点4.13】特殊销售方式下销售额的确定

（一）包装物押金的处理（见表4-20）

表4-20　包装物押金的处理

税种 / 包装物分类	增值税		消费税	
	取得时	逾期时	取得时	逾期时
一般货物	×	√	×	√
白酒、其他酒	√	×	√	×
啤酒、黄酒	×	√	×	×

【注意1】逾期时指按照合同约定逾期或者1年以上。

【注意2】与包装物租金进行区分，租金属于价外费用，押金不一定属于价外费用。

1.【单选题】2021年9月，甲公司（增值税一般纳税人）销售产品取得含增值税价款113 000元，另收取包装物租金5 780元。已知，增值税税率为13%，甲公司当月该笔业务增值税销项税额的下列计算中，正确的是（　　）。

A.113 000÷（1+13%）×13%

B.（113 000+5 780）÷（1+13%）×13%

C.113 000×13%

D.（113 000+5 780）×13%

2.【单选题】甲酒厂为增值税一般纳税人，2021年9月销售啤酒取得含增值税价款791 000元，另收取包装物押金28 250元。已知，增值税税率为13%，计算甲酒厂当月销售啤酒增值税销项税额的下列算式中，正确的是（　　）。

A.791 000÷（1+13%）×13%

B.（791 000+28 250）×13%

C.791 000×13%

D.（791 000+28 250）÷（1+13%）×13%

3.【单选题】甲酒厂为增值税一般纳税人，2021 年 9 月销售果木酒取得含增值税价款 904 000 元，同时收取包装物押金 6 780 元，包装物押金期限为 3 个月。已知，增值税税率为 13%。计算甲酒厂当月上述业务增值税销项税额的下列算式中，正确的是（　　）。

A.［904 000+6 780÷（1+13%）］×13%=118 300（元）

B.（904 000+6 780）÷（1+13%）×13%=104 780（元）

C.（904 000+6 780）×13%=118 401.4（元）

D.904 000×13%=117 520（元）

4.【单选题】甲酒厂为增值税一般纳税人，2021 年 9 月销售自产白酒取得不含增值税价款 100 000 元，同时收取包装物租金 4 520 元、包装物押金 12 430 元。已知，增值税税率为 13%。计算甲酒厂当月销售自产白酒增值税销项税额的下列算式中，正确的是（　　）。

A.［100 000+4 520÷（1+13%）］×13%=13 520（元）

B.100 000×13%=13 000（元）

C.［100 000+（4 520+12 430）÷（1+13%）］×13%=14 950（元）

D.（100 000+12 430）×13%=14 615.9（元）

1.【答案】B

【解析】本题是销售货物的同时收取包装物“租金”，属于价外费用，应价税分离后并入销售额。

2.【答案】A

【解析】非酒类产品、啤酒、黄酒的单独记账核算的包装物押金：

（1）收取时不作销售处理；

（2）逾期未退时：价税分离后并入销售额作销售处理。本题“28 250 元”为收取时。

3.【答案】B

【解析】（1）题目明确交代“904 000 元”是含增值税价款，应当价税分离，选项 ACD 全部排除。

（2）本题还涉及包装物押金的增值税处理，关键看产品，本题的“果木酒”属于啤酒、黄酒以外的其他酒类产品，其包装物押金无论是否返还及会计上如何核算，均应在“收取时”价税分离后并入酒类产品销售额征收增值税。

4.【答案】C

【解析】（1）销售货物同时收取的包装物租金属于价外费用，应价税分离后并入销售额计征增值税，排除选项BD。（2）对销售啤酒、黄酒以外的其他酒类产品而收取的包装物押金，无论押金是否返还及会计上如何核算，均应在收取时、价税分离后并入销售额征收增值税，选项A错误，选项C正确。

（二）折扣销售、销售折让与销售退回（见表4-21）

表4-21　　折扣销售、销售折让与销售退回

折扣销售	纳税人采取折扣方式销售货物，如果销售额和折扣额在“同一张发票”上分别注明，可以按折扣后的销售额征收增值税；如果将折扣额另开发票，不论其在财务上如何处理，均不得从销售额中减除折扣额
	【注意】在“备注栏”注明，不算在同一张发票上分别注明
销售折让与销售退回	一般纳税人因销售货物退回或者折让而退还给购买方的增值税税额，应从发生销售货物退回或者折让“当期”的销项税额中扣减（同会计处理）
	【注意】未按规定开具红字增值税专用发票的，增值税额不得从销项税额中扣减

【单选题】甲公司为增值税一般纳税人，2021年9月销售笔记本电脑一批，不含增值税售价452 000元，因购买方购货数量较大，给予购买方45 200元的折扣，并将销售额和折扣额在同一张发票（的金额栏）中分别注明。已知，增值税税率为13%。计算甲公司当月该笔业务增值税销项税额的下列算式中，正确的是（　　）。

A.（452 000−45 200）÷（1+13%）×13%

B.452 000×13%

C.452 000÷（1+13%）×13%

D.（452 000−45 200）×13%

【答案】D

【解析】本题考查商业折扣的增值税处理：

（1）由于销售额和折扣额在同一张发票（的金额栏）中分别注明，按折扣后的销售额（452 000−45 200）征收增值税，选项BC排除；

（2）题目明确交代“452 000元”是不含增值税价，不需要价税分离，选项A错误，选项D正确。

（三）其他方式（见表4-22）

表4-22　　其他方式

1.以旧换新	采取以旧换新方式销售货物的，应按新货物的同期销售价格确定销售额，不得扣减旧货物的收购价格（金银首饰例外）
2.以物易物	以物易物“双方都应作购销处理”，以各自发出的货物核算销售额并计算销项税额，以各自收到的货物按规定核算购货额并计算进项税额
3.还本销售	销售额=货物销售价格（不得在销售额中减除还本支出）
4.直销	（1）直销企业先将货物销售给直销员，直销员再将货物销售给消费者的，直销企业的销售额为其向直销员收取的全部价款和价外费用
	（2）直销企业通过直销员向消费者销售货物，直接向消费者收取货款，直销企业的销售额为其向消费者收取的全部价款和价外费用
5.外币折算	外币销售额的人民币折算率可以选择销售额发生的“当天”或者“当月1日”的人民币外汇“中间价”。该折算率选定后“1年”内不得变更

1.【单选题】甲公司为增值税一般纳税人，2021年8月采用以旧换新方式销售手机，新手机含增值税售价395.5万元，回收的旧手机折价56.5万元，实际收取含增值税价款339万元。已知，增值税税率为13%。计算甲公司当月上述业务增值税销项税额的下列算式中，正确的是（　　）。

A.339×13%　　B.395.5×13%

C.339÷（1+13%）×13%　　D.395.5÷（1+13%）×13%

2.【单选题】甲首饰店为增值税一般纳税人。2021年9月采取“以旧换新”方式销售一批金项链。该批金项链含增值税价款为135 600元，换回的旧项链作价120 000元，甲首饰店实际收取差价款15 600元。已知，增值税税率为13%。甲首饰店当月该笔业务增值税销项税额的下列计算中，正确的是（　　）。

A.135 600÷（1+13%）×13%　　B.120 000÷（1+13%）×13%

C.135 600×13%　　D.15 600÷（1+13%）×13%

1.【答案】D

【解析】本题考查“以旧换新”的增值税处理，关键看所涉货物是否为“金银首饰”，本题是“手机”，是金银首饰以外的其他货物，以“不含增值税的新货物同期销售价格”为增值税的计税销售额。

2.【答案】D

【解析】本题销售的是金银首饰，以“不含增值税的差价”为计税销售额，只有选项D选用了差价“15 600元”，并对其作了价税分离。

小艾上班记10

【考点4.14】特殊行业的销售额

全额计税见表4-23：

表4-23　全额计税

类型	业务种类	销售额的确定
全额计税	贷款服务	以提供贷款服务取得的全部利息及利息性质的收入为销售额
	直接收费金融服务	以提供直接收费金融服务收取的手续费、佣金、酬金、管理费、服务费、经手费、开户费、过户费、结算费、转托管费等各类费用为销售额

【提示】贷款服务适用“全额计税”，但应当注意：

（1）计税时，注意免税利息不计税；

（2）不得减除支付的存款利息、转贷利息等，没有任何减除。

差额计税见表4-24：

表4-24　差额计税

类型	业务种类	销售额的确定
差额计税	金融商品转让	（1）按照卖出价扣除买入价后的余额为销售额 （2）转让金融商品出现的正负差，按盈亏相抵后的余额为销售额。若相抵后出现负差，则可结转下一纳税期与下期转让金融商品销售额相抵，但年末时仍出现负差的，不得转入下一个会计年度 （3）金融商品的买入价，可以选择按照加权平均法或者移动加权平均法进行核算，选择后36个月内不得变更 （4）金融商品转让，不得开具增值税专用发票 （5）纳税人无偿转让股票时，转出方以该股票的买入价为卖出价，按照“金融商品转让”计算缴纳增值税；在转入方将上述股票再转让时，以原转出方的卖出价为买入价，按照“金融商品转让”计算缴纳增值税
	经纪代理服务	（1）以取得的全部价款和价外费用，扣除向委托方收取并代为支付的政府性基金或者行政事业性收费后的余额为销售额 （2）向委托方收取的政府性基金或者行政事业性收费，不得开具增值税专用发票
	航空运输企业	销售额不包括代收的民航发展基金（原机场建设费）和代售其他航空运输企业客票而代收转付的价款
	一般纳税人提供客运场站服务	以其取得的全部价款和价外费用，扣除支付给承运方运费后的余额为销售额
	旅游服务（选择差额计税的）	（1）可以选择以取得的全部价款和价外费用，扣除向旅游服务购买方收取并支付给其他单位或者个人的住宿费、餐饮费、交通费、签证费、门票费和支付给其他接团旅游企业的旅游费用后的余额为销售额 （2）选择上述办法计算销售额的纳税人，向旅游服务购买方收取并支付的上述费用，不得开具增值税专用发票，可以开具普通发票
	劳务派遣服务（选择差额计税）	一般纳税人提供劳务派遣服务，可以按照规定以取得的全部价款和价外费用为销售额，按照一般计税方法计算缴纳增值税；也可以选择差额计税，以取得的全部价款和价外费用，扣除代用工单位支付给劳务派遣员工的工资、福利和为其办理社会保险及住房公积金后的余额为销售额
	纳税人提供建筑服务适用简易计税方法的	以取得的全部价款和价外费用扣除支付的分包款后的余额为销售额
	房地产开发企业中的一般纳税人销售其开发的房地产项目（选择简易计税方法的房地产老项目除外）	以取得的全部价款和价外费用，扣除受让土地时向政府部门支付的土地价款后的余额为销售额

1.【单选题】甲银行为增值税一般纳税人，2021年第三季度提供贷款服务取得含增值税利息收入3 180万元，支付存款利息2 650万元。已知，增值税税率为6%。计算甲银行该季度贷款服务增值税销项税额的下列算式中，正确的是（　　）。

A.3 180×6%

B.3 180÷（1+6%）×6%

C.（3 180−2 650）×6%

D.（3 180−2 650）÷（1+6%）×6%

2.【单选题】甲公司为增值税一般纳税人，2021年9月转让金融商品卖出价为106万元，所转让金融商品买入价为90.1万元，上一纳税期转让金融商品出现负差5.25万元。已知，增值税税率为6%。计算甲公司当月金融商品转让增值税销项税额的下列算式中，正确的是（　　）。

A.106÷（1+6%）×6%

B.（106−90.1−5.25）÷（1+6%）×6%

C.（106−90.1）×6%

D.106×6%

3.【单选题】根据增值税法律制度的规定，下列关于金融商品转让税务处理的表述中，正确的是（　　）。

A.金融商品转让，可以开具增值税专用发票

B.转让金融商品年末出现负差时，可以转入下一个会计年度

C.金融商品转让，按照卖出价扣除买入价后的余额为销售额

D.金融商品的买入价按照后进先出法进行核算

4.【单选题】甲公司为增值税一般纳税人，本月采用以旧换新的方式零售冰箱50台，冰箱每台零售价2 000元，同时收到旧冰箱50台，每台折价200元，实际收到销售款9万元，已知甲公司适用的增值税税率为13%，则甲公司本月销售冰箱的增值税销项税额的下列计算中，正确的是（　　）。

A.90 000÷（1+13%）×13%=10 353.98（元）

B.2 000×50÷（1+13%）×13%=11 504.42（元）

C.90 000×13%=11 700（元）

D.2 000×50×13%=13 000（元）

5.【单选题】某金店为增值税一般纳税人，为吸引更多的顾客光临，特推出“以旧换新”的方式向消费者销售金项链。12月份销售金项链实际收取不含增值税差价款220 000元，换回的旧项链作价80 000元（不含增值税），另收取回炉费共11 300元。已知增值税税率为13%，这家金店当月该笔业务增值税销项税额的下列计算中，正确的是（　　）。

A.（220 000−80 000）×13%=18 200（元）

B.（220 000−80 000）×13%+11 300÷（1+13%）×13%=19 500（元）

C. 220 000×13%=28 600（元）

D. 220 000×13%+11 300÷（1+13%）×13%=29 900（元）

1.【答案】B

【解析】（1）金融服务——贷款服务“全额计税”，即以提供贷款服务取得的全部利息及利息性质的收入为计税销售额，不得减除支付的存款利息、转贷利息等，选项 CD 错误；

（2）“3 180 万元”是含增值税收入，需要价税分离，选项 A 错误。

2.【答案】B

【解析】（1）金融商品转让应以卖出价减买入价差额计税，排除选项 AD。（2）转让金融商品的负差可以结转下一纳税期，但不得转入下一会计年度；在本题中，9 月份的上一纳税期属于本年内纳税期，负差可以结转至 9 月份与 9 月份的销售额相抵，因此，选项 B 正确，选项 C 错误。

3.【答案】C

4.【答案】B

【解析】以旧换新方式销售货物的，按新货物（金银首饰除外）的售价计算增值税，不得扣减旧货物的收购价格。零售价为含税价，需换算成不含税价。

5.【答案】D

【解析】金银首饰的以旧换新业务，按照销售方实际收取的不含增值税的全部价款征收增值税。注意回炉费为含税价格，需换算为不含税价格。

【考点 4.15】进项税额抵扣（见表 4–25）

表 4–25　进项税额抵扣

（1）准予抵扣的进项税额	
（2）凭票抵扣	①从销售方取得的“增值税专用发票”（含税控机动车销售统一发票）上注明的增值税税额。 ②从海关取得的“海关进口增值税专用缴款书”上注明的增值税税额
（3）纳税人购进服务、无形资产或不动产，取得的增值税专用发票上注明的增值税额为进项税额，准予从销项税额中抵扣	
（4）纳税人自用的应征消费税的摩托车、汽车、游艇，其进项税额准予从销项税额中抵扣 【注意】自 2013 年 8 月开始，纳税人购入自用的“两车一艇进项税额准予抵扣”	
（5）纳税人从境外单位或者个人购进服务、无形资产或不动产，按照规定应当扣缴增值税的，准予从销项税额中抵扣的进项税额为从税务机关或者代理人取得的解缴税款的税收缴款凭证上注明的增值税税额 【提示 1】如果劳务提供方和劳务接受方都在我国境内，按照正常购销流程缴纳增值税税款，纳税人为劳务提供方 【提示 2】如果劳务提供方在境外，劳务接受方在境内，此时需要劳务接受方在向境外的劳务提供方付款前，先把税款代扣代缴给税务局，此时取得的代缴税款凭证作为抵扣进项税额的凭据	

【考点4.16】新购进的旅客运输服务（见表4-26）

表4-26　　　　新购进的旅客运输服务

取得增值税专用发票	按专用发票上的税额抵扣
纳税人未取得增值税专用发票的，暂按照右侧规定确定进项税额	取得增值税电子普通发票的，为发票上注明的税额
	取得注明旅客身份信息的航空运输电子客票行程单的，按照下列公式计算进项税额： 航空旅客运输进项税额=（票价+燃油附加费）÷（1+9%）×9% 举例：会计收到专设销售机构员工王玲出差机票，票价和燃油附加费共1 090元 进项税额抵扣：1 090÷（1+9%）×9%=90（元） 借：销售费用　　　　1 000 　　应交税费——应交增值税（进项税额）　　90 　贷：银行存款　　　　1 090
	取得注明旅客身份信息的铁路车票的，按照下列公式计算进项税额： 铁路旅客运输进项税额=票面金额÷（1+9%）×9%
	取得注明旅客身份信息的公路、水路等其他客票的，按照下列公式计算进项税额： 公路、水路等其他旅客运输进项税额=票面金额÷（1+3%）×3%
	如果取得未注明旅客身份信息的出租车票、公交车票等，则不得计算抵扣

1.【多选题】根据增值税法律制度的规定，下列各项中，外购货物进项税额准予从销项税额中抵扣的有（　　）。

A.将外购货物无偿赠送给客户

B.将外购货物作为投资提供给联营单位

C.将外购货物分配给股东

D.将外购货物用于招待客户

2.【多选题】根据增值税法律制度的规定，下列各项中可以作为增值税扣税凭证的有（　　）。

A.增值税专用发票　　　　B.农产品收购发票

C.二手车销售统一发票　　D.海关进口增值税专用缴款书

1.【答案】ABC

【解析】选项ABC，外购货物“对外”（用于投资、赠送、分配股利）视同销售；选项D，外购货物“对内”（用于个人消费）进项税额不得抵扣。

2.【答案】ABD

【解析】选项C，机动车销售统一发票视同增值税专用发票管理；二手车销售统一发票属于普通发票不得作为增值税扣税凭证。

【考点4.17】购入农产品的抵扣政策（见表4-27）

表4-27　**购入农产品的抵扣政策**

非深加工	取得一般纳税人开具的增值税专用发票(农产品税率为9%)或海关进口增值税专用缴款书	将注明的增值税税额作为进项税额
	小规模纳税人开具的增值税专用发票	专用发票注明的金额×9%
	农产品销售发票或收购发票	发票注明的买价×9%
深加工	用于生产或者委托加工13%税率的货物	按10%扣除，相当于在非深加工的基础上增加了1%

【总结】可以用于抵扣的凭证包括：增值税专用发票、机动车销售统一发票、海关进口增值税专用缴款书、农产品收购发票、农产品销售发票、税收缴款凭证。

【单选题】某企业因管理不善导致库存用于简单加工后直接出售的外购农产品毁损30%，毁损的农产品总成本105万元，其中含运费成本5万元，则该企业应转出进项税额的下列计算中，正确的是（　　）。

A. 105×9%×30%=2.84（万元）

B. [5×9%+（105-5）÷（1-9%）×9%] ×30%=3.1（万元）

C. 105×9%=9.45（万元）

D. 5×9%+（105-5）÷（1-9%）×9%=10.34（万元）

【答案】D

【解析】（1）本题中给出的105万元已经是毁损的农产品总成本，因此无须再考虑30%的比例；（2）毁损总成本105万元，其中农产品成本100万元，运费成本5万元；（3）计算运费的进项税额转出=5×9%=0.45（万元）；计算农产品的进项税额转出=100÷（1-9%）×9%=9.89（万元）；（4）合计转出金额=0.45+9.89=10.34（万元）。

【考点4.18】不得抵扣的进项税额及相关规定（见表4-28、表4-29）

表4-28　　不得抵扣的进项税额

1.不再产生后续销项税额（即纳税链条终止）	用于简易方法计税的项目、免征增值税项目、集体福利或者个人消费的“购进”货物、加工修理修配劳务、服务、无形资产和不动产
	(1) 固定资产、无形资产、不动产 不得抵扣的固定资产、无形资产、不动产，仅指“专用”于上述项目的固定资产、无形资产（不包括其他权益性无形资产）、不动产 【举例】某企业购入一栋楼房，既用于生产经营，又用于职工宿舍，进项税额准予抵扣；某企业购入一栋楼房，专门用于职工宿舍，进项税额不得抵扣
	(2) 货物 一般纳税人兼营简易计税方法计税项目、免税项目而无法划分不得抵扣的进项税额的，按当月“免税项目销售额占总销售额的比例”确定不得抵扣的进项税额
2.非正常损失	(1) 非正常损失的购进货物，以及相关的加工修理修配劳务和交通运输服务 (2) 非正常损失的在产品、产成品所耗用的购进货物（不包括固定资产）、加工修理修配劳务和交通运输服务 (3) 非正常损失的不动产，以及该不动产所耗用的购进货物、设计服务和建筑服务 (4) 非正常损失的不动产在建工程（纳税人新建、改建、扩建、修缮、装饰不动产）所耗用的购进货物、设计服务和建筑服务
	【注意1】非正常损失，是指因“管理不善”造成被盗、丢失、霉烂变质的损失＋被执法部门“依法没收、销毁、拆除”的货物或不动产 【注意2】因地震等“自然灾害”造成的非正常损失，进项税额准予抵扣；生产经营过程中的“合理损耗”进项税额准予抵扣
3.“营改增”特殊项目	(1) 购进的“旅客运输服务、贷款服务、餐饮服务、居民日常服务和娱乐服务” (2) 纳税人接受贷款服务向贷款方支付的与该笔贷款直接相关的投融资顾问费、手续费、咨询费等，进项税额不得从销项税额中抵扣
4.其他不得抵扣进项税额的情形	(1) 一般纳税人按简易办法征收增值税的，不得抵扣进项税额 (2) 一般纳税人会计核算不健全，不能够准确提供税务资料，或应当办理一般纳税人资格登记而未办理，按照税率征收增值税，不得抵扣进项税额，不得使用增值税专用发票

表4-29　　进项税额的其他内容及规定

1. 直接转出——知道税额	进项税额转出=已抵扣税款×转出比例 【举例】某企业上月已认证抵扣原材料的进项税额100万元。本月该材料发生非正常损失10%，则转出的进项税额=100×10%=10（万元）
2. 计算转出——不知道税额，则先算出税额还原成“直接转出——知道税额”的情况	（1）存货：进项税额转出=不含税价款×税率×转出比例 【举例1】某企业上月外购一批水泥，取得增值税专用发票注明价款100万元，已认证抵扣。本月将该批水泥的30%用于建设职工食堂，则转出的进项税额=100×13%×30%=3.9（万元）
	（2）服务（如运费）：进项税额转出=运费×9%×转出比例 【举例2】某企业因管理不善导致库存原材料毁损30%，材料总成本105万元，其中含运费成本5万元，则转出的进项税额=（105-5）×13%×30%＋5×9%×30%=4.04（万元）
	（3）农产品： ①用于深加工业务 进项税额转出=成本÷（1-10%）×10%×转出比例 ②用于非深加工业务 进项税额转出=成本÷（1-9%）×9%×转出比例 【举例3】某企业库存购入的用于简单加工后销售的免税农产品100万元，因管理不善，30%腐烂变质，则转出的进项税额=100÷（1-9%）×9%×30%=2.97（万元）
	（4）固定资产（无形资产、不动产下同）： 进项税额转出=固定资产净值×适用税率 【注意】固定资产净值是指纳税人根据财务会计制度计提折旧或摊销后的余额 【举例4】某企业于2017年12月购入一台生产设备，增值税专用发票上注明的买价为100万元，增值税为16万元，2020年12月因管理不善烧毁，烧毁时已计提折旧20万元，则转出的进项税额=（100-20）×13%=10.4（万元）
3. 进项税额转入	不得抵扣且未抵扣进项税额的固定资产、无形资产、不动产，发生用途改变，用于允许抵扣进项税额的应税项目，可在改变用途的次月，依据“合法有效的增值税扣税凭证”，计算可抵扣的进项税额。 可抵扣的进项税额=固定资产、无形资产、不动产净值÷（1+适用税率）×适用税率
4. 增值税期末留抵税额	上期未抵扣完的进项税额可在下一期继续抵扣

1.【单选题】某企业将用于职工活动中心的计算机改用于生产车间，该批计算机购入时取得的增值税专用发票上注明的价款为100万元，增值税为13万元。截至2019年6月，该批计算机已计提折旧69.6万元，则该批计算机应转增进项税额的下列计算中正确的是（　　）。

A. 13万元

B.（100-69.6）×13%=3.95（万元）

C.（100+13-69.6）÷（1+13%）×13%=4.99（万元）

D. 0

2.【单选题】根据增值税法律制度的规定，下列情形中，进项税额准予抵扣的是（　　）。

A.甲公司外购运动服，用于职工运动会

B.乙公司因自然灾害造成的购进原材料损失

C.丙公司董事长出差乘坐高铁取得的火车票

D.选择按照简易办法征税的丁自来水公司销售自来水

3.【多选题】根据增值税法律制度的规定，下列各项中，进项税额不得抵扣的有（　　）。

A.甲公司生产经营过程中的合理损耗

B.乙公司销售二手车并委托M公司提供运输，取得的增值税专用发票

C.丙公司接受A银行的贷款服务

D.丁公司将外购的房屋一部分用于生产经营，一部分作为集体宿舍，以福利方式供员工居住

1.【答案】C

【解析】不得抵扣且未抵扣进项税额的固定资产，发生用途改变，用于允许抵扣进项税额的应税项目，可在改变用途的次月计算可抵扣的进项税额；可抵扣的进项税额=（100+13-69.6）÷（1+13%）×13%=4.99（万元）。

2.【答案】B

【解析】选项AD，用于简易计税方法的计税项目、集体福利或者个人消费的购进货物等进项税额不得抵扣；选项C，购进的旅客运输服务、贷款服务、餐饮服务、居民日常服务和娱乐服务不得抵扣进项税额。

3.【答案】BC

【解析】选项A，生产经营过程中，因管理不善造成的非正常损失进项税额不得抵扣，而合理损耗准予抵扣；选项B，用于简易计税方法计税项目的购进服务，进项税额不得抵扣；选项C，购入的贷款服务的进项税额不得抵扣；选项D，用于集体福利的购进不动产，进项税额不得抵扣，但不得抵扣的不动产，仅指“专用”于上述项目的不动产。

【考点4.19】小规模、进口税额计算

进口货物应纳税额计算见表4-30。

表4-30　　进口货物应纳税额计算

<table>
<tr><td colspan="2">1.“不分”一般纳税人和小规模纳税人</td></tr>
<tr><td rowspan="2">2.采用组成计税价格，无任何抵扣</td><td>（1）一般货物组成计税价格
组成计税价格=关税完税价格+关税</td></tr>
<tr><td>（2）应税消费品组成计税价格
组成计税价格=关税完税价格+关税+消费税
=（关税完税价格+关税）÷（1-消费税比例税率）</td></tr>
</table>

小规模纳税人执行简易征收办法，征收率为3%。

应纳税额=销售额×征收率

不含税销售额=含税销售额÷（1+征收率）

增值税税收优惠与征收管理

【考点4.20】减免税规定

（一）法定免税项目

1.农业生产者销售的自产农产品。

2.避孕药品和用具。

3.古旧图书。

4.直接用于科学研究、科学试验和教学的进口仪器、设备。

5.外国政府、国际组织（不包括外国企业）无偿援助的进口物资和设备。

6.由残疾人组织直接进口供残疾人专用的物品。

7.销售自己（指其他个人）使用过的物品。

【注意1】纳税人兼营免税、减税项目的，应当分别核算免税、减税项目的销售额；未分别核算销售额的，不得免税、减税。

【注意2】纳税人销售货物或者应税劳务适用免税规定的，可以放弃免税，依照《中华人民共和国增值税暂行条例》的规定缴纳增值税。放弃免税后，“36个月”内不得再申请免税。

（二）“营改增”境内服务免税项目

【说明】增值税减免税项目“营改增”之后过于复杂，试卷中最多考核2分，请以一颗平常心来对待，同时亦可战略放弃。

1.托儿所、幼儿园提供的保育和教育服务。

2.养老机构提供的养老服务。

3.殡葬服务。

4.婚姻介绍服务。

5.家政服务企业由员工制家政服务员提供家政服务取得的收入。

6.2020年12月31日前，科普单位的门票收入，以及县级及以上党政部门和科协开展科普活动的门票收入。

7.从事学历教育的学校提供的教育服务。

8.政府举办的从事学历教育的高等、中等和初等学校（不含下属单位），举办进修班、培训班取得的全部归该学校所有的收入。

9.政府举办的职业学校设立的主要为在校学生提供实习场所，并由学校出资自办、由学校负责经营管理、经营收入归学校所有的企业，从事“现代服务”“生活服务”业务活动取得的收入。

10.学生勤工俭学提供的服务。

11.纪念馆、博物馆、文化馆、文物保护单位管理机构、美术馆、展览馆、书画院、图书馆在自己的场所提供文化体育服务取得的第一道门票收入。

12.寺院、宫观、清真寺和教堂举办文化、宗教活动的门票收入。

13.医疗机构提供的医疗服务。

14.“四技”合同（技术转让、技术开发、技术咨询、技术服务）。

15.“个人”转让著作权。

16.行政单位之外的其他单位收取的符合《营业税改征增值税试点实施办法》第十条规定条件的政府性基金和行政事业性收费。

17.福利彩票、体育彩票的发行收入。

18.2020年12月31日前，公共租赁住房经营管理单位出租公共租赁住房。

19.为了配合国家住房制度改革，企业、行政事业单位按房改成本价、标准价出售住房取得的收入。

20.残疾人员本人为社会提供的服务。

21.残疾人福利机构提供的育养服务。

22.农业机耕、排灌、病虫害防治、植物保护、农牧保险以及相关技术培训业务，家禽、牲畜、水生动物的配种和疾病防治。

23.将土地使用权转让给农业生产者用于农业生产。

24.销售不动产及转让自然资源使用权免税规定：

（1）个人销售“自建自用”住房。

（2）涉及家庭财产分割的个人无偿转让不动产、土地使用权。

（3）土地所有者出让土地使用权和土地使用者将土地使用权归还给土地所有者。

（4）县级以上地方人民政府或自然资源行政主管部门出让、转让或收回自然资源使用权（不含土地使用权）。

25.金融、保险服务免税规定：

（1）符合条件的贷款、债券利息；金融同业往来利息。

【补充】农户小额贷款、助学贷款、国债、地方债、央行对金融机构贷款、公积金住房贷款等。

（2）符合条件的金融商品转让收入。

（3）保险公司开办的一年期以上人身保险产品取得的保费收入。

（4）被撤销的金融机构以货物、不动产等财产清偿债务。

（5）担保收入，符合条件的3年内免征增值税。

26.军队空余房产租赁收入。

27.随军家属就业。

28.军队转业干部就业。

29.符合条件的合同能源管理服务。

30.国家商品储备管理单位及其直属企业，承担商品储备任务，从中央或地方财政取得的利息补贴收入和价差补贴收入。

31.提供社区养老、托育、家政等服务而取得的收入。

32.自2021年4月1日至2022年12月31日，月销售额15万元以下（含本数）的增值税小规模纳税人。

（三）“营改增”境内服务免税项目排除事项

1.托儿所、幼儿园：超标收费，实验班、特色班、兴趣班收费；与入园挂钩的赞助费、支教费。

2.教育：非学历教育收费；校办企业提供的“融资租赁、广告”等现代服务，“文化体育”等生活服务收入；学校收取的赞助费、择校费。

增值税即征即退见表4-31。

表4-31 增值税即征即退

增值税即征即退	一般纳税人提供“管道运输”服务、“有形动产融资租赁”服务与“有形动产融资性售后回租”服务，“实际税负超过3%的部分”实行增值税即征即退政策

起征点的规则、适用范围及幅度见表4-32。

表4-32 起征点的规则、适用范围及幅度

规则	销售额未达到起征点的，免征增值税，达到起征点的，全额缴纳增值税
适用范围	限于个人，且不适用于登记为一般纳税人的个体工商户
幅度	（1）按期纳税的，起征点为月销售额5 000～20 000元（含本数）； （2）按次纳税的，起征点为每次（日）销售额300～500元（含本数）

1.【单选题】增值税一般纳税人的下列行为中，适用免税规定的是（　　）。

A.销售农产品　　B.销售避孕药品

C.直接进口供残疾人专用的物品　　D.销售自己使用过的计算机

2.【单选题】根据增值税法律制度的规定，下列各项中，不属于免税项目的是（　　）。

A.家政服务企业由员工制家政服务员提供家政服务取得的收入

B.学生勤工俭学提供的服务

C.个人转让著作权

D.非学历教育收取的学费

3.【单选题】某融资租赁公司，主要从事有形动产融资租赁服务，属于增值税一般纳税人。2020年12月，该公司向客户提供有形动产融资租赁服务，共取得不含税收入3 000万元，同时向客户收取租赁手续费50万元，当月发生的可抵扣增值税进项税额为150万元。该公司12月可申请办理即征即退增值税的下列计算中，正确的是（　　）。

A.3 000×13%+50÷（1+13%）×13%=395.75（万元）

B.3 000×13%+50÷（1+13%）×13%−150=245.75（万元）

C.［3 000+50÷（1+13%）］×3%=91.33（万元）

D.3 000×13%+50÷（1+13%）×13%−150−［3 000+50÷（1+13%）］×3%=154.42（万元）

4.【多选题】下列各项中，属于增值税免税项目的有（　　）。

A.小规模纳税人销售旧货　　B.个人转让著作权

C.残疾人提供修理自行车劳务　　D.养老机构提供的养老服务

5.【多选题】一般纳税人提供（　　）服务，实际税负超过3%的部分实行增值税即征即退政策。

A.管道运输服务　　B.有形动产融资租赁服务

C.不动产融资租赁服务　　D.有形动产融资性售后回租

6.【多选题】下列关于增值税免税政策的说法中正确的有（　　）。

A.纳税人兼营免税、减税项目的，应当分别核算免税、减税项目的销售额

B.纳税人适用免税规定的，可以选择某一免税项目放弃免税权

C.纳税人适用免税规定的，可以根据不同的销售对象选择部分货物或劳务放弃免税权

D.纳税人适用免税规定的，可以放弃免税，放弃后36个月内不得再申请免税

1.【答案】B

【解析】本题的纳税主体为“一般纳税人”，既非“农业生产者”，也不是“残疾人的组织”，更不属于“其他个人”，因此选项A适用9%的低税率；选项C，适用13%的税率；选项D，可能适用一般纳税人的简易征收办法，按2%的征收率征收，也可能按适用税率征收，关键要看该计算机是否抵扣过进项税额，但无论何种方法征收也不适用免税规定；选项B，销售避孕产品适用免税规定。

2.【答案】D

【解析】选项D，学历教育收取的学费，免征增值税；非学历教育收取的学费，需要征收增值税。

3.【答案】D

【解析】当月销项税额=3 000×13%+50÷（1+13%）×13%=390+5.75=395.75（万元），当期可抵扣的进项税额为150万元，应纳税额=395.75−150=245.75（万元）；按实际税负3%计算应缴纳的增值税=［3 000+50÷（1+13%）］×3%=91.33（万元）；可申请办理即征即退的增值税=245.75−91.33=154.42（万元）。

4.【答案】BCD

【解析】选项A，减按2%的征收率缴纳增值税。

5.【答案】ABD

6.【答案】AD

【解析】选项BC，纳税人一经放弃免税权，其生产销售的全部增值税应税货物或劳务均应按照适用税率征税，不得选择某一免税项目放弃免税权，也不得根据不同的销售对象选择部分货物或劳务放弃免税权。

【考点4.21】扣减增值税（见表4-33）

表4-33　扣减增值税

1.退役士兵创业就业	（1）退役士兵从事个体经营	①自主就业退役士兵从事个体经营的，自办理个体工商户登记当月起，在3年（36个月）内按每户每年12 000元为限额依次扣减其当年实际应缴纳的增值税、城市维护建设税、教育费附加、地方教育附加和个人所得税 ②限额标准最高可上浮20%，各省、自治区、直辖市人民政府可根据本地区实际情况在此幅度内确定具体限额标准 ③纳税人年度应缴纳税款小于扣减限额的，减免税额以其实际缴纳的税款为限；大于扣减限额的，以上述扣减限额为限
	（2）企业招用自主就业退役士兵	①企业招用自主就业退役士兵，与其签订1年以上期限劳动合同并依法缴纳社会保险费的，自签订劳动合同并缴纳社会保险当月起，在3年内按实际招用人数予以定额依次扣减增值税、城市维护建设税、教育费附加、地方教育附加和企业所得税优惠 ②定额标准为每人每年6 000元，最高可上浮50%，各省、自治区、直辖市人民政府可根据本地区实际情况在此幅度内确定具体定额标准 ③纳税年度终了，如果企业实际减免的增值税、城市维护建设税、教育费附加和地方教育附加小于核算减免税总额，企业在企业所得税汇算清缴时以差额部分扣减企业所得税。当年扣减不完的，不再结转以后年度扣减
	（3）城市维护建设税、教育费附加、地方教育附加的计税依据是享受本项税收优惠政策前的增值税应纳税额	
2.重点人群创业就业	（1）重点人群从事个体经营	①建档立卡贫困人口、持《就业创业证》（注明“自主创业税收政策”或“毕业年度内自主创业税收政策”）或《就业失业登记证》（注明“自主创业税收政策”）的人员，从事个体经营的，自办理个体工商户登记当月起，在3年（36个月）内按每户每年12 000元为限额依次扣减其当年实际应缴纳的增值税、城市维护建设税、教育费附加、地方教育附加和个人所得税 ②限额标准最高可上浮20%，各省、自治区、直辖市人民政府可根据本地区实际情况在此幅度内确定具体限额标准
	（2）企业招用重点人群	①企业招用建档立卡贫困人口，以及在人力资源社会保障部门公共就业服务机构登记失业半年以上且持《就业创业证》或《就业失业登记证》（注明“企业吸纳税收政策”）的人员，与其签订1年以上期限劳动合同并依法缴纳社会保险费的，自签订劳动合同并缴纳社会保险当月起，在3年内按实际招用人数予以定额依次扣减增值税、城市维护建设税、教育费附加、地方教育附加和企业所得税优惠 ②定额标准为每人每年6 000元，最高可上浮30%，各省、自治区、直辖市人民政府可根据本地区实际情况在此幅度内确定具体定额标准
	（3）城市维护建设税、教育费附加、地方教育附加的计税依据是享受本项税收优惠政策前的增值税应纳税额	

【考点4.22】纳税义务发生时间（见表4-34）

表4-34　　纳税义务发生时间

销售方式		纳税义务发生时间
直接收款		收到销售额或取得索取销售额凭据的当天
托收承付、委托收款		发出货物并办妥托收手续的当天
赊销、分期收款		书面合同约定的收款日期的当天 【注意】无合同或有合同无约定，为货物发出的当天
预收货款	货物	货物发出的当天 【注意】生产工期超过12个月的，为收到预收款或书面合同约定的收款日期的当天
	租赁服务	收到预收款的当天
委托代销		收到代销清单或全部、部分货款的当天 【注意】未收到代销清单及货款，为发出货物满180天的当天
金融商品转让		所有权转移的当天
视同销售		货物移送、转让完成或权属变更的当天
进口		报关进口的当天
扣缴义务		纳税义务发生的当天
先开发票		开具发票的当天

【注意】试题中只表述一般情况而不对特殊情况进行说明的，视为正确选项。

1.【单选题】甲公司为增值税一般纳税人，于2020年7月10日与乙公司签订货物买卖合同，2020年7月15日甲公司收到乙公司预付的货款，2020年7月20日甲公司给乙公司开具发票，2020年8月10日甲公司向乙公司发出货物，则甲公司对该批货物的增值税纳税义务发生时间为（　　）。

A.2020年7月10日　　B.2020年7月15日

C.2020年7月20日　　D.2020年8月10日

2.【多选题】下列关于增值税纳税义务发生时间的表述中，正确的有（　　）。

A.采取托收承付方式销售货物，为办妥托收手续的当天

B.采取分期收款方式销售货物，为书面合同约定的收款日期的当天

C.纳税人从事金融商品转让的，为金融商品所有权转移的当天

D.委托他人代销货物，为收到代销清单或者收到全部或部分货款的当天

3.【多选题】增值税纳税人（　　）采用预收款方式的，其纳税义务发生时间为收到预收款的当天。

A.销售货物　　　　　　　　B.提供融资租赁服务

C.提供经营租赁服务　　　　D.提供生活服务

1.【答案】C

【解析】采用预收货款方式销售货物的，增值税纳税义务发生时间为发出货物的当天；先开发票的为开具发票的当天。

2.【答案】BCD

【解析】选项A，为发出货物并办妥托收手续的当天。

3.【答案】BC

【解析】选项A，纳税义务发生时间为货物发出的当天；选项D，纳税义务发生时间为提供服务的当天。

【考点4.23】纳税地点（见表4-35）

表4-35　　　　纳税地点

<table>
<tr><th colspan="2">业户</th><th>申报纳税地点</th></tr>
<tr><td rowspan="4">固定户</td><td>一般情况</td><td>向机构所在地的税务机关申报纳税</td></tr>
<tr><td rowspan="3">到外县(市)销售货物或者劳务</td><td>向机构所在地税务机关报告外出经营事项，并向其机构所在地的税务机关申报纳税</td></tr>
<tr><td>未报告的，应向销售地或者劳务发生地税务机关申报缴纳</td></tr>
<tr><td>未向销售地或者劳务发生地税务机关申报缴纳，由机构所在地税务机关补征税款</td></tr>
<tr><td colspan="2">非固定户</td><td>应当向销售地或劳务发生地的税务机关申报纳税；未向销售地或者劳务发生地税务机关申报纳税的，由机构所在地税务机关补征税款</td></tr>
<tr><td colspan="2">其他个人提供建筑服务，销售或者租赁不动产，转让自然资源使用权</td><td>应向建筑服务发生地、不动产所在地、自然资源所在地税务机关申报纳税</td></tr>
<tr><td colspan="2">进口</td><td>报关地海关申报纳税</td></tr>
<tr><td colspan="2">扣缴义务人</td><td>机构所在地或居住地的税务机关申报缴纳其扣缴的税款</td></tr>
</table>

【考点4.24】纳税期限（见表4-36）

表4-36　　纳税期限

纳税期限	增值税的纳税期限分别为1日、3日、5日、10日、15日、1个月或1个季度。不能按期纳税的，可以按次纳税
	【注意】以1个季度为纳税期限：小规模纳税人、银行、财务公司、信托投资公司、信用社 【记忆提示】小规模纳税人+银行业金融机构按季度纳税
	1个月或1个季度——期满之日起“15日内”申报纳税
	1日、3日、5日、10日、15日——期满之日起5日内预缴税款，于次月1日起“15日内”申报纳税并结清上月税款
	纳税人进口货物——自海关填发海关进口增值税专用缴款书之日起“15日内”缴纳税款

【考点4.25】增值税专用发票的使用规定（见表4-37）

表4-37　　增值税专用发票的使用规定

1.联次	增值税专用发票的基本联次为“3联”，包括发票联、抵扣联、记账联 （1）发票联，作为购买方核算采购成本和增值税进项税额的记账凭证 （2）抵扣联，作为购买方报送税务机关认证和留存备查的扣税凭证 （3）记账联，作为销售方核算销售收入和增值税销项税额的记账凭证
2.新办纳税人实行增值税电子专用发票	自2020年12月21日起，在天津、河北、上海、江苏、浙江、安徽、广东、重庆、四川、宁波和深圳等11个地区的新办纳税人中实行专票电子化，受票方范围为全国。其中，宁波、石家庄和杭州等3个地区已试点纳税人开具增值税电子专用发票的受票方范围扩至全国
	自2021年1月21日起，在北京、山西、内蒙古、辽宁、吉林、黑龙江、福建、江西、山东、河南、湖北、湖南、广西、海南、贵州、云南、西藏、陕西、甘肃、青海、宁夏、新疆、大连、厦门和青岛等25个地区的新办纳税人中实行专票电子化，受票方范围为全国
3.一般纳税人不得开具增值税专用发票的情形	（1）商业企业一般纳税人零售的烟、酒、食品、服装、鞋帽（不含劳保专用部分）、化妆品等消费品 （2）应税销售行为的购买方为消费者个人的 （3）发生应税销售行为适用免税规定的 （4）金融商品转让，不得开具增值税专用发票 （5）从事经纪代理服务，向委托方收取的政府性基金或者行政事业性收费，不得开具增值税专用发票 （6）选择差额计税方法计算销售额的纳税人，提供旅游服务向旅游服务购买方收取并支付给其他单位或个人的可以从全部价款和价外费用中扣除的费用，不得开具增值税专用发票
4.增值税专用发票与小规模纳税人	甲企业（小规模纳税人） ← 并未禁止向消费者个人以外的其他小规模纳税人开具增值税专用发票 → （1）可以自愿使用增值税发票管理系统自行开具 （2）票面税额=金额×征收率

1.【多选题】下列各项中，属于增值税专用发票“发票联”用途的有（　　）。

A.购买方核算采购成本的记账凭证

B.购买方报送税务机关认证和留存备查的扣税凭证

C.购买方核算增值税进项税额的记账凭证

D.销售方核算销售收入和增值税销项税额的记账凭证

2.【多选题】一般纳税人发生的下列业务中，不得开具增值税专用发票的有（　　）。

A.房地产开发企业向消费者个人销售房屋

B.4S店向某公司销售汽车

C.商业企业批发避孕药品和用具

D.某二手车销售网站销售非自用二手车

1.【答案】AC

【解析】选项B，是抵扣联的用途；选项D，是记账联的用途。

2.【答案】ACD

【解析】选项A，向消费者个人销售货物不得开具增值税专用发票；选项C，销售适用免税规定的货物不得开具增值税专用发票；选项D，纳税人销售旧货按照简易办法征收，不得开具增值税专用发票。

消费税法律制度

【考点4.26】消费税的征税范围及纳税环节（见表4-38、表4-39）

表4-38　　消费税的征税范围

1. 生产应税消费品	（1）纳税人生产的应税消费品，于“销售时”纳税
	（2）纳税人自产自用的应税消费品，用于“连续生产应税消费品”的，不纳税；用于其他方面的，于移送使用时纳税
2. 委托加工应税消费品	（1）委托加工的应税消费品，是指由委托方提供原料和主要材料，受托方只收取加工费和代垫部分辅助材料加工的应税消费品
	（2）对于由受托方提供原材料生产的应税消费品，或者受托方先将原材料卖给委托方，然后再接受加工的应税消费品，以及由受托方以委托方名义购进原材料生产的应税消费品，不论在财务上是否作为销售处理，都不得作为委托加工应税消费品，而应当按照销售自制应税消费品缴纳消费税 【理解】实质重于形式
	（3）委托加工的应税消费品，除受托方为个人外，由“受托方”在向委托方交货时代收代缴消费税 委托个人加工的应税消费品，由“委托方”收回后缴纳消费税
	（4）委托加工的应税消费品，委托方用于连续生产应税消费品的，所纳税款准予按规定抵扣
	（5）委托方将收回的应税消费品，直接出售，不再缴纳消费税
	【注意】所谓“直接出售”是指以“不高于”受托方的计税价格出售 委托方以高于受托方的计税价格出售的，不属于直接出售，须按照规定申报缴纳消费税，在计税时准予扣除受托方已代收代缴的消费税

3.进口应税消费品	单位和个人进口应税消费品，于报关进口时缴纳消费税	
4.零售	（1）金银首饰、铂金首饰、钻石及钻石饰品	①金银首饰在零售环节缴纳消费税，生产环节不再缴纳 ②金银首饰仅限于金、银以及金基、银基合金首饰和金基、银基合金的镶嵌首饰
		【注意1】不包括镀金首饰和包金首饰
		【注意2】对既销售金银首饰，又销售非金银首饰的生产、经营单位，应将两类商品划分清楚，分别核算销售额。凡划分不清楚或不能分别核算的，在生产环节销售的，一律从高适用税率征收消费税；在零售环节销售的，一律按金银首饰征收消费税
		【注意3】金银首饰连同“包装物”一起销售的，“无论包装物是否单独计价”，也无论会计上如何核算，均应并入金银首饰的销售额，计征消费税
		【注意4】纳税人采用“以旧换新”（含翻新改制）方式销售的金银首饰，应按“实际收取”的不含增值税的全部价款确定计税依据征收消费税
		【注意5】带料加工的金银首饰，应按受托方销售同类金银首饰的销售价格确定计税依据征收消费税，没有同类金银首饰销售价格的，按照组成计税价格计算纳税
	（2）超豪华小汽车——单一环节纳税的例外情况（加征）	①界定：单价130万元以上 ②纳税人：将超豪华小汽车销售给消费者的单位和个人 ③政策：对超豪华小汽车，在生产（进口）环节按现行税率征收消费税的基础上，在零售环节加征消费税，税率为10% ④执行日期：2016年12月1日
5.批发	批发销售卷烟——单一环节纳税的例外情况（加征）	烟草批发企业将卷烟销售给“零售单位”的，要再征一道消费税 税率：11%，并按0.005元/支加征从量税
		【注意1】烟草批发企业将卷烟销售给其他烟草批发企业的，不缴纳消费税
		【注意2】纳税人兼营卷烟批发和零售业务的应当分别核算，未分别核算的按照全部销售额、销售数量计征批发环节消费税

表4-39 **消费税的纳税环节**

项目	纳税环节		适用应税消费品	是否单一环节纳税
一般情况	生产		除“金银首饰、铂金首饰、钻石及钻石饰品”以外的其他应税消费品	√
	委托加工			
	进口			
特殊规定	销售	零售	金银首饰、铂金首饰、钻石及钻石饰品	√
			超豪华小汽车	×（加征）
		批发	卷烟	×（加征）

1.【单选题】根据消费税法律制度的规定，下列应税消费品中，在零售环节加征消费税的是（　　）。

A.金银首饰

B.超豪华小汽车

C.卷烟

D.白酒

2.【单选题】对超豪华小汽车，在生产（进口）环节按现行税率征收消费税的基础上，在零售环节加征消费税，税率为（　　）。

A.5%

B.10%

C.11%

D.15%

1.【答案】B

【解析】选项A，在零售环节征收消费税（非加征）；选项B，在零售环节加征消费税；选项C，在批发环节加征消费税；选项D，在销售环节不征收消费税。

2.【答案】B

【考点4.27】税目（见表4-40）

税目——15个

烟、酒、“高档”化妆品、贵重首饰及珠宝玉石、鞭炮和焰火、成品油、小汽车、摩托车、高尔夫球及球具、高档手表、游艇、木制一次性筷子、实木地板、涂料、电池。

“三男两女”戴着高档手表开车去打球，乘游艇去吃饭，用木制一次性筷子，坐实木地板。

“三男”：烟、酒、鞭炮和焰火；

“两女”：高档化妆品、贵重首饰及珠宝玉石；

高档手表：高档手表、电池；

开车：小汽车、摩托车、成品油；

打球：高尔夫球及球具；

游艇；

木制一次性筷子；

实木地板。

表4-40 税目

1.烟	包括卷烟、雪茄烟和烟丝
2.酒	（1）酒，包括白酒、黄酒、啤酒和其他酒； （2）调味料酒不征收消费税
3.高档化妆品	（1）征收范围包括高档美容、修饰类化妆品，高档护肤类化妆品和成套化妆品； （2）高档美容、修饰类化妆品和高档护肤类化妆品是指生产（进口）环节销售（完税）价格（不含增值税）在10元/毫升（克）或15元/片（张）及以上的美容、修饰类化妆品和护肤类化妆品； （3）舞台、戏剧、影视演员化妆用的上妆油、卸妆油、油彩，不属于本税目的征收范围
4.贵重首饰及珠宝玉石	（1）包括金银首饰、铂金首饰、钻石及钻石饰品（如黄金项链、钻戒），以及其他贵重首饰和珠宝玉石（如珍珠、玛瑙、琥珀、珊瑚等）； （2）宝石坯是经采掘、打磨、初级加工的珠宝玉石半成品，对宝石坯应按规定征收消费税
5.鞭炮、焰火	体育上用的发令纸、鞭炮药引线，不按本税目征收
6.成品油	包括汽油、柴油、石脑油、溶剂油、航空煤油、润滑油、燃料油
7.摩托车	（1）包括气缸容量为250毫升的摩托车和气缸容量在250毫升（不含）以上的摩托车两种； （2）对最大设计车速不超过50千米/小时，发动机气缸总容量不超过50毫升的三轮摩托车不征收消费税
8.小汽车	小汽车不包括“电动汽车”； 沙滩车、雪地车、卡丁车、高尔夫车不征收消费税； 企业购进货车或厢式货车改装生产的商务车、卫星通信车等“专用汽车不征收消费税”
9.高尔夫球及球具	包括高尔夫球、高尔夫球杆及高尔夫球包（袋）、高尔夫球杆的杆头、杆身和握把
10.高档手表	销售价格（不含增值税）每只在10 000元（含）以上的各类手表
11.游艇	
12.木制一次性筷子	包括各种规格的木制一次性筷子和未经打磨、倒角的木制一次性筷子
13.实木地板	
14.电池	无汞原电池、金属氢化物镍蓄电池、锂原电池、锂离子蓄电池、太阳能电池、燃料电池和全钒液流电池免征消费税
15.涂料	对施工状态下挥发性有机物含量低于420克/升(含)的涂料免征消费税

【考点4.28】应纳税额计算

税率形式：比例税率和定额税率。不同税率形式下应纳税额计算见表4-41。

表4-41 不同税率形式下应纳税额计算

税率形式	适用项目	计税公式
从价定率	除适用从量计税、复合计税以外的其他项目	应纳税额=销售额或组成计税价格×比例税率 销售额是纳税人销售应税消费品向购买方收取的全部价款和价外费用 【注意】不包括向购货方收取的增值税税款
从量定额	啤酒、黄酒、成品油	应纳税额=销售数量×定额税率
复合计税	卷烟、白酒	应纳税额=销售数量×定额税率＋销售额或组成计税价格×比例税率

【注意】纳税人兼营不同税率的应税消费品，应当分别核算不同税率应税消费品的销售额、销售数量。“未分别核算”销售额、销售数量，或者将不同税率的应税消费品“组成成套消费品销售”的，从高适用税率。

特殊情况下销售额的确定——能应对小计算见表4-42。

表4-42 特殊情况下销售额的确定——能应对小计算

特殊情况下销售额的确定——能应对小计算	1.纳税人通过自设“非独立核算”门市部销售的自产应税消费品，应当按照“门市部”对外销售额或者销售数量征收消费税
	2.纳税人用于“换取生产资料和消费资料、投资入股和抵偿债务”等方面的应税消费品，应当以纳税人同类应税消费品的最高销售价格作为计税依据计算消费税 【记忆提示】“换、抵、投”按最高销售价格 【注意】上述业务同时涉及增值税，在计算增值税时须按“平均销售价格”
	3.包装物押金 （1）非酒类产品 如果包装物不作价随同产品销售，而是收取押金，此项押金则不应并入应税消费品的销售额中征税；但对因逾期未收回包装物不再退还的或者已收取的时间超过12个月的押金，应并入应税消费品的销售额，缴纳消费税。 （2）啤酒、黄酒以外的其他酒类产品 对酒类生产企业销售酒类产品（啤酒、黄酒除外）而收取的包装物押金，无论押金是否返还及会计上如何核算，均应在收取时并入酒类产品销售额，征收消费税
	4.品牌使用费 白酒生产企业向商业销售单位收取的“品牌使用费”应并入白酒的销售额中缴纳消费税

1.【单选题】某公司为增值税一般纳税人，2020年12月从国外进口一批高档化妆品，海关核定的关税完税价格为100万元。已知进口关税税率为26%，消费税税率为15%，增值税税率为13%。则该公司进口环节应缴纳的增值税和消费税合计金额的下列计算中，正确的是（　　）。

A.100×13%=13（万元）

B.（100+100×26%）÷（1−15%）×15%=22.24（万元）

C.（100+100×26%）÷（1−15%）×13%=19.27（万元）

D.（100+100×26%）÷（1−15%）×（13%+15%）=41.51（万元）

2.【单选题】某啤酒厂为增值税一般纳税人，2020年8月份销售乙类啤酒400吨，销售价格为不含增值税2 800元/吨，本月啤酒包装物押金逾期收入6 000元。已知乙类啤酒适用的增值税税率为13%，消费税税额为220元/吨，则8月该啤酒厂应纳的增值税及消费税税额合计的下列计算中正确的是（　　）。

A.400×220=88 000（元）

B.400×2 800×13%=145 600（元）

C.400×220+［400×2 800+6 000÷（1+13%）］×13%=234 290.27（元）

D.400×220+（400×2 800+6 000）×13%=234 380（元）

3.【单选题】某卷烟生产企业为增值税一般纳税人，本月销售乙类卷烟1 500标准条，取得含增值税销售额87 000元。已知乙类卷烟适用的消费税比例税率为36%，定额税率为0.003元/支，1标准条有200支；增值税税率为13%。则该企业本月应纳消费税税额的下列计算中，正确的是（　　）。

A.87 000÷（1+13%）×36%=27 716.81（元）

B.1 500×200×0.003=900（元）

C.87 000×36%+1 500×200×0.003=32 220（元）

D.87 000÷（1+13%）×36%+1 500×200×0.003=28 616.81（元）

4.【单选题】A化妆品厂3月份委托B化妆品厂加工一批高档化妆品，提供原料的成本为57 000元，一次性支付加工费9 500元（均不含增值税）。已知A化妆品厂同类产品不含增值税的销售价格为100 000元，高档化妆品适用的消费税税率为15%。则加工该批高档化妆品的A化妆品厂应缴纳消费税的下列计算中，正确的是（　　）。

A.（57 000+9 500）×15%=9 975（元）

B.（57 000+9 500）÷（1−15%）×15%=11 735.29（元）

C.100 000÷（1−15%）×15%=17 647.06（元）

D.100 000×15%=15 000（元）

5.【多选题】下列关于金银首饰零售环节缴纳消费税的说法中正确的有（　　）。

A.金银首饰仅限于金、银以及金基、银基合金首饰和金基、银基合金的镶嵌首饰

B.对既销售金银首饰，又销售非金银首饰的生产、经营单位，应将两类商品划分清楚，分别核算销售额，凡划分不清楚或不能分别核算的一律按金银首饰征收消费税

C.金银首饰连同包装物一起销售的，无论包装物是否单独计价，均应并入金银首饰的销售额，计征消费税

D.带料加工的金银首饰，应按委托方销售同类金银首饰的销售价格确定计税依据征收消费税，没有同类金银首饰销售价格的，按照组成计税价格计算纳税

6.【多选题】纳税人自产的应税消费品用于（　　）项目，应按照同类产品的最高销售价格计算缴纳消费税。

A.换取生产资料

B.投资入股

C.抵偿债务

D.将不同税率的应税消费品组成成套消费品销售

7.【多选题】下列各项中，纳税人应缴纳消费税的有（　　）。

A.将自产的网球及球拍作为福利发放给本企业职工

B.销售白酒同时收取的包装物押金，合同约定3个月后到期

C.将自产的实木地板用于本企业职工宿舍装修

D.使用自产高档香水生产高档化妆品

1.【答案】D

【解析】（1）进口环节应纳关税税额=100×26%=26（万元）；（2）组成计税价格=（100+26）÷（1−15%）=148.24（万元）；（3）进口环节应纳消费税税额=148.24×15%=22.24（万元）；（4）进口环节应纳增值税税额=148.24×13%=19.27（万元）；增值税和消费税合计金额=19.27+22.24=41.51（万元）。

2.【答案】C

【解析】啤酒从量定额计征消费税，计税数量为啤酒的“销售”数量，则消费税=400×220=88 000（元）；啤酒的包装物押金在逾期时应作为价外费用并入销售额计征增值税，价外费用为含税销售额，应换算为不含税销售额。则增值税=［400×2 800+6 000÷（1+13%）］×13%=146 290.27（元）；增值税及消费税税额合计=146 290.27+88 000=234 290.27（元）。

3.【答案】D

【解析】卷烟的消费税执行复合计征，从价计征部分适用的销售额为不含

增值税的销售额，该企业本月应纳消费税税额=87 000÷（1＋13%）×36%＋1 500×200×0.003=28 616.81（元）。

4.【答案】B

【解析】委托加工的应税消费品，按照受托方（注意不是委托方）的同类消费品的销售价格计算纳税，没有同类消费品销售价格的，按照组成计税价格计算纳税。

5.【答案】AC

【解析】选项B，凡划分不清楚或不能分别核算的，在生产环节销售的，一律从高适用税率征收消费税；在零售环节销售的，一律按金银首饰征收消费税；选项D，应按“受托方”销售同类金银首饰的销售价格确定计税依据征收消费税，没有同类金银首饰销售价格的，按照组成计税价格计算纳税。

6.【答案】ABC

【解析】选项ABC，“换、抵、投”按最高销售价格计征消费税；选项D，从高适用税率，而非按照同类产品的最高销售价格计算。

7.【答案】BC

【解析】选项A，不属于消费税征税范围；选项B，对酒类（啤酒、黄酒除外）收取的包装物押金，无论押金是否返还，均应并入酒类产品销售额，征收消费税；选项C，视同销售缴纳消费税；选项D，将自产应税消费品连续生产应税消费品，不纳消费税。

【考点4.29】组成计税价格（见表4-43）

表4-43　　组成计税价格

1.自产自用	（1）按照纳税人生产的“同类”消费品的销售价格计算纳税； （2）没有同类消费品销售价格的，按照组成计税价格计算纳税。 ① 一般应税消费品组成计税价格公式： 组成计税价格=（成本+利润）÷（1-比例税率） ②复合计征应税消费品组成计税价格公式：（非基本计算） 组成计税价格=（成本+利润+自产自用数量×定额税率）÷（1-比例税率）
2.委托加工	（1）按照“受托方”的同类消费品的销售价格计算纳税； （2）没有同类消费品销售价格的，按照组成计税价格计算纳税。 ①一般应税消费品组成计税价格公式： 组成计税价格=（材料成本+加工费）÷（1-比例税率） ②复合计征应税消费品组成计税价格公式：（非基本计算） 组成计税价格=（材料成本+加工费+委托加工数量×定额税率）÷（1-比例税率）

续表

3.进口	按照组成计税价格计算纳税。 ①一般应税消费品组成计税价格公式： 组成计税价格=（关税完税价格+关税）÷（1-消费税比例税率） ②复合计征应税消费品组成计税价格公式： 组成计税价格=（关税完税价格+关税+进口数量×消费税定额税率）÷（1-消费税比例税率） 【注意】进口应税消费品同时涉及缴纳进口环节增值税，组成计税价格与消费税相同

【注意】自产自用应税消费品同时涉及缴纳增值税，组成计税价格与消费税相同。

【注意】委托加工应税消费品，委托方不涉及缴纳增值税的问题。

【考点4.30】已纳消费税的扣除（见表4-44）

表4-44　已纳消费税的扣除

用外购和委托加工收回应税消费品，“连续生产应税消费品”，在计征消费税时，可以按“当期生产领用数量”计算准予扣除外购和委托加工的应税消费品已纳消费税税款	
1.扣除范围	（1）以外购或委托加工收回的已税烟丝为原料生产的卷烟； （2）以外购或委托加工收回的已税高档化妆品为原料生产的高档化妆品； （3）以外购或委托加工收回的已税珠宝、玉石为原料生产的贵重首饰及珠宝、玉石； （4）以外购或委托加工收回的已税鞭炮、焰火为原料生产的鞭炮、焰火； （5）以外购或委托加工收回的已税杆头、杆身和握把为原料生产的高尔夫球杆； （6）以外购或委托加工收回的已税木制一次性筷子为原料生产的木制一次性筷子； （7）以外购或委托加工收回的已税实木地板为原料生产的实木地板； （8）以外购或委托加工收回的已税石脑油、润滑油、燃料油为原料生产的成品油； （9）以外购或委托加工收回的已税汽油、柴油为原料生产的汽油、柴油
	【记忆提示】扣除范围不包括酒类产品、车、电池、涂料；纳税环节不同不得扣除；用于生产非应税消费品不得扣除
2.计算公式	当期准予扣除的应税消费品已纳税款=当期生产领用数量×单价×应税消费品的适用税率

1.【单选题】某白酒生产企业，某月初库存外购已税A类白酒2吨，金额20万元；当月又外购已税A类白酒5吨，金额50万元（均不含增值税）；月末库存A类白酒1吨，金额10万元，其余被当月生产B类白酒领用。已知：白酒适用的消费税比例税率为20%，定额税率为0.5元/500克（1吨=1 000千克），则白酒生产企业当月准许扣除的外购白酒已缴纳消费税税额的下列计算中，正确的是（　　）。

A.0

B.（2+5−1）×10×20%=12（万元）

C.（2+5−1）×10×20%+（2+5−1）×1 000×2×0.5÷10 000=12.6（万元）

D.（2+5）×10×20%+（2+5）×1 000×2×0.5÷10 000=14.7（万元）

2.【单选题】根据消费税法律制度的规定，纳税人委托加工收回的用于下列用途的应税消费品中，所纳税款准予按规定抵扣的是（　　）。

A.直接出售　　B.留作自用

C.对外捐赠　　D.连续生产应税消费品销售

1.【答案】A

【解析】酒类产品属于“特殊商品”已纳消费税不得抵扣。

2.【答案】D

【考点4.31】征收管理（见表4−45）

表4−45　征收管理

1.纳税义务发生时间	（1）纳税人销售应税消费品的，其纳税义务发生时间同增值税。 （2）纳税人自产自用应税消费品的，为移送使用的当天。 （3）纳税人委托加工应税消费品的，为纳税人“提货”的当天。 （4）纳税人进口应税消费品的，为报关进口的当天
2.纳税地点	（1）委托加工的应税消费品 受托方为“单位”——受托方向机构所在地或居住地的主管税务机关解缴； 受托方为“个人”——委托方向机构所在地的主管税务机关解缴
	（2）纳税人到外县（市）销售或者委托外县（市）代销自产应税消费品的，于应税消费品销售后，向机构所在地或者居住地主管税务机关申报纳税

【单选题】根据消费税法律制度的规定，纳税人委托加工应税消费品，其纳税义务发生的时间为（　　）。

A.委托行为发生的当天

B.向加工企业支付加工费的当天

C.向加工企业发出主要原料的当天

D.纳税人提货的当天

【答案】D

城建税与教育费附加

（一）纳税人

实际缴纳“增值税和消费税”的单位和个人。

【注意】中、外资企业均需缴纳。

（二）税率（见表4-46）

表4-46 税率

地区	税率
市区	7%
县城、镇	5%
不在市区、县城或者镇的	1%

【注意】由受托方代征、代扣增值税、消费税的单位和个人，其代征、代扣的城市维护建设税适用“受托方所在地”的税率。

（三）计税依据、计算及减免税（见表4-47）

表4-47 计税依据、计算及减免税

1.计税依据	(1)城市维护建设税的计税依据，是纳税人“实缴”的“两税”税额。在计算计税依据时，应当按照规定扣除期末留抵退税退还的增值税税额 (2)纳税人在被查补“两税”和被处以罚款时，应同时对其城市维护建设税进行补税、征收滞纳金和罚款 【注意】纳税人因违反“两税”的有关规定而加收的“滞纳金和罚款”，不作为城市维护建设税的计税依据
2.计算	应纳税额=实际缴纳的增值税、消费税税额×适用税率
3.减免税	(1)进口不征 (2)出口不退 (3)因“两税”减免而退税的，城建税同时退还 (4)对“两税”实行先征后返、先征后退、即征即退办法的，除另有规定外，对随“两税”附征的城市维护建设税，一律不予退(返)还 (5)根据国民经济和社会发展的需要，国务院对重大公共基础设施建设、特殊产业和群体以及重大突发事件应对等情形可以规定减征或者免征城市维护建设税，报全国人民代表大会常务委员会备案
4.纳税义务发生时间	城市维护建设税纳税义务发生时间与缴纳增值税、消费税的纳税义务发生时间一致，分别与增值税、消费税同时缴纳

（四）教育费附加

（1）征收比率：3%

（2）应纳税额计算

应纳教育费附加=（实际缴纳增值税＋消费税）×3%

1.【单选题】甲化妆品公司为增值税一般纳税人，2020年6月销售高档化妆品缴纳增值税68万元、消费税60万元，销售普通化妆品缴纳增值税22万元，缴纳本月房产税2万元。已知甲公司所在地使用的城市维护建设税税率为7%。甲公司2020年6月应缴纳的城市维护建设税税额的下列计算中，正确的是（　　）。

A.（68+60+22+2）×7%=10.64（万元）

B.（68+60+22）×7%=10.5（万元）

C.（68+60）×7%=8.96（万元）

D.（68+60+2）×7%=9.1（万元）

2.【多选题】下列关于城市维护建设税税收优惠的说法中，正确的有（　　）。

A.由受托方代征、代扣增值税、消费税的单位和个人，其代征、代扣的城市维护建设税适用受托方所在地的税率

B.纳税人在被查补增值税、消费税和被处以罚款时，应同时对其城市维护建设税进行补税、征收滞纳金和罚款

C.对出口产品退还增值税、消费税的，应同时退还已缴纳的城市维护建设税

D.对由于减免增值税、消费税而发生退税的，不予退还已征收的城市维护建设税

1.【答案】B

【解析】城市维护建设税的计税依据为纳税人实际缴纳的增值税和消费税之和，以及出口货物、劳务或者跨境销售服务、无形资产增值税免抵税额。

2.【答案】AB

【解析】选项C，城市维护建设税“进口不征，出口不退”；选项D，对由于减免增值税、消费税而发生退税的，可同时退还已征收的城市维护建设税。

关税

【考点4.32】纳税人（见表4-48）

表4-48　纳税人

纳税人	关税是对进出国境或关境的货物、物品征收的一种税
	关税的纳税人包括进出口货物的收、发货人；入境物品的所有人或持有人；个人邮递物品的收件人
	【注意】关税的纳税人是货物或物品的所有者，接受纳税人委托办理货物报关等有关手续的代理人，可以代办纳税手续，但不是纳税人

【单选题】甲公司从境外的乙公司进口一批平板电脑，委托丙公司代为办理进口报关手续，则下列关于我国进出口关税纳税人的说法中正确的是（　　）。

A.甲公司是进口货物的收货人，因此甲公司是进出口关税的纳税人

B.乙公司是出口货物的发货人，因此乙公司是进出口关税的纳税人

C.丙公司是进口货物的代理人，因此丙公司是进出口关税的纳税人

D.甲、乙、丙均不是进出口关税的纳税人

【答案】A

【解析】进口贸易性商品的纳税人是进口货物的收货人。

【考点4.33】进口货物应纳税额的计算

1.进口关税的完税价格（见表4–49）

表4–49　进口关税的完税价格

1.应计入完税价格的项目	（1）进口货物的买方为购买该项货物向卖方实际支付或应当支付的价格
	（2）进口人在成交价格外另支付给“卖方”的佣金
	（3）货物运抵我国关境内输入地点起卸“前”的包装费、运费、保险费和其他劳务费
	（4）为了在境内生产、制造、使用或出版、发行的目的而向境外支付的与该进口货物有关的专利、商标、著作权，以及专有技术、计算机软件和资料等费用
2.不应计入完税价格的项目（如已计入应予扣除）	（1）向境外采购代理人支付的“买方”佣金
	（2）厂房、机械、设备等货物进口后进行基建、安装、装配、维修和技术服务的费用
	（3）进口货物运抵境内输入地点起卸“后”的运输及其相关费用、保险费
	【注意】卖方付给进口人的“正常回扣”，应从成交价格中扣除。卖方违反合同规定延期交货的“罚款”（补偿），卖方在货价中冲减时，“罚款”（补偿）则不能从成交价格中扣除

一般贸易项下进口的货物以“海关审定”的成交价格为基础的到岸价格作为完税价格。

【单选题】甲公司从境外的乙公司进口一批木材，合同约定的商品价格为800万元，由乙公司负责运输，甲公司于2020年2月15日前支付定金160万元，乙公司于2020年3月8日前发货。后甲公司如约交付定金，但由于乙公司原因，导致该木材于2020年3月20日才发出，后经双方协商，由乙公司向甲公司赔偿违约金50万元，由甲公司向乙公司支付剩余货款590万元，则下列该批进口木材的关税完税价格中，正确的是（　　）。

A.800万元　　B.750万元

C.590万元　　D.160万元

【答案】A

【解析】应计入完税价格的项目包括进口货物的买方为购买该项货物向卖

方实际支付或应当支付的成交价格；卖方违反合同规定延期交货的违约金，卖方在货价中冲减时，该违约金不能从成交价格中扣除。

2.关税的税率种类（见表4-50）

表4-50　关税的税率种类

种类	特点
普通税率	（1）原产于未与我国共同适用或订立最惠国税率、特惠税率或协定税率的国家或地区 （2）原产地不明
最惠国税率	（1）原产于共同适用最惠国条款的世贸组织成员地区 （2）原产于与我国签订最惠国待遇双边协定的国家 （3）原产于我国
协定税率	原产于与我国签订含有“关税优惠条款”的国家
特惠税率	原产于与我国签订含有“特殊关税优惠条款”的国家
关税配额税率	配额与税率结合，配额内税率较低，配额外税率较高（限制进口）
暂定税率	在最惠国税率的基础上，对特殊货物可执行暂定税率

【单选题】根据关税法律制度的规定，对原产地不明的进口货物，按（　　）征税。

A.普通税率

B.关税配额税率

C.协定税率

D.特惠税率

【答案】A

3.计税依据与应纳税额（见表4-51）

表4-51　计税依据与应纳税额

1.计税依据	从价计征、从量计征、复合计征（摄影机）、滑准税
	滑准税是指关税的税率随着进口商品价格的变动而反方向变动的一种税率形式，即“价格越高，税率越低”，税率为比例税率
2.应纳税额	应纳税额=进口货物数量×单位完税价格×税率
	【注意】进口关税是计算进口增值税、消费税的基础，可以结合考核

【单选题】下列进口货物中，实行从价加从量复合计征进口关税的是（　　）。

A.啤酒

B.卷烟

C.葡萄酒

D.摄影机

【答案】D

【解析】选项A，实行从量计征；选项BC，实行从价计征。

【考点4.34】税收优惠（见表4-52）

表4-52　　税收优惠

法定减免税	1.一票货物关税税额、进口环节增值税或者消费税税额在人民币50元以下的
	2.无商业价值的广告品及货样
	3.国际组织、外国政府无偿赠送的物资
	4.进出境运输工具装载的途中必需的燃料、物料和饮食用品
	5.因故退还的中国出口货物，可以免征进口关税，但已征收的出口关税不予退还
	6.因故退还的境外进口货物，可以免征出口关税，但已征收的进口关税不予退还

1.【多选题】下列企业的行为中，免征进口关税的有（　　）。

A.梁静雅请美国的朋友代购皮包，报关进口时海关审定的关税完税价格为450元，我国箱包类产品关税税率为10%

B.甲公司想从新加坡进口一批特种纸，又担心该纸张无法满足设计及印刷需要，请厂家先运来一批纸样，该批纸样厂家已做特别标注，无商业价值

C.法国的一家葡萄酒厂无偿赠送中国葡萄酒生产企业一批葡萄酒

D.我国一家服装加工厂出口俄罗斯一批服装，因设计款式偏瘦被对方退回

2.【多选题】下列各项中，海关可以酌情减免关税的有（　　）。

A.无商业价值的广告品及货样

B.起卸后海关放行前，因不可抗力遭受损坏的进口机械

C.外国企业无偿赠送的物资

D.在境外运输途中遭受到损坏的进口货物

1.【答案】ABD

【解析】选项A，一票货物关税税额、进口环节增值税或者消费税税额在人民币50元以下的免税；选项B，无商业价值的广告品及货样免税；选项C，国际组织、外国政府无偿赠送的物资免税，不包括外国企业的无偿赠送；选项D，因故退还的中国出口货物，可以免征进口关税，但已征收的出口关税，不予退还。

2.【答案】BD

【解析】选项A，属于法定免税项目；选项C，国际组织、外国政府无偿赠送的物资免征进口关税，外国企业无偿赠送的物资应按规定征收进口关税；选项BD，属于海关可以酌情减免关税的项目。

【考点4.35】征收管理（见表4-53）

表4-53 征收管理

（一）纳税期限	进出口货物的收发货人或者代理人应当在海关签发税款缴款凭证“当日”起15日内，向指定银行缴纳税款
（二）海关暂不予放行的旅客携运进、出境的行李物品	1.旅客不能当场缴纳进境物品税款的
	2.进出境的物品属于许可证件管理的范围，但旅客不能当场提交的 【链接】《中华人民共和国海关对进出境旅客行李物品监管办法》规定，带进、带出国家限制进出境物品，应提交有关主管部门签发的准许进出境的证明
	3.进出境的物品超出自用合理数量，按规定应当办理货物报关手续或者其他海关手续，尚未办理的
	4.对进出境物品的属性、内容存疑，需要由有关主管部门进行认定、鉴定、验核的
	5.按规定暂不予放行的其他行李物品

【多选题】根据关税法律制度的规定，下列旅客携运进、出境的行李物品海关暂不予放行的有（　　）。

A.旅客不能当场缴纳进境物品税款的

B.进出境的物品属于许可证件管理的范围，但旅客不能当场提交的

C.进出境的物品超出自用合理数量，按规定应当办理货物报关手续或者其他海关手续，尚未办理的

D.对进出境物品的属性、内容存疑，需要由有关主管部门进行认定、鉴定、验核的

【答案】ABCD

车辆购置税

【考点4.36】纳税人（见表4-54）

表4-54 纳税人

纳税人	车辆购置税，是对在中国境内购置规定车辆的单位和个人征收的一种税，就其性质而言，属于“直接税”的范畴
	在我国境内购置汽车、有轨电车、汽车挂车、排气量超过150毫升的摩托车（统称应税车辆）的单位和个人 购置：购买、进口、自产、受赠、获奖、其他（拍卖、抵债、走私、罚没等）方式取得并“自用”的行为

【多选题】下列各项中，属于车辆购置税纳税人的有（　　）。

A.购买私家车并自用的个人

B.进口车辆并对外出售的单位

C.将自产汽车自用的单位

D.获奖取得汽车并自用的个人

【答案】ACD

【解析】选项B，不属于自用，不缴纳车辆购置税。

【考点4.37】征收范围与应纳税额的计算（见表4-55）

表4-55 征收范围与应纳税额的计算

征收范围	包括汽车、有轨电车、汽车挂车、排气量超过150毫升的摩托车
税率	车辆购置税采用比例税率，税率为10%
应纳税额计算	（1）应纳税额=计税依据×税率 （2）进口应税车辆应纳税额=（关税完税价格+关税+消费税）×税率
计税依据（计税价格）	（1）购买自用：为实际支付给消费者的全部价款，不包括增值税税款
	（2）进口：关税完税价格+关税+消费税
	（3）自产自用：纳税人生产的同类应税车辆的销售价格，不包括增值税税款
	（4）受赠、获奖或者其他方式取得：按购置应税车辆时相关凭证载明的价格确定，不包括增值税税款
	（5）纳税人申报应税车辆计税价格明显偏低，又无正当理由的，由税务机关核定其应纳税额

1.【单选题】某汽车贸易公司本月进口11辆小轿车，海关审定的关税完税价格为25万元/辆，当月销售8辆，取得含税销售收入240万元；2辆企业自用，1辆用于抵偿债务。合同约定的含税价格为35万元。已知：小轿车关税税率为28%，消费税税率为9%，车辆购置税税率为10%。该公司应纳车辆购置税的下列计算中正确的是（ ）。

A.25×2×（1+28%）÷（1-9%）×10%=7.03（万元）

B.25×2×10%=5（万元）

C.25×3×10%=7.5（万元）

D.25×3×（1+28%）÷（1-9%）×10%=10.55（万元）

2.【多选题】下列关于车辆购置税的说法中，正确的有（ ）。

A.车辆购置税的征税范围包括汽车、有轨电车、汽车挂车、排气量超过150毫升的摩托车

B.车辆购置税的计税依据包括购买车辆所缴纳的增值税税款

C.纳税人应当在向公安机关车辆管理机构办理车辆登记注册前，缴纳车辆购置税

D.税务机关发现纳税人未按照规定缴纳车辆购置税的，有权暂扣纳税人的车辆牌照

1.【答案】A

【解析】(1) 本月进口的11辆小轿车中：销售的8辆由购买方缴纳车辆购置税，用于抵偿债务的1辆由取得车辆的一方缴纳车辆购置税，该汽车贸易公司只就自用的2辆车缴纳车辆购置税；(2) 组成计税价格=25×2×（1+28%）÷（1−9%）=70.33（万元）；(3) 车辆购置税=70.33×10%=7.03（万元）。

2.【答案】AC

【解析】选项B，纳税人购买自用的应税车辆的计税价格，为纳税人购买应税车辆而支付给销售者的全部价款和价外费用，不包括增值税税款；选项D，税务机关发现纳税人未按照规定缴纳车辆购置税的，有权责令其补缴，纳税人拒绝缴纳的，税务机关可以通知公安机关车辆管理机构暂扣纳税人的车辆牌照。

【考点4.38】税收优惠与征收管理（见表4-56）

表4-56　税收优惠与征收管理

税收优惠	免征	(1) 外国驻华使领馆、国际组织驻华机构及其有关外交人员自用的车辆 (2) 中国人民解放军和中国人民武装警察部队列入军队武器装备订货计划的车辆 (3) 悬挂应急救援专用号牌的国家综合性消防救援车辆 (4) 设有固定装置的非运输专用作业车辆 (5) 城市公交企业购置的公共汽电车辆
征收管理	1.纳税期限	一次性征收，已征收车辆购置税的车辆，不再征收 自购置之日起60日内申报缴纳
	2.纳税地点	(1) 车辆登记地主管税务机关 (2) 不需要办理登记的，纳税人所在地主管税务机关
	3.纳税环节	(1) 纳税人应当在向公安机关车辆管理机构办理车辆登记注册前，缴纳车辆购置税
		(2) 纳税人应当持主管税务机关出具的完税证明或者免税证明，向公安机关车辆管理机构办理车辆登记注册手续；没有完税证明或者免税证明的，公安机关车辆管理机构不得办理车辆登记注册手续
		(3) 免税、减税车辆因转让、改变用途等原因不再属于免税、减税范围的，纳税人应当在办理车辆转移登记或者变更登记前缴纳车辆购置税，计税价格以初次申报的价格为基准，每满1年扣减10%
		(4) 已征车辆购置税的车辆退回车辆生产企业或者销售企业的，可以向主管税务机关申请退税，退税额以已纳税款为基准，自缴纳税款之日起至申请退税之日，每满1年扣减10%

1.【单选题】艾雯2019年6月1日购入一辆小汽车自用，7月30日申报并缴纳车辆购置税10万元。由于车辆制动系统存在严重问题，2020年6月30日艾雯将该车退回，则艾雯可以申请退还的车辆购置税的下列计算中，正确的是（　　）。

A.10万元　　B.10×（1−10%）=9（万元）

C.10×（1−20%）=8（万元）　　D.0

2.【多选题】下列各项中，免征车辆购置税的有（　　）。

A.外国驻华使领馆、国际组织驻华机构及其有关人员自用的车辆

B.设有固定装置的非运输专用车辆

C.城市公交企业购置的公共汽车

D.购置1.6升及以下排量的乘用车

1.【答案】A

【解析】(1) 车辆退回企业或者经销商的，纳税人申请退税时，主管税务机关自纳税人办理纳税申报之日起，按已缴纳税款每满1年扣减10%计算退税额；未满1年的，按已缴纳税款全额退税；(2) 本题中纳税申报日为2019年7月30日，退回日为2020年6月30日，不满1年，应当全额退税。

2.【答案】AB

【解析】选项C，城市公交企业购置的汽电车辆免征车辆购置税。

增值税、消费税案例分析

【案例4-1】

凯风食品厂为增值税一般纳税人，主要从事食品生产和销售业务，2020年10月有关经济业务如下：

(1) 购进生产用原材料取得增值税专用发票注明税额26 000元；购进办公设备取得增值税专用发票注明税额8 500元；支付包装设计费取得增值税专用发票注明税额1 200元；购进用于集体福利的食用油取得增值税专用发票注明税额2 600元。

(2) 销售袋装食品取得含税价款696 000元，另收取合同违约金58 000元。

(3) 采取分期收款方式销售饮料，含税总价款116 000元，合同约定分3个月收取货款，本月应收取含税价款46 400元。

(4) 赠送给儿童福利院自产瓶装乳制品，该批乳制品生产成本2 320元，同类乳制品含税销售价款3 480元。

已知：除了食用油适用9%的增值税税率外，本题涉及的其他货物适用的增值税税率均为13%，成本利润率为10%；取得的增值税专用发票已通过税务

机关认证。

要求：

根据上述资料，不考虑其他因素，分析回答下列小题。

1.【多选题】下列凯风食品厂当月发生的进项税额中，准予从销项税额中抵扣的是（　　）。

A.购进办公设备的进项税额8 500元

B.购进用于集体福利的食用油的进项税额2 600元

C.购进生产用原材料的进项税额26 000元

D.支付包装设计费的进项税额1 200元

2.【单选题】凯风食品厂当月销售袋装食品增值税销项税额的下列计算列式中，正确的是（　　）。

A.696 000÷（1+13%）×13%≈80 071（元）

B.（696 000+58 000）×13%=98 020（元）

C.（696 000+58 000）÷（1+13%）×13%≈86 743（元）

D.［696 000+58 000÷（1+13%）］×13%≈97 153（元）

3.【单选题】凯风食品厂当月销售饮料增值税销项税额的下列计算列式中，正确的是（　　）。

A.46 400×13%=6 032（元）

B.46 400÷（1+13%）×13%≈5 338（元）

C.116 000÷（1+13%）×13%≈13 345（元）

D.116 000×13%=15 080（元）

4.【单选题】凯风食品厂当月赠送自产瓶装乳制品增值税销项税额的下列计算列式中，正确的是（　　）。

A.2 320÷（1+13%）×13%≈267（元）

B.3 480÷（1+13%）×13%≈400（元）

C.2 320×（1+9%）×13%≈329（元）

D.3 480×13%=452.4（元）

1.【答案】ACD

【解析】选项B，购进货物用于集体福利、个人消费的，对应的进项税额不得抵扣。

2.【答案】C

【解析】销售货物收取的合同违约金58 000元属于价外费用（视为含税收入），应价税分离后并入销售额计税。

3.【答案】B

【解析】采取分期收款方式销售货物，增值税纳税义务发生时间为合同约定的收款日期的当天。在本题中，合同约定本月应收款项为46 400元，本月应当按照46 400元计算销项税额，而且题目明确交代“46 400元”为含税价款，应当作价税分离处理。

4.【答案】B

【解析】该批乳制品有同类乳制品价格，应按同类乳制品的平均销售价格确定销售额，不能按照组成计税价格确定销售额。此外，题目明确交代“3 480元”为含税价款，应当作价税分离处理。

【案例4-2】

高原制药厂为增值税一般纳税人，主要生产和销售降压药、降糖药及免税药。2020年10月有关经济业务如下：

（1）购进降压药原料，取得的增值税专用发票上注明的税额为85万元；支付其运输费取得的增值税专用发票上注明的税额为1.32万元。

（2）购进免税药原料，取得的增值税专用发票上注明的税额为51万元；支付其运输费取得的增值税专用发票上注明的税额为0.88万元。

（3）销售降压药600箱，取得含增值税价款702万元，没收逾期未退还包装箱押金23.2万元。

（4）将10箱自产的新型降压药赠送给某医院临床使用，成本4.68万元/箱，无同类药品销售价格。

（5）销售降糖药500箱，其中450箱不含增值税单价为1.5万元/箱，50箱不含增值税单价为1.6万元/箱。

已知：降压药、降糖药适用的增值税税率为13%，成本利润率为10%。取得的增值税专用发票已通过税务机关认证。

要求：

根据上述资料，不考虑其他因素，分析回答下列小题。

1.【多选题】高原制药厂下列增值税进项税额中，准予抵扣的是（　　）。

A.购进免税药原料的进项税额51万元

B.购进免税药原料运输费的进项税额0.88万元

C.购进降压药原料的进项税额85万元

D.购进降压药原料运输费的进项税额1.32万元

2.【单选题】高原制药厂当月销售降压药增值税销项税额的下列计算中，正确的是（　　）。

A.（702+23.2）×13%=94.28（万元）

B.（702+23.2）÷（1+13%）×13%=83.43（万元）

C.702×13%=91.26（万元）

D.［702+23.2÷（1+13%）］×13%=93.93（万元）

3.【单选题】高原制药厂当月赠送新型降压药增值税销项税额的下列计算中，正确的是（　　）。

A.10×4.68÷（1+13%）×13%=5.38（万元）

B.10×4.68×（1+10%）÷（1+13%）×13%=5.92（万元）

C.10×4.68×（1+10%）×13%=6.69（万元）

D.10×4.68×13%=6.08（万元）

4.【单选题】高原制药厂当月销售降糖药增值税销项税额的下列计算中，正确的是（　　）。

A.（1.5×450+50×1.6）×13%=98.15（万元）

B.（1.5×450+50×1.6）÷（1+13%）×13%=86.86（万元）

C.1.5×500×13%=97.5（万元）

D.1.6×500×13%=104（万元）

1.【答案】CD

【解析】选项AB，购进的货物用于免税项目（免税药）的，货物本身的进项税额不得抵扣，购进该货物时对应的运费的进项税额也不得抵扣；选项CD，购进的货物用于应税项目（降压药）的，货物本身的进项税额可以抵扣，购进该货物时对应的运费的进项税额也可以抵扣。

2.【答案】B

【解析】没收逾期未退还包装箱的押金，视为含税收入，应价税分离后并入销售额计税。

3.【答案】C

【解析】（1）将自产的货物用于赠送，视同销售货物；（2）由于没有同类货物的平均销售价格，只能计算组成计税价格；（3）由于降压药并非应税消费品，组成计税价格=成本×（1+成本利润率）。

4.【答案】A

【解析】本题属于直接销售，直接以不含增值税的销售额（1.5×450+1.6×50）为依据计算销项税额即可，与最低价格、最高价格、平均价格统统无关。

【案例4-3】

艾元公司为增值税一般纳税人，主要生产和销售洗衣机。2020年10月有关经济业务如下：

（1）购进一批原材料，取得增值税专用发票上注明的税额为272 000元；支付运输费，取得增值税专用发票上注明的税额为2 750元。

（2）购进低值易耗品，取得增值税普通发票上注明的税额为8 500元。

(3) 销售A型洗衣机1 000台，含增值税销售单价3 510元/台；另收取优质费526 500元、包装物租金175 500元。

(4) 采取以旧换新方式销售A型洗衣机50台，旧洗衣机含增值税作价117元/台。

(5) 向优秀职工发放A型洗衣机10台，生产成本2 106元/台。

已知：增值税税率为13%，上期留抵增值税税额59 000元，当月取得的增值税专用发票已通过税务机关认证。

要求：

根据上述资料，不考虑其他因素，分析回答下列小题。

1.【多选题】艾元公司下列增值税进项税额中，准予抵扣的是（　　）。

A.购进低值易耗品的进项税额8 500元

B.上期留抵的增值税税额59 000元

C.购进原材料的进项税额272 000元

D.支付运输费的进项税额2 750元

2.【单选题】艾元公司当月销售A型洗衣机增值税销项税额的下列计算中，正确的是（　　）。

A.［1 000×3 510+526 500÷（1+13%）］×13%=516 870.80（元）

B.（1 000×3 510+526 500+175 500）×13%=547 560（元）

C.（1 000×3 510+526 500+175 500）÷（1+13%）×13%=484 566.37（元）

D.1 000×3 510×13%=456 300（元）

3.【单选题】艾元公司当月以旧换新方式销售A型洗衣机增值税销项税额的下列计算中，正确的是（　　）。

A.50×3 510×13%=22 815（元）

B.50×（3 510−117）÷（1+13%）×13%=19 517.26（元）

C.50×3 510÷（1+13%）×13%=20 190.27（元）

D.50×（3 510−117）×13%=22 054.50（元）

4.【单选题】艾元公司当月向优秀职工发放A型洗衣机增值税销项税额的下列计算中，正确的是（　　）。

A.10×2 106÷（1+13%）×13%=2 422.83（元）

B.10×3 510×13%=4 563（元）

C.10×2 106×13%=2 737.80（元）

D.10×3 510÷（1+13%）×13%=4 038.05（元）

1.【答案】BCD

【解析】选项A，购进低值易耗品取得的是“增值税普通发票”，不得抵扣进项税额。

2.【答案】C

【解析】销售洗衣机同时收取的优质费、包装物租金均属于价外费用（视为含税收入），应价税分离后并入销售额。

3.【答案】C

【解析】除金银首饰外，纳税人采取以旧换新方式销售货物的，应按新货物的同期销售价格确定销售额，不得扣减旧货物的收购价格。

4.【答案】D

【解析】（1）纳税人将自产的货物用于集体福利或者个人消费的，视同销售货物征收增值税；（2）由于艾元公司最近一直在销售A型洗衣机，无须计算组成计税价格，直接按照A型洗衣机的市场销售价格计算缴纳增值税。

【案例4-4】

艾涵公司为增值税一般纳税人，主要从事货物运输服务，2020年10月有关经济业务如下：

（1）购进办公用小轿车1台，取得增值税专用发票上注明的税额为25 500元。

（2）购进货车用柴油，取得增值税专用发票上注明的税额为51 000元。

（3）提供货物运输服务，取得含增值税价款1 110 000元，另外收取保价费2 220元。

（4）提供货物装卸搬运服务，取得含增值税价款31 800元；因损坏所搬运的货物，向客户支付赔偿款5 300元。

（5）提供货物仓储服务，取得含增值税价款116 600元，另外收取货物逾期保管费21 200元。

已知：交通运输服务增值税税率为9%，物流辅助服务增值税税率为6%，当月取得的增值税专用发票已通过税务机关认证。

要求：

根据上述资料，不考虑其他因素，分析回答下列小题。

1.【多选题】关于增值税进项税额抵扣的下列表述中，正确的是（　　）。

A.购进柴油的进项税额51 000元，准予抵扣

B.购进柴油的进项税额51 000元，不得抵扣

C.购进小轿车的进项税额25 500元，准予抵扣

D.购进小轿车的进项税额25 500元，不得抵扣

2.【单选题】艾涵公司当月提供货物运输服务增值税销项税额的下列计算中，正确的是（　　）。

A.（1 110 000+2 220）×9%=100 099.80（元）

B.1 110 000×9%=99 900（元）

C.（1 110 000+2 220）÷（1+9%）×9%=91 834.68（元）

D.1 110 000×（1+9%）×9%=108 891（元）

3.【单选题】艾涵公司当月提供货物装卸搬运服务增值税销项税额的下列计算中，正确的是（　　）。

A.（31 800−5 300）×6%=1 590（元）

B.31 800×6%=1 908（元）

C.31 800÷（1+6%）×6%=1 800（元）

D.（31 800−5 300）÷（1+6%）×6%=1 500（元）

4.【单选题】艾涵公司当月提供货物仓储服务增值税销项税额的下列计算中，正确的是（　　）。

A.116 600×（1+6%）×6%=7 415.76（元）

B.116 600×6%=6 996（元）

C.（116 600+21 200）×6%=8 268（元）

D.（116 600+21 200）÷（1+6%）×6%=7 800（元）

1.【答案】AC

【解析】自2013年8月1日起，一般纳税人购进自用的应征消费税的汽车、摩托车、游艇，其进项税额准予从销项税额中抵扣。

2.【答案】C

【解析】艾涵公司提供货物运输服务同时收取的保价费，属于价外费用（视为含税收入），应价税分离。

3.【答案】C

【解析】向客户“支付的赔偿款”，不属于艾涵公司的价外收入。

4.【答案】D

【解析】艾涵公司提供货物仓储服务同时收取的货物逾期保管费，属于价外费用（视为含税收入），应价税分离。

【案例4-5】

博实公司为增值税一般纳税人，主要提供餐饮、住宿服务。2020年10月有关经营情况如下：

（1）提供餐饮、住宿服务取得含增值税收入1 431万元。

（2）出租餐饮设备取得含增值税收入29万元，出租房屋取得含增值税收入5.5万元。

（3）提供车辆停放服务取得含增值税收入11万元。

（4）发生员工出差火车票、飞机票支出合计10万元。

（5）支付技术咨询服务费，取得增值税专用发票注明税额1.2万元。

（6）购进卫生用具一批，取得增值税专用发票注明税额1.6万元。

（7）从农业合作社购进蔬菜，取得农产品销售发票注明买价100万元。

已知：有形动产租赁服务增值税税率为13%；不动产租赁服务增值税税率为9%；生活服务、现代服务（除有形动产租赁服务和不动产租赁服务外）增值税税率为6%；交通运输服务增值税税率为9%；农产品扣除率为10%；取得的扣税凭证均已通过税务机关认证。

要求：

根据上述资料，不考虑其他因素，分析回答下列小题。

1.【多选题】博实公司下列经营业务中，应按照“现代服务”税目计缴增值税的是（　　）。

A.房屋租赁服务

B.住宿服务

C.餐饮服务

D.餐饮设备租赁服务

2.【多选题】下列关于博实公司增值税进项税额抵扣的表述中，正确的是（　　）。

A.购进蔬菜的进项税额准予抵扣

B.购进卫生用具的进项税额准予抵扣

C.火车票、飞机票的进项税额准予抵扣

D.支付技术咨询服务费的进项税额准予抵扣

3.【多选题】计算博实公司当月增值税销项税额的下列算式中，正确的是（　　）。

A.餐饮设备出租收入的销项税额=29÷（1+13%）×13%=3.34（万元）

B.餐饮、住宿收入的销项税额=1 431÷（1+6%）×6%=81（万元）

C.车辆停放收入的销项税额=11÷（1+9%）×9%=0.91（万元）

D.房屋出租收入的销项税额=5.5÷（1+9%）×9%=0.45（万元）

4.【单选题】计算博实公司当月准予抵扣增值税进项税额的下列算式中，正确的是（　　）。

A.10×9%+1.2=2.1（万元）

B.1.2+1.6=2.8（万元）

C.10×9%+1.6+100×10%=12.5（万元）

D.1.2+1.6+100×10%=12.8（万元）

1.【答案】AD

【解析】选项BC属于"生活服务"。

2.【答案】ABD

【解析】选项C，纳税人购进的旅客运输服务、贷款服务、餐饮服务、居民日常服务和娱乐服务，不得抵扣进项税额。

3.【答案】ABCD

【解析】选项C，车辆停放服务、道路通行服务（包括过路费、过桥费、过闸费）等按照"不动产经营租赁服务"缴纳增值税。

4.【答案】D

【解析】（1）纳税人购进的旅客运输服务不得抵扣进项税额；（2）购进免税农产品，取得农产品销售发票的，按买价乘以扣除率计算抵扣进项税额。

【案例4-6】

高格公司为增值税一般纳税人，主要从事建筑、装修材料的生产和销售业务，2020年10月有关经济业务如下：

（1）购进生产用原材料取得增值税专用发票注明税额16万元，另支付运费取得增值税专用发票注明税额0.3万元。

（2）购进办公设备取得增值税专用发票注明税额3.2万元。

（3）仓库因保管不善丢失一批上月购进的零配件，该批零配件账面成本10.53万元，其中含运费成本0.23万元，购进零配件和支付运输费的进项税额均已于上月抵扣。

（4）销售装修板材取得含税价款232万元，另收取包装费2.32万元。

（5）销售一台自己使用过的机器设备取得含税销售额20.6万元，该设备于2008年2月购入。高格公司属于2008年12月31日以前未纳入扩大增值税抵扣范围试点的纳税人。

已知：货物增值税税率为13%；提供交通运输服务增值税税率为9%；销售自己使用过的机器设备按简易办法依照3%征收率减按2%征收增值税；上期留抵增值税税额为5.6万元；取得的增值税专用发票已通过税务机关认证。

要求：

根据上述资料，不考虑其他因素，分析回答下列小题。

1.【多选题】高格公司的下列进项税额，准予从销项税额中抵扣的是（　　）。

A.上期留抵增值税税额5.6万元

B.购进办公设备的进项税额3.2万元

C.购进生产用原材料的进项税额16万元

D.支付运输费的进项税额0.3万元

2.【单选题】高格公司当月丢失零配件增值税进项税额转出的下列计算列式中，正确的是（　　）。

A.10.53÷（1+13%）×13%=1.21（万元）

B.10.53÷（1+13%）×13%+0.23×9%=1.23（万元）

C.（10.53−0.23）×13%+0.23×9%=1.36（万元）

D.（10.53−0.23）×13%=1.34（万元）

3.【单选题】高格公司当月销售装修板材增值税销项税额的下列计算列式中，正确的是（　　）。

A.［232+2.32÷（1+13%）］×13%=30.43（万元）

B.232÷（1+13%）×13%=26.69（万元）

C.232×13%=30.16（万元）

D.（232+2.32）÷（1+13%）×13%=26.96（万元）

4.【单选题】高格公司当月销售机器设备应缴纳增值税税额的下列计算列式中，正确的是（　　）。

A.20.6÷（1+3%）×2%=0.4（万元）

B.20.6×2%=0.412（万元）

C.20.6×3%=0.618（万元）

D.20.6÷（1+3%）×3%=0.6（万元）

1.【答案】ABCD

【解析】选项A，上期留抵增值税税额，可以与本期进项税额一并从本期销项税额中抵扣；选项BC，购进办公设备、生产用原材料，均属于用于能够产生销项税额的项目，对应的进项税额准予抵扣；选项D，为购进生产用原材料而接受的交通运输服务，对应的进项税额准予抵扣。

2.【答案】C

3.【答案】D

【解析】销售装修板材时另收取的包装费属于价外费用（视为含税收入），应价税分离后并入销售额。

4.【答案】A

【案例4-7】

灵韵企业为增值税一般纳税人，主要从事小汽车制造和销售业务。2020年10月有关业务如下：

（1）销售1辆定制小汽车取得含增值税价款234 000元，另收取手续费35 100元。

（2）将20辆小汽车对外投资，小汽车生产成本10万元/辆，灵韵企业同类小汽车不含增值税最高销售价格16万元/辆、平均销售价格15万元/辆、最低销售价格14万元/辆。

小艾上班记10

（3）采取预收款方式销售给4S店一批小汽车，当月5日签订合同，当月10日收到预收款，当月15日发出小汽车，当月20日开具发票。

（4）生产中轻型商用客车500辆，其中480辆用于销售、10辆用于广告、8辆用于企业管理部门、2辆用于赞助。

已知：小汽车适用的增值税税率为13%，消费税税率为5%。

要求：

根据上述资料，不考虑其他因素，分析回答下列小题。

1.【单选题】灵韵企业销售定制小汽车应缴纳消费税税额的下列计算中，正确的是（　　）。

A.234 000×5%=11 700（元）

B.（234 000+35 100）÷（1+13%）×5%=11 907.08（元）

C.234 000÷（1+13%）×5%=10 353.98（元）

D.（234 000+35 100）×5%=13 455（元）

2.【单选题】灵韵企业以小汽车投资应缴纳消费税税额的下列计算中，正确的是（　　）。

A.20×16×5%=16（万元）

B.20×15×5%=15（万元）

C.20×10×5%=10（万元）

D.20×14×5%=14（万元）

3.【单选题】灵韵企业采用预收款方式销售小汽车，消费税的纳税义务发生时间是（　　）。

A.10月5日

B.10月10日

C.10月15日

D.10月20日

4.【多选题】灵韵企业的下列行为中，应缴纳消费税的是（　　）。

A.480辆自产客车用于销售

B.10辆自产客车用于广告

C.8辆自产客车用于企业管理部门

D.2辆自产客车用于赞助

1.【答案】B

【解析】销售小汽车同时收取的手续费属于价外费用（视为含税收入），价税分离后计入销售额征收消费税。

2.【答案】A

【解析】纳税人用于换取生产资料和消费资料、投资入股和抵偿债务等方面的应税消费品，应当以纳税人同类应税消费品的最高销售价格作为计税依据计算消费税。

3.【答案】C

【解析】采取预收货款结算方式的，消费税纳税义务发生时间为发出应税消费品的当天。

4.【答案】ABCD

【解析】纳税人将自产的应税消费品用于生产非应税消费品、在建工程、管理部门、非生产机构、提供劳务、馈赠、赞助、集资、广告、样品、职工福利、奖励等方面，视同销售，于移送使用时缴纳消费税。

【案例 4-8】

艾美公司为增值税一般纳税人，主要生产和销售高档化妆品。2020年10月有关经济业务如下：

（1）销售高档香水150箱，不含增值税单价为2万元/箱，另收取品牌使用费11.6万元。

（2）受托加工高档香水精，收取不含增值税加工费5万元，委托方提供的原材料成本58万元，艾美公司无同类产品销售价格。

（3）销售高档口红两批，第一批100箱，不含增值税单价为0.2万元/箱；第二批200箱，不含增值税单价为0.16万元/箱。

（4）将高档口红50箱赞助给国内某化妆品展销会。

已知：高档化妆品适用的增值税税率为13%，消费税税率为15%。

要求：

根据上述资料，不考虑其他因素，分析回答下列小题。

1.【单选题】关于艾美公司本月销售高档香水应缴纳的消费税税额，下列计算中，正确的是（　　）。

A.2×150×15%=45（万元）

B.（2×150+11.6）×15%=46.74（万元）

C.（2×150+11.6）÷（1+13%）×15%=41.36（万元）

D.［2×150+11.6÷（1+13%）］×15%=46.54（万元）

2.【单选题】关于艾美公司受托加工高档香水精应代收代缴的消费税税额，下列计算中，正确的是（　　）。

A.58×15%=8.7（万元）

B.（58+5）×15%=9.45（万元）

C.（58+5）÷（1−15%）×15%=11.12（万元）

D.（58+5）÷（1+15%）×15%=8.22（万元）

3.【多选题】关于艾美公司销售高档口红的增值税和消费税的处理，下列计算中，正确的是（　　）。

A.艾美公司销售高档口红应确认增值税销项税额=（0.2×100+0.16×200）×13%=6.76（万元）

B.艾美公司销售高档口红应确认增值税销项税额=0.2×（100+200）×13%=7.8（万元）

C.艾美公司销售高档口红应缴纳的消费税税额=（0.2×100+0.16×200）×15%=7.8（万元）

D.艾美公司销售高档口红应缴纳的消费税税额=0.2×（100+200）×15%=9（万元）

4.【单选题】关于艾美公司将高档口红赞助给国内某化妆品展销会应缴纳的消费税税额，下列计算中，正确的是（　）。

A.0.16×50×15%=1.2（万元）

B.0.2×50×15%=1.5（万元）

C.（0.2+0.16）÷2×50×15%=1.35（万元）

D.（0.2×100+0.16×200）÷（100+200）×50×15%=1.3（万元）

1.【答案】D

【解析】艾美公司销售高档香水同时收取的品牌使用费属于价外费用（视为含税收入），价税分离后并入销售额计征消费税。

2.【答案】C

【解析】委托加工应税消费品受托方应代收代缴的消费税=（材料成本+加工费）÷（1-消费税税率）×消费税税率=（58+5）÷（1-15%）×15%=11.12（万元）。

3.【答案】AC

【解析】选项AB，销项税额=不含增值税销售额×适用的增值税税率；选项CD，从价定率计征消费税的，应纳消费税税额=不含增值税销售额×适用的消费税税率。

4.【答案】D

【解析】（1）艾美公司将高档口红用于“赞助”，应按纳税人最近时期同类应税消费品的“加权平均销售价格”（合计销售额÷合计销售量）作为计税依据计算消费税；（2）如果艾美公司将高档口红用于“抵偿债务”，应按纳税人最近时期同类应税消费品的“最高销售价格”作为计税依据计算消费税。

【案例4-9】

艾慕公司为增值税一般纳税人，主要从事汽车销售和维修业务，2020年10月有关经济业务如下：

（1）进口小汽车（非超豪华小汽车）一批，取得海关进口增值税专用缴款书注明增值税税额187万元。

（2）购进维修用原材料及零配件，取得增值税专用发票注明税额100.3万元。

（3）为购进上述维修用原材料及零配件支付运输费，取得增值税专用发票注明税额1.1万元。

（4）销售进口小汽车，取得含税销售额8 700万元。

（5）销售小汽车内部装饰品，取得含税销售额185.6万元。

（6）销售小汽车零配件取得含税销售额17.4万元。

（7）对外提供汽车维修服务，取得含税销售额208.8万元。

已知：销售货物增值税税率为13%，销售劳务增值税税率为13%，取得的增值税专用发票和专用缴款书均通过税务机关认证。

要求：

根据上述资料，不考虑其他因素，分析回答下列小题。

1.【单选题】艾慕公司当月准予抵扣进项税额的下列计算列式中，正确的是（　　）。

A.187+1.1=188.1（万元）　　B.187+100.3=287.3（万元）

C.187+100.3+1.1=288.4（万元）　　D.100.3+1.1=101.4（万元）

2.【多选题】艾慕公司当月发生的下列业务中，应按“销售货物”申报缴纳增值税的是（　　）。

A.销售小汽车内部装饰品　　B.销售小汽车零配件

C.提供汽车维修服务　　D.销售进口小汽车

3.【多选题】艾慕公司当月增值税销项税额的下列计算中，正确的是（　　）。

A.提供汽车维修服务的销项税额=208.8÷（1+13%）×13%=24.02（万元）

B.销售小汽车内部装饰品的销项税额=185.6÷（1+13%）×13%=21.35（万元）

C.销售小汽车零配件的销项税额=17.4÷（1+13%）×13%=2.00（万元）

D.销售进口小汽车的销项税额=8 700÷（1+13%）×13%=1 000.88（万元）

4.【单选题】艾慕公司发生的下列业务中，应缴纳消费税的是（　　）。

A.销售小汽车内部装饰品　　B.提供汽车维修服务

C.进口小汽车　　D.销售进口小汽车

1.【答案】C

【解析】（1）进口小汽车用于销售（可抵扣项目），且取得了海关进口增值税专用缴款书（合法扣税凭证），对应的进项税额（187万元）可以抵扣；（2）购进原材料及零配件用于维修业务（可抵扣项目），且取得增值税专用发票（合法扣税凭证），对应的进项税额（100.3万元）及相关运费的进项税额（1.1万元）可以抵扣。

2.【答案】ABD

3.【答案】ABCD

4.【答案】C

【解析】选项A，小汽车内部装饰品不属于消费税的征税范围；选项B，提供维修服务不属于消费税的征税范围；选项D，进口小汽车在进口环节应当征收关税、进口增值税和进口消费税，进口后再行销售时应当征收增值税，但不再征收消费税（超豪华小汽车除外）。

【案例4-10】

艾梦酒厂为增值税一般纳税人，主要从事葡萄酒的生产和销售业务。2020年10月有关经营情况如下：

（1）进口酿酒设备，取得海关进口增值税专用缴款书注明税额160 000元。

（2）支付葡萄酒广告费取得增值税专用发票注明金额300 000元、税额18 000元。

（3）支付销售葡萄酒运输费取得增值税专用发票注明税额2 000元。

（4）销售自产W品牌葡萄酒取得含增值税价款5 220 000元，另收取优质费116 000元。

（5）将100箱自产Y品牌葡萄酒作为福利向员工免费发放，同类葡萄酒含增值税平均售价为1 037.04元/箱。

（6）上期留抵增值税税额为106 000元。

已知：增值税税率为13%；葡萄酒消费税税率为10%；取得的扣税凭证均已通过税务机关认证。

要求：

根据上述资料，不考虑其他因素，分析回答下列小题。

1.【多选题】艾梦酒厂的下列进项税额中，准予从销项税额中扣除的是（　　）。

A.上期留抵增值税税额106 000元

B.支付葡萄酒广告费的进项税额18 000元

C.进口酿酒设备的进项税额160 000元

D.支付销售葡萄酒运输费的进项税额2 000元

2.【单选题】计算艾梦酒厂当月销售W品牌葡萄酒增值税销项税额的下列算式中，正确的是（　　）。

A.5 220 000÷（1+13%）×13%+116 000×13%=615 610.97（元）

B.5 220 000÷（1+13%）×13%=600 530.97（元）

C.（5 220 000+116 000）×13%=693 680（元）

D.（5 220 000+116 000）÷（1+13%）×13%=613 876.11（元）

3.【多选题】艾梦酒厂当月的下列业务中，应缴纳消费税的是（　　）。

A.将自产的Y品牌葡萄酒作为福利向员工免费发放

B.支付葡萄酒广告费

C.进口酿酒设备

D.销售W品牌葡萄酒

4.【单选题】计算艾梦酒厂当月应缴纳消费税税额的下列算式中，正确的是（　　）。

A.（5 220 000+116 000）÷（1+13%）×10%+1 037.04×100÷（1-9%）×10%

B.（5 220 000+116 000）÷（1-10%）×10%+1 037.04×100÷（1-10%）×10%

C.（5 220 000+116 000）÷（1+13%）×10%+1 037.04×100÷（1+13%）×10%

D.（5 220 000+116 000）÷（1-10%）×10%+1 037.04×100÷（1+13%）×10%

1.【答案】ABCD

【解析】选项A，上期留抵税额可以在本期继续抵扣；选项BCD，均取得了合法扣税凭证，均用于可抵扣用途，对应的进项税额均可抵扣。

2.【答案】D

【解析】销售W品牌葡萄酒收取的优质费属于价外费用，应当价税分离后并入销售额。

3.【答案】AD

【解析】选项A，纳税人自产自用的应税消费品，用于连续生产应税消费品以外的其他方面（如用于职工福利）的，于移送使用时征收消费税；选项BC，购进广告服务、进口设备均不征收消费税；选项D，葡萄酒在生产、委托加工或者进口环节缴纳消费税。

4.【答案】C

【解析】本题两项销售业务均为“售价”（而非成本），不需要计算组成计税价格，不存在“÷（1-10%）”的问题，选项ABD全部排除。

【案例4-11】

雯丽公司为增值税一般纳税人，主要从事化妆品生产和销售业务。2020年10月有关经营情况如下：

（1）进口一批高档香水精，海关审定的货价为210万元，运抵我国关境内输入地点起卸前的包装费11万元、运输费20万元、保险费4万元。

（2）接受乙公司委托加工一批高档口红，不含增值税加工费35万元，乙公司提供原材料成本84万元，该批高档口红无同类产品销售价格。

（3）销售一批高档香水，取得不含增值税价款702万元，另收取包装费

5.85万元。

已知：高档化妆品适用的消费税税率为15%，关税税率为10%，增值税税率为13%。

要求：

根据上述资料，不考虑其他因素，分析回答下列小题。

1.【多选题】雯丽公司进口高档香水精的下列各项支出中，应计入进口货物关税完税价格的是（　　）。

A.包装费11万元　　B.保险费4万元

C.运输费20万元　　D.货价210万元

2.【单选题】雯丽公司进口高档香水精应缴纳消费税税额的下列计算中，正确的是（　　）。

A.（210+20）×（1+10%）×15%=37.95（万元）

B.（210+11+4）×（1+10%）×15%=37.13（万元）

C.（210+11+20+4）×（1+10%）÷（1−15%）×15%=47.56（万元）

D.（11+20+4）×（1+10%）÷（1−15%）×15%=6.79（万元）

3.【单选题】雯丽公司受托加工高档口红应代收代缴消费税税额的下列计算中，正确的是（　　）。

A.（84+35）×15%=17.85（万元）

B.（84+35）÷（1−15%）×15%=21（万元）

C.［84÷（1−15%）+35］×15%=20.07（万元）

D.［84+35÷（1−15%）］×15%=18.78（万元）

4.【单选题】雯丽公司销售高档香水应缴纳消费税税额的下列计算中，正确的是（　　）。

A.702÷（1+13%）×15%=93.19（万元）

B.［702+5.85÷（1+13%）］×15%=106.08（万元）

C.（702+5.85）×15%=106.18（万元）

D. 702×15%=105.3（万元）

1.【答案】ABCD

【解析】一般贸易项下进口的货物以海关审定的成交价格（210万元）为基础的到岸价格作为完税价格。到岸价格是指由货价以及货物运抵我国关境内输入地点起卸前的包装费（11万元）、运费（20万元）、保险费（4万元）和其他劳务费等费用构成的一种价格。

2.【答案】C

【解析】进口环节的消费税=关税完税价格×（1+关税税率）÷（1−消费税

备考

高频考点冲刺

2022

如果这些任务，平时大脑不需要思考就能完成，那么通过考试就是毫无疑问的

看小说，学会计，轻松通过初级职称考试

第3版

小艾上班记10

经济法基础

下册

陈艳红 著

东北财经大学出版社 Dongbei University of Finance & Economics Press | 大连

目录

第5章

所得税法律制度

本章思维导图如图5-1所示：

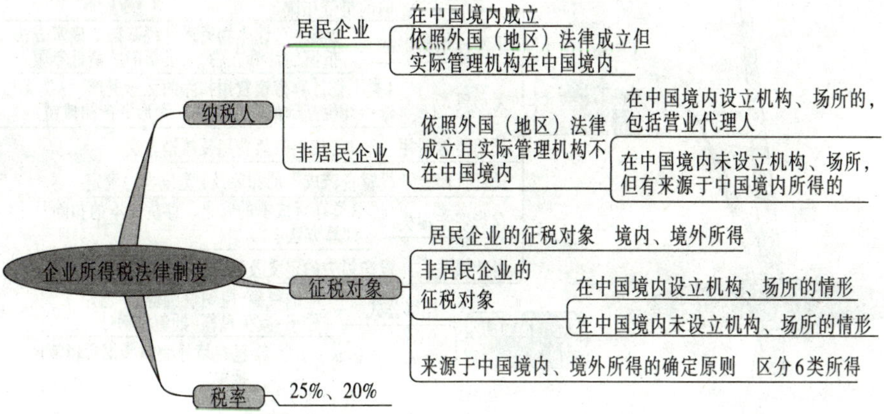

续图

- 企业所得税法律制度
  - 应纳税所得额的计算
    - 企业所得税应纳税所得额的计算公式与原则：应纳税所得额=收入总额-不征税收入-免税收入-各项扣除-以前年度亏损，权责发生制原则
    - 收入总额：9类收入的确认及特殊收入的确认
    - 不征税收入：3类不征税收入
    - 税前扣除项目：成本、费用、税金、损失、其他支出
    - 扣除标准：分为18类
    - 不得扣除项目：分为9类
    - 亏损弥补：一般是5年，高新技术企业或科技型中小企业为10年
    - 非居民企业的应纳税所得额
      - 股息、红利等权益性投资收益和利息、租金、特许权使用费所得
      - 转让财产所得
      - 其他所得
  - 资产的税务处理
    - 资产的计税基础与净值
    - 固定资产：7类不得计算折旧扣除的固定资产、6类固定资产计税基础的确定方法、折旧的计算方法、5类折旧的最低年限
    - 生产性生物资产：2类生产性生物资产计税基础的确定方法、折旧的计算方法、2类折旧的最低年限
    - 无形资产：4类不得计算摊销费用扣除的无形资产、3类无形资产计税基础的确定方法、无形资产的摊销
    - 长期待摊费用：4类长期待摊费用及摊销方法
    - 投资资产：投资资产成本的扣除及2类成本的确定
    - 存货资产损失：3类存货成本的确定、存货成本的扣除及计算方法
    - 资产损失：资产损失的定义及扣除
  - 应纳税额的计算
    - 计算公式：应纳税额=应纳税所得额×适用税率-减免税额-抵免税额
    - 境外所得税收抵免：已在境外缴纳所得税税额的抵免
  - 税收优惠
    - 免税收入：4类免税收入
    - 所得减免：7类所得减免
    - 减低税率与定期减免税：7类减低税率与定期减免税
    - 民族自治地方的减免税：企业所得税中属于地方分享的部分
    - 加计扣除：2类加计扣除
    - 抵扣应纳税所得额：4类情形
    - 加速折旧：加速折旧的一般规定，特殊规定，设备、器具一次性扣除
    - 减计收入：2类减计收入
    - 税额抵免：环境保护、节能节水和安全生产专用设备
    - 西部地区减免税：减按15%的税率征收企业所得税
    - 海南自由贸易港企业所得税优惠
    - 债券利息减免税：3类债券利息减免税
  - 征收管理
    - 纳税地点：居民企业的纳税地点、非居民企业的纳税地点
    - 按年计征，分期预缴
    - 汇算清缴期限
    - 纳税申报
    - 货币单位及折算

续图

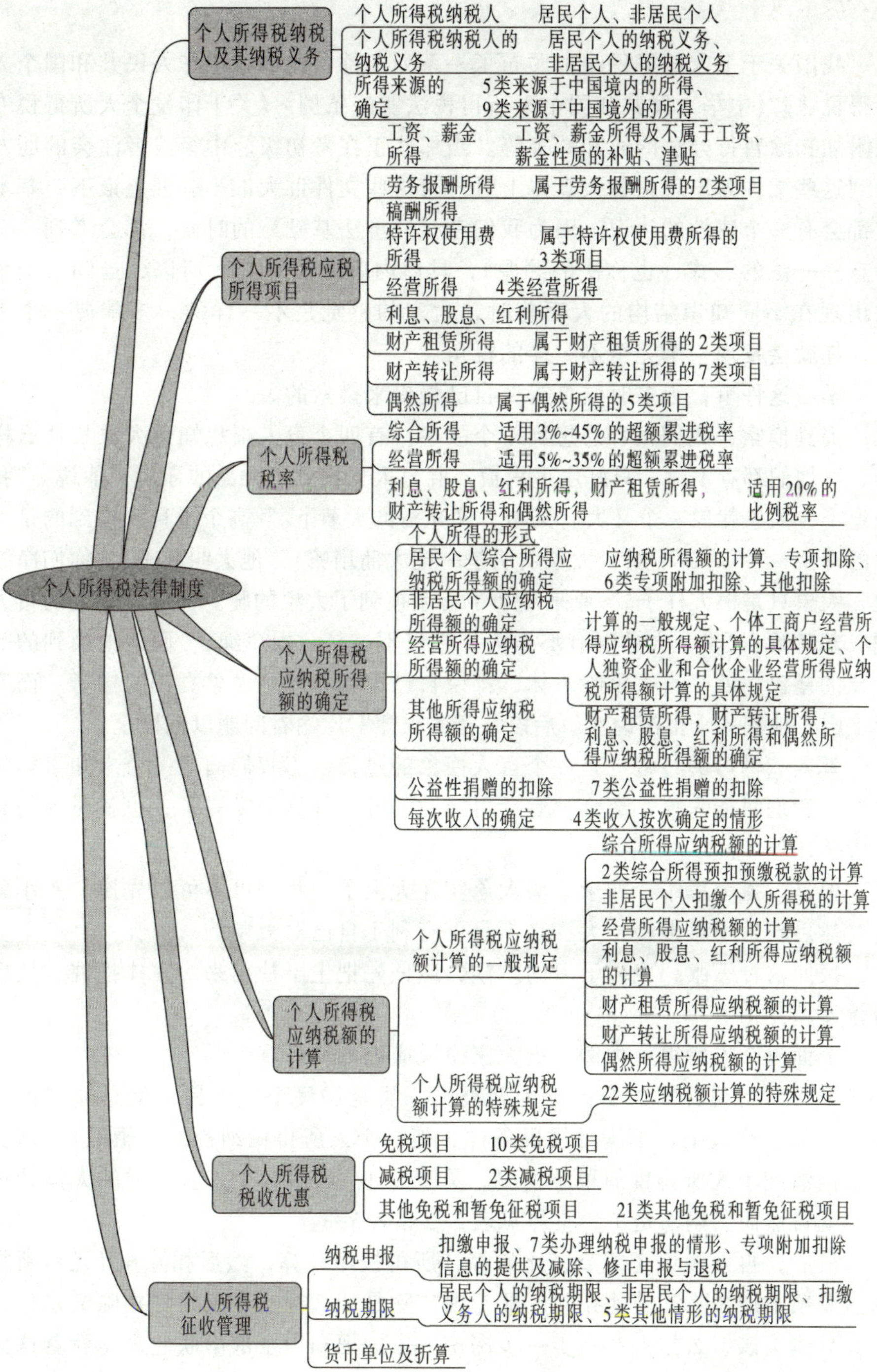

图5-1　本章思维导图

盲人摸象与学习

我国关于个人所得税改革颁布了一系列文件，比如《中华人民共和国个人所得税法》《中华人民共和国个人所得税法实施条例》《关于印发个人所得税专项附加扣除暂行办法的通知》等等。当那些正在考初级、中级或者注会的朋友看到这些文件名出现在各大媒体上时，对这些文件谁大谁小、谁上谁下，基本上都会有一个感性的认识。因为我们考《经济法基础》的时候，都会考到一个考点——法的形式（也称法的渊源），具体内容见表1-13。所以，当同一个事件出现在不同知识结构的人面前时，大家的感觉是不一样的，多掌握一个考点，你就会发现一个完全不一样的视角。

学习这件事，很多时候是需要自己慢慢来摸索的。

提到摸索，我们很容易想到一个故事。有四个盲人很想知道大象长什么样子，可他们都看不见，只好用手去摸。胖盲人先摸到了大象的牙齿，他说："我知道了，大象就像一个又大、又粗、又光滑的大萝卜。"高个子盲人摸到的是大象的耳朵，"不对，不对，大象明明是一把大蒲扇嘛！"他大叫起来。"你们净瞎说，大象只是根大柱子。"原来矮个子盲人摸到了大象的腿。而那位年老的盲人呢，却嘟囔："唉，大象哪有那么大，它只不过是一根草绳。"原来他摸到的是大象的尾巴。四个盲人争吵不休，都说自己摸到的才是大象真正的样子。而实际上呢？他们一个也没说对。后以"盲人摸象"比喻看问题以偏概全。

其实，学习的过程也是一个盲人摸象的过程。当我们面对一个未知事物的时候，我们只能先摸一部分，然后再摸一部分，等到全摸完了，也就对事物有个大体印象了。

但是，换个思维，如果这头大象实在太大了，我们可不可以先摸一头小象呢？然后看着小象慢慢长大，是不是更有利于自己对大象的认识呢？

按照这种思维，我们学习的时候，应该先把主干抽出来，整体把握，然后再慢慢填充细节。

下面以个人所得税为例，给大家说说应该如何计算。

个人所得税针对的个人分为两类：一类是居民个人；另一类是非居民个人。比如外籍人士，不满足居民条件，他们个人所得税纳税的逻辑是什么呢？先来搞清楚个人所得税的税率情况，见表5-1。然后，个人所得税的大体计算逻辑就自然而然搞清楚了，具体见表5-2和表5-3。

最后，再慢慢填充细节，比如综合所得按年计算，然后扣除6万元专项扣除、专项附加扣除和其他扣除。那专项扣除是什么呢？专项附加扣除又是什么呢？具体又该怎么扣呢？一步一步深挖下去，把知识全部串联起来，看着这头小象慢慢长大、丰满。

表 5-1　　　　个人所得税的税率

个人所得税的税率	（1）综合所得适用3%～45%的超额累进税率； （2）经营所得适用5%～35%的超额累进税率； （3）利息、股息、红利所得，财产租赁所得，财产转让所得和偶然所得，适用比例税率，税率为20%

表 5-2　　　　居民个人应纳税额的计算

所得类型	具体项目	特殊规定	计征方法	应纳税所得额	税率
综合所得	工资、薪金所得	—	按年计算	每一纳税年度的收入额减除费用6万元以及专项扣除、专项附加扣除和依法确定的其他扣除后的余额	3%～45%的超额累进税率
	劳务报酬所得	以收入减除20%的费用后的余额为所得额			
	稿酬所得	以收入减除20%的费用后的余额为所得额；再减按70%计算			
	特许权使用费所得	以收入减除20%的费用后的余额为所得额			
经营所得	经营所得	—		每一纳税年度的收入总额减除成本、费用以及损失后的余额	5%～35%的超额累进税率
分类所得	财产转让所得	—	按次计算	转让财产的收入额减除财产原值和合理费用后的余额	20%
	财产租赁所得	—	以1个月内取得的收入为一次	每次收入不超过4 000元的，减除费用800元；4 000元以上的，减除20%的费用	
	利息、股息、红利所得	—	按次计算	每次收入额	
	偶然所得	—			

表5-3　　非居民个人应纳税额的计算

具体项目	计征方法	应纳税所得额
工资、薪金所得	按月征收	每月收入额减除费用5 000元后的余额
劳务报酬所得		以收入减除20%的费用后的余额为收入额（应纳税所得额）
稿酬所得	按次征收	以收入减除20%的费用后的余额为收入额；收入额减按70%计算
特许权使用费所得		以收入减除20%的费用后的余额为收入额（应纳税所得额）
经营所得	按年征收	每一纳税年度的收入总额减除成本、费用以及损失后的余额
财产租赁所得	以1个月内取得的收入为一次	每次收入不超过4 000元的，减除费用800元；4 000元以上的，减除20%的费用
财产转让所得		转让财产的收入额减除财产原值和合理费用后的余额
利息、股息、红利所得	按次征收	每次收入额
偶然所得		

然后就是企业所得税，企业所得税跟个人所得税也是紧密相联的，甚至在实际操作中是可以灵活转换的。

企业类型选择及是否缴纳企业所得税如图5-2所示：

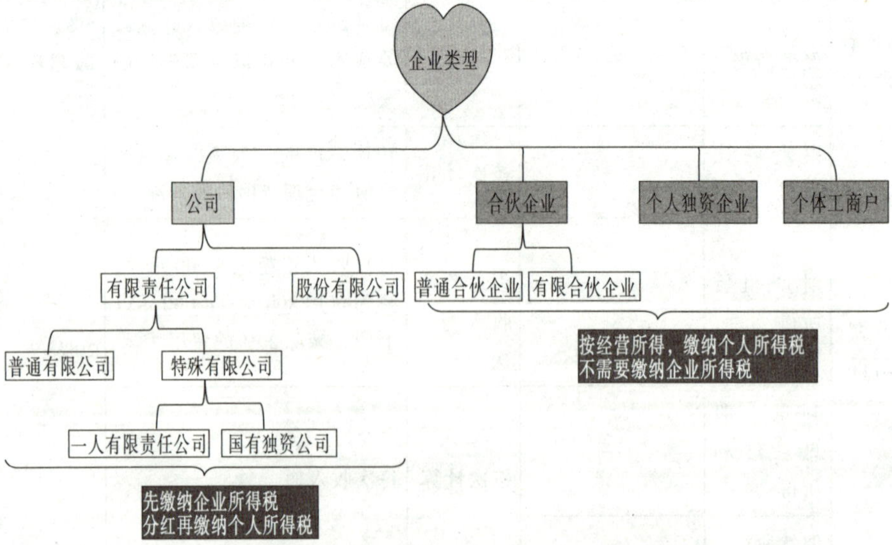

图5-2　企业类型选择及是否缴纳企业所得税

有限责任公司和股份有限公司，是先缴纳企业所得税，然后股东分红时，再缴纳个人所得税，有两道所得税。

合伙企业、个人独资企业、个体工商户，是按经营所得，直接缴纳个人所得税，不需要缴纳企业所得税，只有一道所得税。

凡事有利必有弊，有弊必有利，有限责任公司和股份有限公司承担的是有限责任，就是万一经营不善，破产了，面对债务，股东只需要以出资额为限承担有限责任，而合伙企业、个人独资企业、个体工商户要承担无限责任。

在实践中，我们结合公司法和税法，然后根据自己的情况选择适合自己的企业类型。

企业所得税我们也可以建立一个大体框架，我们可以从制定者的角度来揣摩。

所得=收入-扣除

所得×税率=税额

这是基本逻辑，那假设我去制定这个“游戏规则”，思路可以如下（见表5-4）：

表5-4　“游戏规则”的思路

1.收入	哪些收入征税，哪些收入不征税，哪些收入免税
2.扣除	哪些项目可以扣除，哪些项目不可以扣除，具体项目应该扣多少，怎么扣，哪些还可以给你优惠，让你加计扣除
3.所得	收入减去扣除得到所得额，全名叫应纳税所得额，这个应纳税所得额，我还可以直接给你优惠，比如直接减免一部分所得
4.税率	税率有法定税率和优惠税率，然后根据不同的情况，给你优惠
5.税额	所得×税率=税额，所得确定，税率确定，那税额就确定了，但是我还是可以给你减免，直接减免一部分税额

居民企业与非居民企业在缴纳所得税时的区别如下（见表5-5）：

表5-5　居民企业与非居民企业在缴纳所得税时的区别

<table>
<tr><th colspan="2">类型</th><th colspan="2">纳税义务</th></tr>
<tr><td rowspan="2">居民企业</td><td>依法在中国境内成立的企业（注册地标准）</td><td rowspan="2">全面纳税义务</td><td rowspan="2">就来源于中国境内、境外的全部所得纳税</td></tr>
<tr><td>依照外国（地区）法律成立但实际管理机构在中国境内的企业（实际管理机构所在地）</td></tr>
</table>

续表

类型			纳税义务	
非居民企业	依照外国（地区）法律成立且实际管理机构不在中国境内的企业	在中国境内设立机构、场所	有限纳税义务	就以下所得纳税： （1）来源于中国境内的所得 （2）发生在中国境外但与其所设机构、场所有实际联系的所得
		在中国境内未设立机构、场所，但有来源于中国境内的所得		就来源于中国境内的所得纳税

企业所得税法定税率及优惠税率如下（见表5-6）：

表5-6　企业所得税法定税率及优惠税率

税率		适用对象
法定税率	25%	居民企业
		在中国境内设立机构场所且取得所得与所设机构场所有实际联系的非居民企业
	20%	在中国境内未设立机构、场所的非居民企业
		虽设立机构、场所，但取得的所得与其所设机构、场所没有实际联系的非居民企业
优惠税率	15%	（1）对国家需要重点扶持的高新技术企业，减按15%的税率征收企业所得税
		（2）对经认定的符合条件的技术先进型服务企业，减按15%的税率征收企业所得税
		（3）自2021年1月1日至2030年12月31日，对设在西部地区的鼓励类产业企业减按15%的税率征收企业所得税
		（4）海南自由贸易港企业： ①自2020年1月1日至2024年12月31日，对注册在海南自由贸易港并实质性运营的鼓励类产业企业，减按15%的税率征收企业所得税 ②自2020年1月1日至2024年12月31日，对在海南自由贸易港设立的旅游业、现代服务业、高新技术产业企业新增境外直接投资取得的所得，免征企业所得税 ③对在海南自由贸易港设立的企业，新购置（含自建、自行开发）固定资产（房屋、建筑物除外）或无形资产，单位价值不超过500万元（含）的，允许一次性计入当期成本费用在计算应纳税所得额时扣除，不再分年度计算折旧和摊销；单位价值超过500万元的，可以缩短折旧、摊销年限或采取加速折旧、摊销的方法

税率		适用对象
优惠税率	20%	小型微利企业： 自2021年1月1日至2022年12月31日，对年应纳税所得额不超过100万元（含100万元）的小型微利企业，其所得减按12.5%计入应纳税所得额，按20%的税率缴纳企业所得税 对年应纳税所得额超过100万元但不超过300万元的部分，其所得减按50%计入应纳税所得额，按20%的税率缴纳企业所得税 小规模企业 增值税：月销售额≤15万元　免增值税；月销售额>15万元　税率1% 所得税：年利润≤100万元　税率2.5%；100万元<利润≤300万元　税率10%；>300万元　税率25% 所得税：利润300万元　缴税22.5万元；利润301万元　缴税75.25万元 ⇓ 多缴52.75万元的税 小型微利企业是指从事国家非限制和禁止行业，且同时符合年度应纳税所得额不超过300万元、从业人数不超过300人、资产总额不超过5 000万元3个条件的企业

有了这些框架，剩下的就是慢慢地填充各种细节内容。

本章考点笔记精华

（一）企业所得税

企业所得税纳税人

【考点5.1】企业所得税纳税人

企业所得税纳税人包括各类企业、事业单位、社会团体、民办非企业单位和从事经营活动的其他组织；但依照中国法律、行政法规成立的个人独资企业、合伙企业，不属于企业所得税纳税人，不缴纳企业所得税。

企业类型选择及是否缴纳企业所得税如图5-2所示。

【注意】个体工商户、个人独资企业、合伙企业不属于企业所得税纳税人。

【多选题】根据企业所得税法律制度的规定，下列各项中，属于企业所得税纳税人的有（　　）。

A.甲有限责任公司　　B.乙合伙企业

C.丙股份有限公司　　D.丁个体工商户

【答案】AC

【解析】选项D：个体工商户属于“自然人—商自然人”，属于个人。

【考点5.2】居民企业与非居民企业的划分（见表5-5）

1.【单选题】根据企业所得税法律制度的规定，下列各项中，属于非居民企业的是（　　）。

A.依照外国法律成立，实际管理机构在中国境内的甲公司

B.依照中国法律成立，有来源于境外所得的乙公司

C.依照外国法律成立且实际管理机构在境外，但在境内设立机构、场所的丙公司

D.依照中国法律成立，实际管理机构在中国境内的丁公司

2.【判断题】在中国境内设立机构、场所的非居民企业取得的与其所设机构、场所有实际联系的、发生在中国境外的所得，无须缴纳企业所得税。（　　）

1.【答案】C

【解析】(1) 选项BD：“依照中国法律成立”—属于居民企业；(2) 选项A：“实际管理机构在中国境内”—属于居民企业。

2.【答案】×

【考点5.3】所得“来源”地（见表5-7）

表5-7　所得“来源”地

所得	来源	
销售货物	交易活动发生地	
提供劳务	劳务发生地	
转让财产	不动产转让所得	“不动产”所在地
	动产转让所得	“转让”动产的企业或机构、场所所在地
	权益性投资资产转让所得	“被投资企业”所在地
股息、红利等权益性投资	“分配”所得的企业所在地	
利息、租金、特许权使用费	“负担、支付所得”的企业或者个人的机构、场所所在地、住所地	

1.【单选题】下列各项中，不属于企业所得税纳税人的是（　　）。

A.在外国成立但实际管理机构在中国境内的企业

B.在中国境内成立的一人有限责任公司

C.在中国境内成立的个人独资企业

D.在中国境内未设立机构、场所，但有来源于中国境内所得的企业

2.【多选题】根据企业所得税法律制度的规定，下列关于所得来源地的确定，正确的有（　　）。

A.销售货物所得，按照交易活动发生地确定

B.不动产转让所得，按照转让不动产的企业或者机构、场所所在地确定

C.权益性投资资产转让所得，按照投资企业所在地确定

D.租金所得，按支付所得的企业所在地确定

1.【答案】C

【解析】选项B，《公司法》规定，有限责任公司的股东人数为50人以下（可以为1人），一人有限责任公司，股东承担“有限责任”，是有限责任公司的特殊类型，属于企业所得税的纳税人；选项C，个人独资企业、合伙企业是由投资人或合伙人承担“无限责任”或“无限连带责任”的企业，属于个人所得税的纳税人；选项AD，分别属于居民企业和非居民企业，均是企业所得税纳税人。

2.【答案】AD

【解析】选项B，按照不动产所在地确定；选项C，按照被投资企业所在地确定。

【考点5.4】企业所得税计算基本逻辑（如图5-3所示）

1.直接法

应纳税所得额=收入总额-不征税收入-免税收入-各项扣除-以前年度亏损

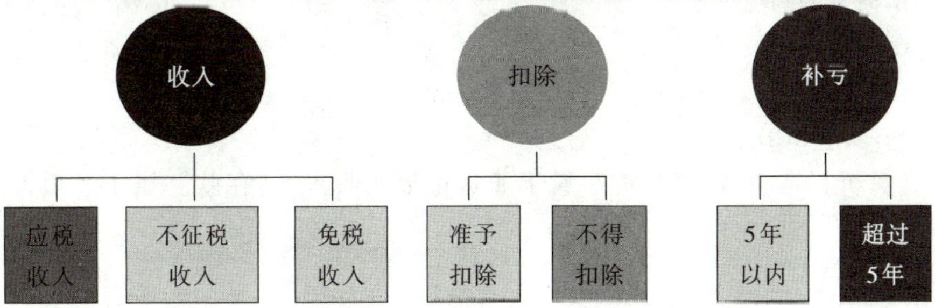

图5-3　应纳税所得额计算逻辑

2.间接法

应纳税所得额=利润总额+纳税调整项目金额

=年度利润总额+纳税调整增加额-纳税调整减少额

应纳税所得额的调增与调减（见表5-8）。

表5-8　　应纳税所得额的调增与调减

项目	企业会计准则	税法	纳税调整	举例
收入、利得	√	×	↓	国债利息收入
	×	√	↑	产品对外捐赠
费用、损失	√	×	↑	税收滞纳金
	×	√	↓	无形资产研发

应纳税额=应纳税所得额×适用税率-减免税额-抵免税额

【提示】此公式是把国内和国外所得混在一起计算，考试中建议大家分开计算。

应纳税额=国内应纳税所得额×适用税率-减免税额+国外所得补缴税额

收入（结合会计收入理解）

【考点5.5】收入类型（见表5-9）

表5-9　　收入类型

收入类型	销售货物收入，提供劳务收入，转让财产收入，股息、红利等权益性投资收益，利息收入，租金收入，特许权使用费收入，接受捐赠收入，其他收入
	企业取得收入的货币形式，包括现金、存款、应收账款、应收票据、准备持有至到期的债券投资以及债务的豁免等

【多选题】根据企业所得税法律制度的规定，企业取得的下列收入中，属于货币形式的有（　　）。

A.存货

B.债务的豁免

C.应收票据

D.现金

【答案】BCD

【解析】选项A：“存货”属于非货币形式收入，“存款”属于货币形式收入。

【考点5.6】收入确认时间（见表5-10）

表5-10 收入确认时间

<table>
<tr><td>1.销售商品采用托收承付方式的，在“办妥托收手续”时确认收入</td><td>【注意】(1)《中华人民共和国企业所得税法》规定的收入时间与增值税纳税义务发生时间，要进行对比；(2) 严格来说，办妥托收手续的前提是发出货物并有发货单作为凭证，但命题专家往往严格按照教材说法命题，因此在回答增值税纳税义务发生时间的题目时，选项中如没有“发出货物”而只说“办妥托收手续”应判断为错误；回答所得税收入确认时间的题目时，选项中只说“办妥托收手续”应判断为正确</td></tr>
<tr><td>2.租金收入的确认时间</td><td>交易合同或协议中规定租赁期限“跨年度”，且租金“提前一次性支付”的，出租人可对上述已确认的收入，在租赁期内“分期”均匀计入相关年度收入
【理解】权责发生制</td></tr>
<tr><td>3.产品分成</td><td>采取产品分成方式取得收入的，按照企业分得产品的日期确认收入的实现，其收入额按照产品的公允价值确定</td></tr>
<tr><td>4.买一赠一</td><td>赠品不属于捐赠，应将总的销售金额按各项商品的“公允价值”的比例来“分摊”确认各项的销售收入。
【注意】买赠行为增值税的处理与所得税的处理不同。
【举例】某企业以“买一赠一”的方式销售货物，2020年6月销售甲商品40件，取得不含增值税销售额28万元，同时赠送乙商品40件（乙商品不含税单价为1 800元/件，总价值7.2万元）
<table>
<tr><td>税种</td><td colspan="2">计税基础（万元）</td></tr>
<tr><td rowspan="2">增值税</td><td>销售甲产品收入=28</td><td rowspan="2">合计=28+7.2=35.2</td></tr>
<tr><td>视同销售乙产品收入=7.2</td></tr>
<tr><td rowspan="2">所得税</td><td>销售甲产品收入=28×28÷（28+7.2）</td><td rowspan="2">合计=28</td></tr>
<tr><td>销售乙产品收入=28×7.2÷（28+7.2）</td></tr>
</table></td></tr>
<tr><td>5.其他类型收入</td><td>(1) 转让财产收入，是指企业转让固定资产、生物资产、无形资产、股权、债权等财产取得的收入
(2) 股息、红利等权益性投资收益，除国务院财政、税务主管部门另有规定外，按照被投资方作出利润分配决定的日期确认收入的实现
(3) 利息收入包括存款利息、贷款利息、债券利息、欠款利息等收入。利息收入按照合同约定的债务人应付利息的日期确认收入的实现
(4) 特许权使用费收入，按照合同约定的特许权使用人应付特许权使用费的日期确认收入的实现
(5) 接受捐赠收入，按照实际收到捐赠资产的日期确认收入的实现
(6) 其他收入包括企业资产溢余收入、逾期未退包装物押金收入、确实无法偿付的应付款项、已作坏账损失处理后又收回的应收款项、债务重组收入、补贴收入、违约金收入、汇兑收益等
(7) 提供劳务收入
①企业在各个纳税期末，提供劳务交易的结果能够可靠估计的，应采用完工进度（完工百分比）法确认
②企业受托加工制造大型机械设备、船舶、飞机，以及从事建筑、安装、装配工程业务或者提供其他劳务等，持续时间超过12个月的，按照纳税年度内完工进度或者完成的工作量确认收入的实现</td></tr>
</table>

1.【多选题】根据企业所得税法律制度的规定，下列各项中，属于转让财产收入的有（　　）。

A.销售包装物取得的收入

B.转让无形资产取得的收入

C.转让股权取得的收入

D.提供专利权的使用权取得的收入

2.【单选题】根据企业所得税法律制度的规定，下列各项中，属于特许权使用费收入的是（　　）。

A.提供生产设备使用权取得的收入

B.提供运输工具使用权取得的收入

C.提供商铺使用权取得的收入

D.提供商标权的使用权取得的收入

3.【多选题】根据企业所得税法律制度的规定，纳税人发生的下列行为中，应视同销售确认收入的有（　　）。

A.将货物用于偿还债务

B.将货物用于投资

C.将货物用于捐赠

D.将货物用于换入设备

1.【答案】BC

【解析】(1) 选项A：属于销售货物收入；(2) 选项D：属于特许权使用费收入。

2.【答案】D

【解析】选项ABC：属于租金收入。

3.【答案】ABCD

【考点5.7】销售货物收入确认总结（见表5-11）

表5-11　　销售货物收入确认总结

类型	收入确认
预收款	发出商品时
分期收款	合同约定的收款日期
需要安装检验	(1) 一般情况：购买方接受商品以及安装和检验完毕时确认 (2) 安装程序比较简单的：发出商品时确认
托收承付	办妥托收手续时
委托代销（支付手续费方式）	收到代销清单时

续表

<table>
<tr><th>类型</th><th>收入确认</th></tr>
<tr><td>商业折扣</td><td>按照扣除商业折扣后的金额确认收入
【对比：增值税】
<table>
<tr><td rowspan="2">增值税</td><td>将销售额和折扣额在同一张发票（的金额栏内）分别注明</td><td>以不含增值税的折后价为计税销售额</td></tr>
<tr><td>折扣额另开发票</td><td>以不含增值税的原价为计税销售额</td></tr>
</table></td></tr>
<tr><td>现金折扣</td><td>（1）按扣除现金折扣前的金额确认收入
（2）现金折扣在实际发生时作为财务费用扣除</td></tr>
<tr><td>以旧换新</td><td>（1）销售的商品应当按照销售商品收入（不含增值税）确认条件确认收入
（2）回收的商品作为购进商品处理
【对比：增值税】
例如，新货不含增值税售价100元，旧货不含增值税作价40元：
企业所得税——不论何种产品：收入100元；购货成本40元
增值税：金银首饰：计税销售额60元；其他产品：计税销售额100元</td></tr>
<tr><td>售后回购</td><td>（1）符合收入确认条件的，销售的商品按售价确认收入
（2）回购的商品作为购进商品处理</td></tr>
</table>

1.【单选题】根据企业所得税法律制度的规定，下列关于收入确认时间的表述中，正确的是（　　）。

A.租金收入，按照承租人实际支付租金的日期确认

B.股息、红利等权益性投资收益，按照投资方实际收到投资收益的日期确认

C.利息收入，按照合同约定的债务人应付利息的日期确认

D.接受捐赠收入，按照合同约定的捐赠日期确认

2.【单选题】2021 年 11 月 1 日，甲公司与乙公司签订一项销售合同，采用预收款方式销售一批商品，并于 11 月 10 日收到全部价款。甲公司 11 月 20 日发出商品，乙公司 11 月 21 日收到该批商品。根据企业所得税法律制度的规定，关于甲公司上述销售收入确认时间的表述中，正确的是（　　）。

A.11 月 10 日确认销售收入

B.11 月 20 日确认销售收入

C.11 月 21 日确认销售收入

D.11 月 1 日确认销售收入

3.【单选题】根据企业所得税法律制度的规定，下列各项中，不属于货币形式的收入的是（　　）。

A.现金　　B.准备持有至到期的债券

C.不准备持有至到期的债券　　D.应收票据

4.【单选题】根据企业所得税法律制度的规定，下列各项中，不属于财产转让所得的是（　　）。

A.转让房屋所有权　　B.转让土地使用权

C.转让专利技术所有权　　D.转让商标使用权

5.【单选题】根据企业所得税法律制度的规定，下列关于不同方式下销售商品收入金额确定的表述中，正确的是（　　）。

A.采用商业折扣方式销售商品的，按照商业折扣前的金额确定销售商品收入金额

B.采用现金折扣方式销售商品的，按照现金折扣前的金额确定销售商品收入金额

C.采用售后回购方式销售商品的，按照扣除回购商品公允价值后的余额确定销售商品收入金额

D.采用以旧换新方式销售商品的，按照扣除回收商品公允价值后的余额确定销售商品收入金额

6.【多选题】下列关于企业所得税收入的确认，表述正确的有（　　）。

A.采取产品分成方式取得收入的，其收入额按照产品的公允价值确定

B.交易合同中规定租赁期限跨年度，且租金提前一次性支付的，出租人应在租赁期内分期确认收入

C.企业促销提供的商业折扣，应当按照扣除商业折扣后的金额确定销售商品收入的金额

D.企业为鼓励债务人在规定期限付款提供的现金折扣，应冲减企业的收入

7.【多选题】下列关于企业所得税收入确认的表述中，正确的有（　　）。

A.销售商品采用托收承付方式的，在办妥托收手续时确认收入

B.销售商品采用预收款方式的，在发出商品时确认收入

C.销售商品需要安装和检验的，在购买方接受商品以及安装和检验完毕时确认收入

D.采取产品分成方式取得收入的，按照企业分得产品的日期确认收入的实现

8.【多选题】根据企业所得税法律制度的规定，下列各项中，应当视同销售货物的有（　　）。

A. 鸿德公司将货物从A市的生产车间运送至B市的门市部准备对外销售

B. 康伯公司用存货与天瑞公司置换了一台机器设备

C. 嘉懿公司将一批自产家具捐赠给受灾地区

D. 鹤轩公司将自产的货物用于偿还景辉公司的债务

1.【答案】C

2.【答案】B

3.【答案】C

【解析】(1) 货币性资产，是指持有的“现金”及将以“固定或可确定”金额的货币收取的资产；(2)“准备持有至到期的债券”，持有期间不会出售，持有至到期兑现时取得“可确定”的货币资金，视为货币形式收入；(3)“不准备持有至到期的债券投资”，持有期间会根据市场情况选择出售或继续持有，无“固定或可确定”金额，不满足货币性资产的判定标准，属于投资资产，视为非货币形式收入。

4.【答案】D

【解析】选项ABC，在企业所得税中，转让有形资产和无形资产的所有权所得都属于“财产转让所得”；选项D，在企业所得税中，转让无形资产使用权属于“特许权使用费所得”。

5.【答案】B

【解析】选项A，应当按照扣除商业折扣后的金额确定销售商品收入金额；选项C，一般情况下，销售的商品按售价确认收入，回购的商品作为购进商品处理；选项D，销售商品应当按照销售商品收入确认条件确认收入，回收的商品作为购进商品处理。

6.【答案】ABC

【解析】选项D，应当按扣除现金折扣前的金额确定销售商品收入金额，现金折扣在实际发生时作为财务费用扣除。

7.【答案】ABCD

8.【答案】BCD

【解析】选项A，设有两个以上机构并实行统一核算的纳税人，将货物从一个机构移送至其他机构（同县除外）用于销售，在增值税上视同销售，但在企业所得税上，不视同销售；选项B，企业发生非货币性资产交换行为，视同销售；选项C，企业将货物用于捐赠，视同销售；选项D，企业将自产货物用于偿债，视同销售。

【考点5.8】收入优惠与收入总额（见表5-12）

表5-12 收入优惠

不征税收入	（1）财政拨款 （2）依法收取并纳入财政管理的行政事业性收费、政府性基金 （3）国务院规定的其他不征税收入，指企业取得的由国务院财政、税务主管部门规定专项用途并经国务院批准的财政性资金 例如： ①县级以上人民政府将国有资产无偿划入企业，凡指定专门用途并按规定进行管理的，企业可作为不征税收入进行企业所得税处理。其中，该项资产属于非货币性资产的，应按政府确定的接收价值计算不征税收入 ②对全国社会保障基金理事会及基本养老保险基金投资管理机构在国务院批准的投资范围内，运用养老基金投资取得的归属于养老基金的投资收入，作为企业所得税不征税收入 ③对全国社会保障基金取得的直接股权投资收益、股权投资基金收益，作为企业所得税不征税收入
免税收入	（1）国债利息收入 【注意】"国债转让"收入不免税 （2）符合条件的居民企业之间的股息、红利收入；（条件：被投资企业是上市居民企业，则需持有12个月以上，被投资企业如果未上市，直接免税） （3）在中国境内设立机构、场所的非居民企业从居民企业取得与该机构、场所有实际联系的股息、红利收入（不包括持有上市企业不足12个月的投资收益） （4）符合条件的非营利组织的收入 【注意】必须分清不征税收入和免税收入
债券利息收入	企业取得2012年及以后年度发行的地方政府债券利息收入，免征企业所得税 自2018年11月7日起至2021年11月6日止，对投资境内债券市场取得的债券利息收入暂免征收企业所得税 对企业投资者持有2019—2023年发行的铁路债券取得的利息收入，减半征收企业所得税
减计收入	综合利用资源生产的产品取得的收入，减按90%计入收入总额 自2019年6月1日起至2025年12月31日，提供社区养老、托育、家政等服务的机构，提供社区养老、托育、家政等服务取得的收入，减按90%计入收入总额

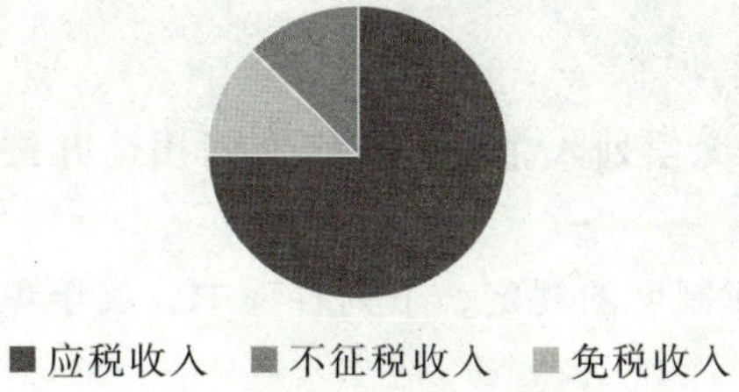

(1) 不论应税收入、免税收入还是不征税收入，均应计入收入总额

(2) 按税法规定不确认收入的（例如，未逾期的包装物押金、接受股东投入的投资款），不计入收入总额

图 5-4　收入总额

1.【单选题】根据企业所得税法律制度的规定，下列各项中，属于不征税收入的是（　　）。

A.利息收入

B.转让财产收入

C.财政拨款

D.特许权使用费收入

2.【多选题】2021 年甲企业取得了下列利息收入，其中，属于免税收入的有（　　）。

A.国债利息收入

B.企业债券利息收入

C.当年发行的地方政府债券利息收入

D.当年发行的铁路债券利息收入

3.【多选题】根据企业所得税法律制度的规定，下列各项中，在计算企业所得税应纳税所得额时，应计入收入总额的有（　　）。

A.转让著作权收入

B.债务重组收入

C.接受捐赠收入

D.确实无法偿付的应付款项

4.【多选题】在计算甲服装公司 2021 年度企业所得税应纳税所得额时，下列收入中，应计入收入总额的有（　　）。

A.石化公司债券利息收入 180 万元

B.国债利息收入 135 万元

C.羽绒服保暖技术所有权转让收入 800 万元

D.羽绒服销售收入 8 000 万元

5.【单选题】根据企业所得税法律制度的规定，下列各项中，应当计入应纳税所得额的是（　　）。

A.全国社会保障基金取得的直接股权投资收益

B.转让企业债券取得的收入

C.企业购买国债取得的利息收入

D.县级以上人民政府将国有资产无偿划入企业并指定专门用途并按规定进行管理

6.【单选题】根据企业所得税法律制度的规定，下列各项中，属于免税收入的是（　　）。

A.财政拨款

B.国债利息收入

C.企业债券利息收入

D.依法收取并纳入财政管理的行政事业性收费、政府性基金

7.【单选题】甲公司是一家化妆品生产企业，2020年销售化妆品取得收入2 000万元，销售进口的原材料取得收入500万元，承接国家一项关于皮肤方面的科研项目，取得财政拨款400万元，投资国债取得利息收入30万元，则该公司计算2020年所得税应纳税额时，计入收入总额的金额，下列计算正确的是（　　）。

A.2 000+500+400+30=2 930（万元）

B.2 000+500+400=2 900（万元）

C.2 000+500=2 500（万元）

D.2 000万元

1.【答案】C

【解析】（1）选项A：国债、地方债利息收入，属于免税收入；其他利息收入，通常属于应税收入。（2）选项BD：通常属于应税收入。

2.【答案】AC

【解析】（1）选项B：属于应税收入；（2）选项D：减半征收企业所得税。

3.【答案】ABCD

【解析】（1）选项A：属于转让财产收入；（2）选项BD：属于其他收入；（3）选项C：属于接受捐赠收入。

4.【答案】ABCD

【解析】选项ACD属于应税收入，选项B属于免税收入。

5.【答案】B

【解析】（1）选项AD：属于不征税收入；（2）选项C：属于免税收入。

6.【答案】B

【解析】选项AD，不是企业经营行为所得收益，属于不征税收入；选项C，是企业经营行为所得收益，且不满足税收优惠条件，属于应税收入；选项

B，是企业经营行为所得收益，但满足税收优惠条件，属于免税收入。

7.【答案】A

【解析】（1）销售化妆品取得收入2 000万元为主营业务收入，销售进口的原材料取得收入500万元为其他业务收入，均属于应税收入；（2）取得财政拨款400万元属于不征税收入；（3）投资国债取得利息收入30万元为免税收入；（4）本题要求计算的是“收入总额”，应税收入、不征税收入、免税收入均应当计入收入总额。

【案例5-1】居民企业甲企业2021年度会计利润600万元，其中，取得销售货物收入900万元、转让财产收入60万元、国债利息收入40万元，发生各项允许扣除的支出400万元。不考虑其他因素。

【分析】（1）直接法计算应纳税所得额=900+60+40-40-400=560（万元）；（2）间接法计算应纳税所得额=600-40=560（万元）。

【考点5.9】扣除总逻辑

1.成本

企业在生产经营活动中发生的销售成本、销货成本、业务支出以及其他耗费。

2.费用

企业在生产经营活动中发生的销售费用、管理费用和财务费用。

3.税金

企业发生的除企业所得税和允许抵扣的增值税以外的各项税金及其附加。

【注意】税金中无增值税，也不包括所得税本身。

4.损失

企业在生产经营活动中发生的固定资产和存货的盘亏、毁损、报废损失，转让财产损失，呆账损失，坏账损失，自然灾害等不可抗力因素造成的损失以及其他损失。

【注意1】与不得扣除的项目进行区分，准予税前扣除的损失不包括各种行政性罚款、没收违法所得，刑事责任附加刑中的罚金、没收财产等。

【注意2】企业已经作为损失处理的资产，在以后纳税年度又全部收回或部分收回时，应当计入当期收入。

5.其他支出

除成本、费用、税金、损失外，企业在生产经营活动中发生的与生产经营活动有关的、合理的支出。

【单选题】企业缴纳的下列税金中，在计算企业所得税应纳税所得额时准予扣除的有（　　）。

A.企业所得税

B.印花税

C.不得抵扣的增值税

D.土地增值税

【答案】BCD

【解析】选项A，在计算企业所得税的过程中，企业所得税本身不得扣除；选项C，准予抵扣的增值税不得在税前扣除，但不得抵扣的增值税计入资产成本可以通过折旧方式扣除；选项BD，准予在税前扣除。

【考点5.10】三项经费（见表5-13）

表5-13　　三项经费

经费名称	扣除标准	特殊规定
职工福利费	不超过工资薪金总额14%	—
工会经费	不超过工资薪金总额2%	—
职工教育经费	不超过工资薪金总额8%	超过部分，准予在以后纳税年度结转扣除

【注意1】三项经费中只有职工教育经费准予向以后年度结转。

【注意2】三个比例要分别计算，不能合并。

【注意3】区别防暑降温费与防暑降温用品：防暑降温费为职工福利费，防暑降温用品为劳保用品。

1.【单选题】某居民企业，2020年计入成本、费用的实发工资总额为300万元，拨缴职工工会经费5万元，支出职工福利费45万元、职工教育经费15万元，该企业2020年计算应纳税所得额时准予在税前扣除的工资和三项经费合计的下列计算中，正确的是（　　）。

A.300+300×14%+300×2%+300×8%=372（万元）

B.300+45+300×2%+15=366（万元）

C.300+45+5+15=365（万元）

D.300+300×14%+5+15=362（万元）

2.【单选题】根据企业所得税法律制度的规定，企业当年发生的某些费用，超过税法规定的扣除标准，允许结转以后纳税年度扣除，下列各项中属于此类费用的有（　　）。

A.广告费

B.业务宣传费

C.公益性捐赠

D.职工教育经费

1.【答案】D

【解析】（1）企业发生的合理的工资、薪金支出准予据实扣除；（2）职工福利费：扣除限额=300×14%=42（万元）＜实际发生45万元，准予扣除42万元；（3）工会经费：扣除限额=300×2%=6（万元）＞实际发生5万元，可以据实扣除5万元；（4）职工教育经费：扣除限额=300×8%=24（万元）＞实际发生15万元，可以据实扣除15万元；（5）税前准予扣除的工资和三项经费合计=300+42+5+15=362（万元）。

2.【答案】ABCD

【考点5.11】社会保险费（见表5-14）

表5-14　**社会保险费**

保险名称	扣除规定
五险一金	准予扣除
补充养老保险、补充医疗保险	分别不超过工资薪金总额5%的部分准予扣除，超过部分不得扣除
企业财产保险	准予扣除
特殊工种人身安全保险	准予扣除
企业职工因公出差乘坐交通工具发生的人身意外保险费支出	准予扣除
企业参加雇主责任险、公众责任险等责任险，按照规定缴纳的保险费	准予扣除
其他商业保险	不得扣除

1.【多选题】根据企业所得税法律制度的规定，下列各项中，应在计算应纳税所得额时计算限额扣除的有（　　）。

A.防暑降温费

B.烟草公司的烟草广告费

C.通过国家机关向贫困地区的捐款

D.为本企业董事会成员支付的不超过工资薪金总额5%的人身意外伤害保险

2.【多选题】根据企业所得税法律制度的规定，下列企业缴纳的保险费用中准予在税前全额扣除的有（　　）。

A.为购入车辆支付的财产保险费用

B.为煤矿井下作业人员支付的人身安全商业保险费用

C.为企业职工支付的基本养老保险费用

D.为企业职工支付的补充养老保险费用

3.【单选题】某公司2020年度支出合理的工资薪金总额1 000万元，按规定标准为职工缴纳基本社会保险费150万元，为受雇的全体员工支付补充养老保险费80万元，补充医疗保险45万元，为公司高管缴纳商业保险费30万元。根据企业所得税法律制度的规定，该公司2020年度发生的上述保险费在计算应纳税所得额时准予扣除数额的下列计算中，正确的是（　　）。

A.150+80+45+30=305（万元）

B.150+80+45=275（万元）

C.150+1 000×5%=200（万元）

D.150+1 000×5%+45=245（万元）

1.【答案】AC

【解析】选项B，烟草企业的广告费不得扣除；选项D，为董事会成员支付的人身意外伤害保险，不得在税前扣除；选项A，属于职工福利费，不超过工资薪金总额14%的部分准予扣除；选项C，属于公益性捐赠，不超过年度会计利润12%的部分准予扣除。

2.【答案】ABC

【解析】选项D，不超过实发工资薪金总额5%的部分准予扣除，超过部分不得扣除。

3.【答案】D

【解析】（1）基本社会保险费：全额扣除；（2）补充养老保险费：税法规定的扣除限额=1 000×5%=50（万元）＜实际发生额80（万元），故补充养老保险费税前可以扣除50万元；（3）补充医疗保险：税法规定的扣除限额=1 000×5%=50（万元）＞实际发生额45万元，故补充医疗保险费税前可以扣除45万元；（4）为高管缴纳的商业保险费：不得扣除；（5）准予扣除的数额合计=150+50+45=245（万元）。

【考点5.12】利息费用（见表5-15）

表5-15　**利息费用**

借款方	出借方	扣除标准
非金融企业	金融企业	准予扣除
非金融企业	非金融企业	不超过金融企业同期同类贷款利率部分准予扣除

【注意1】准予扣除的借款费用和借款利息不包括资本化部分。

【注意2】投资者在规定期限内未缴足其应缴资本的，该企业对外借款利息，相当于投资者实缴资本额与在规定期限内应缴资本额的差额应计付的利息，不属于企业合理支出，应由投资者负担，不得在计算应纳税所得额时扣除。

1.【单选题】甲公司为一家化妆品生产企业，2020年3月因业务发展需要向工商银行借款100万元，期限半年，年利率8%；2020年5月又向自己的供应商借款200万元，期限半年，支付利息10万元，上述借款均用于经营周转，该企业无其他借款，根据企业所得税法律制度的规定，该企业2020年可以在所得税前扣除利息费用的下列计算中，正确的是（　　）。

A.100×8%=8（万元）

B.10万元

C.100×8%×50%+200×8%×50%=12（万元）

D.100×8%×50%+10=14（万元）

2.【单选题】甲公司股东艾妮认缴的出资额为1 000万元，应于2020年1月1日前缴足，1月1日艾妮实缴资本为200万元，剩余部分至2020年6月30日仍未缴纳，甲公司因经营需要于2020年1月1日向银行借款1 000万元，期限半年，年利率10%，发生借款利息50万元，则2020年甲公司在计算应纳税所得额时可以扣除的借款利息的下列计算中，正确的是（　　）。

A.50万元

B.50-（1 000-200）×10%×50%=10（万元）

C.50-200×10%×50%=40（万元）

D.0

1.【答案】C

【解析】（1）向银行借款的利息准予全额扣除，准予扣除的利息费用=100×8%×50%=4（万元）；（2）向供应商的借款，不超过银行同期同类贷款利率的可以扣除，准予扣除的利息费用=200×8%×50%=8（万元）；（3）2020年可以在所得税前扣除的利息费用=4+8=12（万元）。

2.【答案】B

【解析】艾妮应于2020年1月1日前缴纳800万元出资而未缴，自1月1日起占用公司资金，则2020年1月1日至6月30日，800万元借款的利息不得在计算应纳税所得额时扣除，800万元借款半年的利息=（1 000-200）×10%×50%=40（万元），准予扣除的利息=50-40=10（万元）。

【考点5.13】公益性捐赠（见表5-16）

表5-16　　公益性捐赠

公益性捐赠	概念界定	公益性捐赠，是指企业通过公益性社会组织或者县级以上人民政府及其部门，用于符合法律规定的慈善活动、公益事业的捐赠
		自2021年1月1日起，企业或个人通过公益性群众团体用于符合法律规定的公益慈善事业捐赠支出，准予按税法规定在计算应纳税所得额时扣除
	限额扣除	企业当年发生以及以前年度结转的公益性捐赠支出，不超过年度利润总额12%的部分，在计算应纳税所得额时准予扣除；超过年度利润总额12%的部分，准予结转以后3年内在计算应纳税所得额时扣除
	据实扣除	自2019年1月1日至2025年12月31日，企业通过公益性社会组织或者县级以上人民政府及其组成部门和直属机构，用于目标脱贫地区的扶贫捐赠支出，准予在计算企业所得税应纳税所得额时据实扣除 企业同时发生扶贫捐赠支出和其他公益性捐赠支出，在计算公益性捐赠支出年度扣除限额时，符合条件的扶贫捐赠支出不计算在内
	捐赠费用	企业在非货币性资产捐赠过程中发生的运费、保险费、人工费用等相关支出，凡纳入国家机关、公益性社会组织开具的公益捐赠票据记载的数额中的，作为公益性捐赠支出按照规定在税前扣除；上述费用未纳入公益性捐赠票据记载的数额中的，作为企业相关费用按照规定在税前扣除

1.【单选题】甲公司2021年度实现利润总额30万元，直接向希望小学捐款6万元，通过公益性社会组织向受灾地区捐款4万元。已知，公益性捐赠支出不超过年度利润总额12%的部分，准予在计算应纳税所得额时扣除。甲公司在计算2021年度企业所得税应纳税所得额时，准予扣除的捐赠额为(　　)万元。

A.6

B.10

C.3.6

D.4

2.【单选题】甲公司2021年度利润总额为3 000万元，当年通过公益性社会组织捐赠200万元用于救助灾害，直接向某小学捐款120万元，准予结转的上年度未在税前扣除的公益性捐赠支出100万元。已知，企业当年发生以及以前年度结转的公益性捐赠支出，不超过年度利润总额12%的部分，准予在计算企业所得税应纳税所得额时扣除。在计算甲公司2021年度企业所得税应纳税所得额时，准予扣除的公益性捐赠支出为（　　）万元。

A.300

B.360

C.320

D.420

3.【单选题】甲公司2021年度利润总额600万元，通过当地乡政府向文化事业捐款55万元，通过公益性社会组织向教育事业捐款10万元。已知，公益性捐赠支出不超过年度利润总额12%的部分，准予扣除。计算甲公司2021年度企业所得税应纳税所得额时，准予扣除的公益性捐赠支出是（　　）万元。

A.10

B.72

C.65

D.55

4.【单选题】甲企业2021年实现利润总额200万元，未弥补的以前年度亏损20万元，直接向希望小学捐款8万元，通过公益性社会组织向受灾地区捐款28万元。已知，公益性捐赠支出在年度利润总额12%以内的部分，准予扣除。计算甲企业2021年企业所得税应纳税所得额时，准予扣除的公益性捐赠支出是（　　）万元。

A.21.6

B.24

C.28

D.36

5.【单选题】甲企业2021年利润总额为6 000万元，通过县民政部门捐赠1 000万元，其中300万元是向残疾人扶持事业的捐赠，700万元是向目标脱贫地区的扶贫捐赠支出。已知，公益性捐赠支出在年度利润总额12%以内的部分，准予扣除。甲企业计算2021年度企业所得税应纳税所得额时可以扣除的捐赠为（　　）万元。

A.300

B.700

C.720

D.1 000

6.【多选题】根据企业所得税法律制度的规定，下列各项准予在以后年度结转扣除的有（ ）。

A.职工教育经费

B.广告费

C.业务宣传费

D.工会经费

7.【单选题】某企业2020年税前会计利润为150万元，当年8月某地发生地震，该企业以自己的名义直接向灾区捐款30万元已在税前会计利润中据实扣除，已知该企业适用的企业所得税税率为25%，假设无其他纳税调整事项。则该企业2020年所得税应纳税额的下列计算中，正确的是（ ）。

A.（150-30）×25%=30（万元）

B.150×25%=37.5（万元）

C.［150+（30-150×12%）］×25%=40.5（万元）

D.（150+30）×25%=45（万元）

8.【多选题】根据企业所得税法律制度的规定，下列说法中正确的有（ ）。

A.企业发生的与经营活动有关的业务招待费支出，按照发生额的60%扣除，且不能超过当年销售（营业）收入的5‰

B.企业发生的符合条件的广告费和业务宣传费支出，不超过当年销售（营业）收入15%的部分准予扣除

C.企业发生的捐赠支出，不超过年度利润总额12%的部分，准予在计算应纳税所得额时扣除

D.纳税人逾期归还银行贷款，银行按规定加收的罚息，允许在税前扣除

1.【答案】C

【解析】（1）直接捐赠的6万元不得扣除；（2）通过公益性社会组织捐赠4万元，限额=30×12%=3.6（万元），当年准予扣除的捐赠额为3.6万元；（3）应纳税所得额=30+（6+4-3.6）=36.4（万元）。

2.【答案】A

【解析】（1）直接捐赠的120万元不得扣除；（2）公益性捐赠支出：扣除限额=3 000×12%=360（万元），待扣金额=本年发生额200万元+上年结转额100万元=300（万元），扣除限额＞待扣金额，当年准予扣除的公益性捐赠支出为300万元；（3）应纳税所得额=3 000+120+200-300=3 020（万元）。

3.【答案】A

【解析】（1）通过当地乡政府捐赠不属于公益性捐赠，不得税前扣除；

（2）公益性捐赠扣除限额=600×12%=72（万元），通过公益性社会组织向教育事业的捐款10万元未超过限额，准予全额在税前扣除。

4.【答案】B

【解析】（1）计算公益性捐赠支出扣除限额时，年度会计利润不扣除允许弥补的以前年度亏损；（2）限额=200×12%=24（万元），直接捐赠8万元税前不得扣除，通过公益性社会组织向受灾地区捐赠28万元超过限额，税前按限额24万元扣除。

5.【答案】D

【解析】（1）用于目标脱贫地区的扶贫捐赠支出（700万元），据实扣除；（2）其他公益性捐赠支出300万元，未超过税法规定的扣除限额720万元（6 000×12%），可以全部在税前扣除。因此，甲企业的公益性捐赠支出税前合计可扣=700+300=1 000（万元）。

6.【答案】ABC

【解析】职工教育经费、广告费和业务宣传费支出、公益性捐赠支出均存在依法结转扣除的问题。

7.【答案】D

【解析】由题目表述可知，该企业直接捐赠不属于公益性捐赠，不得在税前扣除，应当纳税调增30万元。

8.【答案】ABD

【解析】选项C，企业发生的公益性捐赠支出，不超过年度利润总额12%的部分，准予在计算应纳税所得额时扣除。

【考点5.14】业务招待费（见表5-17）

表5-17　　　　　　　　　**业务招待费**

业务招待费	企业发生的与经营活动有关的业务招待费支出，按照“发生额的60%”扣除，但最高不得超过当年“销售（营业）收入的5‰”
	【注意1】销售（营业）收入的判定： 一般企业：主营业务收入+其他业务收入+视同销售收入 创投企业：主营业务收入+其他业务收入+视同销售收入+“投资收益”
	【注意2】企业在筹建期间，发生的与筹办活动有关的业务招待费支出，可按实际发生额的60%计入企业筹办费，并按有关规定在税前扣除

【多选题】企业发生的与经营活动有关的业务招待费支出，按照发生额的60%扣除，且不能超过当年销售（营业）收入的5‰，下列收入属于企业销售（营业）收入的有（　）。

A.销售商品收入　　　　　　　　B.出租房屋收入

C.投资股票收益　　　　　　　　D.现金盘盈

【答案】AB

【解析】选项A，属于主营业务收入；选项B，属于其他业务收入；选项C，属于投资收益；选项D，属于营业外收入。销售（营业）收入包括主营业务收入、其他业务收入和视同销售收入，不包括投资收益和营业外收入。

【考点5.15】广告费和业务宣传费（见表5-18）

表5-18　　　　　　　　广告费和业务宣传费

广告费和业务宣传费	企业发生的符合条件的广告费和业务宣传费支出，除国务院、税务主管部门另有规定外，不超过当年“销售（营业）收入15%”的部分准予扣除；“超过部分，准予在以后纳税年度结转扣除”
	公益性捐赠、“职工教育经费”准予结转以后年度扣除
	【注意】考试中“广告费”“业务宣传费”金额分别给出的，必须合并计算扣除限额
	企业在筹建期间，发生的广告费和业务宣传费，可按实际发生额计入企业筹办费，并按有关规定在税前扣除
	对化妆品制造或销售、医药制造和饮料制造（不含酒类制造）企业发生的广告费和业务宣传费支出，不超过当年销售（营业）收入30%的部分，准予扣除；超过部分，准予在以后纳税年度结转扣除
	烟草企业的烟草广告费和业务宣传费支出，一律不得在计算应纳税所得额时扣除

1.【单选题】某家具企业2020年度销售收入为272 000元，发生业务招待费5 000元，发生广告费30 000元、业务宣传费10 000元，2019年结转广告费10 000元，根据《中华人民共和国企业所得税法》的规定，该企业当年可以在税前扣除的业务招待费、广告费和业务宣传费合计的下列计算中，正确的是（　　）。

A.5 000×60%+272 000×15%=43 800（元）

B.272 000×5‰+30 000+10 000=41 360（元）

C.272 000×5‰+272 000×15%=42 160（元）

D.5 000+30 000+10 000+10 000=55 000（元）

2.【多选题】甲公司2020年会计利润为3 000万元，取得销售收入10 000万元，其他收入2 000万元，发生广告费和业务宣传费2 500万元，已知甲公司适用的企业所得税税率为25%，假设甲公司无其他纳税调整事项，则甲公司2020年应缴纳所得税的下列说法中错误的有（　　）。

A.如甲公司为化妆品销售企业，则应纳税额为3 000×25%=750（万元）

B.如甲公司为白酒制造企业，则应纳税额为3 000×25%=750（万元）

C. 如甲公司为汽车销售企业，则应纳税额为3 000×25%=750（万元）

D. 如甲公司为烟草企业，则应纳税额为3 000×25%=750（万元）

1.【答案】C

【解析】（1）业务招待费发生额的60%=5 000×60%=3 000（元）＞税法规定的扣除限额=272 000×5‰=1 360（元），业务招待费可以扣除1 360元；（2）广告费和业务宣传费本年发生额及上年结转额合计=30 000+10 000+10 000=50 000（元）＞税法规定的扣除限额=272 000×15%=40 800（元），广告费和业务宣传费可以扣除40 800元；（3）二者合计可扣除金额=1 360+40 800=42 160（元）。

2.【答案】BCD

【解析】选项A，化妆品生产与销售企业广告和业务宣传费不超过当年销售（营业）收入30%的部分，准予在计算应纳税所得额时扣除；选项B，白酒制造企业不属于饮料制造企业，广告费和业务宣传费不超过当年销售（营业）收入15%的部分，准予在计算应纳税所得额时扣除；选项C，汽车销售企业，广告费和业务宣传费不超过当年销售（营业）收入15%的部分，准予在计算应纳税所得额时扣除；选项D，烟草企业的烟草广告费不得在计算应纳税所得额时扣除。

【考点5.16】手续费及佣金（见表5-19）

表5-19　　手续费及佣金

保险企业	按当年全部保费收入扣除退保金等后余额的18%计算限额	
从事代理服务，主营业务收入为手续费、佣金的企业	证券、期货、保险代理	据实扣除
其他企业	按与具有合法经营资格的“中介服务机构和个人”所签订合同确认收入金额的5%计算限额	

【单选题】根据企业所得税法律制度的规定，下列关于企业发生的手续费及佣金支出的扣除标准的表述中，正确的有（　　）。

A. 财产保险企业按当年全部保费收入扣除退保金等后余额的10%计算扣除限额

B. 人身保险企业按当年全部保费收入扣除退保金等后余额的10%计算扣除限额

C. 除保险企业外的其他企业，按所签订合同确认的收入金额的10%计算扣除限额

D.从事代理服务，主营业务收入为手续费、佣金的企业，其为取得该类收入而实际发生的营业成本，包括手续费和佣金支出，准予在企业所得税前据实扣除

【答案】D

【解析】选项AB，扣除限额为18%；选项C，扣除限额为5%。

【考点5.17】其他准予扣除项目（见表5-20）

表5-20 其他准予扣除项目

（1）环境保护专项资金：按规定提取时准予扣除，但提取后改变用途的不得扣除	
（2）租赁费	①经营租赁：按照租赁期限均匀扣除 ②融资租赁：计提折旧扣除
（3）党组织工作经费	不超过职工年度工资薪金1%
（4）劳动保护费	合理的劳动保护支出，准予扣除
（5）资产损失	企业当期发生的固定资产和流动资产盘亏、毁损净损失，由其提供清查盘存资料，经主管税务机关审核后，准予扣除。 企业因存货盘亏、毁损、报废等原因不得从销项税额中抵扣的进项税额，应视同企业财产损失，准予与存货损失一起在所得税前按规定扣除
（6）汇兑损失	除已经计入有关资产成本以及与向所有者进行利润分配相关的部分外，准予扣除
（7）总机构分摊的费用	能够提供总机构出具的证明文件，并合理分摊的，准予扣除

【考点5.18】不得扣除项目（见表5-21）

表5-21 不得扣除项目

1.向投资者支付的股息、红利等权益性投资收益款项	
2.企业所得税税款	
3.税收滞纳金	
4.罚金、罚款和被没收财物的损失	【注意1】纳税人逾期归还银行贷款，银行按规定加收的“罚息”，不属于行政性罚款，允许在税前扣除； 【注意2】纳税人签发空头支票，银行按规定处以“罚款”，属于行政性罚款，不允许在税前扣除
5.超过规定标准的公益性捐赠支出及所有非公益性捐赠支出	

续表

6.赞助支出
7.未经核定的准备金支出
8.企业之间支付的管理费、企业内营业机构之间支付的租金和特许权使用费，以及非银行企业内营业机构之间支付的利息
9.与取得收入无关的其他支出

【多选题】下列支出项目中，在计算企业所得税应纳税所得额时，不得扣除的有（　　）。

A.向投资者支付的股息、红利

B.银行按规定加收的罚息

C.被没收财物的损失

D.直接赞助某学校的支出

【答案】ACD

【解析】选项B，民事责任中的“赔偿损失、支付违约金”以及法院判决由企业承担的“诉讼费用”等准予在税前扣除，如纳税人逾期归还银行贷款，银行按规定加收的“罚息”。

【考点5.19】加计扣除（见表5-22）

表5-22　　加计扣除

加计扣除	残疾人工资：加计扣除100%
	（1）一般企业“研发费用”：据实扣除的基础上，在2018年1月1日至2023年12月31日期间，再按照实际发生额的75%在税前加计扣除；形成无形资产的，在上述期间按照无形资产成本的175%在税前摊销 （2）制造企业：据实扣除的基础上，自2021年1月1日起，再按照实际发生额的100%在税前加计扣除；形成无形资产的，自2021年1月1日起，按照无形资产成本的200%在税前摊销
	研发费用不得加计扣除的行业： （1）烟草制造业 （2）住宿和餐饮业 （3）批发和零售业 （4）房地产业 （5）租赁和商务服务业 （6）娱乐业 （7）财政部和国家税务总局规定的其他行业

1.【多选题】根据企业所得税法律制度的规定，企业的下列支出中，可以在计算企业所得税应纳税所得额时加计扣除的有（　　）。

A.电信公司研究开发新通信技术的支出

B.家电制造企业购进专利技术的支出

C.化工厂购置环境保护专用设备的支出

D.连锁超市安置残疾人员所支付的工资

2.【单选题】甲机械厂是居民企业，以机械制造为主营业务。2021 年度利润总额 500 万元，实际发生未形成无形资产计入当期损益的研究开发费用 100 万元，无其他纳税调整项目。计算甲机械厂 2021 年度企业所得税应纳税所得额的下列算式中，正确的是（　　）。

A.500−100×100%　　B.500−100×75%

C.500−100×50%　　D.500+100

3.【单选题】甲公司2020年取得会计利润80万元，当年发生研发支出40万元，未形成无形资产，已做管理费用扣除，假设甲公司无其他纳税调整事项，则甲公司2020年应缴纳企业所得税的下列计算中，正确的是（　　）。

A.80×25%=20（万元）

B.（80−40×50%）×25%=15（万元）

C.（80−40×75%）×25%=12.5（万元）

D.（80−40×100%）×25%=10（万元）

4.【单选题】某烟草公司2020年取得会计利润400亿元，研究新味道卷烟生产技术发生研究支出10亿元已做管理费用扣除，已知该公司适用的企业所得税税率为25%，假设该公司无其他纳税调整事项，则2020年应纳企业所得税的下列计算中，正确的是（　　）。

A.400×25%=100（亿元）

B.（400−10）×25%=97.5（亿元）

C.（400−10×75%）×25%=98.13（亿元）

D.（400−10×50%）×25%=98.75（亿元）

1.【答案】AD

【解析】企业所得税享受“加计扣除”优惠的项目限于：（1）企业的新技术、新产品、新工艺的研究开发费用；（2）企业安置残疾人员支付的工资。

2.【答案】A

【解析】由于甲机械厂以机械制造为主营业务，属于制造业企业，其研发费用，未形成无形资产计入当期损益的，在按规定据实扣除的基础上，自2021 年 1 月 1 日起，再按照实际发生额的 100% 在税前加计扣除。因此，甲机械厂 2021 年度企业所得税应纳税所得额=会计利润-纳税调减额=500-100×100%=400（万元）。

3.【答案】C

【解析】研发支出，未形成无形资产的，加计扣除 75%。

4.【答案】A

【解析】烟草制造业不适用研发费用加计扣除政策。

【案例 5-2】居民企业甲公司，主要从事广告设计，2021 年会计利润为 500 万元，支付残疾职工工资 14 万元，发生新技术研究开发费用且未形成无形资产计入当期损益 19 万元。

【分析】(1) 甲公司不属于制造业企业，其计入当期损益的研究开发费用适用 75% 的加计扣除政策。(2) 甲公司 2021 年应纳税所得额=500-14×100%-19×75%=471.75（万元）。

资产类扣除项目（结合会计理解）

【考点 5.20】固定资产和生产性生物资产——以折旧方式扣除（见表 5-23）

表 5-23　　固定资产和生产性生物资产——以折旧方式扣除

(1) 下列固定资产不得计算折旧扣除（注意①和⑤与会计的差异）	①房屋、建筑物以外未投入使用的固定资产 ②以经营租赁方式租入的固定资产 ③以融资租赁方式租出的固定资产 ④已足额提取折旧仍继续使用的固定资产 ⑤与经营活动无关的固定资产 ⑥单独估价作为固定资产入账的土地 ⑦其他不得计算折旧扣除的固定资产
(2) 区分生产性生物资产和消耗性生物资产	生产性生物资产指为生产农产品、提供劳务或者出租等目的持有的生物资产，包括“经济林、薪炭林、产畜和役畜”等 【举例】下蛋的鸡——生产性生物资产；吃肉的鸡——消耗性生物资产
(3) 税法关于固定资产折旧额计算的基本规定	①方法：固定资产按照直线法计算的折旧，准予扣除 ②起止时间：企业应当自固定资产投入使用月份的次月起计算折旧；停止使用的固定资产，应当自停止使用月份的次月起停止计算折旧 ③预计净残值：企业应当根据固定资产的性质和使用情况，合理确定固定资产的预计净残值，固定资产的预计净残值一经确定，不得变更

续表

（4）计税基础	①企业资产通常以历史成本为计税基础。企业持有各项资产期间资产增值或者减值，除国务院财政、税务主管部门规定可以确认损益外，不得调整该资产的计税基础 ②外购的固定资产，以购买价款和支付的相关税费以及直接归属于使该资产达到预定用途发生的其他支出为计税基础 ③自行建造的固定资产，以竣工结算前发生的支出为计税基础 ④融资租入的固定资产 （a）以租赁合同约定的付款总额和承租人在签订租赁合同过程中发生的相关费用为计税基础 （b）租赁合同未约定付款总额的，以该资产的公允价值和承租人在签订租赁合同过程中发生的相关费用为计税基础 ⑤盘盈的固定资产，以同类固定资产的重置完全价值为计税基础 ⑥通过捐赠、投资、非货币性资产交换、债务重组等方式取得的固定资产，以该资产的公允价值和支付的相关税费为计税基础 ⑦改建的固定资产，除已足额提取折旧的固定资产和租入的固定资产以外的其他固定资产，以改建过程中发生的改建支出增加计税基础

固定资产折旧扣除

（摘自《小艾上班记12》）

小艾坐在那儿无所事事，突然想起下班时，客户的一个问题留言，还没回答，因为，当时她自己也不太确定，于是就假装不在线。

“杜老师，我可以问你一个问题吗？”小艾问道。

“什么问题？”

“有个客户问，他们公司10月份购入的大型设备安装调试完毕后，还没有来得及使用就接到当地环保部门的通知：由于企业的生产性质受限，要求该公司停工停产至采暖期结束。那么这台未投入使用的大型设备的折旧该如何计提？”

“嗯……”杜云轩抬头，顿了一下，微笑道：“我觉得这个问题，应该分两种口径来探讨。

“一、根据《企业会计准则》的规定：企业应当对所有固定资产计提折旧。当然，已提足折旧仍继续使用的固定资产和单独计价入账的土地除外。

“也就是说该设备购入后会计记账应当遵循按月计提折旧，当月增加的固定资产，当月不计提折旧，从下月起计提折旧；当月减少的固定资产，当月仍计提折旧，从下月起不计提折旧。

“二、《中华人民共和国企业所得税法》第十一条规定：在计算应纳税所得额时，企业按照规定计算的固定资产折旧，准予扣除。但是下列固定资产不得计算折旧扣除，共有7条：

“1.房屋、建筑物以外未投入使用的固定资产。

“2.以经营租赁方式租入的固定资产。

“3.以融资租赁方式租出的固定资产。

“4.已足额提取折旧仍继续使用的固定资产。

“5.与经营活动无关的固定资产。

“6.单独估价作为固定资产入账的土地。

“7.其他不得计算折旧的固定资产。

“因此：这个企业购置的大型设备，应该这样处理：财务人员记账时应当从次月开始计提折旧，不论资产是否已投入使用。

“但是报税人员在申报企业所得税时，该未投入使用的大型设备所计提的折旧不得税前扣除。需要做纳税调增处理。”

1.【单选题】根据企业所得税法律制度的规定，下列固定资产中，在计算企业所得税应纳税所得额时不得计算折旧扣除的是（　　）。

A.以融资租赁方式租入的厂房

B.已足额提取折旧仍继续使用的运输工具

C.未投入使用的厂房

D.以经营租赁方式租出的运输工具

2.【单选题】根据企业所得税法律制度的规定，在计算企业所得税应纳税所得额时，下列固定资产中，不得计算折旧扣除的是（　　）。

A.未投入使用的办公楼

B.以经营租赁方式租出的厂房

C.以经营租赁方式租入的小汽车

D.以融资租赁方式租入的生产设备

3.【多选题】根据企业所得税法律制度的规定，下列关于固定资产计税基础确定的表述中，正确的有（　　）。

A.自行建造的固定资产，以竣工结算前发生的支出为计税基础

B.外购的固定资产，以购买价款和支付的相关税费以及直接归属于使该资

产达到预定用途发生的其他支出为计税基础

C.融资租入的固定资产，以租赁合同约定的付款总额和承租人在签订租赁合同过程中发生的相关费用为计税基础

D.盘盈的固定资产，以同类固定资产的重置完全价值为计税基础

1.【答案】B

2.【答案】C

3.【答案】ABCD

税法关于固定资产和生产性生物资产的折旧年限见表5-24：

表5-24　税法关于固定资产和生产性生物资产的折旧年限

固定资产和生产性生物资产类型	折旧年限（年）
房屋建筑物	20
飞机、火车、轮船、机器、机械和其他生产设备	10
林木类生产性生物资产	10
器具、工具、家具	5
飞机、火车、轮船以外的运输工具	4
电子设备	3
畜类生产性生物资产	3

【考点5.21】资产加速折旧优惠（见表5-25）

表5-25　资产加速折旧优惠

加速折旧	（1）技术进步，产品更新换代较快 （2）常年处于强震动、高腐蚀状态 自2019年1月1日起，全部制造业企业新购进的固定资产适用固定资产加速折旧优惠	缩短折旧年限（≥年限60%） 采用加速折旧计算方法（如双倍余额递减法或年数总和法）
	企业在2018年1月1日至2023年12月31日期间新购进的设备、器具，单位价值不超过500万元的，允许一次性计入当期成本费用在计算应纳税所得额时扣除，不再分年度计算折旧 【提示1】设备、器具是指除房屋、建筑物以外的固定资产 【提示2】购进包括以货币形式购进或自行建造	允许一次性扣除

1.【单选题】某企业于2018年6月15日购入生产用设备一台，金额450万元，按照企业所得税法的规定，该设备应按照（　　）计提折旧。

A.0

B.10年

C.5年

D.4年

2.【多选题】根据企业所得税法律制度的规定，企业的下列固定资产计提折旧时，可以采用加速折旧方法或缩短折旧年限的有（　　）。

A.技术进步，产品更新换代较快的固定资产

B.使用频率极高的固定资产

C.常年处于强震动、高腐蚀状态的固定资产

D.2018年1月1日后购进的设备、器具，单价不超过500万元

1.【答案】A

【解析】2018年1月1日后购进的设备、器具，单价不超过500万元的准予一次性全额扣除。

2.【答案】AC

【解析】选项B，按税法规定正常计提折旧；选项D，可以在购入时一次性扣除。

【考点5.22】无形资产——以摊销方式扣除

下列无形资产不得计算摊销扣除：

（1）自行开发的支出已在计算应纳税所得额时扣除的无形资产；

（2）自创商誉；

（3）与经营活动无关的无形资产；

（4）其他不得计算摊销费用扣除的无形资产。

【注意】摊销年限不得低于10年。

【考点5.23】长期待摊费用——摊销年限不得低于3年

企业发生的下列支出作为长期待摊费用，按照规定摊销的准予扣除：

（1）已足额提取折旧的固定资产的改建支出，按照固定资产预计尚可使用年限分期摊销。

（2）（经营）租入固定资产的改建支出，按照合同约定的剩余租赁期限分期摊销。

（3）固定资产大修理支出，按照固定资产尚可使用年限分期摊销。

【注意1】修理支出达到取得固定资产时的计税基础50%以上，修理后固定资产的使用年限延长2年以上，才属于大修理支出。

【注意2】税法规定与会计准则此处的差异。

【考点5.24】投资资产（见表5-26）

表5-26 投资资产

投资资产（成本法）	（1）企业对外投资期间，投资资产的成本在计算应纳税所得额时不得扣除 （2）企业在转让或者处置投资资产时，投资资产的成本，准予扣除

【考点5.25】存货（见表5-27）

表5-27 存货

存货	企业使用或者销售存货的成本计算方法，可以在“先进先出法、加权平均法、个别计价法”中选用一种。计价方法一经选用，不得随意变更。 【注意】不能选择“后进先出法”

【考点5.26】资产损失

资产损失的申报分为“清单申报”和“专项申报”，见表5-28。

表5-28 资产损失的申报

清单申报	正常损失（如固定资产达到或超过使用年限报废清理的损失）
专项申报	非正常损失 【注意】企业以前年度发生的资产损失未能在当年税前扣除的，可以按照规定，向税务机关说明并进行“专项申报”扣除，其中，属于实际资产损失，准予追补至该项损失发生年度扣除，其追补确认期限一般不得超过5年。企业因以前年度实际资产损失未在税前扣除而多缴的企业所得税税款，可在追补确认年度企业所得税应纳税款中予以抵扣，不足抵扣的，向以后年度递延抵扣

1.【单选题】根据企业所得税法律制度的规定，下列各项中，应以该资产的公允价值和支付的相关税费为计税基础的是（　　）。

A.盘盈的固定资产　　B.自行建造的固定资产

C.外购的固定资产　　D.通过捐赠取得的固定资产

2.【多选题】根据企业所得税法律制度的规定，下列各项说法中，正确的有（　　）。

A.企业融资租入的固定资产，计提的折旧应在所得税前扣除

B.企业经营租入的固定资产，其租金应在租入当期一次性扣除

C.企业发生的汇兑损失除已经计入有关资产成本以及与向所有者进行利润分配相关的部分外准予扣除

D.企业按规定提取的环境保护专项资金在提取时准予扣除

3.【多选题】根据企业所得税法律制度的规定，下列固定资产项目中，在计算应纳税所得额时，不得扣除折旧的有（　　）。

A.尚未投入使用的房屋、建筑物

B.以经营租赁方式租入的固定资产

C.以融资租赁方式租出的固定资产

D.与经营活动无关的固定资产

1.【答案】D

【解析】选项A，以同类固定资产的重置完全价值为计税基础；选项B，以竣工结算前发生的支出为计税基础；选项C，以购买价款和支付的相关税费以及直接归属于使该资产达到预定用途发生的其他支出为计税基础。

2.【答案】ACD

【解析】选项B，企业以经营租赁方式租入的固定资产发生的租赁费支出，按照租赁期限均匀扣除。

3.【答案】BCD

【解析】房屋、建筑物无论是否投入使用，均可以计提折旧扣除。

税率及税收优惠

【考点5.27】所得额优惠（见表5-29）

表5-29　所得额优惠

免征	农、林、牧、渔；居民企业“500万元”以内的“技术转让”所得；合格境外机构投资者境内转让股票等权益性投资资产所得
	【注意】“农”不包括“经济作物”；“渔”指远洋捕捞，不包括“养殖”
减半征收	花卉、茶以及其他饮料作物和香料作物的种植，海水养殖、内陆养殖、居民企业超过500万元的技术转让所得的“超过部分”
“两免三减半”	国家鼓励的集成电路设计、装备、材料、封装、测试企业和软件企业，自获利年度起第1年至第2年免征企业所得税，第3年至第5年按照25%的法定税率减半征收企业所得税
三免三减半	（1）企业“从事”国家重点扶持的“公共基础设施项目的投资经营”的所得，自项目“取得第1笔生产经营收入”所属纳税年度起，第1年至第3年免征，第4年至第6年减半征收 【注意】企业“承包经营、承包建设”和“内部自建自用”上述项目“不免税” （2）企业从事符合条件的“环境保护、节能节水”项目的所得，自项目“取得第1笔生产经营收入”所属纳税年度起，第1年至第3年免征，第4年至第6年减半征收
抵扣应纳税所得额	创投企业投资未上市的中小高新技术企业两年以上的，按照其投资额的70%在股权持有满两年的当年抵扣该创业投资企业的应纳税所得额；当年不足抵扣的，可以在以后纳税年度结转抵扣
	有限合伙制创业投资企业采取股权投资方式投资于未上市的中小高新技术企业满2年（24个月）的，其法人合伙人可按照对未上市中小高新技术企业投资额的70%抵扣该法人合伙人从该有限合伙制创业投资企业分得的应纳税所得额，当年不足抵扣的，可以在以后纳税年度结转抵扣

续表

免税	（1）2019年1月1日至2023年12月31日，经营性文化事业单位转制为企业，自转制注册之日起5年内免征企业所得税。2018年12月31日之前已完成转制的企业，自2019年1月1日起可继续免征5年企业所得税 （2）自2021年1月1日至2023年12月31日，对符合条件的生产和装配伤残人员专门用品，且在民政部发布的《中国伤残人员专门用品目录》范围之内的居民企业，免征企业所得税

1.【单选题】居民企业甲公司2021年将自行开发的一项专利技术转让，取得转让收入800万元，与该项技术转让有关的成本和费用为160万元。已知，在一个纳税年度内，居民企业技术转让所得不超过500万元的部分，免征企业所得税；超过500万元的部分，减半征收企业所得税。根据企业所得税法律制度的规定，在计算甲公司2021年企业所得税应纳税所得额时，该项技术转让所得应当（　　）。

A.纳税调增570万元

B.纳税调增320万元

C.纳税调减570万元

D.纳税调减320万元

2.【单选题】甲企业为创业投资企业，2019年2月采取股权投资方式向乙公司（未上市的中小高新技术企业）投资300万元，至2021年12月31日仍持有该股权。甲企业2021年在未享受股权投资应纳税所得额抵扣的税收优惠政策前的企业所得税应纳税所得额为3 000万元。已知，企业所得税税率为25%，甲企业享受股权投资应纳税所得额抵扣的税收优惠政策。计算甲企业2021年度应缴纳企业所得税税额的下列算式中，正确的是（　　）。

A.（3 000-300）×25%

B.（3 000-300×70%）×25%

C.3 000×70%×25%

D.（3 000×70%-300）×25%

3.【单选题】2017年4月1日，甲创业投资企业采取股权投资方式向未上市的取得高新技术企业资格的乙公司（该公司属于中小企业）投资120万元，股权持有至2019年6月1日，甲创业投资企业2020年度计算应纳税所得额时，对乙公司的投资额可以抵免的数额的下列计算中，正确的是（　　）。

A.0　　B.120×70%=84（万元）

C.120×80%=96（万元）　　D.120×90%=108（万元）

1.【答案】C

【解析】（1）该项技术转让对会计利润的影响为：增加640万元（800-160）；（2）由于在一个纳税年度内，居民企业技术转让所得不超过500万元的部分免征企业所得税，超过500万元的部分减半征收企业所得税；因此，该项技术转让所得对应纳税所得额的影响为：增加70万元［（800-160-500）×50%］；（3）应当纳税调减570万元。

2.【答案】B

【解析】抵所得额：先抵投资额的70%（300×70%），再算税额。

3.【答案】B

【解析】（1）自2017年4月1日至2019年6月1日，投资持有满2年；（2）应纳税所得额抵免额=120×70%=84（万元）。

【考点5.28】亏损弥补年限优惠（见表5-30）

表5-30　　亏损弥补年限优惠

亏损的弥补	企业某一纳税年度发生的亏损，可以用下一年度的所得弥补，下一年度的所得不足弥补的，可以逐年延续弥补，但是最长不得超过5年
	【注意1】5年内不论是盈利或亏损，都作为实际弥补期限计算 【注意2】境外机构的亏损，不得抵减境内机构的盈利
	自2018年1月1日起，当年具备高新技术企业或科技型中小企业资格的企业，其具备资格年度之前5个年度发生的尚未弥补完的亏损，准予结转以后年度弥补，最长结转年限由5年延长至10年

【案例5-3】各年度未弥补以前年度亏损的应纳税所得额见表5-31。

表5-31　　各年度未弥补以前年度亏损的应纳税所得额　　单位：万元

年度	2015年	2016年	2017年	2018年	2019年	2020年	2021年
未弥补以前年度亏损的应纳税所得额	-120	-70	30	30	20	10	50

【分析】

（1）针对2015年的亏损额，2016年、2017年、2018年、2019年、2020年为弥补期；截至2020年，尚有30万元亏损未能在税前弥补完，这30万元不得再结转以后年度在税前弥补。

（2）针对2016年的亏损额，2017年、2018年、2019年、2020年、2021年为弥补期；由于2017年至2020年的盈利全部用于弥补2015年的亏损额，因此，截至2021年，尚有20万元亏损未能在税前弥补完，这20万元不得再结转以后年度在税前弥补。

（3）如果该企业在2020年度取得高新技术企业资格，那么其2015年、

2016年的亏损额均属于“具备资格年度之前5个年度发生的尚未弥补完的亏损”，其亏损弥补年度可以延长至10年，即2015年的亏损额在2021年度将全部得到弥补，而2016年的亏损额最晚可以用2026年度的应纳税所得额弥补。

（4）企业在汇总计算缴纳企业所得税时，其境外营业机构的亏损不得抵减境内营业机构的盈利。

1.【判断题】居民企业在汇总计算缴纳企业所得税时，其境外营业机构的亏损可以抵减境内营业机构的盈利。（　）

2.【单选题】高新技术企业某一纳税年度发生的亏损，可以用下一年度的所得弥补，下一年度的所得不足弥补的，可以逐年延续弥补，但是最长不得超过一定期限。该期限是（　）。

A.3年　　B.5年

C.10年　　D.20年

3.【单选题】某企业2014年发生亏损20万元，2015年盈利12万元，2016年亏损1万元，2017年盈利4万元，2018年亏损5万元，2019年盈利2万元，2020年盈利38万元。则该企业2020年应缴纳企业所得税税额的下列计算中，正确的是（　）。

A.38×25%=9.5（万元）

B.（38-2-1-5）×25%=7.5（万元）

C.（38-1-5）×25%=8（万元）

D.（38-5）×25%=8.25（万元）

1.【答案】×

2.【答案】C

【解析】高新技术企业自2018年1月1日起，当年具备资格的企业，其具备资格年度之前5个年度发生的尚未弥补完的亏损，准予结转以后年度弥补，最长结转年限由5年延长至10年。

3.【答案】C

【解析】2014年亏损的20万元，可以以2015年、2017年、2019年的利润进行弥补，弥补后尚有2万元亏损，2016年、2018年企业亏损，应计入2014年亏损的弥补期限，至2019年，2014年亏损的延续弥补期限届满，2020年的盈利不能再用于弥补2014年尚未弥补的亏损；2020年的盈利可以用于弥补2016年、2018年的亏损，则该企业2020年应当缴纳的企业所得税=（38-1-5）×25%=8（万元）。

【考点5.29】税率优惠（见表5-32）

表5-32　　税率优惠[①]

税率		适用对象
法定税率	25%	居民企业
		在中国境内设立机构场所且取得的所得与所设机构场所有实际联系的非居民企业
	20%	在中国境内未设立机构、场所的非居民企业
		虽设立机构、场所，但取得的所得与其所设机构、场所没有实际联系的非居民企业
优惠税率	15%	（1）对国家需要重点扶持的高新技术企业，减按15%的税率征收企业所得税
		（2）对经认定的符合条件的技术先进型服务企业，减按15%的税率征收企业所得税
		（3）自2021年1月1日至2030年12月31日，对设在西部地区的鼓励类产业企业减按15%的税率征收企业所得税
		（4）海南自由贸易港企业： ①自2020年1月1日至2024年12月31日，对注册在海南自由贸易港并实质性运营的鼓励类产业企业，减按15%的税率征收企业所得税 ②自2020年1月1日至2024年12月31日，对在海南自由贸易港设立的旅游业、现代服务业、高新技术产业企业新增境外直接投资取得的所得，免征企业所得税 ③对在海南自由贸易港设立的企业，新购置（含自建、自行开发）固定资产（房屋、建筑物除外）或无形资产，单位价值不超过500万元（含）的，允许一次性计入当期成本费用在计算应纳税所得额时扣除，不再分年度计算折旧和摊销；单位价值超过500万元的，可以缩短折旧、摊销年限或采取加速折旧、摊销的方法

① 注：本表与表5-6重复，旨在强调此考点的重要性。

续表

税率		适用对象
优惠税率	20%	小型微利企业： 自2021年1月1日至2022年12月31日，对年应纳税所得额不超过100万元（含100万元）的小型微利企业，其所得减按12.5%计入应纳税所得额，按20%的税率缴纳企业所得税 对年应纳税所得额超过100万元但不超过300万元的部分，其所得减按50%计入应纳税所得额，按20%的税率缴纳企业所得税 小规模企业 增值税：月销售额≤15万元　免增值税；月销售额>15万元　税率1% 所得税：利润≤100万元　税率2.5%；100万元<利润≤300万元　税率10%；>300万元　税率25% 所得税：利润300万元　缴税22.5万元；利润301万元　缴税75.25万元 ⇓ 多缴52.75万元的税 小型微利企业是指从事国家非限制和禁止行业，且同时符合年度应纳税所得额不超过300万元、从业人数不超过300人、资产总额不超过5 000万元3个条件的企业

1.【单选题】甲公司2021年度为符合条件的小型微利企业，当年企业所得税应纳税所得额为100万元。已知小型微利企业减按20%的税率征收企业所得税。甲公司2021年度应缴纳企业所得税税额为（　　）万元。

A.20　　B.5

C.2.5　　D.10

2.【单选题】甲居民企业为小型微利企业，适用20%的企业所得税税率。2021年实现年度会计利润150万元。假设不考虑其他纳税调整事项，下列有关甲居民企业2021年应缴纳企业所得税的算式中，正确的是（　　）。

A.150×20%

B.150×50%×20%

C.100×25%×20%+（150-100）×50%×20%

D.100×12.5%×20%+（150-100）×50%×20%

3.【单选题】某小型微利企业2020年度应纳税所得额为70万元。则该企业2020年度应纳企业所得税税额的下列计算中正确的是（　　）。

A.70×20%=14（万元）

B.70×25%×20%=3.5（万元）

C.70×25%=17.5（万元）

D.70×15%=10.5（万元）

4.【多选题】下列各项关于企业所得税税率的说法中，正确的有（　　）。

A.居民企业适用25%的税率

B.非居民企业适用20%的税率

C.小型微利企业适用20%的优惠税率

D.设在西部地区，以《西部地区鼓励类产业目录》中新增鼓励类项目为主营业务，且其当年度主营业务收入占收入总额70%以上的企业适用10%的优惠税率

1.【答案】C

2.【答案】D

3.【答案】B

【解析】年应纳税所得额100万元以下的“小微企业”，其应纳税所得额按25%计算。

4.【答案】AC

【解析】选项B，在中国境内设立机构、场所且取得的所得与所设机构、场所有实际联系的非居民企业，其企业所得税税率为25%；选项D，适用15%的优惠税率。

【考点5.30】应纳税额优惠（见表5-33）

表5-33　应纳税额优惠

应纳税额抵免	投资环境保护、节能节水、安全生产等专用设备，投资额的10%可以在应纳税额中扣除

【单选题】某公司2021年度企业所得税应纳税所得额1 200万元，当年购置并实际使用一台符合《节能节水专用设备企业所得税优惠目录》规定的节能节水专用设备，该专用设备投资额600万元。已知，企业所得税税率为25%。计算该公司2021年度应缴纳企业所得税税额的下列算式中，正确的是（　　）。

A.1 200×25%

B.1 200×25%-600×10%

C.（1 200-600）×25%

D.（1 200-600×10%）×25%

【答案】B

【解析】抵税额：先算税额（1 200×25%），后减投资额的 10%（600×10%）。

抵免税额与抵扣所得额的区别见表5-34：

表5-34　抵免税额与抵扣所得额的区别

抵免税额	抵扣所得额
先算税额再抵	先抵再算税额
所得额×税率-投资额×10%	（所得额-投资额×70%）×税率

【单选题】甲公司2020年应纳税所得额为1 000万元，当年购入一台安全生产设备，增值税发票上注明的价款为100万元，取得境外所得，在中国境内可以抵免的税额为20万元，则下列甲公司2020年度企业所得税应纳税额的计算中，正确的是（　　）。

A.（1 000-100×70%）×25%-20=212.5（万元）

B.1 000×25%-100×10%-20=220（万元）

C.1 000×25%-100×10%=240（万元）

D.1 000×25%=250（万元）

【答案】B

【解析】（1）企业购入环境保护、节能节水、安全生产设备的，其投资额的10%可以在应纳税额中减免，减免税额=100×10%=10（万元）；（2）应纳税额=应纳税所得额×税率-减免税额-抵免税额=1 000×25%-100×10%-20=220（万元）。

非居民企业应纳税所得额与境外所得抵免

【考点5.31】非居民企业源泉扣缴（见表5-35）

表5-35　非居民企业应纳税所得额

适用情形	（1）非居民企业在中国境内未设立机构、场所，但有来源于中国境内的所得 （2）非居民企业在中国境内设有机构、场所，但取得的来源于中国境内的所得与该境内机构、场所没有实际联系
非居民企业应纳税所得额	1.全额计税：利息、股息、红利、租金、特许权使用费以收入全额为应纳税所得额 2.余额计税：财产转让以收入全额减除财产净值后的余额为应纳税所得额
应纳税额	应纳税额=应纳税所得额×预提所得税税率（10%）

1.【单选题】2020年6月境外甲公司向境内乙公司转让一专利技术，取得转让费1 000万元。已知预提所得税税率为10%，计算乙公司应代扣代缴企业所得税税款的下列算式中，正确的是（　　）。

A.1 000×10%×50%=50（万元）

B.1 000×10%=100（万元）

C.1 000×（1−25%）×10%=75（万元）

D.1 000×（1−25%）×10%×50%=37.5（万元）

2.【单选题】根据企业所得税法律制度的规定，在中国境内未设立机构、场所的非居民企业取得的来源于中国境内的下列所得中，以收入全额减除财产净值后的余额为应纳税所得额的是（　　）。

A.转让财产所得

B.利息所得

C.租金所得

D.股息、红利等权益性投资收益

3.【多选题】根据企业所得税法律制度的规定，在中国境内未设立机构、场所的非居民企业取得的来源于中国境内的下列所得中，应以收入全额为应纳税所得额的有（　　）。

A.租金所得

B.股息所得

C.特许权使用费所得

D.转让财产所得

4.【单选题】2021年6月，甲公司向境外乙公司（未在中国境内设立机构、场所）分配股息折合人民币2 000万元。已知预提所得税税率为10%。计算甲公司应代扣代缴企业所得税款的下列算式中，正确的是（　　）。

A.2 000×10%×50%

B.2 000×10%

C.2 000×（1−25%）×10%

D.2 000×（1−25%）×10%×50%

1.【答案】B

【解析】在中国境内未设立机构、场所的非居民企业取得的股息、红利等权益性投资收益和利息、租金、特许权使用费所得，以"收入全额"为应纳税所得额。

2.【答案】A

【解析】适用源泉扣缴时，只有"转让财产所得"以收入全额减除财产净

值后的余额为应纳税所得额，股息、红利等权益性投资收益，利息、租金、特许权使用费，均以收入全额为应纳税所得额。

3.【答案】ABC

【解析】选项D：在实行源泉扣缴的情境下，转让财产所得以收入全额减除财产净值后的“余额”为应纳税所得额。

4.【答案】B

【解析】(1) 乙公司是未在中国境内设立机构、场所的非居民企业：①对其取得的来源于境内的所得实行源泉扣缴；②不符合股息收入的免税条件（在境内未设立机构、场所）。(2) 在源泉扣缴中，股息收入应以收入全额为应纳税所得额，因此，应纳税额=应纳税所得额×预提所得税税率=股息收入全额×10%。

【考点5.32】境外所得抵免税额的计算（见表5-36）

表5-36　　境外所得抵免税额的计算

<table>
<tr><td rowspan="4">企业取得的所得已在境外缴纳的所得税税额，可以从其当期应纳税额中抵免，抵免限额为该项所得依照企业所得税法规定计算的应纳税额</td><td colspan="2">1.抵免限额=境外税前所得额×25%</td></tr>
<tr><td colspan="2">2.境外税前所得额的确定：
(1) 题目直接给出税前所得
(2) 题目给出分回的利润和国外已纳的税款
(3) 题目给出分回的利润和国外所得税税率</td></tr>
<tr><td colspan="2">3.(1) 采用分国不分项计算：不同国家或地区的抵免限额单独计算不混同
(2) 不分国，汇总计算</td></tr>
<tr><td colspan="2">4.补税原则：多不退、少要补</td></tr>
<tr><td rowspan="2">境外所得抵免</td><td>1.抵免年限</td><td>企业取得的下列所得已在境外缴纳的所得税税额，可以从其当期应纳税额中抵免：
(1) 居民企业来源于中国境外的应税所得
(2) 非居民企业在中国境内设立机构、场所，取得发生在中国境外但与该机构、场所有实际联系的应税所得
抵免限额为该项所得依照我国企业所得税法计算的应纳税额；超过抵免限额的部分，可以在以后5个纳税年度内，用每年抵免限额抵免当年应抵税额后的余额进行抵补</td></tr>
<tr><td>2.抵免方法</td><td>企业可以选择按国（地区）别分别计算，或者不按国（地区）别汇总计算其来源于境外的应纳税所得额，并按照税法规定的税率，分别计算其可抵免境外所得税税额和抵免限额。上述方式一经选择，5年内不得改变</td></tr>
</table>

【案例5-4】甲企业2021年度境内应纳税所得额为100万元，适用25%

的企业所得税税率。甲企业分别在 A 国和 B 国设有分支机构，在 A 国分支机构的应纳税所得额为 50 万元，A 国的企业所得税税率为 20%；在 B 国分支机构的应纳税所得额为 30 万元，B 国的企业所得税税率为 30%。

【分析】

（1）如果该企业选择按国别分别计算（见表 5-37）：

表 5-37　该企业选择按国别分别计算

国别	抵免限额	境外已纳税款	处理
A 国	50×25%=12.5（万元）	50×20%=10（万元）	补税 2.5 万元
B 国	30×25%=7.5（万元）	30×30%=9（万元）	结转以后 5 个纳税年度抵补 1.5 万元

综上，甲企业当年在我国境内应纳税额=100×25%+2.5=27.5（万元）。

（2）如果该企业选择不按国别汇总计算（见表 5-38）：

表 5-38　该企业选择不按国别汇总计算

<table>
<tr><th>国别</th><th>抵免限额</th><th>境外已纳税款</th><th>处理</th></tr>
<tr><td>A 国</td><td rowspan="2">（50+30）×25%=20（万元）</td><td>50×20%=10（万元）</td><td rowspan="2">补税 1 万元</td></tr>
<tr><td>B 国</td><td>30×30%=9（万元）</td></tr>
</table>

综上，甲企业当年在我国境内应纳税额=100×25%+1=26（万元）。

【单选题】我国甲企业 2020 年度国内应纳税所得额为 200 万元，适用的所得税税率为 25%，该企业分别在 A、B 两国取得所得（我国与 A、B 两国已经缔结避免双重征税协定），在 A 国分支机构的应纳税所得额为 50 万元，A 国的企业所得税税率为 20%；从 B 国的分支机构分回国内的利润为 21 万元，B 国的企业所得税税率为 30%。假设三国应纳税所得额确定方法一致，甲企业采用“分国不分项”计算，则该企业国外所得在国内应补税额的下列计算中，正确的是（　　）。

A.0

B.50×25%-50×20%=2.5（万元）

C.50×25%+21×25%=17.75（万元）

D.50×25%+21÷（1-30%）×25%=20（万元）

【答案】B

【解析】（1）在 A 国取得的所得在我国应缴税额=50×25%=12.5（万元），在 A 国已缴税额=50×20%=10（万元），须补缴税额=12.5-10=2.5（万元）；（2）B 国的企业所得税税率高于我国，在 B 国取得的所得，无须补税。

征收管理

【考点5.33】纳税地点（见表5-39）

表5-39 纳税地点

居民企业	登记注册地
	登记注册地在境外的，以实际管理机构所在地为纳税地点
	居民企业在境内设立不具有法人资格的营业机构的，应当汇总计算并缴纳企业所得税
非居民企业	有场所，有联系——机构场所所在地
	有两个以上场所——经批准选择其主要场所汇总缴纳
	没场所或有场所但没联系——扣缴义务人所在地

【考点5.34】纳税期限（见表5-40）

企业所得税按年计征，分月或者分季预缴，年终汇算清缴，多退少补。

表5-40 纳税期限

1.一般情况	纳税年度为公历1月1日至12月31日
2.特殊情况	（1）开业当年，实际经营期不足12个月，以实际经营期为一个纳税年度 （2）依法清算，以清算期间作为一个纳税年度

【考点5.35】纳税申报（见表5-41）

表5-41 纳税申报

1.分月或分季预缴	应当自月份或者季度终了之日起“15日内”，向税务机关报送预缴企业所得税纳税申报表，预缴税款
2.汇算清缴	企业应当自年度终了后“5个月内”向税务机关报送年度企业所得税纳税申报表，并汇算清缴，结清应缴或应退税款
3.企业在年度中间终止经营活动的，应当自实际经营终止之日起“60日内”，向税务机关办理当期企业所得税汇算清缴	
4.企业在报送企业所得税纳税申报表时，应当按照规定附送财务会计报告和其他有关资料	

1.【多选题】根据企业所得税法律制度的规定，下列关于企业所得税纳税期限的表述中，正确的有（　　）。

A.企业所得税按年计征，分月或者分季预缴，年终汇算清缴，多退少补

B.企业在一个纳税年度中间开业，使该纳税年度的实际经营不足12个月的，应当以其实际经营期为1个纳税年度

C.企业依法清算时，应当以清算期作为1个纳税年度

D.企业在纳税年度中间终止经营活动的，应当自实际经营终止之日起90日内向税务机关办理当期企业所得税汇算清缴

2.【多选题】某公司2020年应补交企业所得税15万元，该公司在规定的期限内没有进行汇算清缴，税务机关责令其缴纳并加收滞纳金，该公司在6月30日办理了汇算清缴手续，并缴纳了税款及滞纳金。根据税收征收管理法律制度的规定，从纳税人滞纳税款之日起，应按日加收滞纳税款0.5‰的滞纳金。该公司应缴纳的滞纳金金额的下列计算中，正确的是（　　）。

A.150 000×0.5‰×30=2 250（元）

B.150 000×0.5‰×20=1 500（元）

C.150 000×0.5‰×15=1 125（元）

D.150 000×0.5‰×10=750（元）

1.【答案】ABC

【解析】选项D，汇算清缴的期限为自实际经营终止之日起60日内。

2.【答案】A

【解析】企业所得税在年度终了后5个月内进行汇算清缴，纳税期限届满日为5月31日，自纳税期限届满的次日（6月1日）起，至实际缴纳税款之日6月30日，滞纳期为30天。

（二）个人所得税

个人所得税纳税人和征税对象

【考点5.36】纳税人（见表5-42）

表5-42　纳税人

<table>
<tr><td colspan="4">个人所得税是对个人（即自然人）取得的各项应税所得征收的一种税</td></tr>
<tr><td colspan="4">【注意】个人所得税的所得人既包括“自然人”又包括“自然人性质的特殊主体”（个体工商户、个人独资企业的投资人、合伙企业的合伙人）</td></tr>
<tr><td rowspan="2">类型</td><td rowspan="2">性质</td><td colspan="2">是否纳税人</td></tr>
<tr><td>企业所得税</td><td>个人所得税</td></tr>
<tr><td>个体工商户</td><td>自然人</td><td>×</td><td>√</td></tr>
<tr><td rowspan="2">个人独资企业</td><td rowspan="2">企业</td><td rowspan="2">×</td><td>√</td></tr>
<tr><td>（投资者）</td></tr>
<tr><td rowspan="2">合伙企业</td><td rowspan="2">企业</td><td rowspan="2">×</td><td>√</td></tr>
<tr><td>（个人合伙人）</td></tr>
</table>

【多选题】根据个人所得税法律制度的规定，下列各项中，属于个人所得税纳税人的有（　　）。

A.一人有限责任公司

B.合伙企业个人合伙人

C.个人独资企业投资人

D.个体工商户

【答案】BCD

【解析】选项A：各类“公司”均属于法人型企业，属于企业所得税纳税人。

【考点5.37】纳税人分类及纳税义务——属人+属地（见表5-43）

表5-43　纳税人分类及纳税义务——属人+属地

纳税人	判定标准	纳税义务
居民	有住所	无限纳税义务（境内、境外）
	居民个人在中国境内无住所而一个纳税年度内在中国境内居住累计满183天的个人	
非居民	无住所又不居住、无住所居住不满183天	仅就其来源于中国境内的所得纳税

注：在中国境内有住所，是指因户籍、家庭、经济利益关系而在中国境内习惯性居住；“累计满183天”应当在一个纳税年度（自公历1月1日起至12月31日止）内计算。

1.【多选题】根据个人所得税法律制度的规定，下列外籍人员中，属于2021年度居民个人的有（　　）。

A.在中国境内无住所但2021年度在中国境内居住累计180天的泰勒

B.在中国境内无住所又不居住的大卫

C.在中国境内有住所的南希

D.在中国境内无住所但2021年度在中国境内居住累计270天的贝拉

2.【单选题】根据个人所得税法律制度的规定，下列在中国境内无住所的外籍人员中，属于2021年度居民个人的是（　　）。

A.米歇尔2021年8月1日来到中国，2021年10月31日离开中国

B.安琪拉2021年7月5日来到中国，2022年1月5日离开中国

C.蒂娜2021年2月1日来到中国，2021年11月1日离开中国

D.桑尼2020年9月1日来到中国，2021年5月1日离开中国

3.【判断题】中国居民艾欣，在境外工作，只就来源于中国境外的所得征收个人所得税。（　　）

1.【答案】CD

【解析】(1) 选项C：南希在中国境内有住所，肯定属于居民个人；(2) 选项ABD：泰勒、大卫、贝拉均在中国境内无住所，只有2021纳税年度在中国境内累计居住满183天的贝拉属于居民个人。

2.【答案】C

【解析】题干明确交代选项ABCD均在中国境内无住所，因此，思考的焦点在于是否“在2021纳税年度内”在中国境内居住累计“满183天”：(1) 米歇尔在中国境内累计居住时间明显不足183天；(2) 安琪拉2021纳税年度在中国境内居住时间为2021年7月5日至2021年12月31日，不足183天；(3) 桑尼2021纳税年度在中国境内居住时间为2021年1月1日至2021年5月1日，不足183天。

3.【答案】×

【解析】虽然在境外工作，但艾欣（住所地在中国）仍属于我国个人所得税居民个人，应当就其从中国境内和境外取得的所得向中国政府履行全面纳税义务。

【考点5.38】在中国境内无住所纳税人的纳税义务（见表5-44）

表5-44　　在中国境内无住所纳税人的纳税义务

<table>
<tr><th rowspan="2">居住天数</th><th rowspan="2" colspan="2">连续年度</th><th colspan="2">境外所得</th><th colspan="2">境内所得</th></tr>
<tr><th>境外支付</th><th>境内支付</th><th>境外支付</th><th>境内支付</th></tr>
<tr><td>连续或累计不超过90天</td><td colspan="2">—</td><td>×</td><td>×</td><td>免税</td><td>√</td></tr>
<tr><td>连续或累计超过90天但不满183天</td><td colspan="2">—</td><td>×</td><td>×</td><td>√</td><td>√</td></tr>
<tr><td rowspan="3">累计满183天</td><td colspan="2">不满六年</td><td>免税</td><td>√</td><td>√</td><td>√</td></tr>
<tr><td rowspan="2">满六年</td><td>存在单次离境超过30天</td><td>免税</td><td>√</td><td>√</td><td>√</td></tr>
<tr><td>不存在单次离境超过30天</td><td>√</td><td>√</td><td>√</td><td>√</td></tr>
</table>

【多选题】下列关于个人所得税纳税人的说法中，错误的有（　　）。

A.对合伙企业中的个人合伙人从合伙企业取得的所得应征收企业所得税

B.判定个人所得税居民纳税人的标准为是否在我国境内有住所

C.A国甲，2019年5月1日入境，2019年12月20日离境，甲在2019年属

于我国居民纳税人

D.B国乙，2019年10月10日入境，2020年5月1日离境，乙属于我国居民纳税人

【答案】ABD

【解析】选项A，缴纳个人所得税；选项B，判定标准包括住所和居住时间；选项C，甲2019年度在中国境内居住满183天，属于居民纳税人；选项D，乙2019年度和2020年度在中国境内居住均不满183天，属于非居民纳税人。

【考点5.39】所得“来源”地的确定（见表5-45）

所得来源地与所得支付地，两者可能是一致的，也可能是不同的。

我国个人所得税法依据“所得来源地”判断经济活动的实质，征收个人所得税。

表5-45　所得“来源”地的确定

(1) 右列所得，不论支付地点是否在中国境内，均为来源于中国境内的所得	①因任职、受雇、履约等而在中国境内提供劳务取得的所得 ②将财产出租给承租人在中国境内使用而取得的所得 ③许可各种特许权在中国境内使用而取得的所得 ④转让中国境内的不动产等财产或者在中国境内转让动产以及其他财产取得的所得 ⑤从中国境内企事业单位和其他经济组织以及居民个人取得的利息、股息、红利所得
(2) 右列所得，为来源于中国境外的所得	①因任职、受雇、履约等在中国境外提供劳务取得的所得 ②中国境外企业以及其他组织支付且负担的稿酬所得 ③许可各种特许权在中国境外使用而取得的所得 ④在中国境外从事生产、经营活动而取得的与生产、经营活动相关的所得 ⑤从中国境外企业、其他组织以及非居民个人取得的利息、股息、红利所得 ⑥将财产出租给承租人在中国境外使用而取得的所得 ⑦转让中国境外的不动产、转让对中国境外企业以及其他组织投资形成的股票、股权以及其他权益性资产（简称“权益性资产”）或者在中国境外转让其他财产取得的所得。但转让对中国境外企业以及其他组织投资形成的权益性资产，该权益性资产被转让前3年（连续36个公历月份）内的任一时间，被投资企业或其他组织的资产公允价值50%以上直接或间接来自位于中国境内的不动产的，取得的所得为来源于中国境内的所得 ⑧中国境外企业、其他组织以及非居民个人支付且负担的偶然所得 ⑨财政部、税务总局另有规定的，按照相关规定执行
【记忆提示】请考生盯准“来源”二字	

1.【单选题】根据个人所得税法律制度的规定，下列各项中，不属于来源于中国境内的所得的是（　　）。

A.美国居民吉姆，在中国境内推销商品取得所得

B.日本居民木子，在中国境内炒股取得所得

C.韩国居民恩熙，在中国商场购物，获得抽奖机会，取得中奖所得

D.中国居民艾蕾，将位于美国纽约的一栋别墅出售给一家美国公司取得所得

2.【多选题】根据个人所得税法律制度的规定，下列属于来源于中国境内的所得有（　　）。

A.劳务报酬所得，实际提供劳务地在我国境内

B.转让动产取得财产转让所得，转让行为发生在我国境内

C.特许权使用费所得，特许权的使用地在我国境内

D.利息、股息、红利所得，收到利息、股息、红利的企业在我国境内

1.【答案】D

【解析】选项A，在中国境内开展经营活动而取得与经营活动相关的所得，属于来源于中国境内的所得。选项B，转让对中国境内企事业单位和其他经济组织投资形成的权益性资产取得的所得属于来源于中国境内的所得。选项C，(1) 企业对累积消费达到一定额度的顾客，给予额外“抽奖机会”，个人的获奖所得，按照“偶然所得”项目，缴纳个人所得税。(2) 中国境内企业支付的偶然所得属于来源于中国境内的所得。选项D，属于来源于中国境外的所得，但因艾蕾为中国居民，应当就其来源于中国境内、境外的全部所得缴纳个人所得税。

2.【答案】ABC

【解析】选项D，以负担支付所得企业的所在地为所得来源地。

个人所得税应税所得项目及税率

【考点5.40】应税所得类型（见表5-46）

表5-46　应税所得类型

应税所得类型	计税规则
工资、薪金所得	1.综合所得 居民个人按纳税年度合并计算个人所得税 【注意】非居民个人 (1) 按月或者按次分项计算个人所得税 (2) 非居民个人取得的劳务报酬所得、特许权使用费所得、稿酬所得，属于一次性收入的，以取得该项收入为 次，属于同一项目连续性收入的，以一个月内取得的收入为一次
劳务报酬所得	
稿酬所得	
特许权使用费所得	

续表

应税所得类型	计税规则
经营所得	2.经营所得 按年
利息、股息、红利所得	3.其他四项 按次（财产租赁所得，以1个月内取得的收入为一次）
财产租赁所得	
财产转让所得	
偶然所得	

【考点5.41】个人所得税税率（见表5-47）

表5-47 个人所得税税率

综合所得	适用3%~45%的超额累进税率
经营所得	适用5%~35%的超额累进税率
其他四项	适用比例税率20% 从2001年1月1日起，对个人出租住房所得暂按10%的税率征收个人所得税

1.【单选题】根据个人所得税法律制度的规定，下列各项中，不属于综合所得的是（　　）。

A.工资、薪金所得

B.劳务报酬所得

C.特许权使用费所得

D.利息、股息、红利所得

2.【多选题】下列各项中，适用超额累进税率计征个人所得税的有（　　）。

A.经营所得

B.工资、薪金所得

C.财产转让所得

D.稿酬所得

1.【答案】D

【解析】综合所得除ABC外，还包括稿酬所得。

2.【答案】ABD

【解析】选项A，适用五级超额累进税率；选项BD，适用七级超额累进税率；选项C，适用20%的比例税率。

【考点5.42】征收机制（见表5-48）

表5-48　征收机制

居民个人	综合征收	①工资、薪金所得 ②劳务报酬所得 ③特许权使用费所得 ④稿酬所得
	分类征收	⑤经营所得 ⑥利息、股息、红利所得 ⑦财产租赁所得 ⑧财产转让所得 ⑨偶然所得
非居民个人	全部分类征收	

综合所得

【考点5.43】工资、薪金所得界定（见表5-49、表5-50）

表5-49　工资、薪金所得

因“任职或者受雇”而取得	包括工资（加班工资、岗位工资、工龄补贴等）、薪金、奖金、年终加薪、劳动分红、津贴、补贴及其他
不属于工资、薪金性质的补贴、津贴，不征收个人所得税	（1）独生子女补贴 （2）托儿补助费 （3）差旅费津贴、误餐补助（不包括以误餐名义发的补助津贴） （4）执行公务员工资制度未纳入基本工资总额的补贴、津贴差额和家属成员的副食补贴
免税补贴、津贴	按照国务院规定发放的政府特殊津贴、院士津贴，以及国务院规定免纳个人所得税的其他补贴、津贴，免征个人所得税
免税奖金	省级人民政府、国务院部委和中国人民解放军军以上单位，以及外国组织、国际组织颁发的科学、教育、技术、文化、卫生、体育、环境保护等方面的奖金，免征个人所得税
解除劳动关系补偿所得	个人因与用人单位解除劳动关系取得一次性补偿收入应按照“工资、薪金所得”依法计征个人所得税，当地上年职工平均工资3倍以内的部分，免征个人所得税，超过当地上年职工平均工资3倍数额的部分，不并入当年综合所得，单独适用综合所得税税率表，计算纳税

续表

退休人员	(1) 按照国家统一规定发给干部、职工的安家费、退职费、基本养老金或退休费、离休费、离休生活补助费，免征个人所得税
	(2) 再任职：退休人员再任职取得的收入，符合相关条件的，在减除按税法规定的费用扣除标准后，按“工资、薪金所得”缴纳个人所得税
	(3) 达到离休、退休年龄，但确因工作需要，适当延长离休、退休年龄的高级专家（指享受国家发放的政府特殊津贴的专家、学者），其在延长离休、退休期间的工资、薪金所得，视同离休、退休工资，免征个人所得税
	(4) 离退休人员除按规定领取离退休工资或养老金外，另从原任职单位取得的各类补贴、奖金、实物，不属于免税的退休工资、离休工资、离休生活补助费，应按“工资、薪金所得”缴纳个人所得税
公务交通、通信补贴收入	个人因公务用车和通信制度改革而取得的公务用车、通信补贴收入，扣除一定标准的公务费用后，按照“工资、薪金所得”计征个人所得税
股票增值权所得和限制性股票所得	个人因任职、受雇从上市公司取得的股票增值权所得和限制性股票所得应按照“工资、薪金所得”依法计征个人所得税
保险金	企业为员工支付各项免税之外的保险金，应在企业向保险公司缴付时（该保险落到被保险人的保险账户）并入员工当期的工资收入，按“工资、薪金所得”计征个人所得税，税款由企业负责代扣代缴
兼职律师	(1) 律师事务所应代扣代缴其个人所得税，不再减除个人所得税法规定的费用扣除标准，以收入全额（取得分成收入的为扣除办理案件支出费用后的余额）直接确定适用税率，计算扣缴个人所得税
	(2) 兼职律师应自行向主管税务机关申报两处或两处以上取得的工资、薪金所得，合并计算缴纳个人所得税
科技人员的现金奖励	依法批准设立的非营利性研究开发机构和高等学校根据《中华人民共和国促进科技成果转化法》的规定，从职务科技成果转化收入中给予科技人员的现金奖励，可减按50%，计入科技人员当月“工资、薪金所得”，依法缴纳个人所得税
商业健康保险	(1) 对个人购买符合规定的商业健康保险产品的支出，允许在当年（月）计算应纳税所得额时予以税前扣除，扣除限额为2 400元/年（200元/月）
	(2) 单位统一为员工购买符合规定的商业健康保险产品的支出，应分别计入员工个人工资、薪金，视同个人购买，允许在当年（月）计算应纳税所得额时予以税前扣除，扣除限额为2 400元 / 年（200元 / 月）

表 5-50　　企业年金、职业年金税务处理

企业年金、职业年金	税务处理	
缴费时	企业和事业单位为在本单位任职或者受雇的全体职工缴付的年金单位缴费部分	根据规定标准缴付的，在计入个人账户时，个人暂不缴纳个人所得税
		超过规定标准的应按照“工资、薪金所得”依法计征个人所得税
	个人根据规定缴付的年金个人缴费部分	不超过本人缴费工资计税基数的4%的部分，暂从个人当期的应纳税所得额中扣除
		超过本人缴费工资计税基数的4%的部分，应按照“工资、薪金所得”依法计征个人所得税
分红时	年金基金投资运营收益分配计入个人账户时，个人暂不缴纳个人所得税	
领取时	应按照“工资、薪金所得”依法计征个人所得税	

1.【单选题】根据个人所得税法律制度的规定，下列情形中，免征个人所得税的是（　　）。

A.张某取得所在单位发放的年终奖

B.钱某获得省政府颁发的科学方面的奖金

C.刘某取得所在公司发放的销售业绩奖金

D.赵某获得县教育部门颁发的教育方面的奖金

2.【判断题】退休人员再任职取得的收入，在减除税法规定的费用扣除标准后，按“工资、薪金所得”应税项目缴纳个人所得税。（　　）

3.【单选题】2021年9月，退休职工王某取得的下列收入中，免予缴纳个人所得税的是（　　）。

A.退休工资4 000元

B.商场有奖销售中奖800元

C.其原任职单位发放中秋节补贴800元

D.报刊上发表文章取得报酬1 000元

4.【单选题】根据个人所得税法律制度的规定，下列各项中，不属于工资、薪金性质的补贴、津贴是（　　）。

A.岗位津贴

B.高温补贴

C.独生子女补贴

D.工龄补贴

5.【多选题】下列关于个人所得税“工资、薪金所得”的说法中，正确的有（　　）。

A.个人因公务用车和通信制度改革而取得的公务用车、通信补贴收入全额计入工资、薪金所得税目计征个人所得税

B.离退休人员从原任职单位取得的各类补贴、奖金、实物，应按照工资、薪金所得税目征收个人所得税

C.个人因与用人单位解除劳动关系而取得的一次性补偿收入，按照工资、薪金所得项目征收个人所得税

D.离退休人员再任职取得的收入，免征个人所得税

6.【多选题】下列关于个人所得税“工资、薪金所得”的说法中，正确的有（　　）。

A.企业为职工支付的各项保险金，应并入员工当期工资收入，按工资、薪金所得项目征收个人所得税

B.企业为本单位职工缴付的企业年金，超过规定标准的单位缴费部分和超过缴费基数4%的个人缴费部分，按照工资、薪金所得项目征收个人所得税

C.城镇企事业单位及其职工个人实际缴付的失业保险费，超过规定比例的，应将其超过规定比例缴付的部分计入职工个人当期的工资、薪金收入，依法计征个人所得税

D.兼职律师从律师事务所取得工资、薪金性质的所得，律师事务所代扣代缴其个人所得税时，直接以其收入全额为应纳税所得额

7.【多选题】根据个人所得税法律制度的规定，下列各项中，说法正确的有（　　）。

A.出租车经营单位对出租车驾驶员采取单车承包方式运营，驾驶员收入按经营所得缴纳个人所得税

B.个人依法取得营业执照从事办学活动取得所得，应当按照经营所得缴纳个人所得税

C.个人通过在中国境内注册登记的合伙企业从事生产经营活动取得所得，应当按照经营所得缴纳个人所得税

D.甲公司出资购买房屋，将所有权人登记为股东赵某，则赵某应当按照经营所得缴纳个人所得税

1.【答案】B

2.【答案】√

3.【答案】A

【解析】（1）选项A：免征个人所得税；（2）选项B：按“偶然所得”计征个人所得税；（3）选项C：属于从原任职单位取得的其他补贴，应按“工资、薪金所得”计征个人所得税；（4）选项D：应按“稿酬所得”计征个人所得税。

4.【答案】C

【解析】对于一些不属于工资、薪金性质的补贴、津贴，不予征收个人所得税。这些项目包括：（1）独生子女补贴；（2）执行公务员工资制度未纳入基本工资总额的补贴、津贴差额和家属成员的副食补贴；（3）托儿补助费；（4）差旅费津贴、误餐补助。

5.【答案】BC

【解析】选项A，需扣除一定标准的公务费用；选项D，按“工资、薪金所得”项目征收个人所得税。

6.【答案】BCD

【解析】选项A，企业为职工支付各项免税之外的保险金，应并入员工当期工资收入，按“工资、薪金所得”项目征收个人所得税。

7.【答案】BC

【解析】选项A，按“工资、薪金所得”税目缴纳个人所得税；选项D，按“利息、股息、红利所得”缴纳个人所得税。

【考点5.44】劳务报酬所得界定（见表5-51）

表5-51　　劳务报酬所得界定

内容	劳务报酬所得是指个人独立从事非雇佣的各种劳务取得的所得。内容包括设计、装潢、安装、制图、化验、测试、医疗、法律、会计、咨询、讲学、新闻、广播、翻译、审稿、书画、雕刻、影视、录音、录像、演出、表演、广告、展览、技术服务、介绍服务、经纪服务、代办服务、其他劳务
兼职	个人兼职取得的收入，应按照“劳务报酬所得”缴纳个人所得税
律师再聘	律师以个人名义再聘请其他人员为其工作而支付的报酬，应由该律师按“劳务报酬所得”负责代扣代缴个人所得税。为了便于操作，税款可由其任职的律师事务所代为缴入国库
保险营销员、证券经纪人佣金收入	证券经纪人从证券公司取得的佣金收入，应按照“劳务报酬所得”缴纳个人所得税 不含增值税的收入-20%的费用-展业成本（收入的25%）

1.【多选题】下列个人所得中，应按“劳务报酬所得”项目征收个人所得税的有（　　）。

A.某编剧从电视剧制作单位取得的剧本使用费

B.某公司高管从大学取得的讲课费

C.某作家拍卖手稿取得的收入

D.某大学教授从企业取得的董事费

2.【多选题】下列个人所得中，应按“劳务报酬所得”项目征收个人所得税的有（ ）。

A.艾雯受雇于律师王某，为王某个人工作而取得的所得

B.证券经纪人张泰清从证券公司取得的佣金收入

C.霍建元是受平安保险委托，在授权范围内代办保险业务的个体工商户，其取得的代办保险佣金收入

D.某大学教师郝博文，利用业余时间从事翻译工作取得的收入

1.【答案】BD

【解析】选项AC，按照“特许权使用费所得”税目征收个人所得税。

2.【答案】ABD

【解析】选项C，按“经营所得”税目征收个人所得税。

【考点5.45】稿酬所得界定（见表5-52）

表5-52 稿酬所得界定

内容	稿酬所得是指个人因其作品以图书、报刊形式出版、发表而取得的所得
	作品包括文学作品、书画作品、摄影作品，以及其他作品
遗作稿酬	作者去世后，财产继承人取得的遗作稿酬，应当征收个人所得税

【单选题】大学教授张某取得的下列收入中，应按“稿酬所得”计缴个人所得税的是（ ）。

A.作品参展收入

B.出版书画作品收入

C.学术报告收入

D.审稿收入

【答案】B

【解析】选项ACD均与“出版、发表”无关，应按“劳务报酬所得”计征个人所得税。

【考点5.46】特许权使用费所得界定（见表5-53）

表5-53　特许权使用费

内容	特许权使用费所得，是指个人提供专利权、商标权、著作权、非专利技术以及其他特许权的使用权取得的所得
特殊规定	提供著作权的使用权取得的所得，不包括稿酬所得
	作者将自己的文字作品手稿原件或复印件公开拍卖（竞价）取得的所得，属于提供著作权的使用权所得，按“特许权使用费所得”征收个人所得税
	编剧从电视剧的制作单位取得的剧本使用费，统一按“特许权使用费所得”（而非“稿酬所得”）征收个人所得税，不论剧本使用方是否为其任职单位
	个人取得特许权的经济赔偿收入，应按“特许权使用费所得”缴纳个人所得税，税款由支付赔偿的单位或者个人代扣代缴

1.【单选题】下列所得中，应按“特许权使用费所得”缴纳个人所得税的是（　　）。

A.转让土地使用权取得的收入

B.转让债权取得的收入

C.提供房屋使用权取得的收入

D.转让专利所有权取得的收入

2.【多选题】下列个人所得中，应按“特许权使用费所得”项目征收个人所得税的有（　　）。

A.转让专利技术所得

B.转让土地使用权所得

C.作者拍卖手稿原件或复印件所得

D.取得特许权的经济赔偿收入

1.【答案】D

【解析】选项AB，转让有形资产所有权、土地使用权、股权、债权，按照“财产转让所得”税目征税；选项C，“有形资产”的“使用权”转让，按照“财产租赁所得”税目征税；选项D，“无形资产”（除土地使用权外）的“使用权”与“所有权”转让，按照“特许权使用费所得”税目征税。

2.【答案】ACD

【解析】选项B，按照“财产转让所得”税目缴纳个人所得税。

【考点5.47】综合所得法定扣除（如图5-5所示）

- 综合所得法定扣除
  - 减除费用60 000元/年
  - 专项扣除:基本社会保险(养老、医疗、失业)、住房公积金
  - 6项专项附加扣除
    - 子女教育专项附加扣除
    - 继续教育专项附加扣除
    - 大病医疗专项附加扣除
    - 住房贷款利息专项附加扣除
    - 住房租金专项附加扣除
    - 赡养老人专项附加扣除
  - 其他扣除

图5-5 综合所得法定扣除

1.专项附加扣除

（1）子女教育（见表5-54）

表5-54 子女教育

要点	具体内容	
子女类型	子女包括婚生子女、非婚生子女、继子女、养子女	
准予扣除的子女教育类型	学前教育	年满“3岁”至小学入学前教育
	全日制学历教育	小学到博士
扣除标准	“每个”子女每月1 000元【注意】两个孩子可以扣两份	
扣除方式	（1）父母“分别”扣500元；（2）父母一方扣1 000元【注意】选择后一年内不变；（3）境外教育，应当留存录取通知书、留学签证等	

（2）继续教育（见表5-55）

表5-55 继续教育

要点	具体内容		
类型	学历继续教育	高中阶段教育	普通高中、中等职业教育
		高等教育	大学到博士
	职业教育	包括技能人员职业资格继续教育、专业技术人员职业资格继续教育，留存相关证书	
扣除标准	学历教育	每月400元，同一学历（学位）48个月为限	
	职业教育	“取得”证书的年度，一次性扣除3 600元	
扣除方式	（1）本科及以下学历（学位）教育可以由其“父母”按照“子女教育”支出扣除 （2）可以由“本人”按照“继续教育”支出扣除【注意】不得同时扣除 （3）本科以上，自己扣除		

（3）大病医疗（见表5-56）

表5-56 **大病医疗**

<table>
<tr><th>要点</th><th colspan="3">具体内容</th></tr>
<tr><td>准予扣除的大病医疗支出</td><td colspan="3">扣除医保报销后，自付费部分</td></tr>
<tr><td rowspan="3">扣除标准</td><td colspan="2">自付费部分不超过15 000元</td><td>不得扣除</td></tr>
<tr><td rowspan="2">自付费部分超过15 000元</td><td>“超过部分”在8万元以内</td><td>据实扣除</td></tr>
<tr><td>“超过部分”超过8万元</td><td>扣除8万元</td></tr>
<tr><td>扣除方式</td><td colspan="3">（1）本人或配偶扣除
（2）未成年子女由父母一方扣除
（3）汇算清缴时扣除</td></tr>
<tr><td>扣除凭证</td><td colspan="3">留存医疗票据原件或复印件</td></tr>
</table>

（4）住房贷款利息（见表5-57）

表5-57 **住房贷款利息**

要点	具体内容
准予扣除的住房贷款利息	纳税人本人或配偶使用商业银行或住房公积金个人住房贷款为本人或其配偶购买住房，发生的“首套住房”贷款利息支出 【注意1】“非首套”住房贷款利息支出，不得扣除 【注意2】银行或公积金贷款
扣除标准	偿还贷款期间，每月1 000元，240个月为限 【注意3】定额扣除，即使每年贷款利息低于1.2万元，也按照上述标准扣除
扣除方式	夫妻选一方，一年不变 婚前分别扣除，婚后一方扣1 000元/月或者双方各扣500元/月 只能一套
扣除凭证	贷款合同、贷款还款支出凭证

（5）住房租金（见表5-58）

表5-58 住房租金

<table>
<tr><th>要点</th><th colspan="2">具体内容</th></tr>
<tr><td>扣除范围</td><td colspan="2">夫妻双方工作所在城市没房</td></tr>
<tr><td>扣除办法</td><td colspan="2">夫妻工作所在城市相同，选一方扣除，工作城市不同，各扣各的</td></tr>
<tr><td rowspan="3">扣除标准</td><td>直辖市、省会（首府）、计划单列市</td><td>每月1 500元</td></tr>
<tr><td>市辖区户籍人口超过100万人的其他城市</td><td>每月1 100元</td></tr>
<tr><td>市辖区户籍人口不超过100万（含）人的其他城市</td><td>每月800元</td></tr>
<tr><td>扣除凭证</td><td colspan="2">房屋租赁合同</td></tr>
</table>

（6）赡养老人（见表5-59）

表5-59 赡养老人

<table>
<tr><th>要点</th><th colspan="2">具体内容</th></tr>
<tr><td>赡养老人</td><td colspan="2">赡养“60岁”以上父母（包括生父母、继父母、养父母）以及其他法定赡养人
【注意1】其他法定赡养人是指祖父母、外祖父母的子女已经去世，实际承担对祖父母、外祖父母赡养义务的孙子女、外孙子女
【注意2】不看老人自身是否有生活来源，如领取退休金等</td></tr>
<tr><td>扣除标准</td><td colspan="2">每月2 000元
【注意1】赡养2个及以上老人的，“不按老人人数加倍”扣除
【注意2】夫妻双方可以分别扣除双方赡养老人的支出
【注意3】非独生子女与其兄弟姐妹“分摊”扣除额度</td></tr>
<tr><td rowspan="4">分摊方式</td><td>平均分摊</td><td>—</td></tr>
<tr><td>赡养人约定分摊</td><td rowspan="2">每一纳税人分摊的扣除额最高不得超过每月1 000元，并签订书面分摊协议</td></tr>
<tr><td>被赡养人指定分摊</td></tr>
<tr><td colspan="2">【注意1】具体分摊方式在一个纳税年度内不得变更
【注意2】指定分摊优先于约定分摊</td></tr>
</table>

2. 专项附加扣除摘要（如图5-6所示）

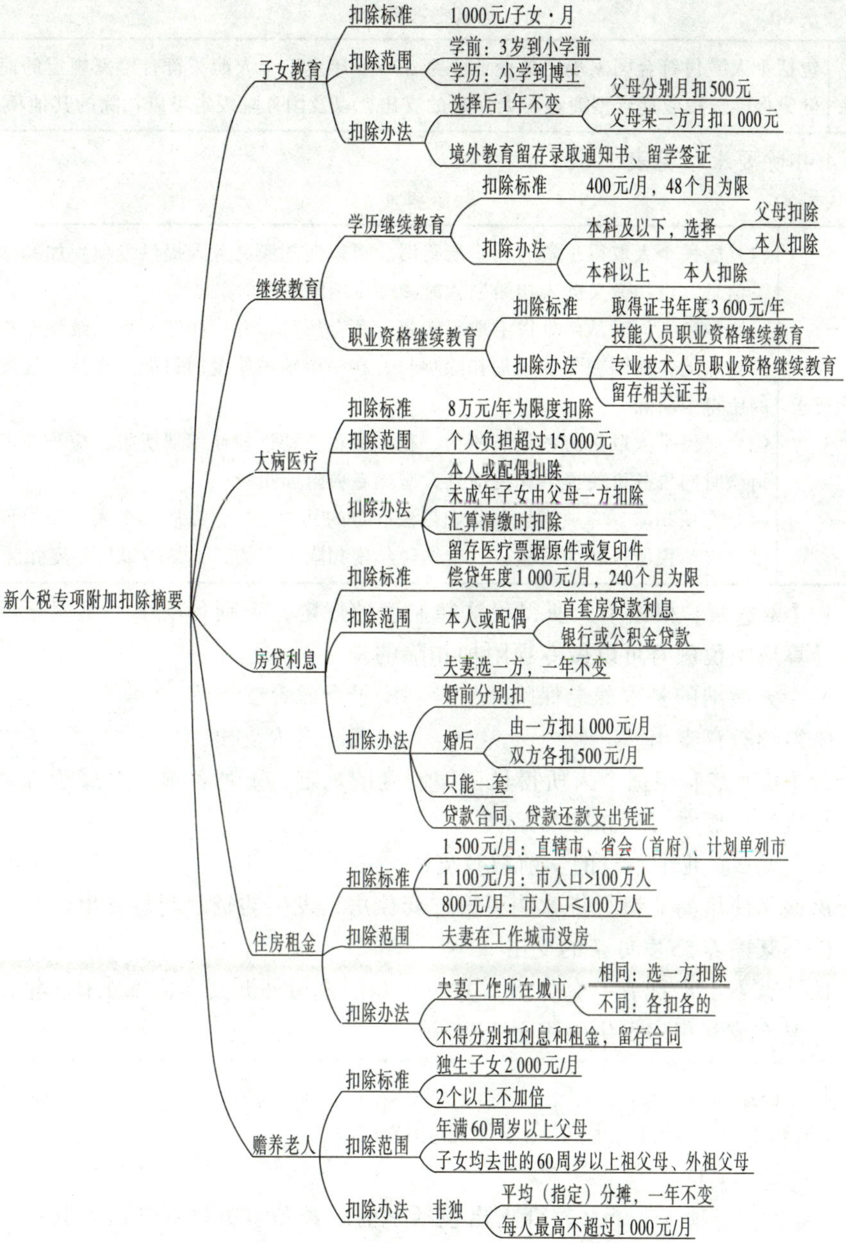

图5-6　个人所得税专项附加扣除摘要

3.其他扣除（见表5-60）

表5-60 其他扣除

其他扣除	包括个人缴付符合国家规定的企业年金、职业年金，个人购买符合国家规定的商业健康保险、税收递延型商业养老保险的支出，以及国务院规定可以扣除的其他项目

4.扣除要求（见表5-61）

表5-61 扣除要求

扣除要求	（1）居民个人取得工资、薪金所得时，可以向扣缴义务人提供专项附加扣除有关信息，由扣缴义务人扣缴税款时减除专项附加扣除 （2）纳税人同时从两处以上取得工资、薪金所得，并由扣缴义务人减除专项附加扣除的，对同一专项附加扣除项目，在一个纳税年度内只能选择从一处取得的所得中减除 （3）居民个人取得劳务报酬所得、稿酬所得、特许权使用费所得，应当在汇算清缴时向税务机关提供有关信息，减除专项附加扣除 （4）专项扣除、专项附加扣除和依法确定的其他扣除，以居民个人一个纳税年度的应纳税所得额为限额；一个纳税年度扣除不完的，不结转以后年度扣除

1.【单选题】根据个人所得税法律制度的规定，下列各项中，不属于综合所得计算应纳税额时可以做专项附加扣除的是（　　）。

A.个人缴纳的基本养老保险　　B.子女教育支出

C.继续教育支出　　D.赡养老人支出

2.【单选题】根据个人所得税法律制度的规定，下列各项中，属于综合所得计算应纳税额时可以扣除的是（　　）。

A.赵某2岁儿子小赵的学前教育支出

B.钱某使用商业银行贷款购买第二套住房，发生的贷款利息支出

C.孙某赡养55岁母亲的支出

D.李某在上海拥有一套住房，其所任职的公司外派其在成都工作1年，李某在成都租房发生的租金支出

1.【答案】A

【解析】选项BCD，属于专项附加扣除。

2.【答案】D

【解析】选项A，子女教育支出包括学前教育和学历教育支出，其中，学前教育是指年满“3岁”至小学入学前教育；选项B，住房贷款利息支出是指纳税人使用商业银行贷款为本人或其配偶购买住房，发生的“首套住房”贷款利息支出；选项C，赡养老人支出是指赡养“60岁”以上父母以及其他法定赡养人的支出；选项D，住房租金支出是指在主要工作城市没有住房，而在主要

工作城市租赁住房发生的租金支出。

【考点5.48】综合所得汇算清缴（见表5-62、表5-63）

表5-62　　综合所得汇算清缴计算

1.综合所得收入	
工资、薪金所得	工资、薪金收入
劳务报酬所得	收入×（1-20%） 稿酬再优惠30%，即再乘以70%： 稿酬收入×（1-20%）×70%
特许权使用费所得	
稿酬所得	
2.扣除项目	
减除费用	60 000元/年
专项扣除	基本社会保险、住房公积金
6项专项附加扣除	子女教育专项附加扣除 继续教育专项附加扣除 大病医疗专项附加扣除 住房贷款利息专项附加扣除 住房租金专项附加扣除 赡养老人专项附加扣除
其他扣除	
3.乘以税率减去速算扣除数	

表5-63　　3%~45%个人所得税预扣率表（一）

级数	全年应纳税所得额	税率（%）	速算扣除数（元）
1	≤36 000元	3	0
2	36 000元< x ≤144 000元	10	2 520
3	144 000元< x ≤300 000元	20	16 920
4	300 000元< x ≤420 000元	25	31 920
5	420 000元< x ≤660 000元	30	52 920
6	660 000元< x ≤960 000元	35	85 920
7	960 000元< x	45	181 920

【考点5.49】工资、薪金所得预扣预缴（见表5-64和表5-65）

表5-64　　工资、薪金所得预扣预缴（一）

预扣预缴规则	1.扣缴义务人向居民个人支付工资、薪金所得时，应当按照累计预扣法计算预扣税款，并按月办理扣缴申报
	2.计算公式 （1）累计预扣预缴应纳税所得额=累计收入-累计免税收入-累计减除费用-累计专项扣除-累计专项附加扣除-累计依法确定的其他扣除 （2）本期应预扣预缴税额=（累计预扣预缴应纳税所得额×预扣率-速算扣除数）-累计减免税额-累计已预扣预缴税额
	3.关于累计减除费用的细化规定 （1）累计减除费用，按照5 000元/月乘以纳税人当年截至本月在本单位的任职受雇月份数计算 （2）对一个纳税年度内首次取得工资、薪金所得的居民个人，扣缴义务人在预扣预缴个人所得税时，可按照5 000元/月乘以纳税人当年截至本月月份数计算累计减除费用 **【理解】** （1）王某自2012年大学毕业后一直任职于甲公司，2020年全年工资、薪金收入为200 000元，其2021年9月份的“累计减除费用”：5 000×9=45 000（元） （2）张某原任职于A公司，2021年8月份跳槽到甲公司，其2021年9月份的“累计减除费用”：5 000×2=10 000（元） （3）刘某2021年7月份大学毕业，8月份入职甲公司，其2021年9月份的“累计减除费用”：5 000×9=45 000（元）
	（3）自2021年1月1日起，对上一完整纳税年度内每月均在同一单位预扣预缴工资、薪金所得个人所得税且全年工资、薪金收入不超过6万元的居民个人，扣缴义务人在预扣预缴本年度工资、薪金所得个人所得税时，累计减除费用自1月份起直接按照全年6万元计算扣除，即在纳税人累计收入不超过6万元的月份，暂不预扣预缴个人所得税；在其累计收入超过6万元的当月及年内后续月份，再预扣预缴个人所得税。对按照累计预扣法预扣预缴劳务报酬所得个人所得税的居民个人，扣缴义务人比照上述规定执行

表5-65　　工资、薪金所得预扣预缴（二）

1.综合所得收入	
工资、薪金所得	每月工资、薪金收入-累计免税收入
2.扣除项目	
减除费用	5 000元×月份
专项扣除	基本社会保险、住房公积金
6项专项附加扣除	子女教育专项附加扣除 继续教育专项附加扣除 大病医疗专项附加扣除 住房贷款利息专项附加扣除 住房租金专项附加扣除 赡养老人专项附加扣除
其他扣除	
3.乘以税率减去速算扣除数	见表5-63　3%~45%个人所得税预扣率表（一）

【案例5-5】深圳市某公司职员艾心，2020年1月取得工资、薪金收入20 000元，个人缴纳的三险一金合计为4 500元，艾心为独生子，父母现年均65岁，育有一子现年5岁，名下无房，现租房居住，计算艾心当月应缴纳的个人所得税税额。

【答案】①“生计费”扣除=5 000元。

②专项扣除（三险一金）=4 500元。

③专项附加扣除=1 000（子女教育）+1 500（住房租金）+2 000（赡养老人）=4 500（元）。

④扣除项合计=5 000+4 500+4 500=14 000（元）。

⑤应纳税所得额=20 000-14 000=6 000（元）。

⑥年应纳税所得额不超过36 000元，适用税率为3%。

⑦应纳税额=6 000×3%=180（元）。

【举例1】计算艾心2月应缴纳的个人所得税税额。

【答案】①“生计费”扣除=5 000×2=10 000（元）。

②专项扣除（三险一金）=4 500×2=9 000（元）。

③专项附加扣除=［1 000（子女教育）+1 500（住房租金）+2 000（赡养老人）］×2=9 000（元）。

④扣除项合计=10 000+9 000+9 000=28 000（元）。

⑤应纳税所得额=20 000×2−28 000=12 000（元）。

⑥年应纳税所得额不超过36 000元，适用税率为3%。

⑦应纳税额=12 000×3%−180（1月已纳税款）=180（元）。

【举例2】计算艾心7月应缴纳的个人所得税税额。

【答案】①“生计费”扣除=5 000×7=35 000（元）。

②专项扣除（三险一金）=4 500×7=31 500（元）。

③专项附加扣除=［1 000（子女教育）+1 500（住房租金）+2 000（赡养老人）］×7=31 500（元）。

④扣除项合计=35 000+31 500+31 500=98 000（元）。

⑤应纳税所得额=20 000×7−98 000=42 000（元）。

⑥年应纳税所得额36 000元至144 000元的部分，适用税率为10%，速算扣除数2 520。

⑦应纳税额=42 000×10%−2 520−180×6=600（元）。

【单选题】中国公民张某2021年1月取得工资12 000元，缴纳基本养老保险费、基本医疗保险费、失业保险费、住房公积金共2 000元，支付首套住房贷款本息2 800元。已知，张某2020年全年工资、薪金收入为300 000元；工资、薪金所得个人所得税预扣率为3%，减除费用为5 000元/月，住房贷款利息专项附加扣除标准为1 000元/月，由张某按扣除标准的100%扣除。计算张某当月工资应预扣预缴个人所得税税额的下列算式中，正确的是（　　）。

A.（12 000−5 000−2 000−1 000）×3%

B.（12 000−5 000−2 000−2 800）×3%

C.（12 000−5 000−2 000）×3%

D.（12 000−2 800）×3%

【答案】A

【解析】(1) 住房贷款利息专项附加扣除按法定标准（1 000元/月）扣除，而非按实际发生额（2 800元）扣除，排除选项BD；(2) 选项C没有考虑住房贷款利息专项附加扣除，排除。

计算逻辑：

(1) 1月份

①累计收入：12 000元

②累计免税收入：0

③累计减除费用：5 000元

④累计专项扣除：2 000元

⑤累计专项附加扣除：1 000元

⑥累计依法确定的其他扣除：0

累计预扣预缴应纳税所得额=12 000-5 000-2 000-1 000=4 000（元）。

本期应预扣预缴税额=4 000×3%-速算扣除数 0-累计减免税额 0-累计已预扣预缴税额 0=120（元）。

（2）2 月份

累计预扣预缴应纳税所得额=12 000×2-5 000×2-2 000×2-1 000×2=8 000（元）。本期应预扣预缴税额=8 000×3%-累计已预扣预缴税额 120=120（元）。

【考点5.50】劳务报酬所得、稿酬所得、特许权使用费所得预扣预缴

1.预扣费用扣除标准

①每次收入额≤4 000元的，费用扣除800元；

②每次收入额＞4 000元的，费用扣除20%。

【提示】①稿酬所得收入额减按70%计算。

②年终汇算清缴时，费用一律扣20%。

③劳务报酬所得、稿酬所得、特许权使用费所得，属于一次性收入的，以取得该项收入为一次；属于同一项目连续性收入的，以一个月内取得的收入为一次。

④自 2020 年 7 月 1 日起，正在接受全日制学历教育的学生因实习取得劳务报酬所得的，扣缴义务人预扣预缴个人所得税时，可按照累计预扣法计算并预扣预缴税款。

2.适用税率

①劳务报酬所得适用20%~40%的3级超额累进预扣率（个人所得税预扣率表（二），见表5-66）。

表5-66　劳务报酬所得适用20%~40%的3级超额累进预扣率（个人所得税预扣率表（二））

级数	全“月”（或次）应纳税所得额	税率（%）	速算扣除数（元）
1	不超过20 000元的	20	0
2	超过20 000元至50 000元的部分	30	2 000
3	超过50 000元的部分	40	7 000

表5-66适用于“居民纳税人”的“劳务报酬所得”按月或按次“预扣”个人所得税的计算。

【案例5-6】居民艾希年内共取得4次劳务报酬，分别为3 000元、22 000元、30 000元和100 000元，要求计算各次应缴纳的所得税税额。

【答案】第一次：3 000元＜4 000元，费用扣除：800元，应纳税所得额：2 200元。

应纳税额=2 200×20%=440（元）

第二次：22 000元＞4 000元，费用扣除：20%，应纳税所得额：17 600元。

应纳税额=17 600×20%=3 520（元）

第三次：30 000元＞4 000元，费用扣除：20%，应纳税所得额：24 000元。

应纳税额=24 000×30%-2 000=5 200（元）

第四次：100 000元＞4 000元，费用扣除：20%，应纳税所得额：80 000元。

应纳税额=80 000×40%-7 000=25 000（元）

②稿酬所得、特许权使用费所得适用20%的比例税率。

不管是预扣，还是年终汇算清缴，税率都是用20%。

【案例5-7】2020年3月我国居民艾美出版一部小说，取得稿酬10 000元。计算艾美当月稿酬所得应缴纳的个人所得税税额。

【答案】①应纳税所得额=10 000×（1-20%）×70%=5 600（元）

②应纳税额=5 600×20%=1 120（元）

【案例5-8】2020年5月我国居民艾婉转让一项专利权，取得转让收入150 000元，专利开发支出10 000元。计算艾婉当月特许权使用费所得应缴纳的个人所得税税额。

【答案】①应纳税所得额=150 000×（1-20%）=120 000（元）

②应纳税额=120 000×20%=24 000（元）

【考点5.51】综合所得其他规定（见表5-67）

表5-67　综合所得其他规定

单位低价向职工售房	单位按低于购置或建造成本价格出售住房给职工，职工因此而少支出的差价部分，符合相关规定的，不并入当年综合所得
	计算规则： 差价收入除以12个月得到的数额，按照月度税率表确定适用税率和速算扣除数，单独计算纳税
	计算公式： 应纳税额=职工实际支付的购房价款低于该房屋的购置或建造成本价格的差额×适用税率-速算扣除数
企业年金、职业年金	不并入综合所得，全额单独计算应纳税款 按月领取，适用月度税率表； 按年领取，适用综合所得年度税率表
	一次性领取（因出境定居或个人死亡），适用综合所得年度税率表
	一次性领取（其他原因），适用月度税率表

经营所得

【考点5.52】经营所得的界定

1.经营所得的概念（见表5-68）

表5-68　　经营所得的概念

经营所得的概念	经营所得，是指： （1）个体工商户从事生产、经营活动取得的所得，个人独资企业投资人、合伙企业的个人合伙人来源于境内注册的个人独资企业、合伙企业生产、经营的所得 （2）个人依法从事办学、医疗、咨询以及其他有偿服务活动取得的所得 （3）个人对企业、事业单位承包经营、承租经营以及转包、转租取得的所得 （4）个人从事其他生产、经营活动取得的所得

2.出租车征收项目的界定（见表5-69）

表5-69　　出租车征收项目的界定

具体情形		征税项目
车是单位的	出租汽车经营单位对出租车驾驶员采取单车承包或承租方式运营，出租车驾驶员从事客货运营取得的收入	工资、薪金所得
车是个人的	出租车属于个人所有，但挂靠出租汽车经营单位或企事业单位，驾驶员向挂靠单位缴纳管理费，出租车驾驶员从事客货运营取得的收入	经营所得
	出租汽车经营单位将出租车所有权转移给驾驶员，出租车驾驶员从事客货运营取得的收入	
	从事个体出租车运营的出租车驾驶员取得的收入	

【单选题】出租汽车经营单位对出租车驾驶员采取单车承包经营或承租方式运营，出租车驾驶员从事客运取得的收入，适用的个人所得税应纳税所得项目是（　　）。

A.财产转让所得

B.工资、薪金所得

C.财产租赁所得

D.经营所得

【答案】B

3.企业为个人购买房屋或其他财产

符合以下情形的房屋或其他财产，不论所有权人是否将财产无偿或有偿交

付企业使用，其实质均为企业对个人进行了实物性质的分配，应依法计征个人所得税：

（1）企业出资购买房屋及其他财产，将所有权登记为投资者个人、投资者家庭成员或企业其他人员的；

（2）企业投资者个人、投资者家庭成员或企业其他人员向企业借款用于购买房屋及其他财产，将所有权登记为投资者、投资者家庭成员或企业其他人员，且借款年度终了后未归还借款的。

企业为个人买房税目界定见表5-70：

表5-70　**企业为个人买房税目界定**

为谁买		税目界定
为其个人投资者或其家庭成员	个人独资企业、合伙企业	经营所得
	其他企业	利息、股息、红利所得
为企业其他人员	工资、薪金所得	

【考点5.53】税目与应纳税额计算

个体工商户生产经营所得（个人独资企业投资人、合伙企业个人合伙人比照执行）应纳税额计算见表5-71。

表5-71　**税目与应纳税额计算**

1.税目	（1）个体工商户取得与生产经营无关的其他所得，按有关规定计征个人所得税。 （2）个人因从事“彩票代销”业务而取得所得，按“个体工商户的生产、经营所得”征税
2.应纳税额计算	（1）计税方法：按年计征； （2）税率：五级超额累进税率； （3）计税依据（费用扣除）以每一纳税年度的收入总额，减除成本、费用以及损失后的余额，为经营所得。 取得经营所得的个人，没有综合所得的，减除60 000元，专项扣除、专项附加扣除以及依法确定的其他扣除后的余额，作为应纳税所得额 专项附加扣除在办理汇算清缴时减除
	【注意】 （1）个体工商户生产经营所得与企业所得税的应纳税所得额计算类似 （2）个体工商户业主本人的工资“不能”扣除 （3）投资者兴办两个或两个以上企业的，其投资者个人费用扣除标准由投资者选择在其中一个企业的生产经营所得中扣除

【考点 5.54】个体工商户的个人所得税减半（见表 5-72）

表 5-72　　个体工商户的个人所得税减半

个体工商户个人所得税减半	（1）自 2021 年 1 月 1 日至 2022 年 12 月 31 日，对个体工商户经营所得年应纳税所得额不超过 100 万元的部分，在现行优惠政策基础上，再减半征收个人所得税。个体工商户不区分征收方式，均可享受
	（2）个体工商户在预缴税款时即可享受，其年应纳税所得额暂按截至本期申报所属期末的情况进行判断，并在年度汇算清缴时按年计算、多退少补
	（3）若个体工商户从两处以上取得经营所得，需在办理年度汇总纳税申报时，合并个体工商户经营所得年应纳税所得额，重新计算减免税额，多退少补
	（4）减免税额的计算公式 减免税额=（个体工商户经营所得应纳税所得额不超过 100 万元部分的应纳税额-其他政策减免税额×个体工商户经营所得应纳税所得额不超过 100 万元部分÷经营所得应纳税所得额）×（1-50%）

【案例 5-9】纳税人李某经营个体工商户 A，年应纳税所得额为 80 000 元，同时可以享受残疾人政策减免税额 2 000元。已知，适用税率 10%，速算扣除数 1 500 元。

【分析】该项政策减免税额=［（80 000×10%-1 500）-2 000］×（1-50%）=2 250（元）。应纳税额=80 000×10%-1 500-2 000-2 250=2 250（元）。

【考点 5.55】个人独资企业和合伙企业应纳税所得额的确定（见表 5-73）

表 5-73　　个人独资企业和合伙企业应纳税所得额的确定

个人独资企业	个人独资企业的投资者以全部生产经营所得为应纳税所得额。投资者兴办 2 个或 2 个以上企业，并且企业性质全部是个人独资的，年度终了后汇算清缴时，应汇总其投资兴办的所有企业的经营所得作为应纳税所得额，以此确定适用税率，计算出全年经营所得的应纳税额，再根据每个企业的经营所得占所有企业经营所得的比例，分别计算出每个企业的应纳税额和应补缴税额
合伙企业	合伙企业的合伙人以合伙企业的生产经营所得和其他所得，按照合伙协议约定的分配比例确定应纳税所得额；合伙协议未约定或者约定不明确的，以全部生产经营所得和其他所得，按照合伙人协商决定的分配比例确定应纳税所得额；协商不成的，以全部生产经营所得和其他所得，按照合伙人实缴出资比例确定应纳税所得额；无法确定出资比例的，以全部生产经营所得和其他所得，按照合伙人数量平均计算每个合伙人的应纳税所得额 简化记忆：协议比例—协商比例—出资比例—人数平均

【考点5.56】扣除项目具体规定（见表5-74）

表5-74　扣除项目具体规定

扣除项目	具体规定	
	从业人员	业主
工资	√	×（没有综合所得的，减除费用6万元、专项扣除、专项附加扣除以及依法确定的其他扣除）
“四险一金”	√	√
补充养老保险	不超过从业人员工资总额×5%	不超过当地上年度社会平均工资的3倍×5%
补充医疗保险	不超过从业人员工资总额×5%	不超过当地上年度社会平均工资的3倍×5%
符合条件的商业健康保险	—	不超过2 400元/年
商业保险（特例除外）	×	×
合理劳动保护支出	√	√
三项经费（工会经费、职工福利费、职工教育经费【可以结转】）	工资薪金总额的2%、14%、2.5%	当地上年度社会平均工资的3倍×2%、14%、2.5%
代他人负担的税款	×	×
生产经营费用与个人、家庭费用	分别核算	据实扣除
	难以分清	按难以分清费用金额的40%扣除
摊位费、行政性收费、协会会费	据实扣除	
财产保险费	据实扣除	
不需要资本化的借款费用	据实扣除	
借款利息	向金融企业借款	据实扣除
	向非金融企业或个人借款	在按照金融企业同期同类贷款利率计算的数额内扣除
业务招待费	营业期间	限额1：实际发生额的60% 限额2：当年销售（营业）收入的5‰ 取较小者作为最终扣除限额
	筹办期间	按实际发生额的60%计入开办费

续表

扣除项目	具体规定
广告费和业务宣传费	不超过当年销售（营业）收入15%的部分，可以据实扣除；超过部分，准予结转扣除
除按规定可以全额扣除以外的其他公益性捐赠	不超过其应纳税所得额30%的部分可以据实扣除
新产品、新技术、新工艺的研究开发费用	准予当期直接扣除
研究开发新产品、新技术而购置单台价值在10万元以下的测试仪器和试验性装置的购置费	准予当期直接扣除
开办费	可以选择在开始经营的当年一次性扣除
损失	按净损失额（减除责任人赔偿和保险赔款）扣除
亏损	可以结转在以后5年内弥补

1.【判断题】个体工商户业主的工资薪金支出，在计算个人所得税经营所得应纳税所得额时，准予扣除。(　　)

2.【单选题】在计算个人所得税时，个体工商户不得税前扣除的项目为(　　)。

A.实际合理支出的员工工资

B.代他人负担的税款

C.特殊工种从业人员的人身安全保险费

D.合理的劳动保护支出

3.【单选题】个体工商户张某2020年度取得营业收入300万元，当年发生业务宣传费30万元，上年度结转未扣除的业务宣传费20万元。已知，业务宣传费不超过当年营业收入15%的部分，准予扣除；超过部分，准予在以后纳税年度结转扣除。个体工商户张某在计算当年个人所得税应纳税所得额时，允许扣除的业务宣传费金额为（　　）万元。

A.45　　　　B.30

C.20　　　　D.50

4.【多选题】根据个人所得税法律制度的规定，个体工商户的下列支出中，在计算经营所得应纳税所得额时准予扣除的有（　　）。

A.按照规定缴纳的摊位费

B.在生产经营活动中发生的向金融企业借款的利息支出

C.代从业人员负担的税款

D.个体工商户业主的工资

5.【单选题】根据个人所得税法律制度的规定，个体工商户的下列支出中，在计算经营所得个人所得税应纳税所得额时准予扣除的是（　　）。

A.税收滞纳金

B.赞助支出

C.在生产经营活动中发生的向金融企业借款的利息支出

D.个人所得税税款

6.【多选题】下列关于“经营所得”个人所得税的表述中，正确的有（　　）。

A.个人因从事彩票代销业务而取得的所得，按经营所得征税

B.经营所得按月计征个人所得税

C.个人对企事业单位承包经营后，工商登记改变为个体工商户的，按经营所得计征个人所得税

D.个体工商户取得与生产经营无关的其他所得，按经营所得计征个人所得税

7.【多选题】经营所得在计算个人所得税时，准予扣除其所发生的成本、费用，下列各项中，准予在计算个人所得税前全额扣除的有（　　）。

A.支付个体工商户业主的工资10万元

B.支付雇员的工资25万元

C.合理的业务招待费

D.支付工商银行的经营性贷款利息

1.【答案】×

2.【答案】B

3.【答案】A

【解析】（1）扣除限额=300×15%=45（万元）；（2）待扣金额=本年度发生额+以前年度结转额=30+20=50（万元）；（3）待扣金额＞扣除限额，在计算2020年度应纳税所得额时仅允许按限额扣除45万元。

4.【答案】AB

【解析】（1）选项C：个体工商户代其从业人员或者他人负担的税款，不得税前扣除；（2）选项D：个体工商户业主的工资薪金支出不得税前扣除。

5.【答案】C

【解析】（1）选项ABD：均属于不得扣除的项目。（2）选项C：个体工商户在生产经营活动中“向金融企业”借款的利息支出，准予据实在税前扣除；“向非金融企业和个人”借款的利息支出，不超过按照金融企业同期同类贷款

利率计算的数额的部分准予在税前扣除。

6.【答案】AC

【解析】选项B，经营所得按年计征；选项D，不属于经营所得，按有关规定计征个人所得税。

7.【答案】BD

【解析】选项A，个体工商户业主的工资、薪金支出不得税前扣除；选项C，个体工商户发生的与生产经营活动有关的业务招待费，按照实际发生额的60%扣除，但最高不得超过当年销售（营业）收入的5‰。

其他所得

【考点5.57】财产租赁所得（见表5-75）

表5-75　财产租赁所得

1.税目	“出租”（转租）财产所得
	【注意】房地产开发企业与商店购买者个人签订协议规定，以优惠价格出售其商店给购买者个人，购买者个人在一定期限内必须将购买的商店无偿提供给房地产开发企业对外出租使用。对购买者个人少支出的购房价款，应视同个人财产租赁所得，按照“财产租赁所得”项目征收个人所得税
2.应纳税额计算	（1）计税方法：按次计征，以1个月内取得的收入为一次
	（2）税率：20% 【注意】个人出租住房取得的所得暂减按10%的税率征收个人所得税
3.计税依据	①每次（月）收入不超过4 000元的，减除费用800元 ②每次（月）收入超过4 000元的，减除费用20%
	【注意】计算时还须扣除准予扣除的项目（包括：出租房屋时缴纳的城建税、教育费附加以及房产税、印花税等相关税费；不包括：增值税），若房屋租赁期间发生修缮费用同样准予在税前扣除但以每月800元为限，则多出部分在以后月份扣除
4.计税公式	①每次（月）收入不超过4 000元的 应纳税额=（每次（月）收入额-财产租赁过程中缴纳的税费-修缮费用（800元为限）-800）×20% ②每次（月）收入超过4 000元的 应纳税额=（每次（月）收入额-财产租赁过程中缴纳的税费-修缮费用（800元为限））×（1-20%）×20%
	【注意】根据《国家税务总局关于个人所得税若干业务问题的批复》判定是否超过4 000元的基数为“收入额-准予扣除项目-修缮费用”

【单选题】2018年3月艾彤将自己的一套三居室住房出租，年租金55 200

元，当月发生修缮费用1 200元，已知个人出租住房适用的个人所得税税率为10%，每次收入额不足4 000元的费用扣除标准为800元，4 000元以上的，费用扣除标准为20%，不考虑房屋出租过程中的其他相关税金，则艾彤本月应缴纳的个人所得税的下列计算中，正确的是（　　）。

A.（55 200÷12-1 200-800）×10%=260（元）

B.（55 200÷12-1 200）×（1-20%）×10%=272（元）

C.（55 200÷12-800-800）×10%=300（元）

D.（55 200÷12-800）×（1-20%）×10%=304（元）

【答案】C

【解析】(1) 财产租赁所得按次纳税，以一个月取得的收入为一次；(2) 本月租金额=55 200÷12=4 600（元）；(3) 发生的房屋修缮费用准予扣除，但每月扣除额最多不超过800元；(4) 判定是否为4 000元以上的收入额=4 600-0-800<4 000元，费用扣除标准为800元；(5) 应纳税额=（4 600-800-800）×10%=300（元）。

【考点5.58】财产转让所得（见表5-76）

表5-76　**财产转让所得**

税目——个人"转让"财产取得的收入	【注意】(1) 属于财产转让所得税目的包括转让"有形资产"+"土地使用权"+"股权、债权" (2) 由于我国没有"资本利得税"，所以"股权"转让所得并入财产转让所得税目 (3) 个人以非货币性资产投资，属于转让和投资同时发生，对转让所得应按"财产转让所得"征税 (4) 个人通过招标、竞拍或其他方式购置债权以后，通过相关司法或行政程序主张债权而取得的所得，按"财产转让所得"征税 (5) 个人通过网络收购玩家的虚拟货币，加价后向他人出售取得的收入，按"财产转让所得"征税
1.计税方法	按次计征
2.税率	20%
3.计税依据	转让财产收入减原值及合理费用后的余额为应纳税所得额
4.计税公式	应纳税额=（收入总额-财产原值-合理费用）×20%
	【注意】个人转让房屋的个人所得税应税收入不含增值税，其取得房屋时所支付价款中包含的增值税计入财产原值，计算转让所得时可扣除的税费不包括本次转让缴纳的增值税
5.税收优惠政策	(1)"股票转让所得"不征收个人所得税
	(2) 对个人转让自用"5年以上"并且是家庭"唯一""生活用房"取得的所得，继续免征个人所得税
	【链接】除"北上广深非普通住房"外，个人将购买"2年以上"房屋对外销售的，免征"增值税"

1.【单选题】艾萍准备移民海外，将其唯一的一套住房以120万元的价格出售，该住宅系6年前以40万元的价格购买，交易过程中支付相关税费及中介费等各项费用共计8万元（以发票为证），则艾萍应缴纳的个人所得税的下列计算中，正确的是（　　）。

A.0

B.（120-40-8）×20%=14.4（万元）

C.（120-40）×20%=16（万元）

D.120×20%=24（万元）

2.【多选题】下列所得，应按照“财产转让所得”缴纳个人所得税的有（　　）。

A.艾雪持有的甲公司股权被司法强制过户取得的所得

B.霍文曜终止投资，从被投资方乙企业收回的款项

C.欧锐翰转让持有的上市公司股票取得的所得

D.昌晓博转让持有的国债取得的所得

3.【多选题】根据个人所得税法律制度的规定，下列各项中，视同财产转让所得缴纳个人所得税的有（　　）。

A.艾婷将一辆汽车无偿赠送给郭涵亮

B.郭涵亮将艾婷赠送的汽车用于投资设立公司

C.蓝清舒以一栋住房抵偿欠郭涵亮的债务

D.郭涵亮将蓝清舒抵债的住房与艾婷换取一张名画

1.【答案】A

【解析】对个人转让自用5年以上并且是家庭唯一生活用房取得的所得，免征个人所得税。

2.【答案】ABD

【解析】选项C，个人转让上市公司股票取得的所得暂免征收个人所得税。

3.【答案】ABCD

【解析】个人发生“非货币性资产交换”（选项D），以及将财产用于“捐赠（选项A）、偿债（选项C）、赞助、投资（选项B）”等用途的，应当视同转让财产并缴纳个人所得税，但国务院财政、税务主管部门另有规定的除外。

【考点5.59】利息、股息、红利所得、偶然所得应纳税额计算（见表5-77）

表5-77　利息、股息、红利所得、偶然所得应纳税额计算

计税方法	按次计征
税率	20%
计税依据	以每次收入额为应纳税所得额，不扣减任何费用
计税公式	应纳税额=每次收入额×20%
利息、股息、红利所得税目	个人拥有债权、股权等而取得的利息、股息、红利性质的所得
	（1）“储蓄存款利息”所得暂免征收个人所得税
	（2）“国债和国家发行的金融债券”利息免税
	（3）个人从公开发行和转让市场取得的“上市公司股票”取得的股息： ①持股期限≤1个月：全额； ②1个月 < 持股期限≤1年：减按50%计入应纳税所得额； ③持股期限 > 1年：免征
	（4）个人持有“上市公司限售股”，解禁前取得的股息红利，减按50%计入应纳税所得额
偶然所得税目	个人得奖、中奖、中彩以及其他偶然性质的所得
	（1）企业促销所得 ①企业对累积消费达到一定额度的顾客，给予额外“抽奖机会”，个人的获奖所得，按照“偶然所得”项目，缴纳个人所得税； ②企业通过价格折扣、折让方式向个人销售商品和提供服务，不征收个人所得税； ③企业向个人销售商品和提供服务的同时给予“赠品”，不征收个人所得税； ④企业对累积消费达到一定额度的个人按消费积分反馈的“礼品”，不征收个人所得税
	（2）发票和彩票中奖所得的“起征点” ①彩票，一次中奖收入“在1万元以下”的暂免征收个人所得税；超过1万元的，全额征收个人所得税； ②个人取得单张有奖发票奖金所得“不超过800元”的，暂免征收个人所得税；超过800元的，全额征收个人所得税
	（3）个人为单位或他人提供担保获得收入，按“偶然所得”项目计算缴纳个人所得税
	（4）房屋产权所有人将房屋产权无偿赠送他人的，受赠人因无偿受赠房屋取得的受赠收入，按“偶然所得”项目计算缴纳个人所得税

【总结】储蓄存款、国债与股票税务处理（见表5-78）

表5-78 储蓄存款、国债与股票税务处理

项目		转让	利息、股息	
储蓄存款		—	免征	
国债		全额征收	免征	
上市公司股票	非限售股	免征	持股期限＞1年	免征
			1个月＜持股期限≤1年	减半征收
			持股期限≤1个月	全额征收
	限售股	全额征收	解禁前取得	减半征收

【多选题】艾妍持有的上市公司股票取得的下列股息中，减按50%计入应纳税所得额的有（　　）。

A.艾妍持有A上市公司的限售股，解禁前取得的股息红利

B.艾妍持有B上市公司股票3年，取得的股息红利

C.艾妍持有C上市公司股票1年，取得的股息红利

D.艾妍持有D上市公司股票1个月，取得的股息红利

【答案】AC

【解析】选项A，个人持有“上市公司限售股”，解禁前取得的股息红利，减按50%计入应纳税所得额；选项B，个人持有上市公司股票，超过1年的，取得的股息红利免征个人所得税；选项C，个人持有上市公司股票，超过1个月未超过1年的，取得的股息红利，减按50%计入应纳税所得额；选项D，个人持有上市公司股票，未超过1个月的，取得的股息红利全额计税。

捐赠扣除与税收减免

【考点5.60】捐赠扣除（如表5-79所示）

表5-79 捐赠扣除

情形	能否扣除	扣除方法	注意事项
公益性捐赠	√	限额扣除	限额为：“应纳税所得额”×30%
		全额扣除	（1）向红十字事业的捐赠
			（2）向农村义务教育的捐赠
			（3）向公益性青少年活动场所（其中包括新建）的捐赠
			（4）向福利性、非营利性老年服务机构的捐赠，以及通过特定基金会用于公益救济性的捐赠
直接捐赠	×	不允许扣除，需通过中国境内的公益性社会组织、国家机关捐赠才能扣除	

1.【单选题】2020年8月，艾雯购买彩票中奖60 000元，从中拿出20 000元通过国家机关捐赠给贫困地区。已知偶然所得适用的个人所得税税率为20%，艾雯中奖收入应缴纳的个人所得税税额的下列计算式中，正确的是（　　）。

A.60 000×20%=12 000（元）

B.（60 000-60 000×30%）×20%=8 400（元）

C.（60 000-20 000）×20%=8 000（元）

D.20 000×20%=4 000（元）

2.【多选题】2020年，艾晴通过境内非营利社会团体进行的下列捐赠中，在计算缴纳个人所得税时，准予税前全额扣除的有（　　）。

A.艾晴将1月份工资捐赠给敬老院

B.艾晴将2月份工资捐赠给农村义务教育

C.艾晴将3月份工资捐赠给红十字会

D.艾晴将4月份工资捐赠给公益性青少年活动场所

1.【答案】B

【解析】（1）偶然所得以收入全额为应纳税所得额；（2）捐赠额20 000元>应纳税所得额的30%=60 000×30%=18 000（元），捐赠可扣除金额为18 000元；（3）应纳税额=（60 000-18 000）×20%=8 400（元）。

2.【答案】ABCD

【考点5.61】个人所得税税收减免（见表5-80）

表5-80　　个人所得税税收减免

（一）免税项目	1.省级人民政府、国务院部委和中国人民解放军军以上单位，以及外国组织、国际组织颁发的科学、教育、技术、文化、卫生、体育、环境保护等方面的奖金 2.国债和国家发行的金融债券的利息 3.按照国务院规定发给的政府特殊津贴、院士津贴，以及国务院规定免纳个人所得税的其他补贴、津贴 4.福利费、抚恤金、救济金 5.保险赔款 6.军人的转业费、复员费、退役金 7.按照国家统一规定发给干部、职工的安家费、退职费、基本养老金或者退休费、离休费、离休生活补助费 8.依照有关法律规定应予免税的各国驻华使馆、领事馆的外交代表、领事官员和其他人员的所得 9.中国政府参加的国际公约、签订的协议中规定免税的所得 10.国务院规定的其他免税所得（由国务院报全国人民代表大会常务委员会备案）

续表

（二）减税项目	1.残疾、孤老人员和烈属的所得 2.因自然灾害遭受重大损失的 3.国务院可以规定其他减税情形，报全国人民代表大会常务委员会备案
（三）其他免税和暂免（不）征税项目（包括但不限于）	1.企业依照国家有关法律规定宣告破产，企业职工从该破产企业取得的一次性安置费收入，免予征收个人所得税 2.对被拆迁人依照相关规定的标准取得的拆迁补偿款，免征个人所得税 3.个人领取原提存的住房公积金、基本医疗保险金、基本养老保险金，以及失业保险金，免予征收个人所得税 4.对工伤职工及其近亲属按照规定取得的工伤保险待遇，免征个人所得税 5.个体工商户、个人独资企业和合伙企业或个人从事种植业、养殖业、饲养业、捕捞业取得的所得，暂不征收个人所得税 6.个人举报、协查各种违法、犯罪行为而获得的奖金 7.个人办理代扣代缴手续，按规定取得的扣缴手续费 8.企业在销售商品和提供服务过程中向个人赠送礼品，属于下列情形之一的，不征收个人所得税： （1）企业通过价格折扣、折让方式向个人销售商品和提供服务 （2）企业向个人销售商品和提供服务的同时给予“赠品” （3）企业对累计消费达到一定额度的个人按消费积分反馈的“礼品”

1.【单选题】根据个人所得税法律制度的规定，下列各项中，不属于个人所得税免税项目的是（　　）。

A.军人转业费

B.抚恤金

C.保险赔款

D.通信补贴收入

2.【单选题】根据个人所得税法律制度的规定，下列各项中，应缴纳个人所得税的是（　　）。

A.公务员崔某取得的国债利息

B.退役士兵马某取得的退役金

C.退休职工汪某取得的按国家统一规定发放的基本养老金

D.教师卢某获得的县人民政府为其颁发的优秀教师奖金

3.【判断题】企业按照国家有关法律规定宣告破产，企业职工从该破产企业取得的一次性安置费收入，免予征收个人所得税。（　　）

4.【单选题】根据个人所得税法律制度的规定，下列各项中，不免征个人

所得税的是（　　）。

A.个人转让著作权所得

B.国家规定的福利费

C.保险赔款

D.退休工资

1.【答案】D

【解析】选项D：个人因公务用车和通信制度改革而取得的公务用车、通信补贴收入，扣除一定标准的公务费用后，按照“工资、薪金所得”项目计征个人所得税。

2.【答案】D

【解析】选项D：颁奖机构为“县”人民政府，级别不够，不属于免征个人所得税的奖金。

3.【答案】√

4.【答案】A

【解析】个人转让著作权所得，免征“增值税”，但不免征个人所得税。

【考点5.62】居民个人取得境外所得（见表5-81）

表5-81　**居民个人取得境外所得**

<table>
<tr><td rowspan="2">居民个人取得境外所得</td><td>1.合并计算还是单独计算</td><td>居民个人从中国境内和境外取得的综合所得、经营所得，应当分别合并计算应纳税额
从中国境内和境外取得的其他所得，应当分别单独计算应纳税额。具体而言：
（1）居民个人来源于中国境外的综合所得，应当与境内综合所得合并计算应纳税额
（2）居民个人来源于中国境外的经营所得，应当与境内经营所得合并计算应纳税额，居民个人来源于境外的经营所得，按照规定计算的亏损，不得抵减其境内或他国（地区）的应纳税所得额，但可以用来源于同一国家（地区）以后年度的经营所得按中国税法规定弥补
（3）居民个人来源于中国境外的利息、股息、红利所得，财产租赁所得，财产转让所得和偶然所得，不与境内所得合并，应当分别单独计算应纳税额</td></tr>
<tr><td colspan="2">2.居民个人从中国境外取得的所得，可以从其应纳税额中抵免已在境外缴纳的个人所得税税额，但抵免额不得超过该纳税人境外所得依照个人所得税法规定计算的应纳税额</td></tr>
</table>

【考点5.63】非居民个人应纳税额计算

1.非居民个人所得（见表5-82）

表5-82 非居民个人所得

1.应纳税所得额	（1）非居民个人的工资、薪金所得，以每月收入额减去费用5 000元后的余额为应纳税所得额
	（2）非居民个人的劳务报酬所得、稿酬所得、特许权使用费所得，以每次收入额为应纳税所得额
2.征收管理	（1）非居民个人取得工资、薪金所得，劳务报酬所得，稿酬所得和特许权使用费所得，有扣缴义务人的，由扣缴义务人按月或者按次代扣代缴税款，不办理汇算清缴
	（2）暂不能确定纳税人为居民个人或者非居民个人的，应当按照非居民个人缴纳税款，年度终了确定纳税人为居民个人的，按照规定办理汇算清缴

2.计税方法

（1）“工资、薪金”所得：按“月”计征；

（2）“劳务报酬”所得、“稿酬”所得、“特许权使用费”所得：按“次”计征。

关于“次”的判定（见表5-83）。

表5-83 关于“次”的判定

收入类型	计次规定
属于“一次性”收入	以取得该项收入为一次
属于同一项目“连续性”收入	以“1个月”内取得的收入为一次

3.适用税率（见表5-84）

表5-84 执行3%~45%七级超额累进税率（个人所得税税率表（三））

级数	全“月”（或次）应纳税所得额	税率（%）	速算扣除数（元）
1	不超过3 000元的	3	0
2	超过3 000元至12 000元的部分	10	210
3	超过12 000元至25 000元的部分	20	1 410
4	超过25 000元至35 000元的部分	25	2 660
5	超过35 000元至55 000元的部分	30	4 410
6	超过55 000元至80 000元的部分	35	7 160
7	超过80 000元的部分	45	15 160

【说明】本表适用于“非居民纳税人”应纳税额的计算。

4.应纳税额的计算（见表5-85）

表5-85　　应纳税额的计算

应纳税所得额	(1) 工资、薪金所得	以每月收入额减除“5 000元”后的余额为应纳税所得额 应纳税所得额=每月收入额-5 000
	(2) 劳务报酬所得、稿酬所得、特许权使用费所得	①以收入减除“20%”的费用后的余额为收入额 ②以每次“收入额”为应纳税所得额 ③“稿酬所得”的收入额减按“70%”计算 劳务报酬所得、特许权使用费所得应纳税所得额=每次所得×（1-20%） 稿酬所得应纳税所得额=每次所得×（1-20%）×70%
应纳税额	应纳税额=应纳税所得额×适用税率-速算扣除数	

个人所得税的征收管理

【考点5.64】纳税人与扣缴义务人（见表5-86）

表5-86　　纳税人与扣缴义务人

纳税人与扣缴义务人	个人所得税以所得人为纳税人，以支付所得的单位或者个人为扣缴义务人
	(1) 扣缴义务人向个人支付应税款项时，应当依照个人所得税法规定预扣或代扣税款，按时缴库，并专项记载备查
	【注意1】支付，包括现金支付、汇拨支付、转账支付和以有价证券、实物以及其他形式的支付
	【注意2】扣缴义务人每月或者每次预扣、代扣的税款，应当在次月15日内缴入国库，并向税务机关报送扣缴个人所得税申报表
	(2) 税务机关对扣缴义务人按照所扣缴的税款，付给2%的手续费
	(3) 国务院税务主管部门可以指定掌握所得信息并对所得取得过程有控制权的单位为扣缴义务人

【考点5.65】实名纳税申报（见表5-87）

表5-87 实名纳税申报

实名纳税申报	（1）个人应当凭纳税人识别号实名办税
	（2）纳税人有中国公民身份号码的，以中国公民身份号码为纳税人识别号；个人首次取得应税所得或者首次办理纳税申报时，应当向扣缴义务人或者税务机关如实提供纳税人识别号及与纳税有关的信息。个人上述信息发生变化的，应当报告扣缴义务人或者税务机关
	（3）纳税人没有中国公民身份号码的，应当在首次发生纳税义务时，按照税务机关规定报送与纳税有关的信息，由税务机关赋予其纳税人识别号

【考点5.66】办理纳税申报（见表5-88）

表5-88 办理纳税申报

办理纳税申报	有下列情形之一的，纳税人应当依法办理纳税申报： （1）取得综合所得需要办理汇算清缴； （2）取得应税所得没有扣缴义务人； （3）取得应税所得，扣缴义务人未扣缴税款； （4）取得境外所得； （5）因移居境外注销中国户籍； （6）非居民个人在中国境内从两处以上取得工资、薪金所得； （7）国务院规定的其他情形

【考点5.67】汇算清缴（见表5-89）

表5-89 汇算清缴

汇算清缴	1.居民个人取得综合所得，按年计算个人所得税；有扣缴义务人的，由扣缴义务人按月或者按次预扣预缴税款；需要办理汇算清缴的，应当在取得所得的次年3月1日至6月30日办理汇算清缴。预扣预缴办法由国务院税务主管部门制定
	2.取得综合所得需要办理汇算清缴的情形 （1）在两处或者两处以上取得综合所得，且综合所得年收入额减去专项扣除的余额超过6万元； （2）取得劳务报酬所得、稿酬所得、特许权使用费所得中一项或者多项所得，且综合所得年收入额减去专项扣除的余额超过6万元； （3）纳税年度内预缴税额低于应纳税额的。 【注意】纳税人需要退税的，应当办理汇算清缴，申报退税。申报退税应当提供本人在中国境内开设的银行账户
	3.纳税人取得经营所得，按年计算个人所得税，由纳税人在月度或者季度终了后15日内向税务机关报送纳税申报表，并预缴税款；在取得所得的次年3月31日前办理汇算清缴

续表

汇算清缴	4. 纳税人取得利息、股息、红利所得，财产租赁所得，财产转让所得和偶然所得，按月或者按次计算个人所得税，有扣缴义务人的，由扣缴义务人按月或者按次代扣代缴税款
	5. 纳税人取得应税所得没有扣缴义务人的，应当在取得所得的次月15日内向税务机关报送纳税申报表，并缴纳税款
	6. 纳税人取得应税所得，扣缴义务人未扣缴税款的，纳税人应当在取得所得的次年6月30日前，缴纳税款；税务机关通知限期缴纳的，纳税人应当按照期限缴纳税款
	7. 居民个人从中国境外取得所得的，应当在取得所得的次年3月1日至6月30日申报纳税
	8. 非居民个人在中国境内从两处以上取得工资、薪金所得的，应当在取得所得的次月15日内申报纳税
	9. 纳税人因移居境外注销中国户籍的，应当在注销中国户籍前办理税款清算

【考点5.68】专项附加扣除的信息提供（见表5-90）

表5-90 专项附加扣除的信息提供

专项附加扣除的信息提供	（1）居民个人取得工资、薪金所得时，可以向扣缴义务人提供专项附加扣除有关信息，由扣缴义务人扣缴税款时办理专项附加扣除
	（2）纳税人同时从两处以上取得工资、薪金所得，并由扣缴义务人办理专项附加扣除的，对同一专项附加扣除项目，纳税人只能选择从其中一处扣除
	（3）居民个人取得劳务报酬所得、稿酬所得、特许权使用费所得，应当在汇算清缴时向税务机关提供有关信息，办理专项附加扣除

【考点5.69】委托办理汇算清缴（见表5-91）

表5-91 委托办理汇算清缴

委托办理汇算清缴	（1）纳税人可以委托扣缴义务人或者其他单位和个人办理汇算清缴
	（2）纳税人发现扣缴义务人提供或者扣缴申报的个人信息、所得、扣缴税款等与实际情况不符的，有权要求扣缴义务人修改。扣缴义务人拒绝修改的，纳税人可以报告税务机关，税务机关应当及时处理
	（3）扣缴义务人发现纳税人提供的信息与实际情况不符的，可以要求纳税人修改，纳税人拒绝修改的，扣缴义务人应当报告税务机关，税务机关应当及时处理

1.【多选题】根据个人所得税法律制度的规定，下列情况纳税人应当按照规定自行到主管税务机关办理纳税申报的有（　　）。

A. 艾颖2020年取得扣除三险一金之后的工资、薪金所得8万元，稿酬所得3万元，劳务报酬所得6万元

B. 非居民个人吉姆作为集团总公司的外派主管人员，每月除在集团驻中国公司总部取得20 000元工资外，还在外派的中国子公司取得6 000元工资

C. 罗昊然所在公司于2008年在美国上市，给予其1万股股票期权，2020年罗昊然行权，将其所持有的公司股票在美国纽交所出售

D. 夏德明自主创业，在某超市承租一柜台，注册了个体工商户营业执照销售儿童服装

2.【多选题】下列关于个人所得税征收管理的说法中，错误的有（　　）。

A. 非居民个人取得工资薪金所得，应当在取得所得的次年3月1日至6月30日办理汇算清缴

B. 扣缴义务人每月扣缴的税款，税务机关应根据扣缴义务人所扣缴的税款，付给2%的手续费

C. 纳税人取得应税所得没有扣缴义务人的应当在取得所得的次月15日内向税务机关报送纳税申报表，并缴纳税款

D. 扣缴义务人未扣缴税款的纳税人应当在取得所得的次年3月1日至6月30日，缴纳税款

1.【答案】ABCD

【解析】选项A，在“两处或者两处以上”取得综合所得，且综合所得年收入额“减去专项扣除”的余额“超过6万元”需要办理综合所得的汇算清缴；选项B，“非居民个人”在中国境内从“两处以上”取得“工资、薪金”所得；选项C，从中国境外取得所得；选项D，取得应税所得，没有扣缴义务人。上述情形均需自行申报缴纳个人所得税。

2.【答案】AD

【解析】选项A，非居民个人取得工资、薪金所得，由扣缴义务人按月代扣代缴税款，不办理汇算清缴；选项D，扣缴义务人未扣缴税款的纳税人应当在取得所得的次年6月30日前，缴纳税款。

所得税案例分析

【案例5-10】

麦冬公司为居民企业，2020年度有关经济业务如下：

（1）取得产品销售收入2 000万元、国债利息收入15万元、银行存款利息收入5万元，没收逾期未退包装物押金取得不含增值税收入0.5万元。

（2）支付职工困难补助3万元、职工交通补贴2.5万元、职工食堂人员工资15万元，缴纳生产工人基本养老保险费40万元。

（3）新技术研究开发费用30万元，已计入管理费用。

（4）支付税收滞纳金2万元，直接向贫困山区捐款5万元，向街道办赞助支出6万元。

（5）当年向投资者分配利润100万元。

要求：

根据上述资料，不考虑其他因素，分析回答下列问题。

1.【多选题】麦冬公司下列收入中，在计算2020年度企业所得税应纳税所得额时，应计入收入总额的是（　　）。

A.国债利息收入15万元

B.银行存款利息收入5万元

C.没收逾期未退包装物押金收入0.5万元

D.产品销售收入2 000万元

2.【多选题】麦冬公司下列支出中，在计算2020年度企业所得税应纳税所得额时，不准扣除的是（　　）。

A.向街道办赞助支出6万元　　B.税收滞纳金2万元

C.向贫困山区捐款5万元　　D.向投资者分配利润100万元

3.【单选题】麦冬公司在计算2020年度企业所得税应纳税所得额时，准予扣除的新技术研究开发费用总额的下列计算中，正确的是（　　）。

A.30×75%=22.5（万元）

B.30×（1+50%）=45（万元）

C.30×（1+75%）=52.5（万元）

D.30×（1+100%）=60（万元）

4.【多选题】下列选项中，属于职工福利费范畴的是（　　）。

A.职工困难补助3万元

B.职工交通补贴2.5万元

C.职工食堂人员工资15万元

D.生产工人基本养老保险费40万元

1.【答案】ABCD

2.【答案】ABCD

【解析】选项A，与生产经营活动无关的各种非广告性质的赞助支出，不允许在税前扣除；选项BCD，都不允许在税前扣除。

3.【答案】C

【解析】研发费用未形成无形资产计入当期损益的，在按照规定据实扣除的基础上，按照研发费用的75%加计扣除。因此，准予扣除的研发费用=30+30×75%=52.5（万元）。

4.【答案】ABC

【解析】选项D，属于社会保险费，不属于职工福利费。

【案例5-11】

艾瑞企业为居民企业，2020年发生部分经济事项如下：

（1）销售产品收入2 000万元，出租办公楼租金收入120万元，信息技术服务费收入40万元；

（2）用产品换取原材料，该批产品不含增值税售价35万元；

（3）实发合理工资薪金总额1 000万元，发生职工福利费150万元，职工教育经费30万元，工会经费12万元；

（4）支付诉讼费2万元，市场监督管理部门罚款3万元，向母公司支付管理费68万元，直接捐赠给贫困地区小学7万元；

（5）缴纳增值税90万元，消费税19万元，资源税6万元，城市维护建设税和教育费附加10.9万元。

要求：

根据上述资料，不考虑其他因素，分析回答下列小题。

1.【多选题】下列业务中，在计算企业所得税应纳税所得额时，应当计入收入总额的是（　　）。

A.销售产品收入2 000万元

B.出租办公楼租金收入120万元

C.信息技术服务费收入40万元

D.用产品换取原材料35万元

2.【多选题】下列税费中，在计算企业所得税应纳税所得额时，准予扣除的是（　　）。

A.增值税90万元

B.消费税19万元

C.资源税6万元

D.城市维护建设税和教育费附加10.9万元

3.【多选题】下列支出中，在计算企业所得税应纳税所得额时，准予全额扣除的是（　　）。

A.职工教育经费30万元　　B.工会经费12万元

C.职工福利费150万元　　D.工资、薪金总额1 000万元

4.【多选题】下列支出中，在计算企业所得税应纳税所得额时，不得扣除的是（　　）。

A.市场监督管理部门罚款3万元　　B.向母公司支付管理费68万元

C.诉讼费2万元　　D.直接捐赠给贫困地区小学7万元

1.【答案】ABCD

【解析】选项ABC，都应计入收入总额；选项D，视同销售产品，应计入收入总额。

2.【答案】BCD

3.【答案】ABD

【解析】选项A，职工教育经费税前扣除限额=1 000×8%=80（万元），实际发生额（30万元）未超过税前扣除限额，准予税前全额扣除；选项B，工会经费税前扣除限额=1 000×2%=20（万元），实际发生额（12万元）未超过扣除限额，准予税前全额扣除；选项C，职工福利费税前扣除限额=1 000×14%=140（万元），实际发生额（150万元）超过了扣除限额，税前只能扣除140万元；选项D，企业发生的合理的工资薪金支出，准予税前全额扣除。

4.【答案】ABD

【解析】选项A，罚金、罚款和被没收财物的损失，税前不得扣除；选项B，企业之间支付的管理费，税前不得扣除；选项C，纳税人按照经济合同规定支付的违约金（包括银行罚息）、罚款和诉讼费用，税前准予扣除；选项D，纳税人直接向受赠人的捐赠，不允许税前扣除。

【案例5-12】

新文公司为居民企业，2020年有关收支情况如下：

（1）取得销售货物收入4 300万元、理财产品收益30万元、从其直接投资的未上市居民企业分回股息收益270万元、出售闲置厂房收入400万元。

（2）按规定提取折旧费用180万元，其中已投入使用的机器设备折旧费50万元、已投入使用的运输设备折旧费40万元、未投入使用的厂房折旧费80万元、未投入使用的机械设备折旧费10万元。

（3）发生业务招待费30万元、公益性捐赠支出50万元。

（4）全年实现会计利润600万元。

已知：在计算企业所得税应纳税所得额时，业务招待费支出按其发生额的60%扣除，但最高不得超过当年销售（营业）收入的5‰；公益性捐赠支出不得超过年度利润总额的12%。

要求：

根据上述资料，不考虑其他因素，分析回答下列问题。

1.【多选题】新文公司下列收入中，应计入企业所得税应纳税所得额的是（ ）。

A.出售厂房收入400万元　　B.理财产品收益30万元

C.股息收益270万元　　D.销售货物收入4 300万元

2.【多选题】新文公司的下列折旧费用中，在计算2020年度企业所得税应纳税所得额时，准予扣除的是（ ）。

A.已投入使用的运输设备折旧费40万元

B.未投入使用的机械设备折旧费10万元

C.已投入使用的机器设备折旧费50万元

D.未投入使用的厂房折旧费80万元

3.【单选题】新文公司在计算2020年度企业所得税应纳税所得额时，准予扣除的业务招待费是（ ）。

A.23.5万元　　B.21.5万元

C.30万元　　D.18万元

4.【单选题】新文公司在计算2020年度企业所得税应纳税所得额时，准予扣除的公益性捐赠支出是（ ）。

A.78万元　　B.66万元

C.72万元　　D.50万元

1.【答案】ABD

【解析】选项ABCD均应计入“收入总额”，其中选项ABD属于“应税收入”，选项C属于“免税收入”；只有选项D属于“销售（营业）收入”。

2.【答案】ACD

【解析】选项B，“房屋、建筑物以外”未投入使用的固定资产，不得计算折旧在企业所得税税前扣除。

3.【答案】D

【解析】业务招待费扣除限额1=30×60%=18（万元），业务招待费扣除限额2=4 300×5‰=21.5（万元），税前准予扣除的业务招待费为18万元。

4.【答案】D

【解析】公益性捐赠税前扣除限额=600×12%=72（万元），实际发生额（50万元）未超过扣除限额，2020年度税前准予扣除的公益性捐赠支出为50万元。

【案例5-13】

睿姿公司为居民企业，2020年有关收支情况如下：

（1）取得产品销售收入5 000万元、转让机器设备收入40万元、国债利息收入20万元、客户合同违约金收入2万元。

（2）支付税收滞纳金3万元、银行罚息10万元，向投资者支付股息30万元，向关联企业支付管理费17万元。

（3）发生业务招待费50万元。

（4）其他可在企业所得税税前扣除的成本、费用、税金合计为2 600万元。

已知：在计算企业所得税应纳税所得额时，业务招待费支出按发生额的60%扣除，但最高不得超过当年销售（营业）收入的5‰。

要求：

根据上述资料，不考虑其他因素，分析回答下列小题。

1.【多选题】睿姿公司下列收入中，应计入企业所得税应纳税所得额的是（　　）。

A.转让机器设备收入40万元

B.产品销售收入5 000万元

C.客户合同违约金收入2万元

D.国债利息收入20万元

2.【多选题】睿姿公司下列支出中，在计算2020年度企业所得税应纳税所得额时，不得扣除的是（　　）。

A.税收滞纳金3万元

B.银行罚息10万元

C.向关联企业支付的管理费17万元

D.向投资者支付的股息30万元

3.【单选题】睿姿公司在计算2020年度企业所得税应纳税所得额时，允许扣除的业务招待费是（　　）。

A.50万元　　B.25.2万元

C.30万元　　D.25万元

4.【单选题】睿姿公司2020年度企业所得税应纳税所得额是（　　）。

A.2 352万元　　B.2 387.69万元

C.2 407万元　　D.2 406.80万元

1.【答案】ABC

【解析】选项ABCD均应计入“收入总额”，其中选项ABC属于“应税收入”，选项D属于“免税收入”；只有选项B属于“销售（营业）收入”。

2.【答案】ACD

3.【答案】D

【解析】业务招待费扣除限额1=5 000×5‰=25（万元），业务招待费扣除限额2=50×60%=30（万元），税前准予扣除的业务招待费为25万元。

4.【答案】C

【解析】应纳税所得额=应税收入-税前准予扣除的金额-允许弥补的以前年度亏损=5 000（产品销售收入）+40（转让机器设备收入）+2（合同违约金收入）-10（银行罚息）-25（业务招待费）-2 600（其他可在企业所得税前扣除的成本、费用、税金）=2 407（万元）。

【案例5-14】

静娴企业为居民纳税人，主要从事服装生产和销售业务。2020年有关收支情况如下：

（1）取得销售货物收入9 000万元、技术服务收入700万元、出租设备收入60万元、出售房产收入400万元、国债利息收入40万元。

（2）缴纳增值税900万元、消费税20万元、城市维护建设税和教育费附加92万元、房产税25万元。

（3）发生广告费和业务宣传费1 500万元。

（4）其他可在企业所得税税前扣除的成本和费用为4 100万元。

已知：在计算企业所得税应纳税所得额时，广告费和业务宣传费支出不得超过当年销售（营业）收入的15%。

要求：

根据上述资料，不考虑其他因素，分析回答下列小题。

1.【单选题】静娴企业的下列收入中，属于企业所得税免税收入的是（　　）。

A.出租设备收入60万元　　B.国债利息收入40万元

C.技术服务收入700万元　　D.出售房产收入400万元

2.【多选题】静娴企业缴纳的下列税费中，在计算2020年度企业所得税应纳税所得额时，准予扣除的是（　　）。

A.增值税900万元

B.房产税25万元

C.消费税20万元

D.城市维护建设税和教育费附加92万元

3.【单选题】静娴企业在计算2020年度企业所得税应纳税所得额时，准予扣除的广告费和业务宣传费是（　　）。

A.1 356万元　　B.1 530万元

C.1 500万元　　D.1 464万元

4.【单选题】静娴企业2020年度企业所得税应纳税所得额的下列计算中，

正确的是（　　）。

A.9 000+400+60-25-4 100-1 530=3 805（万元）

B.9 000+400+40-900-92-25-4 100-1 356=2 967（万元）

C.9 000+700+400+60-20-92-25-4 100-1 464=4 459（万元）

D.9 000+700+40-900-20-92-4 100-1 500=3 128（万元）

1.【答案】B

【解析】选项ACD，属于应税收入；选项B，属于免税收入。

2.【答案】BCD

3.【答案】D

【解析】（1）销售（营业）收入包括主营业务收入（销售货物收入9 000万元）和其他业务收入（技术服务收入700万元、出租设备收入60万元）；（2）广告费和业务宣传费税前扣除限额=（9 000+700+60）×15%=1 464（万元），实际发生额（1 500万元）超过了税前扣除限额，2020年度税前准予扣除的广告费和业务宣传费为1 464万元。

4.【答案】C

【解析】（1）国债利息收入40万元属于免税收入；（2）增值税900万元税前不得扣除；（3）应纳税所得额=应税收入-税前准予扣除的金额-允许弥补的以前年度亏损=9 000（销售货物收入）+700（技术服务收入）+60（出租设备收入）+400（出售房产收入）-20（消费税）-92（城建税和教育费附加）-25（房产税）-4 100（其他成本和费用）-1 464（准予扣除的广告费和业务宣传费）=4 459（万元）。

【案例5-15】

甲公司为居民企业，主要从事服装生产和销售业务。2020年有关收支情况如下：

（1）产品销售收入2 500万元，营业外收入70万元。

（2）发生合理的工资薪金150万元、职工供暖费补贴23万元、防暑降温费20万元。

（3）发生广告费300万元、税收滞纳金6万元、环保部门罚款5万元、非广告性质赞助支出16万元，直接向某希望小学捐赠10万元。

（4）缴纳增值税125万元、消费税75万元、城市维护建设税14万元和教育费附加6万元。

要求：

根据上述资料，不考虑其他因素，分析回答下列问题。

1.【单选题】甲公司在计算2020年度企业所得税应纳税所得额时，准予扣除的广告费是（　　）。

A.375万元　　B.385.5万元

C.300万元　　D.10.5万元

2.【多选题】甲公司下列支出中，在计算2020年度企业所得税应纳税所得额时，不得扣除的是（　　）。

A.环保部门罚款5万元

B.税收滞纳金6万元

C.直接向某希望小学捐赠10万元

D.非广告性质赞助支出16万元

3.【单选题】甲公司在计算2020年度企业所得税应纳税所得额时，准予扣除的职工福利费是（　　）。

A.22.5万元　　B.23万元

C.43万元　　D.21万元

4.【多选题】甲公司发生的下列税费中，在计算2020年度企业所得税应纳税所得额时，准予扣除的是（　　）。

A.消费税75万元　　B.城市维护建设税14万元

C.教育费附加6万元　　D.增值税125万元

1.【答案】C

【解析】广告费税前扣除限额=2 500×15%=375（万元），实际发生额（300万元）未超过税前扣除限额，2020年度税前准予扣除的广告费为300万元。

2.【答案】ABCD

3.【答案】D

【解析】（1）职工供暖费补贴和防暑降温费属于职工福利费，职工福利费实际发生额=23+20=43（万元）；（2）职工福利费税前扣除限额=150×14%=21（万元），实际发生额超过了税前扣除限额，税前准予扣除的职工福利费为21万元。

4.【答案】ABC

【案例5-16】

品韵公司为居民企业，2020年度有关财务收支情况如下：

（1）销售商品收入5 000万元，出售一台设备收入20万元，转让一宗土地使用权收入300万元，从其直接投资的未上市居民企业分回股息收益80万元。

（2）税收滞纳金5万元，赞助支出30万元，被没收财物的损失10万元，环保罚款50万元。

（3）其他可在企业所得税前扣除的成本、费用、税金合计3 500万元。

已知：品韵公司2012年在境内A市登记注册成立，企业所得税实行按月预缴。

要求：

根据上述资料，不考虑其他因素，分析回答下列问题。

1.【单选题】品韵公司取得的下列收入中，属于免税收入的是（　　）。

A.出售设备收入20万元

B.销售商品收入5 000万元

C.转让土地使用权收入300万元

D.从其直接投资的未上市居民企业分回股息收益80万元

2.【多选题】品韵公司在计算2020年度企业所得税应纳税所得额时，不得扣除的项目是（　　）。

A.环保罚款50万元　　B.赞助支出30万元

C.税收滞纳金5万元　　D.被没收财物的损失10万元

3.【单选题】品韵公司2020年度企业所得税应纳税所得额是（　　）。

A.1 720万元　　B.1 585万元

C.1 805万元　　D.1 820万元

4.【多选题】下列关于品韵公司企业所得税征收管理的表述中，正确的是（　　）。

A.品韵公司2020纳税年度自2020年1月1日起至2020年12月31日止

B.品韵公司应当于每月终了之日起15日内，向税务机关预缴企业所得税

C.品韵公司应当自2020年度终了之日起5个月内，向税务机关报送年度企业所得税纳税申报表，并汇算清缴

D.品韵公司企业所得税的纳税地点为A市

1.【答案】D

【解析】选项ABCD均应计入“收入总额”，其中选项ABC属于“应税收入”，选项D属于“免税收入”。

2.【答案】ABCD

3.【答案】D

【解析】（1）品韵公司从其直接投资的未上市居民企业分回的股息收益80万元属于免税收入；（2）税收滞纳金5万元、赞助支出30万元、被没收财物的损失10万元和环保罚款50万元均不得在税前扣除；（3）应纳税所得额=应税收入-税前准予扣除的金额-允许弥补的以前年度亏损=5 000（商品销售收入）+20（出售设备收入）+300（转让土地使用权收入）-3 500（准予在税前扣除的成本、费用和税金）=1 820（万元）。

4.【答案】ABCD

【案例5-17】

鹤梦公司注册于某市东城区，2020年有关收支情况如下：

（1）取得产品销售收入2 000万元、国债利息收入30万元、接受捐赠收入10万元。

（2）缴纳行政罚款2万元、税收滞纳金1万元。

（3）缴纳增值税200万元、城市维护建设税和教育费附加20万元。

（4）从直接投资的未上市居民企业取得股息收益200万元。

已知：2019年度鹤梦公司会计利润为-60万元，经纳税调整后应纳税所得额为-50万元；企业所得税实行按月预缴。

要求：

根据上述资料，不考虑其他因素，分析回答下列问题。

1.【多选题】鹤梦公司下列收入中，应计入企业所得税应纳税所得额的是（　　）。

A.接受捐赠收入10万元　　B.产品销售收入2 000万元

C.股息收益200万元　　D.国债利息收入30万元

2.【单选题】鹤梦公司下列支出中，在计算2020年度企业所得税应纳税所得额时，准予扣除的是（　　）。

A.税收滞纳金1万元

B.行政罚款2万元

C.城市维护建设税和教育费附加20万元

D.增值税200万元

3.【多选题】关于鹤梦公司弥补亏损的下列表述中，正确的是（　　）。

A.2020至2024年度的税前所得可以弥补的2019年度亏损额为50万元

B.2020至2024年度的税前所得可以弥补的2019年度亏损额为60万元

C.如果2020年度税前所得弥补2019年度亏损后，应纳税所得额大于零，应缴纳企业所得税

D.如果2020年度税前所得不足以弥补2019年度亏损，可以逐年延续弥补亏损，但最长不得超过5年

4.【多选题】下列有关鹤梦公司企业所得税征收管理的表述中，正确的是（　　）。

A.如果2020年度税前所得不足以弥补2019年度亏损，鹤梦公司无须办理2020年度企业所得税汇算清缴

B.鹤梦公司企业所得税的纳税地点为该市东城区

C.鹤梦公司应当于每月终了之日起15日内，向税务机关预缴企业所得税

D.鹤梦公司2020纳税年度自2020年1月1日起至2020年12月31日止

1.【答案】AB

【解析】选项CD，属于免税收入，不计入应纳税所得额。

2.【答案】C

3.【答案】ACD

【解析】选项B，此处的亏损是指税法口径的亏损额50万元。

4.【答案】BCD

【解析】选项A，企业在纳税年度内无论盈利或者亏损，都应当依照规定期限，向税务机关报送预缴企业所得税纳税申报表、年度企业所得税纳税申报表、财务会计报告和税务机关规定应当报送的其他有关资料。

【案例5-18】

乐怡设备公司为居民企业，主要从事电子设备的制造业务。2020年有关经营情况如下：

（1）销售货物收入2 000万元，提供技术服务收入500万元，转让股权收入3 000万元。经税务机关核准上年已作损失处理后又收回的其他应收款15万元。

（2）缴纳增值税180万元，城市维护建设税和教育费附加18万元，房产税25万元，预缴企业所得税税款43万元。

（3）与生产经营有关的业务招待费支出50万元。

（4）支付残疾职工工资14万元，新技术研究开发费用未形成无形资产计入当期损益19万元。

（5）购进专门用于研发的设备一台，价值35万元。

（6）购置《环境保护专用设备企业所得税优惠目录》规定的环境保护专用设备一台，投资额60万元，购置完毕当年即投入使用。

已知：业务招待费支出按照发生额的60%扣除，但最高不得超过当年销售（营业）收入的5‰。

要求：

根据上述资料，不考虑其他因素，分析回答下列小题。

1.【多选题】乐怡设备公司的下列收入中，应计入收入总额的是（　　）。

A.销售货物收入2 000万元

B.上年已作坏账损失处理后又收回的其他应收款15万元

C.转让股权收入3 000万元

D.提供技术服务收入500万元

2.【多选题】乐怡设备公司缴纳的下列税款中，在计算2020年度企业所得税应纳税所得额时，准予扣除的是（ ）。

A.增值税180万元

B.预缴企业所得税税款43万元

C.城市维护建设税和教育费附加18万元

D.房产税25万元

3.【单选题】乐怡设备公司在计算2020年度企业所得税应纳税所得额时，准予扣除的业务招待费支出是（ ）万元。

A.27.575　　B.30

C.12.5　　D.25

4.【单选题】关于乐怡设备公司可以享受当年企业所得税税收优惠的下列表述中，正确的是（ ）。

A.支付残疾职工的工资，在据实扣除的基础上，按照14万元的200%在计算当年应纳税所得额时加计扣除

B.购置环境保护专用设备60万元投资额的20%可以从当年的应纳税额中抵免

C.新技术研究开发费用未形成无形资产计入当期损益的，在据实扣除的基础上，按照19万元的100%在计算当年应纳税所得额时加计扣除

D.购进专门用于研发的设备金额35万元可以一次性在计算当年应纳税所得额时扣除

1.【答案】ABCD

2.【答案】CD

3.【答案】C

【解析】(1) 经税务机关核准上年已作损失处理后又收回的其他应收款（15万元）和转让股权收入（3 000万元）不计入当年销售（营业）收入；(2) 业务招待费扣除限额1=50×60%=30（万元），业务招待费扣除限额2=（2 000+500）×5‰=12.5（万元），税前准予扣除的业务招待费为12.5万元。

4.【答案】D

【解析】选项A，企业安置残疾人员的，在按照支付给残疾职工工资据实扣除的基础上，按照支付给残疾职工工资的100%加计扣除；选项B，企业购置并实际使用《优惠目录》规定的环境保护、节能节水、安全生产等专用设备的，该专用设备的投资额的10%可以从企业当年的应纳税额中抵免；选项C，研发费用未形成无形资产计入当期损益的，在按照规定据实扣除的基础上，按照研发费用的75%加计扣除；选项D，企业在2018年1月1日至2020年12月31日期间新购进（包括自行建造）的设备、器具，单位价值不超过500万元

的，允许一次性计入当期成本费用在计算应纳税所得额时扣除，不再分年度计算折旧。

【案例5-19】

明俊公司为居民企业，主要从事化工产品的生产和销售业务。2020年度有关经营情况如下：

（1）取得销售商品收入9 000万元，提供修理劳务收入500万元，出租包装物收入60万元，从其直接投资的未上市居民企业分回股息收益25万元。

（2）发生符合条件的广告费支出1 380万元，按规定为特殊工种职工支付的人身安全保险费18万元，合理的会议费8万元，直接向某敬老院捐赠6万元，上缴集团公司管理费10万元。

（3）由于管理不善被盗库存商品一批，经税务机关审核，该批存货的成本为40万元，增值税进项税额为6.4万元；取得保险公司赔款12万元，责任人赔偿2万元。

（4）上年度尚未扣除的、符合条件的广告费支出50万元。

已知：广告费和业务宣传费支出不超过当年销售（营业）收入15%的部分，准予扣除。

要求：

根据上述资料，不考虑其他因素，分析回答下列小题。

1.【多选题】明俊公司的下列收入中，在计算2020年度企业所得税应纳税所得额时，应计入收入总额的是（　　）。

A.销售商品收入9 000万元

B.从其直接投资的未上市居民企业分回股息收益25万元

C.出租包装物收入60万元

D.提供修理劳务收入500万元

2.【多选题】明俊公司的下列费用中，在计算2020年度企业所得税应纳税所得额时，准予扣除的是（　　）。

A.合理的会议费8万元

B.特殊工种职工人身安全保险费18万元

C.上缴集团公司管理费10万元

D.直接向某敬老院捐赠6万元

3.【单选题】明俊公司在计算2020年度企业所得税应纳税所得额时，准予扣除的广告费支出是（　　）。

A.1 430万元　　B.1 434万元

C.1 380万元　　D.1 425万元

4.【单选题】关于明俊公司在计算2020年度企业所得税应纳税所得额时，

准予扣除被盗商品的损失金额，下列计算正确的是（　　）。

A.40+6.4−12−2=32.4（万元）

B.40+6.4−12=34.4（万元）

C.40−12−2=26（万元）

D.40+6.4=46.4（万元）

1.【答案】ABCD

【解析】（1）选项ABCD均应计入“收入总额”，其中选项ACD属于“应税收入”，选项B属于“免税收入”；（2）选项ACD应计入“销售（营业）收入”。

2.【答案】AB

【解析】（1）选项C，企业之间支付的管理费，税前不得扣除；（2）选项D，纳税人直接向受赠人的捐赠，税前不得扣除。

3.【答案】A

【解析】2020年度广告费税前扣除限额=（9 000+500+60）×15%=1 434（万元），待扣除的广告费=本年度实际发生额1 380万元+上年度结转额50万元=1 430（万元），未超过税前扣除限额，2020年度税前准予扣除的广告费支出为1 430万元。

4.【答案】A

【解析】（1）存货因非正常损失而不能从增值税销项税额中抵扣的进项税额（6.4万元），应视同企业财产损失，准予与存货损失（40万元）一并在税前扣除；（2）企业发生的损失，减除责任人赔偿（2万元）和保险赔款（12万元）后的余额，依照国务院财政、税务主管部门的规定扣除。

【案例5−20】

阳嘉公司为居民企业，主要从事电冰箱的生产和销售业务。2020年有关经营情况如下：

（1）销售电冰箱收入8 000万元；出租闲置设备收入500万元；国债利息收入50万元；理财产品收益30万元。

（2）符合条件的广告费支出1 500万元。

（3）向银行借入流动资金支付利息55万元，非广告性赞助支出80万元，向客户支付违约金3万元，计提坏账准备金8万元。

（4）全年利润总额为900万元。

已知：广告费和业务宣传费支出，不超过当年销售（营业）收入15%的部分，准予扣除。

要求：

根据上述资料，不考虑其他因素，分析回答下列问题。

1.【多选题】阳嘉公司下列收入中，应计入2020年度企业所得税收入总额的是（　　）。

A.出租闲置设备收入500万元　　B.国债利息收入50万元

C.销售电冰箱收入8 000万元　　D.理财产品收益30万元

2.【单选题】阳嘉公司在计算2020年度企业所得税应纳税所得额时，可以扣除的广告费支出是（　　）。

A.1 275万元　　B.1 500万元

C.1 207万元　　D.1 200万元

3.【多选题】阳嘉公司在计算2020年度企业所得税应纳税所得额时，下列支出中，不得扣除的是（　　）。

A.向银行借入流动资金支付利息支出55万元

B.向客户支付违约金3万元

C.计提坏账准备金8万元

D.非广告性赞助支出80万元

4.【单选题】计算阳嘉公司2020年度企业所得税应纳税所得额的下列计算中，正确的是（　　）。

A.900+（1 500−1 207）+80+3+8=1 284（万元）

B.900−50+（1 500−1 275）+80+8=1 163（万元）

C.900−500+55+8=463（万元）

D.900−30+（1 500−1 200）=1 170（万元）

1.【答案】ABCD

【解析】(1) 选项ABCD均应计入“收入总额”，其中选项ACD属于“应税收入”，选项B属于“免税收入”；(2) 选项AC应计入“销售（营业）收入”。

2.【答案】A

【解析】广告费税前扣除限额=（8 000+500）×15%=1 275（万元），实际发生额（1 500万元）超过了税前扣除限额，2020年度税前准予扣除的广告费支出为1 275万元。

3.【答案】CD

【解析】(1) 选项A：非金融企业向金融企业（银行）借款的利息支出，可以据实扣除；(2) 选项B：纳税人按照经济合同规定支付的违约金（包括银行罚息）、罚款和诉讼费用，准予在税前扣除。

4.【答案】B

【解析】（1）国债利息收入50万元为免税收入，应当纳税调减；（2）实际发生的广告费支出超过税前扣除限额，超过部分（1 500－1 275）在本年度应当纳税调增；（3）非广告性赞助支出80万元、计提的坏账准备金8万元税前不得扣除，应当纳税调增。

【案例5-21】

中国公民许若彤任职于国内甲公司，2020年除工资、薪金外，其他境内所得如下：

（1）为乙公司设计营销方案，取得一次性设计费10 000元。

（2）购买福利彩票支出100元，一次性中奖5 000元。

（3）转让2012年10月购入的家庭唯一住房一套，取得转让所得100万元。

（4）获得甲公司颁发的突出贡献奖10 000元。

（5）车被盗，取得保险赔款50 000元。

（6）再次购房领取原提存的住房公积金56 000元。

（7）公开拍卖自己的小说手稿原件所得120 000元。

要求：

根据上述资料，不考虑其他因素，分析回答下列问题。

1.【多选题】许若彤的下列所得中，免予缴纳个人所得税的是（　　）。

A.转让住房所得100万元

B.突出贡献奖10 000元

C.保险赔款50 000元

D.领取原提存的住房公积金56 000元

2.【单选题】许若彤设计营销方案取得的设计费10 000元，在计缴个人所得税时适用的税目是（　　）。

A.偶然所得　　　　B.工资、薪金所得

C.特许权使用费所得　　　　D.劳务报酬所得

3.【单选题】关于许若彤一次性中奖5 000元，缴纳个人所得税的下列表述中，正确的是（　　）。

A.应缴纳个人所得税1 000元　　　　B.免予缴纳个人所得税

C.应缴纳个人所得税840元　　　　D.应缴纳个人所得税800元

4.【单选题】许若彤拍卖小说手稿原件所得120 000元，在计缴个人所得税时适用的税目是（　　）。

A.劳务报酬所得　　　　B.特许权使用费所得

C.财产转让所得　　　　D.偶然所得

1.【答案】ACD

【解析】选项B，“企业”颁发的奖金不属于免税项目。

2.【答案】D

【解析】许若彤任职于甲公司，而为乙公司提供设计劳务，属于独立从事非雇佣劳务，应按“劳务报酬所得”税目计缴个人所得税。

3.【答案】B

【解析】对个人购买福利彩票、赈灾彩票、体育彩票，一次性中奖收入在1万元以下的（≤1万元），暂免征收个人所得税；超过1万元的，全额征收个人所得税。

4.【答案】B

【解析】作者将自己的文字作品手稿原件或者复印件公开拍卖（竞价）取得的所得，按“特许权使用费所得”税目征收个人所得税。

【案例5-22】

中国公民蓝心诺为境内甲公司设计部经理，2020年4月有关收入情况如下：

（1）为乙公司提供一项设计服务，取得劳务报酬3 000元。

（2）在某杂志发表专业文章一篇，取得稿酬3 000元。

（3）一次性讲学收入4 500元。

（4）取得符合国家规定标准的城镇房屋拆迁补偿款350 000元。

（5）境内A上市公司股票（非限售股）转让所得13 000元。

（6）体育彩票一次性中奖收入10 000元。

（7）房屋租金收入6 000元（不含增值税），房屋租赁过程中缴纳的可以税前扣除的相关税费240元，支付该房屋的修缮费500元、购房贷款2 200元、供暖费2 300元（均可提供合法票据）。

要求：

根据上述资料，不考虑其他因素，分析回答下列问题。

1.【单选题】蓝心诺提供设计服务取得的收入，在计算当年综合所得的应纳税所得额时，有关其收入额的下列计算中，正确的是（　　）。

A.3 000−800=2 200（元）

B.3 000×20%=600（元）

C.3 000×（1−20%）=2 400（元）

D.3 000×70%×（1−20%）=1 680（元）

2.【单选题】蓝心诺发表专业文章取得的稿酬，在计算当年综合所得的应纳税所得额时，有关其收入额的下列计算式中，正确的是（　　）。

A.3 000−800=2 200（元）

B.3 000×20%=600（元）

C.3 000×（1-20%）=2 400（元）

D.3 000×（1-20%）×70%=1 680（元）

3.【多选题】蓝心诺的下列收入中，免予或者暂不征收个人所得税的是（　　）。

A.讲学收入4 500元　　B.拆迁补偿款350 000元

C.股票转让所得13 000元　　D.体育彩票一次性中奖收入10 000元

4.【多选题】蓝心诺的下列支出中，在计算房屋租赁所得应缴纳个人所得税税额时，准予扣除的是（　　）。

A.供暖费2 300元　　B.相关税费240元

C.购房贷款2 200元　　D.房屋修缮费500元

1.【答案】C

【解析】居民个人的劳务报酬所得，以收入减除20%的费用后的余额为收入额。

2.【答案】D

【解析】居民个人的稿酬所得以收入减除20%的费用后的余额为收入额，收入额减按70%计算。

3.【答案】BCD

【解析】（1）选项B，个人取得的拆迁补偿款，免征个人所得税；（2）选项C，对境内上市公司股票（非限售股）转让所得，暂不征收个人所得税；（3）选项D，对个人购买福利彩票、赈灾彩票、体育彩票，一次性中奖收入在1万元以下的（≤1万元），暂免征收个人所得税。

4.【答案】BD

【解析】计算“财产租赁所得”的应纳税额时，允许从每次收入额中减除的项目仅限于（转租除外）：（1）财产租赁过程中缴纳的可以税前扣除的税费；（2）由纳税人负担的租赁财产实际开支的修缮费用（800元为限）。

【案例5-23】

中国公民艾思媛为境内甲公司高级管理人员，2020年10月有关收支情况如下：

（1）工资明细表（部分数据）（见表5-92）。

表5-92　　**工资明细表（部分数据）**　　单位：元

姓名	基本工资	岗位工资	工龄补贴	托儿补助费	工资总额	代扣					实发工资
						基本养老保险费	失业保险费	基本医疗保险费	住房公积金	个人所得税	
艾思媛	1 780	8 000	200	20	10 000	640	16	163	960	—	—

（2）出租住房取得租金收入5 000元（不含增值税），房屋租赁过程中缴纳的可以税前扣除的相关税费200元。

（3）取得境内A上市公司非限售股股息2 000元（该股票持有期限为10个月）；该股票于当月转让取得所得20 000元。

（4）取得国债利息6 000元、保险赔款7 000元。

已知：对个人出租住房取得的所得暂减按10%的税率征收个人所得税，每次收入4 000元以上的，减除20%的费用。

要求：

根据上述资料，不考虑其他因素，分析回答下列小题。

1.【多选题】艾思嫒当月取得的下列收入中，应征收个人所得税的是（　　）。

A.岗位工资8 000元　　B.托儿补助费20元

C.工龄补贴200元　　D.基本工资1 780元

2.【多选题】艾思嫒当月缴付的下列费用中，准予从综合所得应纳税所得额中扣除的是（　　）。

A.基本医疗保险费163元　　B.基本养老保险费640元

C.失业保险费16元　　D.住房公积金960元

3.【单选题】艾思嫒当月出租住房租金收入应缴纳个人所得税税额的下列计算中，正确的是（　　）。

A.（5 000−200）×（1−20%）×10%=384（元）

B.5 000×10%=500（元）

C.（5 000−200）×10%=480（元）

D.5 000×（1−20%）×10%=400（元）

4.【多选题】艾思嫒的下列收入中，免予或者暂不征收个人所得税的是（　　）。

A.取得境内A上市公司非限售股股息2 000元

B.转让境内A上市公司非限售股所得20 000元

C.国债利息6 000元

D.保险赔款7 000元

1.【答案】ACD

【解析】选项B，不属于“工资、薪金”性质的补贴、津贴，不征收个人所得税。

2.【答案】ABCD

【解析】根据国家规定，单位为个人缴付和个人缴付的住房公积金、基本养老保险费、基本医疗保险费、失业保险费，准予从纳税人的应纳税所得额中扣除。

3.【答案】A

【解析】每月房屋租赁收入在4 000元以上的，应纳税额=［每月收入额-财产租赁过程中缴纳的税费-由纳税人负担的租赁财产实际开支的修缮费用（800元为限）］×（1-20%）×10%=（5 000-200）×（1-20%）×10%=384（元）。

4.【答案】BCD

【解析】选项A，个人从公开发行和转让市场取得的上市公司股票而取得的股息红利，持股期限在1个月以上至1年（含1年）的，暂减按50%计入应纳税所得额；选项B，对境内上市公司股票（非限售股）转让所得，暂不征收个人所得税；选项CD，免征个人所得税。

【案例5-24】

中国公民夏欣彤为境内甲公司设计部经理，2020年12月有关收支情况如下：

（1）到乙公司开展技术培训，取得报酬2 000元。

（2）取得企业债券利息3 000元，取得机动车保险赔款4 000元，参加有奖竞赛活动取得奖金2 000元，电台抽奖获得价值5 000元免费旅游一次。

（3）取得其月初购入的A上市公司股票（非限售股）股利2 000元（该股票于本月28日转让）。

（4）将其持有的B上市公司股票（非限售股）转让，转让净收入3万元。

要求：

根据上述资料，不考虑其他因素，分析回答下列问题。

1.【单选题】夏欣彤到乙公司开展技术培训取得的收入，在计缴个人所得税时适用的税目是（　　）。

A.稿酬所得　　B.特许权使用费所得

C.劳务报酬所得　　D.偶然所得

2.【单选题】夏欣彤的下列所得中，免征个人所得税的是（　　）。

A.取得企业债券利息3 000元

B.取得机动车保险赔款4 000元

C.参加有奖竞赛活动取得奖金2 000元

D.电台抽奖获得价值5 000元免费旅游一次

3.【多选题】有关夏欣彤取得的上市公司股利和上市公司股票转让收入，下列说法中，正确的是（　　）。

A.夏欣彤取得的上市公司股利，免征个人所得税

B.夏欣彤取得的上市公司股利应全额计入应纳税所得额，按“利息、股息、红利所得”项目计征个人所得税

C.夏欣彤取得的上市公司股票转让收入，暂不征收个人所得税

D.夏欣彤取得的上市公司股票转让收入，应按“财产转让所得”项目计征个人所得税

4.【单选题】计算夏欣彤当月非限售股股利所得应缴纳个人所得税税额的下列算式中，正确的是（　　）。

A.2 000×50%×（1-20%）×20%=160（元）

B.2 000×（1-20%）×20%=320（元）

C.2 000×20%=400（元）

D.2 000×50%×20%=200（元）

1.【答案】C

2.【答案】B

3.【答案】BC

【解析】选项AB，对个人持有从公开发行和转让市场取得的上市公司股票而取得的股息红利，持股期限在1个月以内（含1个月）的，其股息红利所得全额计入应纳税所得额；选项CD，对境内上市公司股票（非限售股）转让所得，暂不征收个人所得税。

4.【答案】C

第6章

财产和行为税收法律制度

本章思维导图如图6-1所示：

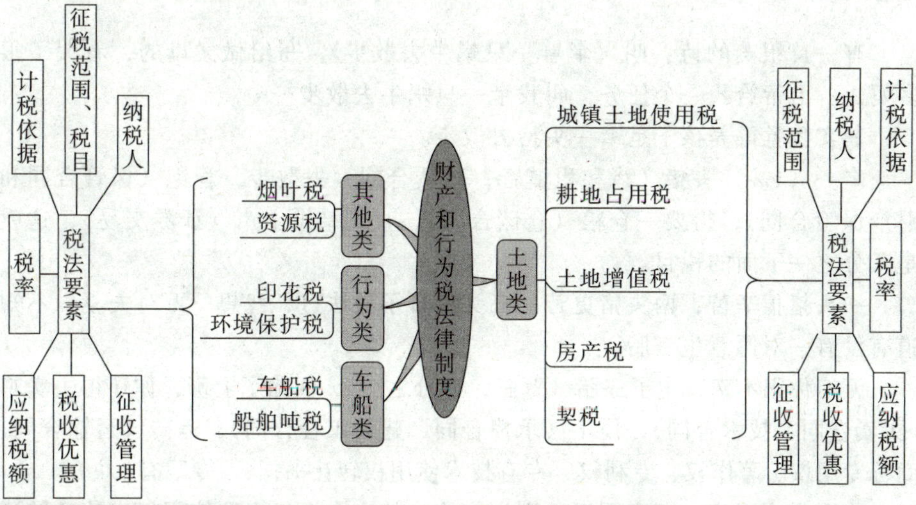

图6-1　本章思维导图

印花税的故事

印花税的税目很多，而且税率还不一样，比较零散，为了更好地记忆，我们可以把后面已经总结好的考点进一步浓缩。

印花税税目与税率见表6-1：

表6-1 **印花税税目与税率**

千分之一		万分之三		万分之五	万分之零点五	万分之二点五
租赁合同	证券交易	买卖合同	商标专用权	土地使用权出让和转让书据	借款合同	营业账簿
保管合同		技术合同	著作权	房屋等建筑物、构筑物所有权转让书据	融资租赁合同	
财产保险合同		承揽合同	专利权	股权转让书据		
仓储合同		建设工程合同	专有技术使用权转让书据			
		运输合同				

记忆窍门

有一首很美的诗，叫《牵着一只蜗牛去散步》，写给做父母的，看哭了很多妈妈：上帝给我一个任务，叫我牵一只蜗牛去散步……

其实我觉得养孩子是牵一头猪去散步。

牵一（1‰）头猪（猪和租谐音，租赁合同）去散步，管饱（保管合同和财产保险合同），得要一仓粮（仓储合同），直到结婚上市（证券交易），这就是千分之一下面的税目。

一头猪很辛苦，两头猪更苦，三头猪日子没法过，我想一万对夫妻，不知道有没有一对愿意生三胎。

万一你很不幸，生了三胎（万三，万分之三），你除了上班，你还得去卖鸡（买卖合同、技术合同），揽工（承揽合同、建设工程合同），运砖（运输合同、商标专用权、著作权、专利权、专有技术使用权转让书据，“专”有4块）。

你还得去买房，买房更贵，别说房价，就立个据（土地使用权出让和转让书据、房屋等建筑物和构筑物所有权转让书据、股权转让书据），贴个花，比你搬4块“专”还贵，搬“专”是万分之三，这里是万分之五，然后你要去贷款融资（借款合同、融资租赁合同），又贴个花，又要万分之零点五，最后记个账还要贴花，万分之二点五。

我们把上面内容合成一个口诀：

牵一猪管饱，上市一仓粮；

万一不幸又有三，卖鸡揽工兼运砖；

买房借款五又五，最后记账二百五。

注释：

营业账簿印花税应纳税额=实收资本（股本）、资本公积合计金额×0.25‰；

假设房子即资本，金额100万元，100万乘以万分之二点五，即250元。

列式：1 000 000×0.25‰=250（元）

这就是一个“二百五”的人生。

税率的记忆，最好记中文，因为数字实在是太小，万分之五，万分之零点五，少记或多记一个零，就错了。

记忆是一切智慧的源泉，而且记忆更喜欢非理性，在记忆的时候，我们可以天马行空，不需要过多的逻辑，只要能记住就行。

印花税这个税其实挺有意思的，它最早起源于荷兰，荷兰这个国家挺会做生意的，到了17世纪的时候，荷兰的地位相当于今天的美国，想打谁就打谁，阿姆斯特丹成了当时世界上最大的经济中心。

接着，就发生了严重的经济危机，被称为历史上第一次经济危机，原因是一种花，叫郁金香。

在当时的荷兰，郁金香属于稀有花卉，开花后十分美艳，赢得了权贵阶层的青睐，一时间被达官显贵们所追捧。

紧接着资本嗅到了商机，开始投机，像炒股一样去炒郁金香，最后经济崩盘，崩盘后，荷兰财政发生了很大的问题，于是想方设法收税，可是民不聊生的，谁敢明目张胆地收税。

那怎样尽量多收税，同时民众又不反感呢？用经济学家的话来说，就是：要拔最多的鹅毛，听最少的鹅叫。

于是，有高人献计：你看老百姓在日常生活中，不是经常要签合同，立字据吗？到了最后又开始闹纠纷，到衙门告状。

比如有人找你借钱，然后立了个字据，后来你找他还钱的时候，他赖账，说根本没找你借过钱，不还。

于是，你拿出字据说：“你看，你都签了字的。”

然后他说：“我签的是二麻子，我现在又不是二麻子。”

你疑惑道：“你不是叫二麻子吗？”

“不是，我早改名了。”

“你……你……咱官府见！”

然后到了衙门，审判官得听两人辩论，再加上各种呈堂证供才能判决。

但如果在签合同时，先直接找政府认证一下，然后再执行，岂不是更有保障，而且大家都省事。

当然，认证也不是随便认证的，肯定是要交钱的。

以前认证是，你交钱，政府给你个有图案的带花的邮票贴在合同上，后来认证是，你交钱，它直接给你戳个章，再后来，你直接在系统交钱就行，你交了税了，那这个交易肯定是真的，完税凭证就是证明。

这就是印花税。

其他国家一看，这个东西好，多方共赢且皆大欢喜，于是竞相效仿。

时间账本

如果你想知道你的人生跟那些伟大的人有什么不同，只要把你某天或某个周末做的事情，跟他进行比较，你就会发现，同样的时间投入，产出完全不同。

某个周五，婉晴请我吃饭，让我早点过去。于是，我请了会儿假，导致工作任务没完成，周六上午只能加班。下午，楚帆要参加一个聚会，问我去不去。

我纠结了半天，去的话，这一下午时间又打水漂了；不去的话，心里又有点不情愿。

最后一狠心，算了，不去，好好复习才是正事。

楚帆走后，我开始打开课本看书，不一会儿，手机响了，一看是婉晴的，就赶紧接了。

“小艾，我跟你说，我快被气死了。”婉晴那急躁的声音把我耳朵都快震聋了。

我轻声打探：“怎么啦？谁又惹你啦？”

她气急败坏地说：“杨佩珊，那个该死的杨佩珊！”

“哪个杨佩珊？”我一时没反应过来。

“就是上次我们一起吃饭，她也过来凑热闹的那个，你们不是还加过微信嘛！”

她这么一说，我有点印象了，确认道：“就是你经常说的，喜欢跟你比美，你买一件衣服，她必定买一个同品牌更贵的，然后压你一头的那个高中同学，对吧？”

“嗯，就是她。”

“你那么讨厌她，干嘛还跟她联系啊？”

“你觉得我会主动跟她联系吗？是今天我们在商场碰到了，她装着一副一见如故的样子，假惺惺地跟我叙旧，然后她居然一脸苦恼地跟我说，最近一直被一个男人追，很烦，都不知道该怎么拒绝。怎么办？怎么办？一直问我怎么办？我看着她那矫情的样子，都快被气死了。”她又开始着急起来。

我安抚她说：“你气什么呀？被男人追了怎么拒绝？很简单呀，你让她就地卸妆不就完了。”

“对啊，小艾宝贝，你太聪明了，我怎么就没想到呢？”

“你被她气糊涂了。”

“对对对，我快被她气炸了，我知道怎么做了，拜拜。”

过了一会儿，婉晴又打电话给我，告诉我说，“我在杨佩珊的朋友圈直接留言了，告诉她，对于你来说，拒绝一个男人还不是分分钟的事，只要就地卸妆就行。”

我一听，这也太缺德了，朋友圈人那么多，于是赶紧点开微信看热闹。

才点开，婉晴的朋友圈就出现了新消息，杨佩珊的评论：“宝贝，真聪明，知道选择在中午秀恩爱。”

言外之意很明显，“你早晚会遭报应的”。

于是，婉晴又在杨佩珊发的另一条朋友圈评论：“遇到更好的自己，说走就走的旅行，自拍照，是大龄剩女的三件法宝。”

杨佩珊的这条朋友圈发的是自己和一本励志书的合影自拍照。

我就这么看着她们明褒暗贬，斗过来，斗过去的，好无聊，接着又把其他朋友发的最新动态浏览了一遍。

“中国哪里的姑娘最漂亮？”

答：“朋友圈！”

害得我点了一圈的赞。

时间过得真快，等我反应过来时，居然差不多两个小时过去了，我突然好心痛！

我要关机、关电脑、关门、关窗户！

我要与世隔绝！

难怪人家都说，“优秀的人都是孤独的”，我现在迫切需要孤独！

看了几分钟，我突然又觉得好渴，拿着杯子去倒水，却发现饮水机里的水没了，于是打电话叫送水。可是我又等不及了，便噔噔噔地跑到楼下去买。到小卖部买水又碰到一个阿姨，这个阿姨跟我妈有点熟，竟然拉着我说家常，那股热情劲让我没法拒绝，东家长西家短地说了半天，才道出她的真实目的：“你上次给你妈买的鞋子在哪里买的？你真会买东西，下次你也帮我带一双，我给你钱。”

我不知道该怎么回答她。

有一次，我做了个项目小赚了一笔，于是奢侈了一下，给自己买了一双3 000元的鞋，款式跟平跟豆豆鞋相似，穿起来很舒服，是意大利的一个小众品牌，连婉晴都没看出来。回到家里，妈妈看见我的新鞋，问我价钱，我担心被骂，于是，顺口说了一句，“300元”，以为这样就能蒙混过关。没想到我妈却说道：“这鞋不错啊，300元可以啊，哪儿买的？”

“就是在地摊上随便买的，你喜欢的话，下次我给你也买一双。”

于是，我又花了3 000元给妈妈买了一双鞋，3 000元的东西当300元送，我真是抽风了，算了，就当尽孝了。

结果，我妈还去外面嘚瑟："你们看，我闺女买的鞋不错吧！"

"是不错，多少钱？"

"300元。"

"是吗？你闺女也太会买东西了，我家闺女买的600元的都没你这300元的好。"

于是，这些阿姨都突然找上门来了。

我看着阿姨那期盼的眼神，真是有苦难言！

"那个，阿姨啊，我就是在中国香港地摊上买的，就只剩下两双了，我全要了，没有了，真没有了。"

说完，我赶紧逃开了！

结果，人家还在后面埋怨道："这孩子，带双鞋都不愿意，又不是不给你钱。"

回到家里，我继续看书，看着看着有点昏昏欲睡，因为为了节约时间，中午都没有午休。硬撑了几分钟，最后实在撑不下去了，于是躺在沙发的凉席上打算休息一会儿，没想到居然睡着了。

等我醒来的时候，发现楚帆坐在旁边看书，我一骨碌坐了起来，问道："几点了？"

"北窗聊就枕，南檐日已斜。"他漫不经心地答道。

我往窗外望了望，太阳真的要下山了。

"你回来多久了？"我问道。

"1小时5分。"他抬手看了看表答道。

"怎么不叫醒我？"我埋怨道。

"梦笑开娇靥，眼鬟压落花，如此香甜，我怎能忍心叫醒你？"他语气中带有明显的奚落。

我白了他一眼，"没事拽什么文？不背两句诗，好像别人不知道你读过书似的。"

晚上吃完饭，我去广场走走，刚吃饱，得动弹一下，结果广场搭了个台子，做广告促销，请了专业舞团的人表演节目，那舞蹈跳得还真不错。一不小心看到散场，回到家里差不多10点了，洗洗涮涮就马上11点了，于是决定挑灯夜战。

正看着，楚帆突然在耳边说道："你知道'梦笑开娇靥，眼鬟压落花'的下一句是什么吗？"

"不知道！"我很不耐烦地答道。

我现在心急火燎的，马上要考试了，还有好多书没看完，都快得焦虑症了，哪有时间跟你讨论诗词歌赋！

他讪讪地走开了。

过了一会儿，他又过来了，说道："都快12点了，你还不睡觉吗？"

"我今晚不睡觉！我要奋战到底！"我发狠道。

"你明天不是还有课吗？你不睡觉，那你明天上课岂不是没精神？"

"我等会再睡！"

"别看了，睡觉！"他一边说，一边开始收我的书。

"你想睡觉那你睡好了，睡个觉也非得拉上我！"

"不拉上你拉上谁啊？睡觉！"语气毋庸置疑！

"我干嘛什么都要听你的？"

"你必须听我的！"

这人太霸道了！让人忍无可忍！难道他不知道，哪里有压迫哪里必然有反抗吗？

于是，我学甘地，采取非暴力不合作运动，坐在床沿上生闷气。

良久，我才想起，"梦笑开娇靥，眠鬟压落花"，下一句是"簟纹生玉腕，香汗浸红纱"！

第二天，我跟婉晴一起去培训班上课。

婉晴也比我好不了多少，周六子俊加班，她在家复习，无意中，她妈说了一句，今天家门口的商场在搞活动，很多东西都在打特价。她一听，想起上次看中的一条真丝连衣裙，有点贵，没舍得买，说不定今天会便宜点。于是，她噔噔噔地跑到商场。结果，可能是她命里带煞，碰到了杨佩珊，于是在微信里斗嘴斗了半天，自己把自己气得半死！

晚上，她想起今天一天就这么浪费了，一点书都没看，心里特别内疚，于是决定挑灯夜战。结果，她白天发的微信评论在同学群中被转发引起了围观，几个好久没联系的高中同学都突然联系她了。旧人见面，分外热情，你一句我一句聊了半天，然后又把他们的朋友圈浏览个遍，接着又点了无数个赞，熬到了深夜2点。

上课的时候，婉晴手扶着额，无精打采地听着，20分钟后，她对我说："小艾，你那个笔记到时候借我抄一下，我昨晚睡得太晚了，不行了，我得眯一会儿。"

这一眯，就眯了一上午，直到下课都没醒来。

我一边推她一边喊："亲爱的，还魂了，还魂了，下课了，快点还魂啊！"

你说我们懒惰吗？我们又好像挺上进，挺勤奋的。你说我们勤奋吗？我们又好像挺懒惰的。我们既懒惰又勤奋，我们是懒惰与勤奋的矛盾混合体。

那问题到底出现在什么地方呢？

我觉得可能是我不会管理时间！让时间白白流逝了！

于是，我向杜老师请教，问他："您平时是如何管理时间的?"结果，他对我说，"时间不是用来管理的，没有人能左右得了时间，它不会听从任何人的管理，它只会自顾自一如既往地流逝。那些做时间管理的人也好，公司也罢，顶多就是发明改进一下时间的测量工具而已，时间不需要管理，时间是用来感知的。"

我没听懂!

于是，他就给我推荐了一本书《奇特的一生》。

这本书写的是亚历山大·亚历山德罗维奇·柳比歇夫（1890年4月5日—1972年8月31日）将自己的一生用时间来计划的事。作为苏联的昆虫学家、哲学家和数学家，他生前发表了70多部学术著作。其中，分散分析、生物分类学、昆虫学方面的经典著作，已经被许多国家翻译出版。各种各样的论文和专著，他一共写了500多印张，这相当于12 500页打字稿。即使对专业作家而言，这也是个庞大的数字。

柳比歇夫的治学，博大精深，他既是一个狭窄领域的专家，又是个杂家。

柳比歇夫的遗产主要都是著作，如探讨地蚤的分类、科学史、农业、遗传学、植物保护、哲学、昆虫学、动物学等，此外，还有回忆录，主要追忆一些科学家和记录他一生的各个阶段以及彼尔姆大学……

柳比歇夫曾经讲过课，担任大学教研室主任兼研究所一个科室的负责人，还常常到各地考察。20世纪30年代，他跑遍了苏联的欧洲部分，去过许多集体农庄，实地研究果树害虫、玉米害虫、黄鼠……在所谓的业余时间，作为"休息"，他研究地蚤的分类。单单这一项，工作量就颇为可观：到1955年，柳比歇夫已搜集了35箱地蚤标本，共13 000只。这些地蚤都要鉴定、测量、做切片及制作标本。其中5 000只公地蚤做了器官切片，总计300种。他收集的材料比动物研究所多5倍。跳甲属的分类他研究了一生。这需要特殊的、深入钻研的才能，需要对这种工作有深刻的理解，理解其价值及其说不尽的新奇之处。有人曾经向著名的组织学家聂佛梅瓦基请教："柳比歇夫怎么能一生都在研究蠕虫的构造?"聂佛梅瓦基富有哲理地说道："蠕虫那么长，人生可是那么短!"

于是，大家都好奇，柳比歇夫一生干了那么多事情，产生了那么多思想，到底是用什么方法达成的。

在书里，我翻到了柳比歇夫的日记——时间开销日记。

乌里扬诺夫斯克。1964年4月7日。

分类昆虫学：画两张无名袋蛾的图——3小时15分钟。

鉴定袋蛾——20分钟。

附加工作：给斯拉瓦写信——2小时45分钟。

社会工作：植物保护小组开会——2小时25分钟。

休息：给伊戈尔写信——10分钟；

读《乌里扬诺夫斯克真理报》——10分钟；

读列夫·托尔斯泰的《塞瓦斯托波尔故事》——1小时25分钟。

乌里扬诺夫斯克。1964年4月8日。

分类昆虫学：鉴定袋蛾，结束——2小时20分钟。

开始写关于袋蛾的报告——1小时5分钟。

附加工作：给达维陀娃和布里亚赫尔写信，6页——3小时20分钟。

路途往返——0.5小时。

休息——剃胡子。

读《乌里扬诺夫斯克真理报》——15分钟；

读《消息报》——10分钟；

读《文学报》——20分钟；

读阿·托尔斯泰的《吸血鬼》，66页——1小时30分钟。

听里姆斯基·科萨科夫的《沙皇的未婚妻》——10分钟。

我按照他的方法统计了我真正的学习时间，其实很多时候一天连1个小时都不到。

平时真正工作的时间，其实不到3小时，跟我原以为的再怎么着也有8小时相差甚远。

我的时间都跑到哪里去了？

还好，我爱写日记，至少知道周末到底做了什么，很多人如果你问他“上周周末干什么了？”好像什么都没干，那时间去哪里了呢？

我开始慢慢学着感知时间，设立学习任务的同时，也在预估时间并且记录时间。

比如：房产税法律制度，我先看一下老师的讲课大概需要多少时间，然后看讲义，我把对应的例题尝试做一遍大概需要多少时间，不会的、不懂的，才开始看视频，哪些地方重点看，哪些地方可以跳过看，然后把对应的习题做完需要多少时间，最后合计学这个考点所需要的总时间。

每一个考点复习完一遍，需要多少时间，自我感觉学会了百分之多少，是否需要第二遍复习，如果需要，第二遍大概需要多长时间。

最后合计，就是我学会这个考点需要花费的总时间。

或者采用番茄工作法，以25分钟为一个单位，规定自己25分钟内完成什么任务，比如听课25分钟，25分钟内把这些练习题做完。任务的设置跟自己的能力相匹配，任务完成后，就休息5分钟，奖励自己。

如果25分钟种一个番茄，那看看自己一天能种几个番茄，我觉得在上班的情况下，一天能种上4个番茄的人就已经很不错了。

长此以往，我们也会养成一种对时间的感知，这里的感知就是对时间的感

觉和知觉。

《奇特的一生》中说过，柳比歇夫就形成了这种特殊的时间感。作者同他见过两次面，在柳比歇夫的日记中都有记载，时间记得十分准确——“1小时35分”“1小时50分”，然而当时他根本没有看表。柳比歇夫借助于一种内在的注意力，感觉得到时针在表盘上移动——对他来说，时间的急流是看得见摸得着的，他仿佛置身于这一急流之中，感觉到光阴在冷冰冰地流逝。

这就是对时间的感知，但是大部分人对时间没有这样的感知，很多人一个假期过完，突然回首，怎么这么快就过完了呢？还有很多人一生过完了，突然回首才感叹人生苦短！

这些人当中，就有你和我，或许我们也应该像柳比歇夫一样准备一本时间账本，这样才知道自己的时间花费在哪里，时间就是金钱，我们得记账才知道开销如何。

给自己准备一本时间日记账，每天日结，每个月月结，年终汇算总结！免得一天到晚喊“没时间了，没时间了”！

本章考点笔记精华

房产税法律制度

【考点6.1】纳税人与征税范围（见表6-2）

表6-2 纳税人与征税范围

	房产税，是以房产为征税对象，按照房产的计税价值或房产租金收入向房产所有人或经营管理人等征收的一种税
	在我国城市、县城、建制镇和工矿区（不包括农村）内拥有房屋产权的单位和个人，具体包括产权所有人、承典人、房产代管人或者使用人
纳税人	1.产权属于国家所有的，其经营管理的单位为纳税人 2.产权属于集体单位和个人的，集体单位和个人为纳税人 3.产权出典的，“承典人”为纳税人 4.产权所有人、承典人均不在房产所在地的，房产代管人或者使用人为纳税人 5.产权未确定以及租典纠纷未解决的，房产代管人或者使用人为纳税人 6.纳税单位和个人“无租使用”房产管理部门、免税单位及纳税单位的房产，由使用人代为缴纳房产税 【注意】房屋出租原则上“出租人”为纳税人，但在无租使用的情况下，承租人实际受益，因此由承租人代为缴纳 7.房地产开发企业建造的商品房，在出售前，不征收房产税，但对出售前房地产开发企业已使用或出租、出借的商品房应按规定征收房产税
征税范围	1.房产税的征税范围为城市、县城、建制镇和工矿区的房屋，“不包括农村” 2.独立于房屋之外的建筑物，如围墙、烟囱、水塔、室外游泳池等不属于房产税的征税范围

1.【单选题】下列关于房产税的说法中，正确的是（　　）。

A.产权属于国家所有的免征房产税

B.艾妮将个人拥有产权的房屋出典给杨凯风，则艾妮为该房屋房产税的纳税人

C.纳税单位和个人租赁房产管理部门、免税单位及纳税单位的房产，由承租人缴纳房产税

D.房地产开发企业建造的商品房，在出售前已使用应按规定征收房产税

2.【多选题】下列各项中，应当由甲房地产公司缴纳房产税的有（　　）。

A.甲公司已经开发完成尚未出售的商品房

B.甲公司已经出售给艾雯经营饭店的门面房

C.甲公司已经出租给艾佳经营饭店的门面房

D.甲公司以自行开发的商品房作为销售部门的办公用房

3.【多选题】下列各项关于房产税的说法中，错误的有（　　）。

A.房产税的征税范围为城市、县城、建制镇、农村和工矿区的房屋

B.给排水管道、电梯、暖气设备、中央空调属于以房屋为载体不可移动的附属设施，应计入房产原值，计征房产税

C.从价计征的房产税，以房产原值为计税依据

D.房产税在房产所在地缴纳

1.【答案】D

【解析】选项A，产权属于国家的，其经营管理的单位为纳税人；选项B，产权出典的，承典人（杨凯风）为纳税人；选项C，纳税单位和个人无租使用房产管理部门、免税单位及纳税单位的房产，由使用人代为缴纳房产税。

2.【答案】CD

【解析】选项A，房地产开发企业建造的商品房，在出售前，不征收房产税；选项B，应当由艾雯缴纳房产税；选项CD，房地产开发企业建造的商品房，在出售前该房地产开发企业已使用或出租、出借的应按规定征收房产税。

3.【答案】AC

【解析】选项A，房产税的征税范围为城市、县城、建制镇和工矿区的房屋，位于农村的房屋，不属于房产税征税范围，不征收房产税；选项C，从价计征的房产税，以房产余值为计税依据。

【考点6.2】应纳税额计算（见表6-3、表6-4和表6-5）

表6-3　　应纳税额计算1

计税方法	计税依据	税率	税额计算公式
从价计征	房产余值	1.2%	全年应纳税额=应税房产原值×（1-扣除比例）×1.2%
从租计征	房产租金	12%	全年应纳税额=（不含增值税）租金收入×12%（或4%）

表6-4　　应纳税额计算2

计税方法	计税依据	税率		计税公式
个人房屋租赁	（1）以房屋出租取得的不含增值税租金收入为计税依据（包括货币收入和实物收入）	个人出租住房（不区分用途）	4%	应纳税额=不含增值税的租金收入×4%
	（2）以劳务或其他形式为报酬抵付房租收入的，应当根据当地同类房产的租金水平，确定一个标准租金额从租计征	企事业单位、社会团体以及其他组织按市场价格向个人出租用于居住的住房		

表6-5　　应纳税额计算3

1.关于房产原值	（1）房产原值，是指纳税人按照会计制度的规定，在账簿固定资产科目中记载的房屋原价（不减除折旧） （2）凡以房屋为载体，不可随意移动的附属设备和配套设施，如给排水、采暖、消防、中央空调、电气及智能化楼宇设备等，无论在会计核算中是否单独记账与核算，都应计入房产原值，计征房产税 （3）纳税人对原有房屋进行改建、扩建的，要相应增加房屋的原值
2.关于投资联营	（1）对以房产投资联营、投资者参与投资利润分红、共担风险的，按房产余值作为计税依据计缴房产税 （2）对以房产投资收取固定收入、不承担经营风险的，实际上是以联营名义取得房屋租金，应以出租方取得的租金收入为计税依据计缴房产税
3.关于融资租赁	对于融资租赁的房屋，以房产余值计征房产税

【注意】应纳税额计算与税收优惠经常结合考核，此外还需注意同一所房屋前半年自用，后半年出租的情况。

1.【单选题】甲公司拥有一栋办公楼，该办公楼原值为6 000万元，已计提折旧2 000万元，当地政府规定的扣除比例为20%，2020年6月30日甲公司以每月60万元的价格将该办公楼出租，2020年共取得租金360万元（不含税）。已知房产税从价计征的税率为1.2%，从租计征的税率为12%，则甲公司2020年应缴纳的房产税的下列计算中，正确的是（　　）。

A.60×6×12%=43.2（万元）

B.6 000×（1−20%）×1.2%=57.6（万元）

C.（6 000−2 000）×（1−20%）×1.2%÷12×6+60×6×12%=62.4（万元）

D.6 000×（1−20%）×1.2%÷12×6+60×6×12%=72（万元）

2.【单选题】艾雪2020年年初拥有一栋自有住房，房产原值600万元，6月30日将其对外出租，租期1年，每月按照市场价格收取不含税租金2万元。已知房产税从价计征的税率为1.2%，个人出租住房从租计征的税率为4%，当地省政府规定计算房产余值的减除比例为30%。2020年艾雪上述房产应缴纳房产税的下列计算中正确的是（　　）。

A.2×6×4%=0.48（万元）

B.600×（1−30%）×1.2%÷12×6+2×6×4%=3（万元）

C.600×（1−30%）×1.2%÷12×5+2×7×4%=2.66（万元）

D.600×（1−30%）×1.2%=5.04（万元）

3.【单选题】2019年艾妍以1 500万元的价格购入一栋2层别墅，作为其设立的个人独资企业的办公用房，同年经批准艾妍花费200万元将其扩建为3层别墅，并支付30万元安装中央空调，已于年底完工。已知当地省政府规定计算房产余值的减除比例为30%，从价计征的房产税税率为1.2%，则艾妍2020年应缴纳房产税的下列计算中，正确的是（　　）。

A.1 500×（1−30%）×1.2%=12.6（万元）

B.（1 500+200+30）×（1−30%）×1.2%=14.53（万元）

C.（1 500+200）×（1−30%）×1.2%=14.28（万元）

D.（1 500+30）×（1−30%）×1.2%=12.85（万元）

4.【多选题】根据房产税法律制度的规定，下列各项中适用4%的税率征收房产税的有（　　）。

A.穆令美将位于甲小区的一套住房出租给钟慧君用于居住

B.穆令美将位于乙商圈的一套公建出租给季灵慧用于经营美容院

C.丙公司将闲置的职工宿舍出租给穆令美用于居住

D.丁公司将闲置的仓库出租给乙公司用于存放货物

1.【答案】D

【解析】（1）甲公司办公楼于6月30日对外出租，则2020年1月份至6月份应从价计征房产税，房产税按年计算，以房产余值为计税基础，不能减除折旧，则从价计征的房产税=6 000×（1−20%）×1.2%÷12×6=28.8（万元）；（2）该房产于2020年收取6个月的不含税租金共计60×6=360（万元），则从租计征的房产税=360×12%=43.2（万元）；（3）2020年甲公司上述房产应缴纳房产税税额=28.8+43.2=72（万元）。

2.【答案】A

【解析】(1) 个人自有居住用房产免征房产税；(2) 该房产于2020年收取6个月的不含税租金共计2×6=12（万元），则从租计征的房产税=12×4%=0.48（万元）。

3.【答案】B

【解析】(1) 以房屋为载体，不可随意移动的附属设备和配套设施，如中央空调，应计入房产原值，计征房产税；(2) 纳税人对原有房屋进行改建、扩建的，要相应增加房屋的原值。

4.【答案】AC

【解析】选项AB，个人出租住房不区分用途，按4%的税率征收房产税；选项CD，对企业按市场价格向个人出租用于居住的住房，减按4%的税率征收房产税。

【考点6.3】税收优惠（见表6-6）

表6-6　**税收优惠**

<table>
<tr><td rowspan="2">税收优惠</td><td colspan="2">1.国家机关、人民团体、军队“自用”的房产，免征房产税
2.由国家财政部门拨付事业经费的单位所有的、“本身业务范围”内使用的房产，免征房产税
3.宗教寺庙、公园、名胜古迹“自用”的房产，免征房产税
4.个人所有“非营业用”的房产，免征房产税</td></tr>
<tr><td>5.经财政部批准免税的其他房产</td><td>(1) 危房、毁损不堪居住房屋——停用后免征
(2) 大修理连续停用半年以上——停用期间免征
(3) 基建工地临时房屋——施工期间免征
(4) 租金偏低的公房出租——免征
(5) 高校学生公寓——免征
(6) 非营利性医疗机构——免征
(7) 老年服务机构自用房产——免征
(8) 廉租房、公租房——免征
(9) 国家机关、军队、人民团体、（财政补助+经费自理）事业单位、居委会、村委会、体育基金会、体育类民办非企业单位拥有的体育场馆、用于体育活动的房产——免征
(10) 企业拥有并运营管理的大型体育场馆，其用于体育活动的房产——减半征收
【注意】(9)、(10) 用于体育活动的天数不得低于全年自然天数的70%
(11) 农贸市场：
自2019年1月1日至2021年12月31日，对农产品批发市场、农贸市场专门用于经营农产品的房产、土地，暂免征收房产税，用于行政办公区、生活区及商业餐饮娱乐等非直接为农产品交易提供服务的房产、土地，应征房产税
(12) 科技企业孵化器：
自2019年1月1日至2021年12月31日，对国家级、省级科技企业孵化器、大学科技园和国家备案众创空间提供给孵化对象使用的土地、房产，免征房产税
(13) 供热企业：
①自2019年1月1日至2023年供暖期结束，对向居民供热收取采暖费的供热企业，为居民供热所使用的厂房免征房产税
②对供热企业其他厂房，应当按照规定征收房产税
③对专业供热企业，按其向居民供热取得的采暖费收入占全部采暖费收入的比例，计算免征的房产税</td></tr>
</table>

1.【多选题】下列各项中，免征房产税的有（　　）。

A.老年服务机构自用的房产

B.因房屋大修导致连续停用3个月以上，在房屋停用期间

C.施工期间在基建工地，为基建工地服务的工棚、材料棚等

D.企业拥有并运营管理的大型体育场馆，其用于体育活动的房产，用于体育活动的天数不低于全年自然天数的70%

2.【单选题】下列各项中，不予免征房产税的是（　　）。

A.公园中附设的饮食部

B.名胜古迹管理单位自用的办公用房

C.个人所有的唯一普通居住用房

D.国家机关的职工食堂

1.【答案】AC

【解析】选项B，在房屋停用期间免征房产税；选项D，减半征收房产税。

2.【答案】A

【解析】选项A，宗教寺庙、公园、名胜古迹中附设的营业单位，如饮食部等所使用的房产，不属于免税范围。

【考点6.4】纳税义务发生时间（见表6-7）

表6-7　　**纳税义务发生时间**

纳税义务发生时间	1.纳税人将原有房产用于生产经营，从生产经营之月起，缴纳房产税 2.纳税人自行新建房屋用于生产经营，从建成之次月起，缴纳房产税 3.纳税人委托施工企业建设的房屋，从办理验收手续之次月起，缴纳房产税 4.纳税人购置新建商品房，自房屋交付使用之次月起，缴纳房产税 5.纳税人购置存量房，自办理房屋权属转移、变更登记手续，房地产权属登记机关签发房屋权属证书之次月起，缴纳房产税 6.纳税人出租、出借房产，自交付出租、出借本企业房产之次月起，缴纳房产税 7.房地产开发企业自用、出租、出借本企业建造的商品房，自房屋使用或交付之次月起，缴纳房产税 8.纳税人因房产的实物或权利状态发生变化而依法终止房产税纳税义务的，其应纳税款的计算应截止到房产的实物或权利状态发生变化的当月末

契税

【考点6.5】纳税人与征税范围（见表6-8）

表6-8　　纳税人与征税范围

纳税人	契税，是指国家在土地、房屋权属转移时，按照当事人双方签订的合同（契约），以及所确定价格的一定比例，向“权属承受人”征收的一种税
	在我国境内“承受”土地、房屋权属转移的单位和个人
征税范围	1.土地使用权出让 2.土地使用权转让（包括出售、赠与、交换） 3.房屋买卖、赠与、互换 以作价投资（入股）、偿还债务、划转、奖励等方式转移土地、房屋权属的，应当依照税法规定征收契税 4.共有份额发生变化，或者共有人增加或减少，都属于权属转移，应缴纳契税
	【注意】1.土地使用权的转让不包括土地承包经营权和土地经营权的转移 2.土地、房屋权属的典当、“继承”、分拆（分割）、出租、抵押，不属于契税的征税范围 3.与土地增值税区别，关键在于纳税人的不同
税率	具体适用税率，由省、自治区、直辖市人民政府在幅度税率规定范围内，按照本地区实际情况提出，报同级人民代表大会常务委员会决定，并报全国人民代表大会常务委员会和国务院备案
	同时，各省、自治区、直辖市可以依照税法规定的程序对不同主体、不同地区、不同类型的住房的权属转移确定差别税率

1.【单选题】根据契税法律制度的规定，下列行为中，应征收契税的是（　　）。

A.甲公司出租地下停车场

B.丁公司购买办公楼

C.乙公司将房屋抵押给银行

D.丙公司承租仓库

2.【多选题】根据契税法律制度的规定，下列各项中，属于契税征税范围的有（　　）。

A.土地使用权出让

B.房屋互换

C.土地承包经营权转移

D.土地使用权赠与

3.【单选题】根据契税法律制度的规定，下列各项中，属于契税纳税人的是（　　）。

A.获得住房奖励的个人

B.转让土地使用权的企业

C.出租父母汽车的子女

D.出售房屋的个体工商户

4.【单选题】下列各项中，应当缴纳契税的是（　　）。

A.艾思晨因经营周转需要将自有房屋典当

B.钱晗昱因病去世，小钱继承钱晗昱的房产

C.苗经纬夫妻离婚，对婚内房产进行分割

D.穆采薇因在国际大赛上取得优异成绩而获得某房地产企业赠予的一套住房

5.【多选题】下列关于契税的说法中，错误的有（　　）。

A.契税的纳税人是在我国境内转让土地、房屋权属的单位和个人

B.国有土地使用权出让应按规定征收契税

C.土地使用权转让应按规定征收契税

D.承包者获得农村集体土地承包经营权应按规定征收契税

1.【答案】B

【解析】(1) 选项AD：均属于“出租”行为，不发生土地、房屋权属转移；(2) 选项C：抵押时房屋权属不发生变动，如果乙公司无力清偿银行到期的欠款，银行实现其抵押权（即将乙公司的房屋用于抵债）时，房屋权属发生变动，承受方应缴纳契税。

2.【答案】ABD

【解析】选项C：土地承包经营权和土地经营权的转移，不属于契税的征税范围。

3.【答案】A

【解析】(1) 选项C：不属于契税的征税范围；(2) 选项BD：契税纳税人为承受方，转让方（出售方）不缴纳契税。

4.【答案】D

【解析】选项ABC，土地、房屋权属的典当、继承、分拆（分割）不属于契税的征税范围；选项D，穆采薇为受赠方取得房产应当缴纳契税。

5.【答案】AD

【解析】选项A，契税的纳税人是在我国境内承受土地、房屋权属转移的

单位和个人；选项D，农村集体土地承包经营权的转移，不属于契税的征税范围。

【考点6.6】应纳税额的计算（见表6-9）

表6-9

计税依据	具体规定
成交价格	土地使用权出让、出售，房屋买卖，以不含增值税的成交价格作为计税依据
互换价格差额	土地使用权互换、房屋互换，以互换的土地使用权、房屋价格的差额为计税依据
	【提示】互换价格不等的，以其差额为计税依据，由支付差额的一方缴纳契税；互换价格相等的，互换双方计税依据为零（免税）
核定价格	（1）土地使用权赠与、房屋赠与及其他没有价格的转移土地、房屋权属行为，以税务机关参照土地使用权出售、房屋买卖的市场价格依法核定的价格为计税依据
	（2）纳税人申报的成交价格、互换价格差额明显偏低且无正当理由的，由税务机关依照《中华人民共和国税收征收管理法》的规定核定
	【提示】核定计税价格，应参照市场价格，采用房地产评估价格等方法合理确定
土地出让价格与成交价格	以划拨方式取得的土地使用权，经批准改为出让方式重新取得该土地使用权的，应由该土地使用权人以补缴的土地出让价款为计税依据缴纳契税
	先以划拨方式取得土地使用权，后经批准转让房地产，划拨土地性质改为出让的，承受方应分别以补缴的土地出让价款和房地产权属转移合同确定的成交价格为计税依据缴纳契税
	先以划拨方式取得土地使用权，后经批准转让房地产，划拨土地性质未发生改变的，承受方应以房地产权属转移合同确定的成交价格为计税依据缴纳契税
税率	比例税率，实行3%～5%的幅度税率
应纳契税税额	应纳契税税额=计税依据×税率

【提示】契税计税依据不包括增值税，具体情形为：

（1）土地使用权出售、房屋买卖，承受方计征契税的成交价格不含增值税；实际取得增值税发票的，成交价格以发票上注明的不含税价格确定。

（2）土地使用权互换、房屋互换，契税计税依据为不含增值税价格的差额。

（3）税务机关核定的契税计税价格为不含增值税价格。

1.【单选题】2020 年 10 月王某购买一套住房，支付购房价款 97 万元、增值税税额 8.73 万元。已知契税适用税率为 3%，计算王某应缴纳契税税额的下列算式中，正确的是（　　）。

A.（97+ 8.73）×3%　　B.97÷（1-3%）×3%

C.（97-8.73）×3%　　D.97×3%

2.【单选题】甲公司于 2020 年 11 月向乙公司购买一处闲置厂房，合同注明的土地使用权价款 2 000 万元（不含增值税），厂房及地上附着物价款 500 万元（不含增值税），已知当地规定的契税税率为 3%，甲公司应缴纳的契税税额为（　　）万元。

A.15　　B.45

C.60　　D.75

3.【单选题】老李拥有一套价值 72 万元的住房，老张拥有一套价值 52 万元的住房，双方互换住房，由老张补差价 20 万元给老李。已知，本题涉及的价值、价格均不含增值税，契税的税率为 3%，下列各项中，正确的是（　　）。

A.老李应缴纳契税 2.16 万元

B.老张应缴纳契税 0.6 万元

C.老李应缴纳契税 0.6 万元

D.老张应缴纳契税 2.16 万元

4.【多选题】蔺婉娜原有两套相同的住房，2020年8月，将其中一套无偿赠送给战友梁静雅；将另一套以市场价格60万元与谢某的住房进行了等价置换；又以100万元价格购置了一套新住房，已知契税的税率为3%。根据契税法律制度的规定，下列说法中，正确的有（　　）。

A.蔺婉娜应缴纳契税3万元

B.蔺婉娜应缴纳契税4.8万元

C.梁静雅应缴纳契税1.8万元

D.梁静雅无须缴纳契税

1.【答案】D

【解析】本题的“购房价款 97 万元”即为不含增值税的成交价。

2.【答案】D

【解析】“连房带地一块儿卖”，成交价格应当既包括厂房及地上附着物的价款，又包括对应土地使用权的价款，但不含增值税。因此，甲公司应缴纳契

税=（2 000+500）×3%=75（万元）。

3.【答案】B

【解析】（1）“老张补差价”，老张是多付差价的一方，应由老张缴纳契税，排除选项AC；（2）应以价格差额为计税依据，即老张应缴纳的契税=20×3%=0.6（万元）。

4.【答案】AC

【解析】选项A，蔺婉娜与谢某等价交换房屋不缴纳契税，蔺婉娜购入新住房应缴纳的契税=100×3%=3（万元）；选项C，梁静雅获得蔺婉娜无偿赠送的房产应缴纳的契税，没有销售价格按市场价格确定其计税依据为60万元，梁静雅的应纳税额=60×3%=1.8（万元）。

【考点6.7】契税税收优惠（见表6-10）

表6-10 契税税收优惠

1. 全国法定免税	涉“公”	（1）国家机关、事业单位、社会团体、军事单位承受土地、房屋用于办公、教学、医疗、科研、军事设施	免税
		（2）非营利性的学校、医疗机构、社会福利机构承受土地、房屋权属用于办公、教学、医疗、科研、养老、救助	
	涉“民”	（1）婚姻关系存续期间夫妻之间变更土地、房屋权属	
		（2）法定继承人通过继承承受土地、房屋权属	
	涉“农”	承受荒山、荒地、荒滩土地使用权用于农、林、牧、渔业生产	
	外交豁免	依照法律规定应当予以免税的外国驻华使馆、领事馆和国际组织驻华代表机构承受土地、房屋权属	
2. 地方酌定减免	减免	省、自治区、直辖市可以决定对下列情形免征或者减征契税：	减免
		（1）因土地、房屋被县级以上人民政府征收、征用，重新承受土地、房屋权属	
		（2）因不可抗力灭失住房，重新承受住房权属	
	备案	上述免征或者减征契税的具体办法，由省、自治区、直辖市人民政府提出，报同级人民代表大会常务委员会决定，并报全国人民代表大会常务委员会和国务院备案	
	补缴	经批准减征、免征契税的纳税人，改变有关土地、房屋的用途，或者有其他不再属于减征、免征契税情形的，应当补缴已经减征、免征的税款	

3.临时减免	企业改制	非公司制企业改制为有限责任公司或股份有限公司，有限责任公司变更为股份有限公司，股份有限公司变更为有限责任公司，原企业投资主体存续并在改制（变更）后的公司中所持股权（股份）比例超过75%，且改制（变更）后公司承继原企业权利、义务的，对改制（变更）后公司承受原企业土地、房屋权属	免征
	事业单位改制	事业单位按照国家有关规定改制为企业，原投资主体存续并在改制后企业中出资（股权、股份）比例超过50%的，对改制后企业承受原事业单位土地、房屋权属	免征
	公司分立	公司依照法律规定、合同约定分立为两个或两个以上与原公司投资主体相同的公司，对分立后公司承受原公司土地、房屋权属	免征
	公司合并	两个或两个以上的公司，依照法律规定、合同约定，合并为一个公司，且原投资主体存续的，对合并后公司承受原合并各方土地、房屋权属	免征
	债权人	承受破产企业土地、房屋权属以抵偿债务的	免征
	非债权人承受破产企业土地、房屋权属	安置原企业全部职工并签订服务年限不少于3年的劳动用工合同的	免征
		安置原企业全部职工并与原企业超过30%职工签订服务年限不少于3年的劳动用工合同的	减半
	资产划转	对承受县级以上人民政府或国有资产管理部门按规定进行行政性调整、划转国有土地、房屋权属的单位	免征
		同一投资主体内部所属企业之间土地、房屋权属的划转，包括母公司与其全资子公司之间，同一公司所属全资子公司之间，同一自然人与其设立的个人独资企业、一人有限公司之间土地、房屋权属的划转	
		母公司以土地、房屋权属向其全资子公司增资，视同划转	
	债权转股权	经国务院批准实施债权转股权的企业，对债权转股权后新设立的公司承受原企业的土地、房屋权属	免征
	划拨用地出让或作价出资	以出让方式或国家作价出资（入股）方式承受原改制重组企业、事业单位划拨用地的	征收
	公司股权（股份）转让	在股权（股份）转让中，单位、个人承受公司股权（股份），公司土地、房屋权属不发生转移	不征

【多选题】根据契税法律制度的规定，下列各项中，免征契税的有（　　）。

A.军事单位承受土地用于军事设施

B.国家机关承受房屋用于办公

C.纳税人承受荒山土地使用权用于农业生产

D.城镇居民购买商品房用于居住

【答案】ABC

【解析】（1）选项 AB：国家机关、事业单位、社会团体、军事单位承受土地、房屋用于办公、教学、医疗、科研、军事设施的，免征契税；（2）选项 C：纳税人承受荒山、荒地、荒滩土地使用权，用于农、林、牧、渔业生产的，免征契税。

【考点6.8】契税征收管理（见表6-11）

表6-11　**契税征收管理**

纳税义务发生时间	签订土地、房屋权属转移合同的当日，或者取得其他具有土地、房屋权属转移合同性质凭证的当日
纳税期限	依法办理土地、房屋权属登记手续前申报缴纳契税
纳税地点	土地、房屋所在地税务机关

土地增值税法律制度

【考点6.9】征税范围（见表6-12）

表6-12　**征税范围**

事项		土地增值税	
		不征	征
土地使用权出让		★	
土地使用权转让			★
转让建筑物产权			★
继承		★	
赠与		（1）赠与直系亲属或者承担直接赡养义务人 （2）通过中国境内非营利的社会团体、国家机关赠与教育、民政和其他社会福利、公益事业	赠与其他人
改制	整体改制	暂不征收	
	合并	暂不征收	
	分立	暂不征收	
	投资、联营	暂不征收	
	房地产开发企业		★

续表

事项	土地增值税	
	不征	征
房地产开发企业	将部分开发房产自用或出租	出售
房地产交换	个人互换自有居住用房	企业互换
合作建房	建成后自用	建成后转让
出租	★	
抵押	抵押期间	抵押期满“且”发生权属转移
代建	★	
评估增值	★	

【总结】 土地增值税属于收益性质的税种，因此只有在发生权属转移且有增值的情况下才予以征收。读者在理解的基础上，关注出让与转让、企业改制。

【多选题】 下列关于土地增值税的说法中，错误的有（　　）。

A.土地使用权出让应征收土地增值税

B.土地使用权转让应征收土地增值税

C.个人互换自有居住用房应征收土地增值税

D.甲房地产开发公司用房地产进行投资联营应征收土地增值税

【答案】 AC

【解析】 选项AB，土地增值税只对转让国有土地使用权的行为征税，对出让国有土地使用权的行为不征税；选项C，个人之间互换自有居住用房地产，免征土地增值税；选项D，以房地产进行投资联营免征土地增值税，但一方为房地产企业的除外。

【考点6.10】土地增值税计算

1.计税公式

土地增值税=增值额×税率-扣除项目金额×速算扣除系数

增值额=转让房地产取得的收入-扣除项目金额

2.新建项目具体扣除标准（见表6-13）

表6-13 **新建项目具体扣除标准**

<table>
<tr><th colspan="2">转让项目</th><th colspan="2">具体扣除项目</th><th colspan="2">扣除标准</th></tr>
<tr><td rowspan="9">新建项目</td><td rowspan="6">房地产开发企业</td><td>拿地</td><td>①取得土地使用权所支付的金额</td><td colspan="2">据实扣除（成本+契税）</td></tr>
<tr><td rowspan="3">建房</td><td>②房地产开发成本</td><td colspan="2">据实扣除</td></tr>
<tr><td rowspan="2">③房地产开发费用</td><td>利息明确</td><td>利息+（①+②）×5%</td></tr>
<tr><td>利息不明确</td><td>（①+②）×10%</td></tr>
<tr><td>销售</td><td>④与转让房地产有关的税金</td><td colspan="2">城建税、教育费附加（不包括印花税）
土地增值税扣除项目涉及的增值税进项税额，允许在销项税额中抵扣的，不计入扣除项目，不允许在销项税额中抵扣的，可以计入扣除项目</td></tr>
<tr><td>优惠</td><td>⑤加计扣除额</td><td colspan="2">（①+②）×20%</td></tr>
<tr><td rowspan="3">非房地产开发企业</td><td>拿地</td><td>同</td><td colspan="2">同</td></tr>
<tr><td>建房</td><td>同</td><td colspan="2">同</td></tr>
<tr><td>销售</td><td>不同</td><td colspan="2">城建税、教育费附加、印花税、不得抵扣的增值税</td></tr>
<tr><td colspan="6">【理解】房地产开发企业销售的新房属于期房，因此销售印花税与房屋开发费用属于同一会计期间，印花税已在开发费用中扣除故不允许单独再扣除；非房地产开发企业销售新房属于现房，因此印花税虽然也计入管理费用当中但与房地产开发费用显然不属于同一会计期间，故允许单独扣除</td></tr>
<tr><td colspan="6">【记忆提示】请大家按照企业建房的费用发生顺序记忆，同时注意房地产开发企业与非房地产开发企业的不同</td></tr>
<tr><td colspan="6">【注意】税收优惠：纳税人建造“普通标准住宅”出售，增值额未超过扣除项目金额20%的，予以免税</td></tr>
</table>

3.计算步骤（见表6-14）

表6-14　　　　计算步骤

计算步骤	1.确定收入	题目给出
	2.确定扣除项目金额	（1）取得土地使用权所支付的金额——题目给出 （2）房地产开发成本——题目给出 （3）房地产开发费用——根据题目内容判定利息是否明确 （4）与转让房地产有关的税金——题目给出（注意与印花税区分） （5）计算加计扣除
	3.确定增值额	（1）-（2）
	4.确定增值额与扣除项目的比率	（3）÷（2）
	5.找税率	
	6.算税额	应纳税额=增值额×税率-扣除项目金额×速算扣除系数

4.销售旧房具体扣除标准（见表6-15）

表6-15　　　　销售旧房具体扣除标准

转让项目		具体扣除项目		扣除标准
存量项目	房屋	房	①房屋及建筑物的评估价格	重置成本价×成新率
		地	②取得土地使用权所支付的地价款和缴纳的有关费用	据实扣除
		销售	③与转让房地产有关的税金	
	土地	地	同	同
		销售	同	同

1.【单选题】2020年某房地产开发企业进行普通标准住宅开发，已知支付的土地出让金及相关税费为3 000万元；住宅开发成本2 800万元；房地产开发费用中的利息支出为300万元（不能提供金融机构证明）；销售过程中缴纳增值税450万元、城市维护建设税和教育费附加45万元，印花税4.5万元。已知：该企业所在省人民政府规定的房地产开发费用的计算扣除比例为10%，房地产开发加计扣除比例为20%。则该企业在计算应缴纳的土地增值税税额时，下列关于准予扣除的项目金额合计的计算中正确的是（　　）。

A.3 000+2 800+300+450+45=6 595（万元）

B.3 000+2 800+（3 000+2 800）×10%+45+4.5+（3 000+2 800）×20%=7 589.5（万元）

C.3 000+2 800+（3 000+2 800）×10%+45+（3 000+2 800）×20%=7 585（万元）

D.3 000+2 800+（3 000+2 800）×10%+450+45+（3 000+2 800）×20%=8 035（万元）

2.【单选题】2020年5月，甲企业转让自建厂房取得不含税销售额10 000万元，准予扣除项目金额共计6 000万元，已知土地增值税税率40%，速算扣除率5%。甲企业应纳土地增值税为（　　）。

A.（10 000−6 000）×40%−10 000×5%=1 100（万元）

B.（10 000−6 000）×40%−6 000×5%=1 300（万元）

C.10 000×40%−6 000×5%=3 700（万元）

D.6 000×40%−（10 000−6 000）×5%=2 200（万元）

3.【多选题】2020年2月，甲企业转让2012年自建的房产一栋取得收入2 000万元，该房产购入时的土地成本为600万元，房屋重置成本为300万元，成新率为50%，评估价格为150万元，缴纳增值税100万元，城建税及教育费附加10万元，评估费5万元，甲企业在计算土地增值税时准予扣除的项目有（　　）。

A.土地成本600万元

B.重置成本300万元

C.评估价格150万元

D.缴纳的增值税100万元

1.【答案】C

【解析】扣除项目金额如下：（1）取得土地使用权支付的金额3 000万元；（2）房地产开发成本2 800万元；（3）房地产开发费用，因利息费用不能提供金融机构证明，因此不能单独扣除，可扣除费用=（3 000+2 800）×10%=580（万元）；（4）与转让房地产有关的税金，其中增值税为价外税不得扣除，印花税不能单独扣除，准予扣除的税金=45万元，财政部规定的其他扣除项目=（3 000+2 800）×20%=1 160（万元）；（5）准予扣除的金额合计=3 000+2 800+580+45+1 160=7 585（万元）。

2.【答案】B

【解析】土地增值税=增值额×税率−扣除项目金额×速算扣除系数；增值额=转让房地产取得的收入−扣除项目金额。

3.【答案】AC

【解析】纳税人转让旧房，准予扣除的项目包括取得土地时的成本、房屋的评估价格、转让时缴纳的其他相关费用及税金（不含增值税）。

【考点6.11】税收优惠（见表6-16）

表6-16　**税收优惠**

税收优惠	1.纳税人建造“普通标准住宅”出售，增值额未超过扣除项目金额20%的，予以免税；超过20%的，应按全部增值额缴纳土地增值税
	2.因国家建设需要依法征用、收回的房地产，免征土地增值税 【注意】因上述原因而“自行转让”比照国家收回处理
	3.企事业单位、社会团体以及其他组织转让旧房作为廉租住房、经济适用住房房源且增值额未超过扣除项目金额20%的，免征土地增值税
	4.居民个人转让住房免征土地增值税

【多选题】下列关于土地增值税税收优惠政策的说法中，正确的有（　　）。

A.纳税人建造普通标准住宅出售，增值额未超过扣除项目金额20%的，免征土地增值税

B.因国家建设需要依法征用、收回的房地产，免征土地增值税

C.企事业单位、社会团体以及其他组织转让旧房作为公共租赁住房房源的，免征土地增值税

D.居民个人转让住房免征土地增值税

【答案】ABD

【解析】选项C，企事业单位、社会团体以及其他组织转让旧房作为公共租赁住房房源且增值额未超过扣除项目金额20%的，免征土地增值税。

【考点6.12】土地增值税纳税清算（见表6-17）

表6-17　**土地增值税纳税清算**

土地增值税纳税清算	1.符合下列情形之一的，纳税人“应当”进行土地增值税的清算	（1）房地产开发项目全部竣工、完成销售的； （2）整体转让未竣工决算房地产开发项目的； （3）直接转让土地使用权的
	2.符合下列情形之一的，主管税务机关“可以要求”纳税人进行土地增值税清算	（1）已竣工验收的房地产开发项目，已转让的房地产建筑面积占整个项目可售建筑面积的比例在“85%以上”，或该比例虽未超过85%，但剩余的可售建筑面积已经出租或自用的； （2）取得销售（预售）许可证满3年仍未销售完毕的； （3）纳税人申请注销税务登记但未办理土地增值税清算手续的； （4）其他 【记忆提示】应当进行清算的情形是纳税人的开发项目已经完全转让

【单选题】下列企业的主管税务机关，可以要求其进行土地增值税清算的是（　　）。

A.甲房地产开发公司的房地产开发项目全部竣工并已完成销售

B.乙房地产开发公司取得销售许可证满2年仍未销售完毕

C.丙房地产开发公司已竣工验收的房地产开发项目，已转让的房地产建筑面积占整个项目可售建筑面积的比例为75%，剩余的可售建筑面积已经出租

D.丁房地产开发公司将未竣工决算的房地产开发项目整体转让

【答案】C

【解析】选项AD，纳税人“应当”进行土地增值税的清算；选项B，取得销售（预售）许可证满3年仍未销售完毕的主管税务机关可以要求其进行土地增值税清算；选项C，已竣工验收的房地产开发项目，已转让的房地产建筑面积占整个项目可售建筑面积的比例虽未超过85%，但剩余的可售建筑面积已经出租或自用的主管税务机关可以要求其进行土地增值税清算。

城镇土地使用税法律制度

【考点6.13】纳税人（见表6-18）

表6-18　纳税人

纳税人	城镇土地使用税是国家在“城市、县城、建制镇和工矿区”范围内，对使用土地的单位和个人，以其实际占用的土地面积为计税依据，按照规定的税额计算征收的一种税 【理解】受益人纳税原则，谁使用，谁受益，谁纳税 【注意】用于租赁的房屋，由“出租方”缴纳城镇土地使用税

【多选题】关于确定城镇土地使用税纳税人的下列表述中，符合法律制度规定的有（　　）。

A.拥有土地使用权的单位或者个人为纳税人

B.拥有土地使用权的单位或者个人不在土地所在地的，以代管人或者实际使用人为纳税人

C.土地使用权未确定或权属纠纷未解决的，暂不缴纳城镇土地使用税

D.土地使用权共有的，以共有各方为纳税人

【答案】ABD

【解析】选项C，由实际使用人缴纳城镇土地使用税。

【考点6.14】计税依据（见表6-19）

表6-19　　计税依据

计税依据	计税依据为纳税人“实际占用”土地面积
	1.凡由省级人民政府确定的单位组织测定土地面积的，以“测定”的土地面积为准
	2.尚未组织测定，但纳税人持有政府部门核发的土地使用权证书的，以“证书确定”的土地面积为准
	3.尚未核发土地使用权证书的，应当由纳税人“据实申报”土地面积，待核发土地使用权证书后再做调整
应纳税额计算	执行从量计征 年应纳税额=实际占用应税土地面积（平方米）×适用税额 【注意】与税收优惠的结合考核

1.【单选题】某企业2020年年初实际占地面积为2 000平方米，2020年4月该企业为扩大生产，经过有关部门批准，新征用非耕地3 000平方米。已知该企业所处地段适用年纳税额5元/平方米。该企业2020年应缴纳城镇土地使用税的下列计算中，正确的是（　　）。

A.2 000×5=10 000（元）

B.3 000×5=15 000（元）

C.2 000×5+3 000×5×8÷12=20 000（元）

D.2 000×5+3 000×5=25 000（元）

2.【多选题】下列关于城镇土地使用税的说法中，正确的有（　　）。

A.城镇土地使用税以建筑面积为计税依据，而不以使用面积为计税依据

B.国家机关自用的土地免征城镇土地使用税

C.公园、名胜古迹内的索道公司经营用地，免征城镇土地使用税

D.纳税人占用耕地，已缴纳了耕地占用税的，从批准征用之日起满1年后征收城镇土地使用税

1.【答案】C

【解析】纳税人新征用的非耕地，自批准征用之次月起计算纳税，应纳税额=2 000×5+3 000×5×8÷12=20 000（元）。

2.【答案】BD

【解析】选项A，城镇土地使用税的计税依据是实际占用的土地面积；选项C，应按规定缴纳城镇土地使用税。

【考点6.15】税收优惠（见表6-20）

表6-20　　税收优惠

税收优惠	1.一般规定	(1) 国家机关、人民团体、军队自用的土地免征城镇土地使用税 (2) 由国家财政部门拨付事业经费的单位自用的土地免征城镇土地使用税 (3) 宗教寺庙、公园、名胜古迹自用的土地免征城镇土地使用税 (4) 市政街道、广场、绿化带等公共用地免征城镇土地使用税 (5) 直接用于农、林、牧、渔业的生产用地免征城镇土地使用税 (6) 经批准开山填海整治的土地和改造的废弃土地，从使用的月份起免缴城镇土地使用税5年至10年 (7) 由财政部另行规定免税的能源、交通、水利设施用地和其他用地
		【记忆提示】(1)～(5) 为非经营行为；(6)～(7) 为国家鼓励行为 **【注意】**公园、名胜古迹内的“索道公司经营用地”，应按规定缴纳城镇土地使用税
	2.特殊规定（23项）	(1) 缴纳了耕地占用税的，从批准征用之日起“满1年后”征收城镇土地使用税 (2) 免税单位无偿使用纳税单位的土地——免征 纳税单位无偿使用免税单位的土地——征 (3) 老年服务机构的自用土地——不征 (4) 体育用地（同房产税） (5) 企业厂区内（包括办公区、生活区、绿化带、机场跑道等）——征 **【注意】**企业范围内的荒山、林地、湖泊等占地，自2016年1月1日起全额征收
		企业厂区外——不征 举例： 火电厂：围墙外的灰场用地 盐场：盐滩 林场：林地、防火用地 水利设施用地 港口：码头 机场：飞行区、场外的跑道 石油行业：生产建设用地（采油井、油气长输管道等）（2017年调整） 自2019年1月1日至2021年12月31日，对农产品批发市场、农贸市场专门用于经营农产品的房产、土地，暂免征收城镇土地使用税，用于行政办公区、生活区及商业餐饮娱乐等非直接为农产品交易提供服务的房产、土地，应征城镇土地使用税 自2019年1月1日至2021年12月31日，对国家级、省级科技企业孵化器、大学科技园和国家备案众创空间提供给孵化对象使用的土地、房产，免征城镇土地使用税

税收优惠	3.供热企业	（1）自2019年1月1日至2023年供暖期结束，对向居民供热收取采暖费的供热企业，为居民供热所使用的土地免征城镇土地使用税
		（2）对供热企业其他土地，应当按照规定征收城镇土地使用税
		（3）对专业供热企业，按其向居民供热取得的采暖费收入占全部采暖费收入的比例，计算免征的城镇土地使用税
		（4）对兼营供热企业，供热所使用的土地与其他生产经营活动所使用土地可以区分的，对其供热所使用土地，按向居民供热取得的采暖费收入占全部采暖费收入的比例，计算免征的城镇土地使用税。难以区分的，对其全部土地，按向居民供热取得的采暖费收入占其营业收入的比例，计算免征的城镇土地使用税
		（5）对自供热单位，按向居民供热建筑面积占总供热建筑面积的比例，计算免征供热所使用土地的城镇土地使用税
	4.物流企业	（1）自2020年1月1日起至2022年12月31日止，对物流企业自有（包括自用和出租）或承租的大宗商品仓储设施用地，减按所属土地等级适用税额标准的50%计征城镇土地使用税
		（2）物流企业的办公、生活区用地及其他非直接用于大宗商品仓储的土地，不属于减税范围，应按规定征收城镇土地使用税

1.【单选题】根据城镇土地使用税法律制度的规定，下列城市土地中，应缴纳城镇土地使用税的是（　　）。

A.企业生活区用地

B.国家机关自用的土地

C.名胜古迹自用的土地

D.市政街道公共用地

2.【单选题】2019年甲服装公司（位于某县城）实际占地面积30 000平方米，其中办公楼占地面积500平方米，厂房仓库占地面积22 000平方米，厂区内铁路专用线、公路等用地7 500平方米，已知当地规定的城镇土地使用税每平方米年税额为5元。甲服装公司当年应缴纳城镇土地使用税税额的下列计算中，正确的是（　　）。

A.30 000×5=150 000（元）

B.（30 000−7 500）×5=112 500（元）

C.（30 000−500）×5=147 500（元）

D.（30 000−22 000）×5=40 000（元）

小艾上班记10

3.【单选题】2019年甲盐场占地面积为300 000平方米，其中办公用地35 000平方米，生活区用地15 000平方米，盐滩用地250 000平方米。已知当地规定的城镇土地使用税每平方米年税额为0.8元，甲盐场当年应缴纳城镇土地使用税税额的下列计算中，正确的是（　　）。

A.（35 000+250 000）×0.8=228 000（元）

B.300 000×0.8=240 000（元）

C.（15 000+250 000）×0.8=212 000（元）

D.（35 000+15 000）×0.8=40 000（元）

4.【单选题】某火电厂2019年占地80万平方米，其中厂区围墙内占地40万平方米，厂区围墙外灰场占地3万平方米，生活区及其他商业配套设施占地37万平方米。已知，该火电厂所在地适用的城镇土地使用税每万平方米年税额为1.5万元。根据城镇土地使用税法律制度的规定，该火电厂2019年应缴纳的城镇土地使用税税额为（　　）万元。

A.55.5　　B.60

C.115.5　　D.120

5.【单选题】甲房地产开发公司2020年实际占用土地面积30 000平方米，其中1 000平方米为售楼处和公司办公区；20 000平方米用于开发普通标准住宅，9 000平方米经批准用于开发经济适用房，已知该企业所处地段适用年税额24元/平方米，则甲房地产开发公司2020年应缴纳的城镇土地使用税税额的下列计算中，正确的是（　　）。

A.30 000×24=720 000（元）

B.（20 000+1 000）×24=504 000（元）

C.1 000×24=24 000（元）

D.0

6.【多选题】下列用地中，不能免予缴纳城镇土地使用税的有（　　）。

A.供电部门的输电线路用地

B.邮政部门坐落在县城内的土地

C.机场内的道路用地

D.矿山企业的生活区用地

1.【答案】A

【解析】选项BCD：免征城镇土地使用税。

2.【答案】A

【解析】对企业的铁路专用线、公路等用地除另有规定者外，在企业厂区（包括生产、办公及生活区）以内的，应照章征收城镇土地使用税；在本题中，甲服装公司当年的城镇土地使用税应纳税额=30 000×5=150 000（元）。

3.【答案】D

4.【答案】C

【解析】该火电厂当年应缴纳的城镇土地使用税=（80-3）×1.5=115.5（万元）。

5.【答案】B

【解析】房地产开发公司开发建造商品房的用地，除经批准开发建设经济适用房的用地外，对各类房地产开发用地一律不得减免城镇土地使用税。

6.【答案】BCD

【解析】选项A，供电部门的输电线路用地、变电站用地，免征城镇土地使用税；选项B，邮政部门坐落在城市、县城、建制镇、工矿区范围内的土地，应当依法征收城镇土地使用税；选项C，在机场道路中，场外道路用地免征城镇土地使用税，场内道路用地依照规定征收城镇土地使用税；选项D，对矿山企业的办公、生活区用地，均应征收城镇土地使用税。

【考点6.16】纳税义务发生时间（见表6-21）

表6-21 纳税义务发生时间

纳税义务发生时间	自×××之“次月”起 【注意】征用耕地的，已缴纳过耕地占用税为自批准征用之日起“满1年”后缴纳

【单选题】甲公司从乙公司处购入一处土地使用权，双方于2020年3月5日签订合同，双方在合同中约定，支付价款的时间为4月30日前，交付土地使用权的日期为5月5日。因甲公司拖延付款，乙公司直至6月10日才向其交付该土地使用权，则甲公司城镇土地使用税的纳税义务发生时间是（　　）。

A.2020年4月　　B.2020年5月

C.2020年6月　　D.2020年7月

【答案】C

【解析】以出让或转让方式有偿取得土地使用权的，城镇土地使用税的纳税义务发生时间为合同约定交付土地时间的次月起。

车船税法律制度

【考点6.17】纳税人（见表6-22）

表6-22 纳税人

纳税人	车船税，是指对在中国境内车船管理部门登记的车辆、船舶依法征收的一种税
	车船税的纳税人，是指在中华人民共和国境内属于税法规定的车辆、船舶的“所有人或者管理人”

【考点6.18】应纳税额计算（见表6-23）

表6-23　　**应纳税额计算**

税目	计税单位	应纳税额
乘用车、客车和摩托车	辆	辆数×适用年税额
货车、专用作业车和轮式专用机械车（不包括拖拉机）	整备质量（自重）每吨	自重吨位数×适用年税额
机动船舶	净吨位每吨	净吨位数×适用年税额
非机动驳船、拖船	净吨位每吨	净吨位数×适用年税额×50%
游艇	艇身长度每米	艇身长度×适用年税额
注意：购入不足1年的自纳税义务发生“当月”按月计征		

【多选题】下列关于车船税计税依据的说法中，正确的有（　　）。

A.厢式货车的计税依据是整备质量每吨

B.机动船舶和非机动驳船的计税依据都是净吨位每吨

C.游艇的计税依据是艇身长度每米

D.小汽车的计税依据是每辆

【答案】ABCD

【考点6.19】税收优惠（见表6-24）

表6-24　　**税收优惠**

税收优惠	1.右列车船免征车船税（重点掌握）	（1）免征车船税 ①捕捞、养殖渔船 ②军队、武装警察部队专用的车船 ③警用车船 ④悬挂应急救援专用号牌的国家综合性消防救援车辆和船舶 ⑤依照法律规定应当予以免税的外国驻华使领馆、国际组织驻华代表机构及其有关人员的车船 ⑥商用新能源车船 **【注意】**免征车船税的“新能源汽车”是指纯电动商用车、插电式混合动力汽车、燃料电池商用车
		（2）不属于车船税征税范围，不征收车船税 ①乘用新能源车船 **【注意】**“纯电动乘用车”和“燃料电池乘用车”不属于车船税征税范围，对其不征车船税 ②外国、港、澳、台临时入境车船
	2.右列车船自车船税法实施之日起5年内免征	（1）缴纳过船舶吨税的船舶 （2）不登记的机场、港口、铁路内部作业的车船
	3.减半征收	（1）节约能源车船（1.6升以下小排量） （2）拖船、非机动驳船 （3）挂车

1.【单选题】艾采薇2020年4月12日购买1辆发动机气缸容量为1.6升的乘用车，已知适用年基准税额480元，则艾采薇2020年应缴纳车船税税额的下列计算中，正确的是（　　）。

A.480×9÷12×50%=180（元）　　B.480×8÷12×50%=160（元）

C.480×9÷12=360（元）　　D.480元

2.【单选题】下列各项中，免予缴纳车船税的是（　　）。

A.非机动驳船　　B.纯电动商用车

C.政府机关公务用车　　D.出租车

3.【多选题】下列各项中，减半征收车船税的有（　　）。

A.捕捞、养殖渔船　　B.拖船

C.非机动船舶　　D.挂车

1.【答案】A

【解析】（1）购置的新车船，购置当年的应纳税额自纳税义务发生的当月起按月计算，本题应从4月开始计算车船税；（2）购入1.6升以下排量的乘用车，减半征收车船税。

2.【答案】B

【解析】选项A，减半征收车船税；选项B，对使用新能源的车船，如纯电动商用车、插电式混合动力汽车、燃料电池商用车，免征车船税；选项CD，全额缴纳车船税。

3.【答案】BD

【解析】选项A，免征车船税；选项C，不属于车船税征税范围；选项BD，拖船、非机动驳船、挂车、1.6升以下排量的节约能源汽车减半征收车船税。

【考点6.20】征收管理（见表6-25）

表6-25　　征收管理

征收管理	1.已缴纳车船税的车船在同一纳税年度内办理转让过户的，不另纳税，也不办理退税
	2.在一个纳税年度内，已完税的车船被盗抢、报废、灭失的，纳税人可以凭有关机关出具的证明和完税凭证，向纳税所在地的主管税务机关申请退还自被盗抢、报废、灭失月份起至该纳税年度终了期间的税款 【注意】失而复得的，自公安机关出具相关证明的当月起计算缴纳车船税

【单选题】艾晓燕于2019年5月购入奔驰250小轿车一辆，2020年4月被盗，已按照规定办理退税。通过公安机关的侦查，2020年9月份被盗车辆失而复得，并取得公安机关的相关证明。已知当地小轿车车船税年税额为500元/辆，艾晓燕2020年实际应缴纳的车船税的下列计算中，正确的是（　　）。

小艾上班记10

A.0　　　　　　　　　　　　　　　　B.500×3÷12=125（元）

C.500×7÷12=292（元）　　　　　　　D.500元

【答案】C

【解析】丢失车辆自丢失月份起可凭证明申报退还已纳车船税，其后又失而复得的，自公安机关出具相关证明的当月起计算缴纳车船税。艾晓燕于2020年4月丢失车辆，2020年9月找回，可申报退还4月、5月、6月、7月、8月共计5个月的税款，则其实际应纳税款=500×7÷12=292（元）。

印花税法律制度

【考点6.21】印花税征税范围

1.印花税一般规定（见表6-26）

表6-26　印花税一般规定

税目	应纳税额计算
应税合同	应纳税额=合同所列金额（不含列明的增值税）×适用税率
产权转移书据	应纳税额=产权转移书据所列金额（不含列明的增值税）×适用税率
应税营业账簿	应纳税额=实收资本（股本）、资本公积合计金额×0.25‰
证券交易	应纳税额=成交金额×1‰

2.具体应税合同（见表6-27）

表6-27　印花税应税合同

合同（共11类）	规定
买卖合同	（1）包括供应、预购、采购、购销结合及协作、调剂、补偿、易货等合同
	（2）包括各出版单位与发行单位（不包括订阅单位和个人）之间订立的图书、报刊、音像征订凭证
	（3）发电厂与电网之间、电网与电网之间签订的购售电合同
	（4）电网与用户之间签订的供用电合同不征印花税
	（5）应纳税额：价款的0.3‰
借款合同	（1）银行及其他金融组织和借款人订立的借款合同，不包括银行同业拆借
	（2）应纳税额：借款金额的0.05‰

续表

合同（共 11 类）	规定
融资租赁合同	应纳税额：租金的 0.05‰
租赁合同	（1）不包括企业与主管部门签订的租赁承包合同
	（2）应纳税额：租金的 1‰
承揽合同	应纳税额：报酬的 0.3‰
建设工程合同	（1）包括总包合同、分包合同和转包合同
	（2）应纳税额：价款的 0.3‰
运输合同	（1）不包括管道运输合同
	（2）应纳税额：运输费用的 0.3‰
技术合同	（1）包括专利申请转让、非专利技术转让所书立的合同（专利权转让、专利实施许可所书立的合同应属于“产权转移书据”）
	（2）一般的法律、会计、审计等方面的咨询不属于技术咨询，其所立合同不贴印花
	（3）应纳税额：价款、报酬或者使用费的 0.3‰
保管合同	（1）包括作为合同使用的仓单、栈单（或称入库单）
	（2）应纳税额：保管费的 1‰
仓储合同	应纳税额：仓储费的 1‰
财产保险合同	（1）不包括再保险合同
	（2）应纳税额：保险费的 1‰

印花税税率记忆口诀：

牵一猪管饱，上市一仓粮；

万一不幸又有三，卖鸡揽工兼运砖；

买房借款五又五，最后记账二百五。

（口诀释义见本章“记忆窍门”部分）

【提示 1】合同仅限于列举的 11 类，未明确列举的其他合同（如人身保险合同、委托合同）不需缴纳印花税。

【提示 2】应税合同的计税依据为合同列明的金额，不包括列明的增值税税款；合同中价款或者报酬与增值税税款未分开列明的，按照合计金额确定。

【提示3】同一应税凭证载有两个以上税目事项并分别列明金额的，按照各自适用税目税率分别计算应纳税额；未分别列金额的，从高适用税率。

1.【多选题】根据印花税法律制度的规定，下列合同中，属于印花税征税范围的有（　　）。

A.运输合同

B.买卖合同

C.租赁合同

D.技术合同

2.【单选题】根据印花税法律制度的规定，下列各项中，应当征收印花税的是（　　）。

A.甲公司与乙公司签订的货物运输合同

B.会计咨询合同

C.企业与主管部门签订的租赁承包合同

D.电网与用户之间签订的供用电合同

3.【多选题】根据印花税法律制度的规定，下列合同中，属于印花税征税范围的有（　　）。

A.人身保险合同

B.财产保险合同

C.买卖合同

D.委托代理合同

4.【单选题】2019年6月，甲公司与乙公司签订一份承揽合同，合同载明由甲公司提供原材料200万元，支付乙公司加工费30万元；又与丙公司签订了一份财产保险合同，保险金额1 000万元，支付保险费1万元。已知承揽合同印花税税率为0.3‰，财产保险合同印花税税率为1‰，则甲公司签订的上述两份合同应缴纳印花税税额的下列计算中，正确的是（　　）。

A.200×0.3‰+1 000×1‰

B.200×0.3‰+1×1‰

C.30×0.3‰+1×1‰

D.30×0.3‰+1 000×1‰

1.【答案】ABCD

【解析】选项ABCD：均属于印花税“合同”征收范围。

2.【答案】A

【解析】（1）选项B：一般的法律、会计、审计等方面的咨询不属于技术咨询，其所立合同不贴印花。（2）选项C：印花税征税范围中的租赁合同，不包括企业与主管部门签订的租赁承包合同。(3) 选项D：电网与用户之间签订的供用电合同不征收印花税；对发电厂与电网之间、电网与电网之间签订的购售电合同，应按买卖合同征收印花税。

3.【答案】BC

【解析】人身保险合同和委托代理合同，不属于印花税的征税范围。

4.【答案】C

【解析】

(1) 承揽合同，按支付报酬（加工费，不包括原材料价格）的0.3‰贴花；

(2) 财产保险合同，按保险费（而非保险金额）的1‰贴花。

3.其他税目（见表6-28）

表6-28　　其他税目

<table>
<tr><th colspan="2">税目</th><th>应纳税额</th><th>备注</th></tr>
<tr><td rowspan="4">产权转移书据</td><td>土地使用权出让书据</td><td rowspan="3">价款的万分之五</td><td rowspan="4">转让包括买卖（出售）、继承、赠与、互换、分割</td></tr>
<tr><td>土地使用权、房屋等建筑物和构筑物所有权转让书据（不包括土地承包经营权和土地经营权转移）</td></tr>
<tr><td>股权转让书据（不包括应缴纳证券交易印花税的）</td></tr>
<tr><td>商标专用权、著作权、专利权、专有技术使用权转让书据</td><td>价款的万分之三</td></tr>
<tr><td rowspan="2">营业账簿</td><td>概念</td><td colspan="2">对记载资金的营业账簿征收印花税，对其他营业账簿不征收印花税</td></tr>
<tr><td>计算</td><td colspan="2">应纳税额=实收资本（股本）、资本公积合计金额×0.25‰</td></tr>
<tr><td rowspan="3">证券交易</td><td rowspan="2">概念</td><td colspan="2">(1) 指转让在依法设立的证券交易所、国务院批准的其他全国性证券交易场所交易的股票和以股票为基础的存托凭证</td></tr>
<tr><td colspan="2">(2) 证券交易印花税对证券交易的出让方征收，不对受让方征收</td></tr>
<tr><td>计算</td><td colspan="2">应纳税额=成交金额×1‰</td></tr>
</table>

【提示】应税合同、产权转移数据未列明价款或者报酬的，按照下列方法确定计税依据：

①按照订立合同、产权转移书据时市场价格确定；依法应当执行政府定价的，按照其规定确定。

②不能按照上述规定的方法确定的，按照实际结算的价款或者报酬确定。

【考点6.22】印花税的纳税人（见表6-29）

表6-29　印花税的纳税人

纳税人的种类	（1）立合同人：合同的当事人
	【提示】合同的担保人、证人、鉴定人不属于立合同人，不缴纳印花税
	（2）立账簿人
	（3）立据人
	（4）使用人（在国外书立、领受，但在国内使用应税凭证的单位和个人）
具体规定	同一应税凭证由两方以上当事人书立的，按照各自涉及的金额分别计算应纳税额
	对纳税人以电子形式签订的各类应税凭证按照规定征收印花税

1.【多选题】根据印花税法律制度的规定，下列各项中，属于印花税纳税人的有（　　）。

A.立据人

B.各类电子应税凭证的签订人

C.立合同人

D.立账簿人

2.【单选题】甲向乙购买一批货物，合同约定丙为鉴定人，丁为担保人，关于该合同印花税纳税人的下列表述中，正确的是（　　）。

A.甲和乙为纳税人

B.甲和丙为纳税人

C.乙和丁为纳税人

D.甲和丁为纳税人

1.【答案】ABCD

2.【答案】A

【解析】签订合同的各方当事人都是印花税的纳税人，但不包括合同的担保人（丁）、证人和鉴定人（丙）。

【考点6.23】印花税税收优惠（见表6-30）

表6-30　　印花税税收优惠

印花税税收优惠	1.法定凭证免税 （1）应税凭证的副本或者抄本，免征印花税 （2）依照法律规定应当予以免税的外国驻华使馆、领事馆和国际组织驻华代表机构为获得馆舍书立的应税凭证，免征印花税 （3）中国人民解放军、中国人民武装警察部队书立的应税凭证，免征印花税 （4）农民、农民专业合作社、农村集体经济组织、村民委员会购买农业生产资料或者销售自产农产品书立的买卖合同和农业保险合同，免征印花税 （5）无息或者贴息借款合同、国际金融组织向我国提供优惠贷款书立的借款合同，免征印花税 （6）财产所有权人将财产赠与政府、学校、社会福利机构、慈善组织书立的产权转移书据，免征印花税 （7）非营利性医疗卫生机构采购药品或卫生材料书立的合同，免征印花税 （8）个人与电子商务经营者订立的电子订单，免征印花税 2.应纳税额不足1角的，免征印花税 3.对商店、门市部的零星加工修理业务开具的修理单，不贴印花 4.对铁路、公路、航运、水路承运快件行李、包裹开具的托运单据，暂免贴花 5.对企业车间、门市部、仓库设置的不属于会计核算范围的账簿，不贴印花 6.对运输、仓储、保管、财产保险、银行借款等，办理一项业务，既书立合同，又开立单据的，只就合同贴花；所开立的各类单据，不再贴花 7.对企业兼并并入资金，凡已按资金总额贴花的，接收单位对并入的资金，不再补贴印花 8.由外国运输企业运输进口货物的，外国运输企业所持有的一份结算凭证，免征印花税 9.下列特殊货运凭证，免征印花税： （1）抢险救灾物资运输结算凭证 （2）为新建铁路运输施工所属物料，使用工程监管线专用运费结算凭证 10.书、报、刊发行单位之间，发行单位与订阅单位或个人之间书立的凭证，免征印花税 11.对在供需经济活动中使用电话、计算机联网订货，没有开具书面凭证的，暂不贴花

1.【多选题】根据印花税法律制度的规定，下列合同和凭证中，免征印花税的有（　　）。

A.农业保险合同

B.保管合同

C.中国人民解放军军事物资运输结算凭证

D.租赁合同

2.【单选题】根据印花税法律制度的规定，下列各项中，应缴纳印花税的是（　　）。

A.报刊发行单位和订阅单位之间书立的凭证

B.建设工程合同

C.门市部零星修理业务开具的修理单

D.农业保险合同

1.【答案】AC

【解析】（1）选项C：中国人民解放军、中国人民武装警察部队书立的应税凭证，免征印花税；（2）选项BD：属于应税合同。

2.【答案】B

【解析】（1）选项A：书、报、刊发行单位之间，发行单位与订阅单位或个人之间书立的凭证，免征印花税；（2）选项C：对商店、门市部的零星加工修理业务开具的修理单，不贴印花；（3）选项D：农民、农民专业合作社、农村集体经济组织、村民委员会购买农业生产资料或者销售自产农产品书立的买卖合同和农业保险合同，免征印花税。

【考点6.24】印花税的征收管理规定（见表6-31）

表6-31　　印花税的征收管理规定

纳税义务发生时间	为纳税人书立应税凭证或者完成证券交易的当日
纳税地点	（1）纳税人为单位的，应当向其机构所在地的主管税务机关申报缴纳印花税
	（2）纳税人为个人的，应当向应税凭证书立地或者纳税人居住地的主管税务机关申报缴纳印花税
	（3）不动产产权发生转移的，纳税人应当向不动产所在地的主管税务机关申报缴纳印花税
	（4）纳税人为境外单位或者个人，在境内有代理人的，以其境内代理人为扣缴义务人；在境内没有代理人的，由纳税人自行申报缴纳印花税，具体办法由国务院税务主管部门规定
	（5）证券登记结算机构为证券交易印花税的扣缴义务人，应当向其机构所在地的主管税务机关申报解缴税款以及银行结算的利息
纳税期限	（1）印花税按季、按年或者按次计征
	（2）实行按季、按年计征的，纳税人应当自季度、年度终了之日起15日内申报缴纳税款
	（3）实行按次计征的，纳税人应当自纳税义务发生之日起 15日内申报缴纳税款
	（4）证券交易印花税按周解缴。证券交易印花税扣缴义务人应当自每周终了之日起5日内申报解缴税款以及银行结算的利息

【考点6.25】纳税人（见表6-32）

表6-32　　纳税人

纳税人	资源税的纳税人，是指在中华人民共和国领域和中华人民共和国管辖的其他海域开发应税资源的单位和个人
	中外合作开采陆上、海上石油资源的企业依法缴纳资源税
	2011年11月1日前已依法订立中外合作开采陆上、海上石油资源合同的，在该合同有效期内，继续依照国家有关规定缴纳矿区使用费，不缴纳资源税；合同期满后，依法缴纳资源税

【考点6.26】征税范围（见表6-33）

表6-33　　征税范围

征税范围	1.能源矿产。包括原油、天然气、页岩气、天然气水合物；煤；煤成（层）气；铀；钍；油页岩、油砂、天然沥青、石煤；地热
	2.金属矿产。包括黑色金属和有色金属
	3.非金属矿产。包括矿物类、岩石类、宝玉石类
	4.水气矿产。包括二氧化碳气、硫化氢气、氦气、氡气、矿泉水
	5.盐类。包括钠盐、钾盐、镁盐、锂盐、天然卤水、海盐
	纳税人开采或者生产应税产品自用的，视同销售，应当按规定缴纳资源税；但是，用于连续生产应税产品的，不缴纳资源税。纳税人自用应税产品应当缴纳资源税的情形，包括纳税人以应税产品用于非货币性资产交换、捐赠、偿债、赞助、集资、投资、广告、样品、职工福利、利润分配或者连续生产非应税产品等
	对取用地表水或者地下水的单位和个人试点征收水资源税。征收水资源税的，停止征收水资源费 水资源税改革试点实施办法由国务院规定，报全国人民代表大会常务委员会备案

【多选题】下列各项中，属于资源税征税范围的有（　）。

A.花岗岩

B.人造石油

C.海盐

D.煤成（层）气

【答案】ACD

【考点6.27】税率（见表6-34）

表6-34 税率

税率	1.资源税采用比例税率或者定额税率两种形式 其中对地热、石灰岩、其他黏土、砂石、矿泉水和天然卤水6种应税资源采用比例税率或定额税率 其他应税资源均采用比例税率
	2.《税目税率表》中规定实行幅度税率的，其具体适用税率由省、自治区、直辖市人民政府统筹考虑，报同级人民代表大会常务委员会决定，并报全国人民代表大会常务委员会和国务院备案

【考点6.28】计税依据（见表6-35）

表6-35 计税依据

计税依据	（一）销售额	1.资源税应税产品销售额是指纳税人销售应税产品向购买方收取的全部价款，但不包括收取的增值税税款。计入销售额中的相关运杂费，凡取得增值税发票或者其他合法有效凭据的，准予从销售额中扣除 【注】相关运杂费是指应税产品从坑口或者洗选（加工）地到车站、码头或者购买方指定地点的运输费用、建设基金以及随运销产生的装卸、仓储、港杂费用
		2.纳税人申报的应税产品销售额明显偏低且无正当理由的，或者有自用应税产品行为而无销售额的，主管税务机关可以按下列方法和顺序确定其应税产品销售额 （1）按纳税人最近时期同类产品的平均销售价格确定 （2）按其他纳税人最近时期同类产品的平均销售价格确定 （3）按后续加工非应税产品销售价格减去后续加工环节的成本利润后确定 （4）按应税产品的组成计税价格确定 组成计税价格=成本×（1+成本利润率）÷（1-资源税税率）
	（二）销售数量	纳税人开采或者生产应税产品的实际销售数量和用于应当缴纳资源税情形的应税产品数量

计税依据	（三）特殊规定	1. 纳税人外购应税产品与自采应税产品混合销售或者混合加工为应税产品销售的，在计算应税产品销售额或者销售数量时，准予扣减外购应税产品的购进金额或者购进数量；当期不足扣减的，可结转下期扣减 纳税人应当准确核算外购应税产品的购进金额或者购进数量，未准确核算的，一并计算缴纳资源税
		2. 纳税人以外购原矿与自采原矿混合为原矿销售，或者以外购选矿产品与自产选矿产品混合为选矿产品销售的，在计算应税产品销售额或者销售数量时，直接扣减外购原矿或者外购选矿产品的购进金额或者购进数量 纳税人以外购原矿与自采原矿混合洗选加工为选矿产品销售的，在计算应税产品销售额或者销售数量时，按照下列方法进行扣减： 准予扣减的外购应税产品购进金额（数量）=外购原矿购进金额（数量）×（本地区原矿适用税率÷本地区选矿产品适用税率）
		3. 纳税人开采或者生产同一税目下适用不同税率应税产品的，应当分别核算不同税率应税产品的销售额或者销售数量；未分别核算或者不能准确提供不同税率应税产品的销售额或者销售数量的，从高适用税率
		4. 纳税人以自采原矿直接销售，或者自用于应当缴纳资源税情形的，按照原矿计征资源税 纳税人以自采原矿洗选加工为选矿产品销售，或者将选矿产品自用于应当缴纳资源税情形的，按照选矿产品计征资源税，在原矿移送环节不缴纳资源税 对于无法区分原生岩石矿种的粒级成型砂石颗粒，按照砂石税目征收资源税
		5. 纳税人开采或者生产同一应税产品，其中既有享受减免税政策的，又有不享受减免税政策的，按照免税、减税项目的产量占比等方法分别核算确定免税、减税项目的销售额或者销售数量

【考点6.29】资源税应纳税额的计算（见表6-36）

表6-36　　资源税应纳税额的计算

资源税应纳税额的计算	从价定率计征	应纳税额=应税产品的销售额×适用的比例税率
	从量定额计征	应纳税额=应税产品的销售数量×适用的定额税率
	代扣代缴	代扣代缴应纳税额=收购未税产品的数量×适用的定额税率

【计算题】某铜矿2×20年10月销售铜矿石原矿收取价款合计600万元，其中从坑口到车站的运输费用20万元，随运销产生的装卸、仓储费用10万元，均取得增值税专用发票。已知该矿山铜矿石适用的资源税税率为6%。请计算该铜矿10月份应纳资源税税额。

【答案】因为铜矿征税对象为原矿或选矿，本题计税依据应为原矿销售额减除运输费用和装卸、仓储费用。

（1）该铜矿当月应税产品销售额=600-（20+10）=570（万元）

（2）该铜矿10月份应纳资源税税额=570×6%=34.2（万元）

【考点6.30】资源税税收优惠（见表6-37）

表6-37　　资源税税收优惠

资源税税收优惠	免征	1.开采原油以及在油田范围内运输原油过程中用于加热的原油、天然气
		2.煤炭开采企业因安全生产需要抽采的煤成（层）气
	减征	1.从低丰度油气田开采的原油、天然气，减征20%
		2.高含硫天然气、三次采油和从深水油气田开采的原油、天然气，减征30%
		3.稠油、高凝油，减征40%
		4.从衰竭期矿山开采的矿产品，减征30%
		5.2018年4月1日至2021年3月31日，对页岩气资源税（按6%规定的税率）减征30%
		6.自2019年1月1日至2021年12月31日，对增值税小规模纳税人可以在50%的税额幅度内减征资源税
		7.自2014年12月1日至2023年8月31日，对充填开采置换出来的煤炭，资源税减征50%
	省、自治区、直辖市可以决定免征或减征	1.纳税人开采或者生产应税产品过程中，因意外事故或者自然灾害等原因遭受重大损失
		2.纳税人开采共伴生矿、低品位矿、尾矿

【考点6.31】资源税征税管理（见表6-38）

表6-38 资源税征税管理

资源税征税管理	纳税义务发生时间	纳税人销售应税产品，纳税义务发生时间为收讫销售款或者取得索取销售款凭据的当日；自用应税产品的，纳税义务发生时间为移送应税产品的当日
	征收机构	资源税由税务机关征收管理 海上开采的原油和天然气资源税由海洋石油税务管理机构征收管理
	纳税地点	纳税人应当在矿产品的开采地或者海盐的生产地缴纳资源税
	纳税期限	资源税按月或按季申报缴纳；不能按固定期限计算缴纳的，可以按次申报缴纳 纳税人按月或按季申报缴纳，应当自月度或者季度终了之日起15日内，向税务机关办理纳税申报并缴纳税款 按次申报缴纳的，应当自纳税义务发生之日起15日内，向税务机关办理纳税申报并缴纳税款

环境保护税

【考点6.32】纳税人及征税范围（见表6-39）

表6-39 纳税人及征税范围

<table>
<tr><td rowspan="4">纳税人及征税范围</td><td colspan="2">1.环境保护税的纳税人为在中华人民共和国领域和中华人民共和国管辖的其他海域，直接向环境排放应税污染物的企业、事业单位和其他生产经营者</td></tr>
<tr><td rowspan="2">2.有右列情形之一的，不属于直接向环境排放污染物，不缴纳相应污染物的环境保护税</td><td>（1）企业事业单位和其他生产经营者向依法设立的污水集中处理、生活垃圾集中处理场所排放应税污染物的</td></tr>
<tr><td>（2）企业、事业单位和其他生产经营者在符合国家和地方环境保护标准的设施、场所贮存或者处置固体废物的</td></tr>
<tr><td colspan="2">3.依法设立的城乡污水集中处理、生活垃圾集中处理场所超过国家和地方规定的排放标准排放应税污染物的，应当缴纳环境保护税</td></tr>
</table>

【考点6.33】应纳税额的计算及计税依据的确定规则（见表6-40、表6-41）

表6-40 应纳税额的计算

税目	税率	计税依据	计税公式
大气污染物	实行定额税率，具体税额由题目已知条件告知	污染物排放量折合的污染当量数	应纳税额=污染当量数×具体适用税额
水污染物		污染物排放量折合的污染当量数	应纳税额=污染当量数×具体适用税额
固体废物		固体废物的排放量	应纳税额=固体废物排放量×具体适用税额
工业噪声		超过国家规定标准的分贝数	应纳税额=超过国家规定标准的分贝数对应的具体适用税额

表6-41 计税依据的确定规则

计税依据的确定规则	(1) 纳税人安装使用符合国家规定和监测规范的污染物自动监测设备的，按照污染物自动监测数据计算
	(2) 纳税人未安装使用污染物自动监测设备的，按照监测机构出具的符合国家有关规定和监测规范的监测数据计算
	(3) 因排放污染物种类多等原因不具备监测条件的，按照国务院环境保护主管部门规定的排污系数、物料衡算方法计算
	(4) 不能按上述第（1）项至第（3）项规定的方法计算的，按照省、自治区、直辖市人民政府环境保护主管部门规定的抽样测算的方法核定计算

【考点6.34】税收优惠（见表6-42）

表6-42 税收优惠

税收优惠	1. 右列情形，暂予免征环境保护税	(1) 农业生产（不包括规模化养殖）排放应税污染物的 (2) 机动车、铁路机车、非道路移动机械、船舶和航空器等流动污染源排放应税污染物的 (3) 依法设立的城乡污水集中处理、生活垃圾集中处理场所排放相应应税污染物，不超过国家和地方规定的排放标准的 (4) 纳税人综合利用的固体废物，符合国家和地方环境保护标准的 (5) 国务院批准免税的其他情形
	2. 减税政策	(1) 纳税人排放应税大气污染物或者水污染物的浓度值低于国家和地方规定的污染物排放标准30%的，减按75%征收环境保护税 (2) 纳税人排放应税大气污染物或者水污染物的浓度值低于国家和地方规定的污染物排放标准50%的，减按50%征收环境保护税

1.【单选题】纳税人排放应税大气污染物或者水污染物的浓度值低于国家和地方规定的污染物排放标准50%的，减按（　　）征收环境保护税。

A.0　　B.30%

C.50%　　D.75%

2.【多选题】下列关于环境保护税税收优惠的说法中，正确的有（　　）。

A.规模化养殖排放应税污染物，免征环境保护税

B.船舶排放应税污染物，免征环境保护税

C.城乡污水集中处理场所排放应税污染物，不超规定标准的，免征环境保护税

D.纳税人排放应税污染物的浓度值低于国家规定30%的，免征环境保护税

1.【答案】C

2.【答案】BC

【解析】选项A，农业生产（不包括规模化养殖）排放应税污染物，免征环境保护税；选项D，减按75%征收环境保护税。

【考点6.35】征收管理（见表6-43）

表6-43　　征收管理

征收管理	1.环境保护税由税务机关依法征收	
	2.环保机关与税务机关的信息互通	环境保护主管部门应当将排污单位的排污许可、污染物排放数据、环境违法和受行政处罚情况等环境保护相关信息，定期交送税务机关。税务机关应当将纳税人的纳税申报、税款入库、减免税额、欠缴税款以及风险疑点等环境保护税涉税信息，定期交送环境保护主管部门
	3.纳税义务发生时间	纳税义务发生时间为纳税人排放应税污染物的当日
	4.纳税地点	纳税人应当向应税污染物排放地的税务机关申报缴纳环境保护税
	5.纳税期限	（1）环境保护税按月计算，按季申报缴纳；不能按固定期限计算缴纳的，可以按次申报缴纳
		（2）纳税人按季申报缴纳的，应当自季度终了之日起15日内，向税务机关办理纳税申报并缴纳税款
		（3）纳税人按次申报缴纳的，应当自纳税义务发生之日起15日内，向税务机关办理纳税申报并缴纳税款

【多选题】下列关于环境保护税征收管理的说法中，正确的有（　　）。

A.纳税义务发生时间为排放应税污染物的当日

B.纳税人应当按月申报缴纳

C.不能按固定期限计算缴纳的，可以按次申报缴纳

D.纳税人应当向企业注册登记地税务机关申报缴纳

【答案】AC

【解析】选项B，纳税人按月计算，按季申报纳税，不能按固定期限计算缴纳的，可以按次申报缴纳；选项D，向应税污染物排放地税务机关申报缴纳。

耕地占用税

【考点6.36】征税范围（见表6-44）

表6-44 征税范围

征税范围	耕地占用税，是为了合理利用土地资源，加强土地管理，保护耕地，对占用耕地建设建筑物、构筑物或者从事非农业建设的单位或者个人，征收的一种税
	包括为建设建筑物、构筑物或从事其他非农业建设而占用的国家所有和集体所有的耕地
	1.耕地是指用于种植农作物的土地 2.占用鱼塘、林地、牧草地、农田水利用地、养殖水面、渔业水域滩涂及其他农用土地建设建筑物、构筑物或从事其他非农业建设，按规定缴纳耕地占用税
	【注意】建设“直接为农业生产服务”的生产设施占用前款规定的农用地的，不征收耕地占用税

【考点6.37】应纳税额计算、加征规定与税收优惠（见表6-45）

表6-45 应纳税额计算、加征规定与税收优惠

应纳税额计算	按实际占用耕地面积执行定额税率，一次性缴纳应纳税额=实际占用耕地面积（平方米）×适用税率
加征规定	1.在人均耕地低于0.5亩的地区，可以根据情况，提高适用税额，但提高部分不得超过50%
	2.占用“基本农田”的，加按“150%”征收
税收优惠	1.免征 军事设施、学校、幼儿园、社会福利机构、医疗机构 【注意】学校内经营性场所、教职工住房和医院内职工住房不免征
	2.减半征收 农村居民在规定用地标准内占用耕地建设自用住宅 【注意】农村居民经批准搬迁，新建自用住宅占用耕地不超过原宅基地面积的部分，免征耕地占用税
	3.减按2元/平方米的税额征收 铁路、公路、机场跑道、停机坪、港口、航道、水利工程

1.【单选题】农民艾月经批准在户籍所在地占用一块耕地建造住宅作为自己的婚房，对艾月的上述行为，根据耕地占用税的计税规定，下列说法中正确的是（　　）。

A.免征　　B.减按2元/平方米征收

C.减半征收　　D.加征50%

2.【多选题】下列行为中，不征或免征耕地占用税的有（　　）。

A.占用鱼塘建设直接为农业生产服务的生产设施

B.占用林地建设军事设施

C.占用菜地建造机场跑道

D.农村居民占用耕地建设自用住宅

1.【答案】C

【解析】农村居民在户口所在地占用耕地建设自用住宅减半征收耕地占用税。

2.【答案】AB

【解析】选项C，减按2元/平方米征收耕地占用税；选项D，减半征收耕地占用税。

【考点6.38】征收管理（见表6-46）

表6-46　征收管理

1.纳税义务发生时间	(1) 纳税义务发生时间：收到自然资源主管部门办理占用耕地手续的书面通知的当日
	(2) 纳税义务发生之日起30日内申报缴纳耕地占用税
	(3) 未经批准的，纳税义务发生时间为自然资源主管部门认定的纳税人实际占用耕地的当日
	(4) 因挖损、采矿塌陷、压占、污染等损毁耕地的纳税义务发生时间为自然资源主管部门认定的纳税人实际占用耕地的当日
2.纳税地点	纳税人占用耕地或其他农用地，应当在耕地或其他农用地所在地申报纳税
3.税务机关与相关部门协作	(1) 申报材料以自然资源等相关部门提供的材料为准，未提供材料或者材料信息不完整的，经主管税务机关提出申请，由自然资源等相关部门收到申请之日起30日内出具认定意见
	(2) 申报资料异常或者未按规定期限申报，可以提请相关部门复核，自收到申请之日起，30日内出具复核意见
	(3) 因挖损、采矿塌陷、压占、污染等损毁耕地，纳税后，3年内恢复的，按规定办理退税

烟叶税（见表6-47）

表6-47 烟叶税

1.纳税人	烟叶税是向收购烟叶产品的单位征收的税种，税负由烟草公司负担，征收烟叶税不会增加农民负担，按照收购金额的一定比例征收的一种税
	烟叶税的纳税人为在中华人民共和国境内“收购烟叶的单位”（包括受委托收购烟叶的单位）
	对依法查处没收的违法收购的烟叶，由“收购罚没烟叶的单位”缴纳烟叶税
2.征税范围	包括晾晒烟叶（包括名录内和名录外）、烤烟叶
3.计税依据	收购金额=收购价款+价外补贴（10%）
4.应纳税额	应纳税额=烟叶价款总额×税率 应纳税额=烟叶收购价款×（1+10%）×20%
5.征管	（1）烟叶税在烟叶收购环节征收
	（2）烟叶税的纳税义务发生时间为纳税人收购烟叶的当日；具体指纳税人向烟叶销售者付讫收购烟叶款项或者开具收购烟叶凭证的当日
	（3）烟叶税按月计征，纳税人应当于纳税义务发生月终了之日起15日内申报纳税
	（4）纳税人收购烟叶，应当向烟叶收购地的主管税务机关申报纳税

【多选题】下列各项中，属于烟叶税纳税人的有（　　）。

A.种植烟叶的农民

B.收购烟叶的烟草公司

C.接受烟草公司委托收购烟叶的单位

D.抽烟的烟民

【答案】BC

【解析】烟叶税的纳税人为在中华人民共和国境内“收购烟叶的单位”，包括受委托收购烟叶的单位。

船舶吨税

【考点6.39】应税船舶与免税船舶（见表6-48）

表6-48　应税船舶与免税船舶

<table>
<tr><td>1.应税船舶</td><td>自中华人民共和国境外港口进入境内港口的船舶为船舶吨税的应税船舶</td></tr>
<tr><td rowspan="10">2.免征船舶吨税的船舶</td><td>（1）应纳税额在人民币50元以下的船舶</td></tr>
<tr><td>（2）自境外以购买、受赠、继承等方式取得船舶所有权的初次进口到港的空载船舶</td></tr>
<tr><td>（3）船舶吨税执照期满后24小时内不上下客货的船舶</td></tr>
<tr><td>（4）非机动船舶（不包括非机动驳船）</td></tr>
<tr><td>（5）捕捞、养殖渔船</td></tr>
<tr><td>（6）避难、防疫隔离、修理、改造、终止运营或者拆解，并不上下客货的船舶</td></tr>
<tr><td>（7）军队、武装警察部队专用或者征用的船舶</td></tr>
<tr><td>（8）警用船舶</td></tr>
<tr><td>（9）依照法律规定应当予以免税的外国驻华使领馆、国际组织驻华代表机构及其有关人员的船舶</td></tr>
<tr><td>（10）国务院规定的其他船舶</td></tr>
</table>

【考点6.40】税率与应纳税额（见表6-49）

表6-49　税率与应纳税额

<table>
<tr><td rowspan="3">1.税率</td><td colspan="8">（1）船舶吨税设置优惠税率和普通税率</td></tr>
<tr><td colspan="8">（2）适用优惠税率的船舶
①中华人民共和国国籍的应税船舶；
②船籍国（地区）与中华人民共和国签订含有相互给予船舶税费最惠国待遇条款的条约或者协定的应税船舶</td></tr>
<tr><td colspan="8">（3）吨税按照船舶净吨位和吨税执照期限征收，并实行“复式税率”</td></tr>
<tr><td rowspan="8">2.应纳税额</td><td colspan="8">应税船舶净吨位×适用税率</td></tr>
<tr><td rowspan="3">税目（按船舶净吨位划分）</td><td colspan="6">税率（元/净吨）</td><td rowspan="3">备注</td></tr>
<tr><td colspan="3">普通税率（按执照期限划分）</td><td colspan="3">优惠税率（按执照期限划分）</td></tr>
<tr><td>1年</td><td>90日</td><td>30日</td><td>1年</td><td>90日</td><td>30日</td></tr>
<tr><td>x≤2 000</td><td>12.6</td><td>4.2</td><td>2.1</td><td>9.0</td><td>3.0</td><td>1.5</td><td rowspan="4">1.拖船和非机动驳船分别按相同净吨位船舶税率的50%计征税款
2.拖船按照发动机功率每千瓦折合净吨位0.67吨</td></tr>
<tr><td>2 000<x≤10 000</td><td>24.0</td><td>8.0</td><td>4.0</td><td>17.4</td><td>5.8</td><td>2.9</td></tr>
<tr><td>10 000<x≤50 000</td><td>27.6</td><td>9.2</td><td>4.6</td><td>19.8</td><td>6.6</td><td>3.3</td></tr>
<tr><td>50 000<x</td><td>31.8</td><td>10.6</td><td>5.3</td><td>22.8</td><td>7.6</td><td>3.8</td></tr>
</table>

【考点6.41】征收管理（见表6-50）

表6-50　征收管理

税收征管	内容
1.征收单位	船舶吨税由海关负责征收。海关征收船舶吨税应当制发缴款凭证
2.时间	（1）船舶吨税纳税义务发生时间为应税船舶进入港口的当日
	（2）应税船舶在吨税执照期满后尚未离开港口的，应当申领新的船舶吨税执照，自上一次执照期满的次日起续缴吨税
	（3）应税船舶负责人应当自海关填发吨税缴款凭证之日起15日内缴清税款。未按期缴清税款的，自滞纳税款之日起至缴清税款之日止，按日加收滞纳税款5‰的税款滞纳金
3.纳税担保	应税船舶到达港口前，经海关核准先行申报并办结出入境手续的，应税船舶负责人应当向海关提供与其依法履行船舶吨税缴纳义务相适应的担保；应税船舶到达港口后，依照船舶吨税法的规定向海关申报纳税
	下列财产、权利可以用于担保： （1）人民币、可自由兑换货币 （2）汇票、本票、支票、债券、存单 （3）银行、非银行金融机构的保函 （4）海关依法认可的其他财产、权利
4.补征、追征与退还	（1）海关发现少征或者漏征税款的，应当自应税船舶应当缴纳税款之日起1年内，补征税款
	（2）因应税船舶违反规定造成少征或者漏征税款的，海关可以自应当缴纳税款之日起3年内追征税款，并自应当缴纳税款之日起按日加征少征或者漏征税款5‰的税款滞纳金
	（3）海关发现多征税款的，应当在24小时内通知应税船舶办理退还手续，并加算银行同期活期存款利息
	（4）应税船舶发现多缴税款的，可以自缴纳税款之日起3年内以书面形式要求海关退还多缴的税款并加算银行同期活期存款利息；海关应当自受理退税申请之日起30日内查实并通知应税船舶办理退还手续

1.【多选题】根据船舶吨税法律制度的规定，下列关于船舶吨税的说法中，正确的有（　）。

A.船舶吨税只针对自中国境外港口进入中国境内港口的外国船舶征收

B.船舶吨税按净吨位和停靠时间实行复式税率

C.船籍国（地区）与我国签订含有互相给予船舶税费最惠国待遇条款的条约或者协定的应税船舶执行优惠税率

D.船舶吨税由税务机关负责征收

2.【多选题】根据船舶吨税法律制度的规定，下列各项中免征船舶吨税的有（　　）。

A.应纳税额在人民币50元以下的船舶

B.自境外取得船舶所有权的初次进口到港的空载船舶

C.非机动驳船

D.军队、武装警察部队专用或征用的船舶

1.【答案】BC

【解析】选项A，船舶吨税是对自中国境外港口进入中国境内港口的船舶征收的一种税；选项D，船舶吨税由海关征收。

2.【答案】ABD

【解析】选项C，按相同净吨位船舶税率的50%计征税款。

第7章

税收征收管理法律制度

本章思维导图如图7-1所示：

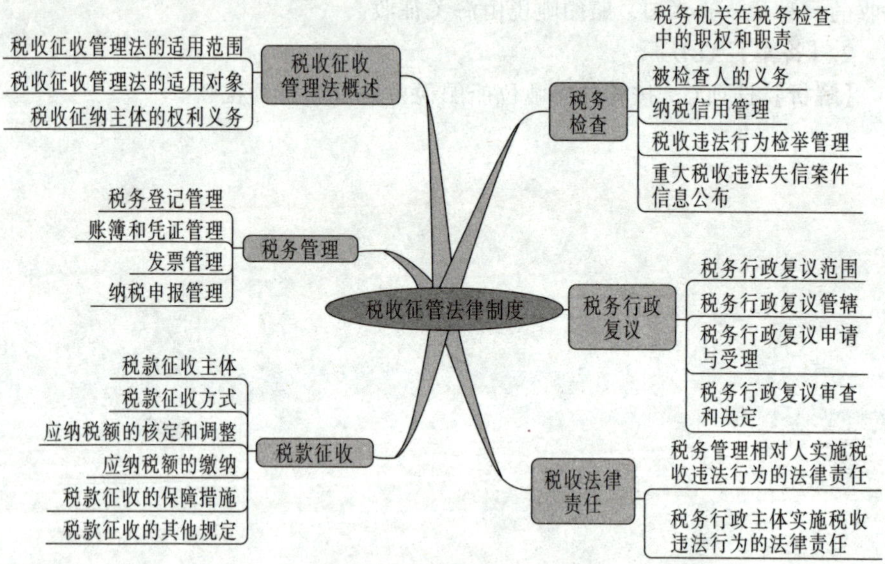

图7-1　本章思维导图

大脑是用来避免思考的

有一年考试，最后一个单选题好像考的是偷税逃税，题目大概是这样的：

张三欠缴个人所得税×元，并采取转移财产的手段，妨碍税务机关追缴欠税，该行为属于（　　）行为。

A.逃税　　B.欠税

C.抗税　　D.骗税

考完出来以后，很多人就开始对答案，对到这个题的时候，有人说是A，有人说是B。我心情特别郁闷，漠然地站在那里，看着他们争论。

这时，楚帆突然走了过来，说道："考完了，怎么不出来，站在这里发呆?"

"他们在争论，那个偷税逃税的题目到底是选A还是选B。"我指了指前面的人群。

"噢。"楚帆回过头看了他们一眼，接着又转过身来，问道："那你选的是什么? A还是B?"

"我选C。"我抬头看着他答道，接着莫名地一股委屈涌上心头，我一把抱住他，痛不欲生地说道："不是A就是B，我居然选了个C!"

他拍了拍我的肩膀，安慰道："C就C吧，我们先回去，明年再来吧!"

这道题我明明复习过的，可是考试的时候，居然还是选错了，究其原因，就是不熟练，功夫不到家。

很多人都会发现自己是个事后诸葛亮，考试的时候不会，一出考场就反应过来了。

拿我们学东西来说，一般情况下，根据自己对知识掌握的程度，可以划分为以下5种情形：

（1）用的时候想不起来，比如考试的时候，好像这道题我从来都没见过，根本无从想起；

（2）事后诸葛亮，考试的时候，好像见过，但是还是不知道该怎么做，然后一出考场就反应过来了；

（3）事中有启发，开始看着这题好像不会做，但是想了一会儿，突然有眉目了；

（4）事前调用，看完题，就知道这个题该怎么做；

（5）自然而然，想都不用想，就做完了，然后提前交卷，潇洒走人。

这5个阶段在平时工作中处理问题也是一样的。

（1）看到问题，无从下手，不知道该怎么解决；

（2）这个事情过了，突然知道怎么回应了，比如你跟人家吵架，你哑口无言，等到吵过了，你才反应过来，我完全可以这样骂他啊，架都吵完了，有什么用；

（3）出了问题，大家都愁眉苦脸，而你想着想着，突然有启发了，知道该朝哪个方向处理了；

（4）别人把问题一说，你立马就能给出方案，这就是事前调用，你学的知识早已形成了方案在那储备着；

（5）你自己都没意识到，然后就很自然地把问题解决了，别人在那惊叹，你怎么那么厉害，而你却毫无知觉，因为此时，这类知识已经内化成了你的直

觉了。

我们知道，大脑是由很多神经链构成的，学习一项新的知识其实就是在搭建一条新的神经链，因为它会改变你的思维方式。但是新的神经链刚开始的时候太脆弱，需要不断地刻意练习，才能稳固下来。

鸟儿飞，鱼儿游，人思考。莎士比亚在《哈姆雷特》中赞美我们的认知能力：“人类是一件多么了不起的作品！他的理性是多么地高尚！”而亨利·福特却挖苦道：“思考是世上最难的事情，这也许是只有少数人能够从事思考的原因。”

大脑其实一点都不喜欢思考，就像认知心理学家说的：“人类不常思考是因为我们的大脑不是用来思考的，而是用来避免思考的。”

大脑能做很多事情，但是思考却不是它擅长的，比如大脑可以让我们看，让我们动，大脑中大部分区域都贡献给这些活动。像视觉就需要更多的大脑资源，因为它比下象棋或者解微积分题还要难。

我们可以把电脑跟人脑做一个简单的比较，电脑在数学、科学和其他传统的思考任务上，都比人厉害，花几十元钱买个计算器，比任何一个人都算得快；花几百元钱买个象棋软件能打败世界上99%的人。但是电脑再强大，它不能看，不能在瞬息万变的环境中，灵活移动，比如机器人，永远都是硬邦邦的，动作永远不灵活，不能创造新的移动方式，只能做那些重复的动作。

如果你到朋友家做客，然后别人问你，“这院子里有什么呀”？如果你用思考，半天都得不出答案；但如果你用视觉系统，扫一眼就知道：“草地、篱笆、凉亭、花窗。”

我们的大脑不擅长思考，所以，我们在平时的生活中，更多地依赖记忆。比如，你第一次下班开车回家，你可能要看路，后面大部分人都是直接进入自动驾驶模式，也就是通过训练、熟练，慢慢内化成了记忆。我们完成大部分任务都是依靠记忆，而不是思考。当然，你也可以打破陈规，今天不用自动驾驶模式，而是走新路。

所以，外出旅游的时候，一般都会觉得比在家里辛苦，为什么呢？因为一切都是新的，你不能进入自动驾驶模式，你需要去思考，甚至连逛个超市，你都要问一下人家，“这条路该怎么走？”

大脑避免思考有两种方式：（1）一些最重要的功能（比如视觉和行动）不需要思考：我们不需要思考看到的事物，就知道周围有什么；（2）我们倾向于用记忆而不是思考指引行动。大脑为了避免思考甚至能够自我改变，如果你不断地重复一项同样的任务，它最终会变成习惯，我们的大脑会做出相应的改变来让我们不动脑筋就可以完成任务。

回到学习考试上来，我们要想顺利通过考试，那平时就应该多练习，让大脑发生改变，从而让这项任务变成一个习惯，而不是等到考试的时候，才去思考。平时多思考，对这个问题多练习，考试的时候就基本上进入自动驾驶模式，看到题就会做。

考试的时候，只有2个或2个半小时，不是用来思考的，而是用来完成任务的，如果这些任务，平时大脑不需要思考就能完成，那通过考试是毫无疑问的；而不是出现我刚开始的那种情形，等到出考场才想起来，这时已经晚了。

本章考点笔记精华

税收征收管理法概述

【考点7.1】税收征收管理法（见表7-1）

表7-1　　税收征收管理法

概念	税收征收管理法，是指调整税收征收与管理过程中所发生的社会关系的法律规范的总称
适用范围	1. 凡依法由税务机关征收的各种税收的征收管理，均适用《税收征收管理法》 2. 由海关负责征收（代征）的各种税收的征收管理，不直接适用《税收征收管理法》，而是依其他相关规定执行 3. 我国同外国缔结的有关税收的条约、协定与《税收征收管理法》有不同规定的，依照条约、协定的规定办理

【考点7.2】税收征收管理法的适用对象（见表7-2）

表7-2　　税收征收管理法的适用对象

税收征收管理主体	（1）国务院税务主管部门主管全国税收征收管理工作。各地税务局应当按照国务院规定的税收征收管理范围分别进行征收管理
	（2）税务机关依法执行职务，任何单位和个人不得阻挠
税收征收管理相对人	包括纳税人和扣缴义务人
相关单位和部门	各有关部门和单位应当支持、协助税务机关依法执行职务
	【举例】地方各级人民政府应当依法加强对本行政区域内税收征收管理工作的领导或者协调，支持税务机关依法执行职务，依照法定税率计算税额，依法征收税款

【考点7.3】征税主体的权利和义务（见表7-3）

表7-3　　征税主体的权利和义务

征税、主体的权利	（1）税收立法权 （2）税务管理权 （3）税款征收权 （4）税务检查权 （5）税务行政处罚权 （6）在法定权限内，对纳税人减税、免税、退税、延期缴纳的申请予以审批 （7）阻止欠税纳税人离境 （8）委托代征权、估税权、代位权与撤销权、定期对欠缴税款公告权、上诉权等
征税、主体的义务	（1）宣传法律法规等知识，无偿提供纳税咨询服务 （2）保密义务：对纳税人、扣缴义务人、检举违反税法行为者负有保密义务，但纳税人、扣缴义务人的税收违法行为不属于保密范围 （3）加强队伍建设，提高税务人员的政治业务素质 （4）秉公执法，忠于职守、清正廉洁、礼貌待人、文明服务、尊重和保护纳税人、扣缴义务人的权利，依法接受监督 （5）税务人员不得索贿行贿、徇私舞弊、玩忽职守，不征或少征应征税款；不得滥用职权多征税款或故意刁难纳税人和扣缴义务人 （6）税务人员在核定应纳税额、调整税收定额、进行税务检查、实施税务行政处罚、办理税务行政复议时，与纳税人、扣缴义务人或者其法定代表人、直接责任人有利害关系，应当回避 （7）建立健全内部制约和监督管理制度

【考点7.4】纳税主体的权利和义务（见表7-4）

表7-4　　纳税主体的权利和义务

纳税主体权利	（1）知情权 （2）要求保密权 （3）依法享受税收优惠权 （4）申请退还多缴税款权 （5）申请延期申报权 （6）纳税申报方式选择权 （7）申请延期缴纳税款权 （8）索取有关税收凭证的权利 （9）委托税务代理权 （10）陈述权、申辩权 （11）对未出示税务检查证和税务检查通知书的拒绝检查权 （12）依法要求听证的权利 （13）税收法律救济权 （14）税收监督权

续表

纳税主体义务	（1）按期办理税务登记，及时核定应纳税种、税目 （2）依法设置账簿、保管账簿和有关资料以及依法开具、使用、取得和保管发票的义务 （3）财务会计制度和会计核算软件备案的义务 （4）按照规定安装、使用税控装置 （5）按期、如实办理纳税申报 （6）按期缴纳或解缴税款 （7）接受税务检查 （8）代扣、代收税款 （9）及时提供信息的义务，如纳税人有歇业、经营情况变化、遭受各种灾害等特殊情况的，应及时向征税机关说明等 （10）报告其他涉税信息，如企业合并、分立的报告义务等

1.【单选题】根据税收征收管理法律制度的规定，下列各项中，不属于纳税主体权利的是（　　）。

A.税收立法权

B.要求保密权

C.纳税申报方式选择权

D.知情权

2.【单选题】根据税收征收管理法律制度的规定，下列各项中，属于纳税人享有的权利是（　　）。

A.委托代征权

B.税收立法权

C.税收监督权

D.税务管理权

3.【多选题】下列各项中，属于税务机关职权的有（　　）。

A.税务管理权　　B.税款征收权

C.税务检查权　　D.税收法律、法规和规章的知情权

1.【答案】A

【解析】选项A：属于征税主体的权利。

2.【答案】C

【解析】选项ABD：属于征税主体的职权。

3.【答案】ABC

【解析】选项D是纳税主体的权利。

【考点7.5】税务登记管理

（一）税务登记申请人和税务登记主管机关（见表7-5）

表7-5 税务登记申请人和税务登记主管机关

税务登记申请人	从事生产、经营的纳税人	企业，企业在外地设立的分支机构和从事生产、经营的场所，个体工商户和从事生产、经营的事业单位，都应当办理税务登记
	非从事生产、经营但依法负有纳税义务的单位和个人	（1）国家机关、个人和无固定生产经营场所的流动性农村小商贩，不办理税务登记
		（2）其他非从事生产、经营但依法负有纳税义务的单位和个人，应当办理税务登记
	扣缴义务人	依法负有扣缴税款义务的扣缴义务人（国家机关除外），应当办理扣缴税款登记
税务登记主管机关	县以上（含县级）税务局（分局）是税务登记的主管机关，负责税务登记的设立登记、变更登记、注销登记和税务登记证验证、换证以及非正常户处理、报验登记等有关事项	

（二）税务登记的内容

根据我国法律和行政法规的规定，我国现行税务登记包括设立（开业）税务登记、变更税务登记、注销税务登记、外出经营报验登记以及停业、复业登记等。

1.设立（开业）税务登记

设立（开业）税务登记，是指纳税人依法成立并经市场监督管理局登记后，为确认其纳税人的身份、纳入国家税务管理体系而到税务机关进行的登记。

（1）办理税务登记的地点

从事生产、经营的纳税人，向生产、经营所在地税务机关办理税务登记。非从事生产经营但依照规定负有纳税义务的其他纳税人，向纳税义务发生地税务机关办理税务登记。

【提示】税务机关对纳税人税务登记地点发生争议的，由其共同的上级税务机关指定管辖。

（2）申报办理税务登记的时限（见表7-6）

表7-6 申报办理税务登记的时限

从事生产、经营的纳税人领取工商营业执照的	应当自领取工商营业执照之日起30日内申报办理税务登记，税务机关发放税务登记证及副本
从事生产、经营的纳税人未办理工商营业执照但经有关部门批准设立的	应当自有关部门批准设立之日起30日内申报办理税务登记，税务机关发放税务登记证及副本
从事生产、经营的纳税人未办理工商营业执照也未经有关部门批准设立的	应当自纳税义务发生之日起30日内申报办理税务登记，税务机关发放临时税务登记证及副本
有独立的生产经营权、在财务上独立核算并定期向发包人或者出租人上交承包费或租金的承包承租人	应当自承包承租合同签订之日起30日内，向其承包承租业务发生地税务机关申报办理税务登记，税务机关发放临时税务登记证及副本
境外企业在中国境内承包建筑、安装、装配、勘探工程和提供劳务的	应当自项目合同或协议签订之日起30日内，向项目所在地税务机关申报办理税务登记，税务机关发放临时税务登记证及副本
非从事生产经营但依照规定负有纳税义务的其他纳税人，除国家机关、个人和无固定生产、经营场所的流动性农村小商贩外	应当自纳税义务发生之日起30日内，向纳税义务发生地税务机关申报办理税务登记，税务机关发放税务登记证及副本

（3）办理税务登记的程序（见表7-7）

表7-7 办理税务登记的程序

申请税务登记	根据不同情况向主管税务机关如实提供以下证件和资料：工商营业执照或其他核准执业证件；有关合同、章程、协议书；组织机构统一代码证书；法定代表人或负责人或业主的居民身份证、护照或者其他合法证件
	【提示】其他需要提供的有关证件、资料，由省、自治区、直辖市税务机关确定
填写税务登记表	纳税人在申报办理税务登记时，应当如实填写税务登记表
	【提示】税务登记表的主要内容包括：单位名称、法定代表人或者业主姓名及其居民身份证、护照或者其他合法证件的号码；住所、经营地点；登记类型；核算方式；生产经营方式；生产经营范围；注册资金（资本）、投资总额；生产经营期限；财务负责人、联系电话；国家税务总局确定的其他有关事项

续表

税务登记证件的核发和管理	基本概述	纳税人提交的证件和资料齐全且税务登记表的填写内容符合规定的，税务机关应当日办理并发放税务登记证件
		【提示】纳税人提交的证件和资料不齐全或税务登记表的填写内容不符合规定的，税务机关应当场通知其补正或重新填报
	登记制度改革	实行“多证合一、一照一码”
		【提示】使“一照一码”营业执照成为企业唯一的“身份证”，使统一社会信用代码成为企业唯一的身份代码。由此，纳税人以18位统一社会信用代码为其纳税人识别号，按照现行规定办理税务登记
	基本要求	①纳税人应当将税务登记证件正本在其生产、经营场所或者办公场所公开悬挂，接受税务机关检查
		【提示】税务登记证件的主要内容包括：纳税人名称、税务登记代码、法定代表人或负责人、生产经营地址、登记类型、核算方式、生产经营范围（主营、兼营）、发证日期、证件有效期等
		②纳税人办理开立银行账户和领购发票事项时，必须提供税务登记证件
		③税务机关对税务登记证件实行定期验证和换证制度
		【提示】纳税人应当在规定的期限内持有关证件到主管税务机关办理验证或者换证手续
		④纳税人遗失税务登记证件的，应当在15日内书面报告主管税务机关，并登报声明作废

2.变更税务登记（见表7-8）

表7-8　变更税务登记

概念	是指纳税人办理设立税务登记后，因登记内容发生变化，需要对原有登记内容进行更改，而向主管税务机关申报办理的税务登记	
变更时限	纳税人已在市场监管部门办理变更登记的	应当自变更登记之日起30日内，向原税务登记机关申报办理变更税务登记
	纳税人按照规定不需要在市场监管部门办理变更登记，或者其变更登记的内容与工商登记内容无关的	应当自税务登记内容实际发生变化之日起30日内，或者自有关机关批准或者宣布变更之日起30日内，到原税务登记机关申报办理变更税务登记
税务登记证件	重新发放	纳税人税务登记表和税务登记证中的内容都发生变更的，税务机关按变更后的内容重新发放税务登记证件
	不重新发放	纳税人税务登记表的内容发生变更而税务登记证中的内容未发生变更的，税务机关不重新发放税务登记证件

3.停业、复业登记（见表7-9）

表7-9　停业、复业登记

概念	是指实行定期定额征收方式的纳税人，因自身经营的需要暂停经营或者恢复经营而向主管税务机关申请办理的税务登记手续
停业登记	（1）实行定期定额征收方式的个体工商户需要停业的，应当在停业前向税务机关申报办理停业登记
	【提示】纳税人的停业期限不得超过1年
	（2）纳税人在申报办理停业登记时，应如实填写停业复业报告书，说明停业理由、停业期限、停业前的纳税情况和发票的领、用、存情况，并结清应纳税款、滞纳金、罚款
	（3）税务机关应收存其税务登记证件及副本、发票领购簿、未使用完的发票和其他税务证件
	（4）纳税人在停业期间发生纳税义务的，应当按照税收法律、行政法规的规定申报缴纳税款
复业登记	（1）纳税人应当于恢复生产经营之前，向税务机关申报办理复业登记，如实填写停业复业报告书，领回并启用税务登记证、发票领购簿及其停业前领购的发票
	（2）纳税人停业期满不能及时恢复生产经营的，应当在停业期满前到税务机关办理延长停业登记，并如实填写停业复业报告书

4.外出经营报验登记（见表7-10）

表7-10　外出经营报验登记

概念	纳税人跨省税务机关管辖区域（以下简称跨省）经营的，应当在外出生产经营以前，持税务登记证到主管税务机关开具《外出经营活动税收管理证明》（以下简称《外管证》）
有效期	《外管证》的有效期限一般为30日，最长不得超过180日，但建筑安装行业纳税人项目合同期限超过180日的，按照合同期限确定有效期限

小艾上班记10

5.注销税务登记、临时税务登记、非正常户的认定与解除及扣缴税款登记（见表7-11）

表7-11 注销税务登记、临时税务登记、非正常户的认定与解除及扣缴税款登记

注销税务登记	（1）办理注销税务登记的原因	纳税人发生以下情形的，向主管税务机关申报办理注销税务登记： ①纳税人发生解散、破产、撤销以及其他情形，依法终止纳税义务的 ②纳税人被市场监管部门吊销营业执照或者被其他机关予以撤销登记的 ③纳税人因住所、经营地点变动，涉及变更税务登记机关的 ④境外企业在中国境内承包建筑、安装、装配、勘探工程和提供劳务的，项目完工、离开中国的
	（2）申报办理注销税务登记的时限	①纳税人发生解散、破产、撤销以及其他情形，依法终止纳税义务的，应当在向市场监管部门或者其他机关办理注销登记前，持有关证件和资料向原税务登记机关申报办理注销税务登记；按规定不需要在市场监管部门或者其他机关办理注册登记的，应当自有关机关批准或者宣告终止之日起15日内，持有关证件和资料向原税务登记机关申报办理注销税务登记 ②纳税人被市场监管部门吊销营业执照或者被其他机关予以撤销登记的，应当自营业执照被吊销或者被撤销登记之日起15日内，向原税务登记机关申报办理注销税务登记 ③纳税人因住所、经营地点变动，涉及改变税务登记机关的，应当在向市场监管部门或者其他机关申请办理变更、注销登记前，或者住所、经营地点变动前，持有关证件和资料，向原税务登记机关申报办理注销税务登记，并自注销税务登记之日起30日内向迁达地税务机关申报办理税务登记 ④境外企业在中国境内承包建筑、安装、装配、勘探工程和提供劳务的，应当在项目完工、离开中国前15日内，持有关证件和资料，向原税务登记机关申报办理注销税务登记

注销税务登记	（3）清税证明的出具	①先清税再注销 已实行“多证合一、一照一码”登记模式的企业办理注销登记，须先向主管税务机关申报清税，填写清税申报表。清税完毕后，受理税务机关根据清税结果向纳税人统一出具清税证明
		②清税证明免办 向市场监管部门申请简易注销的纳税人，未办理过涉税事宜或办理过涉税事宜但未领用发票、无欠税（滞纳金）及罚款的，可免予到税务机关办理清税证明，直接向市场监管部门申请办理注销登记
		③清税证明即办 向市场监管部门申请简易注销的纳税人，未办理过涉税事宜且主动到税务机关办理清税的，税务机关可根据纳税人提供的营业执照即时出具清税文书
		办理过涉税事宜但未领用发票、无欠税（滞纳金）及罚款的纳税人，主动到税务机关办理清税，资料齐全的，税务机关即时出具清税文书；资料不齐的，可采取“承诺制”容缺办理，在其作出承诺后，即时出具清税文书
临时税务登记	从事生产、经营的个人应办而未办营业执照，但发生纳税义务的，可以按规定申请办理临时税务登记	
非正常户的认定与解除	（1）已办理税务登记的纳税人未按照规定的期限进行纳税申报，税务机关依法责令其限期改正。纳税人逾期不改正的，税务机关可以收缴其发票或者停止向其发售发票 （2）纳税人负有纳税申报义务，但连续3个月所有税种均未进行纳税申报的，税收征管系统自动将其认定为非正常户，并停止其发票领用簿和发票的使用 （3）已认定为非正常户的纳税人，就其逾期未申报行为接受处罚、缴纳罚款，并补办纳税申报的，税收征管系统自动解除非正常状态，无须纳税人专门申请解除	
扣缴税款登记	（1）已办理税务登记的扣缴义务人应当自扣缴义务发生之日起30日内，向税务登记地税务机关申报办理扣缴税款登记 税务机关在其税务登记证件上登记扣缴税款事项，税务机关不再发放扣缴税款登记证件 （2）根据税收法律、行政法规的规定可不办理税务登记的扣缴义务人，应当自扣缴义务发生之日起30日内，向机构所在地税务机关申报办理扣缴税款登记，并由税务机关发放扣缴税款登记证件	

1.【单选题】根据税收征收管理法律制度的规定，下列情形中，纳税人应当注销税务登记的是（　　）。

A.纳税人改变生产经营方式的

B.纳税人被市场监管部门吊销营业执照的

C.纳税人改变名称的

D.纳税人改变住所和经营地点未涉及改变税务登记机关的

2.【单选题】根据税收征收管理法律制度的规定，下列关于我国现行税务登记，说法不正确的是（　　）。

A.从事生产、经营的纳税人领取工商营业执照的，应当自领取工商营业执照之日起30日内申报办理税务登记

B.纳税人已在市场监管部门办理变更登记的，应当自变更登记之日起30日内，向原税务登记机关申报办理变更税务登记

C.纳税人被市场监管部门吊销营业执照或者被其他机关予以撤销登记的，应当自营业执照被吊销或者被撤销登记之日起30日内，向原税务登记机关申报办理注销税务登记

D.已办理税务登记的扣缴义务人应当自扣缴义务发生之日起30日内，向税务登记地税务机关申报办理扣缴税款登记

3.【判断题】实行定期定额征收方式的个体工商户需要停业的，应当在停业后向税务机关申报办理停业登记。纳税人的停业期限不得超过1年。（　　）

1.【答案】B

【解析】纳税人发生以下情形的，向主管税务机关申报办理注销税务登记：(1) 纳税人发生解散、破产、撤销以及其他情形，依法终止纳税义务的；(2) 纳税人被市场监管部门吊销营业执照或者被其他机关予以撤销登记的；(3) 纳税人因住所、经营地点变动，涉及变更税务登记机关的；(4) 境外企业在中国境内承包建筑安装、装配、勘探工程和提供劳务的，项目完工、离开中国的。

2.【答案】C

【解析】选项C：纳税人被市场监管部门吊销营业执照或者被其他机关予以撤销登记的，应当自营业执照被吊销或者被撤销登记之日起15日内，向原税务登记机关申报办理注销税务登记。

3.【答案】×

【解析】实行定期定额征收方式的个体工商户需要停业的，应当在停业前向税务机关申报办理停业登记。

【考点 7.6】账簿和凭证管理（见表 7-12）

表 7-12　　账簿和凭证管理

账簿设置	从事生产、经营的纳税人应当自领取营业执照或者发生纳税义务之日起15日内，按照国家有关规定设置账簿
	扣缴义务人应当自税收法律、行政法规规定的扣缴义务发生之日起10日内，按照所代扣、代收的税种，分别设置代扣代缴、代收代缴税款账簿
备案制度	（1）从事生产、经营的纳税人应当自领取税务登记证件之日起15日内，将其财务、会计制度或者财务、会计处理办法报送主管税务机关备案
	（2）纳税人使用计算机记账的，应当在使用前将会计电算化系统的会计核算软件、使用说明书及有关资料报送主管税务机关备案

1.【单选题】根据税收征收管理法律制度的规定，从事生产、经营的纳税人应当自领取营业执照或者发生纳税义务之日起一定期限内，按照国家有关规定设置账簿，该期限是（　　）。

A.10 日

B.15 日

C.7 日

D.30 日

2.【单选题】扣缴义务人应当在法定扣缴义务发生之日起（　　）内，按所代扣、代收的税种，分别设置代扣代缴、代收代缴税款账簿。

A.15 日

B.10 日

C.30 日

D.60 日

1.【答案】B

【解析】从事生产、经营的纳税人应当自领取营业执照或者发生纳税义务之日起 15 日内，按照国家有关规定设置账簿。

2.【答案】B

【解析】扣缴义务人应当自税收法律、行政法规规定的扣缴义务发生之日起 10 日内，按照所代扣、代收的税种，分别设置代扣代缴、代收代缴税款账簿。

【考点7.7】发票管理（见表7-13）

表7-13 发票管理

发票的类型	（1）增值税专用发票：包括增值税专用发票（折叠票）、增值税电子专用发票和机动车销售统一发票
	（2）增值税普通发票：包括增值税普通发票（折叠票）、增值税电子普通发票和普通发票（卷票）
	（3）特定范围内继续使用的其他发票：包括农产品收购发票、农产品销售发票、门票、过路（过桥）费发票、定额发票、客运发票和二手车销售统一发票等
发票的联次和内容	（1）发票的基本联次包括存根联、发票联、记账联
	（2）用票单位可以书面向税务机关要求使用印有本单位名称的发票，税务机关依法确认印有该单位名称发票的种类和数量
发票的领购	（1）需要领购发票的单位和个人，应当持税务登记证件、经办人身份证明、按照国务院税务主管部门规定式样制作的发票专用章的印模，向主管税务机关办理发票领购手续
	（2）主管税务机关根据领购单位和个人的经营范围和规模，确认领购发票的种类、数量以及领购方式，在5个工作日内发给发票领购簿
代开发票	需要临时使用发票的单位和个人，可以凭购销商品、提供或者接受服务以及从事其他经营活动的书面证明、经办人身份证明，直接向经营地税务机关申请代开发票。依照税收法律、行政法规规定应当缴纳税款的，税务机关应当先征收税款，再开具发票
发票的开具	（1）一般情况下，收款方应向付款方开具发票
	（2）由付款方向收款方开具发票的情形如下：
	①收购单位和扣缴义务人支付个人款项时（例如：收购农产品、收购烟叶）
	②国家税务总局认为其他需要由付款方向收款方开具发票的
	（3）在人民法院裁定受理破产申请之日至企业注销之日期间，企业因继续履行合同、生产经营或处置财产需要开具发票的，管理人可以以企业名义按规定申领开具发票或者代开发票
发票开具的违法行为	（1）取得发票时，不得要求变更品名和金额
	（2）禁止虚开发票，虚开发票的行为包括：
	①为他人、为自己开具与实际经营业务情况不符的发票
	②让他人为自己开具与实际经营业务情况不符的发票
	③介绍他人开具与实际经营业务情况不符的发票

发票的使用	任何单位和个人应当按照发票管理规定使用发票，不得有下列行为：
	（1）转借、转让、介绍他人转让发票、发票监制章和发票防伪专用品
	（2）知道或者应当知道是私自印制、伪造、变造、非法取得或者废止的发票而受让、开具、存放、携带、邮寄、运输
	（3）拆本使用发票
	（4）扩大发票使用范围
	（5）以其他凭证代替发票使用
	开具发票的单位和个人应当建立发票使用登记制度，设置发票登记簿，并定期向主管税务机关报告发票使用情况
发票的保管	已开具的发票存根联和发票登记簿，应当保存5年
	【提示1】发票保管≠会计档案保管
	【提示2】保存期满，报经税务机关查验后销毁
发票的检查	税务机关在发票管理中有权进行下列检查：
	（1）检查印制、领购、开具、取得、保管和缴销发票的情况
	（2）调出发票查验
	（3）查阅、复制与发票有关的凭证、资料
	（4）向当事各方询问与发票有关的问题和情况
	（5）在查处发票案件时，对与案件有关的情况和资料，可以记录、录音、录像、照相和复制
	【提示】税务人员进行检查时，应当出示税务检查证
网络发票	（1）开具发票的单位和个人开具网络发票应登录网络发票管理系统，如实完整填写发票的相关内容及数据，确认保存后打印发票。开具发票的单位和个人在线开具的网络发票经系统自动保存数据后即完成开票信息的确认、查验
	（2）税务机关应根据开具发票的单位和个人的经营情况，核定其在线开具网络发票的种类、行业类别、开票限额等内容。开具发票的单位和个人需要变更网络发票核定内容的可向税务机关提出书面申请，经税务机关确认，予以变更
	（3）单位和个人取得网络发票时，应及时查询验证网络发票信息的真实性、完整性，对不符合规定的发票，不得作为财务报销凭证，任何单位和个人有权拒收
	（4）开具发票的单位和个人在网络出现故障，无法在线开具发票时，可离线开具发票。开具发票后，不得改动开票信息，并于48小时内上传开票信息

1.【单选题】根据税收征收管理法律制度的规定，纳税人已开具的发票存根联和发票登记簿的保存期限是（　　）年。

A.2

B.5

C.10

D.3

2.【多选题】根据税收征收管理法律制度的规定，下列行为中，属于未按照规定使用发票的有（　　）。

A.扩大发票使用范围

B.拆本使用发票

C.以其他凭证代替发票使用

D.转借发票

3.【单选题】根据税收征收管理法律制度的规定，关于发票开具、使用和保管的下列表述中，正确的是（　　）。

A.销售货物开具发票时，可按付款方要求变更品名和金额

B.经单位财务负责人批准后，可拆本使用发票

C.已经开具的发票存根联保存期满后，开具发票的单位可直接销毁

D.收购单位向个人支付收购款项时，由付款方向收款方开具发票

4.【多选题】根据税收征收管理法律制度的规定，下列关于税务机关对发票检查权的表述中，正确的有（　　）。

A.向当事各方询问与发票有关的问题与情况

B.调出发票查验

C.检查印制、领购、开具、取得、保管和缴销发票的情况

D.查阅、复制与发票有关的凭证、资料

5.【多选题】根据税收征收管理法律制度的规定，下列关于发票开具和保管的表述中，符合法律规定的有（　　）。

A.不得为他人开具与实际经营业务不符的发票

B.已经开具的发票存根联和发票登记簿应当保存 3 年

C.取得发票时，不得要求变更品名和金额

D.开具发票的单位和个人应当建立发票使用登记制度，设置发票登记簿

1.【答案】B

【解析】已经开具的发票的存根联和发票登记簿，应当保存 5 年。

2.【答案】ABCD

【解析】任何单位和个人应当按照发票管理规定使用发票，不得有下列

行为：(1) 转借（选项 D）、转让、介绍他人转让发票、发票监制章和发票防伪专用品；(2) 知道或者应当知道是私自印制、伪造、变造、非法取得或者废止的发票而受让、开具、存放、携带、邮寄、运输；(3) 拆本使用发票（选项 B）；(4) 扩大发票使用范围（选项 A）；(5) 以其他凭证代替发票使用（选项 C）。

3.【答案】D

【解析】(1) 选项 A：取得发票时，不得要求变更品名和金额；(2) 选项 B：禁止拆本使用发票；(3) 选项 C：保存期满，应当经税务机关查验后销毁。

4.【答案】ABCD

【解析】税务机关在发票管理中有权：检查印制、领购、开具、取得、保管和缴销发票的情况；调出发票查验；查阅、复制与发票有关的凭证、资料；向当事各方询问与发票有关的问题和情况；在查处发票案件时，对与案件有关的情况和资料，可以记录、录音、录像、照相和复制。

5.【答案】ACD

【解析】选项 B：已经开具的发票存根联和发票登记簿，应当保存 5 年。

【考点 7.8】纳税申报管理（见表 7-14）

表 7-14 纳税申报管理

纳税申报方式	自行申报	又称直接申报，是一种传统申报方式
	邮寄申报	邮寄申报以寄出的邮戳日期为实际申报日期
	数据电文申报	采取数据电文方式办理纳税申报的，其申报日期以税务机关计算机网络系统收到该数据电文的时间为准
	其他方式申报	如简易申报、简并征期
纳税申报的基本要求	纳税人	应报送下列有关证件、资料： (1) 财务会计报表及其说明材料 (2) 与纳税有关的合同、协议书及凭证 (3) 税控装置的电子报税资料 (4) 外出经营活动税收管理证明和异地完税凭证 (5) 境内或者境外公证机构出具的有关证明文件 (6) 税务机关规定应当报送的其他有关证件、资料
	扣缴义务人	扣缴义务人办理代扣代缴、代收代缴税款报告时，应当如实填写代扣代缴、代收代缴税款报告表，并报送代扣代缴、代收代缴税款的合法凭证以及税务机关规定的其他有关证件、资料

续表

纳税申报的其他要求	零申报	纳税人在纳税期内没有应纳税款的，也应当按照规定办理纳税申报
	减、免税申报	纳税人享受减税、免税待遇的，在减税、免税期间应当按照规定办理纳税申报
	延期办理纳税申报	(1) 因自身原因需要延期：事前申请+预缴税款
		①纳税人、扣缴义务人按照规定的期限办理纳税申报或者报送代扣代缴、代收代缴税款报告表确有困难，需要延期的，应当在规定的期限内向税务机关提出书面延期申请，经税务机关核准，在核准的期限内办理
		②经核准延期办理纳税申报、报送事项的，应当在纳税期内按照上期实际缴纳的税额或者税务机关核定的税额预缴税款，并在核准的延期内办理税款结算
		(2) 因不可抗力需要延期：事后报告
		纳税人、扣缴义务人因不可抗力，不能按期办理纳税申报或者报送代扣代缴、代收代缴税款报告表的，可以延期办理；但是，应当在不可抗力情形消除后立即向税务机关报告
	破产期间的纳税申报	在人民法院裁定受理破产申请之日至企业注销之日期间，企业应当接受税务机关的税务管理，履行税法规定的相关义务。破产程序中如发生应税情形，应按规定申报纳税。从人民法院指定管理人之日起，管理人可以以企业名义办理纳税申报等涉税事宜

1.【判断题】甲企业按照国家规定享受 3 年内免缴企业所得税的优惠待遇，甲企业在这 3 年内不需办理企业所得税的纳税申报。(　　)

2.【单选题】根据税收征收管理法律制度的规定，下列关于纳税申报方式的表述中，不正确的是（　　）。

A.邮寄申报以税务机关收到的日期为实际申报日期

B.数据电文方式的申报日期以税务机关计算机网络系统收到该数据电文的时间为准

C.实行定期定额缴纳税款的纳税人，可以实行简易申报、简并征期等方式申报纳税

D.自行申报是指纳税人、扣缴义务人按照规定的期限自行直接到主管税务机关办理纳税申报手续

3.【判断题】经核准延期办理纳税申报、报送事项的，应当在纳税期内按照上期实际缴纳的税额或者税务机关核定的税额预缴税款，并在核准的延期内办理税款结算。(　)

1.【答案】×

【解析】纳税人享受减税、免税待遇的，在减税、免税期间应当按照规定办理纳税申报。

2.【答案】A

【解析】选项 A：邮寄申报以寄出的邮戳日期为实际申报日期。

3.【答案】√

【考点 7.9】税款征收方式（见表 7-15）

表 7-15　　税款征收方式

征收方式	适用情形
查账征收	适用于财务会计制度健全，能够如实核算和提供生产经营情况，并能正确计算应纳税款和如实履行纳税义务的纳税人
查定征收	适用于生产经营规模较小、产品零星、税源分散、会计账册不健全，但能控制原材料或进销货物的小型厂矿和作坊
查验征收	适用于纳税人财务制度不健全，生产经营不固定，零星分散、流动性大的税源
定期定额征收	适用于经主管税务机关认定和县以上税务机关（含县级）批准的生产、经营规模小，达不到规定设置账簿标准，难以查账征收，不能准确计算计税依据的个体工商户（包括个人独资企业）
扣缴征收	（1）扣缴征收包括代扣代缴和代收代缴两种征收方式
	（2）扣缴义务人依法履行代扣、代收税款义务时，纳税人不得拒绝；纳税人拒绝的，扣缴义务人应当及时报告税务机关处理
委托征收	（1）这种征收方式适用于零星分散和异地缴纳的税收
	（2）税务机关向代征单位或个人发给委托代征证书，受托代征单位或个人按照代征证书的要求，以税务机关的名义依法征收税款，纳税人不得拒绝；纳税人拒绝的，受托代征单位或个人应当及时报告税务机关处理

1.【单选题】甲公司为大型国有企业，财务会计制度健全，能够如实核算和提供生产经营情况，并能正确计算应纳税款和如实履行纳税义务，其适用的税款征收方式是（　　）。

A.定期定额征收

B.查账征收

C.查定征收

D.查验征收

2.【单选题】根据税收征收管理法律制度的规定，纳税人财务制度不健

全，生产经营不固定，零星分散、流动性大，适合采用的征收方式是（　　）。

A.查账征收

B.查定征收

C.查验征收

D.定期定额征收

1.【答案】B

【解析】（1）选项A：定期定额征收，适用于经主管税务机关认定和县以上税务机关（含县级）批准的生产、经营规模小，达不到《个体工商户建账管理暂行办法》规定设置账簿标准，难以查账征收，不能准确计算计税依据的个体工商户（包括个人独资企业）；（2）选项C：查定征收，适用于生产经营规模较小、产品零星、税源分散、会计账册不健全，但能控制原材料或进销货物的小型厂矿和作坊；（3）选项D：查验征收，适用于纳税人财务制度不健全，生产经营不固定，零星分散、流动性大的税源。

2.【答案】C

【解析】（1）如果财务会计制度健全，可以考虑采取查账征收；（2）如果能控制原材料或进销货物，可以考虑采取查定征收；（3）如果达不到规定设置账簿标准，可以考虑定期定额征收。

【考点7.10】应纳税额的核定（见表7-16）

表7-16　　应纳税额的核定与调整

<table>
<tr><td rowspan="3">应纳税额的核定与调整</td><td>1.核定应纳税额的情形</td><td>（1）依照法律、行政法规的规定可以不设置账簿的
（2）依照法律、行政法规的规定应当设置但未设置账簿的
（3）擅自销毁账簿或者拒不提供纳税资料的
（4）虽设置账簿，但账目混乱，或者成本资料、收入凭证、费用凭证残缺不全，难以查账的
（5）发生纳税义务，未按照规定的期限办理“纳税申报”，经税务机关责令限期申报，逾期仍不申报的
（6）纳税人申报的计税依据明显偏低，又无正当理由的
【记忆提示】可以核定的情形要么没账，要么相当于没账</td></tr>
<tr><td>2.核定方法</td><td>（1）参照当地同类行业或者类似行业中经营规模和收入水平相近的纳税人的税负水平核定
（2）按照营业收入或者成本加合理的费用和利润的方法核定
（3）按照耗用的原材料、燃料、动力等推算或者测算核定
（4）按照其他合理方法核定</td></tr>
<tr><td colspan="2">当其中一种方法不足以正确核定应纳税额时，可以同时采用两种以上的方法核定</td></tr>
</table>

1.【判断题】纳税人发生纳税义务，未按照规定的期限办理纳税申报，经税务机关责令限期申报，逾期仍不申报，税务机关有权核定其应纳税额。(　　)

2.【多选题】根据税收征收管理法律制度的规定，纳税人存在下列情形，税务机关有权核定其应纳税额的有（　　）。

A.依照法律、行政法规的规定可以不设置账簿的

B.依照法律、行政法规的规定应当设置但未设置账簿的

C.擅自销毁账簿或者拒不提供纳税资料的

D.纳税人申报的计税依据明显偏低，又无正当理由的

3.【单选题】甲公司是执行按月纳税的增值税纳税人，按规定应于每月15日前申报并缴纳上月税款，2020年9月至15日前甲公司均未办理纳税申报，税务机关向其下达责令限期改正通知书，要求甲公司于9月20日前办理纳税申报，至限期满甲公司仍未申报，则税务机关应当（　　）。

A.责令甲公司提供纳税担保　　B.核定甲公司应纳税额

C.对甲公司进行税收保全　　D.对甲公司采取税收强制执行措施

4.【多选题】下列关于税务机关核定应纳税额的方法中，说法正确的有（　　）。

A.参照当地类似行业中经营规模和收入水平相近的纳税人的税负水平核定

B.按照营业收入加利润的方法核定

C.按照耗用的原材料、燃料、动力等推算或者测算核定

D.税务机关可以同时采用A、B、C三种方法核定

1.【答案】√

2.【答案】ABCD

【解析】除选项ABCD所述情形外，税务机关有权核定其应纳税额的情形还有：(1) 虽设置账簿，但账目混乱或者成本资料、收入凭证、费用凭证残缺不全，难以查账的；(2) 发生纳税义务，未按照规定的期限办理纳税申报，经税务机关责令限期申报，逾期仍不申报的。

3.【答案】B

【解析】发生纳税义务，未按照规定的期限办理纳税申报，经税务机关责令限期申报，逾期仍不申报的，由税务机关核定其应纳税额。

4.【答案】AC

【解析】选项B，按照营业收入或者成本加合理的费用和利润的方法核定；选项D，因为B选项是错误的，所以无法采用A、B、C三种方法核定。

【考点7.11】应纳税额的调整（见表7-17）

表7-17 应纳税额的调整

应纳税额的调整	1.独立交易原则	企业或者外国企业在中国境内设立的从事生产、经营的机构、场所与其关联企业之间的业务往来，应当按照独立企业之间的业务往来收取或者支付价款、费用 不按照独立企业之间的业务往来收取或者支付价款、费用，而减少其应纳税的收入或者所得额的，税务机关有权进行合理调整
	2.应纳税额调整的情形	纳税人与其关联企业之间的业务往来有下列情形之一的，税务机关可以调整其应纳税额： （1）购销业务未按照独立企业之间的业务往来作价 （2）融通资金所支付或者收取的利息超过或者低于没有关联关系的企业之间所能同意的数额，或者利率超过或者低于同类业务的正常利率 （3）提供劳务，未按照独立企业之间业务往来收取或者支付劳务费用 （4）转让财产、提供财产使用权等业务往来，未按照独立企业之间业务往来作价或者收取、支付费用 （5）未按照独立企业之间业务往来作价的其他情形
	3.应纳税额调整的方法	纳税人发生上述情形的，税务机关可以按照下列方法调整计税收入额或者所得额： （1）按照独立企业之间进行的相同或者类似业务活动的价格 （2）按照再销售给无关联关系的第三者的价格所应取得的收入和利润水平 （3）按照成本加合理的费用和利润 （4）按照其他合理的方法
	4.应纳税额调整的期限	纳税人与其关联企业未按照独立企业之间的业务往来支付价款、费用的，税务机关自该业务往来发生的纳税年度起3年内进行调整；有特殊情况的，可以自该业务往来发生的纳税年度起10年内进行调整

【考点 7.12】应纳税款的缴纳（见表 7-18）

表 7-18　应纳税款的缴纳

应纳税款的缴纳	应纳税款的当期缴纳	应纳税款的当期缴纳是指纳税人、扣缴义务人按照法律、行政法规规定或者税务机关依照法律、行政法规的规定确定的期限，缴纳或者解缴税款
		税务机关收到税款后，应当向纳税人开具完税凭证。扣缴义务人代扣、代收税款时，纳税人要求扣缴义务人开具代扣、代收税款凭证的，扣缴义务人应当开具
	应纳税款的延期缴纳	（1）纳税人因有特殊困难，不能按期缴纳税款的，经省、自治区、直辖市税务局批准，可以延期缴纳税款，但是最长不得超过 3 个月 【解释】特殊困难是指因不可抗力，导致纳税人发生较大损失，正常生产经营活动受到较大影响的；当期货币资金在扣除应付职工工资、社会保险费后，不足以缴纳税款的
		（2）纳税人需要延期缴纳税款的，应当在缴纳税款期限届满前提出申请，并报送规定材料。税务机关应当自收到申请延期缴纳税款报告之日起 20 日内作出批准或者不予批准的决定；不予批准的，从缴纳税款期限届满之日起加收滞纳金

【考点 7.13】税收减免及税款的退还、补征、追征（见表 7-19）

表 7-19　税收减免及税款的退还、补征、追征

税收减免	1. 纳税人依照法律、行政法规的规定办理减税、免税
	2. 享受减税、免税优惠的纳税人，减税、免税期满，应当自期满次日起恢复纳税；减税、免税条件发生变化的，应当在纳税申报时向税务机关报告；不再符合减税、免税条件的，应当依法履行纳税义务；未依法纳税的，税务机关应当予以追缴
税款的退还	（1）纳税人超过应纳税额缴纳的税款，税务机关发现后，应当自发现之日起 10 日内办理退还手续
	（2）纳税人自结算缴纳税款之日起 3 年内发现多缴税款的，可以向税务机关要求退还多缴的税款并加算银行同期存款利息，税务机关应当自接到纳税人退还申请之日起 30 日内查实并办理退还手续
税款的补征	因税务机关的责任，致使纳税人、扣缴义务人未缴或者少缴税款的，税务机关在 3 年内可以要求纳税人、扣缴义务人补缴税款，但是不得加收滞纳金
税款的追征	（1）因纳税人、扣缴义务人计算错误等失误，未缴或者少缴税款的，税务机关在 3 年内可以追征税款、滞纳金；有特殊情况的，追征期可以延长到 5 年
	（2）对偷税（逃税）、抗税、骗税的，税务机关追征其未缴或者少缴的税款、滞纳金或者所骗取的税款，不受前述规定期限的限制

【单选题】下列关于税款追征的说法中，错误的是（　　）。

A.因税务机关的责任，致使纳税人少缴纳税款的，税务机关在5年内可要求纳税人补缴税款，但不得加收滞纳金

B.因税务机关的责任，致使纳税人少缴纳税款的，税务机关在3年内可要求纳税人补缴税款，但不得加收滞纳金

C.对于纳税人偷税、抗税和骗税的，税务机关追征其未缴或少缴的税款、滞纳金或者所骗取的税款，不受规定期限的限制

D.因纳税人计算错误等失误，未缴或者少缴税款的，税务机关在3年内可以追征税款、滞纳金；有特殊情况的，追征期可延长至5年

【答案】A

【解析】因税务机关的责任，致使纳税人少缴纳税款的，税务机关在3年内可要求纳税人补缴税款，但不得加收滞纳金。

【考点7.14】无欠税证明的开具（见表7-20）

表7-20　无欠税证明的开具

无欠税证明的开具	1.纳税人因境外投标、企业上市等需要，确需开具无欠税证明的，可以向主管税务机关申请办理
	2.不存在欠税情形，是指纳税人在税收征管信息系统中，不存在应申报未申报记录且无下列应缴未缴的税款： （1）办理纳税申报后，纳税人未在税款缴纳期限内缴纳的税款 （2）经批准延期缴纳的税款期限已满，纳税人未在税款缴纳期限内缴纳的税款 （3）税务机关检查已查定纳税人的应补税额，纳税人未缴纳的税款 （4）税务机关依法核定纳税人的应纳税额，纳税人未在税款缴纳期限内缴纳的税款 （5）纳税人的其他未在税款缴纳期限内缴纳的税款

【考点7.15】税款征收的保障措施（见表7-21、表7-22、表7-23和表7-24）

表7-21　税款征收的保障措施总览

税款征收的保障措施总览	税款征收的保障措施的方式： 1.责令缴纳 2.责令提供纳税担保 3.采取税收保全措施 4.采取强制执行措施 5.欠税清缴 6.税收优先权 7.阻止出境

表7-22　　税款征收的具体保障措施（一）

1.责令缴纳	概念		对纳税人、扣缴义务人、纳税担保人应缴纳的欠税，税务机关可责令限期缴纳，并从滞纳税款之日起，按日加收滞纳金
	滞纳金的加收标准		从滞纳税款之日起，按日加收滞纳税款万分之五的滞纳金
	加收滞纳金的起止时间		自法定的税款缴纳期限届满次日起至纳税人、扣缴义务人实际缴纳或者解缴税款之日止
2.责令提供纳税担保	适用情形		（1）税务机关有根据认为从事生产、经营的纳税人有逃避纳税义务行为，在规定的纳税期之前经责令其限期缴纳应纳税款，在限期内发现纳税人有明显的转移、隐匿其应纳税的商品、货物，以及其他财产或者应纳税收入的迹象，责成纳税人提供纳税担保的
			（2）欠缴税款、滞纳金的纳税人或者其法定代表人需要出境的
			（3）纳税人同税务机关在纳税上发生争议而未缴清税款，需要申请行政复议的
			（4）税收法律、行政法规规定可以提供纳税担保的其他情形
	纳税担保范围		税款、滞纳金和实现税款、滞纳金的费用
			【提示】费用包括抵押、质押登记费用，质押保管费用，以及保管、拍卖、变卖担保财产等相关费用
	方式	纳税保证	（1）纳税保证须经税务机关认可，税务机关不认可的，保证不成立
			（2）纳税保证人同意为纳税人提供纳税担保的，应当填写纳税担保书
			（3）纳税担保书须经纳税人、纳税保证人签字盖章并经税务机关签字盖章同意方为有效
			（4）纳税担保从税务机关在纳税担保书上签字盖章之日起生效

续表

2. 责令提供纳税担保	方式	纳税保证	(5) 保证期间为纳税人应缴纳税款期限届满之日起60日，即税务机关自纳税人应缴纳税款的期限届满之日起60日内有权要求纳税保证人承担保证责任，缴纳税款、滞纳金
			(6) 履行保证责任的期限为15日，即纳税保证人应当自收到税务机关的纳税通知书之日起15日内履行保证责任，缴纳税款及滞纳金
		纳税抵押	(1) 纳税抵押是指纳税人或纳税担保人不转移对可抵押财产的占有，将该财产作为税款及滞纳金的担保
			(2) 纳税人提供抵押担保的，应当填写纳税担保书和纳税担保财产清单
			(3) 纳税担保书和纳税担保财产清单须经纳税人签字盖章并经税务机关确认
			(4) 纳税人在规定的期限内未缴清税款、滞纳金的，税务机关应当依法拍卖、变卖抵押物，变价抵缴税款、滞纳金
		纳税质押	(1) 纳税质押是指经税务机关同意，纳税人或纳税担保人将其动产或权利凭证移交税务机关占有，将该动产或权利凭证作为税款及滞纳金的担保
			(2) 纳税人提供质押担保的，应当填写纳税担保书和纳税担保财产清单并签字盖章
			(3) 纳税质押自纳税担保书和纳税担保财产清单经税务机关确认和质物移交之日起生效
			(4) 纳税人在规定的期限内未缴清税款、滞纳金的，税务机关应当依法拍卖、变卖质物，抵缴税款、滞纳金

【案例7-1】“小艾夏日”餐厅5月份应纳增值税30万元，但迟迟未缴，税务机关责令其缴纳并加收滞纳金，“小艾夏日”餐厅直到7月15日才缴清上述税款。已知，“小艾夏日”餐厅的增值税纳税期限为1个月，不考虑其他因素。

【分析】(1) 增值税纳税期限为1个月的，应于次月1日起15日内申报纳税并结清上月应纳税款；因此，“小艾夏日”餐厅应缴纳税款的最晚期限是6月15日；

（2）加收滞纳金的起止时间为 6 月 16 日（含）至 7 月 15 日（含），共计 15+15=30（天）；

（3）“小艾夏日”餐厅应缴纳的税款滞纳金=30×0.5‰×30=0.45（万元）。

1.【单选题】根据税收征收管理法律制度的规定，纳税人未按照规定期限缴纳税款的，税务机关可责令限期缴纳，并从滞纳之日起，按日加收滞纳税款一定比例的滞纳金，该比例为（　　）。

A.万分之五

B.万分之七

C.万分之一

D.万分之三

2.【多选题】根据税收征收管理法律制度的规定，下列各项中，适用纳税担保的情形有（　　）。

A.纳税人同税务机关在纳税上发生争议而未缴清税款，需要申请行政复议的

B.纳税人在税务机关责令缴纳应纳税款限期内，有明显转移、隐匿其应纳税的商品、货物以及其他财产或应纳税收入迹象的

C.欠缴税款、滞纳金的纳税人或者其法定代表人需要出境的

D.从事生产、经营的纳税人未按规定期限缴纳税款，税务机关责令限期缴纳，逾期仍未缴纳的

3.【单选题】根据税收征收管理法律制度的规定，下列各项中，不属于纳税担保方式的是（　　）。

A.保证

B.扣押

C.质押

D.抵押

4.【单选题】根据税收征收管理法律制度的规定，下列各项中，不属于纳税担保范围的是（　　）。

A.罚款

B.滞纳金

C.税款

D.实现税款、滞纳金的费用

1.【答案】A

2.【答案】ABC

【解析】选项D，从事生产、经营的纳税人未按照规定期限缴纳税款的，

税务机关可责令限期缴纳，逾期仍未缴纳的，税务机关可以依法采取税收强制执行措施。

3.【答案】B

【解析】选项B，“扣押、查封”“冻结存款”属于税收保全措施。

4.【答案】A

【解析】纳税担保的范围包括税款、滞纳金和实现税款、滞纳金的费用。

表7-23　　税款征收的具体保障措施（二）

措施	3.税收保全措施	4.税收强制执行措施
前提	(1) 税务机关有根据认为从事生产、经营的纳税人有逃避纳税义务行为	(1) 未按照规定的期限缴纳或者解缴税款，经税务机关责令限期缴纳，逾期仍未缴纳税款的从事生产、经营的纳税人、扣缴义务人
	(2) 纳税人逃避纳税义务的行为发生在规定的纳税期之前，以及在责令限期缴纳应纳税款的限期内 (3) 税务机关责成纳税人提供纳税担保后，纳税人不能提供纳税担保	(2) 未按照规定的期限缴纳所担保的税款，经税务机关责令限期缴纳，逾期仍未缴纳税款的纳税担保人（“告诫在先”）
适用对象	仅限于从事生产、经营的纳税人	适用于从事生产、经营的纳税人，扣缴义务人和纳税担保人
执行措施	(1) 书面通知纳税人开户银行或者其他金融机构冻结纳税人的金额相当于应纳税款的存款	(1) 书面通知其开户银行或者其他金融机构从其存款中扣缴税款
	(2) 扣押、查封纳税人的价值相当于应纳税款的商品、货物或者其他财产	(2) 扣押、查封、依法拍卖或者变卖价值相当于应纳税款的商品、货物或者其他财产，以拍卖或者变卖所得抵缴税款（重点在“拍卖、变卖”）
滞纳金	对滞纳金不需要同时执行	对纳税人、扣缴义务人、纳税担保人未缴纳的滞纳金必须同时强制执行
批准	县以上税务局（分局）局长批准	
执行范围	(1) 个人及其所扶养家属维持生活必需的住房和用品，不在税收保全措施和税收强制执行措施的范围之内	
	(2) 生活必需的住房和用品不包括机动车辆、金银首饰、古玩字画、豪华住宅或者一处以外的住房	
	(3) 税务机关对单价5 000元以下的其他生活用品，不采取税收保全措施和税收强制执行措施	
特殊规定	税务机关采取税收保全措施的期限一般不得超过6个月	

【提示1】 税收保全措施的解除

（1）纳税人在规定期限内缴纳了应纳税款的，税务机关必须立即解除税收保全措施。

（2）纳税人在规定的限期期满仍未缴纳税款的，经县以上税务局（分局）局长批准，终止保全措施，转入强制执行措施。

【提示2】 对纳税人已缴纳税款，但拒不缴纳滞纳金的，税务机关可以单独对纳税人应缴未缴的滞纳金采取强制措施。

1.**【单选题】** 根据税收征收管理法律制度的规定，税务机关依法采取强制执行措施时，对个人及其所扶养家属维持生活必需的住房和用品，不在强制执行措施的范围之内。对单价在一定金额以下的其他生活用品，不采取强制执行措施。该金额为（　　）元。

A.5 000　　B.10 000

C.20 000　　D.15 000

2.**【判断题】** 税务机关有权对个人及其所扶养家属维持生活必需的住房和用品采取强制执行措施。（　　）

3.**【多选题】** 根据税收征收管理法律制度的规定，下列各项中，属于税收保全措施的有（　　）。

A.要求纳税人以抵押的方式为其应当缴纳的税款及滞纳金提供担保

B.书面通知纳税人开户银行或者其他金融机构冻结纳税人的金额相当于应纳税款的存款

C.扣押、查封纳税人的价值相当于应纳税款的商品、货物或者其他财产

D.依法拍卖纳税人的价值相当于应纳税款的商品，以拍卖所得抵缴税款

4.**【单选题】** 根据税收征收管理法律制度的规定，下列个人财产中，不适用税收保全措施的是（　　）。

A.豪华住宅　　B.金银饰品

C.古玩字画　　D.维持生活必需的住房

5.**【单选题】** 税务机关采取税收保全措施的期限一般最长不得超过（　　）。

A.3 个月　　B.6 个月

C.1 年　　D.3 年

1.**【答案】** A

【解析】 税务机关对单价 5 000 元以下的其他生活用品，不采取强制执行措施。

2.**【答案】** ×

【解析】 个人及其所扶养家属维持生活必需的住房和用品，既不在税收保

全措施的范围内，也不在强制执行措施的范围内。

3.【答案】BC

【解析】（1）选项A：属于责令纳税人提供纳税担保；（2）选项BC：属于采取税收保全措施；（3）选项D：属于采取强制执行措施。

4.【答案】D

【解析】个人及其所扶养家属维持生活必需的住房和用品，不在税收保全措施的范围之内；个人及其所扶养家属维持生活必需的住房和用品不包括机动车辆、金银饰品、古玩字画、豪华住宅或者一处以外的住房。

5.【答案】B

【解析】税务机关采取税收保全措施的期限一般不得超过6个月；重大案件需要延长的，应当报国家税务总局批准。

表7-24　　税款征收的具体保障措施（三）

<table>
<tr><td rowspan="4">5.欠税清缴</td><td>（1）离境清缴</td><td>欠缴税款的纳税人或者其法定代表人需要出境的，应当在出境前向税务机关结清应纳税款、滞纳金或者提供担保</td></tr>
<tr><td>（2）税收代位权和撤销权</td><td>①欠缴税款的纳税人因怠于行使到期债权，或者放弃到期债权，或者无偿转让财产，或者以明显不合理的低价转让财产而受让人知道该情形，对国家税收造成损害的，税务机关可以依法行使代位权、撤销权
②税务机关依法行使代位权、撤销权的，不免除欠缴税款的纳税人尚未履行的纳税义务和应承担的法律责任</td></tr>
<tr><td>（3）欠税报告</td><td>①纳税人有欠税情形而以其财产设定抵押、质押的，应当向抵押权人、质权人说明其欠税情况。抵押权人、质权人可以请求税务机关提供有关的欠税情况
②纳税人有解散、撤销、破产情形的，在清算前应当向其主管税务机关报告；未结清税款的，由其主管税务机关参加清算
③纳税人有合并、分立情形的，应当向税务机关报告，并依法缴清税款。纳税人合并时未缴清税款的，应当由合并后的纳税人继续履行未履行的纳税义务；纳税人分立时未缴清税款的，分立后的纳税人对未履行的纳税义务应当承担连带责任
④欠缴税款5万元以上的纳税人在处分其不动产或者大额资产之前，应当向税务机关报告</td></tr>
<tr><td>（4）欠税公告</td><td>县级以上各级税务机关应当将纳税人的欠税情况，在办税场所或者广播、电视、报纸、期刊、网络等新闻媒体上定期公告。对纳税人欠缴税款的情况实行定期公告的办法，由国家税务总局制定</td></tr>
<tr><td>6.税收优先权</td><td colspan="2">（1）税务机关征收税款，税收优先于无担保债权，法律另有规定的除外
（2）纳税人欠缴的税款发生在纳税人以其财产设定抵押、质押或者纳税人的财产被留置之前的，税收应当先于抵押权、质权、留置权执行
（3）纳税人欠缴税款，同时又被行政机关决定处以罚款、没收违法所得的，税收优先于罚款、没收违法所得</td></tr>
<tr><td>7.阻止出境</td><td colspan="2">欠缴税款的纳税人或者其法定代表人在出境前未按规定结清应纳税款、滞纳金或者提供纳税担保的，税务机关可以通知出境管理机关阻止其出境</td></tr>
</table>

1.【单选题】税务机关在查阅甲公司公开披露的信息时发现，其法定代表人张某有一笔股权转让收入未申报缴纳个人所得税，要求张某补缴税款 80 万元，滞纳金 3.8 万元。张某未结清应纳税款、滞纳金的情况下，拟出国考察，且未提供纳税担保，税务机关知晓后对张某可以采取的税款征收措施是（　　）。

A.查封住房

B.查封股票交易账户

C.通知出境管理机关阻止出境

D.冻结银行存款

2.【单选题】根据税收征收管理法律制度的规定，对欠缴税款、滞纳金的纳税人或其法定代表人需要出境的，税务机关可以采取的措施是（　　）。

A.书面通知其开户银行从其存款中扣缴税款

B.责令提供纳税担保

C.核定、调整应纳税额

D.依法拍卖其价值相当于应纳税款的商品

1.【答案】C

2.【答案】B

【解析】欠缴税款、滞纳金的纳税人或者其法定代表人需要出境的，税务机关可以要求纳税人提供纳税担保。

税务检查

【考点 7.16】税务检查中的职权和职责（见表 7-25）

表 7-25　税务检查中的职权和职责

查账权	检查纳税人的账簿、记账凭证、报表和有关资料，检查扣缴义务人代扣代缴、代收代缴税款账簿、记账凭证和有关资料
场地检查权	到纳税人的生产、经营场所和货物存放地（不包括生活场所）检查纳税人应纳税的商品、货物或者其他财产，检查扣缴义务人与代扣代缴、代收代缴税款有关的经营情况
责成提供资料权	责成纳税人、扣缴义务人提供与纳税或者代扣代缴、代收代缴税款有关的文件、证明材料和有关资料
询问权	询问纳税人、扣缴义务人与纳税或者代扣代缴、代收代缴税款有关的问题和情况
交通邮政检查权	到车站、码头、机场、邮政企业及其分支机构检查纳税人托运、邮寄应纳税商品、货物或者其他财产的有关单据、凭证和有关资料（不包括自带物品）

续表

存款账户查询权	(1) 经县以上税务局（分局）局长批准，指定专人负责，凭全国统一格式的检查存款账户许可证明，查询从事生产、经营的纳税人、扣缴义务人在银行或者其他金融机构的存款账户，并有责任为被检查人保守秘密
	(2) 税务机关在调查税收违法案件时，经设区的市、自治州以上税务局（分局）局长批准，可以查询案件涉嫌人员的储蓄存款
采取措施	税务机关调查税务违法案件时，对与案件有关的情况和资料，可以记录、录音、录像、照相和复制
人员要求	税务机关派出的人员进行税务检查时，应当出示税务检查证和税务检查通知书，并有责任为被检查人保守秘密；未出示税务检查证和税务检查通知书的，被检查人有权拒绝检查

1.【判断题】纳税人对税务检查人员未出示税务检查证和税务检查通知书的，有权拒绝检查。（　　）

2.【多选题】根据税收征收管理法律制度的规定，下列各项中，属于税务机关纳税检查职权的有（　　）。

A.检查扣缴义务人代扣代缴、代收代缴税款账簿、记账凭证和有关资料

B.检查纳税人托运、邮寄应税商品、货物或者其他财产的有关单据

C.检查纳税人存放在生产、经营场所的应纳税的货物

D.检查纳税人的账簿、记账凭证、报表和有关资料

3.【多选题】根据税收征收管理法律制度的规定，下列各项中，属于税务机关派出人员在税务检查中应履行的职责有（　　）。

A.出示税务检查通知书

B.出示税务机关组织机构代码证

C.为被检查人保守秘密

D.出示税务检查证

4.【多选题】根据税收征收管理法律制度的规定，税务机关在实施税务检查时，可以采取的措施有（　　）。

A.检查纳税人的会计资料

B.检查纳税人货物存放地的应纳税商品

C.检查纳税人托运、邮寄应纳税商品的单据、凭证

D.到车站检查旅客自带物品

5.【多选题】根据税收征收管理法律制度的规定，下列各项中，属于税务机关税务检查职责范围的有（　　）。

A.询问纳税人与纳税有关的问题和情况

B.检查纳税人的账簿、记账凭证和报表

C.到车站、码头检查纳税人托运应税商品、货物的有关单据、凭证和有关资料

D.到纳税人的经营场所检查纳税人应纳税的商品和货物

1.【答案】√

2.【答案】ABCD

3.【答案】ACD

【解析】税务机关派出的人员进行税务检查时，应当出示税务检查证和税务检查通知书，并有责任为被检查人保守秘密。

4.【答案】ABC

【解析】选项D：税务机关有权到车站、码头、机场、邮政企业及其分支机构检查纳税人托运、邮寄应纳税商品、货物或者其他财产的有关单据、凭证和有关资料（不包括自带物品）。

5.【答案】ABCD

【解析】税务机关在税务检查中享有的权利：（1）查账权（选项B）；（2）场地检查权（选项D）；（3）询问权（选项A）；（4）责成提供资料权；（5）交通邮政检查权（选项C）；（6）存款账户查询权。

【考点7.17】纳税信用管理（见表7-26）

表7-26　　　　　　　　　　**纳税信用管理**

纳税信用管理	（一）纳税信用管理的主体	1.下列企业参与纳税信用评价： （1）已办理税务登记，从事生产、经营并适用查账征收独立核算的企业纳税人（以下简称纳税人） （2）从首次在税务机关办理涉税事宜之日起时间不满一个评价年度的企业（以下简称新设立企业）。评价年度是指公历年度，即1月1日至12月31日 （3）评价年度内无生产经营业务收入的企业 （4）适用企业所得税核定征收办法的企业
		2.非独立核算分支机构可自愿参与纳税信用评价
	（二）纳税信用信息采集	纳税信用信息包括纳税人信用历史信息、税务内部信息、外部信息

续表

纳税信用管理	（三）纳税信用评价	1.纳税信用评价采取年度评价指标得分和直接判级方式
		2.纳税信用评价周期为一个纳税年度，有下列情形之一的纳税人，不参加本期的评价： (1) 纳入纳税信用管理时间不满一个评价年度的 (2) 因涉嫌税收违法被立案查处尚未结案的 (3) 被审计、财政部门依法查出税收违法行为，税务机关正在依法处理，尚未办结的 (4) 已申请税务行政复议、提起行政诉讼尚未结案的 (5) 其他不应参加本期评价的情形
		3.纳税信用级别设 A、B、M、C、D 五级
		4.有下列情形之一的纳税人，本评价年度直接判为 D 级： ①存在偷税（逃税）、逃避追缴欠税、骗取出口退税、虚开增值税专用发票等行为，经判决构成涉税犯罪的 ②存在前项所列行为，未构成犯罪，但偷税（逃税）金额 10 万元以上且占各税种应纳税总额 10% 以上，或者存在逃避追缴欠税、骗取出口退税、虚开增值税专用发票等税收违法行为，已缴纳税款、滞纳金、罚款的 ③规定期限内未按税务机关处理结论缴纳或者足额缴纳税款、滞纳金和罚款的 ④以暴力、威胁方法拒不缴纳税款或者拒绝、阻挠税务机关依法实施税务稽查执法行为的 ⑤存在违反增值税发票管理规定或者违反其他发票管理规定的行为，导致其他单位或者个人未缴、少缴或者骗取税款的 ⑥提供虚假申报材料享受税收优惠政策的 ⑦骗取国家出口退税款，被停止出口退（免）税资格未到期的 ⑧有非正常户记录或者由非正常户直接责任人员注册登记或者负责经营的 ⑨由 D 级纳税人的直接责任人员注册登记或者负责经营的 ⑩存在税务机关依法认定的其他严重失信情形的
		5.纳税信用评价结果的确定和发布 税务机关每年 4 月确定上一年度纳税信用评价结果，并为纳税人提供自我查询服务。纳税人对纳税信用评价结果有异议的，可以书面向作出评价的税务机关申请复评。作出评价的税务机关应按规定进行复核
	（四）纳税信用修复	纳入纳税信用管理的企业纳税人，符合下列条件之一的，可在规定期限内向主管税务机关申请纳税信用修复 (1) 纳税人发生未按法定期限办理纳税申报、税款缴纳、资料备案等事项且已补办的 (2) 未按税务机关处理结论缴纳或者足额缴纳税款、滞纳金和罚款，未构成犯罪，纳税信用级别被直接判为 D 级的纳税人，在税务机关处理结论明确的期限期满后 60 日内足额缴纳、补缴的 (3) 纳税人履行相应法律义务并由税务机关依法解除非正常户状态的

【考点7.18】税收违法行为检举管理（见表7-27）

表7-27　　税收违法行为检举管理

税收违法行为检举管理		检举管理工作坚持依法依规、分级分类、属地管理、严格保密的原则
	（一）税收违法行为检举管理原则	1.检举途径 市（地、州、盟）以上税务局稽查局设立税收违法案件举报中心。税务机关应当向社会公布举报中心的电话（传真）号码、通讯地址、邮政编码，网络检举途径，设立检举接待场所和检举箱。税务机关同时通过12366纳税服务热线接收税收违法行为检举
		2.检举人要求 （1）检举税收违法行为是检举人的自愿行为，检举人因检举而产生的支出应当由其自行承担 （2）检举人在检举过程中应当遵守法律、行政法规等规定；应当对其所提供检举材料的真实性负责，不得捏造、歪曲事实，不得诬告，陷害他人；不得损害国家、社会、集体的利益和其他公民的合法权益
	（二）检举事项的提出与受理	1.检举的提出 检举人可以实名检举，也可以匿名检举
		2.举报中心对接收的检举事项，应当及时审查，有下列情形之一的，不予受理： （1）无法确定被检举对象，或者不能提供税收违法行为线索的 （2）检举事项已经或者依法应当通过诉讼、仲裁、行政复议以及其他法定途径解决的 （3）对已经查结的同一检举事项再次检举，没有提供新的有效线索的
	（三）检举人的答复和奖励	1.实名检举人可以要求答复检举事项的处理情况与查处结果
		2.检举事项经查证属实，为国家挽回或者减少损失的，按照财政部和国家税务总局的有关规定对实名检举人给予相应奖励

税务行政复议

【考点7.19】税务行政复议范围（见表7-28）

表7-28　　税务行政复议范围

<table>
<tr><td rowspan="15">税务行政复议范围</td><td>行为</td><td colspan="2">具体内容</td></tr>
<tr><td rowspan="3">征税行为</td><td>（1）税收实体法的构成要素</td><td>确认纳税主体、征税对象、征税范围、减税、免税、退税、抵扣税款、适用税率、计税依据、纳税环节、纳税期限、纳税地点</td></tr>
<tr><td>（2）税款征收方式</td><td>征收税款（查账、查定、查验、定期定额、扣缴、委托）</td></tr>
<tr><td colspan="2">（3）加收滞纳金</td></tr>
<tr><td rowspan="11">其他行为</td><td colspan="2">（1）行政许可、行政审批行为</td></tr>
<tr><td colspan="2">（2）发票管理行为，包括发售、收缴、代开发票等</td></tr>
<tr><td colspan="2">（3）税收保全措施、强制执行措施</td></tr>
<tr><td colspan="2">（4）行政处罚行为：①罚款；②没收非法财物和违法所得；③停止出口退税权</td></tr>
<tr><td colspan="2">（5）不依法履行下列职责的行为：①开具、出具完税凭证；②行政赔偿；③行政奖励；④其他不依法履行职责的行为</td></tr>
<tr><td colspan="2">（6）资格认定行为</td></tr>
<tr><td colspan="2">（7）不依法确认纳税担保行为</td></tr>
<tr><td colspan="2">（8）政府公开信息工作中的行政行为</td></tr>
<tr><td colspan="2">（9）纳税信用等级评定行为</td></tr>
<tr><td colspan="2">（10）通知出入境管理机关阻止出境行为</td></tr>
</table>

【考点7.20】税务行政复议管辖（见表7-29）

表7-29　　税务行政复议管辖

<table>
<tr><td>情形</td><td>复议机关</td></tr>
<tr><td>对各级税务局的具体行政行为不服的</td><td>向其上一级税务局申请行政复议</td></tr>
<tr><td>对计划单列市税务局的具体行政行为不服的</td><td>向国家税务总局申请行政复议</td></tr>
<tr><td>对税务所（分局）、各级税务局的稽查局的具体行政行为不服的</td><td>向其所属税务局申请行政复议</td></tr>
<tr><td rowspan="2">对国家税务总局的具体行政行为不服的</td><td>向国家税务总局申请行政复议</td></tr>
<tr><td>【提示】对行政复议决定不服，申请人可以向人民法院提起行政诉讼，也可以向国务院申请裁决。国务院的裁决为最终裁决</td></tr>
</table>

【考点7.21】税务行政复议申请和受理（见表7-30）

表7-30 税务行政复议申请和受理

申请	（1）申请人可以在知道税务机关作出具体行政行为之日起60日内提出行政复议申请 （2）申请人对税务行政复议范围中“税务机关作出的征税行为”不服的，应当先向行政复议机关申请行政复议；对行政复议决定不服的，才可以再向人民法院提起行政诉讼（先议后诉） （3）申请人对税务行政复议范围中“税务机关作出的征税行为”以外的其他具体行政行为不服的，可以申请行政复议，也可以直接向人民法院提起行政诉讼（或议或诉） （4）申请人申请行政复议，可以书面申请，也可以口头申请
受理	（1）复议机关收到行政复议申请后，应当在5日内进行审查，决定是否受理 （2）申请人向复议机关申请行政复议，复议机关已经受理的，在法定行政复议期限内申请人不得向人民法院提起行政诉讼（议中不诉）；申请人向人民法院提起行政诉讼，人民法院已经依法受理的，不得申请行政复议（诉中不议）

【考点7.22】税务行政复议审查和决定（见表7-31）

表7-31 税务行政复议审查和决定

<table>
<tr><td rowspan="3">审查</td><td colspan="2">（1）行政复议机构审理行政复议案件，应当由2名以上行政复议工作人员参加
【提示】税务机关中初次从事行政复议的人员，应当通过国家统一法律职业资格考试取得法律职业资格</td></tr>
<tr><td colspan="2">（2）行政复议原则上采用书面审查的办法，但是申请人提出要求或者行政复议机构认为有必要时，应当听取申请人、被申请人和第三人的意见，并可以向有关组织和人员调查了解情况</td></tr>
<tr><td colspan="2">（3）对重大、复杂的案件，申请人提出要求或者行政复议机构认为必要时，可以采取听证的方式审理</td></tr>
<tr><td rowspan="9">决定</td><td>决定维持（按照税务行政机关执行）</td><td>具体行政行为认定事实清楚，证据确凿，适用依据正确，程序合法，内容适当</td></tr>
<tr><td>决定其在一定期限内履行</td><td>被申请人不履行法定职责</td></tr>
<tr><td rowspan="5">决定撤销、变更或者确认违法</td><td>（1）主要事实不清、证据不足的</td></tr>
<tr><td>（2）适用依据错误的</td></tr>
<tr><td>（3）违反法定程序的</td></tr>
<tr><td>（4）超越或者滥用职权的</td></tr>
<tr><td>（5）具体行政行为明显不当的</td></tr>
<tr><td>责令被申请人在一定期限内重新作出具体行政行为</td><td>决定“撤销或确认违法”的，可以责令被申请人在一定期限内重新作出具体行政行为</td></tr>
<tr><td>生效</td><td>行政复议决定书一经送达，即发生法律效力</td></tr>
</table>

1.【单选题】根据税收征收管理法律制度的规定，纳税人对税务机关的下列行政行为不服时，可以申请行政复议或者提起行政诉讼的是（　　）。

A.确认纳税主体

B.确定计税依据

C.加收滞纳金

D.没收财物和违法所得

2.【多选题】根据税收征收管理法律制度的规定，税务机关作出的下列行政行为中，纳税人不服时可以选择申请税务行政复议或者直接提起行政诉讼的有（　　）。

A.加收滞纳金

B.罚款

C.没收财物和违法所得

D.征收税款

3.【多选题】根据税收征收管理法律制度的规定，纳税人对税务机关的下列行政行为不服，可以直接起诉的有（　　）。

A.税务机关加收滞纳金的行为

B.税务机关将纳税人纳税信用等级由 A 级降为 B 级

C.税务机关扣押、查封纳税人的财产

D.纳税人依照法律规定提供了纳税担保，税务机关不依法确认纳税担保

1.【答案】D

【解析】选项 ABC：属于征税行为，应当“复议前置”。

2.【答案】BC

【解析】选项 AD：属于税务机关作出的征税行为，应当“复议前置”。

3.【答案】BCD

【解析】选项 A：税务机关加收滞纳金的行为属于征税行为，应当“复议前置”。

【考点7.23】违反税务管理规定的法律责任（见表7-32）

表7-32　违反税务管理规定的法律责任

<table>
<tr><td rowspan="4">账簿、凭证管理</td><td>(1) 纳税人未按照规定设置、保管账簿或者保管记账凭证和有关资料</td><td rowspan="6">①由税务机关责令限期改正，可以处2 000元以下的罚款
②情节严重的，处2 000元以上10 000元以下的罚款</td></tr>
<tr><td>(2) 未按照规定将财务、会计制度或者财务、会计处理办法和会计核算软件报送税务机关备查</td></tr>
<tr><td>(3) 未按照规定将其全部银行账号向税务机关报告</td></tr>
<tr><td>(4) 未按照规定安装、使用税控装置，或者损毁或者擅自改动税控装置</td></tr>
<tr><td rowspan="2">纳税申报</td><td>(1) 纳税人未按照规定的期限办理纳税申报和报送纳税资料</td></tr>
<tr><td>(2) 扣缴义务人未按照规定的期限向税务机关报送代扣代缴、代收代缴税款报告表和有关资料</td></tr>
<tr><td rowspan="3">非法印制、转借、倒卖、变造或者伪造完税凭证</td><td colspan="2">①由税务机关责令改正，处2 000元以上1万元以下的罚款</td></tr>
<tr><td colspan="2">②情节严重的，处1万元以上5万元以下的罚款</td></tr>
<tr><td colspan="2">③构成犯罪的，依法追究刑事责任</td></tr>
<tr><td>税务代理人违反税收法律、行政法规，造成纳税人未缴或者少缴税款</td><td colspan="2">除由纳税人缴纳或者补缴应纳税款、滞纳金外，对税务代理人处纳税人未缴或者少缴税款50%以上3倍以下的罚款</td></tr>
</table>

【考点7.24】四大税收违法行为（见表7-33）

表7-33　四大税收违法行为

违法行为	违法情形认定	法律责任
偷税（逃税）行为	纳税人采取欺骗、隐瞒手段进行虚假纳税申报或者不申报，逃避缴纳税额的行为	(1) 行政责任 纳税人采取伪造、变造、隐匿、擅自销毁账簿、记账凭证，或者在账簿上多列支出或者不列、少列收入，或者经税务机关通知申报而拒不申报或者进行虚假的纳税申报的手段，不缴或者少缴应纳税款的，由税务机关追缴其不缴或者少缴的税款、滞纳金，并处不缴或少缴的税款50%以上5倍以下的罚款

续表

违法行为	违法情形认定	法律责任
偷税（逃税）行为	纳税人采取欺骗、隐瞒手段进行虚假纳税申报或者不申报，逃避缴纳税额的行为	（2）刑事责任 ①纳税人采取欺骗、隐瞒手段进行虚假纳税申报或者不申报，逃避缴纳税款数额较大并且占应纳税额10%以上的，处3年以下有期徒刑或者拘役，并处罚金；数额巨大并且占应纳税额30%以上的，处3年以上7年以下有期徒刑，并处罚金 ②有逃税行为，经税务机关依法下达追缴通知后，补缴应纳税款，缴纳滞纳金，已受行政处罚的，不予追究刑事责任 **【提示】**5年内因逃避缴纳税款受过刑事处罚或者被税务机关给予2次以上行政处罚的除外 ③扣缴义务人采取上述手段，不缴或者少缴已扣、已收税款，由税务机关追缴其不缴或者少缴的税款、滞纳金，并处不缴或者少缴的税款50%以上5倍以下的罚款；构成犯罪的，依法追究刑事责任
欠税行为	纳税人欠缴应纳税款，采取“转移或者隐匿财产”的手段，妨碍税务机关追缴欠缴税款的行为	①由税务机关追缴欠缴的税款、滞纳金
		②并处欠缴税款50%以上5倍以下的罚款
		③构成犯罪的，依法追究刑事责任
抗税行为	纳税人、扣缴义务人以“暴力、威胁”方法拒不缴纳税款的行为	①除由税务机关追缴其拒缴的税款、滞纳金外，依法追究刑事责任 ②情节轻微、未构成犯罪的，由税务机关追缴其拒缴的税款、滞纳金，并处拒缴税款1倍以上5倍以下的罚款
骗税行为	以假报出口或其他欺骗手段骗取出口退税款的行为	①由税务机关追缴其骗取的退税款，并处骗取税款1倍以上5倍以下的罚款；构成犯罪的，依法追究刑事责任
		②对骗取国家出口退税款的，税务机关可以在规定期间内停止为其办理出口退税
		③为纳税人、扣缴义务人非法提供银行账户、发票、证明或者其他方便，骗取国家出口退税款的，税务机关除没收其违法所得外，可以处未缴、少缴或者骗取的税款1倍以下的罚款

【考点7.25】首违不罚制度

自2021年4月1日起，对首次发生清单中所列事项且危害后果轻微，在税务机关发现前主动改正或者在税务机关责令限期改正的期限内改正的，不予行政处罚。税务机关应当对当事人加强税法宣传和辅导。

税务行政处罚“首违不罚”事项清单见表7-34：

表7-34　　**税务行政处罚“首违不罚”事项清单**

序号	事项
1	纳税人未按照《征管法》等有关规定将其全部银行账号向税务机关报送
2	纳税人未按照《征管法》等有关规定设置、保管账簿或者保管记账凭证和有关资料
3	纳税人未按照《征管法》等有关规定的期限办理纳税申报和报送纳税资料
4	纳税人使用税控装置开具发票，未按照《征管法》《发票管理办法》等有关规定的期限向主管税务机关报送开具发票的数据且没有违法所得
5	纳税人未按照《征管法》《发票管理办法》等有关规定取得发票，以其他凭证代替发票使用且没有违法所得
6	纳税人未按照《征管法》《发票管理办法》等有关规定缴销发票且没有违法所得
7	扣缴义务人未按照《征管法》等有关规定设置、保管代扣代缴、代收代缴税款账簿或者保管代扣代缴、代收代缴税款记账凭证及有关资料
8	扣缴义务人未按照《征管法》等有关规定的期限报送代扣代缴、代收代缴税款有关资料
9	扣缴义务人未按照《税收票证管理办法》的规定开具税收票证
10	境内机构或个人向非居民发包工程作业或劳务项目，未按照《非居民承包工程作业和提供劳务税收管理暂行办法》的规定向主管税务机关报告有关事项

1.**【单选题】**根据税收征收管理法律制度的规定，纳税人发生的下列行为中，属于偷税（逃税）行为的是（　　）。

A.以暴力、威胁方法，拒不缴纳税款的

B.在账簿上多列支出、少列收入，少缴应纳税款的

C.未按照规定的期限办理纳税申报和报送纳税资料的

D.假报出口，骗取国家出口退税款的

2.**【多选题】**根据税收征收管理法律制度的规定，纳税人的下列行为中，属于偷税（逃税）行为的有（　　）。

A.采取转移或隐匿财产的手段，妨碍税务机关追缴欠缴税款

B.伪造账簿，不缴应纳税款

C.进行虚假纳税申报，少缴应纳税款

D.按照规定应设置账簿而未设置的

3.【单选题】根据税收征收管理法律制度的规定，纳税人有骗税行为，由税务机关追缴其骗取的退税款，并处骗取税款一定倍数的罚款，该倍数为（　　）。

A.5 倍以上 10 倍以下

B.1 倍以上 5 倍以下

C.10 倍

D.10 倍以上 15 倍以下

4.【判断题】纳税人有骗税行为，由税务机关追缴其骗取的退税款并按照规定处以罚款；构成犯罪的，依法追究刑事责任。（　　）

1.【答案】B

【解析】（1）选项 A：属于抗税行为；（2）选项 C：属于违反税务管理规定的行为；（3）选项 D：属于骗税行为。

2.【答案】BC

【解析】（1）选项 A：属于欠税行为；（2）选项 D：属于由税务机关核定应纳税额的情形。

3.【答案】B

【解析】纳税人有骗税行为，由税务机关追缴其骗取的退税款，并处骗取税款 1 倍以上 5 倍以下的罚款；构成犯罪的，依法追究刑事责任。

4.【答案】√

第8章

劳动合同与社会保险法律制度

本章思维导图如图8-1所示：

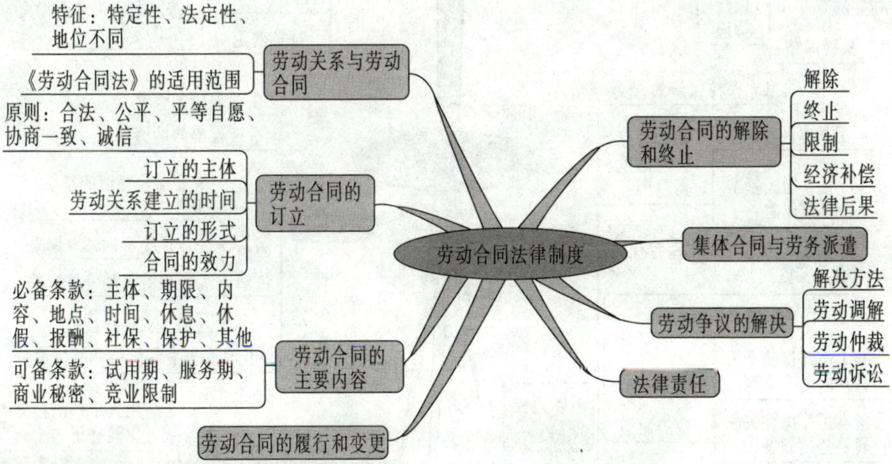

续图

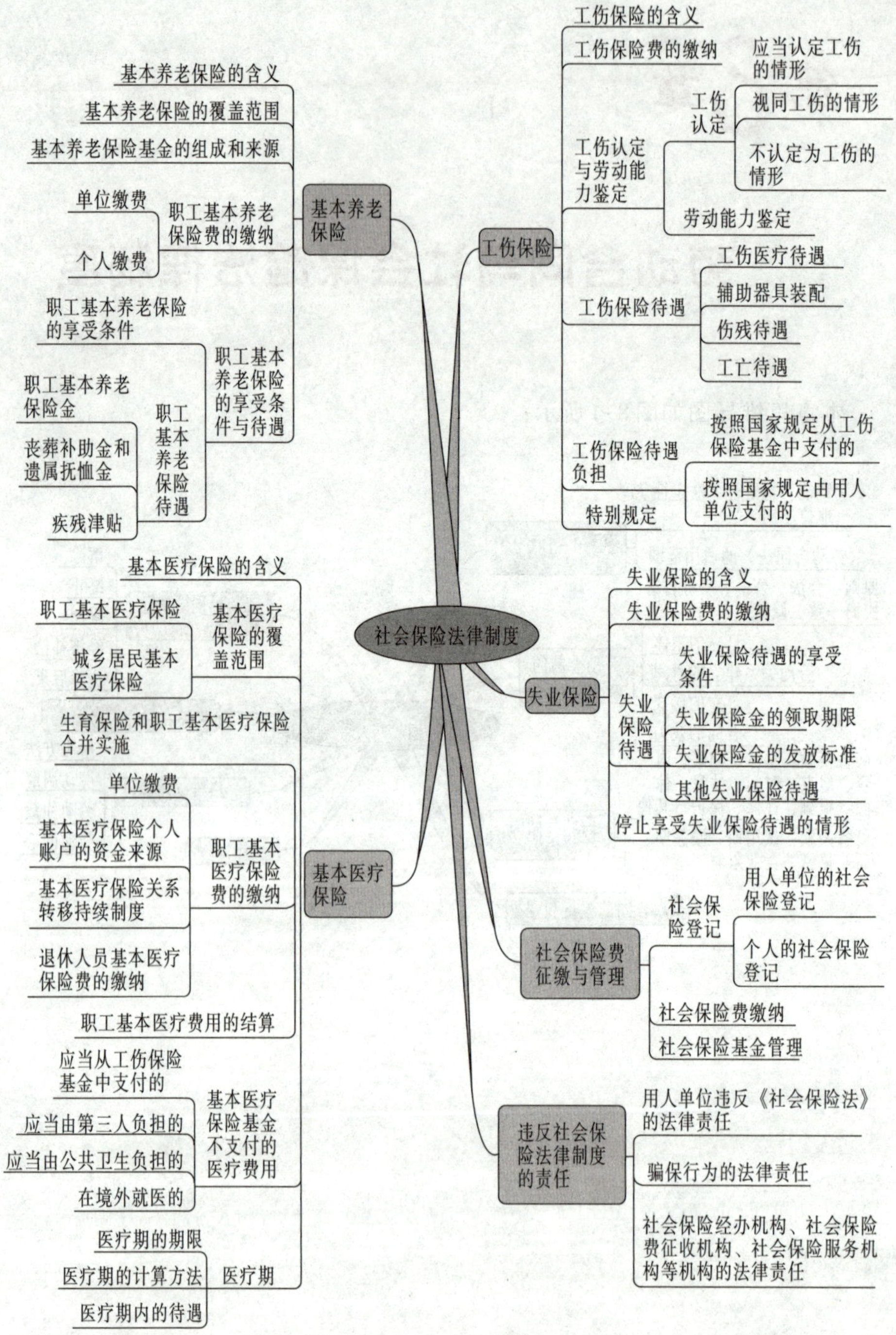

图 8-1　本章思维导图

成功的人都是选择高手。

我曾跟妈妈抱怨：“为什么弟弟一米八的个头，我却差这么多呢？你生孩子到底怎么生的？”

妈妈毫不留情地回击我：“你不会选，你怪谁啊？”

是啊，人家专挑父母的优点长，我专挑父母的缺点长，你说这二选一，我都选错了，那考试这四选一还能选对吗？这四选一选不对，那四选多，还有活路吗？

所以，我的选择能力比较差劲，概率50%以下的选项，我一般都会选错，为了让自己选对，我得确保某一选项的概率在60%以上，最好是90%以上，也就是我基本能确定答案。因此努力学习是我的首选，让我去蒙，一般都是错的。

但是考试的时候，就是有一些题我不知道该选哪个，四个选项好像都差不多，这个时候该怎么办呢？当然，一般情况下，都是随便选一个，反正这个题没打算得分了。

问题是随便选一个，这也是一个决策啊，我到底随便选哪个呢？

经验告知我们，跟着感觉走，第一印象，选完就不要改了，改了就错了。当然，不改可能也是错的。

相对来说，考试还是简单，只要你认真看书，做的练习题比较多，复习得比较充分，模棱两可的题还是少数。但是生活中不一样，生活中的选择题很难抉择。

比如有人问：我是去小公司当总监还是去业内前10名的公司搞专业平台搭建及管控？

职业选择一：小公司总监。

优势：

有一个非常值得信任、小有交情的老板和团队。可以跟着老板接触到较高层面的行业资源，对个人能力来说，无论是业务能力还是处事能力，都是一个很好的锻炼机会。

风险：

1.公司仍在巩固期，仍需解决生存问题。同时公司所从事的业务会受到市场周期性的影响。

2.总监所管理的业务并非该公司最核心的竞争力，而是为主营业务做辅助。

职业选择二：业内排名前10的大公司，专业平台搭建及管控角色。

优势：

大公司抗周期性强，在岗位上能稳定发展，并为简历增添品牌效应。

风险：

1.该岗位按岗设置，2～3年内的上升空间未知。

2.工作内容不具备太大吸引力。

当然，首先肯定是尽量去了解、搜集相关信息，跟我们考试努力学习教材内容一样，然后二选一。

问题是信息的了解总是有限制的，你不可能像上帝一样全知全能，知道所有的事情，最后还是要在信息不充分的条件下做一个选择，该承担的风险我们必须承担。

那最后大家到底是怎么选择的？

其实，绝大部分人都是跟着心走。

不管是学习工作，还是事业爱情，不管是选择一个人还是选择一件事，我们很多时候并不会分析得十分清楚才决定，也没有很多的理由，即使分析得很清楚，也是自己表面的分析，最后还是受自己内心的驱使。

很多人在征询别人意见的时候，其实内心已经有答案了，征询和诉说的过程，只是在抒发自己的焦虑，同时希望获得认同与支持。

尖端的科学研究发现，当一个人的情绪脑受到损害，而掌管理性的大脑皮质却毫发无伤时，即使他还能对各种复杂的信息做出最有逻辑的分析，也不能做出决定。这是因为情绪脑帮助我们区分各种复杂信息的优先次序，如果情绪脑失去功能，无法了解各种信息的重要性，我们就无法做出正确的决定。

我非常认同这个观点，比如会计就是一个非常理性的东西，全是数字计量，但是同时它又是一个非常感性的东西，如固定资产要折旧，折旧方法用哪个？折旧年限是多少？最后报废时，残值是多少？这些都需要在折旧之前进行预估，美其名曰专业判断。一个乐观的人和一个悲观的人面对同一个固定资产，使用年限的预估结果肯定不一样。无形资产摊销也是一样，坏账准备计提也一样。仔细研究下去，你会发现，一个如此理性的专业竟然处处都是感性。如果没有主观定夺，这账根本就没法做，比如企业买了个债券，你说怎么做会计分录？这完全取决于管理者的意图，你是想把它作为交易性金融资产呢？还是债权投资呢？还是其他债权投资？你只有把这个确定了，我后面才能按照会计准则的游戏规则继续下去。

于是，我对情绪、情感、感性等越来越感兴趣了。

那情绪到底是什么呢？我们为什么要有情绪？

社会生物学家认为，情绪是一个根植于人类神经系统的指令体系，是人类心灵固有的、自动的反应倾向。它指导我们迎接困境和挑战，因为这些挑战和任务往往过于重大，无法交由理智单独处理，比如危险、痛苦的损失、百折不挠地坚持目标、建立人际关系、组建家庭等。每一种情绪都相当于一种独特的行动设备，指导我们按照过去被证明行之有效的方法，去处理人类生活中反复出现的挑战。

既然情绪这东西这么好，那为什么从小到大，我们接受的教育都是控制好你的情绪？那是因为，情绪这东西跟水一样，既能载舟，亦能覆舟。

只是，控制它、压抑它就是管理的唯一手段吗？

为什么不能利用它？

比如在学习的过程中，我们经常会困惑，然后就烦躁焦虑，因为看不懂。但是肯尼斯·莱博德（明尼苏达大学教授）就有一句名言，他说，困惑是学习过程中的有益部分。当学生在一个问题上百思不得其解时，就会觉得这不是他们擅长的学科，那些聪明的学生尤甚。他们在高中时期的学习顺风顺水，这让他们完全没法想象困惑是正常和必需的。但学习本来就是从困惑中摸索问题答案的过程，能够描述问题就已经成功了一半。只要发现了困扰你的东西是什么，那么你就离解答出来不远了。

这才是积极使用情绪的态度，但是很多人遇到困惑，就会说自己太笨，不是这块料，把责任往自己身上揽，或者把责任往别人身上推，大叫听不懂啊，这个老师讲得太烂了，我都听了两遍了。殊不知，很多知识听两遍哪够啊？需要反复听、琢磨，再辅以配套练习，直到最后恍然大悟。

所以，焦虑并不是坏事，因为它是这样一种情绪：当你焦虑时，它是在提醒你，这件事该做了，再不做就来不及了。你把这件事做完了、做好了，就不焦虑了。

在生活中也一样，如果一件事情无法决定，你就会烦躁不安，焦虑不已，它其实是在提醒你，当断不断反受其乱，不要拖了，赶紧决定吧。这个时候我们安静地坐下来，然后摸摸自己的心，仔细听，你就会发现内心的天平在微微倾斜。

情绪、情感这些东西能量太大，有时候，像洪水猛兽一样，突然爆发，后果严重。所以，很多人才会跟你说，控制好你的情绪。但是我认为情绪不需要控制，更不能压抑，比如有少部分人一考试就偏头痛，这显然是某些情绪受到了压抑，出现了心理问题。

大禹治水，最好的方法是疏导，而不是控制。情绪也一样，应该学会解读、疏导，然后加以利用。

因此，管理情绪最好的方法不是去控制情绪，而是积极地唤醒理智。

情绪和理智本是一家，都是我们决策的好帮手，我们应该让其相辅相成。如果把情绪比喻成我们大脑与生俱来的决策程序系统，那么唤醒理智就相当于修改 BUG，我们可以通过不断地分析思考，让程序优化升级，而不是把原来

的系统完全关闭或者干掉。

本章考点笔记精华

劳动合同的订立

【考点8.1】劳动合同订立原则（见表8-1）

表8-1　劳动合同订立原则

1.合法原则
2.公平原则
3.平等自愿原则
4.协商一致原则
5.诚实信用原则（双方均不得有欺诈行为）

【多选题】根据劳动合同法律制度的规定，下列各项中，属于劳动合同订立原则的有（　　）。

A.公平原则　　B.协商一致原则

C.成本效益原则　　D.诚实信用原则

【答案】ABD

【解析】劳动合同订立原则除选项ABD以外，还包括“合法原则”“平等自愿原则”。

【考点8.2】订立主体

劳动合同的订立主体：劳动者和用人单位。

1.主体资格（见表8-2）

表8-2　主体资格

1.劳动者	(1) 禁止用人单位招用未满16周岁的未成年人；文艺、体育、特种工艺单位招用未满16周岁的未成年人，必须依照国家有关规定，履行审批手续，并保障其接受义务教育的权利
	(2) 劳动者就业，不因民族、种族、性别、宗教信仰不同而受歧视 【注意】残疾人、少数民族人员、退役军人就业，法律、法规有特别规定的从其规定
	(3) 妇女享有与男子平等的就业权利。在录用职工时，除国家规定的不适合妇女的工种或者岗位外，不得以性别为由拒绝录用妇女或者提高对妇女的录用标准
2.用人单位设立的分支机构	用人单位设立的分支机构，依法取得营业执照或者登记证书的，可以作为用人单位与劳动者订立劳动合同；未依法取得营业执照或者登记证书的，受用人单位委托可以与劳动者订立劳动合同

2. 双方义务（见表8-3）

表8-3　　双方义务

用人单位的义务和责任	（1）告知义务 用人单位招用劳动者时，应当如实告知劳动者工作内容、工作条件、工作地点、职业危害、安全生产状况、劳动报酬，以及劳动者要求了解的其他情况
	（2）不得扣押证件、收取财物 ①用人单位招用劳动者，不得扣押劳动者的居民身份证和其他证件。用人单位扣押劳动者居民身份证等证件的，由劳动行政部门责令限期退还劳动者本人，并依照有关法律规定给予处罚 ②用人单位招用劳动者，不得要求劳动者提供担保或者以其他名义向劳动者收取财物。用人单位以担保或者其他名义向劳动者收取财物的，由劳动行政部门责令限期退还劳动者本人，并以每人500元以上2 000元以下的标准对用人单位处以罚款；给劳动者造成损害的，应当承担赔偿责任
劳动者的义务	用人单位有权了解劳动者与劳动合同直接相关的基本情况，劳动者应当如实说明

1.【单选题】《中华人民共和国劳动法》规定，禁止用人单位招用未满16周岁的未成年人。但某些特殊单位如果能够依照国家有关规定，履行审批手续，并保障劳动者接受义务教育的权利就可以招用未满16周岁的未成年人。下列各项中不属于特殊单位的是（　　）。

A. 文艺　　B. 体育

C. 特种工艺　　D. 军队

2.【单选题】根据劳动合同法律制度的规定，用人单位在与劳动者订立劳动合同时，下列做法中，正确的是（　　）。

A. 告知劳动者工作内容、工作条件、工作地点、职业危害、安全生产状况、劳动报酬等

B. 为调查劳动者的身份，暂时扣押劳动者相关证件

C. 为提供培训和制作统一上岗服装而向劳动者索取财物

D. 要求新招聘的出纳人员提供担保

3.【多选题】下列关于劳动合同的订立，说法错误的有（　　）。

A. 年龄未满18周岁的未成年人一律不得签订劳动合同

B. 年龄未满16周岁的未成年人一律不得签订劳动合同

C. 用人单位设立的分支机构，依法取得营业执照或者登记证书的，可以作为用人单位与劳动者订立劳动合同

D. 未依法取得营业执照或者登记证书的一律不得与劳动者订立劳动合同

1.【答案】D

2.【答案】A

【解析】选项BCD，用人单位招用劳动者，不得扣押劳动者的居民身份证和其他证件，不得要求劳动者提供担保或者以其他名义向劳动者收取财物。

3.【答案】ABD

【解析】选项AB，禁止用人单位招用未满16周岁的未成年人。文艺、体育和特种工艺单位招用未满16周岁的未成年人，必须依照国家有关规定，履行审批手续，并保障其接受义务教育的权利；选项D，未依法取得营业执照或者登记证书的，受用人单位委托可以与劳动者订立劳动合同。

【考点8.3】建立劳动关系（见表8-4）

表8-4　建立劳动关系

建立劳动关系	用人单位自“用工之日”起即与劳动者建立劳动关系 【注意】无论用工在先还是签订合同在先，即使未签订劳动合同，劳动关系的建立都为用工之日（实质重于形式）

1.【单选题】艾雪于2020年3月15日与甲公司签订劳动合同，约定试用期1个月。4月1日艾雪到甲公司上班。艾雪与甲公司建立劳动关系的时间是（　　）。

A.2020年3月15日　　B.2020年4月1日

C.2020年4月15日　　D.2020年5月1日

2.【多选题】陆一梦2020年5月1日进入甲公司工作，公司按月支付工资，至5月25日公司尚未与陆一梦签订劳动合同，关于公司与陆一梦之间劳动关系的下列表述中，错误的有（　　）。

A.公司与陆一梦之间可视为不存在劳动关系

B.公司与陆一梦之间可视为已订立无固定期限劳动合同

C.公司应与陆一梦补订劳动合同，并支付双倍工资补偿

D.陆一梦可与公司终止劳动关系，公司无须支付经济补偿

1.【答案】B

【解析】劳动关系自用工之日起建立。本题中，4月1日艾雪到甲公司上班，双方劳动关系建立。

2.【答案】ABC

【解析】选项A，劳动关系自用工之日起建立；选项BC，用人单位应当自用工之日起1个月内与劳动者订立书面劳动合同，至5月25日陆一梦入职尚未满1个月，此时，公司与其补订劳动合同，不需要支付补偿。

【考点8.4】签订劳动合同（见表8-5）

表8-5　　签订劳动合同

情形		用人单位的处理
自用工之日起1个月内	订立书面劳动合同	合法，双方依法依约继续履行劳动合同即可
	经用人单位书面通知，劳动者不与用人单位订立书面劳动合同	用人单位： （1）应当书面通知劳动者终止劳动关系 （2）无须向劳动者支付经济补偿金 （3）应当依法向劳动者支付其实际工作时间的劳动报酬
自用工之日起超过1个月不满1年	用人单位与劳动者补订了书面劳动合同	应当依法向劳动者每月支付2倍的工资（1倍正常工资+1倍工资补偿），起算时间为自用工之日起满1个月的次日，截止时间为补订书面劳动合同的前1日
	劳动者不与用人单位订立书面劳动合同	用人单位： （1）应当书面通知劳动者终止劳动关系 （2）应向劳动者支付经济补偿金
自用工之日起满1年	用人单位仍未与劳动者订立书面劳动合同	（1）视为自用工之日起满1年的当日已经与劳动者订立无固定期限劳动合同，应立即与劳动者补订书面劳动合同 （2）应当依法向劳动者每月支付2倍的工资；支付时限为自用工之日起满1个月的次日至满1年的前1日（共计11个月）

建立劳动关系应当订立“书面”劳动合同。

例外：“非全日制用工”双方当事人可以订立“口头”协议。

1.【单选题】下列关于劳动合同订立的表述中，错误的是（　　）。

A.建立劳动关系应当订立书面劳动合同，但非全日制用工，可以订立口头劳动合同

B.对于已建立劳动关系，未同时订立书面劳动合同的，应当自用工之日起1个月内订立书面劳动合同

C.用人单位自用工之日起超过1个月不满1年未与劳动者订立书面劳动合同的，应当向劳动者每月支付2倍的工资

D.用人单位自用工之日起满1年未与劳动者订立书面劳动合同的，视为已经与劳动者订立固定期限劳动合同

2.【单选题】2019年7月1日，艾妮应聘到甲公司工作，每月领取工资4 000元，直至2020年10月1日，甲公司才与其订立书面劳动合同。根据劳动

合同法律制度的规定，下列说法中错误的是（ ）。

A.艾妮与甲公司建立劳动关系的时间是2019年7月1日

B.视为2020年7月1日甲公司已经与艾妮订立无固定期限劳动合同

C.艾妮可以要求甲公司支付44 000元的工资补偿

D.艾妮可以要求甲公司支付56 000元的工资补偿

3.【多选题】韩梦如从2019年4月1日起为一家服装公司工作，虽经多次提出，但公司一直未与其签订书面合同，直到2020年4月1日，公司忽然通知韩梦如订立书面劳动合同，但工资减半，韩梦如不同意签订。根据劳动合同法律制度的规定，下列表述中，正确的有（ ）。

A.自2019年4月1日至2020年3月31日，甲公司应当向韩梦如每月支付2倍工资

B.自2019年5月1日至2020年3月31日，甲公司应当向韩梦如每月支付2倍工资

C.因韩梦如不同意签订劳动合同导致劳动关系终止

D.韩梦如无权要求用人单位支付经济补偿

1.【答案】D

【解析】用人单位自用工之日起满1年未与劳动者订立书面劳动合同的，视为已经与劳动者订立无固定期限劳动合同。

2.【答案】D

【解析】选项A，用人单位自用工之日起即与劳动者建立劳动关系；选项B，自用工之日起满1年，用人单位仍未与劳动者订立书面劳动合同，视为自用工之日起满1年的当日已经与劳动者订立无固定期限劳动合同，应当立即与劳动者补订书面劳动合同；选项CD，自用工之日起超过1年仍未与劳动者补订书面劳动合同，此时应视为双方已订立无固定期限劳动合同，所以用人单位只需履行补订合同责任，不再支付双倍工资。即超过一年后无论双方何时补订书面劳动合同，劳动者均只能获得11个月的工资补偿。

3.【答案】BC

【解析】选项A，用人单位自用工之日起满一年未与劳动者订立书面劳动合同的，自用工之日起满一个月的次日至满一年的前一日应当依照规定向劳动者每月支付两倍的工资，并视为自用工之日起满一年的当日已经与劳动者订立无固定期限劳动合同，且应当立即与劳动者补订书面劳动合同。本题中，期限应为自2019年5月1日至2020年3月31日。选项D，劳动者并无过错，用人单位应支付经济补偿。

【考点8.5】非全日制用工（见表8-6）

表8-6　　非全日制用工

非全日制用工	(1) 可以订立“口头协议” (2) 可以与“一家以上”的用人单位订立劳动合同，但后订立的不能影响先订立的 (3) 不得约定试用期 (4) 任何一方都可以“随时通知”对方终止用工，且用人单位“无须”向劳动者支付经济补偿 (5) 报酬标准不得低于用人单位所在地最低小时工资标准，结算周期最长不得超过“15日”

【考点8.6】劳动合同效力（见表8-7）

表8-7　　劳动合同效力

1.生效时间	劳动合同由用人单位与劳动者协商一致，并经用人单位与劳动者在劳动合同文本上签字或者盖章生效 【提示】劳动合同生效时间与劳动关系建立时间不同 对劳动合同的无效或者部分无效有争议的，由劳动争议仲裁机构或者人民法院确认
	(1) 双方可以先在劳动合同文本上签字或者盖章，劳动合同相应生效，而后再实际用工，劳动关系于实际用工之日起建立
	(2) 也可以先实际用工（先建立劳动关系），而后双方再在合同文本上签字或盖章（劳动合同生效）
2.下列劳动合同无效或者部分无效	(1) 以欺诈、胁迫的手段或者乘人之危，使对方在违背真实意思的情况下订立或者变更劳动合同的
	(2) 用人单位免除自己的法定责任、排除劳动者权利的
	(3) 违反法律、行政法规强制性规定的
3.无效劳动合同的法律后果	(1) 无效劳动合同，从订立时起就没有法律约束力；劳动合同部分无效，不影响其他部分效力的，其他部分仍然有效
	(2) 劳动合同被确认无效，劳动者已付出劳动的，用人单位应当向劳动者支付劳动报酬
	(3) 劳动合同被确认无效，给对方造成损害的，有过错的一方应当承担赔偿责任

【单选题】下列关于无效劳动合同法律后果的表述中，不正确的是（　　）。

A.劳动合同被确认无效，给对方造成损害的，无论用人单位有无过错均应承担赔偿责任

B.无效劳动合同从订立时起就没有法律约束力

C.劳动合同被确认无效，劳动者已付出劳动的，用人单位应当支付劳动报酬

D.劳动合同部分无效，不影响其他部分效力的，其他部分仍然有效

【答案】A

【解析】选项A，劳动合同被确认无效，给对方造成损害的，有过错的一方应承担赔偿责任。导致劳动合同无效，有过错的一方不一定是用人单位。

劳动合同的内容

【考点8.7】劳动合同必备条款与约定条款（见表8-8）

表8-8　劳动合同必备条款与约定条款

类型	具体条款
必备条款	用人单位的名称、住所和法定代表人或者主要负责人
	劳动者的姓名、住址和居民身份证或者其他有效身份证件号码
	劳动合同期限
	工作内容和工作地点
	工作时间和休息休假
	劳动报酬
	社会保险
	劳动保护、劳动条件和职业危害防护
约定条款	试用期
	服务期
	保守商业秘密和竞业限制
	其他约定事项：例如，补充保险

【单选题】下列各项中，属于劳动合同约定条款的是（　　）。

A.试用期　　B.劳动报酬

C.社会保险　　D.劳动合同期限

【答案】A

【解析】选项BCD属于劳动合同的必备条款。

【考点8.8】劳动合同期限（见表8-9）

表8-9　劳动合同期限

<table>
<tr><td colspan="2">（1）种类</td></tr>
<tr><td colspan="2">固定期限劳动合同
以完成一定工作任务为期限的劳动合同
无固定期限劳动合同</td></tr>
<tr><td colspan="2">以完成一定工作任务为期限的劳动合同种类：①以完成单项工作任务为期限的劳动合同；②以项目承包方式完成承包任务的劳动合同；③因季节原因用工的劳动合同；④其他双方约定的以完成一定工作任务为期限的劳动合同</td></tr>
<tr><td colspan="2">（2）无固定期限劳动合同</td></tr>
<tr><td>视为合同</td><td>用人单位自用工之日起满1年不与劳动者订立书面劳动合同的，视为用人单位自用工之日起满1年的当日已经与劳动者订立无固定期限劳动合同</td></tr>
<tr><td>意定</td><td>用人单位与劳动者协商一致，可以订立无固定期限劳动合同</td></tr>
<tr><td rowspan="11">法定</td><td>有下列情形之一，劳动者提出或者同意续订、订立劳动合同的，除劳动者提出订立固定期限劳动合同外，应当订立无固定期限劳动合同：
①劳动者在该用人单位“连续工作”满“10年”的（针对已经实行劳动合同制的用人单位）
②用人单位初次实行劳动合同制度或者国有企业改制重新订立劳动合同时，劳动者在该用人单位连续工作“满10年”“且”距法定退休年龄“不足10年”的（针对初次实行劳动合同制的用人单位以及国有企业改制）</td></tr>
<tr><td>【注意1】关于“满10年”：连续工作满10年的起始时间，应自用人单位用工之日起计算，包括《劳动合同法》施行前的工作年限。
【注意2】关于“连续工作”：劳动者非因本人原因从原用人单位被安排到新用人单位工作，原用人单位的工作年限合并计算为新用人单位的工作年限。原用人单位已经向劳动者支付经济补偿的，新用人单位在依法解除、终止劳动合同计算支付补偿的工作年限时，不再计算原用人单位的工作年限</td></tr>
<tr><td>【链接】劳动合同的解除和终止：在本单位连续工作满15年，且距法定退休年龄不足5年的，不得解除和终止劳动合同</td></tr>
<tr><td>③连续订立2次固定期限劳动合同，且劳动者没有下述情形，续订劳动合同的：（劳动者有能力、无过错）
【注意】连续订立固定期限劳动合同的次数，自2008年1月1日后续订立起开始计算</td></tr>
<tr><td>A.严重违反用人单位的规章制度的</td></tr>
<tr><td>B.严重失职，营私舞弊，给用人单位造成重大损害的</td></tr>
<tr><td>C.劳动者同时与其他用人单位“建立劳动关系”，对完成本单位的工作任务造成严重影响，或者经用人单位提出，拒不改正的</td></tr>
<tr><td>D.劳动者以欺诈、胁迫的手段或者乘人之危，使用人单位在违背真实意思的情况下订立或者变更劳动合同，致使劳动合同无效的</td></tr>
<tr><td>E.被依法追究“刑事责任”的</td></tr>
<tr><td>F.劳动者“患病或者非因工负伤”，在规定的医疗期满后不能从事原工作，也不能从事由用人单位另行安排的工作的</td></tr>
<tr><td>G.劳动者不能胜任工作，经过培训或者调整工作岗位，仍不能胜任工作的</td></tr>
</table>

1.【单选题】为更好地帮助考生通过夏季初级会计职称考试，艾妍与某网络培训机构签订了一份授课合同，双方约定由艾妍负责讲授“量子力学与广义相对论在初级会计实务课程中的指导与应用”，由培训机构支付劳动报酬。艾妍用三个月的时间完成了该门课程的讲授和录制工作。艾妍与某培训机构签订的该合同属于（　　）。

A.无固定期限劳动合同

B.为期三个月的固定期限劳动合同

C.以完成单项工作任务为期限的劳动合同

D.因季节原因用工的劳动合同

2.【多选题】下列各项中，除劳动者提出订立固定期限劳动合同外，用人单位与劳动者应当订立无固定期限劳动合同的情形有（　　）。

A.萧欣欣在甲公司连续工作15年

B.陆宝宝与乙公司连续订立2次固定期限劳动合同，且陆宝宝无法定不得订立无固定期限劳动合同的情形，继续续订

C.丙国有企业改制与孙珊珊重新订立劳动合同，孙珊珊在丙企业连续工作12年且距法定退休年龄8年

D.丁公司初次实行劳动合同制度。李琴琴在丁公司连续工作10年且距法定退休年龄不足15年

1.【答案】C

【解析】以完成一定工作任务为期限的劳动合同，指用人单位与劳动者约定以某项工作的完成为合同期限的劳动合同。

2.【答案】ABC

【解析】选项D，用人单位初次实行劳动合同制度或者国有企业改制重新订立劳动合同时，劳动者在该用人单位连续工作满10年且距法定退休年龄不足10年的，用人单位与劳动者应当订立无固定期限劳动合同。

【考点8.9】工作时间和休息休假（见表8-10）

表8-10　　工作时间和休息休假

工作时间	1.我国目前实行的工时制度主要有标准工时制、不定时工作制和综合计算工时制三种类型
	2.国家实行劳动者每日工作8小时、每周工作40小时的标准工时制度
	3.有些企业因工作性质和生产特点不能实行标准工时制度，应保证劳动者每天工作不超过8小时，每周工作不超过40小时，每周至少休息1天
	4.用人单位由于生产经营需要，经与工会和劳动者协商后可以延长工作时间，一般每日不得超过1小时；因特殊原因需要延长工作时间的，在保障劳动者身体健康的条件下延长工作时间，每日不得超过3小时，每月不得超过36小时

续表

工作时间	5.有下列情形之一的，延长工作时间不受上述规定的限制： （1）发生自然灾害、事故或者因其他原因，威胁劳动者生命健康和财产安全，需要紧急处理的 （2）生产设备、交通运输线路、公共设施发生故障，影响生产和公众利益，必须及时抢修的 （3）法律、行政法规规定的其他情形
休息	包括工作日内的间歇时间、工作日间的休息时间和公休假日（周末）
休假	法定假日、年休假（年休假在1个年度内可以集中安排，也可以分段安排，一般不跨年度安排；单位因生产、工作特点确有必要跨年度安排职工年休假的，可以跨1个年度安排）
带薪年休假	享受：①职工“累计”工作已满1年不满10年的，年休假5天；②职工累计工作已满10年不满20年的，年休假10天；③职工累计工作已满20年的，年休假15天 【注意1】累计工作年限是指劳动者自参加工作以来的工作年限总和 【注意2】国家法定休假日、休息日不计入年休假的假期
	不享受：①职工依法享受寒暑假，其假期天数多于年休假天数的；②职工请事假累计20天以上且单位按照规定不扣工资的；③累计工作满1年不满10年的职工，请病假累计2个月以上的；④累计工作满10年不满20年的职工，请病假累计3个月以上的；⑤累计工作满20年以上的职工，请病假累计4个月以上的
【注意】	职工新进用人单位且符合享受带薪年休假条件的，当年度休假天数按照在本单位剩余日历天数折算确定，折算后不足1整天的部分不享受年休假。剩余年休假天数=（当年度在本单位剩余日历天数÷365天）×职工本人全年应当享受的年休假天数

1.【单选题】艾静2020年研究生毕业，并于当年2月1日进入甲公司工作，当年她在甲公司可享受的带薪年休假是（　　）。

A.5天　　B.10天

C.15天　　D.0

2.【单选题】艾雯是某中学教师，参加工作已经12年，2020年上半年享受寒假20天；下半年享受暑假35天，则艾雯2020年可以享受的带薪年休假为（　　）。

A.0　　B.5天

C.10天　　D.15天

3.【单选题】艾琳工作已满15年，2020年4月1日调到乙公司工作，提出补休年休假的申请，则艾琳可以享受的带薪年休假是（　　）。

A.5天　　B.7天

C.7.5天　　　　　　　　　　　　　　D.10天

4.【多选题】艾梦与甲公司签订一份劳动合同，双方在合同中约定执行标准工时制，并约定甲公司根据生产经营需要可以直接安排艾梦加班，但每月安排加班时间合计不得超过48小时，工资每月15日支付，遇法定休假日顺延至工作日支付。根据《劳动合同法》的有关规定，下列说法中正确的有（　　）。

A.标准工时制是指每天工作8小时，每周工作5天

B.双方有关加班的约定符合法律规定

C.双方约定每月15日支付工资符合法律规定

D.双方约定工资遇法定休假日顺延至工作日支付符合法律规定

1.【答案】D

【解析】累计工作不满1年，不能享受带薪年休假。

2.【答案】A

【解析】（1）职工累计工作已满10年不满20年的，年休假10天；（2）职工依法享受"寒暑假"，其假期天数多于年休假天数的不享受带薪年休假。

3.【答案】B

【解析】艾琳工作已满15年，可享受年休假10天。艾琳4月1日调到乙公司，还可在新单位享受的年休假=（当年度在本单位剩余日历天数÷365天）×职工本人全年应当享受的年休假天数=（274÷365）×10=7.5（天），但折算后不足一整天的部分不享受年休假，因此为7天。

4.【答案】AC

【解析】选项B，用人单位由于生产经营需要，经与工会和劳动者协商后可以延长工作时间，每日不得超过3小时，每月不得超过36小时；选项D，工资必须在用人单位与劳动者约定的日期支付，如遇节假日或休息日，则应提前在最近的工作日支付。

【考点8.10】劳动报酬（见表8-11）

表8-11　　　　　　　　　　　　　　劳动报酬

1.工资的支付	（1）工资应当以法定货币支付，不得以实物及有价证券替代货币支付
	（2）工资必须在用人单位与劳动者约定的日期支付，如遇节假日或休息日，则应提前在最近的工作日支付
	（3）（全日制用工）工资至少每月支付一次，实行周、日、小时工资制的可按周、日、小时支付工资
	（4）对完成一次性临时劳动或某项具体工作的劳动者，用人单位应按有关协议或合同规定在其完成劳动任务后即支付工资
	（5）用人单位拖欠或者未足额支付劳动报酬的，劳动者可以依法向当地人民法院申请支付令，人民法院应当依法发出支付令

续表

2. 加班工资	（1）加班工资的支付标准	①晚上加班 用人单位依法安排劳动者在日标准工作时间以外延长工作时间的，按照不低于劳动合同规定的劳动者本人小时工资标准的150%支付劳动者工资
		②周六日加班 用人单位依法安排劳动者在休息日工作，不能安排补休的，按照不低于劳动合同规定的劳动者本人日或小时工资标准的200%支付劳动者工资
		③春节、国庆节等加班 用人单位依法安排劳动者在法定节假日工作的，按照不低于劳动合同规定的劳动者本人日或小时工资标准的300%支付劳动者工资
	（2）法律责任	用人单位安排加班不支付加班费的，由劳动行政部门责令限期支付加班费；逾期不支付的，责令用人单位按应付金额50%以上100%以下的标准向劳动者加付赔偿金

【多选题】艾晴日工资300元，2020年5月1日至3日公司安排其加班，未支付加班费，但安排其节后休息3天，根据《劳动合同法》的有关规定，下列说法中，正确的有（　　）。

A.由于公司已经安排其调休，则可以不支付加班费

B.虽然公司安排其调休，但仍应支付相应的加班费

C.若公司不支付加班费，经主管部门责令限期支付，逾期仍不支付，则主管部门可以要求单位加付900元的赔偿金

D.若公司不支付加班费，经主管部门责令限期支付，逾期仍不支付，则主管部门可以要求单位加付2 100元的赔偿金

【答案】BC

【解析】选项A，5月1日为法定节假日，加班费是3倍工资900元，5月2日与5月3日占用周末休息2天，但安排了补休，就不再支付加班费；选项D，单位应当支付的加班费为900元，单位不支付加班费，经主管部门责令限期支付，逾期仍不支付，则主管部门可以要求单位加付应付金额50%以上100%以下的赔偿金，即450元以上900元以下。

【考点8.11】加班时间、补休与加班工资（见表8-12）

表8-12　加班时间、补休与加班工资

加班时间	是否可以补休作补偿	加班工资支付标准
日标准工作时间以外延长工作时间（晚上加班）	×	150%

续表

<table>
<tr><td>休息日工作
（周末加班）</td><td>√</td><td>200%</td></tr>
<tr><td>法定节假日工作
（春节等加班）</td><td>×</td><td>300%</td></tr>
<tr><td colspan="3">劳动者在法定节假日和婚丧假期间以及依法参加社会活动期间，用人单位应当依法支付工资</td></tr>
<tr><td colspan="3">在部分公民放假的节日期间（如妇女节、青年节），对参加社会活动或单位组织庆祝活动和照常工作的职工，单位应支付工资报酬，但不支付加班工资。如果该节日恰逢星期六、星期日，单位安排职工加班工作，则应当依法支付“休息日”的加班工资（200%）</td></tr>
<tr><td rowspan="3">最低工资制度</td><td colspan="2">（1）最低工资不包括延长工作时间的工资报酬，以货币形式支付的住房补贴和用人单位支付的伙食补贴，中班、夜班、高温、低温、井下、有毒、有害等特殊工作环境和劳动条件下的津贴，国家法律、法规、规章规定的社会保险福利待遇</td></tr>
<tr><td colspan="2">（2）劳动合同履行地与用人单位注册地不一致的，有关劳动者的最低工资标准，按照劳动合同履行地的有关规定执行；用人单位注册地的有关标准高于劳动合同履行地的有关标准，且用人单位与劳动者约定按照用人单位注册地的有关规定执行的，从其约定</td></tr>
<tr><td colspan="2">（3）“扣工资”
因劳动者本人原因给用人单位造成经济损失的，用人单位可以按照劳动合同的约定要求其赔偿经济损失。经济损失的赔偿，可从劳动者本人的工资中扣除，但每月扣除的部分不得超过劳动者当月工资的20%。若扣除后的剩余工资部分低于当地月最低工资标准，则按月最低工资标准支付
【提示】在上述情形下，该劳动者当月实得工资应当按照当月应得工资的80%（标准1）和当地月最低工资标准（标准2）的孰高值发放</td></tr>
</table>

【考点8.12】试用期（见表8-13）

表8-13 试用期

适用情形	试用期期限
（1）劳动合同期限＜3个月 （2）以完成一定工作任务为期限的劳动合同 （3）非全日制用工	不得约定试用期
3个月以上，不满1年	不得超过1个月
1年以上，不满3年	不得超过2个月
（1）3年≤劳动合同期限 （2）无固定期限劳动合同	不得超过6个月

续表

试用期包含在劳动合同期限内	劳动合同仅约定试用期的，试用期不成立，该期限为劳动合同期限
约定试用期的次数	同一用人单位与同一劳动者只能约定一次试用期
法律责任	用人单位违反规定与劳动者约定试用期的，由劳动行政部门责令改正；违法约定的试用期已经履行的，由用人单位以劳动者试用期满月工资为标准，按已经履行的超过法定试用期的期间向劳动者支付赔偿金
试用期工资	劳动者在试用期的工资不得低于本单位相同岗位最低档工资的80%或者劳动合同约定工资（试用期满后工资）的80%，并不得低于用人单位所在地的最低工资标准

试用期属于劳动合同约定条款，双方可以约定，也可以不约定试用期。

1.【多选题】下列关于试用期的表述中，正确的有（　　）。

A.甲公司与艾晴订立3个月的劳动合同，试用期为1个月

B.乙公司与艾美订立1年期的劳动合同，约定试用期为2个月

C.丙公司与艾妍订立3年期的劳动合同，约定试用期为6个月

D.丁公司与艾心订立无固定期限的劳动合同，约定试用期为1年

2.【多选题】艾晴2018年与甲公司签订了为期3年的劳动合同，甲公司与其约定了3个月的试用期。2019年艾晴离职自谋发展但并不顺利。2020年甲公司因业务发展邀请艾晴担任分公司经理，艾晴欣然同意，与甲公司重新签订了为期3年的劳动合同，并约定试用期1个月。下列说法中正确的有（　　）。

A.2018年甲公司的做法符合《劳动合同法》的有关规定

B.2018年甲公司的做法不符合《劳动合同法》的有关规定

C.2020年甲公司的做法符合《劳动合同法》的有关规定

D.2020年甲公司的做法不符合《劳动合同法》的有关规定

1.【答案】ABC

【解析】劳动合同期限不满3个月的（不包括3个月），不得约定试用期；3个月以上（包括3个月）不满1年的固定期限劳动合同，约定的试用期不能超过1个月；1年以上（包括1年）不满3年（不包括3年）的固定期限劳动合同，约定的试用期不能超过2个月；3年以上（包括3年）固定期限的劳动合同和无固定期限的劳动合同，约定的试用期不能超过6个月。

2.【答案】AD

【解析】选项B，用人单位与劳动者订立劳动合同期限在3年以上（包括3年）的，试用期不得超过6个月；选项C，同一用人单位与同一劳动者只能约定一次试用期。

【考点8.13】服务期（见表8-14）

表8-14　　服务期

<table>
<tr><td>1.约定服务期的条件</td><td colspan="3">用人单位为劳动者提供专项培训费用，对其进行专业技术培训的，可以与该劳动者订立协议，约定服务期</td></tr>
<tr><td>2.服务期的特征</td><td colspan="3">用人单位与劳动者约定服务期的，不影响按正常的工资调整机制提高劳动者在服务期期间的劳动报酬</td></tr>
<tr><td rowspan="4">3.劳动者违反服务期约定的违约责任</td><td colspan="3">（1）劳动者违反服务期约定的，应当按照约定向用人单位支付违约金</td></tr>
<tr><td colspan="3">（2）违约金的数额不得超过用人单位提供的培训费用</td></tr>
<tr><td colspan="3">（3）用人单位要求劳动者支付的违约金不得超过服务期尚未履行部分所应分摊的培训费用</td></tr>
<tr><td colspan="3">（4）如果用人单位没有对劳动者的培训出资，则无权要求劳动者按约定承担违约责任。同时，即使用人单位单方面声称已出资，但不能提供相应的支付凭证，则因其缺乏证据，也不能要求劳动者承担违约责任</td></tr>
<tr><td rowspan="5">4.劳动合同解除与服务期违约金的支付</td><td colspan="2">情形</td><td>是否支付违约金</td></tr>
<tr><td rowspan="2">用人单位提出解除劳动合同</td><td>劳动者存在下列法定过错情形：
（1）严重违反用人单位的规章制度的
（2）严重失职，营私舞弊，给用人单位造成重大损害的
（3）同时与其他用人单位建立劳动关系，对完成本单位的工作任务造成严重影响，或者经用人单位提出，拒不改正的
（4）以欺诈、胁迫的手段或者乘人之危，使用人单位在违背真实意思的情况下订立或者变更劳动合同的
（5）被依法追究刑事责任的</td><td>√</td></tr>
<tr><td>劳动者并无法定过错情形</td><td>×</td></tr>
<tr><td rowspan="2">劳动者提出解除劳动合同</td><td>用人单位存在下列法定过错情形：
（1）未按照劳动合同约定提供劳动保护或者劳动条件的
（2）未及时足额支付劳动报酬的
（3）未依法为劳动者缴纳社会保险费的
（4）规章制度违反法律、法规的规定，损害劳动者权益的
（5）以欺诈、胁迫的手段或者乘人之危，使劳动者在违背真实意思的情况下订立或者变更劳动合同的
（6）在劳动合同中免除自己的法定责任、排除劳动者权利的
（7）违反法律、行政法规强制性规定的
（8）法律、行政法规规定劳动者可以解除劳动合同的其他情形</td><td>×</td></tr>
<tr><td>用人单位并无法定过错情形</td><td>√</td></tr>
</table>

1.【单选题】艾青与甲公司签订了劳动合同，公司对艾青进行了专业技术培训，支付了培训费30 000元，公司与艾青约定服务期为3年，违约金12 000元。2年后，艾青与甲公司签订的劳动合同期满。艾青以劳动合同期满为由离开了公司，公司要求其支付违约金。下列各项中，符合规定的是（　　）。

A.艾青可以离开公司，应支付10 000元违约金

B.艾青可以离开公司，应支付30 000元违约金

C.艾青可以离开公司，应支付12 000元违约金

D.艾青可以离开公司，应支付4 000元违约金

2.【多选题】甲公司与艾美签订了为期3年的固定期限劳动合同，并为其支付培训费10 000元，双方约定服务期为5年。3年后，艾美以劳动合同期满为由，不肯再续签合同，甲公司认为服务期未满不同意艾美离职，于是艾美开始无故迟到早退，并经常旷工，后甲公司将艾美辞退并要求其支付违约金10 000元，艾美不服且要求甲公司支付辞退补偿金，双方申请劳动仲裁，则下列说法中错误的有（　　）。

A.甲公司将艾美辞退的做法符合法律规定

B.甲公司将艾美辞退的做法不符合法律规定

C.甲公司要求艾美支付违约金10 000元，劳动争议仲裁委员会应予支持

D.艾美要求甲公司支付补偿金，劳动争议仲裁委员会应予支持

1.【答案】A

【解析】对已经履行部分服务期限的，用人单位要求劳动者支付的违约金不得超过服务期尚未履行部分所应分摊的培训费用。本题中艾青服务期为3年，培训费为30 000元，每年扣减10 000元。因为已经履行劳动合同2年，还有1年没有履行，所以艾青应支付的违约金数额不得超过10 000元，因约定的违约金12 000元超过10 000元，应按10 000元支付违约金。

2.【答案】BCD

【解析】选项BD，艾美过错在先，用人单位解除劳动合同符合法律规定，而无须支付经济补偿；选项C，用人单位要求劳动者支付的违约金不得超过服务期尚未履行部分所应分摊的培训费用，培训费10 000元，双方约定服务期为5年，艾美履行3年，所以违约金 = 10 000÷5×2 = 4 000（元）。

【考点8.14】竞业限制、竞业限制约定（见表8-15、表8-16）

表8-15　竞业限制

1.适用范围	（1）竞业限制的人员限于用人单位的高级管理人员、高级技术人员和其他负有保密义务的人员
	（2）竞业限制的范围、地域、期限由用人单位与劳动者约定，竞业限制的约定不得违反法律、法规的规定
	（3）在解除或者终止劳动合同后，竞业限制人员到与本单位生产或者经营同类产品、从事同类业务的有竞争关系的其他用人单位工作，或者自己开业生产或者经营同类产品、从事同类业务的竞业限制期限，不得超过2年
	【提示】注意区分“补偿金”和“违约金”： （1）竞业限制补偿金是劳动者“履行”竞业限制义务时，用人单位给予劳动者的经济补偿 （2）竞业限制违约金是劳动者“违反”竞业限制义务时，按照约定由劳动者向用人单位支付的赔偿金
2.竞业限制补偿金	（1）竞业限制补偿金是用人单位对劳动者履行竞业限制义务的经济补偿
	（2）竞业限制补偿金不能包含在工资中，只能在劳动关系结束（终止或解除）后，在竞业限制期内，由用人单位按月支付，数额由双方约定
	（3）当事人在劳动合同或保密协议中约定了竞业限制和经济补偿（竞业限制补偿金），当事人解除劳动合同时，除另有约定外，用人单位要求劳动者履行竞业限制义务，或者劳动者履行了竞业限制义务后要求用人单位支付经济补偿的，人民法院应予支持
	（4）当事人在劳动合同或者保密协议中约定了竞业限制和经济补偿，劳动合同解除或者终止后，因用人单位的原因导致3个月未支付经济补偿，劳动者请求解除竞业限制约定的，人民法院应予支持
	（5）在竞业限制期限内，用人单位请求解除竞业限制协议时，人民法院应予支持。在解除竞业限制协议时，劳动者请求用人单位额外支付劳动者3个月的竞业限制经济补偿的，人民法院应予支持
3.竞业限制违约金	（1）劳动者违反竞业限制约定，向用人单位支付违约金后，用人单位要求劳动者按照约定继续履行竞业限制义务的，人民法院应予支持
	（2）禁止用人单位对劳动合同服务期和竞业限制之外的其他事项与劳动者约定由劳动者承担违约金
4.用人单位招用与其他用人单位尚未解除或者终止劳动合同的劳动者，给其他用人单位造成损失的，应当承担连带赔偿责任	

表8-16　竞业限制约定

项目	用人单位	劳动者	竞业限制约定
订立时	约定补偿金		有效
订立时	未约定补偿金		无效
订立时	约定的竞业限制期限超过2年的		超过部分无效
履行时	向法院主张解除	可额外要求3个月补偿金	解除
履行时	单位原因不支付补偿金时间不满3个月	可要求单位支付已履行的竞业限制义务期间的补偿金	有效
履行时	单位原因导致3个月不支付补偿金	可请求法院解除，要求单位支付已履行的竞业限制义务期间的补偿金	解除
履行时	要求劳动者支付违约金、赔偿金后，可要求劳动者继续履行竞业限制协议	不履行竞业限制协议（先）	有效

1.【单选题】甲公司在与艾青签订的劳动合同中约定，月工资为8 000元，艾青从甲公司辞职2年内不得在其他企业担任同类职务，但双方并未在劳动合同中约定经济补偿。1年后，艾青从甲公司辞职，1年半后艾青通过学习《劳动合同法》得知自己的权利受到侵害，于是向法院主张，要求甲公司支付经济补偿。已知当地最低工资标准为2 000元，则下列说法中正确的是（　　）。

A.艾青可以要求甲公司按每月8 000元支付6个月的竞业限制补偿金

B.艾青可以要求甲公司按每月2 400元支付6个月的竞业限制补偿金

C.艾青只能要求甲公司按每月2 000元支付6个月的竞业限制补偿金

D.艾青无权要求甲公司支付竞业限制补偿金

2.【多选题】萧楚楚原是甲公司的技术总监，公司与他签订竞业限制协议，约定合同解除或终止后3年内，萧楚楚不得在本行业从事相关业务，公司每月支付其补偿金2万元。萧楚楚离职后，公司只在第一年按时给付了补偿金，此后一直没有支付，萧楚楚遂在离职1年零两个月后到甲公司的竞争对手乙公司上班，甲公司得知后要求萧楚楚支付违约金。则下列说法中正确的有（　　）。

A.双方约定的竞业限制期限不符合法律规定

B.萧楚楚可以提出请求解除竞业限制约定，人民法院应予支持

C.萧楚楚可以要求甲公司支付竞业限制期间内未支付的补偿金，人民法院应予支持

D.对甲公司要求萧楚楚支付违约金的请求，人民法院应予支持

3.【多选题】下列关于劳动合同违约金的约定，不符合法律规定的有（　　）。

A.甲公司与萧楚楚约定服务期5年，若服务期未满萧楚楚提出离职则须向甲公司支付违约金

B.乙公司与艾心约定劳动合同期限3年，若劳动合同期未满艾心提出离职则须向乙公司支付违约金

C.丙公司与陆琴约定竞业限制期2年，竞业限制期内若陆琴违反约定则须向丙公司支付违约金

D.丁公司与韩涵签订劳动合同，双方约定韩涵应服从丁公司的劳务派遣安排，若韩涵不服从派遣安排则须向丁公司支付违约金

1.【答案】B

【解析】当事人在劳动合同或者保密协议中约定了竞业限制，但“未约定经济补偿”，劳动者“履行了”竞业限制义务，要求用人单位按照劳动者在劳动合同解除或者终止“前12个月平均工资的30%”按月支付经济补偿的，人民法院应予支持。月平均工资的30%低于劳动合同履行地最低工资标准的，按照劳动合同履行地“最低工资标准”支付。

2.【答案】ACD

【解析】选项A，竞业限制期限不得超过2年；选项BC，因用人单位原因未支付补偿金时间不满3个月，劳动者只能要求单位支付已履行的竞业限制义务期间的补偿金，不能主张解除竞业限制约定；选项D，由于尚处于竞业限制期限之内，萧楚楚离职到竞争对手公司上班，则应支付违约金。

3.【答案】BD

【解析】用人单位只能在服务期和竞业限制两项内容上与劳动者约定违约金。

劳动合同的履行和变更、解除和终止

【考点8.15】劳动合同的履行和变更（见表8-17）

表8-17　　劳动合同的履行和变更

劳动合同的履行和变更	1.用人单位拖欠或者未足额支付劳动者报酬的，劳动者可以依法向当地“人民法院”申请支付令，人民法院应当依法发出支付令 2.劳动者拒绝用人单位管理人员违章指挥、强令冒险作业的，不视为违反劳动合同 3.用人单位变更名称、法定代表人、主要负责人或者投资人等事项，不影响劳动合同的履行 4.用人单位发生合并、分立等情况，原劳动合同继续有效，劳动合同由承继其权利和义务的用人单位继续履行 5.单位制定的合法有效的劳动规章制度是劳动合同的组成部分，对用人单位和劳动者均具有法律约束力 6.单位在制定、修改或者决定有关“劳动报酬、工作时间、休息休假、劳动安全卫生、保险福利、职工培训、劳动纪律以及劳动定额管理”等直接涉及劳动者切身利益的规章制度和重大事项时，应当经职工代表大会或全体职工讨论 7.用人单位的规章制度未经公示或者未对劳动者告知，该规章制度对劳动者不生效 8.变更劳动合同应当采用书面形式，未采用书面形式，但已经实际履行了口头变更的劳动合同超过1个月，且变更后的劳动合同内容不违反法律、行政法规、国家政策以及公序良俗，当事人以未采用书面形式为由主张劳动合同变更无效的，人民法院不予支持

【多选题】下列关于劳动合同的履行和变更的说法中，正确的有（　　）。

A.用人单位拖欠或者未足额支付劳动者报酬的，劳动者可以向当地劳动仲裁委员会申请支付令

B.用人单位变更名称、法定代表人、主要负责人或者投资人等事项，不影响劳动合同的履行

C.用人单位发生合并、分立等情况，原劳动合同继续有效

D.变更劳动合同应当采用书面形式，未采用书面形式，即使已经实际履行也无效

【答案】BC

【解析】选项A，用人单位拖欠或者未足额支付劳动者报酬的，劳动者可以向当地人民法院申请支付令；选项D，变更劳动合同应当采用书面形式，未采用书面形式，但已经实际履行了口头变更的劳动合同超过1个月，且变更后的劳动合同内容不违反法律、行政法规、国家政策以及公序良俗，当事人以未采用书面形式为由主张劳动合同变更无效的，人民法院不予支持。

【考点8.16】劳动合同解除的类型（如图8-2所示）

- 法定解除
  - 劳动者
    - 提前通知解除：不想干
    - 随时通知解除：没法干
    - 不需事先告知解除：没法干
  - 用人单位
    - 提前通知解除：没法用
    - 随时通知解除：不能用
    - 经济性裁员：没办法

注：在上述法定解除的情形中，用人单位最怕“没”，只要一沾“没”，用人单位的钱就没了（支付经济补偿金）。

图8-2 劳动合同解除的类型

【考点8.17】协商解除（见表8-18）

表8-18 协商解除

类型	适用情形	是否支付经济补偿金
用人单位提出解除劳动合同	双方平等自愿、协商一致	√
劳动者主动辞职		×

【考点8.18】法定解除（单方解除）

1.劳动者单方解除（见表8-19）

表8-19 劳动者单方解除

类型	适用情形	是否支付经济补偿金
提前通知解除（不想干）	（1）劳动者提前30日以书面形式通知用人单位 （2）劳动者在试用期内提前3日通知用人单位，不一定以书面形式 【提示】如果劳动者没有履行通知程序，属于违法解除劳动合同，因此对用人单位造成损失的，劳动者应对用人单位的损失承担赔偿责任	×

续表

类型	适用情形	是否支付经济补偿金
随时通知解除（没法干）	（1）用人单位未按照劳动合同约定提供劳动保护或者劳动条件的 （2）用人单位未及时足额支付劳动报酬的 （3）用人单位未依法为劳动者缴纳社会保险费的 （4）用人单位的规章制度违反法律、法规的规定，损害劳动者权益的 （5）用人单位以欺诈、胁迫的手段或者乘人之危，使劳动者在违背真实意思的情况下订立或者变更劳动合同的 （6）用人单位在劳动合同中免除自己的法定责任、排除劳动者权利的 （7）用人单位违反法律、行政法规强制性规定的 【提示】劳动者无须提前通知用人单位解除劳动合同（什么时候想走什么时候说就行）	√
不需事先告知解除（没法干）	（1）用人单位以暴力、威胁或者非法限制人身自由的手段强迫劳动者劳动的 （2）用人单位违章指挥、强令冒险作业危及劳动者人身安全的 【提示】根本不必告知，再不走命就没了……	√

2.用人单位单方解除（见表8-20）

表8-20　用人单位单方解除

类型	适用情形	是否支付经济补偿金
随时通知解除（不能用）	（1）劳动者在试用期间被证明不符合录用条件的 （2）劳动者严重违反用人单位的规章制度的 （3）劳动者严重失职，营私舞弊，给用人单位造成重大损害的 （4）劳动者同时与其他用人单位建立劳动关系，对完成本单位的工作任务造成严重影响，或者经用人单位提出，拒不改正的 （5）劳动者以欺诈、胁迫的手段或者乘人之危，使用人单位在违背真实意思的情况下，订立或者变更劳动合同的 （6）劳动者被依法追究刑事责任的	×

续表

类型	适用情形	是否支付经济补偿金
经济性裁员（没办法）	（1）经济性裁员的适用情形： ①依照《企业破产法》规定进行重整的 ②生产经营发生严重困难的 ③企业转产、重大技术革新或者经营方式调整，经变更劳动合同后，仍需裁减人员的 ④其他因劳动合同订立时所依据的客观经济情况发生重大变化，致使劳动合同无法履行的 （2）特别程序： ①裁减人员20人以上或者裁减不足20人但占企业职工总数10%以上的，用人单位需要提前30日向工会或者全体职工说明情况，听取工会或者职工的意见后，裁减人员方案经向劳动行政部门报告，可以裁减人员 ②裁减人员不足20人且占企业职工总数不足10%的，无须执行上述程序 （3）裁减人员时，应当优先留用下列人员： ①与本单位订立较长固定期限劳动合同的 ②与本单位订立无固定期限劳动合同的 ③家庭无其他就业人员，有需要扶养的老人或者未成年人的 （4）用人单位裁减人员后，在6个月内重新招用人员的，应当通知被裁减的人员，并在同等条件下优先招用被裁减的人员	√
提前通知解除（没法用）	有下列情形之一的，用人单位提前30日以书面形式通知劳动者本人或者额外支付劳动者1个月工资后，可以解除劳动合同： （1）劳动者患病或者非因工负伤，在规定的医疗期满后不能从事原工作，也不能从事由用人单位另行安排的工作的 （2）劳动者不能胜任工作，经过培训或者调整工作岗位，仍不能胜任工作的 （3）劳动合同订立时所依据的客观情况发生重大变化，致使劳动合同无法履行，经用人单位与劳动者协商，未能就变更劳动合同内容达成协议的	√

1.【多选题】甲公司承接一仓库建设工程，为缩减工程成本，脚手架未设防护栏及防护网。甲公司安排员工韩涵进行施工作业，韩涵以施工设施不安全

为由拒绝作业，公司领导为保证工程进度要求韩涵必须进行施工作业，否则将对韩涵进行毒打。根据规定下列说法中正确的有（　　）。

A.韩涵可以提前30天书面通知甲公司解除劳动合同

B.韩涵可以随时通知甲公司解除劳动合同

C.韩涵无须通知甲公司即可解除劳动合同

D.韩涵与甲公司解除劳动合同甲公司应当支付补偿金

2.【多选题】下列各项中，甲公司可以随时通知劳动者解除劳动合同的有（　　）。

A.韩涵在试用期间被证明不符合录用条件的

B.艾倩不能胜任工作，经过培训或者调整工作岗位，仍不能胜任工作的

C.孙青因酒驾受到行政拘留7天、罚款2 000元并吊销驾驶证的行政处罚

D.李丽与乙公司建立劳动关系，经甲公司提出但拒不改正

1.【答案】CD

【解析】用人单位以暴力、威胁或者非法限制人身自由的手段强迫劳动者劳动的，劳动者不需事先告知即可解除劳动合同，用人单位应当向劳动者支付经济补偿。

2.【答案】AD

【解析】选项B，属于用人单位应当提前30天或额外支付劳动者1个月工资可以解除劳动合同的情形；选项C，劳动者被依法追究“刑事责任”的，用人单位可以随时通知劳动者解除劳动合同，本题中，孙青受到的是行政处罚。

【考点8.19】劳动合同的终止

【解释】解除是一方或者双方“主动”“人为”地提前结束合同；终止是出现法定事由后，“被动”地提前或如期结束合同。

1.劳动合同终止的情形（见表8-21）

表8-21　**劳动合同终止的情形**

情形		是否支付经济补偿金
劳动合同期满	用人单位维持或提高原条件续订而劳动者拒绝	×
	用人单位决定不续订或降低条件续订（不留用）	√
劳动者开始依法享受基本养老保险待遇的		×
劳动者达到法定退休年龄的		×
劳动者死亡，或者被人民法院宣告死亡或者宣告失踪的		×
用人单位被依法宣告破产的（不营业）		√
用人单位被吊销营业执照、责令关闭、撤销或者用人单位决定提前解散的（不营业）		√

2.既不得解除也不得终止劳动合同的情形（见表8-22）

表8-22　　既不得解除也不得终止劳动合同的情形

既不得解除也不得终止劳动合同的情形	（1）从事接触职业病危害作业的劳动者未进行离岗前职业健康检查，或者疑似职业病患者在诊断或者医学观察期间的 （2）在本单位患职业病或者因工负伤并被确认丧失或者部分丧失劳动能力的 （3）患病或者非因公负伤，在规定的医疗期内的 （4）女职工在孕期、产期、哺乳期的 （5）在本单位连续工作满15年，且距法定退休年龄不足5年的

1.【多选题】下列情形中，用人单位不得与劳动者解除劳动合同的有（　　）。

A.员工赵某从事农药的灌装工作，其未进行离岗前职业健康检查

B.员工钱某在工作期间生病，医疗期满后不能从事原工作，经调岗后仍然无法胜任

C.员工孙某处于哺乳期

D.员工李某在本单位连续工作满10年，且距法定退休年龄不足10年

2.【多选题】下列情形中，可导致劳动合同关系终止的有（　　）。

A.劳动者患病，在规定的医疗期满后不能从事原工作，也不能从事由用人单位另行安排的工作

B.劳动者死亡

C.劳动合同期满

D.劳动者因工负伤并被确认丧失劳动能力

3.【多选题】张一诺于2017年7月1日到甲公司工作，2020年4月30日甲公司获知张一诺怀孕，遂以此为由与其解除了劳动合同。已知：张一诺劳动合同解除前12个月的月平均工资为3 000元，则下列说法中正确的有（　　）。

A.张一诺如要求甲公司继续履行劳动合同，则甲公司应当履行

B.若张一诺不要求继续履行劳动合同，则用人单位应当向张一诺支付9 000元的补偿金

C.若张一诺不要求继续履行劳动合同，则用人单位应当向张一诺支付18 000元的赔偿金

D.若张一诺不要求继续履行劳动合同，则用人单位应当向张一诺支付9 000元的补偿金，并按补偿金的50%～100%加付赔偿金

1.【答案】AC

【解析】选项B，医疗期满后，经调岗后仍然无法胜任可以解除劳动合同；

选项D，在本单位连续工作满15年，且距法定退休年龄不足5年的不得解除劳动合同。

2.【答案】BC

【解析】选项A，属于用人单位可以单方面解除劳动合同的情形；选项D，用人单位不得解除劳动合同。

3.【答案】AC

【解析】选项A，用人单位违反规定解除或者终止劳动合同，劳动者要求继续履行劳动合同的，用人单位应当继续履行；选项BCD，劳动者不要求继续履行劳动合同或者劳动合同已经不能继续履行的，用人单位应当按照经济补偿金的2倍支付赔偿金。支付了赔偿金的，不再支付经济补偿。本题中张一诺工作时间为2年10个月，因此按照3年计算，赔偿金＝3 000×3×2＝18 000（元）。

【考点8.20】经济补偿金

1.什么是经济补偿金（见表8-23）

表8-23　**经济补偿金VS违约金VS赔偿金**

项目	经济补偿金	违约金	赔偿金
产生原因	法定	约定	法定
适用情形	劳动关系解除或终止，而劳动者无过错	劳动者违反服务期或者竞业限制的约定	由于自己过错给对方造成损害
支付方	用人单位	劳动者	过错方，可能是用人单位，也可能是劳动者

经济补偿金，是按照《劳动合同法》的规定，在劳动者无过错（单位可能有过错，也可能无过错）的情况下，用人单位与劳动者解除或终止劳动合同时，应给予劳动者的经济上的补助。

【单选题】根据劳动合同法律制度的规定，下列关于经济补偿金和违约金的表述中，不正确的是（　　）。

A.违约金的支付主体是劳动者

B.经济补偿金只能由用人单位和劳动者在劳动合同中约定

C.违约金只能在服务期和竞业限制条款中约定

D.经济补偿金的支付主体只能是用人单位

【答案】B

2. 是否应付经济补偿金（见表8-24）

表8-24　　是否应付经济补偿金

1. 应当支付经济补偿金的情形	（1）劳动者符合随时通知解除和不需要事先通知即可解除劳动合同规定情形而解除劳动合同的
	（2）由用人单位提出解除劳动合同并与劳动者协商一致而解除劳动合同的
	（3）用人单位符合提前30日以书面形式通知劳动者本人或者额外支付劳动者1个月工资后，可以解除劳动合同规定情形而解除劳动合同的
	（4）用人单位符合可裁减人员规定而解除劳动合同的
	（5）除用人单位维持或者提高劳动合同约定条件续订劳动合同，劳动者不同意续订的情形外，劳动合同期满终止固定期限劳动合同的
	（6）用人单位被依法宣告破产或者用人单位被吊销营业执照、责令关闭、撤销或者用人单位决定提前解散而终止劳动合同的
	（7）以完成一定工作任务为期限的劳动合同因任务完成而终止的
2. 不支付经济补偿金的特殊情况	地方各级人民政府及县级以上人民政府有关部门为安置就业困难人员提供的给予岗位补贴和社会保险补贴的公益性岗位，其劳动合同不适用《劳动合同法》有关支付经济补偿的规定

1.【多选题】根据劳动合同法律制度的规定，下列情形中，用人单位应向劳动者支付经济补偿的有（　　）。

A. 劳动者提前30日以书面形式通知用人单位解除劳动合同的

B. 用人单位提出并与劳动者协商一致而解除劳动合同的

C. 以完成一定工作任务为期限的劳动合同因任务完成而终止的

D. 劳动者在试用期内被证明不符合录用条件而被解除劳动合同的

2.【多选题】根据劳动合同法律制度的规定，下列情形中，用人单位应当向劳动者支付经济补偿的有（　　）。

A. 用人单位被依法宣告破产而终止劳动合同的

B. 由用人单位提出并与劳动者协商一致而解除劳动合同的

C. 固定期限劳动合同期满，用人单位维持或者提高劳动合同约定条件续订劳动合同，劳动者不同意续订的

D. 劳动者不能胜任工作，经过培训仍不能胜任工作而被解除劳动合同的

3.【多选题】根据劳动合同法律制度的规定，劳动合同解除或者终止的下列情形中，用人单位应向劳动者支付经济补偿的有（　　）。

A. 劳动者提前30日以书面形式通知无过错用人单位而解除劳动合同的

B. 劳动者提出并与无过错用人单位协商一致解除劳动合同的

C. 劳动者符合不需事先告知用人单位即可解除劳动合同的情形解除劳动合同的

D. 用人单位符合可裁减人员规定而解除劳动合同的

1.【答案】 BC

【解析】选项AD：属于劳动者对劳动合同的解除存在过错，用人单位不需要支付经济补偿金。

2.【答案】 ABD

【解析】选项C：劳动合同期满，如果用人单位维持或者提高劳动合同约定条件续订劳动合同而劳动者不同意续订，用人单位不需要支付经济补偿金；其他情形下，因劳动合同期满终止固定期限劳动合同的，用人单位应当向劳动者支付经济补偿金。

3.【答案】 CD

【解析】选项AB：均属于劳动者主动辞职（选项A为提前通知的法定解除，选项B为协商解除），劳动者对劳动合同的解除存在过错，用人单位不需要支付经济补偿金。

3. 支付多少经济补偿金（见表8-25）

表8-25　经济补偿金的计算

（1）基本思路	经济补偿金按劳动者在本单位工作的年限，每满1年支付1个月工资的标准向劳动者支付。计算公式为： 经济补偿金=劳动合同解除或终止前劳动者在本单位的工作年限×每工作1年应得的经济补偿金=工作年限×月工资
（2）工作年限的确定	除整数年限外，工作年限“零头”部分按以下标准计算： ①6个月以上不满1年的，按1年计算 ②不满6个月的，向劳动者支付半个月工资标准的经济补偿（按半年计算） ③劳动者非因本人原因从原用人单位被安排到新用人单位工作的，劳动者在原用人单位的工作年限合并计入新用人单位的工作年限。原用人单位已经向劳动者支付经济补偿的，新用人单位在依法解除、终止劳动合同计算支付经济补偿的工作年限时，不再计算劳动者在原用人单位的工作年限 【提示】用人单位符合下列情形之一的，应当认定属于“劳动者非因本人原因从原用人单位被安排到新用人单位工作”： ①劳动者仍在原工作场所、工作岗位工作，劳动合同主体由原用人单位变更为新用人单位 ②用人单位以组织委派或任命形式对劳动者进行工作调动 ③因用人单位合并、分立等原因导致劳动者工作调动 ④用人单位及其关联企业与劳动者轮流订立劳动合同 ⑤其他合理情形

续表

(3) 月工资的确定	①月工资是指劳动者在劳动合同解除或者终止前12个月的月平均工资；按照劳动者应得工资计算，包括计时工资或者计件工资以及奖金、津贴和补贴等货币性收入 ②劳动者在劳动合同解除或者终止前12个月的月平均工资低于当地月最低工资标准的，按照当地月最低工资标准计算
(4) 高工资的特殊处理	劳动者月工资高于用人单位所在直辖市、设区的市级人民政府公布的本地区上年度职工月平均工资3倍的，向其支付经济补偿金的标准按当地上年度职工月平均工资3倍的数额支付，向其支付经济补偿金的年限最高不超过12年
	计算公式为： 经济补偿金=工作年限（≤12年）×当地上年度职工月平均工资3倍

1.【单选题】2016年5月1日，甲公司招用刘某并与其签订了劳动合同。2019年12月31日，劳动合同到期，甲公司不再与刘某续订。已知，刘某在劳动合同终止前12个月的月平均工资为15 000元，甲公司所在地月最低工资标准为3 000元，当地上年度职工月平均工资为4 500元。劳动合同终止时甲公司依法应向刘某支付经济补偿数额的下列算式中，正确的是（　　）。

A.15 000×4=60 000（元）

B.4 500×3×4=54 000（元）

C.3 000×3×3.5=31 500（元）

D.15 000×3.5=52 500（元）

2.【单选题】2012年6月1日，张某到甲公司工作，2018年11月1日，双方的劳动合同期满，甲公司不再与张某续签。已知劳动合同终止前12个月，张某月平均工资5 000元，甲公司所在地职工月平均工资4 000元。劳动合同终止后甲公司应向张某支付经济补偿的下列公式中，正确的是（　　）。

A.4 000×6　　B.4 000×7

C.5 000×6.5　　D.5 000×7

3.【单选题】萧晓在甲公司已工作18年，2020年经甲公司提出并与其协商解除劳动合同。已知萧晓在劳动合同解除前12个月的月平均工资为40 000元，所在地区2019年度职工月平均工资为8 467元。甲公司应向萧晓支付的经济补偿金额是（　　）。

A.304 812元　　B.457 218元

C.480 000元　　D.720 000元

4.【单选题】陆露在甲公司已工作15年，2020年经甲公司提出并与其协商解除劳动合同。已知陆露在劳动合同解除前12个月的月平均工资为2 000元，当地最低月工资标准为2 120元，2019年度当地职工月平均工资为8 467元。甲公司应向陆露支付的经济补偿金额是（　　）。

A.30 000元　　B.25 440元

C.31 800元　　D.24 000元

5.【多选题】劳动合同解除和终止的下列情形中，用人单位应当向劳动者支付经济补偿的有（　　）。

A.劳动者因用人单位未按照劳动合同约定提供劳动保护解除劳动合同的

B.3年期劳动合同期满，用人单位不再与劳动者续签

C.劳动者开始依法享受基本养老保险待遇的

D.劳动者在试用期间提前3日通知用人单位解除劳动合同的

1.【答案】B

【解析】（1）刘某本人月工资“15 000元”属于高工资，应以“当地上年度职工月平均工资的3倍”为基数计算，选项ACD全部排除；（2）刘某的工作年限为3年零8个月，由于工作年限“零头”不满6个月的按半年计算，6个月以上不满1年的按1年计算，因此，甲公司应支付4个月标准的经济补偿金。

2.【答案】C

【解析】（1）工作年限：每满1年支付1个月工资标准的经济补偿金；6个月以上不满1年的，按1年算；不满6个月的，按半年算；本题中张某在甲公司工作6年零5个月，工作年限应为6.5年。（2）计算方法：张某的工资（5 000元）未超过当地职工月平均工资（4 000元）的3倍，正常计算即可，即甲公司应当向张某支付的经济补偿金=工作年限×月工资=6.5×5 000=32 500（元）。

3.【答案】A

【解析】劳动者月平均工资高于用人单位所在直辖市、设区的市级人民政府公布的本地区上年度职工月平均工资3倍的，向其支付经济补偿的标准按当地上年度职工月平均工资3倍的数额支付，向其支付经济补偿的年限最高不超过12年。因此，应支付的经济补偿＝8 467×3×12＝304 812（元）。

4.【答案】C

【解析】陆露在劳动合同解除前12个月月平均工资为2 000元，低于当地最低月工资标准2 120元，因此补偿金的计算基数为2 120元，其在甲公司已工作15年，应支付15个月的工资作为补偿，经济补偿金＝2 120×15＝31 800（元）。

5.【答案】AB

【解析】选项A，用人单位过错在先，应当向劳动者支付经济补偿；选项B，劳动者被动终止劳动合同，用人单位应当支付经济补偿；选项C，劳动者开始依法享受基本养老保险待遇的，劳动合同解除，这种情况下用人单位无须向劳动者支付经济补偿；选项D，试用期间辞退，用人单位无须支付经济补偿。

【考点8.21】劳动合同解除和终止的法律后果（见表8-26）

表8-26　劳动合同解除和终止的法律后果

<table>
<tr><td colspan="2">1.劳动合同解除和终止后，用人单位和劳动者双方不再履行劳动合同，劳动关系消灭</td></tr>
<tr><td rowspan="2">2.手续</td><td>（1）劳动合同解除或终止的，用人单位应当在解除或者终止劳动合同时出具解除或者终止劳动合同的证明，并在15日内为劳动者办理档案和社会保险关系转移手续</td></tr>
<tr><td>（2）用人单位应当在解除或者终止劳动合同时向劳动者支付经济补偿金的，在办结工作交接时支付</td></tr>
<tr><td colspan="2">3.用人单位对已经解除或者终止的劳动合同文本，至少保存2年备查</td></tr>
<tr><td rowspan="2">4.违法解除或终止劳动合同的法律责任</td><td>（1）用人单位违反规定解除或者终止劳动合同，劳动者要求继续履行劳动合同的，用人单位应当继续履行；劳动者不要求继续履行劳动合同或者劳动合同已经不能继续履行的，用人单位应当依照《劳动合同法》规定的经济补偿金标准的2倍向劳动者支付赔偿金，支付了赔偿金的，不再支付经济补偿金</td></tr>
<tr><td>（2）劳动者违法解除劳动合同，给用人单位造成损失的，应当承担赔偿责任</td></tr>
</table>

特种合同

【考点8.22】非全日制用工（见表8-27）

表8-27　非全日制用工

<table>
<tr><td colspan="2">1.非全日制用工双方当事人可以订立口头协议</td></tr>
<tr><td colspan="2">2.从事非全日制用工的劳动者可以与一个或者一个以上用人单位订立劳动合同；但后订立的劳动合同不得影响先订立劳动合同的履行</td></tr>
<tr><td colspan="2">3.非全日制用工双方当事人不得约定试用期</td></tr>
<tr><td colspan="2">4.非全日制用工双方当事人任何一方都可以随时通知对方终止用工；终止用工，用人单位不向劳动者支付经济补偿金</td></tr>
<tr><td rowspan="2">5.工资</td><td>（1）非全日制用工小时计酬标准不得低于用人单位所在地人民政府规定的最低小时工资标准</td></tr>
<tr><td>（2）用人单位可以按小时、日或周为单位结算工资，但非全日制用工劳动报酬结算支付周期最长不得超过15日</td></tr>
</table>

【考点8.23】集体合同（见表8-28）

表8-28　　　　集体合同

1.集体合同，包括（综合性）集体合同和专项集体合同。在特殊行业、区域，还可以订立行业性集体合同、区域性集体合同	
2.集体协商制度	订立主体：工会与企业，在上级工会指导下的劳动者代表与企业
	（1）集体合同的内容由用人单位和职工各自派出集体协商代表通过集体协商（会议）的方式协商确定
	（2）集体协商双方的代表人数应当对等，每方至少3人，并各确定1名首席代表
3.集体合同草案的通过	（1）集体合同草案应当提交职工代表大会或者全体职工讨论
	（2）职工代表大会或全体职工讨论集体合同草案，应当有2/3以上职工代表或者职工出席，且须经全体职工代表半数以上或者全体职工半数以上同意方可通过
	（3）集体合同草案通过后，由集体协商双方首席代表签字
4.集体合同的生效	集体合同订立后，应当报送劳动行政部门；劳动行政部门自收到集体合同文本之日起15日内未提出异议的，集体合同即行生效
5.各种标准的关系	（1）集体合同中劳动报酬和劳动条件等标准不得低于当地人民政府规定的最低标准
	（2）用人单位与劳动者订立的劳动合同中劳动报酬和劳动条件等标准不得低于集体合同规定的标准
6.因履行集体合同发生争议，经协商解决不成的，工会可以依法申请仲裁、提起诉讼	

【多选题】某单位工会共有5名职工代表，在订立集体合同的过程中，用人单位与工会各派出3名代表参加集体协商会议，确定了集体合同草案。职工代表大会对合同草案进行讨论时有4名代表出席，其中1名代表投反对票，则下列说法中止确的有（　　）。

A.用人单位与工会各派出3名代表参加集体协商会议符合法律规定

B.职工代表大会对合同草案进行讨论时有4名代表出席会议可以举行

C.3名代表同意合同草案，该草案可以通过

D.集体合同通过后，应当由出席会议的双方全体代表签字

【答案】ABC

【解析】选项A，集体协商双方的代表人数应当对等，每方至少3人，并确定一名首席代表；选项BC，职工代表大会或者全体职工讨论集体合同草案，应当有2/3以上职工代表或者职工出席，且须经全体职工代表半数以上或者全体职工半数以上同意，方可通过；选项D，集体合同草案或专项集体合同草案经职工代表大会或者职工大会通过后，由集体协商双方首席代表签字。

【考点8.24】劳务派遣

1.劳务派遣的三方关系

劳动合同用工是我国企业的基本用工形式，劳务派遣用工是补充形式，只能在临时性（存续时间不超过6个月）、辅助性或者替代性的工作岗位上实施。

2.对劳务派遣单位（劳务输出单位）的要求（见表8-29）

表8-29　对劳务派遣单位（劳务输出单位）的要求

1.劳务派遣单位与被派遣劳动者订立的劳动合同，除应当载明劳动合同必备的条款外，还应当载明被派遣劳动者的用工单位以及派遣期限、工作岗位等情况
2.劳务派遣单位应当与被派遣劳动者订立2年以上固定期限劳动合同 【注意1】劳务派遣单位不得以非全日制用工形式招用被派遣劳动者 【注意2】向劳动者支付“劳动报酬”是派遣单位的义务
3.劳务派遣单位应当按月向劳动者支付报酬；被派遣劳动者在无工作期间，劳务派遣单位应当按照所在地人民政府规定的最低工资标准，向其按月支付报酬
4.劳务派遣单位应当将劳务派遣协议的内容告知被派遣劳动者，不得克扣用工单位按劳务派遣协议支付给被派遣劳动者的劳动报酬 【注意】用人单位不得设立劳务派遣单位向本单位或者所属单位派遣劳动者
5.劳务派遣单位不得向被派遣劳动者收取费用

3.对用工单位（劳务输入单位）的要求（见表8-30）

表8-30　对用工单位（劳务输入单位）的要求

1.用工单位使用的被派遣劳动者数量不得超过其用工总量的10%，该用工总量是指用工单位订立劳动合同人数与使用的被派遣劳动者人数之和 派遣员工÷（正式员工+派遣员工）≤10%	
2.用工单位应当根据工作岗位的实际需要与劳务派遣单位确定派遣期限，不得将连续用工期限分割订立数个短期劳务派遣协议 【注意】劳务派遣单位和用工单位均不得向被派遣劳动者收取费用	
3.劳动者权利	（1）享有与用工单位的劳动者同工同酬的权利
	（2）有权在劳务派遣单位或者用工单位依法参加或者组织工会，维护自身的合法权益
4.劳动合同解除、终止的经济补偿	（1）《劳动合同法实施条例》第三十一条规定，劳务派遣单位或者被派遣劳动者依法解除、终止劳动合同的经济补偿，依照《劳动合同法》第四十六条、第四十七条的规定执行
	（2）《劳动合同法实施条例》第三十二条规定，劳务派遣单位违法解除或者终止被派遣劳动者的劳动合同的，依照《劳动合同法》第四十八条的规定执行 【注意】劳务派遣单位与被派遣劳动者之间是劳动合同关系，“劳务派遣单位”应承担向劳动者依法支付解除或终止劳动合同后的经济补偿金或者赔偿金的义务

【多选题】下列关于劳务派遣合同的表述中，正确的有（　　）。

A.劳务派遣单位应当与被派遣劳动者订立3年以上的固定期限劳动合同

B.用工单位的正式员工为100人，则其使用的被派遣劳动者不能超过10人

C.被派遣劳动者在无工作期间，劳务派遣单位应当按照所在地人民政府规定的最低工资标准，向其按月支付报酬

D.劳务派遣单位和用工单位均不得向被派遣劳动者收取费用

【答案】CD

【解析】选项A，劳务派遣单位应当与被派遣劳动者订立2年以上的固定期限劳动合同，按月支付劳动报酬；选项B，用工单位应当严格控制劳务派遣用工数量，使用的被派遣劳动者数量不得超过其用工总量的10%。用工单位正式员工为100人，则使用劳务派遣人数不得超过11人（100÷（1-10%）×10%）。

劳动争议的解决

【考点8.25】劳动争议的解决方法

1.什么是劳动争议（见表8-31）

表8-31　　劳动争议

劳动争议的概念	劳动争议是指劳动关系当事人之间因实现劳动权利、履行劳动义务发生分歧而引起的争议，也称劳动纠纷、劳资争议
劳动争议的适用范围	包括： （1）因确认劳动关系发生的争议 （2）因订立、履行、变更、解除和终止劳动合同发生的争议 （3）因除名、辞退和辞职、离职发生的争议 （4）因工作时间、休息休假、社会保险、福利、培训以及劳动保护发生的争议 （5）因劳动报酬、工伤医疗费、经济补偿或者赔偿金等发生的争议 （6）法律、法规规定的其他劳动争议

续表

人民法院应予受理的劳动争议	劳动者与用人单位之间发生的下列纠纷属于劳动争议，当事人不服劳动争议仲裁机构作出的裁决，依法提起诉讼的，人民法院应予受理： （1）劳动者与用人单位在履行劳动合同过程中发生的纠纷 （2）劳动者与用人单位之间没有订立书面劳动合同，但已形成劳动关系后发生的纠纷 （3）劳动者与用人单位因劳动关系是否已经解除或者终止，以及应否支付解除或者终止劳动关系经济补偿金发生的纠纷 （4）劳动者与用人单位解除或者终止劳动关系后，请求用人单位返还其收取的劳动合同定金、保证金、抵押金、抵押物发生的纠纷，或者办理劳动者的人事档案、社会保险关系等移转手续发生的纠纷 （5）劳动者以用人单位未为其办理社会保险手续，且社会保险经办机构不能补办导致其无法享受社会保险待遇为由，要求用人单位赔偿损失发生的纠纷 （6）劳动者退休后，与尚未参加社会保险统筹的原用人单位因追索养老金、医疗费、工伤保险待遇和其他社会保险待遇而发生的纠纷 （7）劳动者因为工伤、职业病，请求用人单位依法给予工伤保险待遇发生的纠纷 （8）劳动者依据《劳动合同法》第八十五条的规定，要求用人单位支付加付赔偿金发生的纠纷 （9）因企业自主进行改制发生的纠纷
右列纠纷不属于劳动争议	（1）劳动者请求社会保险经办机构发放社会保险金的纠纷 （2）劳动者与用人单位因住房制度改革产生的公有住房转让纠纷 （3）劳动者对劳动能力鉴定委员会的伤残等级鉴定结论或者对职业病诊断鉴定委员会的职业病诊断鉴定结论的异议纠纷 （4）家庭或者个人与家政服务人员之间的纠纷 （5）个体工匠与帮工、学徒之间的纠纷 （6）农村承包经营户与受雇人之间的纠纷

2.劳动争议的解决方法

协商（和解）、劳动调解、劳动仲裁（见表8-32、表8-33）。

表 8-32　　协商、劳动调解、劳动仲裁——互相独立

(1) 用人单位与劳动者发生劳动争议，劳动者可以与用人单位协商，也可以请工会或者第三方共同与用人单位协商，达成和解协议
(2) 当事人不愿协商、协商不成或者达成和解协议后不履行的，可以向调解组织申请调解
(3) 不愿调解、调解不成或者达成调解协议后不履行的，可以向劳动争议仲裁委员会申请仲裁
【提示】 (1) 当事人完全可以不经协商，直接向调解组织申请调解；或者不经协商、调解，直接申请劳动仲裁 (2) 此处的“调解”与劳动仲裁程序中的调解不同，主要区别见表8-33。

表 8-33　　劳动调解与劳动仲裁中的调解程序

项目	劳动调解	劳动仲裁中的调解程序
与劳动仲裁的关系	与劳动仲裁并列，均为劳动争议解决方法之一	劳动仲裁的必经程序（仲裁庭在作出裁决前，应当先行调解）
调解主体	劳动争议调解组织，如企业劳动争议调解委员会，依法设立的基层人民调解组织，在乡镇、街道设立的具有劳动争议调解职能的组织	劳动仲裁的仲裁庭

劳动仲裁、劳动诉讼等的具体规定见表8-34。

表 8-34　　劳动仲裁、劳动诉讼等的具体规定

劳动仲裁、劳动诉讼——先裁后诉	(1) 劳动者对劳动争议的终局裁决不服的，可以自收到仲裁裁决书之日起15日内向人民法院提起诉讼
	(2) 当事人（包括劳动者和用人单位）对终局裁决情形之外的其他劳动争议案件的仲裁裁决不服的，可以自收到仲裁裁决书之日起15日内提起诉讼
	(3) 劳动争议仲裁委员会不予受理或者逾期未作出决定的，申请人可以就该劳动争议事项向人民法院提起诉讼
	(4) 终局仲裁裁决被人民法院裁定撤销的，当事人可以自收到裁定书之日起15日内就该劳动争议事项向人民法院提起诉讼
用人单位违反国家规定，拖欠或者未足额支付劳动报酬，或者拖欠工伤医疗费、经济补偿金或者赔偿金的，劳动者可以向劳动行政部门投诉，劳动行政部门应当依法处理	

3.劳动调解程序（见表8-35）

表8-35 劳动调解程序

1.当事人申请劳动争议调解可以书面申请，也可以口头申请		
2.经调解达成协议的，应当制作调解协议书，调解协议书由双方当事人签名或者盖章，经调解员签名并加盖调解组织印章后生效		
3.进一步申请劳动仲裁	（1）达成调解协议后，一方当事人在协议约定期限内不履行调解协议的，另一方当事人可以依法申请劳动仲裁	
	（2）自劳动争议调解组织收到调解申请之日起15日内未达成调解协议的，当事人可以依法申请劳动仲裁	

1.【单选题】根据劳动合同法律制度的规定，下列关于劳动争议解决的说法中，不正确的是（　　）。

A.自劳动争议调解组织收到调解申请之日起15日内未达成调解协议的，当事人可以依法申请仲裁

B.劳动者对劳动争议的终局裁决不服的，可以自收到仲裁裁决书之日起15日内提起诉讼

C.用人单位对终局裁决不服只能自收到裁决书之日起15日内向仲裁委员会所在地中级人民法院申请撤销该裁决

D.终局裁决被人民法院裁定撤销的，当事人可以自收到裁定书之日起15日内提起诉讼

2.【多选题】下列关于劳动争议解决方式的表述中，正确的有（　　）。

A.劳动者可以与单位协商，达成和解协议

B.用人单位不愿协商，劳动者可以向工会申请调解

C.劳动者可以直接向劳动争议仲裁委员会申请仲裁

D.劳动者可以直接向法院提起诉讼

1.【答案】C

【解析】选项C，用人单位对终局裁决不服只能自收到裁决书之日起“30日”内向仲裁委员会所在地中级人民法院申请撤销该裁决。

2.【答案】AC

【解析】选项B，当事人不愿协商、协商不成或者达成和解协议后不履行的，可以向“调解组织”申请调解；选项D，申请劳动仲裁是提起诉讼的必经程序，劳动者不能直接向法院起诉。

【考点8.26】劳动仲裁

1.劳动仲裁的基本规定

（1）劳动仲裁是劳动争议当事人向人民法院提起诉讼的“必经程序”。

【注意】劳动仲裁无一裁终局原则。

（2）劳动仲裁“不收费”，劳动争议仲裁委员会的经费由财政予以保障。

【总结】经济仲裁与劳动仲裁（见表8-36）。

表8-36　**经济仲裁与劳动仲裁**

项目	经济仲裁	劳动仲裁
原则	一裁终局原则	劳动诉讼的前置程序（先裁后审）
收费	√	×

2.劳动仲裁的参加人（见表8-37）

表8-37　**劳动仲裁的参加人**

当事人	（1）劳务派遣单位或者用工单位与劳动者发生争议的，劳务派遣单位和用工单位为共同当事人
	（2）劳动者与个人承包经营者发生争议，申请仲裁时，应当将发包的组织和个人承包经营者作为当事人
	（3）发生争议的用人单位被吊销营业执照、责令关闭、撤销以及用人单位决定提前解散、歇业，不能承担相关责任的，依法将其出资人、开办单位或主管部门作为共同当事人
当事人代表	发生争议的劳动者一方在10人以上，并有共同请求的，劳动者可以推举3~5名代表参加仲裁活动
代理人	（1）当事人可以委托代理人参加仲裁活动
	（2）丧失或者部分丧失民事行为能力的劳动者，由其法定代理人代为参加仲裁活动；无法定代理人的，劳动争议仲裁委员会为其指定
	（3）劳动者死亡的，由其近亲属或者代理人参加仲裁活动
第三人	有利害关系的第三人可以申请参加或由劳动争议仲裁委员会通知其参加仲裁活动

3. 劳动仲裁机构及管辖（见表8-38）

表8-38　　劳动仲裁机构及管辖

（1）劳动争议由劳动合同履行地或者用人单位所在地的劳动争议仲裁委员会管辖；双方当事人分别向劳动合同履行地和用人单位所在地的劳动争议仲裁委员会申请仲裁的，由劳动合同履行地的劳动争议仲裁委员会管辖 有多个劳动合同履行地的，由最先受理的劳动争议仲裁委员会管辖 劳动合同履行地不明确的，由用人单位所在地的劳动争议仲裁委员会管辖 案件受理后，劳动合同履行地或者用人单位所在地发生变化的，不改变争议仲裁的管辖
（2）劳动仲裁机构是劳动人事争议仲裁委员会（简称劳动争议仲裁委员会） 仲裁委员会按照统筹规划、合理布局和适应实际需要的原则设立，不按行政区划层层设立 仲裁委员会下设实体化的办事机构，称为劳动人事争议仲裁院（简称仲裁院）

4. 仲裁程序

（1）申请和受理

①仲裁时效（见表8-39）

表8-39　　仲裁时效

仲裁时效	劳动争议申请仲裁的时效期间为1年，从当事人知道或者应当知道其权利被侵害之日起计算
	劳动关系存续期间因拖欠劳动报酬发生争议的，劳动者申请仲裁不受1年仲裁时效期间的限制；但是，劳动关系终止的，应当自劳动关系终止之日起1年内提出

②仲裁时效的中断与中止（见表8-40）

表8-40　　仲裁时效的中断与中止

项目	事由	效果
仲裁时效的中断	a.当事人一方向对方主张权利 b.当事人一方向有关部门请求权利救济 c.对方当事人同意履行义务	从中断时起，仲裁时效重新计算
仲裁时效的中止	不可抗力或者其他正当理由	从中止时效的原因消除之日起，仲裁时效期间继续计算

③仲裁申请与仲裁受理（见表8-41）

表8-41　　仲裁申请与仲裁受理

仲裁申请	申请人申请仲裁应当提交书面仲裁申请；但书写仲裁申请确有困难的，可以口头申请
	劳动争议仲裁不收费
仲裁受理	劳动争议仲裁委员会自收到仲裁申请之日起5日内决定是否受理，受理的告知申请人，不受理的，须书面通知申请人并告知理由
	劳动争议仲裁委员会不予受理或者逾期未作出决定的，申请人可就该争议向人民法院提起诉讼

（2）开庭和裁决（见表8-42）

表8-42　　开庭和裁决

公开仲裁	劳动争议仲裁公开进行，但当事人协议不公开进行或者涉及商业秘密和个人隐私的除外
仲裁庭	劳动争议仲裁的仲裁庭由3名仲裁员组成，设首席仲裁员；简单劳动争议案件可以由1名仲裁员独任仲裁 仲裁庭裁决劳动争议案件，应当自仲裁委员会受理仲裁申请之日起45日内结束。案情复杂需要延期的，经仲裁委员会主任批准，可以延期并书面通知当事人，但是延长期限不得超过15日。逾期未作出仲裁裁决的，当事人可以就该劳动争议事项向人民法院提起诉讼。15日、45日是自然日
回避	仲裁员有下列情形的，应当回避，当事人也有权以口头或者书面方式提出回避申请： a.是本案当事人或者当事人、代理人的近亲属的 b.与本案有利害关系的 c.与本案当事人、代理人有其他关系，可能影响公正裁决的 d.私自会见当事人、代理人，或者接受当事人、代理人请客送礼的
和解	当事人申请劳动争议仲裁后，可以自行和解；达成和解协议的，可以撤回仲裁申请，也可以请求仲裁庭根据和解协议制作调解书
调解	a.仲裁庭在作出裁决前，应当（而非“可以”）先行调解
	b.调解达成协议的，仲裁庭应当制作调解书
	c.调解书由仲裁员签名，加盖劳动争议仲裁委员会印章，送达双方当事人。调解书经双方当事人签收后，发生法律效力。调解不成或者调解书送达前，一方当事人反悔的，仲裁庭应当及时作出裁决
裁决	a.裁决应当按照多数仲裁员的意见作出，少数仲裁员的不同意见应当记入笔录中；仲裁庭不能形成多数意见时，裁决应当按照首席仲裁员的意见作出
	b.裁决书的签名 裁决书由仲裁员签名，加盖劳动争议仲裁委员会印章；对裁决持不同意见的仲裁员，可以签名，也可以不签名
	c.劳动仲裁裁决的生效 当事人对终局裁决情形之外的其他劳动争议案件的仲裁裁决不服的，可以自收到仲裁裁决书之日起15日内提起诉讼；期满不起诉的，仲裁裁决书发生法律效力

续表

终局裁决	a.适用情形 下列劳动争议，除法律另有规定外，仲裁裁决为终局裁决，裁决书自作出之日起发生法律效力： (a) 追索劳动报酬、工伤医疗费、经济补偿金或者赔偿金，不超过当地月最低工资标准12个月金额的争议 (b) 因执行国家的劳动标准在工作时间、休息休假、社会保险等方面发生的争议
	b.劳动者能否进一步寻求救济？劳动者可以依法提起劳动诉讼 劳动者对劳动争议的终局裁决不服的，可以自收到仲裁裁决书之日起15日内向人民法院提起诉讼
	c.用人单位能否进一步寻求救济？用人单位可以依法撤销裁决 用人单位有证据证明劳动争议仲裁终局裁决有下列情形之一的，可以自收到仲裁裁决书之日起30日内向劳动争议仲裁委员会所在地的中级人民法院申请撤销裁决： (a) 适用法律、法规确有错误的 (b) 劳动争议仲裁委员会无管辖权的 (c) 违反法定程序的 (d) 裁决所根据的证据是伪造的 (e) 对方当事人隐瞒了足以影响公正裁决的证据的 (f) 仲裁员在仲裁该案件时有索贿受贿、徇私舞弊、枉法裁决行为的 人民法院经组成合议庭审查核实裁决有上述规定情形之一的，应当撤销裁决。仲裁裁决被人民法院裁定撤销的，当事人可以自收到裁定书之日起15日内就该劳动争议事项向人民法院提起诉讼
劳动诉讼申请范围	a.劳动者对劳动争议的终局裁决不服的，可以自收到仲裁裁决书之日起15日内提起诉讼
	b.当事人对非终局裁决争议不服的，可以自收到仲裁裁决书之日起15日内提起诉讼
	c.终局裁决被人民法院裁定撤销的，当事人可以自收到裁定书之日起15日内提起诉讼
裁决执行	(1) 仲裁庭对追索劳动报酬、工伤医疗费、经济补偿金或者赔偿金的案件，根据当事人的申请，可以裁决先予执行，移送人民法院执行，劳动者申请先予执行的，可以不提供担保
	(2) 仲裁庭裁决先予执行的，应当符合以下条件：当事人之间权利义务关系明确；不先予执行将严重影响申请人的生活

续表

	(3) 对发生法律效力的调解书、裁决书，当事人应当依照规定的期限履行。一方当事人逾期不履行的，另一方当事人可以依照《民事诉讼法》的有关规定向人民法院申请执行
裁决执行	(4) 人民法院可以裁定不予执行： ①裁决的事项不属于劳动争议仲裁范围，或者劳动争议仲裁机构无权仲裁的 ②适用法律、法规确有错误的 ③违反法定程序的 ④裁决所依据的证据是伪造的 ⑤对方当事人隐瞒了足以影响公正裁决的证据的 ⑥仲裁员在仲裁该案时有索贿受贿、徇私舞弊、枉法裁决行为的 ⑦人民法院认定执行该劳动争议仲裁裁决违背社会公共利益的
	(5) 人民法院在不予执行的裁定书中，应当告知当事人在收到裁定书之次日起30日内，可以就该劳动争议事项向人民法院提起诉讼

1.【单选题】天津的韩一诺与北京的A公司签订劳动合同，担任A公司驻深圳办事处联络员职位，后A公司以韩一诺违反公司制度利用职务之便收取上海B公司的回扣采购高价商品为由与韩一诺解除劳动合同并拒绝支付经济补偿。韩一诺认为自己只是与客户进行正常业务往来，采购价格虽然略高于同类产品市场价格，但质量也是同类产品中最好的，并非恶意采购质次价高的产品，于是向深圳劳动争议仲裁委员会申请劳动仲裁，A公司则向北京劳动争议仲裁委员会申请劳动仲裁，则该争议应由（　　）的劳动争议仲裁委员会管辖。

A.北京市　　B.天津市

C.深圳市　　D.上海市

2.【多选题】下列关于劳动仲裁的参加人说法中，错误的有（　　）。

A.劳务派遣单位或者用工单位与劳动者发生争议的，劳动者与劳务派遣单位为当事人，用工单位为第三人

B.因履行集体合同发生的劳动争议，经协商解决不成的，工会可以依法申请仲裁

C.发生争议的劳动者一方在5人以上，并有共同请求的，可以推举3~5名代表参加仲裁活动

D.丧失或者部分丧失民事行为能力的劳动者由其法定代理人代为参加仲裁活动

3.【多选题】艾依于2017年6月2日进入A公司工作，当年公司承接一项工程，为保证工程进度，艾依连续加班3个月，但公司一直未向其支付加班

费。2020年9月14日艾依离职，并要求A公司支付当年的加班费，A公司拒绝支付，艾依申请劳动仲裁。则下列关于仲裁时效的说法中，正确的有（　　）。

A.劳动争议申请仲裁的时效期间为1年，从当事人知道或者应当知道其权利被侵害之日起计算

B.艾依针对本案中的争议事项申请仲裁不受1年仲裁时效期间的限制

C.艾依应在2021年9月14日前向仲裁委员会申请仲裁

D.因不可抗力艾依不能在仲裁时效期间申请仲裁的，仲裁时效中断

4.【多选题】根据劳动争议调解仲裁法律制度的有关规定，下列关于劳动仲裁的说法中，正确的有（　　）。

A.劳动仲裁是劳动争议当事人向人民法院提起诉讼的必经程序

B.劳动仲裁可以口头申请

C.劳动争议仲裁公开进行

D.因社会保险发生争议的仲裁裁决为终局裁决，双方均不得再向法院提起诉讼

1.【答案】C

【解析】双方当事人分别向劳动合同履行地和用人单位所在地的劳动争议仲裁委员会申请仲裁的，由劳动合同履行地的劳动争议仲裁委员会管辖。本题中，劳动合同履行地为深圳。

2.【答案】AC

【解析】选项A，劳务派遣单位或者用工单位与劳动者发生争议的，劳务派遣单位和用人单位为共同当事人；选项C，发生争议的劳动者一方在10人以上，并有共同请求的，可以推举3~5名代表参加仲裁活动。

3.【答案】ABC

【解析】选项A，叙述正确；选项BC，劳动关系存续期间因拖欠劳动报酬发生争议的，劳动者申请仲裁不受1年仲裁时效期间的限制，但是，劳动关系终止的，应当自劳动关系终止之日起1年内提出；选项D，客观原因（不可抗力），引起仲裁时效期间的中止。

4.【答案】ABC

【解析】选项D，因社会保险发生争议的仲裁裁决为终局裁决，劳动者对仲裁裁决不服的，可以自收到仲裁裁决书之日起15日内提起诉讼；期满不起诉的，裁决书发生法律效力。

【总结】经济仲裁与劳动仲裁（见表8-43）

表8-43 **经济仲裁与劳动仲裁**

项目	经济仲裁	劳动仲裁
原则	一裁终局原则	劳动诉讼的前置程序（先裁后审）
收费	√	×
地域管辖	×	合同履行地或用人单位所在地
申请	必须有书面仲裁协议	可以书面也可以口头
开庭	√	√
公开	×	√
回避	√	√
和解与调解	√	√
裁决生效	作出之日起	终局裁决：作出之日起 非终局裁决：自收到裁决书之日起15日内不起诉
强制执行	√	√

社会保险的法律制度

【考点8.27】基本社会保险的体系（见表8-44）

表8-44 **基本社会保险的体系**

种类	对象
职工基本养老保险	包括：所有类型的企业及其职工（包括实行“企业化管理”的事业单位及其职工）
	不包括：公务员和参照公务员管理的工作人员，其养老办法由国务院规定
	【注意】灵活就业人员可以参加基本养老保险和基本医疗保险，由个人缴纳保险费
城乡居民基本养老保险	年满16周岁的非在校学生；非公务员；非职工
【提示】大体上与基本医疗保险相同（除公务员和在校生部分） 【注意1】根据国务院《关于机关事业单位工作人员养老保险制度改革的决定》的规定，对公务员实行社会统筹与个人账户相结合的基本养老保险制度，建立职工年金 【注意2】在校学生无基本养老保险，但可通过学校缴纳基本医疗保险，属于城乡居民基本医疗保险的覆盖范围	

【考点8.28】基本养老保险

1.基本养老保险基金的组成（见表8-45）

表8-45　基本养老保险基金的组成

1.单位缴费部分	计入基本养老保险统筹基金
2.个人缴费部分	计入个人账户，不得提前支取（有例外，如继承），记账利率不得低于银行“定期”存款利率，免征利息税
3.政府补贴部分	基本养老保险基金出现支付不足时
【注意】个人跨统筹地区就业的，其基本养老保险关系随本人转移，缴费年限累计计算。（同医疗保险）达到法定退休年龄时，基本养老金分段计算、统一支付	

基本养老保险基金的缴费见表8-46。

表8-46　基本养老保险基金的缴费

缴费计算	内容
单位缴费	原缴费比例超过企业工资总额16%的省（区、市）→降至16%
	单位缴费比例为20%，基本养老保险基金累计结余额可支付月数高于9个月的→降至19% 【注意】阶段性降低，有效期2年
个人缴费	（1）比例：8%
	（2）工资基数一般情况：职工本人上年度月平均工资（新职工第一年以起薪当月工资作为缴费基数）
	①过低：低于当地职工月平均工资60%的，按当地职工月平均工资的60%作为缴费基数
	②过高：高于当地职工月平均工资300%的，按当地职工月平均工资的300%作为缴费基数
	计算公式：个人养老账户月存储额=本人月缴费工资×8%
灵活就业人员缴费	缴费基数：在当地上年度在岗职工月平均工资的60%至300%之间选择缴费基数 比例：20%（其中的8%计入个人账户）

2.职工基本养老保险年龄条件（见表8-47）

表8-47　**职工基本养老保险年龄条件**

适用范围	性别	退休年龄（周岁）
一般情况	男	60
	女	50
	女干部	55
从事井下、高温、高空、特别繁重体力劳动或其他有害身体健康工作的	男	55
	女	45
因病或非因工致残，由医院证明并经劳动鉴定委员会确认完全丧失劳动能力的	男	50
	女	45

年龄条件：达到法定退休年龄。

【注意】上述第三种情况，不足退休年龄可以领取病残津贴，所需资金从基本养老保险中支付。

职工基本养老保险缴费年限见表8-48。

表8-48　**职工基本养老保险缴费年限**

缴费年限	累计缴费满15年
达到法定退休年龄时累计缴费满15年	按月领取养老金

3.职工基本养老保险待遇（见表8-49）

表8-49　**职工基本养老保险待遇**

1.基本养老保险金	由统筹养老金和个人账户养老金组成，按月支付
2.丧葬补助金和抚恤金	（1）参加基本养老保险的个人因病或非因工死亡的，其遗属可以领取丧葬补助金和抚恤金
	（2）同时符合领取基本养老保险丧葬补助金、工伤保险丧葬补助金、失业保险丧葬补助金条件，遗属只能选择领取其一
	（3）参保个人死亡后，其个人账户中的余额可以全部依法继承
3.病残津贴	参保人未达到法定退休年龄时因病或非因工致残完全丧失劳动能力的，可以领取病残津贴，所需资金从基本养老保险基金中支付
	【注意】因工致残的，在评定伤残等级后可以领取病残津贴，由工伤保险基金支付

1.【单选题】根据社会保险法律制度的规定，下列关于基本养老保险的表述中，正确的是（　　）。

A.企业职工与单位缴纳的养老保险金全部划入个人账户

B.个人账户不得提前支取

C.个人账户记账利率不得低于银行活期存款利率

D.参加职工基本养老保险的个人死亡后，其统筹账户中的余额可以全部依法继承

2.【单选题】某企业职工韩一诺的月工资为1 600元，当地社会平均工资为4 000元，最低工资为1 700元，已知职工基本养老保险个人缴费的比例为工资的8%，根据《社会保险法》的有关规定，韩一诺每月应由个人缴纳的基本养老保险费为（　　）。

A.128元　　B.136元

C.192元　　D.320元

3.【单选题】某企业职工韩昕薇的月工资为8 500元，当地职工月平均工资为2 400元，已知职工基本养老保险个人缴费的比例为工资的8%，根据《社会保险法》的有关规定，韩昕薇每月应由个人缴纳的基本养老保险费为（　　）。

A.192元　　B.576元

C.680元　　D.1 700元

4.【单选题】下列关于基本养老保险待遇的表述中，正确的是（　　）。

A.符合基本养老保险享受条件的人员，国家按年支付基本养老金

B.参加基本养老保险的个人因公死亡的，其遗属可以领取丧葬补助金和抚恤金，所需资金从基本养老保险金中支付

C.个人死亡同时符合领取基本养老保险丧葬补助金、工伤保险丧葬补助金和失业保险丧葬补助金条件的，其遗属只能选择领取其中的一项

D.参加基本养老保险的个人未达法定退休年龄时因工致残完全丧失劳动能力的，可以领取病残津贴，所需资金从基本养老保险金中支付

5.【多选题】下列各项中，属于基本养老保险覆盖范围的有（　　）。

A.大学生　　B.国有企业职工

C.国家机关工作人员　　D.私营企业职工

6.【多选题】根据社会保险法律制度的规定，下列关于基本养老保险制度的表述中，正确的有（　　）。

A.职工基本养老保险实行社会统筹和个人账户相结合

B.灵活就业人员的缴费基数为本人上年度月平均收入

C.职工基本养老保险基金由用人单位和个人缴费以及政府补贴等组成

D.个人跨统筹地区就业的，其基本养老保险关系随本人转移，缴费年限累计计算

7.【多选题】艾琴是一自由职业者，在多家单位担任兼职会计人员，则其

可以自行缴纳的保险有（　　）。

A.基本养老保险　　B.基本医疗保险

C.工伤保险　　D.失业保险

8.【多选题】下列关于基本养老保险金缴费计算的表述中，错误的有（　　）。

A.缴费工资基数一般为职工本人上一年度月平均工资

B.本人月平均工资低于当地职工月平均工资的，以当地职工月平均工资作为缴费基数

C.本人月平均工资低于当地最低工资标准的，以当地最低工资标准作为缴费基数

D.灵活就业人员的缴费比例为20%，其中8%记入个人账户

9.【多选题】下列关于职工退休年龄的说法中，正确的有（　　）。

A.艾杰，男，系某煤矿从事井下作业的工人，其法定退休年龄为55周岁

B.萧晓，女，系某航空公司空乘人员，其法定退休年龄为50周岁

C.孙权，男，因生病经有关部门鉴定完全丧失劳动能力，其法定退休年龄为50周岁

D.李莉，女，因外出旅游发生交通事故经有关部门鉴定完全丧失劳动能力，其法定退休年龄为45周岁

1.【答案】B

【解析】选项A，基本养老保险单位缴费部分记入统筹账户，个人缴费部分记入个人账户；选项C，个人账户记账利率不得低于银行定期存款利率；选项D，参加职工基本养老保险的个人死亡后，其个人账户中的余额可以全部依法继承。

2.【答案】C

【解析】职工工资低于当地职工月平均工资60%的，按当地职工月平均工资的60%作为缴费基数，则韩一诺应缴纳的基本养老保险费为4 000×60%×8%＝192（元）。

3.【答案】B

【解析】韩昕薇的月工资为8 500元，已经超过当地职工月平均工资2 400元的3倍，只能按照3倍工资计算，韩昕薇每月应由个人缴纳的基本养老保险费＝2 400×3×8%＝576（元）。

4.【答案】C

【解析】选项A，基本养老金按月支付；选项B，参加基本养老保险的个人因公死亡的，其遗属可以领取丧葬补助金和抚恤金，由工伤保险支付；选项

D，因工致残，由工伤保险负责。

5.【答案】BD

【解析】选项A，年满16周岁的在校学生不参加基本养老保险；选项C，国家机关工作人员依据《公务员法》执行。

6.【答案】ACD

【解析】选项B，城镇个体工商户和灵活就业人员的缴费基数为当地上年度在岗职工月平均工资。

7.【答案】AB

【解析】灵活就业人员可以参加基本养老保险和基本医疗保险，由个人缴纳保险费。

8.【答案】BC

【解析】选项BC，本人月工资低于当地职工月平均工资60%的，以当地职工月平均工资的60%作为缴费基数。

9.【答案】ACD

【解析】选项B，从事井下、高温、高空、特别繁重体力劳动或者其他有害身体健康工作的，退休年龄男年满55周岁，女年满45周岁。

【考点8.29】基本医疗保险

1.职工基本医疗保险费的缴纳（见表8-50）

表8-50　　职工基本医疗保险费的缴纳

<table>
<tr><td colspan="2">（1）基本医疗保险采用统账结合模式，即分别设立社会统筹基金和个人账户基金</td></tr>
<tr><td rowspan="2">（2）单位缴费</td><td>①单位缴费率一般为职工工资总额的6%左右</td></tr>
<tr><td>②用人单位缴纳的基本医疗保险费分为两部分，一部分用于建立统筹基金，一部分划入个人账户；用人单位缴费部分划入个人账户的具体比例，一般为30%左右</td></tr>
<tr><td>（3）个人缴费</td><td>个人缴费率一般为本人工资收入的2%</td></tr>
<tr><td colspan="2">（4）个人账户存储额依法计付利息</td></tr>
<tr><td colspan="2">（5）个人跨统筹地区就业的，其基本医疗保险关系随本人转移，缴费年限累计计算</td></tr>
<tr><td rowspan="3">（6）退休人员基本医疗保险费的缴纳</td><td>参加职工基本医疗保险的个人，达到法定退休年龄时累计缴费达到国家规定年限的，退休后不再缴纳基本医疗保险费</td></tr>
<tr><td>未达到国家规定缴费年限的，可以缴费至国家规定年限</td></tr>
<tr><td>目前对最低缴费年限没有全国统一的规定，由各统筹地区根据本地情况确定</td></tr>
</table>

2. 医疗保险支付概述和支付标准（见表8–51、表8–52）

表8–51 医疗保险支付概述

（1）定点	参保人员必须到基本医疗保险的定点医疗机构就医、购药或定点零售药店购买药品
（2）定围	参保人员在看病就医过程中所发生的医疗费用必须符合基本医疗保险药品目录、诊疗项目、医疗服务设施标准的范围和给付标准 【提示】急诊、抢救除外
（3）右列医疗费用不纳入基本医疗保险基金支付范围	①应当从工伤保险基金中支付的
	②应当由第三人负担的（第三人不支付或者无法确定第三人的，由基本医疗保险基金先行支付，然后向第三人追偿）
	③应当由公共卫生负担的
	④在境外就医的

表8–52 支付标准

（1）支付区间：当地职工年平均工资10%（起付线）～年平均工资6倍（封顶线）	
（2）支付比例：90%	
自付费部分由四部分组成：	①起付线以下的部分
	②区间内自己负担的比例部分
	③封顶线以上的部分
	④非定点、定围部分

3. 医疗期期间的计算（见表8–53）

表8–53 医疗期期间的计算

实际工作年限	在本单位工作年限	医疗期期间	累计计算期
＜10年	＜5年	3个月	6个月
	≥5年	6个月	12个月
	＜5年		
	5年≤Y＜10年	9个月	15个月
≥10年	10年≤Y＜15年	12个月	18个月
	15年≤Y＜20年	18个月	24个月
	≥20年	24个月	30个月

1.概念

医疗期是指企业职工因患病或非因工负伤停止工作，治病休息，但不得解除劳动合同的期限。

病休期间，公休、假日和法定节日包括在内。

2.医疗期内的待遇

（1）病假工资或疾病救济费可以低于当地最低工资标准支付，但最低不能低于最低工资标准的80%。

（2）医疗期内不得解除劳动合同。

（3）如医疗期内遇合同期满，则合同必须续延至医疗期满，职工在此期间仍然享受医疗期内待遇。

（4）对医疗期满尚未痊愈者，或者医疗期满后，不能从事原工作，也不能从事用人单位另行安排的工作，被解除劳动合同的，用人单位需按经济补偿金规定给予其经济补偿金。

1.【单选题】某企业韩静的月工资为8 000元。已知，基本医疗保险单位缴费比例为6%，个人缴费比例为2%，划入个人医疗账户的比例为30%。根据《社会保险法》的规定，当月应记入韩静个人医疗保险账户的储存额为（　　）。

A.48元　　B.160元

C.190元　　D.304元

2.【单选题】萧韵在定点医院做外科手术，共发生医疗费用12万元，其中在规定医疗目录内的费用为10万元，目录以外费用2万元。当地职工平均工资水平为2 000元／月，则应由基本医疗保险基金支付的医疗费用为（　　）元。

A.100 000　　B.90 000

C.88 200　　D.87 840

3.【单选题】2020年10月19日，甲公司职工萧琴因中风住院治疗。已知萧琴已经参加工作14年，在甲公司工作8年，则萧琴依法可享受的医疗期为（　　）。

A.12个月　　B.9个月

C.18个月　　D.6个月

4.【单选题】陆一梦2018年7月1日大学毕业，首次工作入职A公司，2019年8月1日因病无法从事工作，开始病休。在医疗期未满的情况下，陆一梦最晚在（　　）之前休假，均可以享受医疗期待遇。

A.2019年11月1日　　B.2020年2月1日

C.2020年5月1日　　D.2020年8月1日

5.【多选题】下列各项中，属于基本医疗保险覆盖范围的有（　　）。

A.大学生

B.国有企业职工

C.国家机关工作人员

D.领取失业保险的失业人员

6.【多选题】下列关于基本医疗保险缴纳的说法中，正确的有（　　）。

A.参加职工基本医疗保险的个人，达到法定退休年龄时累计缴费达到国家规定年限的，退休后不再缴纳基本医疗保险费

B.参加职工基本医疗保险的个人，达到法定退休年龄时累计缴费未达到国家规定缴费年限的，可以缴费至国家规定年限

C.医疗保险的最低缴费年限为15年

D.个人跨统筹地区就业的，其基本医疗保险关系随本人转移，缴费年限累计计算

7.【多选题】下列关于医疗期待遇的说法中，正确的有（　　）。

A.医疗期内工资标准最低为个人上年度平均工资的80%

B.医疗期内不得解除劳动合同

C.对医疗期满后不能从事原工作，也不能从事用人单位另行安排的工作的劳动者，用人单位可以与其解除劳动合同

D.医疗期满解除或终止劳动关系的，由用人单位向劳动者支付一次性伤残就业补助金

1.【答案】D

【解析】除个人缴费部分外，单位缴费的30%记入个人账户。韩静个人医疗保险账户的储存额＝8 000×2%＋8 000×6%×30%＝304（元）。

2.【答案】D

【解析】基本医疗保险的起付线为当地职工年平均工资的10%，即2 000×12×10%＝2 400（元）。封顶线为当地职工年平均工资的6倍，即2 000×12×6＝144 000（元）。萧韵可以报销的费用＝（100 000－2 400）×90%＝87 840（元）。

3.【答案】B

【解析】萧琴实际工作年限为14年，其中在甲公司工作年限为8年，属于实际工作年限10年以上、在本单位工作年限5年以上不满10年的，医疗期为9个月。

4.【答案】B

【解析】实际工作年限10年以下的，在本单位工作年限5年以下的医疗期为3个月，医疗期3个月的按6个月内累计病休时间计算。从2019年8月1日开始计算6个月，为2020年2月1日。

5.【答案】ABCD

【解析】选项BCD，为职工基本医疗保险的覆盖范围，选项A为城乡居民基本养老保险的覆盖范围。

6.【答案】ABD

【解析】选项C，基本医疗保险目前对最低缴费年限没有全国统一的规定，由各统筹地区根据本地情况确定。

7.【答案】BC

【解析】选项A，医疗期待遇可以低于当地最低工资标准，但最低不得低于最低工资标准的80%；选项D，应由单位支付经济补偿。

【考点8.30】工伤保险

1.工伤保险费的缴纳（见表8-54）

表8-54　　工伤保险费的缴纳

1.职工应当参加工伤保险，由用人单位缴纳工伤保险费，职工不缴纳工伤保险费
2.企业、事业单位、社会团体、民办非企业单位、基金会、律师事务所、会计师事务所等组织的职工和个体工商户的雇工，均有依法享受工伤保险待遇的权利
3.工伤保险费实行行业差别费率和行业内费率档次；用人单位应当按照本单位职工工资总额，根据社会保险经办机构确定的费率按时足额缴纳工伤保险费
4.工伤保险基金由用人单位缴纳的工伤保险费、工伤保险基金的利息和依法纳入工伤保险基金的其他资金构成

2.工伤认定与劳动能力鉴定（见表8-55）

表8-55　　工伤认定与劳动能力鉴定

工伤认定	（1）应当认定为工伤的情形	①在工作时间和工作场所内，因工作原因受到事故伤害的
		②工作时间前后在工作场所内，从事与工作有关的预备性或收尾性工作受到事故伤害的
		③在工作时间和工作场所内，因履行工作职责受到暴力等意外伤害的
		④患职业病的
		⑤因工外出期间，由于工作原因受到伤害或者发生事故下落不明的
		⑥在上下班途中，受到非本人主要责任的交通事故或者城市轨道交通、客运轮渡、火车事故伤害的
		⑦法律、行政法规规定应当认定为工伤的其他情形

续表

工伤认定	(2) 视同工伤的情形	①在工作时间和工作岗位突发疾病死亡或者在48小时内经抢救无效死亡的
		②在抢险救灾等维护国家利益、公共利益活动中受到伤害的
		③原在军队服役，因战、因工负伤致残，已取得革命伤残军人证，到用人单位后旧伤复发的
	(3) 不认定为工伤的情形	①故意犯罪
		②醉酒或者吸毒
		③自残或者自杀
		④法律、行政法规规定的其他情形
	【提示】 所受伤害与工作有直接因果关系的，应当认定为工伤 所受伤害与工作仅有间接关系的，视同工伤 所受伤害纯属自己行为的，不认定为工伤	
劳动能力鉴定	①劳动功能障碍分十个伤残等级，最重为一级	
	②生活自理障碍分为三个等级	
	③自劳动能力鉴定结论作出之日起1年后，工伤职工或者其近亲属、所在单位或者经办机构认为伤残情况发生变化的，可以申请劳动能力复查鉴定	

3.工伤保险待遇（见表8-56、表8-57和表8-58）

表8-56　　工伤医疗及伤残待遇

(1) 工伤医疗待遇	
①停工留薪期工资福利待遇	a.工资福利待遇不变，由所在单位按月支付
	b.生活不能自理需要护理的，费用由所在单位负责
	c.时间一般不超过12个月；特殊情况需延长，延长期不超过12个月
	d.评定伤残等级后，停止享受停工留薪期待遇，转为享受伤残待遇
	e.停工留薪期满后仍需治疗的，继续享受工伤医疗待遇（负责到底）
②其他工伤医疗待遇：医疗费用；住院伙食补助、交通食宿费；康复性治疗费 【解释】医疗期VS停工留薪期：医疗期是企业职工“因患病或非因工负伤”停止工作，治病休息，但不得解除劳动合同的期限；而停工留薪期是职工“因工作遭受事故伤害或者患职业病”需要暂停工作、接受工伤医疗的期间	

续表

（2）辅助器具装配费	
（3）伤残待遇	
①条件	经劳动能力鉴定委员会鉴定，评定伤残等级的工伤职工，享受伤残待遇
②内容	a.生活护理费 工伤职工已经评定伤残等级并经劳动能力鉴定委员会确认需要生活护理的，由工伤保险基金按月支付生活护理费
	b.一次性伤残补助金 职工因工致残被鉴定为1~10级伤残的，由工伤保险基金按伤残等级支付一次性伤残补助金，1～4级伤残津贴由工伤保险支付，5～6级伤残津贴由用人单位支付，7～10级伤残只有一次性伤残补助金而无伤残津贴
	c.伤残津贴
	d.一次性工伤医疗补助金和一次性伤残就业补助金 1～4级不得解除；5～6级经本人提出可以解除；7～10级合同期满可以解除，或经本人提出也可以解除

表8-57　伤残津贴、一次性工伤医疗补助金、伤残就业补助金

伤残等级	能否解除劳动合同	领取内容
1～4级	×	伤残津贴（工伤保险基金负担）
5～6级	本人提出：√	（1）一次性工伤医疗补助金（工伤保险基金负担） （2）一次性伤残就业补助金（用人单位负担）
	本人未提出：×	（1）能适当工作：工资 （2）难以安排工作：伤残津贴（用人单位负担）
7～10级	劳动合同期满：√ 本人提出：√	（1）一次性工伤医疗补助金（工伤保险基金负担） （2）一次性伤残就业补助金（用人单位负担）
	其他情形：×	正常工作、正常领取工资

表 8-58　　医疗期、停工留薪期的规定

项目	医疗期	停工留薪期
适用范围	因病或非因公负伤	因公负伤
期间	根据累计工作年限及本单位工作年限确定	12个月+12个月
工资待遇	当地最低工资的80%	不变
期满后未康复	支付经济补偿后可解除合同	继续享受工伤医疗待遇
合同解除	支付经济补偿后可解除合同	1～4级不得解除；5～6级经本人提出可以解除；7～10级合同期满或经本人提出可以解除

4. 工亡待遇（见表 8-59）

表 8-59　　工亡待遇

条件及内容	职工因公死亡，或者伤残职工在停工留薪期内因工伤导致死亡的，其近亲属享受从工伤保险基金领取丧葬补助金、供养亲属抚恤金和一次性工亡补助金的待遇
标准	（1）丧葬补助金，为6个月的统筹地区上年度职工月平均工资
	（2）供养亲属抚恤金，按照职工本人工资的一定比例发放给由因工死亡职工生前提供主要生活来源、无劳动能力的亲属
	（3）一次性工亡补助金，为上一年度全国城镇居民人均可支配收入的20倍
	（4）1～4级伤残职工在停工留薪期满后死亡的，其近亲属可以领取丧葬补助金和供养亲属抚恤金，不享受一次性工亡补助金待遇

5. 其他特别规定（见表 8-60）

表 8-60　　其他特别规定

工伤保险费用支付途径	工伤保险待遇中，工伤保险基金支付大部分费用，由用人单位支付的费用包括： （1）治疗工伤期间的工资福利待遇 （2）5～6级伤残职工按月领取的伤残津贴 （3）终止或解除劳动合同时，应当享受的一次性伤残就业补助金
工伤保险基金先行支付制度	（1）职工所在用人单位未依法缴纳工伤保险费，发生工伤事故的，由用人单位支付工伤保险待遇；用人单位不支付的，从工伤保险基金中先行支付，由用人单位偿还；用人单位不偿还的，社会保险经办机构可以追偿
	（2）由于第三人的原因造成工伤，第三人不支付工伤医疗费用或者无法确定第三人的，由工伤保险基金先行支付；工伤保险基金先行支付后，有权向第三人追偿
	（3）因工致残享受伤残津贴的职工达到退休年龄并办理退休手续后，停发伤残津贴，改为享受基本养老保险待遇。被鉴定为1~4级伤残的职工，基本养老保险待遇低于伤残津贴的，由工伤保险基金补足差额

工伤职工有下列情形之一，停止享受工伤保险待遇：

（1）丧失享受待遇条件的。

（2）拒不接受劳动能力鉴定的。

（3）拒绝治疗的。

1.【单选题】根据社会保险法律制度的规定，劳动者因工致残的下列情形中，用人单位不得与劳动者解除或终止劳动关系的是（　　）。

A.1级伤残　　B.5级伤残

C.6级伤残　　D.10级伤残

2.【单选题】工亡职工的近亲属可以按规定从工伤保险基金中领取的丧葬补助金为统筹地区上年度职工（　　）月平均工资。

A.3个月　　B.6个月

C.9个月　　D.12个月

3.【多选题】下列人员中，应当认定为工伤的有（　　）。

A.张三在上班途中，被违章驾驶的机动车撞伤

B.因离职补偿发生争议，李四在办公室被离职人员张三打伤

C.王五在工作期间突发疾病

D.戴六于外地出差期间因嫖娼被流氓打伤

4.【多选题】下列关于停工留薪期待遇的说法中，错误的有（　　）。

A.在停工留薪期内原工资福利待遇不变，由工伤保险基金按月支付

B.停工留薪期一般不超过24个月

C.工伤职工评定伤残等级后，继续享受停工留薪期待遇

D.工伤职工停工留薪期满后仍需治疗，继续享受停工留薪期待遇

5.【多选题】艾青不幸因公去世，根据社会保险法律制度的规定，其近亲属可以获得（　　）。

A.一次性伤残补助金　　B.遗属抚恤金

C.丧葬补助金　　D.一次性工亡补助金

6.【多选题】根据社会保险法律制度的规定，工伤期间应由用人单位支付的费用有（　　）。

A.治疗工伤期间的工资、福利

B.1～4级伤残职工按月领取的伤残津贴

C.终止或者解除劳动合同时，应当享受的一次性伤残就业补助金

D.终止或者解除劳动合同时，应当享受的一次性工伤医疗补助金

1.【答案】A

【解析】1~4级伤残，保留劳动关系，退出劳动岗位。

2.【答案】B

3.【答案】AB

【解析】选项C，在工作期间和工作岗位突发疾病死亡的视同工伤，王五只是突发疾病，不视同工伤；选项D，因工外出期间，由于工作原因受到伤害或者发生事故下落不明的应当认定为工伤，戴六出差期间受伤不是因工作原因，不能认定为工伤。

4.【答案】ABCD

【解析】选项A，在停工留薪期内原工资福利待遇不变，由所在单位按月支付；选项B，停工留薪期一般不超过12个月；选项C，工伤职工评定伤残等级后，停止享受停工留薪期待遇，转为享受伤残待遇；选项D，工伤职工停工留薪期满后仍需治疗，继续享受工伤医疗待遇。

5.【答案】BCD

【解析】选项A，劳动者因工受伤，评定伤残等级后，享受一次性伤残补助金。

6.【答案】AC

【解析】选项BD，由工伤保险基金支付。

【考点8.31】失业保险

1.失业保险费的缴纳（见表8-61）

表8-61　失业保险费的缴纳

失业保险费的缴纳	单位：阶段性降至1%～1.5% 个人：不超过0.5%
失业保险待遇的享受条件（同时满足）	（1）失业前用人单位和本人已经缴纳失业保险费满1年的
	（2）非因本人意愿中断就业，包括劳动合同终止，用人单位解除劳动合同，被用人单位开除、除名和辞退，因用人单位过错由劳动者解除劳动合同，法律、法规、规章规定的其他情形
	（3）已经进行失业登记，并有求职要求的

2.失业保险金领取期限的基本规定（见表8-62）

表8-62　失业保险金领取期限的基本规定

用人单位和本人的累计缴费年限	领取失业保险金的最长期限
满1年不足5年（1年≤Y＜5年）	自办理失业登记之日起12个月
满5年不足10年（5年≤Y＜10年）	自办理失业登记之日起18个月
10年以上（Y≥10年）	自办理失业登记之日起24个月

记忆提示：一年起步，五年分界，没有57（吾妻）（3×4=12；3×6=18；3×8=24）。

【注意1】失业保险金领取期限自办理失业“登记”之日起计算。

【注意2】重新就业后再失业的，缴费年限重新计算；领取期限与前次失业应当领取而尚未领取的期限合并计算，最长不超过24个月。

【注意3】失业人员因当期不符合失业保险金领取条件的，原有缴费时间予以保留，重新就业并参保的，缴费时间累计计算。

【注意4】职工跨统筹地区就业的，其失业保险关系随本人转移，缴费年限累计计算。

【注意5】用人单位应当及时为失业人员出具终止或者解除劳动关系的证明，并将失业人员的名单自终止或者解除劳动关系之日起7日内报受理其失业保险业务的经办机构备案。

【注意6】失业人员应自终止或者解除劳动合同之日起60日内到受理其单位失业保险业务的经办机构申领失业保险金。

【注意7】自2019年12月起，延长大龄失业人员领取失业保险金期限，对领取失业保险金期满仍未就业且距法定退休年龄不足1年的失业人员，可继续发放失业保险金至法定退休年龄。

3.失业保险金领取期限的其他规定（见表8-63）

表8-63　失业保险金领取期限的其他规定

发放标准	不低于当地最低生活保障标准，不高于当地最低工资标准
失业保险待遇	（1）失业保险金；（2）享受基本医疗保险待遇；【注意】失业人员应当缴纳的基本医疗保险费从失业保险金中支付，个人不缴纳基本医疗保险费；（3）死亡补助：失业人员领取失业保险金期间死亡，向遗属发放一次性丧葬补助金和抚恤金，由失业保险基金支付；（4）职业介绍与职业培训补贴
停止领取的情形（有其一）	（1）重新就业的（就业）；（2）应征服兵役的（当兵）；（3）移居境外的（移民）；（4）享受基本养老保险待遇的（退休）；（5）被判刑收监执行的（判刑）；（6）无正当理由，拒不接受当地人民政府指定部门或者机构介绍的适当工作或者提供的培训的（无求职需求）

1.【单选题】陆一梦已经工作15年，缴纳失业保险8年。2018年4月1日陆一梦因患病医疗期满不能从事原工作和单位另行安排的工作，经协商公司与其解除了劳动合同。此后陆一梦一直未能找到工作，遂于2018年6月1日办理了失业登记。则陆一梦领取失业保险金的最长期限为（　　）。

A.2018年4月1日至2019年4月1日

B.2018年6月1日至2019年6月1日

C.2018年6月1日至2019年12月1日

D.2018年6月1日至2020年6月1日

2.【多选题】根据社会保险法律制度的规定，失业保险待遇包括（　　）。

A.领取失业保险金　　B.基本医疗保险待遇

C.死亡补助　　D.职业培训补贴

3.【多选题】下列各项中，属于享受失业保险必须满足的条件的有（　　）。

A.失业前用人单位和本人已经缴纳失业保险费满1年

B.因本人意愿中断就业

C.已经进行失业登记

D.有求职要求

1.【答案】C

【解析】失业人员失业前用人单位和本人累计缴费5年以上不满10年的，领取失业保险金的期限最长为18个月，自办理失业登记之日起计算。

2.【答案】ABCD

3.【答案】ACD

【解析】选项B，享受失业保险必须满足的条件之一是“非因本人意愿”中断就业。

【考点8.32】社保的征缴（见表8-64）

表8-64　社保的征缴

1.单位	自行申报、足额缴纳
2.职工	由单位代扣代缴，并按月告知本人
3.灵活就业人员	自行缴纳
4.从2019年1月1日起，基本养老保险、基本医疗保险、失业保险、工伤保险等各项社会保险费交由税务部门统一征收	

【多选题】下列关于社会保险费缴纳的说法中，正确的有（　　）。

A.用人单位应当自行申报、按时足额缴纳社会保险费

B.职工应当自行申报、按时足额缴纳社会保险费

C.无雇工的个体工商户可以直接向社会保险费征收机构缴纳社会保险费

D.用人单位应当在年度终了后1个月内将缴纳社会保险费的明细情况告知职工本人

【答案】AC

【解析】选项B，职工应当缴纳的社会保险费由用人单位代扣代缴；选项D，用人单位应当按月将缴纳社会保险费的明细情况告知本人。

【考点8.33】社会保险基金的管理和运营（见表8-65）

表8-65　　社会保险基金的管理和运营

1.分别建账、分账核算	社会保险基金按照社会保险险种分别建账、分账核算，执行国家统一的会计制度
2.社会保险基金专款专用，任何组织和个人不得侵占或者挪用	
3.预算	社会保险基金存入财政专户，通过预算实现收支平衡
4.社会保险基金的保值增值	
（1）社会保险基金在保证安全的前提下，按照国务院规定投资运营实现保值增值	
（2）不得用于违规用途	①不得违规投资运营
	②不得用于平衡其他政府预算
	③不得用于兴建、改建办公场所和支付人员经费、运行费用、管理费用
	④不得违反法律、行政法规规定挪作其他用途

【多选题】根据社会保险法律制度的规定，社会保险基金的用途不包括（　　）。

A.平衡其他政府预算　　B.兴建、改建社保机构办公场所

C.支付社保机构人员经费　　D.支付社保机构运行经费

【答案】ABCD

【考点8.34】违反《社会保险法》的法律责任（见表8-66）

表8-66　　违反《社会保险法》的法律责任

违法行为		法律责任
用人单位	不登记	责令限期改正；逾期不改正处应缴社会保险费1倍以上3倍以下罚款；对主管及责任人处500元以上3 000元以下罚款
	不缴费	责令限期缴纳，并按日加收0.05%的滞纳金；逾期仍不缴纳处欠缴数额1倍以上3倍以下罚款
	不出解除劳动关系证明	责令改正；给劳动者造成损害的，承担赔偿责任
骗保		（1）责令退回；（2）处骗取金额2倍以上5倍以下罚款

劳动法案例分析

【案例8.1】

2020年4月1日，顾文瑶开始在甲公司上班。2020年4月20日，顾文瑶与甲公司签订了书面劳动合同。劳动合同的部分条款如下：（1）劳动合同期限为1年，试用期为3个月；（2）劳动合同期限内，未经甲公司同意，顾文瑶不得单方面解除合同，为此，甲公司要求顾文瑶缴纳了1万元的保证金。

2020年7月4日下班后，顾文瑶在处理收尾性工作时，不幸被工场内的吊灯砸伤，住院治疗2个月。住院期间，甲公司按顾文瑶平时工资的50%向顾文瑶支付工资。顾文瑶痊愈出院后，甲公司以无适合岗位为由，通知顾文瑶解除劳动合同，此时顾文瑶与甲公司之间的劳动合同尚未到期。

要求：

根据上述资料，不考虑其他因素，分别回答下列问题。

1.【单选题】根据劳动合同法律制度的规定，不考虑其他因素，下列表述中，不正确的是（　　）。

A.甲公司自2020年4月20日起与顾文瑶建立劳动关系

B.甲公司与顾文瑶约定的试用期不得超过2个月

C.对于甲公司要求顾文瑶缴纳保证金的行为，由劳动行政部门责令甲公司限期退还顾文瑶本人，并对甲公司处以500元以上2 000元以下的罚款

D.甲公司要求顾文瑶缴纳保证金的行为，如果给顾文瑶造成损害的，甲公司应当承担赔偿责任

2.【单选题】关于顾文瑶受伤住院所享受的待遇，下列表述中，正确的是（　　）。

A.顾文瑶享受医疗期待遇，住院期间甲公司向其支付的工资不得低于顾文瑶平时工资的80%

B.顾文瑶享受医疗期待遇，住院期间甲公司向其支付的工资不得低于当地最低工资标准的80%

C.顾文瑶享受工伤保险待遇，住院期间甲公司向其支付的工资不得低于顾文瑶平时工资的80%

D.顾文瑶享受工伤保险待遇，住院期间顾文瑶的原工资福利待遇不变

3.【单选题】顾文瑶住院期间的下列费用中，应当由甲公司支付的是（　　）。

A.治疗工伤的医疗费用　　B.治疗工伤的康复费用

C.住院伙食补助费　　D.治疗工伤期间的工资福利

4.【多选题】顾文瑶与甲公司因劳动合同解除发生的纠纷，可以选择通过

(　　) 解决。

A.企业劳动争议调解委员会调解

B.直接向仲裁委员会申请劳动仲裁

C.直接向人民法院提起劳动诉讼

D.向劳动行政部门申请行政复议

1.【答案】A

【解析】选项A，劳动关系自“用工”之日起建立；选项B，劳动合同期限1年以上不满3年的，试用期不得超过2个月；选项CD，在订立劳动合同时，用人单位违反规定，以担保或者其他名义向劳动者收取财物的，由劳动行政部门责令限期退还劳动者本人，并以每人500元以上2 000元以下的标准处以罚款；给劳动者造成损害的，应当承担赔偿责任。

2.【答案】D

【解析】(1) 工作时间前后在工作场所内，劳动者从事与工作有关的预备性或者收尾性工作受到事故伤害的，应当认定为工伤；(2) 在停工留薪期内，职工的原工资福利待遇不变，由所在单位按月支付。

3.【答案】D

【解析】选项ABC，由工伤保险基金支付；选项D，由用人单位甲公司支付。

4.【答案】AB

【解析】选项AB，用人单位与劳动者发生劳动争议，劳动者可以与用人单位协商，也可以请工会或者第三方共同与用人单位协商，达成和解协议；当事人不愿协商、协商不成或者达成和解协议后不履行的，可以向调解组织（如企业劳动争议调解委员会）申请调解；不愿调解、调解不成或者达成调解协议后不履行的，可以向仲裁委员会申请仲裁。选项C，劳动仲裁是当事人向人民法院提起劳动诉讼的前置程序，当事人不能直接向人民法院提起劳动诉讼。选项D，顾文瑶与甲公司之间的劳动争议属于平等主体之间的纠纷，不适用行政复议、行政诉讼。

【案例8.2】

2019年6月30日，贺婉清与乙公司为期2年的劳动合同期限届满。次日，贺婉清应聘到甲公司工作。双方签订了书面劳动合同。合同约定，合同期限2年（试用期除外），贺婉清每月工资2 500元；试用期3个月，每月工资1 800元；因生产经营需要，公司可不经贺婉清同意直接安排其加班，但每月加班时间不超过30小时；贺婉清在公司连续工作满1年后，每年可休年假3天。

2020年2月，甲公司提供培训费派贺婉清参加了为期1个月的专业技术培训，双方约定了5年服务期及违约金。

2020年8月1日，因甲公司一直未给贺婉清缴纳社会保险费，贺婉清提出解除劳动合同并要求甲公司支付经济补偿。

已知：贺婉清与乙公司已约定过试用期，甲公司所在地月最低工资标准为1 600元。

要求：

根据上述资料，不考虑其他因素，分别回答下列问题。

1.【单选题】对试用期约定的下列表述中，正确的是（　　）。

A.乙公司已经与贺婉清约定过试用期，甲公司不得再与其约定试用期

B.甲公司与贺婉清可以约定贺婉清的试用期月工资为1 800元

C.甲公司与贺婉清可以约定3个月的试用期

D.甲公司与贺婉清约定的试用期应包含在劳动合同期限内

2.【单选题】甲公司与贺婉清对休息休假的下列约定中，符合法律规定的是（　　）。

A.因生产经营需要，公司可不经贺婉清同意直接安排其加班

B.每月加班时间不超过30小时

C.贺婉清须在甲公司连续工作满1年后方可享受年休假

D.贺婉清每年休年假3天

3.【多选题】对甲公司与贺婉清约定的服务期及违约金的下列表述中，正确的有（　　）。

A.贺婉清以公司未缴纳社会保险费为由解除劳动合同，无须向甲公司支付违约金

B.双方约定的5年服务期超过劳动合同期限，该约定无效

C.双方约定的违约金数额不得超过甲公司提供的培训费用

D.贺婉清以公司未缴纳社会保险费为由解除劳动合同，甲公司有权要求贺婉清支付违约金，但不得超过服务期内未履行部分所分摊的培训费用

4.【多选题】对贺婉清提出解除劳动合同并要求甲公司支付经济补偿的下列表述中，正确的有（　　）。

A.贺婉清应提前30日书面通知甲公司解除劳动合同

B.贺婉清通知甲公司后即可解除劳动合同

C.甲公司应向贺婉清支付2个月工资标准的经济补偿

D.贺婉清有权要求甲公司支付经济补偿

1.【答案】D

【解析】选项A，同一用人单位与同一劳动者只能约定一次试用期，甲公

司与乙公司不是同一用人单位，甲公司可以与贺婉清约定试用期；选项B，劳动者在试用期的工资不得低于本单位相同岗位最低档工资或者劳动合同约定工资的80%（2 000元），并不得低于用人单位所在地的最低工资标准（1 600元）；选项C，劳动合同期限1年以上不满3年的，试用期不得超过2个月；选项D，试用期应包含在劳动合同期限内。

2.【答案】B

【解析】选项AB，用人单位由于生产经营需要，经与工会和劳动者协商后可以延长工作时间（不经贺婉清同意直接安排其加班肯定不合适），一般每日不得超过1小时；因特殊原因需要延长工作时间的，在保障劳动者身体健康的条件下延长工作时间，每日不得超过3小时，每月不得超过36小时。选项C，在确定年休假的天数时，依据的是劳动者自参加工作以来的累计工作年限，而非在现单位的工作年限。选项D，职工累计工作已满1年不满10年的，年休假5天。

3.【答案】AC

【解析】选项AD，用人单位与劳动者约定了服务期，劳动者以用人单位未依法为其缴纳社会保险费为由解除劳动合同的，不属于违反服务期的约定，用人单位不得要求劳动者支付违约金；选项B，服务期的期限可以超过劳动合同期限；选项C，违约金的数额不得超过用人单位提供的培训费用。

4.【答案】BD

【解析】选项ABD，用人单位未依法为劳动者缴纳社会保险费的，劳动者可随时通知解除劳动合同，且可以要求用人单位支付经济补偿金；选项C，经济补偿金的计算年限标准：6个月以上不满1年的，按1年计算；不满6个月的，向劳动者支付半个月工资的经济补偿金。贺婉清在甲公司工作的期间为2019年7月1日至2020年7月31日，应为1.5个月的标准，而不是2个月。

【案例8.3】

2020年下半年，实行标准工时制的甲公司在劳动用工方面发生下列事实：

（1）9月5日，已累计工作6年且本年度从未请假的于婉清向公司提出年休假申请。

（2）因工作需要，公司安排霍诗柳在国庆期间加班4天，其中占用法定节假日3天，占用周末休息日1天，霍诗柳日工资为200元。

（3）10月20日，尚处于试用期的文雅柔在上班途中受到非本人主要责任的交通事故伤害，住院治疗2个月。

（4）11月10日，公司通过口头协议聘用沈曼妮从事非全日制用工，试用期1个月；12月29日，公司发现沈曼妮与乙公司也订立了非全日制用工劳动合同，便通知沈曼妮终止用工。

要求：

根据上述资料，不考虑其他因素，分别回答下列问题。

1.【单选题】于婉清可依法享受的最长年休假期限是（　）。

A.15天　　　　B.5天

C.20天　　　　D.10天

2.【多选题】甲公司向霍诗柳支付国庆期间加班工资拟采取的下列方案中，符合法律规定的有（　　）。

A.甲公司事后安排霍诗柳补休国庆节3天法定节假日，向其支付1 600元的加班工资

B.甲公司事后安排霍诗柳补休国庆节3天法定休假日，向其支付400元的加班工资

C.甲公司事后未安排霍诗柳补休，向其支付2 200元的加班工资

D.甲公司事后安排霍诗柳补休周末休息日，向其支付1 800元的加班工资

3.【单选题】关于文雅柔受伤住院治疗法律后果的下列表述中，正确的是（　）。

A.甲公司可按照不低于当地最低工资标准的80%向文雅柔支付治疗期间的工资

B.因在上班途中，文雅柔此次受伤不能认定为工伤

C.因尚处于试用期，文雅柔此次受伤不能认定为工伤

D.甲公司应按照双方在劳动合同中约定的劳动报酬向文雅柔支付治疗期间的工资

4.【多选题】关于甲公司与沈曼妮之间非全日制用工劳动关系的下列表述中，正确的有（　　）。

A.甲公司与沈曼妮可以订立口头用工协议

B.沈曼妮有权与甲公司和乙公司分别订立劳动合同

C.甲公司可以随时通知沈曼妮终止用工

D.甲公司与沈曼妮可以约定试用期

1.【答案】B

【解析】职工累计工作已满1年不满10年的，年休假5天。

2.【答案】CD

【解析】(1)“法定节假日”(国庆节)加班，不论甲公司事后是否安排补休，甲公司均应向霍诗柳支付加班工资=200×300%×3=1 800（元）；(2)“休息日”加班，如果甲公司事后安排霍诗柳补休，则无须支付加班工资；如果甲公司事后未安排霍诗柳补休，则甲公司应向霍诗柳支付加班工资=200×200%×1=

400（元）。

3.【答案】D

【解析】选项BC，在上下班途中（不论员工是否尚在试用期内），受到非本人主要责任的交通事故或者城市轨道交通、客运轮渡、火车事故伤害的，应当认定为工伤；选项AD，在停工留薪期内，职工的原工资福利待遇不变，由所在单位按月支付。

4.【答案】ABC

【解析】选项A，非全日制用工双方当事人可以订立口头协议；选项B，从事非全日制用工的劳动者可以与一个或者一个以上用人单位订立劳动合同，但后订立的劳动合同不得影响先订立的劳动合同的履行；选项C，非全日制用工双方当事人任何一方都可以随时通知对方终止用工；选项D，非全日制用工双方当事人不得约定试用期。

【案例8.4】

2019年7月18日，卓诗蕊到甲公司应聘，双方口头约定合同期限2年，试用期1个月。2019年8月1日，卓诗蕊到甲公司上班，8月20日领取当月工资。2020年11月，卓诗蕊因工受伤后，得知公司未为其缴纳工伤保险费，遂要求甲公司支付工伤保险待遇。

甲公司对卓诗蕊工伤没有异议，但以双方未订立书面劳动合同为由拒绝支付，双方遂发生争议。

要求：

根据上述资料，不考虑其他因素，分别回答下列问题。

1.【单选题】卓诗蕊与甲公司劳动关系建立的时间是（　　）。

A.2019年9月1日

B.2019年7月18日

C.2019年8月1日

D.2019年8月20日

2.【多选题】下列关于双方未订立书面劳动合同法律后果的表述中，正确的有（　　）。

A.因已经与卓诗蕊达成口头协议，甲公司无须向卓诗蕊支付工资补偿

B.2020年8月1日起视为双方已经订立无固定期限劳动合同

C.甲公司应向卓诗蕊支付未及时订立书面劳动合同的工资补偿

D.甲公司应与卓诗蕊补订书面劳动合同

3.【单选题】下列关于卓诗蕊因公受伤法律后果的表述中，正确的是（　　）。

A.因甲公司未为其缴纳工伤保险费，卓诗蕊无权享受工伤保险待遇

B.因双方未订立书面劳动合同，卓诗蕊无权享受工伤保险待遇

C.卓诗蕊有权享受工伤保险待遇，由甲公司向其支付一部分，剩余部分由卓诗蕊自行承担

D.卓诗蕊有权享受工伤保险待遇，由甲公司向其支付

4.【多选题】对双方发生的劳动争议，卓诗蕊可选择的解决途径有（　　）。

A.直接与甲公司协商

B.向调解组织申请调解

C.向劳动争议仲裁委员会申请仲裁

D.请工会或者第三方共同与甲公司协商

1.【答案】C

【解析】劳动关系自“用工”之日起建立。

2.【答案】BCD

【解析】用人单位自用工之日起满1年未与劳动者订立书面劳动合同的，自用工之日起满1个月的次日至满1年的前1日应当向劳动者每月支付2倍的工资（共11个月），并视为自用工之日起满1年的当日已经与劳动者订立无固定期限劳动合同，且应当立即与劳动者补订书面劳动合同。

3.【答案】D

【解析】职工所在用人单位未依法缴纳工伤保险费，发生工伤事故的，由“用人单位”支付工伤保险待遇；用人单位不支付的，从工伤保险基金中先行支付，由用人单位偿还。

4.【答案】ABCD

【解析】用人单位与劳动者发生劳动争议，劳动者可以与用人单位协商，也可以请工会或者第三方共同与用人单位协商，达成和解协议；当事人不愿协商、协商不成或者达成和解协议后不履行的，可以向调解组织（如企业劳动争议调解委员会）申请调解；不愿调解、调解不成或者达成调解协议后不履行的，可以向劳动争议仲裁委员会申请仲裁。

【案例8.5】

2018年5月4日，林暄妍到甲公司上班，并与甲公司订立了5年期书面劳动合同。双方在劳动合同中就试用期、劳动报酬、工作时间和社会保险等内容做了约定，并约定林暄妍若提前解约，须向甲公司支付违约金10 000元。

2020年12月1日，决定自主创业的林暄妍向甲公司递交了书面辞职报告，甲公司未给予答复。2020年12月6日，林暄妍离开甲公司。林暄妍提前解约给甲公司造成了8 000元的经济损失，双方由此发生劳动争议。

要求：

根据上述资料，不考虑其他因素，分别回答下列问题。

1.【多选题】甲公司与林暄妍在劳动合同中约定的下列条款，属于劳动合同必备条款的有（　　）。

A.工作时间条款

B.试用期条款

C.社会保险条款

D.劳动报酬条款

2.【单选题】下列关于林暄妍提前解约法律后果的表述中，正确的是（　　）。

A.甲公司有权要求其按约定支付违约金，也有权要求其赔偿经济损失

B.甲公司有权要求其按约定支付违约金，但无权要求其赔偿经济损失

C.甲公司无权要求其按约定支付违约金，但有权要求其赔偿经济损失

D.甲公司无权要求其按约定支付违约金，也无权要求其赔偿经济损失

3.【多选题】甲公司就该劳动争议可采取的解决方法有（　　）。

A.直接向人民法院提起诉讼

B.向调解组织申请调解

C.直接向劳动争议仲裁委员会申请仲裁

D.与林暄妍协商解决

4.【多选题】下列关于甲公司在林暄妍离职后应履行义务的表述中，正确的有（　　）。

A.应向林暄妍出具解除劳动合同的证明

B.应为林暄妍办理档案的转移手续

C.对与林暄妍订立的劳动合同文本，至少保存2年备查

D.应为林暄妍办理社会保险关系的转移手续

1.【答案】ACD

【解析】选项B，属于劳动合同的约定条款。

2.【答案】C

【解析】(1)《劳动合同法》禁止用人单位对劳动合同中“服务期和竞业禁止”以外的其他事项约定违约金，甲公司与林暄妍之间约定的违约金属于无效条款，林暄妍无须向甲公司支付违约金；(2)林暄妍如欲单方面解除劳动合同，应当提前30日以书面形式通知甲公司，而林暄妍从递交辞职报告到自行离职仅6天时间，属于违法解除劳动合同，应当就其给用人单位造成的损失，承担赔偿责任。

3.【答案】BCD

【解析】选项A，劳动仲裁是劳动争议当事人向人民法院提起诉讼的前置程序，甲公司不能直接向人民法院提起诉讼。

4.【答案】ABCD

【解析】选项ABD，劳动关系解除或者终止的，用人单位应当出具解除或者终止劳动合同的证明，并在15日内为劳动者办理档案和社会保险关系转移手续；选项C，用人单位对已经解除或者终止的劳动合同的文本，至少保存2年备查。

【案例8.6】

2020年1月，甲公司与乙公司签订劳务派遣协议，派遣焦安娜到乙公司从事临时性工作。2020年5月，临时性工作结束，两公司未再给焦安娜安排工作，也未再向其支付任何报酬。

2020年7月，焦安娜得知自2020年1月被派遣以来，两公司均未为其缴纳社会保险费，遂提出解除劳动合同。

要求：

根据上述资料，不考虑其他因素，分析回答下列小题。

1.【单选题】关于焦安娜劳动关系的建立，下列表述中，正确的是（　　）。

A.焦安娜与乙公司建立劳动关系

B.焦安娜与甲公司建立劳动关系

C.焦安娜与甲公司、乙公司均未建立劳动关系

D.焦安娜与甲公司、乙公司均建立劳动关系

2.【多选题】关于焦安娜无工作期间的劳动报酬，下列表述中，正确的有（　　）。

A.焦安娜不享受报酬

B.乙公司应当按月向其支付报酬

C.焦安娜享受报酬的标准为支付单位所在地的最低工资标准

D.甲公司应按月向其支付报酬

3.【单选题】焦安娜解除劳动合同应采取的方式是（　　）。

A.无须事先告知公司即可解除

B.应提前30日通知公司解除

C.可随时通知公司解除

D.应提前3日通知公司解除

4.【单选题】关于该劳动合同解除时经济补偿金支付的下列表述中，正确的是（　　）。

A.甲、乙两公司均无须向焦安娜支付经济补偿金

B.乙公司应向焦安娜支付经济补偿金

C.甲公司应向焦安娜支付经济补偿金

D.甲、乙两公司均应向焦安娜支付经济补偿金

1.【答案】B

【解析】在劳务派遣关系中，劳动合同关系存在于劳务派遣单位（甲公司）与被派遣劳动者（焦安娜）之间，被派遣劳动者不与用工单位（乙公司）签订劳动合同、发生劳动关系。

2.【答案】CD

【解析】被派遣劳动者在无工作期间，劳务派遣单位（甲公司）应当按照所在地人民政府规定的最低工资标准，向其按月支付报酬。

3.【答案】C

【解析】选项C，用人单位（甲公司）未依法为劳动者缴纳社会保险费的，劳动者可以“随时通知”用人单位解除劳动合同。

4.【答案】C

【解析】劳务派遣单位（甲公司）应当履行用人单位对劳动者的义务（包括但不限于依法支付经济补偿金）。

【案例8.7】

2020年3月，甲劳务派遣公司与乙公司签订劳务派遣协议，将蓝可可派遣到乙公司工作。

2020年7月，蓝可可在乙公司的工作结束。此后甲、乙公司未给蓝可可安排工作，也未向其支付任何报酬。

2020年9月，蓝可可得知自2020年3月被派遣以来，甲、乙公司均未为其缴纳社会保险费，遂提出解除劳动合同。

要求：

根据上述资料，不考虑其他因素，分析回答下列问题。

1.【多选题】下列各项中，属于甲劳务派遣公司和乙公司签订的劳务派遣协议中应当约定的有（　　）。

A.派遣岗位　　B.派遣期限

C.派遣人员数量　　D.劳动报酬

2.【多选题】关于蓝可可无工作期间报酬支付及标准的表述中，正确的有（　　）。

A.蓝可可无权要求支付报酬

B.甲劳务派遣公司应向其按月支付报酬

C.乙公司应向其按月支付报酬

D.蓝可可报酬标准为支付单位所在地的最低工资标准

3.【单选题】关于蓝可可解除劳动合同的方式中，正确的是（　　）。

A.不需要事先告知公司即可解除劳动合同

B.可随时通知解除劳动合同

C.应提前30日以书面形式提出方能解除劳动合同

D.应提前30日通知公司方能解除劳动合同

4.【单选题】关于蓝可可解除劳动合同的法律后果的表述中，正确的是（　　）。

A.蓝可可无权要求经济补偿

B.甲公司应向蓝可可支付经济补偿

C.甲公司可要求蓝可可支付违约金

D.乙公司应向蓝可可支付违约金

1.【答案】ABCD

【解析】劳务派遣协议应当约定：（1）派遣岗位和人员数量；（2）派遣期限；（3）劳动报酬和社会保险费的数额与支付方式；（4）违反协议的责任。

2.【答案】BD

【解析】被派遣劳动者在无工作期间，劳务派遣单位（甲公司）应当按照所在地人民政府规定的最低工资标准，向其按月支付报酬。

3.【答案】B

【解析】用人单位未依法为劳动者缴纳社会保险费的，劳动者可随时通知用人单位解除劳动合同。

4.【答案】B

【解析】选项B，蓝可可对劳动合同的解除不存在过错，甲公司应当依法支付经济补偿金；选项CD，劳动合同法律制度认可的违约金限于竞业限制违约金和服务期违约金，本题既不涉及竞业限制，也不涉及服务期，不存在违约金的支付问题。

【案例8.8】

2019年3月2日，董清舒到甲公司工作。同年5月4日，甲公司与董清舒签订了1年期书面劳动合同。同年10月，因工作需要，甲公司安排董清舒于10月1日（国庆节）、10月14日（周六）加班，且未安排补休。

2020年年初，当得知董清舒已经怀孕，劳动合同期限届满时，甲公司终止了劳动合同，此时董清舒仍处于孕期。

已知，甲公司实行标准工时制，董清舒日工资为220元，甲公司已为董清舒办理了社会保险登记并按月从其工资中扣缴相关社会保险费用。

要求：

根据上述资料，不考虑其他因素，分析回答下列问题。

1.【多选题】甲公司与董清舒劳动关系建立及合同订立后果的下列表述中，正确的有（　　）。

A.双方劳动关系自2019年3月2日建立

B.双方劳动关系自2019年5月4日建立

C.甲公司不需向董清舒支付2倍工资

D.董清舒有权要求甲公司支付自2019年4月2日至5月3日期间的2倍工资

2.【多选题】下列社会保险项目中，甲公司应从董清舒工资中扣缴保险费的有（　　）。

A.失业保险

B.工伤保险

C.职工基本医疗保险

D.职工基本养老保险

3.【单选题】甲公司依法应向董清舒支付的2019年10月最低加班工资的下列算式中，正确的是（　　）。

A.220×300%＋220×300%=1 320（元）

B.220×200%＋220×200%=880（元）

C.220×300%＋220×200%=1 100（元）

D.220×200%＋220×150%=770（元）

4.【多选题】甲公司终止劳动合同及其法律后果的下列表述中，正确的有（　　）。

A.因董清舒在孕期，甲公司不得终止合同，劳动合同应续延

B.甲公司终止该劳动合同后，董清舒不要求继续履行的，甲公司应当向其支付赔偿金

C.甲公司终止该劳动合同后，董清舒要求继续履行的，甲公司应当继续履行

D.甲公司可以终止合同，无须支付赔偿金

1.【答案】AD

【解析】选项A，用人单位自用工之日（2019年3月2日）起即与劳动者建立劳动关系；选项D，用人单位自用工之日起超过1个月不满1年未与劳动者订立书面劳动合同的，应当自用工之日起满1个月的次日至补订书面劳动合同的前1日（4月2日至5月3日），向劳动者每月支付2倍的工资。

2.【答案】ACD

【解析】职工应当参加工伤保险，由用人单位缴纳工伤保险费，职工不缴纳工伤保险费。

3.【答案】C

【解析】(1)法定节假日(10月1日)加班，无论是否安排补休，按照不低于劳动合同规定的劳动者本人日或者小时工资标准的300%支付劳动者工资；(2)休息日(10月14日)加班，不能安排补休的，按照不低于劳动合同规定的劳动者本人日或者小时工资标准的200%支付劳动者工资。

4.【答案】ABC

【解析】选项AD，女职工在孕期、产期、哺乳期的，用人单位既不得解除劳动合同，也不得终止劳动合同，劳动合同应当续延至相应的情形消失时终止；选项BC，如果用人单位违法解除或者终止劳动合同的，劳动者可以要求继续履行劳动合同；如果劳动者不愿继续履行劳动合同或者劳动合同的履行已经不可能，用人单位应当依照法定经济补偿金标准的2倍向劳动者支付赔偿金，支付了赔偿金的，不再支付经济补偿金。

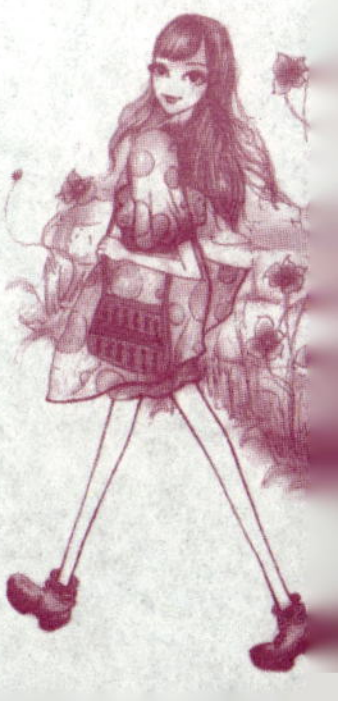